国家社会科学基金青年项目
（批准号：15CZS03）成果

混一礼俗：元代国家祭祀研究

蔡美彪题

马晓林◎著

Integrated Rites and Customs
Imperial Sacrifices in the Yuan Dynasty

中華書局
ZHONGHUA BOOK COMPANY

图书在版编目(CIP)数据

混一礼俗:元代国家祭祀研究/马晓林著. —北京:中华书局,2024.8. —(北京大学中国古代史研究中心丛刊).—ISBN 978-7-101-16688-0

Ⅰ.K892.29

中国国家版本馆 CIP 数据核字第 2024UF0600 号

书　　名	混一礼俗:元代国家祭祀研究
著　　者	马晓林
丛 书 名	北京大学中国古代史研究中心丛刊
责任编辑	孟庆媛
封面设计	周　玉
责任印制	陈丽娜
出版发行	中华书局
	(北京市丰台区太平桥西里 38 号　100073)
	http://www.zhbc.com.cn
	E-mail:zhbc@zhbc.com.cn
印　　刷	三河市中晟雅豪印务有限公司
版　　次	2024 年 8 月第 1 版
	2024 年 8 月第 1 次印刷
规　　格	开本/710×1000 毫米　1/16
	印张 37½　插页 2　字数 498 千字
国际书号	ISBN 978-7-101-16688-0
定　　价	168.00 元

目　录

第一篇　祭天

第二篇　祭祖

第三篇　国俗旧礼

第四篇　岳镇海渎

第五篇　天下通祀

Table of Contents

序

李治安

数千年来，儒家礼制的内容及范式主要涵盖吉、凶、军、宾、嘉五礼。然而，蒙古族建立的元王朝偏偏对五礼“皆以国俗行之，惟祭祀稍稽诸古”[①]。就是说，蒙元王朝在凶、军、宾、嘉四礼方面一概自行其是，固守草原游牧旧俗，唯在兼具政治性与宗教性的吉礼祭祀方面杂糅蒙汉且部分参用传统古礼。正因为如此，明初史官基于儒家礼教撰修《元史》之际，不书凶、军、宾、嘉四礼而唯书《祭祀志》。揆以《礼记》“礼有五经，莫重于祭”[②]之说，这样做也勉强讲得通。实际上，作为官方设定或认可的元代国家祭祀，颇异于汉地传统王朝。由于蒙汉二元之间冲突、调适和国家权力、意识形态的相应贯彻，元代国家祭祀的政治文化时代属性相当突出。在这个意义上，元代国家祭祀不仅仅是历代礼制的延伸和组成部分，更是元代杂糅蒙汉政治文化的典型体现。这无疑增重了探研元代国家祭祀的价

①《元史》卷七二《祭祀志一》，北京：中华书局，1976年，第1779页。

②郑玄注，孔颖达正义：《礼记正义》卷五七《祭统》，吕友仁整理，上海：上海古籍出版社，2008年，第1865页。

值与意义。

近二三十年,随着蒙元史研究的不断发展,祭祀问题引起了中外元史学者们的较多关注,一些相关论著陆续面世。马晓林《混一礼俗:元代国家祭祀研究》钩稽群书,博采中外,蒐集征引中文、波斯文等史籍文献和中、英、德、俄、日等国学者论著近千种,分别就祭天、祭祖、国俗旧礼、岳镇海渎、天下通祀五大方面开展深入系统的论述。该书对诸多纷纭驳杂的文献记载加以详细考订,对前人的某些论说提出商榷意见,对以往被忽略或有悬疑的地方予以澄清厘正,取得了一系列令人欣喜的新突破,大大丰富和深化了这一领域的认识。可以毫不夸张地说,该书堪称元代国家祭祀乃至元代政治文化研究的一部宏篇力作。

按照传统儒学的界定,国家祭祀归属于"五礼之仪"的吉礼。祭天、祭祖、国俗旧礼、岳镇海渎和天下通祀等研究,似乎容易被狭义地束缚在"礼俗"或"礼制"的窠臼内,简单地局限为历代"礼制""礼学"链条中的一环。然而,元代情况比较特殊。由于蒙汉二元文化的冲突、调适,由于统治者权力意志的贯彻和意识形态渗透,国家祭祀又始终是元代政治文化的组成部分。作者立足于祭天、祭祖、国俗旧礼、岳镇海渎和天下通祀等实证研究,又结合其本身的蒙汉杂糅实际,通篇都放置在元代政治文化的语境下展开讨论,且将元代国家祭祀始终视作观察认识元代政治文化的重要窗口。这就突破了传统"礼学"的思维定式,不仅基本符合元代实际,也充满了超凡脱俗的智慧。此种明智之举,值得称道。

蒙古人最崇尚"长生天",祭天无疑居国家祭祀之首,同样也是该书的第一研究重点。

《元史·祭祀志·郊祀》云:

> 元兴朔漠,代有拜天之礼。衣冠尚质,祭器尚纯,帝后亲之,宗戚助祭。其意幽深古远,报本反始,出于自然,而非强为之也。宪宗即位之二年,秋八月八日,始以冕服拜天于日月山。其十二日,又用孔氏子孙

元措言，合祭昊天后土，始大合乐，作牌位，以太祖、睿宗配享。①

《祭祀志》主要源自《经世大典·礼典》等，二者文字虽稍有差异，但共同处是将蒙古式祭天、郊祀和日月山祭天三者一并混入中原王朝郊祀礼制的轨道，故容易造成不应有的迷茫或误解。作者紧扣这三个问题，逐一辨析讨论，认为前者属蒙古祭天传统，郊祀属汉地王朝祭天传统，后者则体现前二者互动影响的某些交融。

作者首先廓清蒙古部以杆悬肉的旧有传统"主格黎"祭天，成吉思汗建国后转而施行皇族宗亲的洒马湩祭天，由此形成了新兴皇室的特权象征和元代最高级别的国家祭祀。还对澳大利亚学者罗亦果关于前四汗时期没有皇家拜天正式典礼的观点提出商榷。

忽必烈定都燕京开始，中原传统的郊祀逐渐进入国家祭祀领域。由于蒙汉二元传统的"天"概念之异而彼此剧烈碰撞，元朝郊祀的建立较为缓慢，直到成宗即位后，才因祷神祈福和象征皇权合法性等政治需求而逐渐形成规模，而且在蒙古文化的影响下发生不用神主、惟祀昊天、添入草原牲品酒品及宰牲方式等改造。作者这些看法是很有见地的。

元明史志率多将宪宗壬子年(1252)日月山祭天视为有元一代郊祀的滥觞，王祎还称赞："一代礼乐之兴，肇于此矣。"②作者辨析各种文献的记载异同及史源，敏锐指出：日月山祭天为元代郊祀滥觞说，并非完全真实。壬子年八月蒙哥汗实际主持的是蒙古式洒马湩祭天，随后才观摩东平礼乐人员的汉地式表演。文宗朝官修国史时一定程度上偏离史实，将壬子年日月山祭天附会改写为郊祀之始，有意将蒙、汉两种祭天混而为一，亦可视作融合二元传统的一种尝试。

关于元代祭天礼俗，拉契涅夫斯基、司律思、今井秀周、罗依果、艾骛德、刘晓等虽已作较好的先期探讨，但仍显得比较零散且不够精准。作者首次

---

①《元史》卷七二《祭祀志一》，第 1781 页。

②王祎：《王忠文公集》卷一二《日月山祀天颂(并序)》，《金华丛书》本，第 23b 页。

将蒙古式祭天、郊祀和日月山祭天置于蒙、汉二元传统交织互动的视野下开展综合、深入的探讨,逐个考察与相互关联并重,抽丝剥茧,层层递进,终于在现有史料条件下将元代祭天问题诠释得水落石出,一清二楚,大大推进了这项学术研究。

包括火室斡耳朵烧饭祭祀、太庙室次和太庙中的“国礼”等祭祖仪式,是该书第二个研究重点。

元代烧饭祭祖最具北方民族特色,火室斡耳朵与烧饭祭祀密切相关。王国维、陈述、高荣盛等业已分别做过较详细的研究,但火室词义、流变及其与烧饭的关系等仍有待发之覆。经认真细致的考订,作者认为,火室斡耳朵的主要用场是烧饭祭祀祖先,其源头为成吉思汗四大斡耳朵祭祀。世祖朝随着迁都而发展为火室制度,其后代代累积相传,到至正年间或与太庙十一室相对应。还强调十一火室斡耳朵烧饭祭祀集中体现草原文化传统,所受中原文化影响仅限于斡耳朵入宫城及烧饭园设于都市。

作者侧重蒙汉文化碰撞交融、与现实政治关系二视角,继续深入研究元世祖以降太庙室次前后五时期的变迁。指出,至元元年到十七年七室和八室,供奉术赤、察合台,系蒙古本俗对太庙制的改造,也体现成吉思汗四嫡子同为继承者或共有天下。至元十七年到成宗末,部分接受中原礼法,也速该、术赤、察合台、窝阔台、贵由、蒙哥皆祧迁,又重在凸显拖雷—忽必烈系的正统性。武宗到英宗末的先中再右后左,其尚右直接体现蒙古本俗。泰定到顺帝末的太祖居中、左昭右穆,与中原传统制度接近,但主要是因时制宜从现实政治出发,受汉地礼制的制约较少。

另一方面,作者将蒙古民族本俗“国礼”从繁复的汉文仪式中剥离出来,予以专题考察,进一步揭示太庙制所受三项作用影响。其一是简化汉礼。将宋金时期的繁缛礼仪,简化为时享、告谢、荐新三种,还废弃唐、宋、金的燔膋膟礼。其二是用“国礼”改造和扩充汉礼。新增加荐、配荐和特祭,又增添三献等,以尊“国礼”。牲品由三牲改为五牲,酒品新增马湩与葡萄酒。其三是呈现“国礼”与汉礼的重叠并置。汉式三献、饮福、祝文之外又有蒙古式割奠、抛撒茶饭和蒙古语致辞。依然保存太庙传统礼仪的主体，人员兼有蒙汉，职能共通融合，蒙汉文化在太庙祭祀中相互交融。

该祭祖研究的可贵之处有三：一是突破制度考释就事论事的藩篱，将火室斡耳朵烧饭祭祀和太庙祭祀皆置于百余年历史过程中作动态考察，着力澄清事情原委和来龙去脉，敏锐揭示上述过程中的蒙汉二元文化互动交融及原素扩容。二是运用多语种史料论著资料，助力诸多问题点的缜密考据论断（不限于祭祖，五篇皆然）。譬如广泛征引波斯文文献和英文、法文、俄文、日文论著资料的同时，积极运用拉契涅夫斯基（Paul Ratchnevsky）对《元史祭祀志・国俗旧礼》的德文注释和研究，在探讨火室斡耳朵烧饭、太庙祭祀中“国礼”之际，随时吸纳前沿成果，不断有所进取和斩获。三是运用审音勘同方法，考订火室（火失）源于突厥语 qoš，义为临时帐房，还与严光大《祈请使行程记》中的“罘罳”比对，认为罘罳与蒙古语 qoš 的对音可勘同。由韩儒林等前辈所创立的审音勘同方法是考释蒙元史典故词汇的利器，作者下功夫研习掌握，适时运用于火室斡耳朵考订，不仅见解独到，也使整体立论更为坚实有力。

有关射草狗仪式的讨论，同样是该书的亮点之一。元代对射草狗仪式的基本史料来自《元史・祭祀志・国俗旧礼》中一段200余字的记载。首先，作者捕捉其中西镇国寺、太府监、中尚监、武备寺等建立时间及“太庙四祭国礼”记述顺帝朝事迹，考订射草狗仪式的文本纂成在顺帝至正年间。其次，条分缕析射草狗仪式源自蒙古、契丹、女真、西夏等北方民族射箭、草人、草狗、解衣脱灾习俗乃至宗教等多种因素的糅合，是元朝将多种元素融为一而创造出来的宫廷祭祀礼仪。再次，探究参加者的氏族身份。将参加仪式的“别速、札剌尔、乃蛮、忙古台、列班、塔达、珊竹、雪泥”七氏族概分为四类：原本属于蒙古的氏族、大蒙古国建立后逐渐进入蒙古共同体的氏族、混合蒙古突厥成分的氏族和元中后期进入蒙古共同体的突厥氏族。这四类氏族又呈现出由中心到边缘的圈层式结构，且随时间的推移，依次建立起蒙古认同。射草狗仪式当是元中后期建构蒙古共同体的一种手段，实际构建起元后期最广义的蒙古统治集团上层的身份边界。

一位史学前辈曾说,高明史学家不在于追逐珍本善籍,而是能够在常见史料文献中发现并解决重要问题。射草狗讨论的精彩之处,恰是作者认真发掘利用上述常见史料文字,由文本纂成时间到仪式文化因素构成,再到参加者氏族身份,钩沉索隐,精细辨析,逐层深入,丝丝入扣,又巧妙引用张帆先生关于蒙古、色目等族群由中心到边缘的圈层结构论说,最终较成功地阐释解决了一个饶有趣味且比较重要的学术问题。值得注意的是,作者对射草狗仪式的讨论,立足礼俗而又超越礼俗,升华到元中后期蒙古族共同体认同等较高层面,展开探研。这无疑是见微知著、微观洞察与宏观俯视相结合的成功手笔。

以上只是该书学术贡献中突出的部分。它如元代影堂的发展演变及功能特点揭示,《元史·祭祀志·国俗旧礼》史源和编纂时间考订,社稷祭祀中官方礼制与士人礼学实践互动的讨论,等等,也颇多进取和新意,表现出作者的睿智与深厚史学功底。该书的后两篇,研究范围又将政治核心与地方社会诸层面联系起来,考察岳镇海渎山川祭祀以及社稷、三皇、孔庙、帝师八思巴祭祀等天下通祀。对中央与地方、国家与社会、南与北、医与儒、佛与道、文化整合等重要史学议题,做了别开生面的讨论。可谓从礼仪文化入手,又不局限于礼仪文化本身,为元史研究提供了有价值的新视角,让人看到了这一研究路径的广阔可能性,期待作者未来继续探索。

该书是以2012年博士学位论文为基础认真修改而成的。论文答辩之际,无论校外匿名评审专家,还是蔡美彪、陈得芝、刘迎胜、姚大力、高荣盛、洪金富、刘元珠诸先辈组成的答辩委员会,都曾一致给予高度评价与肯定,对作者的激励鞭策良多。10年来,作者在撰写出版优秀著作《马可·波罗与元代中国》的同时,继续修订和锤炼博士学位论文文本,大幅度修改甚至重新撰写了其中的部分内容。还努力做到国家祭祀与马可·波罗两项研究彼此促进,相得益彰。由于作者的不懈努力,在这两领域内皆取得了一系列卓越成果,受到了国内外学者同行的普遍赞赏褒扬。

“江山代有才人出，各领风骚数百年。”学术研究既是接力赛又是超越赛，前者意味着薪火相传、永无休止，后者则须后浪推逐前浪和新锐超越师辈。期盼作者再接再厉，争当超越赛的新锐，不断取得无愧于时代的辉煌成绩。

绪　论

一　问题缘起

礼仪是国家政治生活中必不可少的一部分。国家礼仪中贯彻和体现着一个国家的思维方式、价值取向和文化观念。易言之,国家礼仪是国家意识形态的焦点。人类历史上的文明古国埃及、印度、巴比伦、希腊、罗马,无不拥有盛大的祭祀礼仪。[①] 中国文明中也有着完备的礼乐制度,吉、凶、军、宾、嘉五礼对应了国家生活的各个方面。《礼记》:“礼有五经,莫重于祭。”[②]祭祀(吉礼)居于五礼之首,是古代国家与神灵世界沟通的礼仪体系,兼具政治性与宗教性,可谓古代国家意识形态的核心,在历代王朝更迭中传承。国家祭祀,指国家设立或认可的祭祀活动。[③] 国家祭祀与民间信

①参[美]米尔恰·伊利亚德(Mircea Eliade):《宗教思想史》,晏可佳、吴晓群、姚蓓琴译,上海:上海社会科学院出版社,2004 年,第 66—68、80—85、209—257、541—544 页。Royden Keith Yerkes, *Sacrifice in Greek and Roman Religions and Early Judaism*, New York: Charles Scribner's Sons, 1952.

②郑玄注,孔颖达正义:《礼记正义》卷五七《祭统》,吕友仁整理,上海:上海古籍出版社,2008 年,第 1865 页。

③雷闻先生定义国家祭祀为“由各级政府主持举行的一切祭祀活动”。参雷闻:《郊庙之外——隋唐国家祭祀与宗教》,北京:生活·读书·新知三联书店,2008 年,第 3 页。

仰共同起源于上古,[①]在漫长的历史时段中各自发展,分别代表"稽古"、"更新"两种倾向,是中国宗教传统的两极。我们使用国家祭祀的概念,强调国家权力、意识形态的贯彻,将国家祭祀视为国家制度中不可或缺的组成部分。

元朝是中国历史上首个由少数民族建立的大一统政权,制度中有鲜明的蒙汉二元特征。[②] 蒙古统治者进入中原,面对的是传承千年的中原礼制,而蒙古自有礼俗,于是两种文化之间产生了剧烈的碰撞。《元史》曰:"元之五礼,皆以国俗行之,惟祭祀稍稽诸古。"[③]也就是说,元代国家礼仪主要遵循蒙古礼俗,只有祭祀制度中采行了一些中原传统吉礼。研究元代国家祭祀的继承与变通,是对元朝蒙汉二元制度之间冲突与调和的具有典型意义的探索。在研究元代国家祭祀时,既要考虑中原礼制的流变脉络,也要观察蒙古礼俗的存续乃至契丹、女真等北方民族礼俗的影响。

二　研究综述

近年国内学界颇重视"内亚"(Inner Asia),[④]强调从北方民族角度观察中国史,其中一个重要方面是对内亚礼仪和政治文化的检视。[⑤] 在元史领域,这不是新鲜的话题。晚清民国西北史地之学以及域外文献的引入,已经

---

①参杨庆堃:《中国社会中的宗教——宗教的现代社会功能与其历史因素之研究》,范丽珠等译,上海:上海人民出版社,2007 年,第 109—110 页。朱海滨:《中国最重要的宗教传统:民间信仰》,复旦大学文史研究院编:《"民间"何在 谁之"信仰"》,北京:中华书局,2009 年,第 44—56 页。

②李治安:《元代"内蒙外汉"二元政策简论》,《史学集刊》2016 年第 3 期。

③《元史》卷七二《祭祀志一》,北京:中华书局,1976 年,第 1779 页。

④钟焓:《重释内亚史:以研究方法论的检视为中心》,北京:社会科学文献出版社,2017 年。程秀金:《"内亚"概念源流考》,《北方民族大学学报》(哲学社会科学版)2016 年第 6 期。祁美琴、陈骏:《中国学者研究中的"内亚"概念及其问题反思》,《中国人民大学学报》2019 年第 3 期。

⑤罗新:《黑毡上的北魏皇帝》,北京:海豚出版社,2014 年。罗新:《在清史中寻找内亚的连续性》,《历史人类学学刊》第 15 卷第 2 期,2017 年 10 月,第 247—252 页。

让学者将目光投向蒙古民族和文化。王国维(1877—1927)对蒙古烧饭礼的考据札记,①开元代国家祭祀研究之先河。

西方蒙古学家对古代蒙古礼俗保持着浓厚兴趣。比王国维年轻四岁的比利时裔传教士、学者田清波(Antoine Mostaert,1881—1971)以《元朝秘史》结合鄂尔多斯蒙古民俗调查,研究古代蒙古礼俗。② 田清波在鄂尔多斯搜集的一些蒙古文祭祀抄本,由其弟子司律思(Henry Serruys,1911—1983)在20世纪中后期整理刊布并研究,③其中与元代国家祭祀颇多渊源。德国学者海西希(Walther Heissig,1913—2005)在整理蒙古抄本基础上撰写了《蒙古的宗教》一书,④对古代蒙古信仰有所论述。德国学者拉契涅夫斯基(Paul Ratchnevsky,1899—1991)1970年发表《论中国的大汗宫廷的蒙古信仰》,将《元史·祭祀志》所载"国俗旧礼"八条译为德语并注释。⑤ 英国学者波伊勒(John Andrew Boyle,1916—1978)以波斯语史料为中心,在1970年前后发表多篇文章,讨论蒙古丧葬礼俗、狩猎仪式、萨满教。⑥《元朝秘史》中的蒙古礼

---

①王国维:《蒙古札记·烧饭》,《观堂集林》卷一六,石家庄:河北教育出版社,2001年,第402—403页。

②Antoine Mostaert,"L'«Ouverture du Sceau»Et Les Adresses Chez Les Ordos",*Monumenta Serica* 1,1935:315-337. Idem.,"Sur quelques passages de l'*Histoire secréte des Mongols*(1)",*Harvard Journal of Asiatic Studies*,Vol. 13,No. 3/4(1950):285-361.

③Henry Serruys,*Kumiss Ceremonies and Horse Races*,Wiesbaden:Harrassowitz,1974. Idem.,"A Dalalγ-a Invocation from Ordos",*Zentralasiatische Studien*,16,1982:141-147. Idem.,"The Cult of Cinggis Qaγan:A Mongolian Manuscript from Ordos",*Zentralasiatische Studien*,17,1984:29-62. Idem.,"A Prayer to Cinggis-Qan",*Études mongoles et sibériennes*,16,1985:17-36.

④Walther Heissig,*Die Religionen der Mongolei*,in Giuseppe Tucci and Walther Heissig,*Die Religionen Tibets und der Mongolei*,Stuttgart:W. Kohlhammer,1970.[意]图齐、[德]海西希:《西藏和蒙古的宗教》,耿昇译,王尧校订,天津:天津古籍出版社,1989年。

⑤Paul Ratchnevsky,"Über den mongolischen Kult am Hofe der Grosskhane in China",in Louis Ligeti ed.,*Mongolian Studies*,Amsterdam,1970,pp. 417-443.

⑥John Andrew Boyle,"A Form of Horse Sacrifice amongst the 13th and 14th Century Mongols",*Central Asiatic Journal*,10,1965:145-150. Idem.,"A Eurasian Hunting Ritual",*Folklore*,80. 1,1969:12-16. Idem.,"Turkish and Mongolian Shamanism in the Middle Ages",*Folkelore*,83,1972:177-193. Idem.,"The thirteenth century Mongols' conception of the after life:the evidence of their funerary practices",*Mongolian Studies*,1,1974:5-14.

俗不断吸引着学者,[①]罗依果(Igor de Rachewiltz,1929—2016)的《元朝秘史》英文译注为集大成者。[②] 罗依果有专文讨论早期蒙古祭祖仪式,[③]晚年又发表论文讨论约1160—1260年蒙古的天、地神祇观念与祭祀。[④]

在现代学术建立后的中国史领域,礼制这一传统学问在很长时期内成为了冷门话题。在王国维之后半个世纪,元代礼制几乎无人问津。1949年魏特夫(又名魏复古,Karl A. Wittfogel,1896—1988)提出"征服王朝"理论,强调元朝最重要的特征之一是统治者具有强烈的自我文化意识。[⑤] 这一学说在西方和日本影响很大,但似乎没有立即唤起学者对元代国家礼制的热情。

1980年代以后,中国学者的研究范围大幅扩展,以重拾烧饭祭祀课题为开端,[⑥]元代国家祭祀研究渐有起色。日本学者也在20世纪末开始了元朝祭祀研究。代表性的如池内功《关于忽必烈朝的祭祀》、《关于元朝的郡县祭

---

①Lajos Ligeti,"Le sacrifice offert aux ancetres dans l' *Historie Secrète*",*Acta Orientalia Academiae Scientiarum Hungaricae*,27(2),1973:145-161. Lajos Bese,"The Shaman Term *ǰükeli* in the *Secret History of the Mongols*",*Acta Orientalia Academiae Scientiarum Hungaricae*,40,1986,pp. 241-248.

②Igor de Rachewiltz,*The Secret History of the Mongols*:*a Mongolian epic chronicle of the thirteenth century*,Leiden:Brill,Vol. 1-2,2004;Vol. 3(supplement),2013..

③Igor de Rachewiltz,"The expression *qa ǰaru inerü* in Paragraph 70 of *The Secret History of the Mongols*",in P. Daffinà ed.,*Indo-Sino-Tibetica*:*Studi in onore di Luciano Petech*,Rome,1990,pp. 283-290.

④Igor de Rachewiltz,"Heaven,Earth and the Mongols in the time of čінggis Khan and His immediate Successors(ca. 1160—1260)—a Preliminary investigation",in N. Golvers and S. Lievens(eds),*A Lifelong Dedication to the China Mission. Essays Presented in Honor of Father Jeroom Heyndrickx,CICM,on the Occasion of His 75th Birthday and the 25th Anniversary of the F. Verbiest Institute K. U. Leuven*,Leuven:Ferdinand Verbiest Institute,2007,pp. 107-139.

⑤Karl A. Wittfogel and Chia-Sheng Feng,*History of Chinese Society*,*Liao*,907-1125,Philadelphia:American Philosophical Society,1949,pp. 1-25. 日本学者村上正二、护雅夫、吉田顺一等多有修订与发挥。参郑钦仁、李明仁译著:《征服王朝论文集》,台北:稻乡出版社,2002年。

⑥陈述:《谈辽金元"烧饭"之俗》,《历史研究》1980年第5期。贾敬颜:《"烧饭"之俗小议》,《中央民族学院学报》1982年第1期。宋德金:《"烧饭"琐议》,《中国史研究》1983年第2期。蔡志纯:《元代"烧饭"之礼研究》,《史学月刊》1984年第1期。那木吉拉:《"烧饭"、"抛盏"刍议》,《中央民族大学学报》1994年第6期。

祀》二文，[①]森田宪司《关于元朝的代祀》，[②]以及樱井智美关于岳镇海渎祠庙的系列研究，[③]皆具有开创性。刘晓 2006 年出版的学术史回顾专书《元史研究》中，专辟“祭礼”一节介绍。[④] 2006 年以后，又涌现出不少整体性的论述，[⑤]最新的是刘晓 2016 年为《礼与中国古代社会（隋唐五代宋元卷）》撰写的《元代章》，[⑥]其中对郊祀、太庙、原庙（影堂）、五福太一祭祀研究皆有很大推进。

新时期的研究，有三方面特点。首先，不仅关注蒙古礼俗、具备政治文化视野，也体现出传统礼学知识的应用。黄时鉴《元朝庙制的二元性特征》[⑦]与刘迎胜《从七室之祀到八室之祀——忽必烈朝太庙祭祀中的蒙汉因素》、《至元元年初设太庙神主称谓考》[⑧]关注蒙古文化对元朝太庙的影响。而高荣盛《元代祭礼三题》不仅考察元代太庙中的蒙古、藏传佛教因素，更关注了传统礼学层面。[⑨] 阎宁（闫宁）从传统礼学、古典文献学角度讨论《元史・祭

---

①［日］池内功：《元朝の郡県祭祀について》，野口铁郎编：《中國史における教と國家》，东京：雄山阁，1994 年，第 155—179 页。（中文版本：《异民族支配与国家祭祀——谈元朝郡县祭祀》，郝时远、罗贤佑主编：《蒙元史暨民族史论集——纪念翁独健先生诞辰一百周年》，北京：社会科学文献出版社，2006 年，第 149—167 页。）

②［日］森田宪司：《元朝における代祀について》，《東方宗教》98，2001 年，第 17—32 页。

③详见本书第三篇《岳镇海渎》引言。

④参刘晓：《元史研究》，福州：福建人民出版社，2006 年，第 183—185 页。

⑤黄时鉴：《元代的礼俗》，《元史及北方民族史研究集刊》第 11 期，1987 年，收入陈得芝主编：《中国通史・元代卷》（上）第十二章，上海：上海人民出版社，1997 年，第 1018—1038 页。陈戍国：《中国礼制史・元明清卷》，长沙：湖南教育出版社，2002 年，第 1—173 页。

⑥刘晓：《元代章》，吴丽娱主编：《礼与中国古代社会（隋唐五代宋元卷）》，北京：中国社会科学出版社，2016 年，第 322—421 页。

⑦黄时鉴：《元朝庙制的二元性特征》，《元史论丛》第 5 辑，北京：中国社会科学出版社，1993 年。

⑧刘迎胜：《从七室之祀到八室之祀——忽必烈朝太庙祭祀中的蒙汉因素》，《元史论丛》第 12 辑，呼和浩特：内蒙古教育出版社，2010 年，第 1—20 页。刘迎胜：《至元元年初设太庙神主称谓考》，《清华元史》第 1 辑，北京：商务印书馆，2011 年，第 250—282 页。

⑨高荣盛：《元代祭礼三题》，《南京大学学报》2000 年第 6 期，第 73—82 页，收入氏著《元史浅识》，南京：凤凰出版社，2010 年，第 99—113 页。

祀志》。①

其次,新时期的研究,刊布和整理出不少新史料。洪金富《元〈析津志·原庙·行香〉篇疏证》②刊布的新史料,对原庙(影堂)研究至关重要,许正弘因而展开了系统的研究。③ 樱井智美不遗余力地搜集整理岳镇海渎祠庙碑刻,为后来学者提供了极大便利。乔多(Elisabetta Chiodo)、杨海英、娜仁格日勒、赛音吉日嘎拉等对蒙古祭祀风俗及相关抄本的调查与研究,④对研究古代蒙古礼俗有重要参考价值。

最后,新时期的研究,吸引了很多领域的学者。如建筑史学者研究社稷,儒家思想史学者研究宣圣孔子庙,医疗史学者研究三皇,艺术史学者研究影堂,藏学学者研究白伞盖佛事,等等。以上大略勾勒学术史脉络和趋势。更具体的专题综述,见本书各章引言。

综观先行研究,尚有两大方向值得探索。

一方面,以往学界对蒙古礼俗的理解往往有静态化、均质化的倾向。13世纪初,蒙古迅速崛起,统一草原诸部,建立大蒙古国,进而扩张为横跨游

①阎宁:《〈元史·祭祀志〉校勘记纠误及献疑》,《内蒙古师范大学学报》(哲学社会科学版)2008年第2期。阎宁:《〈元史·祭祀志〉研究》,内蒙古师范大学硕士论文,2008年。闫宁:《元代宗庙礼中蒙古因素的重新审视——以"蒙古巫祝"职能为中心》,《古代礼学礼制文献研究丛稿》,北京:商务印书馆,2018年,第142—150页。

②洪金富:《元〈析津志·原庙·行香〉篇疏证》,《"中研院"历史语言研究所集刊》79—1,2008年3月,第1—40页。

③许正弘:《试论元代原庙的宗教体系与管理机构》,《蒙藏季刊》第19卷第3期,2010年。

④Elisabetta Chiodo, "The Book of the Offerings to the Holy činggis Qaγan. A Mongolian Ritual Text", *Zentralasiatische Studien*, 22, 1989: 190-220. Idem., "The Book of the Offerings to the Holy Činggis Qaγan (Part 2)", *Zentralasiatische Studien*, 23, 1992: 84-144. Idem., "Γaril Sacrifice to the Ancestors in the Cult of Cinggis Qaγan", Ingeborg Baldauf and Michael Friederich eds., *Bamberger Zentralasienstudien: Konferenzakten ESCAS IV, Bamberg* 8. -12. *Oktober* 1991, Berlin: K. Schwarz, 1994, pp. 301-310. Idem., "The Black Standard (*qara sülde*) of Činggis Qaγan in Baruun Xüree", *Ural-Altaische Jahrbücher*, 15, 1997/1998: 250-254. Idem., "The White Standard of Chinggis Khaan (*čaγan tug*) of the Čaqar Mongols of Üüsin Banner", *Ural-Altaische Jahrbücher*, 16, 1999/2000: 232-244. 杨海英:《チンギス·ハーン祭祀——試みとしての歴史人類学的再構成》,东京:风响社,2004年。娜仁格日勒:《蒙古族祖先崇拜的固有特征及其文化蕴涵——兼与日本文化的比较》,呼和浩特:内蒙古教育出版社,2005年。赛音吉日嘎拉:《蒙古族祭祀》,赵文工译,呼和浩特:内蒙古大学出版社,2008年。

牧、农耕区域的大帝国。[①] 蒙古礼俗是随着政权的建立、族群共同体的形成、文化的整合而逐渐形成的。这一过程,既包括蒙古各部礼俗的动态发展,也受到其他民族文化的影响。在元朝发展过程中,蒙古“国俗旧礼”又经历了不断变迁的过程。本书将着力探析这些复杂的变动及其历史背景。

另一方面,以往的专题研究遗留很多空白和亟待深入的空间,而且元代国家祭祀的结构体系、发展趋势和整体特征也是亟须探索的综合性课题。国家祭祀研究不仅应用传统礼学知识与方法,更横跨现今史学中的政治史、文化史、社会史、宗教史、跨文化交流史等领域。因此本书需要广泛利用各类史料,在汉文史料之外,还搜集蒙古文、波斯文、藏文、拉丁文等多语言史料,尽可能检核原文,注重史料批判和实证研究。

三　体系架构

以往学者对于元代国家祭祀体系的认知,基本上来自明初纂修的《元史・祭祀志》的篇章结构。《元史・祭祀志》固然是关于元代祭祀制度最系统、最集中的史料,但其内容和结构都有明显的局限性,并不能完整反映元代国家祭祀的体系。樱井智美指出,《元史》纂修者明言“志”仿《宋史》,却不设《礼志》而设《祭祀志》,反映出元代史料的残缺、《元史》编纂者与明政权的意图、编纂上的制约等问题。[②] 下面我们从史书编纂和史源角度分析《元史・祭祀志》的局限性、《元史・祭祀志》所载中原吉礼体系的特点,进而为本书建立合理的篇章结构。

---

①关于蒙古政权发展形态的讨论,参 Nikolay Kradin, et al. “Why Do We Call Chinggis Khan's Polity ‘An Empire’?” *Ab Imperio*, 1, 2006: 89-118. Nikolay N. Kradin, “State Origins in Anthropological Thought”, *Social Evolution and History* 8-1, (2009): 25-51. Leonid E. Grinin and Andrey V. Korotayev, “Emergence of Chiefdoms and States: A Spectrum of Opinions”, *Social Evolution and History*, 11.2, 2012: 191-204.

②[日]樱井智美:《〈元史・祭祀志〉について》,《13、14世紀東アジア史料通信》第6号,2006年3月。

（一）《元史·祭祀志》的局限性

《元史·祭祀志》的编纂和史源问题，导致其有三方面局限性。

首先，《元史·祭祀志》是分两次纂成的。[①] 前五卷是洪武元年（1368）十一月至次年七月纂成的，主体史源是元文宗时官修政书《经世大典·礼典》，以元顺帝初期官修政书《六条政类》稍作补充。第六卷是洪武三年（1370）二月至六月纂成的，史源较为驳杂，包括《六条政类》以及洪武二年（1369）采自北平、山东、江南的公牍、碑拓、文集、野史、采访资料。[②] 史源上的差异导致第六卷与前五卷风格不统一，内容不连贯。整体而言，《元史·祭祀志》记元文宗以前事较为完整详细，而记元后期三十年史事简略零散。

其次，《元史·祭祀志》编纂仓促，前五卷基本上直接抄撮《经世大典·礼典》的祭祀条目，而后者主要参考元泰定帝至文宗初期太常寺官据公牍编纂的《太常集礼》。因此《元史·祭祀志》所载大体上是元代太常寺负责的儒家传统礼仪，而缺漏了其他一些属于元代国家祭祀的礼仪。明初史官已经认识到了这一点，他们在《元史·祭祀志》序中提到祭星、五福太乙"皆所未详"[③]，不予记载。刘晓先生根据道教碑刻才大致复原元代五福太乙祭祀的基本样貌。[④] 再如元中期设立的八思巴帝师殿，通祀天下，但不归太常寺管理，因而不载于《元史·祭祀志》。

最后也是最重要的是，《元史·祭祀志》对蒙古祭祀礼俗记载非常粗疏。

---

①参陈高华：《〈元史〉纂修考》，《历史研究》1990 年第 4 期，收入氏著《元史研究新论》，上海：上海社会科学院出版社，2005 年，第 437—457 页。王慎荣、叶幼泉、王斌：《元史探源》，长春：吉林文史出版社，1991 年，第 117—118 页。方龄贵：《〈元史〉纂修杂考》，张寄谦编：《素馨集——纪念邵循正先生学术论文集》，北京：北京大学出版社，1993 年，收入氏著《元史丛考》，北京：民族出版社，2004 年，第 1—49 页（尤其是第 36—37 页）。

②参马晓林：《〈元史·祭祀志〉史源蠡测》，《中国史学》第 30 卷，京都：朋友书店，2020 年。

③《元史》卷七二《祭祀志一》，第 1780 页。

④刘晓：《元代皇家五福太一祭祀》，黄正建主编：《隋唐辽宋金元史论丛》第 4 辑，上海，上海古籍出版社，2014 年，第 329—336 页，收入吴丽娱主编：《礼与中国古代社会（隋唐五代宋元卷）》，北京：中国社会科学出版社，2016 年，第 352—356 页。

《元史·祭祀志》既称"元之五礼,皆以国俗行之"[1],强调蒙古旧俗不废,皇帝很少亲祀郊庙却亲执国礼。[2] 但因为《太常集礼》《经世大典·礼典》皆无蒙古祭祀礼俗条目,《元史·祭祀志》难以找到成规模的篇章用于抄撮。《元史·祭祀志》仅第六卷末有"国俗旧礼"九条一千余字,内容颇为简略。如关于烧饭祭祖的记载很不完整,而蒙古祭天、祭旄纛、斡耳朵祓祭等重要礼仪皆未见记载。《元史·祭祀志》远远不足以反映元代蒙古皇家祭祀礼俗的全貌。

(二)《元史·祭祀志》所载中原吉礼体系

《元史·祭祀志》的前五卷的主体架构,直接来自《经世大典·礼典》。而《经世大典·礼典》大幅参考《太常集礼》。《太常集礼》的祭祀条目有四,[3]《经世大典·礼典》的祭祀条目有九,[4]《元史·祭祀志》前五卷的条目为数十七(见表1)。但条目数量越来越多,却并不意味着篇幅增大。《元史·祭祀志》将《经世大典·礼典》的"社稷(风雨雷师附)"一条拆分为"太社太稷"、"郡县社稷"、"风雨雷师"三条,而将"岳镇海渎"、"宣圣"各拆分为二条。拆分之后的条文内容比较简短。这大抵只是明初史官为应付纂修任务而做的细化工作而已。

《元史·祭祀志》《经世大典·礼典》《太常集礼》三书条目排序亦有差异。《太常集礼》采用郊祀、社稷、宗庙的排序,反映了太常寺儒家礼官的意见。《经世大典·礼典》改为郊祀、宗庙、社稷的排序,是元文宗朝廷的观点。《元史·祭祀志》与《经世大典·礼典》的不同是将先农、宣圣的位置提到岳镇海渎、三皇之前,又将前述拆分后的条目按照京师祭祀一组、郡县祭祀一组排列。这些变化反映了明初的礼制观念,尤其是对先农、孔子地位的推

---

①《元史》卷七二《祭祀志一》,第1779页。

②《元史》卷七二《祭祀志一》,第1780页。

③李好文:《太常集礼稿序》,苏天爵编:《国朝文类》卷三六,《四部丛刊》本,第20b—22a页。

④《经世大典·礼典总序》,苏天爵编:《国朝文类》卷四一,第2a页。

崇,与元代历史事实不符。

总之,官修政书、史书的编纂者,显然从主观上影响了书中祭祀条目的排序。

《元史·祭祀志》《太常集礼》《经世大典·礼典》祭祀条目对照表

《太常集礼》	《经世大典·礼典》(中篇)	《元史·祭祀志》(前五卷)
1. 郊祀	①郊祀	(1)郊祀
3. 宗庙	②宗庙	(2)宗庙
2. 社稷	③社稷(风雨雷师附)	(3)太社太稷 (7)郡县社稷 (11)风雨雷师
	④岳镇海渎	(6)岳镇海渎 (10)岳镇海渎常祀
	⑤三皇	(9)郡县三皇
	⑥先农	(4)先农
	⑦宣圣庙	(5)宣圣 (8)郡县宣圣庙
4. 诸神祀	⑧诸神祀典	(12)武成王 (13)古帝王庙 (14)周公庙 (15)名山大川忠臣义士之祠
	⑨功臣祠庙	(6)功臣祠
		(17)大臣家庙

备注:数字序号表示原书中的顺序。

元朝不是从一开始就有系统的礼制规划。中国历代王朝大多将国家祭祀分为大祀、中祀、小祀三等,但元代没有这种划分。《元史·祭祀志》按照祀官的等级与祭祀的频率,将祭祀大致分为五等:

1. 郊祀、宗庙。

2. 天子亲遣使致祭：社稷、先农、宣圣。

3. 代祀：岳镇海渎。

4. 有司常祀：社稷、先农、宣圣、三皇、岳镇海渎、风师雨师。

5. 非通祀：武成王、古帝王庙、周公庙、名山大川忠臣义士之祠、功臣祠。①

这是因为元代各项祭祀先后设立，逐渐累积，最终大致成为五等。这反映了元代礼制建设聚沙成塔的特点。

（三）本书的篇章结构

我们必须从视野上超越《元史·祭祀志》，利用多语种文献弥补《元史·祭祀志》的记载缺漏、体例局限，尤其是考证复原蒙古“国礼”，从历史事实出发，重构元代国家祭祀体系。本书的研究以蒙汉二元文化为中心，兼顾多元文化，注重多语言文献的发掘利用和文本批判，综合考量元代国家祭祀与政治、宗教、社会的互动关系，立体展现元代国家祭祀的形成与发展。

本书关注的主要时段是从1260年元世祖即位至1368年元顺帝弃大都逃往草原，但在研究蒙古礼俗时常常上溯至太祖成吉思汗（1162—1227）甚至更早的时期。

本书除绪论、结论之外，共十九章，厘为五篇。

第一篇研究祭天。中原与蒙古皆以天为最高神。第一章研究蒙古人的祭天仪式。第二章研究元朝郊祀祭天制度。第三章探析被誉为有元一代礼乐之肇始的壬子（1252年）日月山祭天，考察其历史真相及其在元朝几次国史修纂中的书写与改写，附论日月山相关历史地理问题。

第二篇研究祭祖。对汉人与蒙古人而言，祖先都是仅次于天的重要崇拜对象。第四章研究蒙古烧饭祭祖礼以及与之息息相关的火室斡耳朵。第五章研究太庙制度的演变。第六章研究融合多元文化因素的祭祖形式影堂

①《元史》卷七二《祭祀志一》，第1779—1780页。

（又称原庙、神御殿）。

第三篇研究“国俗旧礼”。蒙古祭天、祭祖已在第一、二篇中设有专章，本篇研究其他国俗旧礼及相关问题。第七章论《元史·祭祀志·国俗旧礼》的编纂史源与内容性质。第八章考察元代太庙中的“国礼”。第九章研究射草狗仪式。第十章从散见多语言史料中考稽国俗旧礼八种。

第四篇研究岳镇海渎，这是蒙古人最先接受的一项汉地传统祭祀，关乎蒙古山川信仰、道教、儒家的交融。第十一至十四章分别考察元代岳镇海渎祭祀的渊源、建置沿革、地点与路线、运作，最后与明清山川祀典稍作比较。附录元代岳镇海渎代祀年表。

第五篇研究元代天下通祀。第十五章通论坛壝，第十六章专论社稷。第十七、十八、十九章分别研究宣圣庙、三皇庙、帝师殿，尤其是揭示元代天下通祀体系逐步构建的历史过程及其影响，从中窥探元朝意识形态的变迁。

非通祀者，本书不设专门的篇章，只在第十八章三皇庙第一节兼论古帝王庙。

本书的基础是笔者2012年的博士论文以及十年来发表的一系列专题研究论文，具体篇目见本书后参考文献。随着学术界一些新成果的发表，笔者亦有新的思考和探索。本书大幅改进了篇章结构，增写了不少新篇章，几乎重写了绪论、结论，修改了每一章节，已发表论文收入本书时也有不小的修订，读者鉴之。

在本书中，蒙古语转写采用田清波（Antoine Mostaert）、柯立夫（Frances Woodman Cleaves）系统，波斯语转写采用《国际中东研究》（*International Journal of Middle East Studies*）系统。

第一篇

*

祭　天

蒙古人以天为最高信仰,“每事必称天”①,“无一事不归之天”②。祭天,是蒙古礼俗的核心,是元朝意识形态的核心象征。

元文宗时政书《经世大典·礼典总序·郊祀》载:③

> 惟天子得祭天,古之制也。我国家建大号以临天下,自有拜天之礼,衣冠尚质,祭品尚纯,帝后亲之,宗戚助祭,率其世职,非此族也,不得与焉。报本反始,出于自然,而非强为之制者也。有司简牍可知者,宪宗皇帝始拜天于日月山,既而又用孔子孙元措言,祭昊天后土,始大合乐。世祖皇帝至于今,制度弥文,而国家之旧礼初不废也。

这是元朝中后期官方的说法,明确阐述元代国家祭天有两种并行的传统。一是“国家之旧礼”,源于蒙古本俗。二是中原传统的郊祀,始于元宪宗、世祖时期。

值得玩味的是,这篇为郊祀作的序,却大书特书蒙古拜天之礼。这至少关乎三方面问题。

首先,汉式官署如礼部、太常寺并不职掌蒙古祭天,没有留下相关案牍资料,因此《经世大典》没有设立蒙古拜天条目。这导致今之学者必须搜集散见史料,利用碎片化的信息尽力重构蒙古祭天的历史面貌。

其次,这篇序用一半以上的篇幅描述蒙古拜天之礼,意在凸显二元传统的差异。郊祀制度弥加文饰,繁复琐细;而蒙古拜天之礼“衣冠尚质,祭品尚纯”,“报本反始,出于自然”。这说明元朝官方已经有意识地比较二元传统。因此,二元传统的互动,是我们在研究蒙古祭天、郊祀时必须考虑的因素。

最后,宪宗蒙哥日月山祭天,在序文中被视为具有创始性质的大事。元朝以蒙古文、汉文纂修本朝史时,对此事的书写、漏写与篡改,反映了元代二元政治文化传统的历时性变动。

---

①王国维:《蒙鞑备录笺证》,《王国维遗书》第13册,上海:上海古籍出版社,1983年,第17a页。

②王国维:《黑鞑事略笺证》,《王国维遗书》第13册,第11a页。许全胜:《黑鞑事略校注》,兰州:兰州大学出版社,2014年,第74页。

③《经世大典·礼典总序·郊祀》,《元文类》卷四一,《四部丛刊》本,第9a—b页。

第一章　元代蒙古人的祭天

蒙古祭天之礼是元朝最重要的礼仪，散见于蒙古语、汉语、波斯语、拉丁语等各种文献，因为缺乏系统性叙述，很多史实模糊不清，有待考证。主格黎是早期蒙古人的一种祭祀，学界对其有不少研究，[①]但罕有学者讨论这种仪式在元代的情况。元代洒马湩祭天仪式，最受学界关注。拉契涅夫斯基（Paul Ratchnevsky）1970 年将《元史·祭祀志六·国俗旧礼》"六月二十四日洒马奶子"条译为德语，并引用《鲁布鲁克东行纪》《马可·波罗行纪》以及蒙古口传文献进行了注解。[②] 司律思（Henry Serruys）1974 年出版英文著作《忽迷思仪式与赛马》（*Kumiss Ceremonies and Horse Races*）。[③] 忽迷思（kumiss）是马湩、马奶酒的突厥语名，此名在中世纪传入西方，因而为西方学者所熟知。司律思著作的主体内容，是刊布 20 世纪上半叶田清波（Antoine Mostaert）在鄂尔多斯所获的蒙古文洒马湩仪式文献抄本的转写，并将其译为

①相关研究综述见本章正文第一节的梳理。

②Paul Ratchnevsky，"Über den mongolischen Kult am Hofe der Grosskhane in China"，in Louis Ligeti ed.，*Mongolian Studies*，Amsterdam，1970，pp. 417–443.

③Henry Serruys，*Kumiss Ceremonies and Horse Races*，Wiesbaden：Harrassowitz，1974.

英文。司律思书前有22页的导言,广征博引,追溯洒马湩仪式的渊源,也论及了蒙元时期的情况。然而,拉契涅夫斯基、司律思的成果几乎未被后来的学者引用。一些晚出著述考察蒙古洒马湩祭天及相关问题,[①]总体上未超越拉契涅夫斯基、司律思的成就。也有学者已发现蒙古祭天不止洒马湩一种形式。有突出贡献的是今井秀周、罗依果(Igor de Rachewiltz)的文章。今井秀周《蒙古的祭天仪式——从蒙古帝国到元朝》一文提出祭天仪式从大蒙古国前期到元朝发生了变化。[②] 罗依果《成吉思汗及其直接继承者时期(约1160—1260年)的天、地与蒙古人初探》一文详细讨论了蒙古人对天的观念与各种崇拜形式。[③] 不过,今井秀周的史料搜集未臻全面,而罗依果对祭天仪式只做了初步考察,基本上没有涉及忽必烈即位以后的情况,他们也未利用拉契涅夫斯基、司律思的成果。总体而言,先行研究对史料的搜集和解读仍有未尽之处,而且或多或少都有将不同的仪式混为一谈的倾向。本章重新辨析相关史料,对蒙古人的祭天仪式进行分类,揭示仪式的多样性,梳理各仪式的传承和演变过程,讨论仪式中多元文化的交融互动。

---

①胡其德:《十二、三世纪蒙古族的宗教信仰》,《台湾师大历史学报》第18期,1990年,收入林富士主编:《礼俗与宗教》,北京:中国大百科全书出版社,2005年,第285—328页。黄时鉴:《元代的礼俗》,《元史及北方民族史研究集刊》第11期,1987年,收入白寿彝总主编,陈得芝主编:《中国通史·第八卷·元时期》(上),上海:上海人民出版社,1997年,第1019页。苏鲁格、宋长宏:《中国元代宗教史》,北京:人民出版社,1994年,第15页。苏鲁格:《蒙古族宗教史》,沈阳:辽宁民族出版社,2006年,第32—33页。サランゲレル著,児玉香菜子译:《モンゴルの祭祀儀礼における馬乳酒》,《千葉大学ユーラシア言語文化論集》19,2017年,第19—27页。

②[日]今井秀周:《モンゴルの祭天儀式——モンゴル帝国から元朝の間について》,《东海女子大学纪要》26,2006年,第1—17页。

③Igor de Rachewiltz, "Heaven, Earth and the Mongols in the time of Činggis Khan and His immediate Successors (ca. 1160—1260)—a Preliminary investigation", in N. Golvers and S. Lievens (eds), *A Lifelong Dedication to the China Mission. Essays Presented in Honor of Father Jeroom Heyndrickx, CICM, on the Occasion of His 75th Birthday and the 25th Anniversary of the F. Verbiest Institute K. U. Leuven*, Leuven: Ferdinand Verbiest Institute, 2007, pp. 107-139.

一　主格黎

主格黎祭祀是史料所见蒙古人最古老的祭祀仪式。《元朝秘史》第43—44节述成吉思汗十世祖孛端察儿死后（推测时间约为10世纪），其庶子沼兀列歹被家人怀疑血统不纯。沼兀列歹以前参加主格黎祭祀，这时从主格黎祭祀处被逐出。①

第43节：

正文	沼兀舌列歹	兀舌里答	主格黎突［儿］	斡舌栾	不列额
旁译	名	在前	以竿悬肉祭天	入	有来
拉丁转写	ǰe'üredei	urida	ǰügeli-dür	oron	büle'e

第44节：

正文	主格黎迭扯	中合儿中合周
旁译	以竿悬肉祭天处	逐出着
拉丁转写	ǰügeli-deče	qarqaǰu

第43节引文直译为：沼兀列歹以前参加主格黎。第44节引文直译为：（沼兀列歹）被驱逐出主格黎。

主格黎（ǰügeli），旁译"以竿悬肉祭天"。以往学术界对其词源、含义的讨论已经很多，这里不一一重复。关于其词源，各家看法不一。有学者认为其词源可能是古代突厥语ǰügärü（义为向上、往上、上面）一词，也有学者认为与

①乌兰校勘：《元朝秘史（校勘本）》，北京：中华书局，2012年，第13页。Paul Pelliot, *Histoire Secréte des Mongols*, Paris: Librairie d'Amerique et d'Orient Adrien-Maisonneuve, 1949, p. 9. 阿尔达扎布：《新译集注〈蒙古秘史〉》，呼和浩特：内蒙古大学出版社，2005年，第532页。

《元朝秘史》272节ǰügerüdkün(义为诅咒)的词根同为ǰüge-。[①] 最重要的是,学者揭出布里亚特语中的ǰüküli一词,[②]指祭祀中悬挂在竿上的带有头和四蹄的动物毛皮。[③] 这个词无疑就是主格黎(ǰügeli~ǰükeli>ǰüküli),只不过词义由祭祀名称转为专指祭品。因此《元朝秘史》旁译所谓"以竿悬肉",是对祭祀竿上祭品的泛称。

关于主格黎的祭祀对象,学界看法亦不一致。据娜仁格日勒整理,国内外学界的主要见解有十种之多。主要有两派,一种观点以海涅什(E. Haenisch)、江上波夫为代表,认同《秘史》旁译,认为主格黎祭祀对象是天。另一种观点主要依据逐出主格黎即逐出氏族,认为主格黎是氏族的祭祀,因而主格黎也祭祀祖先,持此观点的有村上正二、札奇斯钦等。其他的一些观点皆为不同程度调和二说者。[④] 札奇斯钦在1979年出版的《蒙古秘史新译并注释》中认为主格黎是全氏族成员对其氏族神或祖先的祭祀,并且似乎将主格黎与《秘史》第70节的亦捏鲁(烧饭祭祀)等同了起来。[⑤] 实际上,亦捏鲁在《秘史》旁译、总译中为"祭祀祖宗",与主格黎不可等同。札奇斯钦后来在1980年《蒙古史论丛》以及1987年出版的《蒙古文化与社会》中,又有如下表述:"祭天或祭祖,有时用以肉悬竿之礼,蒙古语称为'主格黎'。"[⑥]案,

---

①[蒙古]达·策仁索德那木:《〈蒙古秘史〉译注》,北京:民族出版社,1993年,第290页。[日]桥本胜:《关于〈蒙古秘史〉中主格黎一词的起源》,第八届国际蒙古学会议论文,乌兰巴托,2002年。转引自娜仁格日勒《蒙古族祖先崇拜的固有特征及其文化蕴涵——兼与日本文化的比较》,第147—148页。

②Lajos Bese, "The Shaman Term *J̌ükeli* in the *Secret History of the Mongols*", *Acta Orientalia Academiae Scientiarum Hungaricae*, 40, 1986, pp. 241-248. Igor de Rachewiltz, *The Secret History of the Mongols: a Mongolian epic chronicle of the thirteenth century*, Leiden: Brill, 2004, p. 281.

③J. E. Kowalewski, *Dictionnaire mongol-russe-franvçais*, Kazan, 1844—1849, p. 2424a. I. A. Manžiteev, *Buryatskie šamanističeskie i došamanističeskie terminy*, Moscow, 1978, pp. 55b-56a.

④参娜仁格日勒:《蒙古族祖先崇拜的固有特征及其文化蕴涵——兼与日本文化的比较》,第148—150页。

⑤札奇斯钦:《蒙古秘史新译并注释》,台北:联经出版事业公司,1979年,第34—35页。

⑥札奇斯钦:《蒙古的宗教》,《蒙古史论丛》,台北:学海出版社,1980年,第77页。札奇斯钦:《蒙古文化与社会》,台北:台湾商务印书馆,1987年,第155页。

后书是札奇氏对自己1979年英文著作的修订译本，英文原书中称主格黎为a ritual associated with ancestral veneration，[①]与其1979年对《秘史》的译注观点相同。札奇斯钦前后观点不一致，且没有展开讨论。村上正二将主格黎译为灵庙，主张祭祖之说，[②]然而村上所揭的资料中也存在祭天与祭祖并存的情况，至于孰先孰后、孰重孰轻恐怕难以辨清。娜仁格日勒以村上正二的研究为基础，提出主格黎最先用于祭祀祖先，后来用于祭天，有时并用，由祭祖到祭天的转变，是由于氏族的不断联合、扩大，需要一个更广泛的共通性的崇拜对象。[③] 娜仁格日勒为给自己的观点寻找支持，详细分析了祭品的样式以及悬于树上的文化背景。尽管如此，她的主要观点仍限于猜想层面，主格黎演变的时间轴线比较模糊，缺乏足够的历史依据，难以准确定位。

综上，学者之所以提出主格黎祭祀的对象不是天而是祖先，理由是逐出主格黎即逐出氏族。但是，仅这个理由不足以否定《元朝秘史》旁译。主格黎之类的祭祀，在古代阿尔泰民族中颇为普遍。梅维恒（Victor Mair）结合文献和考古资料指出，以马为牺牲悬于杆上的做法，在匈奴、鲜卑时期即已存在。[④] 罗新认为，北魏、辽、元、清代神杆祭祀证明了内亚传统的连续性。[⑤] 这种仪式在祭天的同时，也祀祖先或其他神灵。如辽朝帝后在木叶山杀牲，体割，悬树，祭祀天神、地祇。[⑥] 10世纪阿拉伯旅行家伊本·法德兰（Ibn Fadlān）见到突厥人在葬礼上杀马吃肉，将马的头、蹄、皮、尾悬于树上。[⑦] 13世纪到蒙古的西方旅行者柏朗嘉宾（John of Plan Carpin）、鲁布鲁克（William

---

①Sechin Jagchid, *Mongolia's Culture and Society*, Boulder, Colorado: Westview Press, 1979, p. 170.

②［日］村上正二：《モンゴル秘史》第1册，东京：平凡社，1970年，第49页。

③娜仁格日勒：《蒙古族祖先崇拜的固有特征及其文化蕴涵——兼与日本文化的比较》，第167—171页。

④Victor Mair, "Horse Sacrifices and Sacred Groves among the North(west)ern Peoples of East Asia"，《欧亚学刊》第6辑，2004年，第22—53页。

⑤罗新：《在清史中寻找内亚的连续性》，《历史人类学学刊》第15卷第2期，2017年10月，第247—252页。

⑥《辽史》卷四九《礼志一·吉仪·祭山仪》，北京：中华书局，2016年，第928页。

⑦Ibn Fadlan, *Mission to the Volga*, James E. Montgomery ed. and trans., in *Two Arabic Travel Books*, New York University Press, 2014, pp. 209.

of Rubruck)以及亚美尼亚史家祁剌柯思(Kirakos of Ganjak)都记录了蒙古人葬礼上悬马皮于竿的仪式。[①] 波伊勒指出,葬地已有献给祖先的祭品,而竿上所悬马皮献祭的对象是天。[②] 波伊勒后来又撰文进一步指出,悬马皮于竿是不太显贵的蒙古人的墓葬祭礼,是从突厥人那里借来的。[③] 金朝重五重九拜天,荐食物于架上,[④]是否祭祀其他神不清楚。而满洲的情况有明确记载。清宫设立堂子祭天,悬肉于神杆,大祀当天也要在堂子设灵位祭祀祖宗。[⑤] 总之可以认为,在这些祭祀中,祭祀对象往往同时包括天、祖先甚至其他神灵,将祭品高悬的目的显然是奉献给天。因此,主格黎本质上是祭天仪式,而祭祖的功能是次要的。

在主格黎祭天仪式中,树、竿、架都具有悬挂祭品的功能。在世界各地的原始宗教中,树常被认为是与上天沟通的"世界之轴"(axis mundi)。[⑥]《元朝秘史》第 133 节载塔塔儿部的驻营地名为"忽速图失秃延"(Qusutu Šitü'en)、"纳剌秃失秃额捏"(Naratu Šitü'en-e)。"忽速图"义为有桦树的,"纳剌秃"义为有松树的。"失秃延"、"失秃额捏"无旁译。伯希和认为其词根为《元朝秘史》第 205、214 节出现的词"失秃额"(šitü'e-),旁译"抗拒",因此释 šitü'en 为据点、城寨、堡垒。[⑦] 但鲍培揭出居庸关过街塔洞八思巴字蒙古语

---

①耿昇、何高济译:《柏朗嘉宾蒙古行纪 鲁布鲁克东行纪》,北京:中华书局,1985 年,第 37、220 页。John Andrew Boyle,"Kirakos of Ganjak on the Mongols",*Central Asiatic Journal*,8,1963: 199-214(204-207).

②John Andrew Boyle,"A Form of Horse Sacrifice amongst the 13th and 14th Century Mongols",*Central Asiatic Journal*,10,1965:145-150(149-150).

③John Andrew Boyle,"The thirteenth century Mongols' conception of the after life: the evidence of their funerary practices",*Mongolian Studies*,1,1974: 5-14(10-11).

④《金史》卷三五《礼志八·拜天》,第 826 页。

⑤允禄:《钦定满洲祭神祭天典礼》卷三《大祭翌日祭天仪注》;普年:《满洲跳神还愿典例》卷一《总记满洲等祭祀事宜》,收入刘厚生点注:《清代宫廷萨满祭祀研究》,长春:吉林文史出版社,1992 年,第 116、375 页。

⑥[美]伊利亚德著,晏可佳、姚蓓琴译:《神圣的存在:比较宗教的范型》,桂林:广西师范大学出版社,2008 年,第 284—285 页。

⑦Paul Pelliot and Louis Hambis,*Histoire des Campagnes de Gengis Khan*,Leiden: Brill,1951,p. 202. 罗依果亦采此说。Igor de Rachewiltz,*The Secret History of the Mongols: a Mongolian epic chronicle of the thirteenth century*,vol. 1,p. 57.

碑铭中的 šitü'en 一词，具体指佛像，[①]因此 šitü'en 的含义当为崇拜的对象、信仰的对象。其词根当为 šitü-，《华夷译语》的释义是"倚"，[②]现代蒙古语词典释为信仰、崇拜、信赖。[③] 神树即可被称为 šitü'en，因此塔塔儿部驻营的这两个地名很可能与祭天仪式有关。[④] 这两个地名的出现，应该是 12 世纪甚至更早前的事，折射出成吉思汗崛起前草原上的祭祀风俗。

主格黎祭祀在元代几乎不见于直接记载，在现代也只在个别地区尚有留存。[⑤] 有学者认为，到 13 世纪以后主格黎一词不大运用而似乎被其他名称代替。[⑥] 笔者认为，既然明初《元朝秘史》能够将其旁译为"以竿悬肉祭天"，就表明主格黎祭祀在 14 世纪后半叶仍然存在。至于 13 世纪主格黎祭祀的行用情况，也有几条旁证。

1221 年出使蒙古的南宋人赵珙所撰《蒙鞑备录》记载，蒙古人"正月一日必拜天，重午亦然。此乃久住燕地，袭金人遗制，饮宴为乐也"[⑦]。遍检史料，正月初一、重午日皆非元代蒙古黄金家族的祭天时间。赵珙所记的实际上是当时把持华北最高权力的木华黎（1170—1223）所行用的祭天礼仪。赵珙等南宋使臣还受木华黎之邀参加了重五拜天之后的打毬与宴饮。[⑧] 木华黎，蒙古札剌亦儿氏，1217 年被成吉思汗委任为太师、国王、都行省承制行事，全权处理华北事务。木华黎祭天的正月一日、重午两个日期，都属于金

---

①［俄］鲍培（Nicholas Poppe）原著，郝苏民译注解补：《鲍培八思巴字蒙古文献语研究入门（修订本）》，北京：民族出版社，2008 年，第 225 页。

②栗林均编：《〈華夷訳語〉（甲種本）モンゴル語全単語語尾索引》，仙台：日本東北大学東北アジア研究センター，2003 年，第 45 页。

③内蒙古大学蒙古学研究院蒙古语文研究所编：《蒙汉词典（增订本）》，呼和浩特：内蒙古大学出版社，1999 年，第 924 页。

④参［蒙古］策·达赖著，丁师浩、特尔根译：《蒙古萨满教简史》，北京：中国社会科学院民族研究所，1978 年，第 39 页。额尔登泰、乌云达赉、阿萨拉图：《〈蒙古秘史〉词汇选释》，呼和浩特：内蒙古人民出版社，1980 年，第 252 页。阿尔达扎布：《新译集注〈蒙古秘史〉》，第 238—239 页。

⑤娜仁格日勒：《蒙古族祖先崇拜的固有特征及其文化蕴涵——兼与日本文化的比较》，第 152—153 页。

⑥僧格：《古代蒙古宗教仪式与"只勒都"、"主格黎"祭祀》，《世界宗教文化》2011 年第 3 期。

⑦王国维：《蒙鞑备录笺证》，第 15a—b 页。

⑧王国维：《蒙鞑备录笺证》，第 18b 页。

人遗制。《三朝北盟会编》记女真礼俗:“元日则拜日相庆,重午则射柳祭天。”[①]《金史》载:“金因辽旧俗,以重五、中元、重九日行拜天之礼。……其制,刳木为盘,如舟状,赤为质,画云鹤文。为架高五六尺,置盘其上,荐食物其中,聚宗族拜之。”[②]金朝荐食于高架上的拜天礼,与蒙古人以竿悬肉的主格黎仪式颇为相似。燕京地区的蒙古统治者木华黎接受金人遗制,也许有政治上统御金朝故地的考量,但仪式相似、文化相通应该是其重要基础。

元世祖至元五年(1268),中书省规定了各路官府每年各项祭祀的支出钱数,其中包括“重午、重九拜天节”[③]。至元五年的这条关于祭祀官费的规定,很可能是对蒙古前四汗时期华北各路沿袭的金朝旧俗加以承认。而华北各路的蒙古官员,当然要主持和参与重五重九拜天。对于他们而言,金朝拜天遗制也是一种主格黎式的祭祀。但不久,中书省就下令革去各路官府的重五重九拜天,《元典章》载:

> 至元九年(1272)正月,中书吏礼部:
>
> 承奉都堂钧旨判送:“户部呈:为本路年例祭祀钱数,再行拟定必合祭祀事理。连判申呈。”本部照得:祭祀社稷、风雨雷师,释奠至圣文宣王,立春日,俱系合行事理。其重五、重九拜天,据《集礼》所载,金人立国之初,重午拜于鞠场,重九拜于都城外。此系亡金体例,拟合革去。呈奉都堂钧旨:“准呈。移关户部照会者。”奉此。[④]

以往学者把这次革去的拜天礼理解为国家级的祭祀,[⑤]是不确切的。如果要改变国家层级的祭天,势必需要圣旨裁夺。而这件公文是都堂钧旨,目

---

①徐梦莘:《三朝北盟会编》卷三,上海:上海古籍出版社,1987年,第5a页。

②《金史》卷三五《礼志八·拜天》,第826—827页。

③陈高华、张帆、刘晓、党宝海点校:《元典章》卷二一《户部七·钱粮·支·拟支年销钱数》,天津:天津古籍出版社、北京:中华书局2011年,第771页。

④陈高华、张帆、刘晓、党宝海点校:《元典章》卷三〇《礼部三·祭祀·革去拜天》,第1079—1080页。

⑤黄时鉴:《元代的礼俗》,《元史及北方民族史研究集刊》第11期,1987年,收入白寿彝总主编,陈得芝主编:《中国通史·第八卷·元时期》(上),第1019页。

的是规范地方官府的祭祀经费。至元九年革去各路拜天，应理解为元朝制度建设过程中礼制规范化的一部分。需要注意的是，中书省针对的是各路官府，没有干预民间祭祀，因此蒙古人中存在主格黎祭天的可能性很高。

结合《蒙鞑备录》、《元典章》以及《元朝秘史》，我们可以推测，元代蒙古人仍然有主格黎祭祀的习俗。在华北的一些高层蒙古人至少在 1221—1272 年之间曾受到金朝拜天遗制的直接影响。总之，主格黎祭祀在蒙古人很早就施行的古老仪式之一；金朝拜天遗制与主格黎相似，因此在大蒙古国统治华北最初的半个世纪一度施行，是一种非国家级的祭祀。

二　洒马湩

在元代国家层面，以竿悬肉的仪式、主格黎之名皆不见于记载。元朝祭天仪式的最重要特征是洒马湩（马奶子、马乳酒），史称“凡大祭祀，尤贵马湩”[①]。马湩，又称马奶子、马奶酒，是用马奶发酵而成的酒精饮品。[②]《元朝秘史》记载了“撒出里”（sačuli）一词，旁译“洒奠”，词根为 sǎču-（洒），总译作“将马奶子洒奠了”。[③] 可知蒙古语中称洒马湩时用洒这一动作即可，无须提及马湩，因此洒奠用马湩是蒙古习俗中的一种常识。

蒙古统治者的洒马湩祭天仪式，最早出现于成吉思汗时期。《元朝秘史》第 103 节记载，年轻的帖木真（成吉思汗）遁入不儿罕山，逃过仇敌追杀后，感不儿罕山遮救之恩，念诵了一长段祝词，解带挂在颈上，摘帽挂在手

---

①《元史》卷七四《祭祀志三・宗庙上》，第 1841 页。

②参杨晓春：《蒙・元时期马奶酒考》，《西北民族研究》1999 年第 1 期。杨印民：《蒙元时期的葡萄酒和马奶酒》，《历史教学问题》2007 年第 4 期。

③乌兰校勘：《元朝秘史（校勘本）》第 103 节，北京：中华书局，2012 年，第 66 页。阿尔达扎布：《新译集注〈蒙古秘史〉》，第 174、558 页。参小沢重男：《元朝秘史全釈》中册，东京：风间书房，1986 年，第 237 页注 12。Igor de Rachewiltz, *The Secret History of the Mongols: a Mongolian epic chronicle of the thirteenth century*, Leiden: Brill, 2004, p. 407.

上,一手捶胸,向日跪拜九次,将马奶子洒奠了。[①] 波斯语史书《世界征服者史》与《史集》记载,成吉思汗在 1219 年出征花剌子模之前,独自登上山头,解带挂在颈上,脱帽,以脸朝地,祈祷三天三夜,祈求上天护佑。[②]《史集》还记载,成吉思汗出征金朝之前,施行了相同的登山祭祀活动。[③] 天(腾格理)给予成吉思汗护佑、福荫,是汗权的源头,也是大蒙古国意识形态的核心。[④] 在仪式中,成吉思汗本人直接向天祝告祈祷,无须借助萨满巫师。成吉思汗即位后,处死了有威望的萨满巫师阔阔出(称号帖卜・腾格理),[⑤]标志着成吉思汗将汗权、巫权合一,统合了对天命、天意的解释权。[⑥] 祭天宣示了天对汗的直接护佑,成为国家层面最重要的礼仪。到元代,洒马湩祭天是"皇族之外,无得而与"[⑦]。将祭天仪式限定于黄金家族内,也就是将天命与成吉思汗血统捆绑在一起。

大蒙古国的祭天仪式之所以不是主格黎而是洒马湩,应该考虑三重因素。第一,成吉思汗崛起前的蒙古诸部文化多样,祭天仪式可能并不相同,不止一种。第二,洒马湩仪式可能对于成吉思汗而言有特殊意义。成吉思汗年少时,父亲遇害,部众散去,母亲参加烧饭祭祖时没有分到祭余的胙肉,

---

①余大钧译注:《蒙古秘史》,石家庄:河北人民出版社,2001 年,第 54—55 页。阿尔达扎布:《新译集注〈蒙古秘史〉》,第 174 页。

②[波斯]拉施特主编,余大钧、周建奇译:《史集》第一卷第二分册,北京:商务印书馆,1983 年,第 260 页。[伊朗]志费尼著,何高济译:《世界征服者史》,呼和浩特:内蒙古人民出版社,1980 年,第 93 页。

③[波斯]拉施特主编,余大钧、周建奇译:《史集》第一卷第二分册,第 358—359 页。

④Thomas T. Allsen, "A Note on Mongol Imperial Ideology", Volker Rybatzki, Alessandra Pozzi, Peter W. Geier and John R. Krueger eds., *Early Mongols: Language, Culture and History*, Bloomington, Indiana: The Denis Sinor Institute for Inner Asian Studies, Indiana University, 2009, pp. 1-8.

⑤关于 Teb tenggeri 的含义,众说纷纭。参 Igor de Rachewiltz, *The Secret History of The Mongols: A Mongolian Epic Chronicle of the Thirteenth Century*, Vol. 2, pp. 869-873.

⑥参刘中玉:《从阔阔出被杀看蒙古统一背景下汗权与巫权的统合》,《欧亚学刊》第 9 辑,北京:中华书局,2007 年,第 289—298 页。胡其德:《成吉思汗即位前后的政教关系——以萨蛮教为中心》,《台湾师大历史学报》第 15 期,1987 年。

⑦《元史》卷七二《祭祀志一・郊祀上》,第 1781 页。

被氏族抛弃，生活贫苦，[①]再未参加氏族的祭祀活动。这种境况有可能促使成吉思汗家族采用新的仪式。第三，新仪式可能与成吉思汗建立新政权、新意识形态有关。学者从宗教发展的角度考察，认为人类宗教的发展最初是泛灵崇拜，然后产生主神崇拜，最终演变为一神教，长生天信仰属于主神崇拜；从社会与宗教的关系考察，随着社会阶级的分化，神也有了高低之分，最高的神与汗权相结合，成为统治者宣扬合法性的工具。[②] 在草原的历史上，天的观念也在发展演化。匈奴、突厥、回鹘、蒙古等北方民族皆有"天"（Tengri）的观念，[③]但"长生天"（蒙古语 Möngke Tengri）观念则是蒙古人独有的。据学者统计，在《元朝秘史》全书中，"腾格[舌]理"（Tengri）共出现 42 次，其中与 möngke 连用为"蒙客・腾格[舌]理"（长生天）的例子全部出现于成吉思汗即位以后的叙事中。[④] 长生天观念适应于新兴的大蒙古国大汗的至高权力。[⑤] 洒马湩是祭祀长生天的仪式，是天授汗权的直接象征，是大蒙古国意识形态的最核心表征。

大蒙古国的洒马湩祭天，分为因事洒马湩、岁时洒马湩两种。

前述成吉思汗出征花剌子模、金朝之前的登山祭天，属于因事祭天。窝阔台合罕在位第八年（1236），派遣拔都等西征。《史集》记载，拔都面对劲敌

---

①余大钧译注：《蒙古秘史》，第 69—75 页。

②满都夫：《论蒙古萨满教的性质与世界观》，《内蒙古社会科学》1986 年第 5 期，第 22—23 页。蔡志纯：《蒙古萨满教变革初探》，《世界宗教研究》1988 年第 4 期，第 120—121 页。乌兰察夫、苏鲁格：《科尔沁萨满教试析》，《内蒙古社会科学》1988 年第 5 期，第 42 页。王德恩：《蒙古族宗教研究述评》，乌兰察夫、乌力吉图主编：《蒙古学十年（1980—1990）》，呼和浩特：内蒙古人民出版社，1990 年，第 149 页。苏鲁格、宋长宏：《中国元代宗教史》，北京：人民出版社，1994 年，第 15 页。苏鲁格：《蒙古族宗教史》，沈阳：辽宁民族出版社，2006 年，第 32—33 页。

③文廷式：《纯常子枝语》卷二八，《续修四库全书》本，第 429 页下。蔡鸿生：《突厥事火和拜天》，《唐代九姓胡与突厥文化》，北京：中华书局，1998 年，第 136—138 页。杨富学：《回鹘文献与回鹘文化》，北京：民族出版社，2003 年，第 163—164 页。蔡美彪：《成吉思及撑黎孤涂释义》，《中国史研究》2007 年第 2 期。

④Marie-Lise Beffa, "Le concept de *tänggäri* 'ciel' dans *l'Histoire secrète des Mongols*", *Études Mongoles et Sibériennes* 24（1993）：215-236.

⑤胡其德：《蒙古族腾格里观念的演变》，台北："蒙藏委员会"，1997 年，第 7 页。

不剌儿人时,“按照成吉思汗的习惯,登上山顶,昼夜恭顺地向神呼吁哀告”[①]。《世界征服者史》记载,拔都与匈牙利军队决战之前,登上一个山头,一天一夜,除了祷告和叹息外不跟任何人说话。[②] 拔都遵循成吉思汗的做法,在大战到来之前举行祭天祷告活动。

岁时洒马湩祭天,是每年的例行活动,主要举行于春季至秋季,但具体日期不固定。关于蒙哥汗祭天,《元史》载,宪宗二年(1252)秋八月八日,祭天于日月山;四年(1254),会诸王于颗颗脑儿之西,乃祭天于日月山;七年(1257)秋,驻跸于军脑儿,酾马乳祭天。[③] 1254 年上半年,鲁布鲁克(William of Rubruck)在蒙哥汗廷。他记载:“阴历五月九日,占卜者们集中所有的白母马,把它们献祭。基督教士们不得不带着香炉参加。然后他们把新忽迷思洒在地上,并在当天举行盛大宴会,因为他们认为它们当时是初尝忽迷思……”[④]鲁布鲁克记日,基本上遵循西方历法,但此处却用到了一个少有的记日方法“阴历五月的第九日”(拉丁文 nona die luacionis Maii)[⑤]。伯希和指出,鲁布鲁克全书在指称“月份”时使用了两个不同的词:luna 和 lunatione (luacionis),前者与英文的 month 可以直接对应,对应西方历法的月,后者则是鲁布鲁克用以指称回鹘—蒙古历法的月。[⑥] 因此,鲁布鲁克此处指的是阴历五月九日,相当于西历 5 月 26 日。

---

①[波斯]拉施特主编,余大钧、周建奇译:《史集》第二卷,第 62 页。

②志费[波斯]尼著,何高济译:《世界征服者史》,第 319 页。最近学者结合文献与考古调查,勘定了拔都在匈牙利所登之山的位置。参 Stephan Pow and József Laszlovszky,“Finding Batu's Hill at Muhi: Liminality between Rebellious Territory and Submissive Territory, Earth and Heaven for a Mongol Prince on the Eve of Battle”, *Hungarian Historical Review*, 8. 2, 2019: 261-289.

③《元史》卷三《宪宗纪》;卷七二《祭祀志一·郊祀上》,第 48、50、1781 页。

④Peter Jackson trans., *The Mission of Friar William of Rubruck*, Hackett, 2009, p. 241. 何高济译:《鲁布鲁克东行纪》,第 305 页。[英]道森编,吕浦译:《出使蒙古记》,北京:中国社会科学出版社,1982 年,第 217—218 页。此日期,汉译本译文皆不确。

⑤Guglielmo di Rubruk, *Viaggio in Mongolia (Itinerarium)*, ed. by Paolo Chiesa, Fondazione Lorenzo Valla/Mondadori, 2011, pp. 264. Peter Jackson trans., *The Mission of Friar William of Rubruck*, p. 241.

⑥Paul Pelliot, *Recherches sur les chrétiens d'Asie centrale et d'Extrême-Orient*, Vol. I, Paris, 1973, p. 151.

忽必烈为藩王时，春、秋率麾下洒白马湩祭祀。张德辉(1195—1274)亲睹其事，记载："至重九日，王帅麾下会于大牙帐，洒白马湩，修时祀也。其什器皆用桦木，不以金银为饰，尚质也。……四月九日，率麾下复会于大牙帐，洒白马湩，什器亦如之。每岁惟重九、四月九，凡致祭者再，其余节[日]则否。"①姚从吾先生指出，蒙古祭天日期不固定，张德辉1248年在忽必烈帐下所见祭天恰好在四月九日，引起了他过分的注意。②

忽必烈即位后，中统二年(1261)四月八日，躬祀天于开平(元上都)西北郊，洒马湩以为礼，③"皇族之外，皆不得预礼也"④。元代真定人侯克中(约1225—1315)《马乳》诗有"草青绝漠供春祭"⑤句，反映的也是春季的洒马湩祭祀。关于元朝的春季洒马湩祭祀，虽然缺少直接记载，但有旁证。《元史·马政》载：

> 车驾行幸上都，太仆卿以下皆从，先驱马出健德门外，取其肥可取乳者以行，汰其羸瘦不堪者还于群。自天子以及诸王百官，各以脱罗毡置撒帐，为取乳室。车驾还京师，太仆卿先期遣使征马五十酝都来京师。酝都者，承乳车之名也。既至，俾哈赤、哈剌赤之在朝为卿大夫者，亲秣饲之，日酿黑马乳以奉玉食，谓之细乳。每酝都，牝马四十。⑥

酝都，司律思还原为 ündür，涂逸珊(İsenbike Togan)还原为 öndür，⑦其波斯文形式 ūndūr/ūndur(اوندر / اوندور)，最早见于拉施特《史集·部族志·克烈》记汪罕祖父时代史事。拉施特解释道，酝都是指用皮子缝成的载于大车上的

---

①王恽：《玉堂嘉话》卷八，杨晓春点校，北京：中华书局，2006年，第175—176页。

②姚从吾：《张德辉〈岭北纪行〉足本校注》，《姚从吾先生全集》第七册，台北：正中书局，1982年，第338页注[八三](2)。

③《元史》卷七二《祭祀志一·郊祀上》，第1781页。

④王恽：《中堂事记(中)》，《秋涧集》卷八一，《元人文集珍本丛刊》本，第370页上。

⑤侯克中：《艮斋诗集》卷七《马乳》，《景印文渊阁四库全书》本，第1205册，第484页。

⑥《元史》卷一〇〇《兵志三·马政》，第2554页。

⑦İsenbike Togan, *Flexibility and Limitation in Steppe Formations: The Kerait Khanate and Chinggis Khan*, Leiden: Brill, 1998, p. 68.

一种特别庞大的袋子，每袋可装五百“曼”马湩。[①] 酝都本义是载于车上的革囊，引申为承乳车之名。据《元史·马政》，每一酝都为四十匹牝马。每年秋季从上都返回大都时，太仆卿征调五十酝都，合计二千匹牝马。马可·波罗记载，忽必烈大汗养了一万多匹白牝马，用以取乳。[②] 元朝皇帝每年从大都前往上都的时间虽然并不固定，但大致在二月到四月之间。[③] 这正是春季。数以千计的牝马被驱赶到大都健德门外，经过拣选淘汰之后，供天子以及诸王百官取乳。取乳的具体地点在大都还是上都，史料记载不明确。但伴随着春季取乳，应该有洒马湩祭祀。

元代秋季也有高规格的洒马湩仪式。马可·波罗记载，七月二十八日，忽必烈大汗取白牝马之乳，洒于地上，祭祀日期由“占星家与偶像教徒”决定。[④] 熊梦祥《析津志》载：

> 上京于是日（引者案，七月七日）命师婆涓吉日，敕太史院涓日，洒马戾（疑为“妳”字之讹），洒后车辕軏指南，以俟后月。……是月（引者案，八月）也，元宰奏太史、师婆俱以某日吉，大会于某处，各以牝马来，以车乘马潼（湩）。[⑤]

---

①［波斯］拉施特主编，余大钧、周建奇译：《史集》第一卷第一分册，第 211 页。A. A. Али-заде, *Фаэлаллах Рашид ад-Дин, Джами'ат-Таварих*（苏联集校本），Том I, Часть 1, Москва, 1965, p. 261.

②A. C. Moule and Paul Pelliot, *Marco Polo the Description of the World*, Vol. 1, London: G. Routledge and sons, 1938, pp. 187-188. 参冯承钧译：《马可波罗行纪》，上海：上海书店出版社，2001 年，第 174 页；高田英树译：《世界の記——〈東方見聞錄〉對校譯》，名古屋：名古屋大学出版会，2013 年，第 165、169 页。

③参渡边健哉：《元大都形成史の研究：首都北京の原型》附表《元代皇帝の居处》，仙台：东北大学出版会，2017 年，第 289—301 页。

④A. C. Moule and Paul Pelliot, *Marco Polo the Description of the World*, London: G. Routledge and sons, 1938, Vol. 1, pp. 187-188. 冯承钧译：《马可波罗行纪》，上海：上海书店出版社，2001 年，第 174 页。马可·波罗所云“八月那个阴历月的第二十八日”，实际上指的是七月二十八日。参马晓林：《马可·波罗所记元朝洒马奶之祭——兼论马可·波罗在元上都的时间》，氏著《马可·波罗与元代中国：文本与礼俗》，上海：中西书局，2018 年，第 63—73 页。

⑤《析津志辑佚》，北京：北京古籍出版社，1983 年，第 221 页。个别标点有改动。

《析津志》又记“于中秋前后洒马奶子”[1]。顺帝时杨允孚亦记：“每年八月开马奶子宴，始奏起程。”[2]这就是马可·波罗所记元朝皇帝起程离上都前的洒乳祭祀，皇帝亲临主持，每年的祭祀日期由太史和萨满巫觋选定。综上，我们已经知道元朝春、秋举行祭天仪式。

关于元代洒马湩祭祀，最有名的一条史料是《元史·祭祀志·国俗旧礼》载：

> 每岁，驾幸上都，以六月二十四日祭祀，谓之洒马奶子。用马一，羯羊八，彩段练绢各九匹，以白羊毛缠若穗者九，貂鼠皮三，命蒙古巫觋及蒙古、汉人秀才达官四员领其事，再拜告天。又呼太祖成吉思御名而祝之，曰：“托天、皇帝福荫，年年祭赛者。”礼毕，掌祭官四员，各以祭币表里一与之；余币及祭物，则凡与祭者共分之。[3]

《国俗旧礼》在《祭祀志》最末，很可能是《元史》二次纂修时补入的，反映的应是元中后期的情况。

今井秀周认为，《元史》漏记了六月二十四日洒马湩的祭场、祭坛。他举证匈奴、乌丸、鲜卑、契丹、女真、满洲等北方民族祭祀皆围绕着树或木举行，从而推测蒙古洒马湩祭祀仪式中竖立木柱，洒酒是围绕着木柱进行的。[4] 这种观点实际上是将主格黎、洒马奶仪式合二为一了，但缺乏史料支撑。如上所述，元代国家洒马湩祭天仪式的雏形可追溯到成吉思汗时期。成吉思汗独自登山拜天，没有竖立木柱的迹象。因此我们仍然认为，主格黎、洒马湩是两种仪式。

在六月二十四日仪式中，皇帝并没有亲临。其祭祀祝词为：“托天、皇帝福荫，年年祭赛者。”蒙元时期无“天皇帝”或“天可汗”之例，故应断开，作

---

①《析津志辑佚》，第205页。

②杨允孚：《滦京杂咏》卷下，知不足斋丛书本，第1b—2a页。

③《元史》卷七七《祭祀志六·国俗旧礼》，第1924页。

④[日]今井秀周：《モンゴルの祭天儀式——モンゴル帝国から元朝の間について》，第11—12页。

"托天、皇帝福荫"。此即元代官文书冒头的"长生天气力里,皇帝福荫里"(蒙古语:Möngke tengri-yin kučun-dur qa'an-u su-dur,今译:靠长生天的气力,托皇帝的福荫)的简要写法。值得注意的是,蒙元时代圣旨的冒头是"长生天气力里,大福荫护助里,皇帝圣旨",而懿旨、令旨、法旨的冒头是"长生天气力里,皇帝福荫里,××懿旨/令旨/法旨"。[①] 也就是说,在皇帝缺席的情况下,才要使用"皇帝福荫里"。以此观六月祭祀的祝词,可知皇帝并不亲临。

今井秀周认为,忽必烈以后的皇帝因信仰藏传佛教,对萨满教的洒马湩祭祀失去了兴趣。[②] 今井秀周只看到了《元史 · 祭祀志 · 国俗旧礼》六月二十四日祭祀这一条史料,误以为这是忽必烈以后唯一的洒马湩祭祀,于是推论从大蒙古国到元朝洒马湩祭天的时间从春季改为夏季。实际上,直到元中后期,夏秋季节也一直有不止一次洒马湩祭祀。

拉契涅夫斯基(Paul Ratchnevsky)将《元史 · 祭祀志》所载六月二十四日洒马湩条全文译为德语,并用《鲁布鲁克东行纪》、《马可 · 波罗行纪》以及蒙古口传文献对进行了注解。拉契涅夫斯基指出洒马湩祭祀有季节性迁徙祭、马驹断奶祭(gegün-ü sün-yi sačuli)两种,[③]而六月二十四日祭祀与这两种祭祀都无关。[④] 可惜他没有解决这一疑问。

关于六月二十四日这一日期,可以参考的是民俗资料。今内蒙古鄂尔多斯地区每年有马奶节,又称夏季淖儿大宴,[⑤]蒙古语称为珠拉格(Julaγ),主要由祭祀仪式和赛马活动组成。范立汉(Albert Felix Verwilghen,1916—

---

①刘晓:《元代公文起首语初探——兼论〈全元文〉所收顺帝诏书等相关问题》,《文史》2007 年第 3 辑。

②[日]今井秀周:《モンゴルの祭天儀式——モンゴル帝国から元朝の間について》,第 14 页。

③关于马驹断奶祭(gegün-ü sün-yi sačuli),参 Walther Heissig, *Mongolische volksreligiöse und folkloristische Texte, aus europäischen Bibliotheken*, Wiesbaden, 1966, p. 47.

④Paul Ratchnevsky, "Über den mongolischen Kult am Hofe der Grosskhane in China", in Louis Ligeti ed., *Mongolian Studies*, Amsterdam, 1970, pp. 417-443(429).

⑤参赛因吉日嘎拉著,赵文工译《蒙古族祭祀》,呼和浩特:内蒙古大学出版社,2008 年,第 151—154 页。

2000)在鄂尔多斯杭锦旗所获仪式抄本记载,珠拉格举行时间是六月十五日。[①] 田清波记载,鄂尔多斯珠拉格举行于每年夏至日随后的吉日。[②] 珠拉格仪式抄本称仪式的创造者为成吉思汗。[③] 司律思对鄂尔多斯珠拉格仪式抄本做了细致研究,认为鄂尔多斯的仪式并非源于元朝皇家,而是更古老的习俗,很可能是许多游牧部族所共有的。[④] 如《元史·地理志·西北地附录》载,吉利吉思以东、谦河之北的民族乌斯(Urs),"其俗每岁六月上旬,刑白马牛羊,洒马湩"[⑤]。帕拉斯(Peter Simon Pallas,1741—1811)在他的西伯利亚调查报告中记载:"鞑靼人最庄严的节庆在 jun 即春季,西历 6 月的那个月,他们称之为 ulu schilker ai。"[⑥]案,蒙古语 jun 为夏季,帕拉斯误译为春季。而 ulu schilker ai 即突厥语 ulugh silgai ai,义为大热月。西伯利亚突厥民族将一年中最热的三个月份叫作小热月、大热月、热月。[⑦] 大热月是夏季的第二个月。因此帕拉斯所记祭祀日期是夏季的第二个月。现代柯尔克孜族马奶节,在每年入夏后双子星在天空正西方第一次出现的第二天,相当于公历 5 月 22 日,从这一天开始生产和食用马奶。[⑧] 哈萨克族马奶节(Qymyzmudunruq),又

---

①Henry Serruys, *Kumiss Ceremonies and Horse Races*, p. 16.

②Antoine Mostaert, "L'《Ouverture du sceau》 et les adresses chez les Ordos", *Monumenta Serica* 1, 1935, p. 335. Idem., *Dictionnaire Ordos*, Pekin, 1941, p. 217a. Idem., "Sur quelques passages de l'histoire secréte des Mongols", *Harvard Journal of Asiatic Studies*, Vol. 13, No. 3/4(1950), p. 311.

③Walther Heissig, *Mongolische volksreligiöse und folkloristische Texte, aus europäischen Bibliotheken*, Wiesbaden, 1966, pp. 36-38, 211.

④Henry Serruys, *Kumiss Ceremonies and Horse Races*, pp. 7, 11.

⑤《元史》卷六三《地理志五·西北地附录》,第 1574 页。关于乌斯,参 Louis Hambis, "Notes sur trois tribus de l'Yénissei supérieur: les Us, Qapqanas et Tälängüt", *Journal Asiatique* 245, 1957: 25-36. 韩儒林:《元代的吉利吉思及其邻近诸部》,《中国史研究》1979 年第 1 期,收入氏著《穹庐集》,上海:上海人民出版社,1982 年,第 335—382 页。

⑥Peter Simon Pallas, *Sammlungen historischer Nachrichten überdie mongolischen Mngolischen Völkerschaften*, vol. 1, St. Petersburg, 1776, p. 378.

⑦Marzanna Pomorska, "Month Names in the Chulym Turkic Dialects-Their Origin and Meaning", *Studia Linguistica Universitatis Iagellonicae Cracoviensis* 128(2011), pp. 127-144(132-134).

⑧《柯尔克孜族简史》编写组:《柯尔克孜族简史(修订本)》,北京:民族出版社,2008 年,第 223—224 页。

称丰收节、马奶酒会,不定期举行,一般在公历5月下旬至6月中旬,氏族同吃同饮,伴有赛马等娱乐活动。[①] 综上可知,六月二十四日应该与游牧民族夏季的马奶节有关。

总之,元代洒马湩祭天可以分为因事而行、岁时例行两种。岁时例行洒马湩祭天植根于游牧民族自古以来的生活习俗,在春、夏、秋季节举行。每年春、秋换季时节是迁徙祭,夏季洒马湩祭天则与牝马产乳、马驹断奶的牧业习俗有关。

三　多元文化的交融

蒙古统治者通过萨满巫师(bö'e)、占卜者(tölgečin)、宗教人士等多种渠道与天沟通。[②] 随着蒙古迅速扩张,其治下包含了更多种类的文化。蒙古人接受或参与了其他文化传统的一些祭天仪式,同时蒙古的祭天仪式也受到多元文化影响。

蒙古人将各宗教的祈福祝祷仪式也视为告天、祭天。蒙元时期圣旨、令旨、官府公文中,要求各类宗教人士为皇帝告天祈福祝寿。[③] 成吉思汗圣旨中称临济宗高僧中观沼(1148—1220)、海云印简(1202—1257)为"告天的人"[④]。元武宗任命藏僧雍敦朵儿只班(g. Yung ston rDo rje dpal,1287—1365)

---

①伊学:《哈萨克族礼俗调查》,赵嘉麒主编:《哈萨克文化研究》,乌鲁木齐:新疆人民出版社,2004年,第516页。有的地方每年五月初举行。参耿世民:《哈萨克文化述略》,《内亚文史论集》,中央民族大学出版社,2015年,第390页。

②参 Igor de Rachewiltz,"Heaven,Eart hand the Mongols in the time of Činggis Khan and His immediate Successors(ca. 1160—1260)—a Preliminary investigation",pp. 123-124,129-130.

③蔡美彪:《元代白话碑集录(修订版)》,北京:中国社会科学出版社,2017年,第30、40、51、53、58页。

④念常:《佛祖历代通载》卷二一,《北京图书馆古籍珍本丛刊》第77册,北京:书目文献出版社,1989年,第417页。

为“诸祀天咒士之长老”[①]。从史料来看,蒙古人不直接参与这些仪式。

蒙古人直接参与的一种祭天仪式是中原汉文化传统的郊祀。元代第一次郊祀,是世祖至元十二年(1275)遣官于大都南郊祭天。[②] 但元代皇帝亲郊很少,仅有文宗一次、顺帝两次而已,[③]大部分时候都是遣大臣代祀。代祀南郊的大臣一般是当朝宰相,大多是蒙古人。成宗朝右丞相蒙古人哈剌哈孙甚至直接参与了郊祀仪式细节的制定。[④] 元朝郊祀中,“其牺牲品物香酒,皆参用国礼”[⑤],显然是蒙古人参与的结果。

蒙古传统的祭天仪式中也出现了汉文化因素。元中后期六月二十四日洒马奶子祭祀,“命蒙古巫觋及蒙古、汉人秀才达官四员领其事”[⑥],其中出现了“汉人”,与《元史·祭祀志》所谓“皇族之外,无得而与”[⑦]的原则相抵牾。关于这句话的含义,蒙古巫觋没有疑问,另外四人,拉契涅夫斯基认为是蒙古人一员、汉人一员、秀才一员、达官一员,而且认为汉人指女真人、契丹人,达官指朝中的质子(秃鲁花)。[⑧] 但元代达官似乎并不指质子,将汉人限定于女真人、契丹人的范围也过于狭小。“秀才”指儒士,可以说是汉文化的代表。蒙古人、汉人共同参与祭祀仪式,早在世祖初期就已出现。《元史》载,中统四年(1263)十一月祭祀燕京太庙,以亲王合丹、塔察儿、王磐、张文谦摄事。[⑨] 这四人,包括两位蒙古人、两位汉人,其中即有儒士王磐,与“蒙古、汉

①谢光典:《雍敦朵儿只班的元廷之行——以其自传为中心》,《西域历史语言研究集刊》第7辑,北京:科学出版社,2013年,第243—259页(254页)。

②《元史》卷七三《祭祀志二·郊祀下》,第1827页。《永乐大典》卷五四五三引《太常集礼》,北京:中华书局,1986年影印本,第2504页下。

③《元史》卷七二《祭祀志一·郊祀上》,第1792页;卷七七《祭祀志六·至正亲祀南郊》,第1909页;卷四一《顺帝纪四》,第869、928页。

④《元史》卷七二《祭祀志一·郊祀上》,第1782页。

⑤《元史》卷七二《祭祀志一·郊祀上》,第1799页。

⑥《元史》卷七七《祭祀志六·国俗旧礼》,第1924页。

⑦《元史》卷七二《祭祀志一·郊祀上》,第1781页。

⑧Paul Ratchnevsky,“Über den mongolischen Kult am Hofe der Grosskhane in China”,in Louis Ligeti ed.,*Mongolian Studies*,Amsterdam,1970,p. 426.

⑨《元史》卷七四《祭祀志三·宗庙上》,第1831页。

人秀才达官四员”若合符契。当然，这是蒙古人参与中原传统的太庙祭祀，而六月二十四日洒马奶子仪式则是汉人参与蒙古传统祭祀。这是蒙古、汉文化融合的表现。

六月二十四日仪式中不仅拜天，而且祭祀太祖成吉思汗。今井秀周认为，只祭成吉思汗而不祭其他祖先，说明蒙古人将成吉思汗视为一位“几乎与天神并列的大神”①。这种说法有一定合理性。在成吉思汗时代以前，未见蒙古有尊祖配天习俗。退一步讲，即使有此习俗，也不可能尊出某一位特定的祖先，因为没有任何一位祖先如此卓越超群。成吉思汗去世后，日益受到尊崇。虽然今日成吉思汗的地位已经无以复加，然而这一情况并不是自成吉思汗刚去世时就如此，而是逐渐累加增益形成的。尊祖配天，很可能是受中原礼仪的影响。蒙古人第一次了解尊祖配天，是宪宗二年（1252）日月山祭天，当时蒙哥汗与皇弟忽必烈在进行蒙古式祭天之余，观看了中原郊祀礼乐，其中就有以太祖、睿宗配天的做法。不过，这次中原礼乐的表演，对蒙哥汗没有造成什么影响。忽必烈即位后，郊祀久未实行，遑论尊祖配天。成宗朝，郊祀开始实行，大德九年（1305）郊祀制度定立，经过一番讨论，尊祖配天没有实行。直到武宗至大二年（1309），始以太祖配南郊，从此成为定制。翌年，计划设立北郊祭地，以世祖配，然因武宗病逝未果。② 在武宗朝以后，太祖配天成为常态。如果郊祀中的太祖配天制度影响了六月洒马湩祭祀，那应是元武宗朝以后的事。

金朝拜天礼俗对蒙古人造成了影响。蒙古兴起于金代，受到金朝文化影响。在祭天仪式方面，今井秀周发现，北方游牧民族祭天的朝向大多是西向，惟有蒙古南向拜天，很可能是受了金朝南向拜天的影响。③ 蒙古前四汗时期到至元前期，在华北的蒙古人施行重五重九拜天，体现出金朝礼俗的影

①［日］今井秀周：《モンゴルの祭天儀式——モンゴル帝国から元朝の間について》，第 10 页。

②《元史》卷七二《祭祀志一・郊祀上》，第 1781—1784 页。

③［日］今井秀周：《北方民族の祭天儀式における拝礼方向》，《東海学院大学紀要》1，2007 年，第 9—12 页。

响。至元九年,各路官府停办重五重九拜天,但金朝拜天礼俗还从另一方面影响了蒙古人,即射柳击毬(马球)活动。在历史上,金代始固定于重五重九拜天礼毕当天"行射柳击毬之戏"①。蒙古攻占金中都燕京之后,很快便熏染其风。1221 年重五日,木华黎国王曾邀请南宋使臣一起打毬宴饮。② 华北世侯张柔之子张弘范(1238—1280)作《射柳》《打毬》二诗,③反映出 13 世纪中叶蒙古统治下华北达官贵人有此风尚。直到元末,在大都、上都、扬州等地,上层统治者射柳击毬仍蔚然成风。《析津志》载:"击球者,(今)〔金〕之故典。而我朝演武亦自不废。常于五月五日、九月九日,太子、诸王于西华门内宽广地位,上召集各衙万户、千户,但怯薛能击球者,咸用上等骏马,系以雉尾、缨络,萦缀镜铃、狼尾、安答海,装饰如画。……如镇南王之在扬州也,于是日王宫前列方盖,太子、妃子左右分坐,与诸王同列。执艺者上马如前仪,胜者受上赏;罚不胜者,若纱罗画扇之属。此王者之击球也。其国制如此。"④马祖常《上京书怀》与《次韵端午行》二诗,皆咏及元上都重午射柳之戏。⑤《元宫词一百首》之一云:"王孙王子值三春,火赤相随出内闉。射柳击毬东苑里,流星骏马蹴红尘。"⑥火赤,当指火儿赤(qorči),蒙古语义为持弓矢者、箭筒士,是怯薛宿卫的一种。这些记载都说明元代蒙古上层极为热衷重五重九射柳击毬。这是金朝礼俗留下的间接印记。

四　小结

罗依果认为 1260 年以前蒙古没有正式的皇家拜天祭典,并解释其原因

---

①《金史》卷三五《礼志八・拜天》,第 827 页。

②王国维:《蒙鞑备录笺证》,第 18b 页。

③张弘范:《淮阳集》,《景印文渊阁四库全书》第 1191 册,台北:台湾商务印书馆,1983—1987 年,第 708 页。

④《析津志辑佚》,第 204 页。

⑤马祖常:《石田文集》卷二《上京书怀》;卷五《次韵端午行》,《元人文集珍本丛刊》本,第 539、588 页。

⑥傅乐淑:《元宫词百章笺注》,北京:书目文献出版社,1995 年,第 14 页。

是蒙古从一个较“未开化的”(uncultured)小部落骤然崛起。[①] 这种观点显然需要修正。罗依果文中遗漏了一些重要史料。如《蒙鞑备录》所载木华黎采金朝拜天遗制,《岭北纪行》所载忽必烈洒马湩祭天,《元史》所记宪宗蒙哥洒马湩祭天,等等,显示出蒙古前四汗时期统治阶层祭天活动的持久和丰富。本章的研究可以确定蒙古传统的祭天仪式有主格黎与洒马湩两种形式,在大蒙古国官方的不同层级有所体现。它们在大蒙古国建立和发展过程中,以及在元朝的礼仪建设中,得到了改造和规范,也与其他文化产生了互动。

主格黎是以竿悬肉祭天的仪式,较普遍地存在于突厥、契丹、女真、满洲等民族中。蒙古主格黎祭祀,与契丹割牲悬树、女真荐食于架的拜天仪式类似。1221—1272 年之间在华北应该有一些蒙古统治者曾施行重五重九拜天之制。至元九年(1272)元朝中书省革去诸路官办重五重九拜天,意味着元朝国家祭祀没有继承金朝拜天遗制。但在元代非官方层面,蒙古人应该仍然有主格黎的习俗。另外,与重五重九拜天相关的射柳击毬活动,仍然成了元代上层蒙古人的风尚,这是金朝礼俗的残余影响。

洒马湩祭天,是蒙元时期最高级别的国家祭祀,其雏形是成吉思汗的洒马湩祭天。洒马湩祭天仪式的举行时间集中在春末到仲秋时节。洒马湩的主要参加者是皇族宗亲,强化了成吉思汗血统得天命的神圣性。《元史·祭祀志·国俗旧礼》所记六月二十四日洒马奶子仪式,应该是元武宗以后的情况。在六月二十四日仪式中,尊成吉思汗配天,蒙古大臣与汉人儒士一起领其事,都是文化交融的结果。

元朝将各宗教的祝祷仪式视为告天,兼容了多元文化,扩展了祭天仪式的范围。元朝蒙古上层人士在郊祀中主祭,并将一些蒙古“国礼”因素糅进了仪式中,是蒙古文化对中原礼制的渗透,也是某种程度上的融合。

---

①Igor de Rachewiltz, “Heaven, Earth and the Mongols in the time of Činggis Khan and His immediate Successors(ca. 1160—1260)—a Preliminary investigation”, p. 131.

蒙古从漠北草原崛起，内部有着不同的部族、阶层，祭祀文化存在差异。而在疆域广阔的元朝，更是存在多元文化交会与交融。元朝在文化建设中，对祭祀仪式进行了改造和规范。这些都导致蒙元时期蒙古人祭天仪式体现出复杂性和多元文化交融的特点。

第二章　元代郊祀

在元史研究中，草原、中原二元制度与政治文化的交会与互动是引人注目的课题。国家礼制是一个王朝政治文化观念的实践，是意识形态的核心。郊祀作为中原祭祀礼仪之首，传承着中原传统文化中对天的崇拜，是天授君权的合法性象征。元朝郊祀制度的建立与演变，和二元文化的交会与互动相始终。中原文化所尊崇的天，在郊祀仪式中称为昊天上帝。蒙古人信仰的最高神则称为蒙客·腾格理（Möngke Tengri），意译长生天。以往学界对于元朝郊祀关注不多，仅一些通论性著作中有简略涉及。① 最近，刘晓先生撰文全面梳理了元朝郊祀制度的建置沿革。文中已经注意到，随着元朝郊祀的施行，长生天与昊天上帝祭祀有合二为一的趋势。② 这一观察非常重要。郊祀中蕴涵着的最高信仰，构成了元朝意识形态的根基之一。

①那木吉拉：《中国元代习俗史》，北京：人民出版社，1994 年，第 190 页。陈成国：《中国礼制史·元明清卷》第一章第一节《元代祭祀》，长沙：湖南教育出版社，2002 年，第 44 页。

②刘晓：《元代郊祀初探》，黄正建主编：《隋唐辽宋金元史论丛》第 5 辑，上海：上海古籍出版社，2015 年，第 197—215 页，收入吴丽娱主编：《礼与中国古代社会（隋唐五代宋元卷）》，北京：中国社会科学出版社，2016 年，第 328—352 页。

蒙汉文化确实皆以天为最高神，且皆有君权天授概念，这是长生天与昊天上帝的共通之处。然而二者也有迥异之处，概括起来有三点。第一，名称不同。蒙客·腾格理，意译长生天，与昊天上帝名称虽然接近，但不能直接对译。第二，祭天朝向不同。蒙古人祭天，或向南，或向日。[①] 而在郊祀坛上，昊天上帝神主坐北朝南，祭者向北祭之。[②] 第三，使用神位与否不同。中原祭天，设昊天上帝神主。蒙古祭天，"对越在上"，望而祭之，不设神位。[③]正是这些观念的差异，导致蒙古人难以将昊天上帝完全等同于长生天。在蒙古人多神崇拜的信仰体系中，汉文化传统的一些神祇，如岳镇海渎作为山川神，社稷作为农业神，风雨雷师作为天气神，太庙作为祖先，都能进入蒙古"万神殿"而不产生冲突。但作为最高神的昊天上帝与长生天难以等同，则导致蒙古统治者很难从根本上完全接受郊祀。直到元末，元朝皇室仍然每年秋季在元上都郊野举行蒙古传统的洒马奶祭天仪式，[④]说明长生天与昊天上帝两种祭祀形式始终未能完全合一，而是并存。上都六月二十四日举行的洒马奶祭天仪式中，主祭者中有"汉人秀才"[⑤]，体现出中原文化对蒙古祭祀的影响。蒙古文化对于中原祭礼的影响，则体现在郊祀中。本章考察元朝郊祀制度建立和沿革过程中二元文化的交会与互动。

---

①耿昇、何高济译：《柏朗嘉宾蒙古行纪　鲁布鲁克东行纪》，北京：中华书局，1985 年，第 98 页。余大钧蔡志纯译：《普兰·迦儿宾行记　鲁布鲁克东方行记》，呼和浩特：内蒙古大学出版社，2009 年，第 94 页。阿尔达扎布：《新译集注〈蒙古秘史〉》，呼和浩特：内蒙古大学出版社，2005 年，第 174 页。［日］今井秀周：《北方民族の祭天儀式における拝礼方向》，《东海学院大学纪要》1，2007 年，第 3、9—10 页。

②《元史》卷七二《祭祀志一·郊祀上》，第 1794 页。《永乐大典》卷五四五三引《太常集礼》，北京：中华书局，1986 年影印本，第 2503 页。

③《元史》卷七二《祭祀志一·郊祀上》，第 1783 页。

④周伯琦：《近光集》卷二《立秋日书事五首》，日本静嘉堂文库藏本，第 22a—b 页；《景印文渊阁四库全书》第 1214 册，第 523 页。参马晓林：《元代蒙古人的祭天仪式》，《民族研究》2018 年第 3 期；本书第一章第二节。

⑤《元史》卷七七《祭祀志六·国俗旧礼》，第 1924 页。

一　元代郊祀的建立

长生天与昊天上帝观念的差异,导致元朝郊祀建立的过程较为漫长曲折。蒙古统治者第一次接触郊祀,是在元宪宗蒙哥汗二年(1252,壬子年)。此年夏秋之际,蒙哥汗与诸王聚会于怯绿连河,八月八日祭天于日月山。这是漠北草原上的蒙古式祭天。八月十二日,东平世侯严氏受命组织的中原太常礼乐人员在日月山行郊祀之礼,[①]相当于蒙古式祭天之余的一种表演,其后再未被蒙哥汗召用。

元世祖忽必烈即位以后,对郊祀礼乐的接受也很缓慢。中统二年(1261)四月,忽必烈"躬祀天于旧桓州(即元上都——引者)之西北。洒马湩以为礼,皇族之外,无得而与,皆如其初"[②],是一次典型的蒙古式祭天。

十余年后,忽必烈采行汉法,建国号大元,兴建大都(今北京),仿中原制度制定朝仪与礼乐,接受汉语尊号。按照汉地礼制,受尊号须遣使预告天地。因此至元十二年(1275)检讨唐、宋、金旧仪,于元大都丽正门东南七里建祭台,设昊天上帝、皇地祇位二,[③]十二月十日,遣官行一献礼。[④] 在当时,受尊号告郊的主要作用是宣示忽必烈统治中原的合法性,是一种收服人心的表面文章。告郊礼仪完成两天后,中书左丞相忽都带儿与内外文武百寮及缁黄耆庶请上皇帝尊号,忽必烈不许。[⑤] 直到至元二十一年(1284)忽必烈才接受这一尊号,[⑥]反映出他对告郊一事并不重视。

至元十三年(1276),元朝大军进逼杭州,南宋君臣出降。统一南北成为

---

①《元史》卷六八《礼乐志二·制乐始末》,第1691—1692页;卷七二《祭祀志一·郊祀上》,第1781页。

②《元史》卷七二《祭祀志一·郊祀上》,第1781页。

③《元史》卷七三《祭祀志二·郊祀下》,第1827页。

④《永乐大典》卷五四五三引《太常集礼》,第2504页下。

⑤《元史》卷八《世祖纪五》,第171页。

⑥《元史》卷一三《世祖纪十》,第263页。

忽必烈一生的最大武功，遂于五月一日在元上都（今内蒙古正蓝旗）西郊祭告天地祖先，[①]"以国礼行事"[②]。据亲眼目睹其事的南宋降人记载，[③]其祭仪应该是蒙古传统的斡耳朵祭祀，[④]而非郊祀。

到元世祖朝后期，岳镇海渎、太庙、先农、风雨雷师祭祀皆已建立。王恽上《郊祀圆丘配享祖宗事状》，其用意是在太庙祭祀渐已走上正轨的前提之下，欲借尊崇祖宗之由促成郊祀的举行。[⑤] 但这一建议未被采纳。

至元三十一年（1294）正月，元世祖驾崩。四月，成宗铁穆耳即位。中书右丞相完泽及文武百官议为忽必烈上尊谥。上谥号是汉地礼制，当请于南郊。因此，成宗始为坛于都城南七里，遣司徒兀都带、平章政事不忽木、左丞张九思请谥南郊。[⑥] 这也可视为成宗甫一登基拉拢汉人士大夫的一种举措。

元成宗大德六年（1302）三月，合祭昊天上帝、皇地祇、五方帝于南郊，遣左丞相哈剌哈孙摄事，此为元朝摄祀天地之始。[⑦] 史书未明言其具体原因。可以看到的是当时成宗患病，大都等地遭遇严重水旱灾害。此可谓天人示警。为此，在这年二、三、四月，成宗施行了大赦天下、蠲免赋税、水陆大会、多次释囚等举措。[⑧] 遣官摄祀南郊应该也是其中一项祷神消灾之举。大德九年（1305），左丞相哈剌哈孙以"地震星变，雨泽愆期，岁比不登"之由，兼以太庙、社稷皆已有祀，终于促成了郊祀制度的全面讨论和制定。[⑨] 这与成宗

---

①《元史》卷九《世祖纪六》，第 182 页。

②《元史》卷七二《祭祀志一・郊祀上》，第 1781 页。

③严光大：《祈请使行程记》，刘一清：《钱塘遗事》卷九，上海：上海古籍出版社，1985 年，第 218 页。

④参陈高华、史卫民：《元大都上都研究》，北京：中国人民大学出版社，2010 年，第 229—230 页。马晓林：《元朝火室斡耳朵与烧饭祭祀新探》，《文史》2016 年第 2 辑，修订后收入本书第四章。

⑤王恽：《郊祀圆丘配享祖宗事状》，《秋涧集》卷九二，《元人文集珍本丛刊》本，第 477 页。文中有云"今陛下即位二十余年"，知其上言时间约在 1280—1290 年间。

⑥《元史》卷七二《祭祀志一・郊祀上》，第 1781 页；卷一七《世祖纪十四》，第 376 页；卷一八《成宗纪一》，第 382 页。案，《世祖纪》丙申原作丙午，丙午为二十六日，与前后文不合，校勘记已揭其误。

⑦《元史》卷七二《祭祀志一・郊祀上》，第 1781 页；卷一八《成宗纪一》，第 440 页；卷七八《舆服志一》，第 1935—1936 页。

⑧《元史》卷二〇《成宗纪三》，第 440—441 页。

⑨《元史》卷七二《祭祀志一・郊祀上》，第 1782 页。

日益病重可能也有关系。

元宪宗、世祖、成宗三帝六十余年,郊祀施行的进展非常缓慢。蒙古皇室祭天自有其草原传统的"国礼",因而对郊祀兴趣寥寥。世祖附会汉法,逐渐采行中原传统的各项祭祀,然而作为汉地传统祭祀之首的郊祀却仅草草举行过一次,制度建设付之阙如。到成宗朝,在统治中原的政治象征性需求和祷神祈福功能的促进下,郊祀制度才初具规模。

二 元代郊祀年表

通观整个元朝,郊祀共分三类:

(一)祭告。

按原因又可分为五类:

1. 受尊号告郊。始于世祖至元十二年(1275)。

2. 请谥告郊。始于成宗至元三十一年(1294)。

3. 立太子告郊。始于成宗大德六年(1302)。

4. 即位告郊。始于武宗大德十一年(1307)。

5. 立皇后告郊。始于武宗至大三年(1310)。

(二)摄祀。

始于成宗大德六年(1302)。

(三)亲祀。

始于文宗至顺元年(1330)。

《元史·祭祀志·郊祀》叙述元代郊祀沿革之后的一段文字,对于理解元代郊祀次数有重要价值。其内容为总结元文宗以前郊祀牲品的情况,共提及祭祀活动22次,止于泰定,当是直接抄录自《经世大典》。为便于讨论,兹重新划分段落,引述如下:

> 自至元十二年冬十二月,用香酒脯臡行一献礼。而至治元年冬二祭告,泰定元年之正月,咸用之。

自大德九年冬至，用纯色马一，苍犊一，羊鹿野豕各九。

十一年秋七月，用马一，苍犊正副各一，羊鹿野豕各九。而至大中告谢五，皇庆至延祐告谢七，与至治三年冬告谢二，泰定元年之二月，咸如大德十一年之数。

泰定四年闰九月，特加皇地祇黄犊一，将祀之夕敕送新猎鹿二。

惟至大三年冬至，正配位苍犊皆一，五方帝犊各一，皆如其方之色，大明青犊、夜明白犊皆一，马一，羊鹿野豕各十有八，兔十有二，而四年四月如之。①

郊祀坛最上层神位三位：正位昊天上帝、皇地祇，配位太祖成吉思汗。第二层有九位：五方帝（黑帝、白帝、青帝、黄帝、赤帝）、大明（日）、夜明（月）、天皇大帝、北极。上引文记载牲品共五类，分别为：

牲品A：香酒脯臡。

牲品B：纯色马一，苍犊一，羊鹿野豕各九。

牲品C：马一，苍犊正副各一，羊鹿野豕各九。

牲品D：特加皇地祇黄犊一，将祀之夕敕送新猎鹿二。

牲品E：正配位苍犊皆一，五方帝犊各一，皆如其方之色，大明青犊、夜明白犊皆一，马一，羊鹿野豕各十有八，兔十有二。

每一类牲品都给出了使用的年月。其中B、D、E指涉清晰。A与C有必要考证。

牲品A之“泰定元年之正月”。检《祭祀志》郊祀沿革及《本纪》，未见泰定元年正月告郊。史载，至治三年十二月请显宗谥，泰定元年二月请英宗谥，皆告郊，二者与泰定元年正月皆相差一个月。但此节文字明言，至治三年十二月（“至治三年冬告谢二”之一）、泰定元年二月皆用牲品C。另据史载，泰定元年三月以册皇后、皇太子告郊，②而这一告郊事却在本节中未出

①《元史》卷七二《祭祀志一·郊祀上》，第1792页。

②《元史》卷二九《泰定帝纪一》，第645页。

现。故,推测本节“泰定元年之正月”,疑为“泰定元年之三月”之讹。

牲品 C 之“至大中告谢五”,原文指涉不甚明晰。《祭祀志》郊祀沿革、《本纪》中有明确记载的有三次:至大三年二月上皇太后尊号,至大四年四月仁宗告即位,至大四年六月请武宗谥。另有两次,笔者认为应是:至大二年十月加谥太祖睿宗,至大三年正月立皇后。[①] 此二次事件《祭祀志》郊祀沿革中未载,《本纪》载事而未云告郊,按例应告,疑《本纪》失载。

牲品 C 之“皇庆至延祐告谢七”,指涉不甚清晰。有明确记载的共五次:皇庆二年二月、延祐三年十二月、延祐六年八月、延祐七年三月、延祐七年五月。史料失载的两次,应为:延祐二年三月加上皇太后尊号,[②]延祐七年十二月加上太皇太后尊号。[③]

以上是文宗以前的郊祀情况。《祭祀志·郊祀上》篇末记载器物之等,其目有八,其中第五目:[④]

> 五曰牲齐庶器。昊天上帝苍犊,皇地祇黄犊,配位苍犊,大明青犊,夜明白犊,天皇大帝苍犊,北极玄犊皆一,马纯色一,鹿十有八,羊十有八,野豕十有八,兔十有二,盖参以国礼。

此牲品,盖文宗朝所用,是在牲品 E 的基础上增加了皇地祇黄犊一。牲品 E 最初是武宗至大三年冬至摄祀时所定,当时武宗已有亲祀之意,惟因病重而遣大臣代祀。[⑤] 而牲品 E 是武宗为亲祀所指定的,规格最高。故而,文宗亲祀,亦采用牲品 E,只是因为神位的不同而稍有变化。

---

①《元史》卷二三《武宗纪二》,第 521 页。

②《元史》卷二五《仁宗纪二》,第 568 页。

③《元史》卷二七《英宗纪一》,第 608 页。

④《元史》卷七二《祭祀志一·郊祀上》,第 1799 页。

⑤《元史》卷一七五《张养浩传》,第 4091 页:“时(至大三年)武宗将亲祀南郊,不豫,遣大臣代祀。”《元史》卷六八《礼乐志二·制乐始末》,第 1699 页:“(至大三年)十有一月,敕以二十三日冬至,祀昊天上帝于南郊,配以太祖,令大乐署运制配位及亲祀曲谱舞节,翰林撰乐章。皇帝出入中壝黄钟宫曲二,盥洗黄钟宫曲一,升殿登歌大吕宫曲一,酌献黄钟宫曲一,饮福登歌大吕宫曲一,出入小次黄钟宫曲一。”

元代郊祀年表

时间		祭仪类型	原因	神位	配侑帝	礼仪	牲品
世祖	至元十二年十二月(1275)	告祭	受尊号	昊天上帝、皇地祇	无	一献	A
成宗	至元三十一年四月(1294)	告祭	请世祖谥		无		
	大德六年三月(1302)	摄祀	／	昊天上帝、皇地祇、五方帝	无		
	大德九年六月(1305)	告祭	立皇太子		无		
	大德九年十一月(1305)	摄祀	／	昊天上帝	无	三献	B
武宗	大德十一年七月(1307)	告祭	即位	昊天上帝	无	三献	C
	大德十一年九月(1307)	告祭	请成宗谥	昊天上帝	无		
	至大二年十月①(1309)	告祭	加谥太祖、睿宗				C
	至大二年十一月(1309)	摄祀	／	昊天上帝	太祖		C
	至大三年正月②(1310)	告祭	立皇后				C
	至大三年二月(1310)	告祭	上皇太后尊号				C
	至大三年十一月(1310)	摄祀	／	昊天上帝、五方帝、日月星辰	太祖		E

①《元史》卷七四《祭祀志三·宗庙上》载，至大二年十月，以将加谥太祖、睿宗，择日请太祖、睿宗尊谥于天。第1836页。

②《元史》卷二三《武宗纪二》载，至大三年正月辛卯，立皇后弘吉列氏，遣脱虎脱摄太尉持节授玉册、玉宝。第521页。立皇后、授册宝，按例须告祭南郊。疑本纪脱漏。

续表

时间		祭仪类型	原因	神位	配侑帝	礼仪	牲品
仁宗	至大四年四月(1311)	告祭	即位	天地			E
	至大四年六月(1311)	告祭	请武宗谥				C
	皇庆二年二月(1313)	告祭	皇后受册宝				C
	延祐二年三月①(1315)	告祭	加上皇太后尊号				C
	延祐三年十二月(1316)	告祭	立皇太子,授金宝				C
	延祐六年八月(1319)	告祭	授皇太子玉册				C
英宗	延祐七年三月(1320)	告祭	即位				C
	延祐七年五月(1320)	告祭	请仁宗谥				C
	延祐七年十二月②(1320)	告祭	加上太皇太后尊号				C
	至治元年十一月③(1321)	告祭	受尊号				A
	至治元年十二月④(1321)	告祭	立皇后				A

①《元史》卷二五《仁宗纪二》载,延祐二年三月庚午,帝率诸王、百官奉玉册、玉宝,加上皇太后尊号。第568页。

②《元史》卷二七《英宗纪一》载,延祐七年十二月乙卯,率百官奉玉册、玉宝,加上太皇太后尊号曰仪天兴圣慈仁昭懿寿元全德泰宁福庆徽文崇祐太皇太后。

③《祭祀志》有云"至治元年冬二祭告"。然此二次祭告,史料阙如。查《英宗本纪》,至治元年冬十一月戊寅,群臣上尊号。十二月辛丑,立皇后。按例,皆当告祭南郊。疑本纪失载。故此处将告祭日期定为十一月,虽或不中亦不远矣。

④见前注。

续表

时间		祭仪类型	原因	神位	配侑帝	礼仪	牲品
泰定帝	至治三年十月（1323）	告祭	即位	天地			C
	至治三年十二月（1323）	告祭	请显宗谥				C
	泰定元年二月（1324）	告祭	请英宗谥				C
	泰定元年三月（1324）	告祭	册皇后、皇太子				A
	泰定四年闰九月（1327）	摄祀	/	天地			D
文宗	天历元年十月（1328）	告祭	即位				
	天历二年正月（1329）	告祭	册命皇后				
明宗	天历二年四月（1329）	告祭	即位				
文宗	天历二年十月（1329）	代祀（告祭）	即位				
	至顺元年五月（1330）	告祭	受尊号				
	至顺元年十月（1330）	亲祀	/	昊天上帝	太祖	三献	
	至顺元年十二月（1330）	告祭	立皇太子				
宁宗	至顺三年十月（1332）	告祭	即位				
	至顺三年十一月（1332）	告祭	上皇太后玉册				

续表

时间		祭仪类型	原因	神位	配侑帝	礼仪	牲品
顺帝	至顺四年六月①(1333)	告祭	即位				
	元统元年八月②(1333)	告祭	立皇后				
	元统二年正月(1334)	告祭	上文宗谥号				
	至元元年二月(1335)	告祭	上皇太后册宝				
	至元四年三月③(1338)	告祭	?				
	至正三年十月(1343)	亲祀	/	昊天上帝	太祖	三献	
	至正十三年六月(1353)	告祭	立皇太子,授金宝	天地			
	至正十五年十一月(1355)	亲祀	/	上帝	太祖	三献	

史料来源:《元史·祭祀志·郊祀》《本纪》。

表格说明:史料中未明载郊祀而按例应郊祀者,本表中用楷体字表示并以脚注说明。

表中共整理出元代郊祀45次(其中包括史未明载的6次)。其中亲祀3次,摄祀5次,告祭37次(其中包括史未明载的6次)。

亲祀3次:文宗至顺元年十月、顺帝至正三年十月、至正十五年十一月,皆按照中原礼制,在冬至举行。

摄祀5次:成宗大德六年三月,大德九年十一月,武宗至大二年十一月,

①即位,按例当告南郊。然《元史》未载告南郊,疑有缺漏。《元史》卷三八《顺帝纪一》,第817页。

②立皇后,按例当告南郊。然《元史》未载告南郊,疑有缺漏。《元史》卷三八《顺帝纪一》,第817页。

③本纪惟云告祭南郊,未书缘由。《元史》卷三九《顺帝纪二》,页843。

至大三年十一月，泰定帝泰定四年闰九月。摄祀的规格仅次于亲祀。这 5 次摄祀可分为两类。一类是按照中原礼制在冬至日举行的，包括大德九年十一月、至大二年十一月、至大三年十一月。另一类是遭逢非常事件而临时举行的，成宗大德六年三月、泰定四年闰九月皆是因灾变，伴随有赦天下、做佛事、修斋醮等措施。

告祭 37 次（其中包括史未明载的 6 次）。告祭之原因不外五种，前文已经论列。必须说明，关于上皇太后、太皇太后尊号，本文不将其单独立为一类，而是与皇帝受尊号合为一类。元朝为上皇太后、太皇太后尊号而告祭南郊共 5 次。答己在武宗、仁宗、英宗朝先后三次受尊号而告郊，卜答失里在宁宗、顺帝朝先后两次受尊号而告郊，一方面反映了元中期以降中原礼制的施行，另一方面也体现出她们在当时的影响力。

从五类牲品的使用情况看，似乎难以总结出一定的规律。文宗前，呈现出较大的随意性。从文宗开始，牲品大概固定了下来。

三　天地分合与南北郊问题的变异

天地分合之争，是唐宋以降郊祀制度中的核心问题。[①] 论者分为两派，一派主张合祭昊天上帝、皇地祇于南郊；另一派主张分祭，即冬至日祭昊天上帝于南郊，夏至日祭皇地祇于北郊。因此，天地分合与南北郊实际上是一个问题，在元朝，却逐渐演化成了两个问题。这是在蒙古神灵观念的影响下出现的独特现象。

元宪宗二年（1252）八月，日月山祭天之余，东平礼乐人员试行郊祀礼

---

①［日］小岛毅：《郊祀制度の変遷》，《東洋文化研究所紀要》108，1989 年 2 月，第 123—219 页。朱溢：《从郊丘之争到天地分合之争——唐至北宋时期郊祀主神位的变化》，《汉学研究》第 27 卷第 2 期，2009 年 6 月，第 267—302 页，收入氏著《事邦国之神祇——唐至北宋吉礼变迁研究》，上海：上海古籍出版社，2014 年，第 87—122 页。

乐。《祭祀志》笼统地记载“合祭昊天后土”[①]。而《太常集礼》明载,“壬子岁,日月山祀昊天上帝,神位一”[②]。神位只有昊天上帝而无后土皇地祇。八月祀天,本就已不是严格意义上的郊祀礼。在蒙古与中原礼乐文化初步接触的背景下,神位的选择应是东平礼乐人员的权宜之策。一方面,这可能是照顾了蒙古人的神灵观念,因为蒙古人以天为最高神,地神是难以望其项背的。[③] 另一方面,这与中原礼制也不完全矛盾,因为中原礼制对天地分祭合祭本来就有不同说法。

元成宗大德九年(1305),元朝首次全面讨论制定郊祀制度。蒙古观念在其中产生了重要影响,表现在三个方面。第一,朝臣讨论之后决议“惟祀昊天上帝,其方丘祭地,续议举行”[④]。表面上是搁置天地分合之争,实际上是只祭天不祭地,照应了蒙古文化观念中天、地神格地位的云壤之别。第二,不用神主。虽然元廷命大都留守司制作了昊天上帝神主,然而议者复谓:“神主,庙则有之,今祀于坛,望而祭之,非若他神无所见也。”所制神主遂不用。[⑤] 郊祀不用神主是不符合中原制度的,这只能是受蒙古祭天礼俗影响的结果。第三,省去祖宗配侑。当时中书省臣奏:“自古汉人有天下,其祖宗皆配天享祭,臣等与平章何荣祖议,宗庙已依时祭享,今郊祀止祭天。”配位遂省。[⑥] 从蒙古文祭祀文献和民俗调查报告来看,蒙古人祭祀天神与祭祀祖先的仪式往往是分开的,一般没有尊祖配天的概念。[⑦] 总之,大德九年讨论了半年多而最终建立的郊祀制度是只祭昊天上帝,无皇地祇,无祖宗配享,

①《元史》卷七二《祭祀志一·郊祀上》,第1781页。

②《永乐大典》卷五四五三,第2504页下。

③参[意]图齐、[德]海西希著,耿昇译,王尧校订:《西藏和蒙古的宗教》,天津:天津古籍出版社,1989年,第411—508页。

④《永乐大典》卷五四五三引《太常集礼》,第2504页下。

⑤《元史》卷七二《祭祀志一·郊祀上》,第1783页。

⑥《元史》卷七二《祭祀志一·郊祀上》,第1782—1784页。

⑦参赛因吉日嘎拉著,赵文工译:《蒙古族祭祀》,呼和浩特:内蒙古大学出版社,2008年,第100—176页。

而且不用神主，群神从祀亦未见记载。这已将郊祀制度压缩到了极简的程度，目的是与蒙古人的神祇观念和祭祀礼俗相调和。

大德十一年（1307），元成宗驾崩，经过残酷的皇位争夺，爱育黎拔力八达迎立其兄海山即位，为元武宗。作为回报，武宗立爱育黎拔力八达为皇太子。武宗即位前常年在漠北征战，在朝中的影响力不如其弟。为了赢得最广泛的支持，武宗设立尚书省，推行“溥从宽大”的新政，[①]同时极为重视神道设教，大封群神。郊祀是武宗新政中的重要一项。[②] 江西布衣曾巽申（字巽初）因上《大驾卤簿图》、《郊祀礼乐图》而得以起用，进入太常礼仪院，参与了武宗朝新定郊祀制度的讨论。[③] 至大二年到三年（1309—1310），武宗先后同意了尚书省与太常礼官奏请的太祖配天、北郊方丘、群神从祀等制度。[④] 武宗出于笼络中原士大夫的目的，大幅接受汉地礼制，遵循中原传统制定郊祀制度，使之成为元朝建国以来第一次制定出的一套合乎中原礼制的郊祀制度。武宗计划在至大三年冬至亲祀南郊，以太祖配，次年夏至祀北郊，以世祖配。采用中原传统的天地分祭方案，也能满足蒙古惟天独尊的观念，这样就调和了二元文化的矛盾。江浙行省受命制成北郊宫县乐。[⑤] 然而，当年武宗病重，冬至亲祀南郊未能如愿，次年（1311）正月驾崩，夏至祀北郊也成为泡影。元仁宗爱育黎拔力八达甫一登基，便全面否定乃兄政治，取缔尚书

---

①姚大力：《元仁宗与中元政治》，《内陆亚洲历史文化研究：韩儒林先生纪念文集》，南京：南京大学出版社，1996年，第125—147页，收入氏著《蒙元制度与政治文化》，北京：北京大学出版社，2011年，第366—389页。

②李鸣飞：《试论元武宗朝尚书省改革的措施及其影响》，达力扎布主编：《中国边疆民族研究》第1辑，北京：中央民族大学出版社，2008年，第17—30页。

③虞集：《道园学古录》卷一九《曾巽初墓志铭》，《四部丛刊》本，第2a—b页。刘岳申：《申斋刘先生文集》卷一《送曾巽初进郊祀卤簿图序》，《元代珍本文集汇刊》本，台北：“中央图书馆”，1970年，第74—76页。

④《元史》卷七二《祭祀志一·郊祀上》，第1784页。《永乐大典》卷五四五三，第2504—2505页。

⑤蒋易辑：《皇元风雅》卷一〇《薛宗海小传》，《续修四库全书》第1622册影印元建阳张氏梅溪书院刻本，第19a—19b页。

省。曾巽申也解职还乡。[①] 延祐元年(1314),太常寺臣请立北郊,仁宗不允,[②]标志着武宗启动的北郊计划彻底搁浅。通过建立北郊分祭天地这一方案来调和二元观念冲突的努力也宣告失败。

元武宗制定的郊祀制度,是激进性和跨越式的,主要目的在于博得中原士大夫支持。然而礼制是很复杂的问题,北郊与元朝上层统治理念并不相合,甚至与很多中原士大夫的观点相悖。[③] 此外还应该考虑的一个问题是,元朝实行两都巡幸制度,皇帝冬季居大都,夏季居上都。如果夏至日祭祀北郊,而北郊方丘建在大都,皇帝必然不能亲祀。北郊之议的搁浅,主因虽然是武仁授受的政治变局,但北郊制度本身也不能令所有人满意。因此终元一代北郊也没有施行。

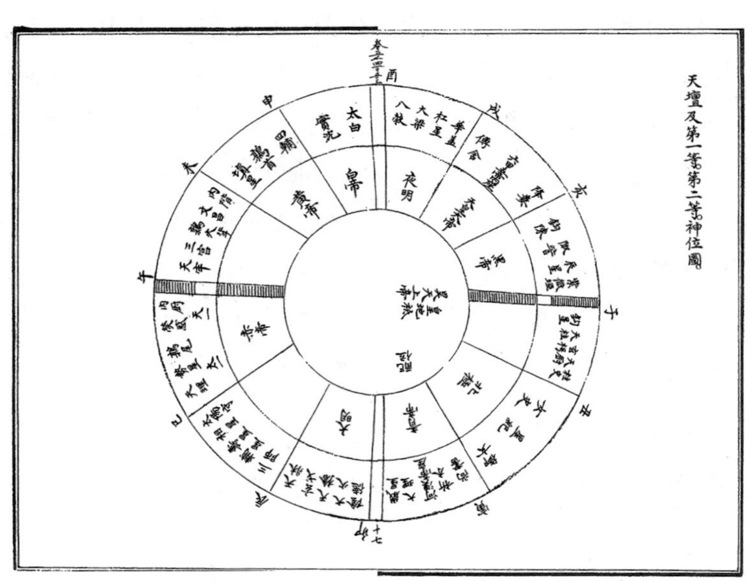

元《太常集礼》郊祀神位图

(图中方位:上西下东左南右北)

---

①虞集:《曾巽初墓志铭》,《道园学古录》卷一九,第 2b 页。

②《元史》卷二五《仁宗纪二》,第 564 页。

③《元史》卷一七二《袁桷传》,第 4025 页。

元朝北郊之议搁浅后,天地分合、南北郊变成了两个问题。在没有北郊的情况下,元朝的郊祀并不总是合祭天地。郊祀按规格由低到高分为因事告祭、大臣摄祀、皇帝亲祀三种。元朝告祭、摄祀合祭天地于南郊,载于《太常集礼》郊祀神位图,[①]是符合中原礼制的。而亲祀却是惟祀昊天上帝而无后土皇地祇。[②] 亲祀规格最高,更能代表最高统治者的意识形态。后土皇地祇的缺席,意味着元朝统治者仍然秉持着蒙古人天地分祭的观念。告祭、摄祀与亲祀中天地分合之不同,则是二元文化相互调和的结果。

四　元代亲郊背后的三重因素

将元朝与其他入主中原的北方民族王朝做比较,有助于理解元朝施行亲郊的进程。北魏于 386 年由拓跋珪建立,定都盛乐(今内蒙古和林格尔),398 年迁都平城(今山西大同),次年亲祀南郊。[③] 金朝 1145 年已在上京(今黑龙江阿城)建造郊坛。1150 年,金海陵王以上尊号受册遣使奏告南北郊。1153 年,迁都燕京(今北京),1171 年,金世宗亲祀南郊。[④] 清太宗皇太极 1636 年在沈阳初设郊祀,1644 年清朝定鼎北京,清世祖立刻举行登基典礼,亲往南郊祭告天地,当年冬至亲祀南郊。[⑤] 可以说,北魏、金、清的郊祀与其定鼎中原几乎是同步的,亲郊接踵而至,标志着统治者对中原礼乐体系的全面接受。元世祖忽必烈于 1271 年正式定都大都,便于 1275 年遣官告祭南郊,但亲郊至 1330 年才姗姗来迟,上距定都已近六十年。元朝亲郊的施行较北魏、金、清迟滞得多。

---

①《永乐大典》卷五四五三,第 2503 页上。

②《元史》卷七三《祭祀志二・郊祀下》,第 1808 页。

③《魏书》卷二《太祖纪》,北京:中华书局,1974 年,第 34 页。

④《金史》卷四三《舆服志上》,北京:中华书局,1975 年,第 970 页。

⑤参[日]石桥崇雄:《清初祭天礼仪考——以〈丙子年四月(秘录)登汗大位档〉中太宗皇太极即帝位记载所见的祭天记事为中心》,[日]石桥秀雄编,杨宁一、陈涛译,张永江审校:《清代中国的若干问题》,济南:山东画报出版社,2011 年,第 36—67 页。

明朝官修礼书、史书认为元朝亲郊共四次,[①]是不准确的。元朝第一次亲郊在文宗至顺元年(1330)。[②] 其后又有顺帝至正三年(1343)、至正十五年(1355)亲郊两次。[③] 明朝礼书、史书之误很可能源于《庚申外史》。后者载元顺帝至正三年二月"卤簿、冕服新成,亲祀南郊",又载十月亲祀南郊。[④] 十月亲祀有《元史》可为印证。而二月亲郊既无旁证,也不合礼制。很可能是二月卤簿、冕服新成,《庚申外史》将亲郊事误植于此。总之,有元一代亲郊不是四次,而是三次。

明清学者倾向于从文化角度来解释元朝亲郊施行之晚与次数之少。[⑤] 因为亲郊是最能昭示统治者"帝中国当行中国事"的重大事件,而元朝确实始终面临着二元文化的冲突与调和问题。如萧启庆先生考察元中期政治时所论,元中期以降诸帝虽然较忽必烈实行更多汉法,但未能从根本上转化元朝政权的性质,源自草原的制度与观念与汉地的各种制度相互抵牾,冲突不断。[⑥] 这种思路对理解元朝亲郊也有裨益。在元朝诸帝中,文宗、顺帝的汉文化修养最佳,[⑦]较易接受亲郊。而且此前数十年的渐进积累,为亲郊奠定了基础。从较长时段来看,文化接触和认知的加深,促进了亲郊的实现。

然而,仅仅从文化角度理解亲郊还不够全面,还应考虑两重因素。

---

①徐一夔等:《大明集礼》卷一《祀天·总叙》,日本早稻田大学图书馆藏明嘉靖内府刻本,第 2b 页。《明太祖实录》卷三〇,台北:"中研院"历史语言研究所,1962 年,第 509 页。

②《元史》卷七二《祭祀志一·郊祀上》,第 1792 页;卷七三《祭祀志二·郊祀下》,第 180 页。

③《元史》卷七七《祭祀志六·至正亲祀南郊》,第 1909 页;卷四一《顺帝纪四》,第 869、928 页。

④权衡著,任崇岳笺注:《庚申外史笺注》,郑州:中州古籍出版社,1991 年,第 40—42 页。

⑤陈邦瞻:《元史纪事本末》卷九《郊议》,北京:中华书局,1979 年,第 74 页。赵翼著,王树民校证:《廿二史札记校证》卷三〇《元初郊庙不亲祀》,北京:中华书局,1984 年,第 688—689 页。阎镇珩:《六典通考》卷九九《礼制考·天神》,《续修四库全书》第 759 册,第 26—27 页。

⑥Herbert Franke and Denis Twitchett eds., *Cambridge History of China, Volume 6: Alien Regimes and Border States, 907-1368*, Cambridge University Press, 1994, pp. 490-560. 汉译本:[德]傅海波、[英]崔瑞德主编,史卫民等译《剑桥中国辽西夏金元史》第六章《元中期政治》(萧启庆撰),北京:中国社会科学出版社,1998 年,第 563—641 页。

⑦[日]吉川幸次郎:《元の諸帝の文學(二):元史叢說の一》,《東洋史研究》8-4,1943 年,第 229—241 页;《元の諸帝の文學(三):元史叢說の一》,《東洋史研究》8-5、6,1944 年,第 305—317 页。

一方面是自然条件的阻碍。举行郊祀的冬至日,是一年中最寒冷的时节。宋代建立明堂,郊祀场所由露天移入室内,一定程度上为保障“三年一郊”创造了条件。① 而元朝如同唐代一样,采取的是露天郊祀。据气候史学者研究,从 14 世纪开始,全球气候由暖期转入小冰期,中国这一时期平均气温也明显低于隋唐和宋代。② 元大都(今北京)较唐长安、北宋开封、南宋杭州纬度高得多。在寒冷的冬至日参加冗长繁缛的露天郊祀仪式,想必是一项艰苦的差事。史载,元武宗至大三年(1310)冬至,遣大臣代祀南郊,风忽大起,人多冻死。③ 这个悲剧事件提示我们,元朝皇帝走向亲郊之前必须克服自然条件的障碍。

另一方面,从具体史事来看,促使亲郊实现的最直接原因,是现实政治的考量。金子修一研究指出,自汉晋以来,亲郊就带有特殊性,只有在特别的场合才举行。④ 即使在唐代,亲郊的频度也比“三年一郊”之制低得多。⑤ 亲郊的出现,往往都作为传达权力合法性的仪式象征。元文宗并非元朝第一位有意亲郊的皇帝。武宗、英宗皆有亲郊计划。武宗大刀阔斧地推进郊

---

①参杨倩描:《宋代郊祀制度初探》,《世界宗教研究》1988 年第 4 期。朱溢:《唐至北宋时期的皇帝亲郊》,《政治大学历史学报》第 34 期,2010 年 11 月,第 1—51 页,收入氏著《事邦国之神祇——唐至北宋吉礼变迁研究》,第 122—158 页。

②竺可桢:《中国近五千年来气候变迁的初步研究》,《考古学报》1972 年第 1 期,收入《竺可桢文集》,北京:科学出版社,1979 年,第 475—498 页。刘昭民:《中国历史上气候之变迁》,台北:商务印书馆,1994 年修订版,第 20 页。Bret Hinsch,“Climatic change and history in China”, *Journal of Asian History* 22.2, Wiesbaden, 1988: 131-159.[美]布雷特·辛斯基著,蓝勇等译:《气候变迁和中国历史》,《中国历史地理论丛》2003 年第 2 期。葛全胜、郑景云、郝志新、刘浩龙:《过去 2000 年中国气候变化的若干重要特征》,《中国科学:地球科学》2012 年第 6 期。葛全胜、刘健、方修琦等:《过去 2000 年冷暖变化的基本特征与主要暖期》,《地理学报》2013 年第 5 期。

③《元史》卷一七五《张养浩传》,第 4091 页。

④[日]金子修一著,蔡春娟译:《皇帝祭祀的展开》,[日]沟口雄三、小岛毅主编:《中国的思维世界》,南京:江苏人民出版社,2006 年,第 410—440 页。

⑤参[日]金子修一:《唐後半期の郊廟親祭について——唐代における皇帝の郊廟親祭その(3)》,《東洋史研究》55-2,1996 年,第 323—357 页。[日]金子修一:《唐代皇帝祭祀的特质——透过皇帝的郊庙亲祭来检讨》,《中国社会历史评论》第 3 卷,北京:中华书局,2001 年,第 462—473 页。[日]金子修一:《中国古代皇帝祭祀の研究》,东京:岩波书店,2006 年,第 309—430 页。

祀制度，并决定亲郊，主要是神道设教，以期赢得广泛的政治支持。同时，武宗股肱之臣三宝奴汉文化水平颇高，①起到了推动作用。但是由于武宗病重，亲郊未能实现。英宗是仁宗之子，武宗之侄。按照兄终弟及、叔侄相承的协定，仁宗应当传位于武宗之子。刘晓先生已经指出，违背兄终弟及、叔侄相承协定而即位的英宗，非常重视彰显皇帝尊严的皇家礼仪，希望借以宣扬自己的正统地位。② 而且英宗即位后，颇受祖母太皇太后答己掣肘，郊祀礼仪大概也成为英宗发泄权力欲的一个排遣的出口。至治二年（1322）九月，英宗有旨议南郊祀事，大臣做了细致讨论，制定了亲祀仪注，然而当月太皇太后驾崩，南郊祀事权止。③ 次年八月英宗遇刺身亡。武宗在位四年，英宗在位三年，他们未能达成亲郊，与在位时间短暂有关系。武宗、英宗亲郊意图的出发点，主要是笼络人心、宣扬皇权，而不太能代表其文化倾向。英宗遇刺之后，武宗、仁宗的堂兄弟也孙铁木儿由漠北入继大统，即泰定帝。朝臣请求亲郊，泰定帝曰："朕遵世祖旧制，其命大臣摄之。"④世祖旧制，是泰定帝施政的核心口号之一，是他宣示自身合法性的重要武器。从这个意义上说，武宗、英宗有意亲郊，泰定帝不愿亲郊，实际上都是政治策略。

即使元文宗的亲郊，也有很浓重的现实政治因素。文宗通过两都之战消灭泰定帝一系，又毒死兄长明宗，才得以即位。因此文宗上台后大力推动国家级文化事业，编纂政书《经世大典》，亲祀南郊，大赦天下，皆是皇权合法性的宣扬。亲郊在元朝并未常规化和制度化。文宗亲郊后不足两年便去世。宁宗在位月余，不及亲郊。顺帝在位三十七年，亲郊只有两次。顺帝年少登基，朝政把持在权臣手中。改元至正（1341），是顺帝铲除权臣、亲政的

---

①参李鸣飞：《元武宗尚书省官员小考》，《中国史研究》2011 年第 3 期。

②刘晓：《元代郊祀初探》，黄正建主编：《隋唐辽宋金元史论丛》第 5 辑，第 209 页。

③《元史》卷二八《英宗纪二》，第 624 页；卷七二《祭祀志一·郊祀上》，第 1785—1791 页；卷一七三《曹元用传》，第 4027 页。《曹元用墓志铭》，拓片见山东省济宁地区文物局：《山东嘉祥县元代曹元用墓清理简报》，《考古》1983 年第 9 期，录文见李恒法、解华英编著：《济宁历代墓志铭》，济南，齐鲁书社，2011 年，第 48—51 页。

④《元史》卷三〇《泰定帝纪二》，第 676 页。

标志。至正三年，顺帝首次亲郊，恰合乎三年一郊之制。郊祀礼成，大赦天下，文官减资，武官升等，蠲民间田租，赐高年帛，①带有强烈的昭告意味。至正六年，到了三年一郊之期，尚书李絅请求亲郊，顺帝不听。② 至正十五年，在册立太子、废立宰相、政局变动的形势之下，顺帝才再度亲郊，且明确要求“典礼从其简者行之”③。可见，顺帝对于繁复的郊祀仪式没有太大热情，只有在必要的现实政治背景下才施行亲郊。

总之，左右亲郊与否的三重因素是自然条件、统治者的文化修养和政治策略。寒冷的气候是一种客观的自然条件，对亲郊有一定阻碍作用。元朝统治者汉文化修养的日益提高，是实现亲郊的基础。在恶劣的自然条件下，元朝有四位皇帝有亲郊之意，但很难说是出于对汉文化的热衷，而更像是一种政治策略。现实政治因素是元朝皇帝亲郊的直接动力。

五　元代郊祀仪式中的“国礼”

在元朝，“国礼”、“国俗”指蒙古传统礼俗。蒙古统治者将草原游牧民族传统礼俗带到了元朝国家仪式制度之中。元朝郊祀仪制中的蒙古因素，主要体现在牲品和酒品方面。《元史・祭祀志》云：“其牺牲品物香酒，皆参用国礼。”④

按照中原传统，郊祀牲品用犊，而且按五行用五色。具体而言，昊天上帝苍犊，皇地祇黄犊，配位苍犊，大明青犊，夜明白犊，天皇大帝苍犊，北极玄犊。而游牧民族祭祀，最贵重的祭品是马。元朝郊祀祭品，除了按中原传统用犊之外，还按草原传统用纯色马一匹。在省牲器、奠玉币仪式中，汉、唐、

①《元史》卷四一《顺帝纪四》，第 869 页。

②《元史》卷四一《顺帝纪四》，第 876 页。

③《元史》卷四四《顺帝纪七》，第 927 页。

④《元史》卷七二《祭祀志一・郊祀上》，第 1799 页。

宋皆用牛首，元朝用马首。① 此外，元朝郊祀牲品中还有羊、鹿、野豕、兔。大德九年开始用羊、鹿、野豕各九，到至大三年，数量增加到十八，又增兔十二，从此成为定例。② 这些也是具有草原特色的祭品。元朝郊祀制度是在不改变中原传统牲品的基础上，增加了具有草原特色的牲品。

与草原特色牲品相应的是，“宰割体段，并用国礼”③。蒙古人宰杀牲畜之法很有特点，是在牲畜胸腹之间割破一个口子，伸手入内，将心脏处的大动脉掐断，牲畜即死，血流入腹腔。这是因为蒙古本俗禁忌见血，更不许割喉放血。据载，这种屠宰方式列入了蒙古习惯法“札撒”中，窝阔台、察合台、忽必烈皆遵此习俗，明令禁止穆斯林割喉杀羊。④ 在元朝郊祀宰牲过程中，很有可能完全采用了蒙古式的宰杀方式。宰杀之后割解时，所用之犊按中原礼制规定，生牲割解为七体，熟牲解为二十一体。而马、羊、鹿、野豕、兔，则按蒙古习惯宰割。

元代郊祀的三种形式祭告、摄祀、亲祀，规格由低到高，但所用牲品是相同的。明初史官评曰：“告谢非大祀，而用物无异，岂所谓未能一举而大备者乎。”⑤也就是说，元朝郊祀制度是循序渐进制定的，牲品没有形成由低到高的三种规格，表明元朝郊祀制度最终也没有达到完备的程度。

至于郊祀所用的酒品，元朝一方面按中原礼制行用“酒齐”，即清浊程度不同的五种酒；另一方面又增加了具有草原特色的马湩（马奶酒）以及当时宫廷中流行的葡萄酒。酒齐的容器为中原传统的尊罍，而马湩的容器是草

①《元史》卷七三《祭祀志二·郊祀下》，第1810页。

②《元史》卷七二《祭祀志一·郊祀上》，第1792页。

③《元史》卷七三《祭祀志二·郊祀下》，第1823页。

④[伊朗]志费尼著，何高济译：《世界征服者史》，第242、321页。[波斯]拉施特主编，余大钧、周建奇译：《史集》第二卷，北京：商务印书馆，1985年，第86、346—347页。陈高华、张帆、刘晓、党宝海点校：《元典章》卷五七《刑部十九·禁宰杀·禁回回抹杀羊做速纳》，天津：天津古籍出版社、北京：中华书局，2011年，第1893—1894页。

⑤《元史》卷七二《祭祀志一·郊祀上》，第1792页。

原风格的革囊。[①] 郊祀最核心的仪式之一是进馔（或曰进熟），即三献官向昊天上帝进献食物，三上香，三祭酒。在至元十二年（1275）、大德十一年（1307）制定的祭告仪式中，三祭酒是按中原礼制施行的。[②] 在后来制定的摄祀、亲祀仪式中，三献官按中原传统祭酒三爵后又祭马湩三爵。[③] 三祭酒的程序实际上做了两遍，是蒙古礼俗与汉制的杂糅并存。大概到元文宗亲祀时，三祭酒仪式改为酒（中原酒）、蒲萄酒（葡萄酒）、马湩（马奶酒）各祭一爵，合为三爵。[④] 这样既符合中原三祭酒之礼，也融合了蒙古贵族的饮酒习俗。分别源于中原、西域、蒙古草原的三种酒，出现在国家最高祭礼的核心仪式中，彰显了元朝政治文化的多元性。元朝郊祀三祭酒仪式的演变，也体现出二元文化互动与调和的过程。

六　小结

在忽必烈之前，大蒙古国统治的地区以蒙古草原为中心，横跨华北、中亚、钦察草原、高加索地区。其统治体制是以蒙古为核心，兼容并蓄，因俗而治。洒马奶祭祀长生天，是大蒙古国最高规格的国家礼仪。而昊天上帝与长生天的观念同中有异，颇有扞格之处，因此郊祀不可能进入国家仪式的核心。忽必烈即位以后，元朝定都燕京，开始施行郊祀。随着统治者对于中原礼乐文化的了解逐渐加深，郊祀制度慢慢得到丰富。在郊祀制度建立和完善的过程中，祷神祈福因素发挥了一定的促进作用，更重要的是现实政治因素。在现实政治中利用郊祀礼乐之于皇权合法性的象征作用，是元朝诸帝推进郊祀的直接动力。

蒙古文化观念对于元朝郊祀产生了重要影响。它在一方面导致元朝郊

①《元史》卷七三《祭祀志二・郊祀下》，第 1820 页。

②《元史》卷七三《祭祀志二・郊祀下》，第 1827—1828 页。

③《元史》卷七三《祭祀志二・郊祀下》，第 1824—1825 页。

④《元史》卷七三《祭祀志二・郊祀下》，第 1811 页。

祀制度的推进较为缓慢,而另一方面影响了郊祀制度的内容。元成宗所建立的郊祀制度不用神主、元朝郊祀长期惟祀昊天上帝而无后土皇地祇等等,都是对蒙古神灵观念的迁就。郊祀仪式中加入具有草原特色的牲品和酒品,采用蒙古传统宰牲方式,则是在中原制度基础上锦上添花的糅合。

元朝郊祀也体现出二元文化的互补与调和。大体上,元朝的郊祀、洒马奶两种祭天仪式各自独立,并行不悖。洒马奶祭天是皇族独享的神秘仪式,而郊祀则面向广大臣民,更具公共性。但二者的观念和仪式也产生了相互影响。武宗试图建立北郊分祭天地,是有意调和二元文化的矛盾,隐含着融合的趋势。而郊祀核心的三祭酒仪式,从中原传统的三祭酒,到生硬地糅合三祭酒与三祭马湩,再改为中原酒、西域葡萄酒、蒙古马奶酒各祭一爵,较为成功地调和了二元文化。总之,元朝郊祀作为意识形态的象征,呈现出二元文化在交会时的矛盾、互补、互动、调和等种种现象,凸显了元朝政治文化演变的历时性和复杂性。

第三章　壬子年(1252)日月山祭天

史志记元朝制度,率将壬子年(元宪宗蒙哥二年,1252)日月山祭天作为有元一代郊祀乃至礼乐制度之滥觞,甚至《元史》总裁官之一王祎(1322—1374)撰文称赞:"一代礼乐之兴,肇于此矣。"[①]壬子年祭天已经受到元代礼制研究的关注,[②]艾骛德(Christopher P. Atwood)讨论蒙古政治文化发展模式时也有涉及,[③]祭天所在的日月山地望问题更是引发了多位学者的讨论。[④]

---

①王祎:《王忠文公集》卷一二《日月山祀天颂(并序)》,《金华丛书》本,第23b页。

②刘晓:《元代郊祀初探》,黄正建主编:《隋唐辽宋金元史论丛》第5辑,上海:上海古籍出版社,2015年,第197—215页,收入吴丽娱主编:《礼与中国古代社会(隋唐五代宋元卷)》,北京:中国社会科学出版社,2016年,第328—352页。

③Christopher P. Atwood, "Explaining Rituals and Writing History: Tactics Against the Intermediate Class", in Isabelle Charleux, Gregory Delaplace, Roberte Hamayon, and Scott Pearce eds., *Representing Power in Ancient Inner Asia: Legitimacy, Transmission and the Sacred*, Bellingham, WA: Center for East Asian Studies, Western Washington University, 2010, pp. 95-129.

④陈得芝:《〈中国历史地图集·元明图册·岭北行省·山川·日月山〉考证》,南京:南京大学历史系1971年手稿。宝音德力根:《兀良哈万户牧地考》,《内蒙古大学学报》(人文社会科学版)2000年第5期,第8页注6。马晓林:《蒙元时代日月山地望考》,《中国历史地理论丛》2014年第4期。石坚军、王社教:《元代漠北日月山地望新考》,《中国历史地理论丛》2016年第4期。

但相关史料记事互有龃龉，亦有递相承袭的情况，所以史源问题实有辨析的必要。本章首先分类辨析文献史源，探明壬子年日月山祭天史实，继而将壬子年祭天作为元代历史编纂中的典型性事件看待。任何史料，都是历史书写的产物，都不可避免地受到书写者主观意识的影响。蒙元王朝不同时期意识形态不断变动，在官修国史的文本书写中留下了烙印。考察壬子年祭天史事如何在元朝国史中被书写、漏写甚至篡改，有助于探析元朝二元政治文化传统的演变。

一　史料分歧与史源梳理

王祎《日月山祀天颂》是关于壬子年日月山祭天存世篇幅最长的文献，因此很受以往学者的重视。但实际上我们不能高估这篇文章的史料价值。王祎（字子充，义乌人）虽在明初与宋濂并为《元史》总裁官，但在元代始终未能踏上仕途，对于元朝核心制度的了解较为有限。王祎曾于至正七年至十年（1347—1350）到大都谋求入仕，但最终失望南归。[①] 这篇《日月山祀天颂》应与王祎文集同卷所收的《兴隆笙颂》一样，写于他居留大都期间，目的是以文学获知于朝。实际上，《日月山祀天颂》中的基本史实甚至多数文句都抄袭自元文宗朝官修政书《经世大典·礼典》以及官修礼书《太常集礼》。兹不避絮烦，征引《日月山祀天颂》如下（下划直线表示与《经世大典·礼典》相同之文句；下划波浪线表示与《太常集礼》相同之文句）：

> 臣闻：惟天子得祭天，而祭天必于高邱，古之制也。圣元龙兴，肇基朔漠，遂建大号以临天下。然国俗本有拜天之礼，衣冠尚质，牲品尚纯，帝后［亲］之，宗戚助祭，非此族也，不得与焉。报本反始之意，可谓出于至诚者矣。

①参陈高华：《〈元史〉纂修考》，《历史研究》1990年第4期，收入《元史研究新论》，上海：上海社会科学院出版社，2005年，第444页。

当太祖天造之始,东征西伐,礼文之事,固未暇遑。太宗戡金之五年,岁在戊戌,时中原甫定,即命孔子五十一代孙元措取曲阜太常雅乐,辇其歌工、舞节与乐器、俎豆、祭服,至于日月山。及宪宗二年壬子之岁,秋八月,始即日月山以祀天,推太宗、睿宗配焉。既又用元措言,并祭昊天后土,始大合乐。一代礼乐之兴,肇于此矣。当其时,群臣奏对之际,上问礼乐何始,左右以尧舜为对。则其所以立神基、肇人极者,圣谟睿略,何其宏远也。按日月山,国语云哈剌温山,在和林之北,实祖宗兴王之地。古者王者祭天,则日月从祀。日居东,月居西。今天子祀天兹山,而山适以日月名,此其嘉符瑞应,开万世无疆之基者,尤可征不诬也。厥后,世祖定鼎于燕,首建庙室。成宗于国南郊肇立圆丘。武宗躬行裸享。英宗复置卤簿。至于文宗,爰祀郊丘。肆今天子践位以来,郊丘祀天,礼凡荐举,前作后述,岁辑月增,容物典章,焕然毕备,弥文之盛,无复有加。原其所自,则日月山之祀,固其权舆哉。……①

《经世大典》原书已佚,但其总序见于《国朝文类》。《经世大典·礼典总序·郊祀》载:②

惟天子得祭天,古之制也。我国家建大号以临天下,自有拜天之礼,衣冠尚质,祭品尚纯,帝后亲之,宗戚助祭,率其世职,非此族也,不得与焉。报本反始,出于自然,而非强为之制者也。有司简牍可知者,宪宗皇帝始拜天于日月山,既而又用孔子孙元措言,祭昊天后土,始大合乐。世祖皇帝至于今,制度弥文,而国家之旧礼初不废也。

《经世大典·礼典》祭祀相关部分的直接史源是《太常集礼》。《太常集礼》是太常礼官李好文、孛术鲁翀据公牍档案编纂的礼书,始编于泰定四年(1327),成书于文宗天历二年(1329)。李好文《太常集礼稿序》载:

……洪惟圣朝天造之始,金革方载,文德未遑。我太宗皇帝戡金五

①王袆:《王忠文公集》卷一二《日月山祀天颂(并序)》,第23a—25b页。

②《经世大典·礼典总序·郊祀》,《国朝文类》卷四一,《四部丛刊》本,第9a—b页。

> 年，岁在戊戌，时中原甫定，则已命孔子之孙元措访求前代礼乐，将以文万世太平之治。宪宗皇帝二年壬子，时则有日月[山]之祀，伏观当时群臣奏对之际，上问礼乐自何始，左右对以尧舜。则其立神基、肇人极，丕谟睿略，固已宏远矣。世祖皇帝中统之初，建宗庙，立太常，讨论述作，度越古昔，至元之治，遂光前烈。成宗皇帝肇立郊丘。武宗皇帝躬行裸享。英宗皇帝广太室，定昭穆，御衮冕、卤簿，修四时之祀。列圣相承，岁增月辑，典章文物，焕然毕备矣。……①

比较其中极为相似的行文，可知王祎《日月山祀天颂》大幅抄袭《经世大典·礼典总序·郊祀》和《太常集礼稿序》。王祎文中"推太宗、睿宗配焉"显系笔误，据《太常集礼》及《元史·祭祀志》正文所载，实际上配位是太祖、睿宗。②《元史·祭祀志》主体直接源于《经世大典·礼典》。③ 如《元史·祭祀志·郊祀》开篇云："元兴朔漠，代有拜天之礼。衣冠尚质，祭器尚纯，帝后亲之，宗戚助祭。其意幽深古远，报本反始，出于自然，而非强为之也。宪宗即位之二年，秋八月八日，始以冕服拜天于日月山。其十二日，又用孔氏子孙元措言，合祭昊天后土，始大合乐，作牌位，以太祖、睿宗配享。"④显然是从《经世大典·礼典总序·郊祀》抄袭改写而成的。总之，可以说，王祎撰《日月山祀天颂》的基本依据是《经世大典·礼典总序·郊祀》与《太常集礼稿序》，也许还稍稍参考了二书的正文或其他资料，而王祎只是着重在辞藻上发挥了一番。王祎文中唯一不见于他处的信息只有一句："按日月山，国语云哈剌温山，在和林之北，实祖宗兴王之地。"考虑到王祎不懂蒙古语，也从

---

①李好文：《太常集礼稿序》，《国朝文类》卷三六，第20b—21b页。

②《元史》卷七二《祭祀志一》，北京：中华书局1976年，第1781页。《永乐大典》卷五四五三引《太常集礼》，北京：中华书局1986年影印本，第2504页下。

③参余元盦：《元史志表部分史源之探讨》，《西北民族文化研究丛刊》第1辑，上海：永泰祥书店，1949年，第111—144页。方龄贵：《〈元史〉纂修杂考》，张寄谦编：《素馨集——纪念邵循正先生学术论文集》，北京：北京大学出版社，1993年，收入氏著《元史丛考》，北京：民族出版社，2004年，第1—49页。王慎荣主编：《元史探源》，长春：吉林文史出版社，1991年，第74—119页。

④《元史》卷七二《祭祀志一》，第1781页。

未去过草原,这条史料的可靠性是要打折扣的。

《元史·礼乐志》和《元史·舆服志》同样直接源于《经世大典·礼典》,都将元朝礼乐、冕服之始追溯到壬子年日月山祭天。[①]《礼乐志》记事日期最详尽:

> 宪宗二年三月五日,命东平万户严忠济立局,制冠冕、法服、钟磬、笋簴、仪物肄习。五月十三日,召太常礼乐人赴日月山。八月七日,学士魏祥卿、徐世隆,郎中姚枢等,以乐工李明昌、许政、吴德、段楫、寇忠、杜延年、赵德等五十余人,见于行宫。帝问制作礼乐之始,世隆对曰:"尧舜之世,礼乐兴焉。"时明昌等各执钟、磬、笛、箫、篪、埙、巢笙,于帝前奏之。曲终,复合奏之,凡三终。十一日,始用登歌乐祀昊天上帝于日月山。祭毕,命驿送乐工还东平。[②]

总之,《元史》的《祭祀志》、《舆服志》、《礼乐志》乃至元末王袆《日月山祀天颂》,皆源于《经世大典·礼典》以及《太常集礼稿序》。后二者皆为文宗时期纂成,一致记载宪宗壬子年祭天并召观礼乐,未提及世祖忽必烈。

但在碑传资料中,世祖忽必烈成了关键人物。元初礼乐建设中的重要人物张孔孙、徐世隆、姚枢等的传记中都提到了壬子年日月山礼乐事。《元史·张孔孙传》载:"世祖居潜邸,尝召乐师至日月山观之"。[③]《元史·徐世隆传》载:"壬子,世祖在潜邸,召见于日月山,时方图征云南……(严)实时得金太常登歌乐,世祖遣使取之观,世隆典领以行,既见,世祖欲留之,世隆以母老辞。"[④]《元史·徐世隆传》的史源当为《元朝名臣事略》卷一二《太常徐公》,[⑤]后者文字稍详,此不赘引。姚燧《姚枢神道碑》记载姚枢中统年间的一次上奏:

---

①《元史》卷六七《礼乐志一》,第1664页;卷七八《舆服志一·冕服》,第1935页。

②《元史》卷六八《礼乐志二·制乐始末》,第1691—1692页。

③《元史》卷一七四《张孔孙传》,第4067页。

④《元史》卷一六〇《徐世隆传》,第3769页。

⑤《元朝名臣事略》卷一二《太常徐公》,第251页。

> 公奏:"在太宗世,诏孔子五十一代孙元措仍袭封衍圣公,卒,其子与族争求嗣,为讼及潜藩,帝时曰:'第往力学,俟有成德达才,我则官之。'又闻曲阜有太常雅乐,命东平守臣辇其歌工舞郎与乐色、俎豆、祭服,至日月山,帝亲临观。……"①

苏天爵《元朝名臣事略》卷八《左丞姚文献公》、许有壬《雪斋书院记》所载此事皆同。② 然而《元史·姚枢传》的文本却有关键性差异:

> 枢奏曰:"在太宗世,诏孔子五十一代孙元措仍袭封衍圣公,卒,其子与族人争求袭爵,讼之潜藩,帝时曰:'第往力学,俟有成德达才,我则官之。'又曲阜有太常雅乐,宪宗命东平守臣辇其歌工舞郎与乐色、俎豆,至日月山,帝亲临观。……"③

在《姚枢神道碑》中,召东平乐工至日月山的,明指"潜藩"之帝忽必烈。《元史·姚枢传》加入"宪宗"二字,使后文出现之"帝"之所指完全改变——召乐工至日月山、亲临观乐的,成了宪宗蒙哥。神道碑无疑是本传的最初史源。陈高华先生指出,由神道碑到《元史》本传有三种可能:(一)明初史官直接利用了神道碑。(二)苏天爵编纂《元朝名臣事略》时利用了神道碑,后来明初史官直接利用《元朝名臣事略》。(三)元文宗朝修《经世大典·臣事》时利用了神道碑,明初史官直接利用《经世大典·臣事》。④ 此处明初史官没有必要擅添"宪宗"二字,因此《元史·姚枢传》应该来自《经世大典·臣事》。

综上所述,几种碑传资料皆记载了世祖忽必烈是壬子年日月山礼乐中的关键人物。《经世大典·臣事》改动《姚枢神道碑》,将忽必烈隐去,将一切

---

①姚燧:《中书左丞姚文献公神道碑》,《国朝文类》卷六〇,第17b—18a页。

②苏天爵:《元朝名臣事略》卷八《左丞姚文献公》,北京:中华书局1996年,第161页。许有壬:《圭塘小稿》卷六《雪斋书院记》,三怡堂丛书本,第6a页。

③《元史》卷一五八《姚枢传》,第3713—3714页。

④陈高华(温岭):《元代政书〈经世大典〉中的人物传记》,《中国史研究》1992年第1期,收入氏著《元史研究新论》,第458—462页。

归于宪宗蒙哥。凡是源于《经世大典》的史料,皆有这一特征。

二　壬子年祭天史实

壬子年祭天史实,须从日月山地望、蒙哥与忽必烈行迹、礼乐仪式等线索进行考察。

日月山地望,曾引起学者讨论。屠寄认为日月山即纳兰赤剌温。[①] 纳兰赤剌温(Naran čila'un)是《元史·太宗纪》所载窝阔台曾驻跸之地,[②]蒙古语直译日崖,缺少"月"的含义。陈得芝在绘制《中国历史地图集》"元代岭北行省图"时将日月山标在怯绿连河(今克鲁伦河)上游的不儿罕·合勒敦山处。[③] 宝音德力根也认为日月山即《元朝秘史》所记的神山不儿罕·合勒敦山。[④] 笔者曾提出不儿罕·合勒敦山、怯绿连河曲的拖诺山两种可能性。[⑤] 石坚军、王社教将日月山、纳兰赤剌温、不儿罕哈勒敦三者勘同。[⑥] 众家观点虽然有差异,但一致认为日月山在怯绿连河上游地区。这一地区位于蒙古高原中部偏东,是成吉思汗生长并崛起的"兴王之地",也是大蒙古国政治的核心地域。窝阔台、蒙哥即位皆在此地。尽管有了草原都城哈剌和林,但窝阔台至蒙哥汗仍然遵循巡幸游牧习俗,夏秋季节一般驻跸怯绿连河上游。[⑦]

---

①屠寄:《蒙兀儿史记》卷六《蒙格汗纪》,上海:上海书店,1989 年,第 72 页上。

②《元史》卷二《太宗纪》,第 32 页。

③谭其骧主编:《中国历史地图集》第七册《元·明时期》"元代岭北行省图",北京:中国地图出版社,1982 年。

④宝音德力根:《兀良哈万户牧地考》,《内蒙古大学学报(人文社会科学版)》2000 年第 5 期,第 8 页注 6。

⑤马晓林:《蒙元时代日月山地望考》,《中国历史地理论丛》2014 年第 4 期。

⑥石坚军、王社教:《元代漠北日月山地望新考》,《中国历史地理论丛》2016 年第 4 期。

⑦参[日]白石典之:《チンギス・カン時代の住生活——住居と季節移动》,[日]白石典之编:《チンギス・カンとその時代》,东京:勉诚出版社,2015 年,第 218—233 页。邱轶皓:《哈剌和林成立史考》,《西域历史语言研究集刊》第 5 辑,北京:科学出版社,2012 年,第 309—311 页。

20 世纪末以来,考古学家在怯绿连河上游发掘出了建筑遗址与祭祀遗存,[①] 证明成吉思汗四大斡耳朵在元代始终驻跸于此。

《元史 · 宪宗纪》对壬子年蒙哥的行迹记载简略,仅记载夏驻跸和林,冬十月驻跸月帖古忽阑(Ötegü qulan,意译野马川,在哈剌和林以南汪吉河上游)。[②] 实际上,蒙哥夏秋季节的行迹,可据其他史料考证。《元史 · 世祖纪》载:"岁壬子(1252),帝(忽必烈)驻桓、抚间。……夏六月,入觐宪宗于曲先恼儿之地。"[③]曲先恼儿,《元史 · 姚枢传》作曲先脑儿。[④] 屠寄《蒙兀儿史记》认为,曲先脑儿汉言雪海,在临洮。[⑤] 以曲先(* Küsen)为雪(časun),固不足取;以其地在临洮,更是纯属臆断。《史集》记窝阔台驻秋之地名为距离和林四日程的 Kūsa Nāūūr,萨克斯顿构拟为 Kösä Na'ur,[⑥]波伊勒径改为 Köke Na'ur(颗颗脑儿),[⑦]余大钧、周建奇译本拟音为"古薛纳兀儿"。[⑧] 颗颗脑儿(Köke na'ur),《元朝秘史》作阔阔纳浯儿,义为青色的湖,位于怯绿连河上游支流桑古儿河源头附近,在古连勒古山(起辇谷)范围内,[⑨]距离和林千里之遥,远超四日程。因此波伊勒的径改是难以成立的。他在后来的一篇文

①参[日]白石典之:《モンゴル帝国誕生:チンギス・カンの都を掘る》,东京:讲谈社,2017 年,第 159—171 页。[日]三宅俊彦:《最初の首都——アウラガ》,[日]白石典之编:《チンギス・カンとその時代》,第 218—233 页。

②《元史》卷三《宪宗纪》,第 45—46 页。关于"月帖古忽阑"地名考证,见陈得芝《元岭北行省建置考(上)》,《蒙元史研究丛稿》,北京:人民出版社,2005 年,第 130 页。

③《元史》卷四《世祖纪一》,第 58 页。

④《元史》卷一五八《姚枢传》,第 3713 页。

⑤屠寄:《蒙兀儿史记》卷八三《姚枢传》,北京:中国书店,1988 年,第 546 页。

⑥W. M. Thackston trans. and annot., *Rashiduddin Fazlullah's Jami' u't-tawarikh*, Harvard University Department of Near Eastern Languages and Civilizations, 1998, p. 329.

⑦[波斯]剌失德丁原著,[英]波义耳英译,周良霄译注:《成吉思汗的继承者:〈史集〉第二卷》,天津古籍出版社,1992 年,第 91 页。

⑧余大钧、周建奇译:《史集》第二卷,第 70—71 页。

⑨《蒙古秘史》,第 89 节,第 122 节,阿尔达扎布:《新译集注〈蒙古秘史〉》,第 151、217 页。参宝音德力根:《兀良哈万户牧地考》,《内蒙古大学学报》(人文社会科学版)2000 年第 5 期,第 8 页注 6。亦邻真:《起辇谷和古连勒古》,《亦邻真蒙古学文集》,呼和浩特:内蒙古人民出版社,2001 年,第 747—753 页。

章中又将 Kūsa Nāūūr 与《史集》所载克烈部汪罕驻夏地 Kūsāūr Nāūūr 勘同。[①] 可后者在《元朝秘史》第 151、177 节作古泄兀儿海子、古洩兀儿海子(* Güse'ür Na'ur),[②]《圣武亲征录》作曲薛兀儿泽、曲笑儿泽,[③]在语音上无法支持波伊勒的勘同。艾骛德在 2015 年发表的《皇家巡幸与移动游牧——中世纪内亚的国家与移动性》一文中指出,Kūsa Nāūūr(Küse Na'ur)与曲先恼儿可以勘同,即今蒙古国南杭爱省奈曼湖国家公园(Khüisiin Naiman Nuur)的慧斯淖尔湖(Khüis Nuur);因为 Küse(n)并非蒙古语词,所以被现代蒙古人俗读为 Khüis(蒙古语,义为肚脐、中心)。[④] 艾骛德所考最为允当。因此,据《元史 · 世祖纪》可知,六月,蒙哥汗驻于距离和林四日程的曲先恼儿时,忽必烈前来觐见。程钜夫记载:"宪宗二年(1252)夏,会诸侯王于驴驹河之上。"[⑤]诸王大会,蒙古语称为忽里台(quriltai,义为聚会),是宗亲贵族共议国事的蒙古传统政治组织形式。六月是夏季的最后一个月,当月蒙哥、忽必烈在曲先恼儿相见后即前往驴驹河(怯绿连河)召开诸王大会。

至于忽必烈离开大会的时间,史料记载有歧异。《元史 · 世祖纪》载,宪宗二年"秋七月丙午(二十四日),禡牙西行"[⑥]。《宪宗纪》载,宪宗二年"八月,忽必烈次临洮"[⑦]。如果采信这两条记载,忽必烈已经出征,就不可能参加八月八日的日月山祭天。然而,这两条记载都是有问题的。记忽必烈征

---

①John Andrew Boyle, "The Seasonal Residences of the Great Khan Ögedei", *Central Asiatic Journal*, 16, 1972: 125-131. 参余大钧、周建奇译:《史集》第一卷第二分册,第 174 页。

②乌兰校勘:《元朝秘史(校勘本)》,第 158、198 页。阿尔达扎布:《新译集注〈蒙古秘史〉》,第 278、371 页。

③贾敬颜校注,陈晓伟整理:《圣武亲征录(新校本)》,北京:中华书局,2020 年,第 48、111 页。

④Christopher P. Atwood, "Imperial Itinerance and Mobile Pastoralism: The State and Mobility in Medieval Inner Asia", *Inner Asia*, 17. 2, 2015: 293-349(345).

⑤程钜夫:《雪楼集》卷七《信都常忠懿王神道碑》,《元代珍本文集汇刊》本,第 321 页。

⑥《元史》卷四《世祖纪一》,第 58 页。中西历法换算,据洪金富:《辽宋夏金元五朝日历》,台北:"中研院"历史语言研究所,2004 年。

⑦《元史》卷三《宪宗纪》,第 46 页。

云南行程极详的程钜夫《平云南碑》中明言壬子年"秋九月出师"①,而不是《世祖纪》的七月。程钜夫《平云南碑》与《世祖纪》皆明载忽必烈次临洮的时间为宪宗三年(1253)八月,②与《宪宗纪》的记载相差整整一年。祭天作为蒙古传统礼俗,不仅仅是一次宗教性活动,更是大汗权力受上天护佑的象征,具有团结宗亲贵族的作用。会诸王与祭天是密切关联的同一系列事件。六月忽必烈入觐蒙哥汗,参加忽里台大会。出征云南是在大会上决定的,八月八日祭天必然是诸王共同参加。若忽必烈在七月二十四日就出师,则有悖情理。况且忽必烈出师后行军不快,十二月才渡过黄河,次年四月驻六盘山,八月才正式发兵。因此,忽必烈参加八月祭天之后,九月出师,才合乎情理。总之,壬子年夏末至秋季,蒙哥在怯绿连河召开忽里台大会,忽必烈全程参加。

解决问题的关键在于辨清蒙古式、汉式两种礼仪。蒙哥召开壬子年忽里台大会,其间举行的蒙古式祭天自然也由他主持。贯穿整个蒙元时代,蒙古传统的秋季洒马奶祭天一直是最高规格的国家祭祀。③ 而汉式礼乐,对于当时绝大多数蒙古人而言甚为隔膜。忽必烈总领漠南事务,与东平有更直接的关系。东平礼乐人员壬子年制作的"日月山神主"、"日月山版位",后来赫然出现在了忽必烈即位后建于燕京的太庙之中。④ 因此,壬子年东平礼乐应该是忽必烈献给蒙哥汗的一种表演活动。郊祀最重要的是坛壝,壬子年日月山并不具备这一条件。东平礼乐人员即使提前制作了乐色、俎豆、祭服,也仅能粗略展示礼乐样貌,严格而言算不上真正的郊祀。

综合上述考证,并结合《礼乐志》、《祭祀志》,我们可以梳理出合理的时序:八月七日,东平礼乐人员到达日月山,在忽必烈行宫(营帐)预演,忽必烈向徐世隆等人问礼乐之始。八月八日,蒙哥汗主持的蒙古式祭天,东平礼乐

①程钜夫:《雪楼集》卷五,第 239 页。

②《元史》卷四《世祖纪一》,第 59 页。

③参马晓林:《元代蒙古人的祭天仪式》,《民族研究》2018 年第 3 期;本书第一章第二节。

④《元史》卷七四《祭祀志三·宗庙上》,第 1833 页,第 1835 页。

人员并未参加。八月十一日或十二日是东平礼乐的正式演出，蒙哥汗观看之后，显然兴趣不大，命驿送乐工还东平，再未召用。

三　壬子年祭天与《蒙古秘史》

仅就蒙古式祭天而言，祭天仪式是忽里台大会活动的礼仪性核心，宣示天命汗权，也宣示诸王大臣对大汗的拥戴。从这个意义上说，壬子年日月山祭天在大蒙古国政治史上有象征意义。在大蒙古国历史上，从辛亥年夏至壬子年秋是有转折性的关键一年。蒙哥于辛亥年(1251)夏六月即位，结束了窝阔台系二十年的统治。此前的十年间，经历了乃马真后监国、贵由汗短暂统治、海迷失后监国，汗位继承纷争迭起，中央统治不力。蒙哥即位后，一方面发动了大规模的政治清洗，将对立面的诸王处死或流放；另一方面则推行全面的政治改革，安置诸王，任命职官，调整军权，清理驿站，强化中央集权。在他的统治下，大蒙古国在统一的前提下进入了疆域最为广大的时期。① 蒙哥汗时期的所有重大举措和成就，都创立和奠基于其即位后约一年的时间内。波斯文史书《世界征服者史》是蒙哥汗时期的官员志费尼在哈剌和林写成的，其中关于蒙哥汗的记载可以说是亲历者的记录，具有很高的史料价值。书中记载蒙哥汗 1251 年 7 月(相当于夏历六月至七月)即位之后的史事，下一个出现的日期已经是 1252 年 11 月(相当于夏历九月底至十月)。② 这一段时间正是蒙哥汗解决帝国内部问题的关键时期。《元史·宪宗纪》载："(1252 年)秋七月，命忽必烈征大理，诸王秃儿花、撒立征身毒，怯的不花征没里奚，旭烈征西域素丹诸国。诏谕宋荆南、襄阳、樊城、均州诸守将，使来附。"③这正是蒙哥汗在七月怯绿连河忽里台大会上与诸王、大臣决

---

①参 Thomas T. Allsen, *Mongol Imperialism: The Policies of the Grand Qan Mongke in China, Russia, and the Islamic Lands*, 1251—1259, University of California Press, 1987.

②[伊朗]志费尼著，何高济译:《世界征服者史》，1980 年，第 673—692 页。

③《元史》卷三《宪宗纪》，第 47 页。

议未来的征战蓝图。八月初的日月山祭天标志着这次忽里台大会的高潮和结束。

壬子年忽里台大会与《蒙古秘史》有密切关系。《蒙古秘史》是历史上首部以蒙古文写成的史诗式著作,讲述了蒙古祖先的起源及大蒙古国初期的历史,也可以说是蒙元王朝的第一部国史。《蒙古秘史》充分反映出蒙古人自己的历史观与文化观,在游牧民族的历史书写和编纂史上有着极为重要的地位。《蒙古秘史》成书的时间与地点,见于其书末题记:

> 忽里台大会召开期间,鼠儿年七月,诸斡耳朵驻扎在客鲁涟河的阔迭额・阿剌勒的朵罗安・孛勒答黑、失勒斤扯克两山之间时,写毕。(蒙古文转写:Yeke qurilta qur ǰu quluqan-aǰil quran sar-a-da Kelüren-ü Köde'e aral-un Dolo'an Boldaq-a Silginčeg qoyarǰa'ur-a ordos bau'uǰu büqüi-dür bičiǰü dau'usba.)①

客鲁涟河,即怯绿连河。阔迭额・阿剌勒,又译曲雕阿兰,义为荒原之岛,岛指的两河交汇所夹之地,就是秋季忽里台大会召开之地。朵罗安・孛勒答黑(Dolo'an Boldaq),义为七孤山,是曲雕阿兰地域的七座山丘。② 失勒斤扯克(Silginčeg)是山名,田清波释 silgin 为草本植物山芸香,加构词后缀-čeg,义为生长山芸香的山丘(la colline où il croit de la rue des montagnes)。③田清波认为,失勒斤扯克是七孤山中的一座,今本《蒙古秘史》在"朵罗安・孛勒答黑"与"失勒斤扯克"之间脱漏了一个山名,这个脱漏的山也是七孤山

①乌兰校勘:《元朝秘史(校勘本)》,北京:中华书局2012年,第401页。拉丁转写还原及译文参考余大钧译注:《蒙古秘史》,石家庄:河北人出版社,2001年,第245页;阿尔达扎布:《新译集注〈蒙古秘史〉》,呼和浩特:内蒙古大学出版社,2005年,第522页;Igor de Rachewiltz, *The Secret History of The Mongols: A Mongolian Epic Chronicle of the Thirteenth Century*, Leiden: Brill, 2004, vol. 1, pp. 218, vol. 2, pp. 1038–1044.

②Igor de Rachewiltz, *The Secret History of The Mongols: A Mongolian Epic Chronicle of the Thirteenth Century*, vol. 1, pp. 501–502.

③Antoine Mostaert, "Sur quelques passages de l'*Histoire secrète des Mongols* (fin)", *Harvard Journal of Asiatic Studies*, 15. 3/4, 1952: 389–390.

中的一座。无论如何,《蒙古秘史》无疑写成于曲雕阿兰地域之内。

关于鼠儿年具体是哪一年,学界见解不一,最主要的是 1228 年、1252 年二说。[①] 1228 年说的集大成者是罗依果(Igor de Rachewiltz)。1252 年说的主要论证者,是余大钧、[②]艾骛德。尤其是艾骛德发表于 2007 年的长文《〈蒙古秘史〉成书年再考》,全面揭示文本内证,重点分析《蒙古秘史》所载与史实相左的诸多案例,指出这些有意或无意的"讹误"若非宪宗蒙哥汗时期是不可能出现的,其中体现出蒙哥汗时期对于大蒙古国历史的认知和定位,也常常隐含着蒙哥汗时期的政治形势。[③] 艾骛德文章论据有力,论证充分。2008 年,罗依果撰文反驳艾骛德。[④] 罗依果最重要的论据有两点,一是 1252 年没有大聚会的记载,二是书中所记札剌亦儿台与也速迭儿征伐女真、高丽为 1258 年事,晚于 1252 年。实际上,这两点皆不足为据。关于大聚会,罗依果未见到程钜夫的明确记载:"宪宗二年(1252)夏,会诸侯王于驴驹河之上。"[⑤]关于征伐女真、高丽,何启龙 2017 年撰文考证其为窝阔台时期事,支持了 1252 年说。[⑥] 总之,罗依果的反驳难以撼动 1252 年说。《蒙古秘史》正是在壬子年七月忽里台大会召开期间写成的。

虽然壬子年八月八日日月山祭天是在七月《蒙古秘史》写成之后发生的,但二者存在互文关系。在《蒙古秘史》中,不儿罕山反复出现。全书开篇即云,蒙古人的初祖"奉天命而生的孛儿帖赤那和他的妻子豁埃马阑勒,渡

---

①其他尚有 1240 年、1264 年、1324 年诸说,今已不为多数学者接受。1324 年成书说,参冈田英弘:《元朝秘史の成立》,《東洋學報》第 66 号,1985 年 3 月,第 157—177 页。

②余大钧:《〈蒙古秘史〉成书年代考》,《中国史研究》1982 年第 1 期。

③Christopher P. Atwood, "The Date of the 'Secret History of the Mongols' Reconsidered", *Journal of Song-Yuan Studies*, 37, 2007: 1-48.

④Igor de Rachewiltz, "The Dating of the Secret History of the Mongols - A Re-interpretation", *Ural-Altaische Jahrbücher*, 22, 2008, pp. 150-184.

⑤程钜夫:《雪楼集》卷七《信都常忠懿王神道碑》,第 321 页。

⑥何启龙:《考证征伐女真、高丽的札剌亦儿台与也速迭儿——兼论〈蒙古秘史〉1252 年成书之说》,《元史及民族与边疆研究集刊》第 34 辑,上海古籍出版社,2017 年,第 209—233 页。

过腾汲思水,来到斡难河源头的不儿罕·合勒敦山扎营住下"①。其后的蒙古祖先们都在不儿罕山附近活动。帖木真(成吉思汗)早年为敌人三姓篾儿乞人追袭,遁入不儿罕山中多日,方才得免。《蒙古秘史》载:

> 帖木真从不儿罕山下来,捶胸说:"……我骑着缰绳绊蹄的马,踏着鹿走的小径,登上不儿罕山,用柳条搭起棚屋居住。在不儿罕·合勒敦山上,躲避了我微如虱子的性命!爱惜我仅有的性命,骑着我仅有的马,循着驯鹿走的小径,登上合勒敦山,用破开的柳条搭起棚屋居住。合勒敦·不儿罕山,庇护了我如蝼蚁的性命!我惊惧已极!对不儿罕·合勒敦山,每晨必祭祀,每天必祷告,我的子子孙孙要铭记!"说罢,他解带挂在颈上,摘帽挂在手上,一手捶胸,向日跪拜九次,将马奶子洒奠了。②

《蒙古秘史》所记的这个为敌所袭而遁入山中的故事,在汉文、波斯文史书中找不到对应记载。帖木真的话中有很长的诗歌化段落,有研究者认为摘自一支蒙古民间史诗。③ 这段叙事整体上有显著的加工创作成分。《蒙古秘史》此处不惜笔墨,似乎意有所指。《蒙古秘史》所记解带、摘帽、捶胸、向日跪拜九次、洒奠马奶子的祭祀仪式,与史料所载成吉思汗在出征花剌子模、金朝前登山祭天的仪式相同。④ 罗依果已经发现了这种关联,但因为搜

---

①余大钧译注:《蒙古秘史》,第 2 页。阿尔达扎布:《新译集注〈蒙古秘史〉》,第 1 页。

②余大钧译注:《蒙古秘史》,第 54—55 页。阿尔达扎布:《新译集注〈蒙古秘史〉》,第 174 页。译文笔者据蒙古文略有改动。

③L. Lörincz, "Ein historisches Lied in der Geheimen Geschichte der Mongolen," in Louis Ligeti ed., *Researches in Altaic Languages. Papers read at the 14th meeting of the Permanent International Altaistic Conference held in Szeged, August* 22-28, 1971, Budapest: Akadémiai Kiadó, 1975, pp. 117-126. Igor de Rachewiltz, *The Secret History of The Mongols: A Mongolian Epic Chronicle of the Thirteenth Century*, Vol. 1, p. 407.

④[波斯]拉施特主编,余大钧、周建奇译:《史集》第一卷第二分册,北京:商务印书馆,1983 年,第 260、358—359 页。[伊朗]志费尼著,何高济译:《世界征服者史》,1980 年,第 93 页。

集史料不全,错误地认为1260年以前蒙古没有正式的皇家拜天祭典。[①] 实际上,祭天仪式在成吉思汗时便已建立。[②] 1236年拔都西征,面对劲敌时"按照成吉思汗的习惯"登山祭天。[③] 至于蒙哥壬子年日月山祭天,同样将登山、祭天、成吉思汗这些关键词联系了起来。按《蒙古秘史》所记,在怯绿连河上游不儿罕山举行祭祀,是成吉思汗让其子孙铭记的责任。在现实中,惟有继承了蒙古本土的拖雷系才能够毫无障碍地履行这一责任。如果日月山就是不儿罕山,这就成为蒙哥汗统治下的神圣法则。蒙哥自壬子年开始,除在位最后两年出征在外,其余每年秋季驻跸颗颗脑儿、君脑儿,皆在日月山一带。[④]

总之,《蒙古秘史》是壬子年忽里台大会产出的一个划时代的成果,书中贯注了蒙哥汗统治下的大蒙古国意识形态。成吉思汗的故事与壬子年日月山祭天,可以理解为历史书写与现实的交相辉映。在《蒙古秘史》中,中原礼乐没有任何位置,再次说明蒙哥对蒙古祭祀之外的仪式不感兴趣。

四　元世祖时期官方与民间的壬子年祭天记忆

壬子年大会与祭天,在大蒙古国曾产生较大影响,甚至投射到了元世祖时期华北民间的记忆中。王恽(1227—1304)记载了其父王天铎(号思渊子)的一件轶事:

> 先君思渊子,通天文,又善风角。辛亥(1251)夏六月,宪宗即位,明年壬子(1252)秋,先子以事至相下。九月,客鹤壁友人赵监摧家。一日

---

①Igor de Rachewiltz, "Heaven, Earthand the Mongols in the time of Činggis Khan and His immediate Successors(ca. 1160-1260)—a Preliminary investigation", p. 131.

②参马晓林:《元代蒙古人的祭天仪式》,《民族研究》2018年第3期;本书第一章。

③[波斯]拉施特主编,余大钧、周建奇译:《史集》第二卷,第62页。

④《元史》卷三《宪宗纪》,第47—50页。相关地名考证,参陈得芝:《成吉思汗墓葬所在与蒙古早期历史地理》,《中华文史论丛》2010年第1期。

> 夙兴,见东北方有紫气极光大,冲贯上下,如千石之囷。时磁人杜伯缜侍侧,指示之。杜曰:"此何祥也?"曰:"天子气也。"杜曰:"今新君御世,其应无疑。"曰:"非也,十年后当别有大圣人起,非复今日也。渠切记无忘。第老夫不得见耳。"至元十五年(1278),予过滏阳,与杜相会,话间偶出元书片纸相付,且叹其先辈学术之精有如是也。①

"新君御世"指蒙哥即位。"十年后当别有大圣人起"是预言忽必烈即位。占算家壬子年九月见东北方天子气,时序、方位恰与日月山祭天相合。从时序而言,七月忽里台大会,八月祭天,九月消息应该传到了相州鹤壁(今河南鹤壁)。从方位而言,蒙哥、忽必烈都不可能出现在相州的东北方向。王恽在朝为官,谙熟元朝典故,当然知道这一点,而他却赞叹其父预言术之精,可见他并不将东北方视为错误。如果考虑蒙古人的方向观,这一问题便可得解。元代蒙古人的方向观比通常的方向要逆时针偏转90度。大叶升一列举了元代汉文、波斯文、回鹘文史料中的很多例子,②其中最典型的就是伊利汗国宰相拉施特《史集》对元朝疆域的描述:东南为女真、高丽,西南为广州、剌桐,西为交趾,西北为吐蕃、金齿,东北为海都、都哇的领地。③ 拉施特的消息源是蒙古人,反映出元代蒙古人所称之"东南"实指东北,"西南"实指东南,"西"实指南,"东北"实指西北。以此观之,王天铎所谓"东北方",实指西北方,而怯绿连河上游地区恰在鹤壁的西北方向。王天铎所得的消息来自蒙古草原,带有蒙古文化印记是很自然的。因此,这则轶事是壬子年祭天事件在占算家脑中的曲折投射。

与华北民间的曲折记忆相比,元世祖时期官方修史时对于壬子年祭天

---

①王恽:《秋涧集》卷四四《家府遗事》,《元人文集珍本丛刊》本,第44页。

②[日]大叶昇一:《元朝、イル・ハン国の文献にみる時計回り方位九〇度のずれについて》,《史観》第137号,1997年9月,第19—34页。村冈伦指出,这是蒙古语方位词被译为其他语言时造成的。参村冈伦:《モンゴル帝国時代の史料に見える方位の問題:時計回り90度のずれが生じる要因》,《13、14世紀東アジア史料通信》第25期,2020年,第2—14页。

③[波斯]拉施特主编:《史集》第二卷,北京:商务印书馆,1986年,第335—338页。

一事却仿佛失忆了。《元史·宪宗纪》记载了甲寅(1254)、丁巳(1257)两次祭天,[①]却未记壬子年祭天,应该直接反映了元世祖朝所修宪宗实录的面貌。中统元年(1260),忽必烈即位后,任命王鹗为翰林学士承旨兼修国史,[②]正式开始用汉文纂修本朝史。至元十年(1273),以翰林院纂修国史,敕采录累朝事实以备编集。[③] 至元二十三年(1286)十月,翰林承旨撒里蛮言:"国史院纂修太祖累朝实录,请以畏吾字翻译,俟奏读然后纂定。"[④]这说明实录的汉文稿本初步纂成,随后开始翻译成畏吾体蒙古文。至元二十五年(1288)二月,蒙古文实录完成,撒里蛮等进读,世祖对内容提出了修改意见。[⑤] 元成宗元贞二年(1296),司徒兀都带等进所译太宗、宪宗、世祖实录。其中,太宗、宪宗实录是修改稿,世祖实录是新纂修成的。成宗仅针对世祖实录提了一些意见。[⑥] 大德七年(1303),翰林国史院进太祖、太宗、定宗、睿宗、宪宗五朝实录,[⑦]此为最终定稿。明初修《元史》,本纪的主要史源是元朝实录。《元史》前四帝本纪都很简略,应该与元朝前四朝实录的样貌很接近。《元史》纂修仓促,史官大幅抄撮原材料。前四朝实录篇幅本就不大,《元史》纂修者不太会加以删减。《元史·宪宗纪》不记壬子年日月山祭天,应是实录即已如此。

世祖朝编纂的宪宗实录之所以不载壬子年祭天,有两种可能性。第一种可能性是编纂中无意漏记。蒙哥死后,忽必烈与阿里不哥争夺皇位,交战数年,容易造成原始资料散佚。至元二十五年(1288),忽必烈对四朝实录初稿的评价是:"太宗事则然,睿宗少有可易者,定宗固日不暇给,宪宗汝独不

---

①《元史》卷三《宪宗纪》,第48、50页。

②《元史》卷四《世祖纪一》,第67页。

③《元史》卷八《世祖纪五》,第165页。

④《元史》卷一四《世祖纪十一》,第294页。

⑤《元史》卷一五《世祖纪十二》,第308—309页。

⑥《元史》卷一九《成宗纪二》,第407页。

⑦《元史》卷二一《成宗纪四》,第455页。

能忆之耶？犹当询诸知者。”[①]显然忽必烈对宪宗实录之粗略很不满意,认为应该采访史事加以增补。宪宗实录经忽必烈亲自审阅,但其最终稿反映在《元史·宪宗纪》中记事系年穿凿情况很严重。[②] 例如其中所记忽必烈出征大理的年代竟然错了一年,这一严重谬误经忽必烈本人审阅以及元贞二年(1296)、大德七年(1303)两次修订,也没能得到纠正。宪宗实录纂修时距离蒙哥时期不算久远,但记事准确性很成问题,这至少说明世祖时的纂修者对宪宗史事很不重视。

第二种可能性是编纂者有意不记壬子年祭天。壬子年大会与祭天,是宪宗朝的重要历史事件,与意识形态紧密相连。宪宗在位中后期与忽必烈产生尖锐矛盾,治国理念有很大分歧。[③] 忽必烈政权与蒙哥政权意识形态迥异。忽必烈即位后,将政治中心从草原迁至华北,礼仪空间随之改变。这涉及蒙汉二元文化背景。从蒙古文化来看,元朝皇帝每年在两都之间巡幸,罕往漠北,帝后亲祀的洒马湩祭天改在上都郊野举行。[④] 忽必烈无法前往漠北祭祀不儿罕山,不符合《蒙古秘史》中成吉思汗对子孙的训言。从汉文化来看,忽必烈虽然开始采行汉式礼乐,但仅至元十二年(1275)遣使告郊一次,[⑤]对郊祀很不重视。而儒士一直视礼乐为涵化蒙古统治者的重要渠道。[⑥] 壬子年祭天在前引徐世隆(1206—1285)、姚枢(1203—1280)的碑传中得到着重书写,说明世祖时期儒士已经极为重视此事。实录的主要编纂者也是儒

---

①《元史》卷一五《世祖纪十二》,第308—309页。

②参刘迎胜:《〈元史〉卷三〈宪宗纪〉笺证之一》,《欧亚学刊》新4辑,2016年。刘迎胜:《〈元史〉卷三〈宪宗纪〉笺证之二》,《欧亚学刊》新5辑,2016年。刘迎胜:《〈元史〉卷三〈宪宗纪〉笺证之三》,《欧亚学刊》新6辑,2017年。求芝蓉:《〈元史·宪宗纪〉勘误一则》,《中国史研究》2016年第1期。

③参陈得芝、王颋:《忽必烈与蒙哥的一场斗争——试论阿兰答儿钩考的前因后果》,《元史论丛》第1辑,1982年。王颋:《龙庭崇汗——元代政治史研究》,海口:南方出版社,2002年,第176-197页。

④参马晓林:《元代蒙古人的祭天仪式》,《民族研究》2018年第3期;本书第一章第二节。

⑤《永乐大典》卷五四五三引《太常集礼》,第2504页下。

⑥Christopher P. Atwood, “Explaining Rituals and Writing History: Tactics Against the Intermediate Class”, pp. 98-105.

士,却偏偏不记壬子年祭天事。综上所述,在二元文化背景下,宪宗实录纂修者都有可能淡化甚至回避壬子年祭天。

总之,壬子年祭天在华北民间记忆中留下了曲折的投射,也被参与其事的汉儒所重视,却失载于世祖朝官修宪宗实录。若是史官疏忽漏记,说明忽必烈对壬子年祭天史事很不重视;若是史官有意不记,则是意识形态变迁背景之下的一种选择性失忆。

五　元文宗时期官修国史中的壬子年祭天

壬子年祭天重新被大书特书,与元文宗(1328—1332 年在位)亲郊有关。元代郊祀推行极为缓慢,在文宗前一直未有亲郊。[①] 文宗登上皇位费尽周折,先是赢得一场血腥的内战,继而迎皇兄明宗入继大统,却在兄弟相会后将皇兄毒死,重新登基。因此文宗大肆宣扬文治,热衷礼仪制度,以巩固合法性。文宗推行一系列文化事业,其中极突出的两大活动是亲行郊祀与编纂《经世大典》。亲郊是元朝立国百年未有的大事,有强烈的现实政治诉求。《经世大典》是对本朝历史与制度的全面整理,体现了文宗对本朝历史与政治文化的定位。现存《经世大典》佚文所记壬子年祭天,至少有两处细节与史实有出入,且呼应了文宗的郊祀活动。

第一处,关于合祭天地。《经世大典·礼典》的主要史源是《太常集礼》。《太常集礼》原书今佚,幸而有少量佚文存世。仅仅比较这些佚文,即可发现《经世大典》比《太常集礼》有一处重要改动。《经世大典·礼典》称壬子年"祭昊天后土"[②]。但公牍资料记载"壬子岁日月山祀昊天上帝神位一"[③],没有后土神位。因为天地合祭不符合蒙古传统观念,[④]元朝郊祀直到文宗前也

①《元史》卷七二《祭祀志一·郊祀上》,第 1782 页。

②《经世大典·礼典总序·郊祀》,《国朝文类》卷四一,第 9a—b 页。

③《永乐大典》卷五四五三,第 2504 页下。

④参马晓林:《蒙汉文化交会之下的元朝郊祀》,《中国史研究》2019 年第 4 期;本书第二章。

是长期只祭昊天。文宗终于将摄祀仪注改为天地合祭,[①]是元朝第一次正式合祭天地。《经世大典·礼典》将壬子年祭天篡改为合祭天地,正是为文宗改制合祭天地铺陈历史依据。

第二处,正如本文第一、二节所揭,文宗时成书的《太常集礼》《经世大典》叙壬子年祭天史事时,不提忽必烈,而将召东平礼乐、问礼乐之始一并归为宪宗的举措。这将复杂的史事简单化了,在一定程度上偏离了史实。宪宗壬子年亲自观看郊天礼乐,算是文宗之前"亲郊"的惟一先例。

文宗在筹备亲郊时,将年代久远的壬子年日月山祭天抬出,篡改细节,使叙事简单化,这是制造政治宣传品的常见手段。而且在《经世大典·礼典·郊祀》开篇的序中先述蒙古"自有拜天之礼",随即述壬子年祭天,有将草原、中原的两种祭天混而为一之意。两种文化传统汇流至一起,体现出元文宗在意识形态层面进行整合的尝试。

元文宗的这种做法在蒙古人中造成的影响如何,因蒙古文史料匮如,尚难明言。但写入《经世大典》的壬子年祭天,确实成功地影响了后世的历史书写。文宗朝官修政书对日月山祭天史实的篡改,直接为《元史》的《祭祀志》、《礼乐志》和部分《传》所继承。元末王袆撰写的《日月山祀天颂》是文宗朝官修政书的另一继承者。到明初,王袆成为了《元史》的两位总裁官之一。《元史》编修班子基本上由未曾仕元的南方文人组成,对元朝典章制度一知半解。相较于另一位总裁官宋濂,王袆曾在元大都生活三年,是具备较好修史条件的一位。[②] 然而,王袆撰《日月山祀天颂》一文旨在歌颂元朝典制之盛,以翰墨谋仕途,故而着重文学辞藻的铺陈,行文并不严谨。在元顺帝时期,日月山祭天已是历史陈迹。南人王袆在元大都获得的知识未必准确,如"在和林之北",实际上当为大斡耳朵之北。史实方面则大抵抄袭《经世大典》,而"一代礼乐之兴,肇于此矣"、"开万世无疆之基"、"原其所自,则日月

---

①《元史》卷七二《祭祀志一·郊祀上》,第 1794 页。

②参陈高华:《〈元史〉纂修考》,《元史研究新论》,第 443—444 页。

山之祀固其权舆哉”[①]等溢美之词,亦是对《经世大典》中口径的发挥。在《元史》中,对日月山祭天的这种评价也被延续了下来。

六　小结

本章探析文本源流,考察历史书写,并不是要否认史实的存在,而是要分析史料的可靠性,剔除相沿抄袭的重复信息,细究不同时期历史书写的细节差异,进而探析书写者背后的政治目的、意识形态。壬子年日月山祭天是元宪宗蒙哥统治时期的一个政治文化事件,其重要性在元代各个时期有所不同,是观察历史书写与体认的一个重要例子。我们在清理蒙古宫廷壬子年(1252)撰写《蒙古秘史》、元世祖朝官修元宪宗实录、元文宗朝官修政书这三次国史修纂中,对日月山祭天事件的历史书写变化时,始终能看到现实与书写的交相辉映。

壬子年七月《蒙古秘史》撰写期间,八月的祭天是计划中即将发生的现实,而《蒙古秘史》中成吉思汗命子孙祭祀不儿罕山之圣训则是历史书写。二者的辉映,是拖雷系掌控大蒙古国的象征。元世祖时期修宪宗实录不记壬子年祭天,若非选择性失忆,便是对此事极不重视而漏记。这对应的现实是元世祖忽必烈即位后意识形态发生变革,统治者既不再亲往漠北祭天,也不太重视郊祀。元文宗朝官修《经世大典》期间,文宗亲郊是正在进行中的现实,而浓墨重彩地书写壬子年祭天,正是为亲郊张本,利用文治巩固合法性。

至于明初纂修《元史》时,直接抄袭元文宗朝官修政书。但《元史》传记数量庞大,史源复杂,因而超越了《经世大典》的局限,零星保存了壬子年日月山祭天的真相。

元代壬子年祭天的历史书写与改写,从一个侧面反映了元朝政治文化二元传统的演变与融合。在蒙哥汗统治下的大蒙古国,草原文化传统占据

---

①王袆:《王忠文公集》卷一二《日月山祀天颂(并序)》,第23a—25b页。

主宰地位。到元世祖时期，元朝国家制度呈现出鲜明的二元性。在二元性研究起步最早的辽史领域，学者已经指出，上层统治者在二元文化之间取舍融汇，创造出了第三种文化。① 元朝在蒙汉二元文化基础上，还吸纳了多元文化因素，创造出了新的政治文化。例如至元八年（1271）所建汉语国号“大元”，与蒙古语国号 Yeke Mongγol Ulus 并行使用，②被元代各种语言的文化圈所接受，而不同的文化圈对大元国号内涵有不同的理解。③ 礼仪制度作为意识形态的象征，最具说明意义。元朝对郊庙制度有所改造，结合蒙、汉、藏文化设立影堂，将孔子庙学与藏传佛寺相结合而创立帝师殿。④ 元朝政治文化的融合性，在中后期日益突出。文宗朝书写国史时将壬子年日月山祭天奉为郊祀之始，有将蒙、汉两种祭天混而为一之意，是融合二元传统的一种尝试。

从史学史角度而言，重修国史是一种普遍性的现象。每一个王朝，从建立到发展的各个阶段，政治局势和政治文化常常发生变化。在此过程中，官方常常重修国史，尤其是重新书写早期史，对史文增删、篡改，以符合新形势。在有双语修史传统的王朝中，元与清可作对比。清代官修《清太祖实录》、《清太宗实录》、《满洲实录》等书经累朝屡次修订，与政治文化的变动同步，到乾隆朝定型，前后历百年。⑤ 而元朝从世祖开始历百年而亡，政治文

①Karl A. Wittfogel and Chia-Sheng Feng, *History of Chinese Society, Liao*, 907 - 1125, Philadelphia: American Philosophical Society, 1949, pp. 5, 20. Pamela Crossley, “Outside In: Power, Identity, and the Han Lineage of Jizhou”, *Journal of Song-Yuan Studies*, 43(1), 2013, pp. 51-89.

②参陈得芝：《关于元朝的国号、年代与疆域问题》，《蒙元史与中华多元文化论集》，上海：上海古籍出版社，2013 年，第 138—154 页。

③参李春圆：《“大元”国号新考——兼论元代蒙汉政治文化交流》，《历史研究》2019 年第 6 期。

④参马晓林：《元代八思巴帝师祭祀研究》，《北大史学》第 18 辑，北京：北京大学出版社，2013 年，第 81—103 页；本书第十九章。

⑤参见薛虹：《清太祖实录的史料学研究》，《东北师大学报》1988 年第 2 期，第 33 - 44 页。徐莉：《满文〈大清太宗文皇帝实录〉版本及其价值》，《满语研究》2021 年第 1 期，第 86 - 94 页。杨立红、朱正业：《〈清实录〉曲笔之考察》，《史学史研究》2008 年第 3 期，第 44 - 50 页。王宏钧：《〈清太宗实录〉初纂稿本（残卷）和“擅改国史案”——兼谈“二次改正”〈清世祖实录〉稿本》，《中国历史文物》2007 年第 1 期，第 4-7 页。李文益：《〈清太宗实录〉中天聪朝史实曲笔管见》，《清史论丛》2017 年第 1 期，第 309 - 15 页。杨勇军：《〈满洲实录〉成书考》，《清史研究》2012 年第 2 期，第 99 - 111 页。

化始终反复变动,容易反映在国史书写中。元代官修实录、脱卜赤颜等国史类著作未传世,仅有少数内容被汉文、波斯文、藏文史书所摘录。其中关于早期史事的歧异记载,已经表明元朝国史经历了不止一次修订。[①] 学者在研究元朝国史编纂和传播问题时,也许还要考虑在元成宗大德七年(1303)五朝实录纂定之后,元中后期政治环境对国史书写的影响。

附　日月山相关历史地理问题

中国历史上以日月为名的山不止一处。最著名者当属唐文成公主进藏之日月山,属祁连山脉,在青海湖东南,有人将此日月山附会为1252年蒙古祭天之日月山,十分牵强,学者已纠其谬。[②]《金史·地理志》有日月山,在西京路昌州宝山县北五百余里,大定二十年(1180)更曰抹白山,[③]钱大昕已经指出此"别为一山,名同而地异"[④]。总之,这些日月山都不是元代的日月山。陈得芝先生在《中国历史地图集》第七册《元明时期·元代岭北行省图》中标出了日月山。[⑤] 宝音德力根先生在一篇文章的附注中指出日月山即不儿罕山。[⑥]

元代载有日月山的史料共有三类。

---

①参见刘迎胜:《陈桱〈通鉴续编〉引文与早期蒙古史料系谱》,刘迎胜、姚大力主编:《清华元史》第4辑,北京:商务印书馆,2018年,第1-15页。艾骛德撰,罗玮译:《蒙古帝国成吉思汗先世的六世系》,《元史及民族与边疆研究集刊》2016年第1期,第221-264页。

②芈一之:《散论章吉驸马及其他——治史杂谈》,《芈一之民族历史研究文集》,北京:民族出版社,2008年,第171—172页。

③《金史》卷二四《地理志上》,第567页。案,金代宝山县即今河北沽源九连城附近,其北五百余里是锡林郭勒草原,并无大山,东北方向五百余里则为大兴安岭。

④钱大昕:《廿二史考异》卷八六《元史一》,方诗铭、周殿杰校点,上海:上海古籍出版社,2004年,第1211页。

⑤谭其骧主编:《中国历史地图集》第七册《元·明时期》,北京:中国地图出版社,1982年。

⑥宝音德力根:《兀良哈万户牧地考》,《内蒙古大学学报》(人文社会科学版)2000年第5期,第8页注6。

一是关于壬子年(1252)日月山祭天的史料。

二是《元史·宪宗本纪》记载宪宗1254年祭天于日月山。[①]

三是《元典章》载录至大四年(1311)七月二十五日圣旨,有云:[②]

> 众官人每商量着奏有:"日月山、熨斗山周围有的晃火摊每、兀里羊罕[每]、脱脱怜每、脱脱的收聚米的伯牙兀每、秀才千户的八鲁剌思每、哈伯千户的瓮吉剌每、阿剌蛮千户的旭申等,哏做贼说谎有。"

这是典型的由蒙文硬译为汉文白话的公文。其中罗列了七个蒙古部族:

1. 晃火摊(Qongqotan),又译晃豁坛,《史集》称之为斡罗纳兀惕部分支。[③]

2. 兀里羊罕(Uriyangqan),又译兀良哈,原居巴尔忽的森林地区。据《史集》记载,成吉思汗去世后,左翼千户兀答赤奉命率领兀良哈部看守不儿罕哈勒敦地方的安葬成吉思汗的大禁地。[④]

3. 脱脱怜(Totoqlin),又译脱脱里,《圣武亲征录》记为蔑儿乞分部。[⑤]

4. 伯牙兀(Baya'ud)又译巴牙兀,属迭儿列勤蒙古。[⑥]

5. 八鲁剌思(Barulas),属尼伦蒙古。[⑦]

6. 瓮吉剌(Qongirad),又译弘吉剌。

7. 旭申(Hüšin),又译许慎,属迭儿列勤蒙古。[⑧]

---

①《元史》卷三《宪宗纪》,第48页。

②《元典章》卷四九《刑部十一·诸盗一·强窃盗·拯治盗贼新例》,陈高华、张帆、刘晓、党宝海点校本,第1631页;洪金富校定本,第3册,第1436页。

③[波斯]拉施特主编,余大钧、周建奇译:《史集》第一卷第一分册,北京:商务印书馆,1997年,第272—276页。

④《史集》第一卷第一分册,第202—205、259页。

⑤贾敬颜校注,陈晓伟整理:《圣武亲征录(新校本)》,北京:中华书局,2020年,第182页。周良霄:《元史北方部族表》,《中华文史论丛》2010年第1辑,第108页。

⑥《史集》第一卷第一分册,第287—290页。

⑦《史集》第一卷第一分册,第310页。

⑧《史集》第一卷第一分册,第280—281页。

又有四个人名:脱脱(Toqto'a)、秀才千户、哈伯千户、阿剌蛮千户,大概分别是伯牙兀、八鲁剌思、瓮吉剌、旭申四个部族的首领。

成吉思汗统一蒙古草原以后,将原来的诸部落打散重编,所以14世纪初这七个部族的游牧地具体位置很难确定。日月山、熨斗山应该都是蒙古高原上很重要的地标性山岭。但是这两个山名并不常见。“熨斗”有可能是音译自蒙古语 ündür,义为高地、山岭,蒙古高原上以 ündür 为山名者甚多,“熨斗”却不是常见译名。日月山是蒙古语山名的音译、意译抑或另取汉名,其地理位置在何方,从这条史料中得不到确切信息。

为日月山地望提供更多信息的是王袆《日月山祀天颂》和《元史·宪宗纪》。

(一)哈剌温只敦

王袆《日月山祀天颂》载:“日月山,国语云哈剌温山,在和林之北,实祖宗兴王之地。”国语,即蒙古语。哈剌温山,最易让人联想起《元朝秘史》第183、206节中的哈剌温磧都、合剌温只敦(Qara'un aǰidun)。[①] 蒙古语qara'un 译言黑暗的,aǰidun 译言山脊。元代哈剌温只敦通常指大兴安岭,这当然不符合王袆“在和林之北”的描述。

《史集·忽必烈合罕纪》提及哈剌温只敦凡二次。第一次是1256年,蒙哥汗伐南宋时令忽必烈留家,忽必烈遂依诏,“在自己的斡耳朵里,即蒙古斯坦的哈剌温只敦地方休息”[②]。第二次是1260年忽必烈与阿里不哥交战,并击溃阿里不哥麾下阿蓝答儿军之后,“他到达哈剌和林边境时,赶上了成吉

①乌兰校勘:《元朝秘史(校勘本)》,北京:中华书局,2012年,第207、264页。阿尔达扎布:《新译集注〈蒙古秘史〉》,呼和浩特:内蒙古大学出版社,2005年,第334、396页。

②[波斯]剌失德丁原著,[英]波义耳英译,周良霄译注:《成吉思汗的继承者:〈史集〉第二卷》,天津:天津古籍出版社,1992年,第285页。[波斯]拉施特主编,余大钧、周建奇译:《史集》第二卷,北京:商务印书馆,1997年,第288—289页。W. M. Thackston trans. and annot., *Rashiduddin Fazlullah's Jami' u't-tawarikh*, Harvard University Department of Near Eastern Languages and Civilizations, 1998, p. 425.

思汗的四个斡耳朵和阔列坚的斡耳朵,便把这些斡耳朵都送了回去,并在汪吉—沐涟附近过了冬。"阿里不哥派遣急使前来求和。忽必烈同意和兵,"他遣回了急使,自己也就在哈剌温只敦地方他的帐殿里停驻下来。"[①]《史集》这两次提到的哈剌温只敦,显然非大兴安岭。因其地有忽必烈的斡耳朵,邵循正、陈得芝遂皆认为在金莲川。[②] 魏曙光认为,哈剌温只敦原指大兴安岭,自1211年木华黎麾下诸部移驻漠南以后,张家口边墙以北的山岭也被称为哈剌温只敦。[③] 这几位学者虽然在细节的考订上不尽一致,但皆认为哈剌温山在忽必烈漠南领地内。李治安先生《元世祖忽必烈草原领地考》指出,贵由汗时期忽必烈在哈剌和林附近拥有漠北领地,其夏营地在和林川向西六站路程、杭爱山北侧的察罕鄂伦河西岸,冬营地在忽兰赤斤以东或偏南的陀山腹地三四百里处,《史集》中忽必烈所停驻的哈剌温只敦大体在忽必烈漠北原冬营地范围内或附近。[④]

学者们对哈剌温只敦地望有不同见解,主要是因为《史集》对时间、地点的记载比较模糊。据《元史·世祖本纪》,中统元年"十月戊午(二十四日),车驾驻昔光之地。"屠寄指昔光即汪吉之讹,诚是。"十二月乙巳(十二日),帝至自和林,驻跸燕京近郊。"这两则史料是考订哈剌温只敦的重要参照物,学者们皆有引述。笔者在此大胆地提出一种可能性:哈剌温只敦有没有可能在燕京附近呢?蒙哥汗时期,金莲川是忽必烈夏营地,那么他的冬营地应在更南。史料中可见,1259年冬忽必烈驻燕京近郊,此后若无特殊情况忽必烈冬季皆驻跸燕京附近,之后燕京改为中都,最终成为大都。燕京地位的逐

①W. M. Thackston trans. and annot., *Rashiduddin Fazlullah's Jami' u't-tawarikh*, p. 429. 余大钧、周建奇译:《史集》第二卷,第298—299页将"赶上了成吉思汗的全部四个斡耳朵和阔列坚的斡耳朵"一句误译为"遇到了阿里不哥的全部四个斡耳朵和曲律们的斡耳朵"。

②邵循正:《剌失德丁〈集史·忽必烈汗纪〉译释(上)》,《清华学报》1947年第1期,第81页;亦见《成吉思汗的继承者:〈史集〉第二卷》,第285—286页。陈得芝:《八思巴初会忽必烈年代考》,《中国史研究》2004年第1期,收入氏著《蒙元史研究丛稿》,北京:人民出版社,2005年,第330页。

③魏曙光:《元初文献中的合剌温山》,《元史及民族与边疆研究集刊》第25辑,上海:上海古籍出版社,2013年,第99—107页。

④李治安:《元世祖忽必烈草原领地考》,《史学集刊》2005年第7期。

步升级,追根溯源恐怕就是1259年开始忽必烈将其定为了冬营地。1259年前,尚未见忽必烈冬营地南伸至燕京。杉山正明整理了宪宗时期忽必烈的冬夏驻地,除出征时外,见于记载的忽必烈冬营地有爪忽都之地、奉圣州北、合剌八剌合孙之地,第一与第三个地名笼统,无法考实,奉圣州即今涿鹿附近,据此杉山认为此时忽必烈活动圈的南缘为居庸关附近。[①] 从这个角度看,《史集》所说的那个有忽必烈斡耳朵的哈剌温只敦,应该就在燕京以北的群山中。王恽《黑山秋霁》诗中有云:"我度居庸关,天峡四十里。巉巉积铁色,两势苍壁倚。何由铲叠巘,一撮峙燕几。长令幼舆心,喜溢秋壑底。"[②]从内容看,王恽描绘的是居庸关以北的黑谷。自忽必烈开始,元朝皇帝每年在大都、上都之间巡幸,交通路线共有四条,其中黑谷路是皇帝两都巡幸的专用路线,除扈从人员外,禁止普通官员与客商通行。[③] 黑谷路对于元朝皇帝似有特殊的意义。黑谷路沿溯数条河流,蜿蜒穿过燕山山脉,不仅风景奇秀,而且"水草茂美,牧畜尤便"[④]。据王恽诗,我们可知此地亦称黑山。此黑山或许可与《史集》中忽必烈所停驻的哈剌温只敦勘同,是燕山山脉的一部分,借指忽必烈的冬季驻地,具体当为黑谷路之黑河、白河河谷。对于学者们的前两种见解,笔者不敢妄加否定,此处仅补充一些细节性的思考,提供一种可能性,或许可备参考。

哈剌温只敦的地望,无论采取哪种观点,都与日月山相差太远。

(二)哈剌温山、黑山、拖诺山

从哈剌温山的意义出发,"黑山"跃入眼帘。

---

①[日]杉山正明:《クビライと大都》,[日]梅原郁编:《中国近世の都市と文化》,京都:京都大学人文科学研究所,1984年,第491页。

②王恽:《秋涧集》卷五,第211—212页。

③参尹自先:《元代黑谷路探——兼谈张家口地区古道》,《张家口师专学报》(社会科学版)1993年第3期。默书民《两都之间及以北地区的站道研究》,《元史论丛》第12辑,第146—145页。

④王守诚:《题上京纪行诗后》,胡助《纯白斋类稿》附录卷二,金华丛书本,第5b页。

元人咏上都诗中屡见“黑山”,[①]常与白海、青海、滦水对仗,应为上都附近名胜,而非王袆之哈剌温山。

漠北的“黑山”,见于张德辉《岭北纪行》。1247 年张德辉应忽必烈之召赴漠北,途经驴驹河(蒙古语 Kelüren,音译又作翕陆连、怯绿连,即今克鲁伦河),见到:[②]

> 河之北有大山曰窟速吾,汉言黑山也。自一舍外望之,黯然若有茂林者;迫而视之,皆苍石也。盖常有阴霭之气覆其上焉。

关于“窟速吾”的对音,各家见解不同。四库本径改作“哈剌敖拉”。姚从吾先生亦采此种观点,云“窟速吾”当是“窟剌吾拉”之缺讹,即蒙古语 qaraula(a'ula),义为黑山。[③] 贾敬颜从之。[④] 与窟速吾对音接近者有 Küse'ür,是怯烈部汪罕、窝阔台汗、蒙哥汗驻夏之地的湖,但与张德辉经行之处相距较远(详见下文)。陈得芝先生认为“窟速吾”当校正为“窟迭吾”,对音 Köde'ü,蒙古语义为荒芜。Köde'ü aral(或作 Köde'e aral,aral 义为两河汇流之间地)这一地名见于《秘史》、《元史》,音译作阔迭额阿剌勒、曲雕阿兰、阔帖兀阿阑,是怯绿连河与桑沽儿河交汇所夹之地。[⑤] 只是 Köde'ü 与“黑山”不能直接对译。或许 qara(黑)乃远观其色,köde'ü(荒芜)乃近观其貌,若果真如此,张德辉“自一舍外望之,黯然若有茂林者;迫而视之,皆苍石

---

①耶律铸:《双溪醉隐集》卷二《凯乐歌词曲·金莲川》,《知服斋丛书》本,第 6a 页。陈刚中《开平即事》,傅习、孙存吾辑:《皇元风雅》后集卷二,《四部丛刊》本,第 10b 页。胡助:《纯白斋类稿》卷八《滦阳述怀》,《金华丛书》本,第 9b—10a 页;同书卷一四《滦阳杂咏十首》,第 9b 页。吴师道:《吴正传先生文集》卷八《次韵张仲举助教上京即事》,《元代珍本文集汇刊》本,第 171 页。许有壬:《至正集》卷一八《和谢敬德学士入关至上都杂诗》,《元人文集珍本丛刊》本,第 111 页。

②张德辉:《纪行》,王恽:《玉堂嘉话》,杨晓春点校,北京:中华书局,2006 年,第 175 页。

③姚从吾:《张德辉〈岭北纪行〉足本校注》,《文史哲学报》第 11 期,1962 年 9 月,第 1—38 页。札奇斯钦又补充说,“窟速吾”或许是“哈剌温”之音转,见《姚从吾先生全集(七):辽金元史论文(下)》,台北:正中书局,1982 年,第 321 页。

④贾敬颜:《五代宋金元人边疆行记十三种疏证稿》,北京:中华书局,2004 年,第 344 页。

⑤陈得芝:《赤那思之地小考》,《元史论丛》第 6 辑,1997 年,第 224—226 页,收入氏著《蒙元史研究丛稿》,第 266—269 页。

也”的表述与之暗合。

关于窟速吾(黑山)之地理位置,前述学者们观点大致相同,认为在克鲁伦河曲附近。此地有一座山名为拖诺山(Toono Uul),清康熙帝于康熙三十五年御驾亲征,大败噶尔丹,驻跸于此,立碑纪功。① 1893年俄国学者波兹德涅耶夫到蒙古地区考察,曾亲眼见到克鲁伦河右岸的拖诺山。他描述道,这座黑色的大山,远观如有茂林覆盖,用望远镜细瞧发现只是光秃秃的山岩。②这与张德辉对黑山的描述完全一致。陈得芝先生已将黑山与拖诺山勘同。③不过,以今日蒙古国地图中的拖诺山对照,《中国历史地图集》元代岭北行省图所标出的黑山位置似乎稍嫌偏东。据张德辉描述,由窟速吾(黑山)向西南行到达土兀剌河。这与今拖诺山是相符的。

王袆之哈剌温山,从意义上可以与张德辉之窟速吾(黑山,即今拖诺山)勘同。

(三)不儿罕哈勒敦山

从《元史》的记载来看,日月山与不儿罕哈勒敦山有勘同的可能性。下面我们逐一考察四个相关地名:颗颗脑儿、军脑儿、曲先恼儿、曲薛兀儿泽。

(1)颗颗脑儿。《元史·宪宗纪》载:“是岁(宪宗四年甲寅,1254),会诸王于颗颗脑儿之西,乃祭天于日月山。”④根据这条史料,日月山距离颗颗脑儿不会太远。颗颗脑儿,《秘史》作阔阔纳浯儿,蒙古语 Köke na'ur,义为青色的湖。据《秘史》记载,颗颗脑儿位于克鲁伦河上游之支流桑古儿河源头

---

①张穆撰,何秋涛补:《蒙古游牧记》卷九,台北:文海出版社,1965年影印清同治四年刊本,第429页。

②[俄]阿·马·波兹德涅耶夫著,刘汉明译:《蒙古及蒙古人(第二卷)》,呼和浩特:内蒙古人民出版社,1983年,第523—524页。

③陈得芝:《〈中国历史地图集·元明图册·岭北行省·山川·黑山〉考证》,南京:南京大学历史系,1971年,南京大学藏手稿。

④《元史》卷三《宪宗纪》,第48页。

附近,在古连勒古山范围内,[①]帖木真年轻时一家人曾居于此地,首次称汗亦在此地。[②] 亦邻真先生指出,古连勒古(Kürelgü)就是成吉思汗以至元朝皇帝们的葬地起辇谷(＊ki-lien-gu)。[③] 因此这个地域对大蒙古国是极其重要的。

(2)军脑儿。《元史·宪宗纪》载:“(宪宗七年丁巳)秋,驻跸于军脑儿,酾马乳祭天。”[④]军脑儿(又作君脑儿),蒙古语 Gün na'ur,义为深湖。箭内亘认为军脑儿与颗颗脑儿为异名同湖,[⑤]王颋亦有类似观点,并将其位置定于今阿尔拜赫雷市北哈吉尔特西。[⑥] 这是不对的。军脑儿与颗颗脑儿一河之隔,颗颗脑儿在克鲁伦河上游东,军脑儿在克鲁伦河上游西。军脑儿附近又有哈老徒脑儿,此二湖之间地称为萨里川(Sa'ari Ke'er)。[⑦] 许多史料记载,颗颗脑儿、萨里川附近地域为窝阔台汗、蒙哥汗驻跸地之一。[⑧]

(3)曲先恼儿。《元史·世祖纪》载,宪宗二年(1252)六月,忽必烈“入觐宪宗于曲先恼儿之地”。[⑨] 此地名,《元史·姚枢传》作曲先脑儿。[⑩] 屠寄

---

①宝音德力根:《兀良哈万户牧地考》,《内蒙古大学学报》(人文社会科学版)2000 年第 5 期,第 8 页注 6。

②《蒙古秘史》,第 89 节,第 122 节,阿尔达扎布:《新译集注〈蒙古秘史〉》,第 151、217 页。

③亦邻真:《起辇谷和古连勒古》,《亦邻真蒙古学文集》,呼和浩特:内蒙古人民出版社,2001 年,第 747—753 页。

④《元史》卷三《宪宗纪》,第 50 页。

⑤[日]箭内亘:《蒙古の国会即ちにクリルタイ就いて》,《史学杂志》第 28 篇第 4、5、7 号,1917 年。汉译本:[日]箭内亘:《蒙古库利尔台(即国会)之研究》,氏著,陈捷、陈清泉译:《元朝制度考》,上海:商务印书馆,1934 年,第 73—75 页。

⑥王颋:《“大蒙古国”时期的斡耳朵》,《中华文史论丛》第 64 辑,2000 年,第 233 页。

⑦陈得芝:《元岭北行省建置考(上)》,《元史及北方民族史研究集刊》第九辑,1985 年,此据《蒙元史研究丛稿》,第 119 页。蔡美彪主编:《中国历史大辞典·辽夏金元史卷》,上海:上海辞书出版社,1986 年,第 166 页。陈得芝:《成吉思汗墓葬所在与蒙古早期历史地理》,《中华文史论丛》2010 年第 1 期,收入《蒙元史与中华多元文化论集》,第 155—182 页。

⑧[日]箭内亘:《元朝斡耳朵考》,氏著,陈捷、陈清泉译:《元朝怯薛及斡耳朵考》,上海:商务印书馆,1933 年,第 70、72 页。

⑨《元史》卷四《世祖纪一》,第 58 页。

⑩《元史》卷一五八《姚枢传》,第 3713 页。

《蒙兀儿史记》认为,曲先脑儿汉言雪海,在临洮。[①] 以曲先(* Küsen)为雪(časun),不足取;以其地在临洮,更是纯属臆断。《史集》记窝阔台驻秋之地名为 Kūsa Nāūūr,距离和林四日程。波伊勒英译《史集》第二卷时径改为 Köke Na'ur(颗颗脑儿),[②]后来又将其与 Kūsāūr Nāūūr 勘同。[③] 萨克斯顿英译本作 Kösä Na'ur。[④] 而余大钧、周建奇译本作"古薛纳兀儿",[⑤]是新拟的译名,汉文史料中未见。艾骛德在 2015 年发表的《皇家巡幸与移动游牧——中世纪内亚的国家与移动性》一文中指出,Kūsa Nāūūr(复原为 Küse Na'ur)与曲先脑儿可以勘同,即今蒙古国南杭爱省奈曼湖国家公园(Khüisiin Naiman Nuur)的慧斯淖尔湖(Khüis Nuur);地名中的 Küse(n)原来并非蒙古语词,被蒙古人俗读为 Khüis(蒙古语,义为肚脐、中心)。[⑥]

(4)曲薛兀儿泽。早期学者多将 Kūsa Nāūūr 与克烈部汪罕驻夏地 Küse'ür Na'ur 勘同。后者,《史集》作 Kūsāūr Nāūūr,[⑦]《元朝秘史》第 151、177 节作古泄兀儿海子、古洩兀儿海子(* Güse'ür Na'ur),[⑧]《圣武亲征录》作曲薛兀儿泽、曲笑儿泽。[⑨] 也速该助汪罕搜菊儿汗,由草原至西夏,途经其地。汪罕由西夏逃亡回到蒙古,至其地,成吉思汗从怯绿连河源前往迎接。

---

①屠寄:《蒙兀儿史记》卷八三《姚枢传》,北京:中国书店,1988 年,第 546 页。

②[波斯]剌失德丁原著,[英]波义耳英译,周良霄译注:《成吉思汗的继承者:〈史集〉第二卷》,第 91 页。

③John Andrew Boyle,"The Seasonal Residences of the Great Khan Ögedei",*Central Asiatic Journal*,16,1972:125-131.

④W. M. Thackston trans. and annot.,*Rashiduddin Fazlullah's Jami' u't-tawarikh*,Harvard University Department of Near Eastern Languages and Civilizations,1998,p. 329.

⑤余大钧、周建奇译:《史集》第二卷,第 70—71 页。

⑥Christopher P. Atwood,"Imperial Itinerance and Mobile Pastoralism: The State and Mobility in Medieval Inner Asia",*Inner Asia*,17. 2,2015:293-349(345).

⑦余大钧、周建奇译:《史集》第一卷第二分册,第 174 页。

⑧乌兰校勘:《元朝秘史(校勘本)》,第 158、198 页。阿尔达扎布:《新译集注〈蒙古秘史〉》,第 278、371 页。

⑨贾敬颜校注,陈晓伟整理:《圣武亲征录(新校本)》,第 48、111 页。

伯希和认为其地在戈壁以北，土剌河以南或西南。[①] 波伊勒在《窝阔台大汗的四季驻地》一文中将 Kūsa Nāūūr 与 Kūsāūr Nāūūr 勘同，认为其地也是贵由登基之地，在哈剌和林与今阿尔拜赫雷之间。[②] 罗依果认为其地在汪罕从西夏取道东北方向前往土剌河与斡难怯绿连地域的途中。[③] 陈得芝先生认为其地应在克鲁伦河上游之西南不远，可能在今曼达勒戈壁北。[④] 谭其骧主编《中国历史地图集》元代岭北行省图大体采用陈得芝观点。艾骛德辨析其地并非曲先脑儿，并勘定 Küse'ür Na'ur 为今南杭爱省苏木（Ölziit，Övörkhangai）的桑根达来湖（Sangiin Dalai Nuur）。[⑤]

《元史·宪宗纪》记载宪宗二年（1252）蒙哥汗行迹，"夏，驻跸和林……冬十月，……帝驻跸月帖古忽阑之地"[⑥]，失载夏秋之间驻迁轨迹。《元史·世祖纪》载，宪宗二年（1252）六月，忽必烈"入觐宪宗于曲先恼儿之地"[⑦]。程钜夫《信都常忠懿王神道碑》载："宪宗二年夏，会诸侯王于驴驹河之上。"[⑧]可见蒙哥汗驻于距离和林四日程的曲先脑儿时，忽必烈前来。此后他们共同迁徙至怯绿连河（驴驹河）。

颗颗脑儿、军脑儿、窟速吾（黑山），都在怯绿连河上游地域。但值得注意的是，这一地域有一座对蒙古人而言至为重要的山——不儿罕合勒敦山。《秘史》载，帖木真为蔑儿乞部人所袭，逃入不儿罕山得免，脱险后帖木真说：

---

①Paul Pelliot and Louis Hambis, *Histoire des Campagnes de Gengis Khan*, Leiden: Brill, 1951, p. 254.

②John Andrew Boyle, "The Seasonal Residences of the Great Khan Ögedei", *Central Asiatic Journal*, 16, 1972: 125-131. John Andrew Boyle, "The Summer and Winter Camping Grounds of the Kereit", *Central Asiatic Journal*, 17, 1973: 108-110(109).

③Igor de Rachewiltz, *The Secret History of the Mongols: a Mongolian epic chronicle of the thirteenth century*, vol. 1, pp. 557-558.

④陈得芝：《十三世纪以前的克烈王国》，《元史论丛》第3辑，1986年，收入氏著《蒙元史研究丛稿》，第230页。

⑤Christopher P. Atwood, "Imperial Itinerance and Mobile Pastoralism: The State and Mobility in Medieval Inner Asia", *Inner Asia*, 17. 2, 2015: 293-349(345).

⑥《元史》卷三《宪宗纪》，第45—46页。

⑦《元史》卷四《世祖纪一》，第58页。

⑧程钜夫：《雪楼集》卷七，《元代珍本文集汇刊》本，第321页。

"对不儿罕—合勒敦山,每晨必祭,每天必祷告,教我的子子孙孙,铭记不间断!"他解带挂在颈上,摘帽挂在手上,向日跪拜九次,洒奠马奶子。① 不儿罕山从此成为蒙古人崇拜之神山。1925 年符拉基米尔佐夫(Б. Я. Владимирцов)等苏联学者曾到肯特地区考察,考察报告中介绍,以往,从乌兰巴托定期有团队来大肯特山祭山,据说在祭山的地方有成吉思汗的大铜锅。② 陈得芝先生据之在《中国历史地图集》中标出日月山。③ 从图中看,其地应该就是今天的不儿罕哈勒敦山(Бурхан Халдун),是为汗肯特山(Хан Хэнтийн)主峰(北纬48°45',东经 109°8'),位于克鲁伦河源头附近,今日蒙古国于此举行国家祭祀。20 世纪初西方旅行者坎贝尔(C. W. Campbell)报道,清代库伦(今乌兰巴托)王公于此举行祭祀。④ 这与符拉基米尔佐夫的报告相符。祭祀地点往往有久远的历史传承。不儿罕山是受成吉思汗尊崇的神山,蒙哥汗若在此祭天不无可能。怯绿连河上游、不儿罕哈勒敦山、颗颗脑儿、曲雕阿兰一带,是成吉思汗早期活动以至称汗的重要地域,这又与王袆"实祖宗兴王之地"之语相合。

总之,拖诺山、不儿罕哈勒敦山都在克鲁伦河上游一带,皆与王袆"和林之北"的描述有出入,确切的说二者都在和林东北方向较为遥远的地方。拖诺山与王袆的记载更接近,但王袆撰《日月山祀天颂》旨在以翰墨谋仕途,歌颂元朝典制之盛,着重文学辞藻的铺陈,其人从未踏足草原,对漠北地理概念不清,记载并不准确。而不儿罕哈勒敦山,有《元朝秘史》所载成吉思汗圣训以及符拉基米尔佐夫的调查报告作为支持。结合本书第三章所考壬子年历史文化背景考虑,不儿罕哈勒敦山与日月山更契合。

---

①阿尔达扎布:《新译集注〈蒙古秘史〉》,第 174 页。

②[苏]符拉基米尔佐夫:《库伦城与库伦地区和肯特地区的民族学—语言学调查》,《北蒙古》第 2 册,列宁格勒:苏联科学院出版社,1927 年,第 1—42 页(第 37—38 页)。Б. Я. Владимирцов, "Этнопого-лингвистические исследования в Урге, ургин-ском и Кентейском районах", *Северная Монголия*, *Том II*, Ленинград: Издательство Академия Наук СССР, 1927: 1-42(37-38). 此文承陈得芝先生提示,又承中国社会科学院民族所苏航先生译示大意,谨致谢忱!

③陈得芝:《成吉思汗墓葬所在与蒙古早期历史地理》,《中华文史论丛》2010 年第 1 期,第 2 页。

④C. W. Campbell, "Journeys in Mongolia", *The Geographical Journal*, Vol. 22, No. 5 (Nov., 1903), pp. 485-518(513-514). 此文承南京大学历史系特木勒教授告知并赠予电子版,谨致谢忱!

本篇结语

元朝祭天体现出动态性、复杂性和交融性的特点。

祭天在草原上有古老的传统，但草原诸部的语言、文化呈现多样性，祭天仪式不止一种。成吉思汗崛起并统一草原，是不断吸收诸部、塑造新文化的过程。祭天仪式也是在这一过程中逐渐形成的。大蒙古国皇室没有采行蒙古部祖先曾施行的主格黎仪式，而是施行洒马湩仪式。这应该是出于政治文化建设的需要，将洒马湩仪式与成吉思汗的传奇性事迹相连，以独有的仪式作为新兴皇室的特权象征。

从蒙古前四汗时期到世祖至元前期，以木华黎为代表的蒙古高层在华北沿袭金朝重五重九拜天遗制，大概是因为这种拜天形式与蒙古主格黎仪式很相似。金朝拜天遗制在华北施行了半个世纪，到世祖至元九年（1272）停罢。这反映了元朝国家祭祀体系从粗放到规范的过程。

从13世纪中期开始，中原传统的郊祀逐渐进入蒙元王朝的国家祭祀领域。蒙汉二元传统的祭天礼仪在交会之际，因蒙、汉“天”概念之异而剧烈碰撞。元朝郊祀的建立较为缓慢，直到13世纪末成宗即位后才有实质性推进，形成规模。元朝郊祀制度在蒙古文化的影响下有所改造。壬子年（1252）宪宗蒙哥日月山祭天之余所观郊祀礼乐，神位已迁就蒙古观念。在元朝建立的郊祀制度中，蒙古文化观念影响了神位、牲酒、献礼等关键仪节。

洒马湩祭天施行于整个元朝，维持了在草原上祭祀的形态，始终是最崇高的礼仪。一些文献强调皇族之外不得预礼，以显示其礼仪的重要性。但起码元中后期，洒马湩仪式中已经出现了汉文化因素。六月二十四日上都洒马奶子即有汉人士大夫参与；而仪式中以成吉思汗配天的做法，很可能是受汉文化尊祖配天概念的影响。

祭天作为意识形态的最高象征，与现实政治关系紧密。元朝关于天地分合、南北郊、亲郊等问题的举措，背后皆有现实政治的影子。现实政治决定着历史书写。壬子年洒马湩祭天与《蒙古秘史》的成书直接相关，在书中有所投射。郊祀在壬子年是洒马湩祭天之余的表演。而到了元文宗朝书写国史时，这一史事被重塑并篡改细节，蒙、汉两种祭天因此混而为一。这是元中后期融合二元传统的一种尝试。元朝祭天制度的复杂变动，反映了二元政治传统演变的过程。

第二篇

*

祭　祖

元朝的祖先祭祀主要来自蒙汉二元传统,又吸收了形式多样的宗教文化因素。《经世大典·工典总序·郊庙》载:①

> 祀,国之大事也,故有国者必先立郊庙,而社稷继之。我朝既遵古制,而又有影堂焉,有烧饭之院焉,所以致其孝诚也。

这提及了元朝祭祖最主要的三个场所:太庙、影堂、烧饭院。

从根源上讲,太庙源于汉地传统,烧饭院来自草原传统,而影堂是多元文化因素的杂糅。元朝制度以蒙汉二元为主,又蕴蓄了多种文化的因素,在多文化的交融下,没有任何一种祭祀形式是纯粹一元传统的。烧饭院的烧饭祭祀及其载体火室制度,秉持草原传统的基本构型,虽然受汉文化影响较少,但已经从草原移入城市中。太庙以汉地传统的礼制为基础,杂糅了草原文化、藏传佛教的因素。影堂(又称原庙、神御殿)在元代以前汉地的先例中早已融合了佛道因素,到元代以蒙古本俗观念为基础,与藏传佛教紧密结合,兼容道教、儒家、景教因素,呈现出前所未有的多样性。

祖先是皇帝权力正统的血缘来源。随着帝位代代传承,不断有祖先被增入祭祀行列,也有祖先被撤除,无不是为了强调血统的纯正性与权力的合法性。因此,祖先祭祀与最高权力交接之间的关系极为紧密,在国家祭祀体系中表现出很强的动态性。

---

①《经世大典·工典总序·郊庙》,《国朝文类》卷四二,第15a页。

第四章　元代火室斡耳朵与烧饭祭祀

元朝的国家制度与礼俗有着深深植根于草原游牧文化的一面，因而斡耳朵、烧饭祭祀是元史研究者长期以来关注的两个经典问题。斡耳朵（突厥—蒙古语 ordo），本义宫帐，广义指宫帐及皇室成员以宫帐为中心占有和继承财产、私属人口的一种组织形式。[①] 草原皇室的斡耳朵是游牧政权的核心。烧饭祭祀是一种焚烧食物、祭祀祖先的仪式，可能是最具北方民族特色的一种祭礼，因此自王国维以来，已有很多学者撰文探研。[②] 而关于斡耳朵

---

①亦邻真：《〈中国大百科全书·中国历史·元史〉辞条》，《亦邻真蒙古学文集》，呼和浩特：内蒙古人民出版社，2001 年，第 891—892 页。

②王国维：《蒙古札记·烧饭》，《观堂集林》卷一六，石家庄：河北教育出版社，2001 年，第 504—505 页。陈述：《谈辽金元"烧饭"之俗》，《历史研究》1980 年第 5 期，第 131—137 页。贾敬颜：《"烧饭"之俗小议》，《中央民族学院学报》1982 年第 1 期，第 92—93 页。宋德金：《"烧饭"琐议》，《中国史研究》1983 年第 2 期，第 143—146 页。蔡志纯：《元代"烧饭"之礼研究》，《史学月刊》1984 年第 1 期，第 34—39 页。《中国历史大辞典·辽夏金元史卷》，上海：上海辞书出版社，1986 年，第 410 页。那木吉拉：《"烧饭"、"抛盏"刍议》，《中央民族大学学报》1994 年第 6 期，第 52—54 页。曹彦生：《北方游牧民族"烧饭"和"麫面"习俗的传承》，《内蒙古大学学报》（哲学社会科学版）1995 年第 2 期，第 50—57 页。参刘晓：《元史研究》，福建人民出版社，2006 年，第 184—185 页。刘浦江：《契丹人殉制研究——兼论辽金元"烧饭"之俗》，《文史》2012 年第 2 辑，第 179—205 页。

与烧饭祭祀之间的关联，以往的学者罕见措意。直到 2000 年以降南京大学高荣盛先生先后发表《元代祭礼三题》、《元代"火室"与怯薛/女孩儿/火者》、《元代守宫制再议》三文，①使问题越来越清晰。刘晓先生在《礼与中国古代社会（隋唐五代宋元卷）》元代章中也做了扼要梳理。② 火室是斡耳朵的一种，是与烧饭祭祖密切相关的一种制度，火室人员是烧饭祭祀最主要的执事者、参加者。高荣盛先生三文对火室的形态、性质、人员构成等问题进行了详细研究。而关于火室的词义、火室制度的起源与演变、火室与烧饭祭祀的关系等问题，仍有进一步钩索考证的必要。

一　火室的词义

元代汉文史料中，火室又作火失、禾失，当是音译自蒙古语 qoš。此词的用例在《元朝秘史》中有三种。

例 1. 第 169 节有"中豁室"（qoš），旁译"房子"。牧马人巴歹、乞失里黑得知桑昆等人欲害帖木真，决定去给帖木真报信，于是连夜在帐房（qoš）里杀羊煮熟，骑马驰去。

例 2. 第 245 节有另一词形"中豁失里黑"（qošiliq），旁译"帐房"。此节叙述成吉思汗杀巫师帖卜・腾格理一事，帖卜・腾格理被力士断脊处死后，成吉思汗命令拿来一个灰色帐房（qošiliq），盖在帖卜・腾格理身上。

例 3. 紧接其后的第 246 节指涉同一事物时，用到了此词的形容词形态"中豁失里中浑"（qošiliq-un），旁译"帐房的"。第 80 节述帖木真为避泰亦赤乌人逃入密林，当他想要走出密林时，发现密林出口被一块帐房般大小的

---

①高荣盛：《元代祭礼三题》，《南京大学学报》2000 年第 6 期，第 73—82 页，收入氏著《元史浅识》，南京：凤凰出版社，2010 年，第 99—113 页。《元代"火室"与怯薛/女孩儿/火者》，《元史浅识》，南京：凤凰出版社，2010 年，第 69—98 页。《元代守宫制再议》，《元史论丛》第 14 辑，天津：天津古籍出版社，2014 年，第 1—10 页。

②刘晓：《宫分祭祀》，吴丽娱主编：《礼与中国古代社会（隋唐五代宋元卷）》，北京：中国社会科学出版社，2016 年，第 378—382 页。

(qošiliq-un tedüi)白色巨石堵住。[①]

元代汉文史籍有使用火室房子、禾失房子、火失毡房的，是音译与义译连用。鲍培、罗纳—塔什皆已指出，qoš 源于突厥语，义为临时帐房、旅行用帐幕、圆形毡帐(a conical pole-tent with felt cover)。[②] 而-liq 是蒙古语名词构词词尾，[③]在《元朝秘史》中，蒙古语形式 qošiliq 与突厥语形式 qoš 并存，二者的差异大概在于前者有天窗(erüge)。[④] 表示帐房的 qoš 和 qošiliq 在今日突厥语、蒙古语中皆已不通行。卡尔梅克语中有 χoš，义为临时小帐房、旅行用帐幕；[⑤]鄂尔多斯方言中的 xorō goši 和 qoriya qoš，[⑥]应是 qoš 的孑遗。

《秘史》第 246 节对“帐房的天窗”一义，使用了 qošiliq-un erüge 与 ger-ün erüge 两种表达方式。《秘史》中 ger 一词用例甚多，旁译“房子”，是蒙古包、帐房的一般称呼，至今使用都很广泛。相比而言，突厥语借词 qoš 是一种特定的蒙古包。在蒙古早期，qoš 指的是一种临时小帐房。帖卜・腾格理被杀后，其尸体被放在一个 qošiliq 之中，这让我们联想到《元史・祭祀志》所载的元朝风俗：“凡帝后有疾危殆，度不可愈，亦移居外毡帐房。有不讳，则就殡殓其中。葬后，每日用羊二次烧饭以为祭，至四十九日而后已。”[⑦]病危和

---

①乌兰校勘：《元朝秘史(校勘本)》，北京：中华书局，2012 年，第 177、327、49 页。参阿尔达扎布：《新译集注〈蒙古秘史〉》，呼和浩特：内蒙古大学出版社，2005 年，第 306、450、455、142 页。

②Nicholas Poppe, “The Turkic Loan Words in Middle Mongolian,” *Central Asiatic Journal* 1, 1955, pp. 36-42, esp. 40-41. Andrús Róna-Tas, “Preliminary Report on a Study of the Dwellings of Altaic Peoples,” in Denis Sinor ed., *Aspects of Altaic Civilization: Proceedings of the Fifth Meeting of the Permanent International Altaistic Conference Held at Indiana University, June 4-9, 1962*, Bloomington: Indiana University Press, 1963, p. 50. Cf. Wilhelm Radloff, *Versuch eines Wörterbuch der Türk Dialekte*, Vol. 2, Hague, 1960, pp. 635-636. [日]村上正二译注：《モンゴル秘史》第 2 册，东京：平凡社，1972 年，第 119—120 页。

③Even Hovdhaugen, “The Mongolian suffix-lig and its Turkic origin,” in Louis Ligeti ed., *Researches in Altaic languages*, Budapest: Akadémiai Kiadó, 1975, pp. 71-78.

④Igor de Rachewiltz trans., *The Secret History of The Mongols: A Mongolian Epic Chronicle of the Thirteenth Century*, Vol. 2, Leiden: Brill, 2004, pp. 885.

⑤G. J. Ramstedt, *Kalmückische Wörterbuch*, Helsinki, 1925, p. 189.

⑥Antoine Mostaert, *Dictionnaire Ordos*, Pekin, 1941, p. 308.

⑦《元史》卷七七《祭祀志六・国俗旧礼》，第 1925 页。

殡殓时所用的毡帐,应该就是 qošiliq。在这个意义上,qoš/qošiliq 与丧葬和烧饭祭祀有密切的关系。

大概在入元以后,qoš 被赋予了新的涵义,成为一种特指。元人杨允孚《滦京杂咏》卷上有诗句:"先帝妃嫔火失房,前期承旨达滦阳。"自注:"火失毡房,乃累朝后妃之宫车也。"①元顺帝时成书的《析津志》载:②

> 火室房子,即累朝老皇后传下宫分者。先起本位,下官从行。国言火室者,谓如世祖皇帝以次俱承袭皇后职位,奉宫祭,管一斡耳朵,怯薛、女孩儿,关请岁给不阙。

可知,火室(火失)是斡耳朵的一种形式,专指皇帝死后由其皇后传下、一代代女性递相承袭的斡耳朵。"奉宫祭"指火室有祭祀的职责。而怯薛卫士、女孩儿(宫女)是火室斡耳朵的主要常备成员。"关请岁给不阙"说明火室领受岁赐。火室构成了累朝皇后斡耳朵群,每一个火室规格应该比当朝皇帝的斡耳朵小,这与前揭 qoš 一词表示小的意义可能是有联系的。

二 火室制度之源:成吉思汗斡耳朵祭祀

火室制度的根源,可追溯到成吉思汗四大斡耳朵及成吉思汗祭祀。

成吉思汗去世后,大蒙古国对成吉思汗的祭祀主要有两种形式。这两种形式都使用翁衮(蒙古语 Ongγun)作为象征物,这是蒙古人祭祀祖先的惯例。翁衮义为灵,具体到祖先崇拜,指祖先的偶像或肖像。③ 13 世纪到蒙古

---

①杨允孚:《滦京杂咏》卷上,《知不足斋丛书》本,第 4a 页。

②《析津志辑佚》,北京:北京古籍出版社,2001 年,第 217—218 页。个别标点有改动。

③关于翁衮,可参[俄]道尔吉·班札罗夫(Dorji Banzarov,1822—1855)著,潘世宪译,余大君(余大钧)校:《黑教或称蒙古人的萨满教》,《蒙古史研究参考资料》第 17 辑,呼和浩特:内蒙古大学历史系蒙古史研究室,1965 年,第 18 页。乌力吉:《翁衮初探》,仁钦道尔吉等编:《阿尔泰语系民族叙事文学与萨满文化》,呼和浩特:内蒙古大学出版社,1990 年,第 132—139 页。任继愈主编:《宗教大辞典》,上海:上海辞书出版社,1998 年,第 849 页。娜仁格日勒:《蒙古族祖先崇拜的固有特征及其文化蕴涵——兼与日本文化的比较》,第 25—82 页。

的柏朗嘉宾(John of Plan Carpin)称,蒙古人把这种偶像装在一辆漂亮的篷车上,置于自己帐幕的大门口。他还亲眼见到贵由汗斡耳朵门前的马车上供奉着第一位汗的偶像(当即成吉思汗的翁衮),那里供奉着很多祭品,人们面向南方祭拜此像。① 这就是成吉思汗祭祀的第一种形式。翁衮随着现任汗的斡耳朵四时巡幸而移动,随时祭祀。据尚刚研究,元代文献中称为"小影"、"小影神"的御容肖像就是奉安在帐殿内,为日常瞻仰、供奉所用。②

更为重要的是成吉思汗祭祀的第二种形式,载体为其四大斡耳朵。最早的成吉思汗祭祀是在1227年成吉思汗去世时,波斯拉施特《史集》记载:"成吉思汗四大斡耳朵,每个斡耳朵都为死者举哀一天。讣闻传到远近地区上时,后妃、诸王奔驰多日从四面八方来到那里哀悼死者。"③蒙古之俗,葬地隐秘,不封不树,仅仅下葬之初在葬地举行仪式,以后的祭祀是在一个较大的范围内举行,④斡耳朵成为主要的祭祀载体。箭内亘将四大斡耳朵分别定位于曲雕阿兰、萨里川、土兀剌、乃满四个地点,直至近年仍有学者沿袭类似的观点。⑤ 这是没有理解斡耳朵作为游牧宫帐的形态。宇野伸浩1988年发表的《蒙古帝国的斡耳朵》一文正确地指出,四大斡耳朵不是分处各地,而是

①耿昇、何高济译:《柏朗嘉宾蒙古行纪　鲁布鲁克东行纪》,第31—32页。余大钧、蔡志纯译:《普兰·迦儿宾行记　鲁布鲁克东方行记》,第23页。

②尚刚:《蒙、元御容》,《故宫博物院院刊》2004年第3期,第31—59页;改题《元朝御容》,收入氏著《古物新知》,北京:生活·读书·新知三联书店,2012年,第170—209页。

③[波斯]拉施特著,余大钧、周建奇译《史集》第一卷第二分册,北京:商务印书馆,1986年,第323页。

④《元史》卷七七《祭祀志六·国俗旧礼》,第1925—1926页。[波斯]拉施特著,余大钧、周建奇译《史集》第一卷第二分册,第323页。耿昇、何高济译:《柏朗嘉宾蒙古行纪　鲁布鲁克东行纪》,第36—37页。

⑤[日]箭内亘:《元朝斡耳朵考》,《东洋学报》第10卷1、2、3号,1920年,第93—11、185—221、349—383页,收入氏著,陈捷、陈清泉译:《元朝怯薛及斡耳朵考》,上海:商务印书馆,1933年,第68—69页。王颋:《"大蒙古国"时期的斡耳朵》,《中华文史论丛》第64辑,2000年,第224—247页。程嘉静:《蒙古斡耳朵设置考》,《东北史地》2007年第2期,第72—73页。

聚集在一起共同游牧。[①] 箭内亘等人考证出的几个地名,实际上是成吉思汗诸斡耳朵曾经到过的地方而已。成吉思汗去世后,四大斡耳朵的游牧地在斡难—怯绿连地域(即今鄂嫩河、克鲁伦河上游之间的地区),成吉思汗长眠的大禁地也在此范围之内。近年日本、蒙古联合考古在克鲁伦河曲发掘了阿乌拉嘎(Avraga)遗址,遗址中央为一个边长30米的大型基坛,基坛东西两边发现大量祭祀用的马骨、牛骨,白石典之根据碳十四分析结果并结合文献记载推定这是成吉思汗四大斡耳朵的一个主要驻营地,在窝阔台时期成为祭祀成吉思汗的灵庙,13世纪末14世纪初在原基础上又建新庙。[②] 拉施特《史集》记载:"那里有四个大斡耳朵和其他五个[斡耳朵],一共九个。……他们制成他们(祖先们)的像,经常焚香。甘麻剌也在那里为自己建了一座寺庙。"[③]这座庙应该就是阿乌拉嘎遗址中央的大型基坛。祖先的像,在蒙古人而言即翁衮。成吉思汗的翁衮平时应该是奉安于四大斡耳朵内的。在忽必烈以前,每年秋季,现任大汗几乎都到斡难—怯绿连之地驻营,期间诸王、后妃皆来聚会。这期间会举行象征大蒙古国传统的祭祀活动,大蒙古国的开创者成吉思汗当然会受到子孙们的祭祀。

每年秋季在四大斡耳朵举行的成吉思汗祭祀,是对成吉思汗的最隆重的祭祀。因为四大斡耳朵是成吉思汗的遗物,斡难—怯绿连是祖宗兴王之地,大禁地是成吉思汗长眠之所,因而这种祭祀成为大蒙古国正统性的象征,对大蒙古国来说举足轻重。及至忽必烈登基之后,国家政治中心南移,

---

①[日]宇野伸浩:《モンゴル帝国のオルド》,《東方學》76辑,1988年7月,第47—62页。

②[日]白石典之:《チンギス=ハーンの考古学》,同成社,2001年,第79—8页。[日]白石典之:《モンゴル帝国史の考古学研究》,东京:同成社,2002年,第179—194页。白石典之:《チンギス=ハーン廟の源流》,《東洋史研究》第63卷第4号,2005年,第847—866页。

③Rashīd al-Dīn Fadhl-allāh, *Jāmi' al-Tawārīkh*(《史集》伊斯坦布尔本), İstanbul, Topkapı-Saray Müzesi kütüphanesi, MS. Revan 1518, p. 215b. [波斯]拉施特著,余大钧、周建奇译:《史集》第二卷,第377页。[波斯]剌失德丁原著,[英]波义耳英译,周良霄译注:《成吉思汗的继承者:〈史集〉第二卷》,天津:天津古籍出版社,1992年,第401页。W. M. Thackston trans. and annot., *Rashiduddin Fazlullah's Jami' u't-tawarikh: Compendium of Chronicles. A History of the Mongols*, Harvard University Department of Near Eastern Languages and Civilizations, 1998, p. 464.

地缘政治和权力结构同时改变，祭祀及与之相关的斡耳朵制度也发生了变化。

三　忽必烈朝的祭祖与火室的出现

忽必烈以大都（今北京）、上都（今内蒙古正蓝旗）为两都，除在位初期与阿里不哥争战时曾到漠北，对四大斡耳朵所在的斡难—怯绿连之地鲜有涉足。这样一来，他就不可能亲自到四大斡耳朵祭祀成吉思汗，成吉思汗祭祀的最高形式只能变为望祭。元人周伯琦记载："国朝岁以七月七日或九日，天子与后素服，望祭北方陵园，奠马酒，执事者皆世臣子弟。"[①]北方陵园，即元朝诸帝葬地。望祭是指祭祀方向，实际上其举行场所是斡耳朵。元代道士张留孙的传记资料中提到，约至元十四年（1277），"世祖祠幄殿，裕宗入侍"[②]。幄殿应即斡耳朵，可惜记述过于简略，不能肯定忽必烈这次祭祀的对象为祖先。与斡耳朵祭祖更为契合的一条珍贵史料，来自南宋降人的记载。至元十三年（1276），南宋太后、皇帝、大臣等在伯颜监督下由杭州北上到元上都向忽必烈乞降，随行的日记官严光大记录了行程及见闻，有载：[③]

> （四月）廿二日，车马行四十里，至上都开平府。入昭德门，泊（宿）城内第三街官房子。……三十日，枢密院以月旦日，请太后、嗣君、福王同宰执、属官、宫人、中使并出西门外草地，望北拜太庙。五月初一日，早出西门五里外，太后、嗣君、福王、隆国夫人、中使作一班在前，吴坚、谢堂、家铉翁、刘岊并属官作一班在后，北边设一紫锦罘罳，即家庙也。

①周伯琦：《近光集》卷二《立秋日书事五首》，日本静嘉堂文库藏本，第22a—b页；《景印文渊阁四库全书》第1214册，第523页。

②袁桷：《有元开府仪同三司上卿辅成赞化保运玄教大宗师张公家传》，《清容居士集》卷三四，《四部丛刊》本，第15b页。虞集：《张宗师墓志铭》，《道园学古录》卷五〇，《四部丛刊》本，第13a页。《元史》卷二〇二《释老传·张留孙传》，第4527页。

③严光大：《祈请使行程记》，刘一清《钱塘遗事》卷九，《武林掌故丛编》本，第13b—15a页。

庙前两拜。太后及内人各长跪,福王、宰执如南礼。又一人对罘罳前致语拜。两拜而退。

"望北拜太庙"即望祭北方陵园之礼。四月三十日元朝枢密院发来指令,五月初一日南宋君臣参加仪式,适可与《元史・世祖本纪》相印证:"五月乙未朔(初一日),以平宋,遣官告天地、祖宗于上都之近郊。"[①]上都近郊,即严光大所记的"出上都西门五里外"。"太庙"、"家庙",是在北边所设的一个"紫锦罘罳"[②]。这条资料已经引起元代礼俗研究者的注意。[③] 陈高华先生指出此"罘罳"即斡耳朵,[④]笔者深为赞同,此处再试从音义上加以补充解释。

罘罳,本义为网,引申为屏风,又指古代设在门外或城角上用于守望或防御的网状建筑。此三义与斡耳朵、帐房似尚有一定距离。但撰者严光大选择"罘罳"这个汉语词汇应该是有一定考虑的,这样一个典雅的汉语词汇,恐怕只有严光大之类的文士才会了解并使用。在面对 qoš 这个外来词时,最佳的选择当然是调用本民族语言中既有的一个与之音接近、义关联的词汇。"罘罳"可以表示斡耳朵营帐有网状结构之形,而两字的发音应该是 qoš 的对音。严光大是绍兴人,传世作品仅本文而已,可以推断他的语音特点的一例已有学者揭出,他将自己北上途经的"汶阳"误记作"汾阳"。[⑤] 微母字汶的八思巴字作 khun > wun [ʋun],奉母字汾的八思巴字作 hun > hwun [vun],

---

①《元史》卷九《世祖纪六》,第 182 页。

②《钱塘遗事》武林掌故丛编本、文渊阁《四库全书》本皆作"罘罳"。署名刘敏中的《平宋录》又曾摘录此段文字,查其《守山阁丛书》本、《碧琳琅馆丛书》本、《墨海金壶》本,亦皆作"罘罳"。惟独清嘉庆洞庭扫叶山房席氏校订本《钱塘遗事》有所不同,"罘"字作上罒下恚,此异体字罕见,或许来自"罣"。刘一清:《钱塘遗事》卷九,上海:上海古籍出版社,1985 年(据嘉庆洞庭扫叶山房席氏校订本影印),第 218 页。罣罳,又作挂丝、话私,是南宋时期出现的一种围屏。参扬之水:《关于"罣罳"》,《形象史学研究》2015 年上半年,第 159 页;扬之水:《"千春永如是日"——泸州宋墓石刻中的生活故事》,《棔柿楼集》第 7 卷《物中看画》,北京:人民美术出版社,2016 年,第 76—79 页。

③史卫民:《元代社会生活史》,北京:中国社会科学出版社,1996 年,第 286 页。引文误作"罘罳"。

④陈高华、史卫民:《元代大都上都研究》,北京:中国人民大学出版社,2010 年,第 229—230 页。

⑤常绍温:《略谈南宋末女诗人王清惠及其诗词》,邓广铭、漆侠主编:《中日宋史研讨会中方论文选编》,石家庄:河北大学出版社,1991 年,第 372 页。

八思巴字反映的汶、汾读音非常接近，可以作为严光大语音的重要参照。罘，《广韵》缚谋切，八思巴字作 Hwow［vɔw］，声母为唇齿擦音。蒙古语的 q 为软颚擦音，在汉语中最接近的音无疑是晓母与匣母，具体而言，与蒙古语 qoš 第一音节对音最接近的是见于元代文献的火、禾二字。[①] 不过，在汉语的一些方言中，唇齿擦音 v 变为喉音 h 甚至是软腭音 x 的现象是存在的。[②] 成书于元末明初的《回回药方》，以非母字"甫"对音阿拉伯语 ghū，便是以清唇齿擦音［f］来音译软腭音 gh［ɣ］。[③] 汉语的浊擦音清化现象在宋代便已出现。因此，汉语罘罳与蒙古语 qoš 的对音大概有成立的可能。

如果以上推断成立，那么严光大的记载就是火室（qoš）作为祭祖的一种形式首次在史料中出现。严光大所见的这个紫锦罘罳设置在上都西门外五里的草地上，附近未见有固定建筑物，应是权设的，符合火室帐房便于移动的性质。在祭拜过程中，"又一人对罘罳前致语"，很可能是指蒙古萨满巫觋在念诵祝文。望北拜太庙，也就是望祭北方陵园，实际上拜的是设在北边的罘罳——火室。可知火室是祭祀祖先的主要载体。

在元世祖朝之前，我们没有看到火室祭祖的出现。因此我们推测，就是在忽必烈无法亲自前往斡难—怯绿连之地祭祀祖先，而成吉思汗四大斡耳朵又不可能移到漠南的情况下，出现了火室这种祭祀载体。

四　十一室皇后斡耳朵考实

元人记载："国制，列圣宾天，其帐不旷，以后妃当次者世守之。"[④]自元世祖忽必烈以降，元朝每一位皇帝的斡耳朵都留传下来，是为火室守宫制度。

---

①八思巴字汉语"火"作 hwo［xwɔ］，"禾"作 Xwo［ɣwɔ］。参 W. South Coblin, *A Handbook of 'Phags-pa Chinese*, University of Hawai'i Press, 2007, pp. 162, 170.

②参［瑞典］高本汉：《中国音韵学研究》，赵元任等译，北京：商务印书馆，1995 年，第 172 页。刘晓南：《汉语历史方言研究》，上海：上海人民出版社，2008 年，第 173 页。

③参蒋冀骋：《阿汉对音与元代汉语语音》，北京：中华书局，2013 年，第 19、216 页。

④许有壬：《敕赐崇源寺碑》，《至正集》卷四六，《元人文集珍本丛刊》本，第 223 页。

顺帝至正年间成书的《析津志》称火室为“十一宫”、“十一室”、“十一室皇后斡耳朵”。[①] 可知到元末,累朝留下的斡耳朵的数目为十一室。而具体为哪十一室,似乎尚未有学者提出完满的解释。

《元史·百官志》中记载了管理各斡耳朵的官署。管理当朝皇帝斡耳朵的官署,为中尚监。[②] 管理自世祖斡耳朵起七朝斡耳朵的官署,皆为以“寺”为名的正三品官署,有的“寺”之下还有秩正从五品的次级官署。[③] 见下表。

元代斡耳朵管理官署表

官署	次级官署	斡耳朵名
/	怯怜口诸色民匠达鲁花赤并管领上都纳绵提举司(正五品)	迭只斡耳朵
长信寺(正三品)	(1)怯怜口诸色人匠提举司(从五品) (2)大都铁局(从五品) (3)上都铁局	世祖斡耳朵
长庆寺(正三品)	/	成宗斡耳朵
长秋寺(正三品)	(1)怯怜口诸色人匠提举司(从五品) (2)怯怜口诸色人匠提举司(从五品)	武宗斡耳朵
承徽寺(正三品)	怯怜口诸色人匠提举司二(正五品)	仁宗斡耳朵
长宁寺(正三品)	/	英宗斡耳朵
/	/	泰定帝斡耳朵(天历元年撤)
宁徽寺(正三品)	/	明宗斡耳朵
/	/	文宗斡耳朵(后至元六年撤)
延徽寺	/	宁宗斡耳朵

资料来源:《元史》卷九〇《百官志六》,第2289—2291页。

①《析津志辑佚》,第216页。

②《元史》卷九〇《百官志六》,第2294页。

③《元史》卷九〇《百官志六》,第2289—2291页。另外,《元史》卷九五《食货志四》(第2460页)有长新寺,与长庆、长秋、长宁、长信等机构名称相似,却不见于其他史料,是否与文宗斡耳朵有关,暂且存疑。

这些官署中最特殊的一个是“怯怜口诸色民匠达鲁花赤并管领上都纳绵提举司”，设立年代不详，秩正五品，掌迭只斡耳朵位下怯怜口诸色民匠及岁赐钱粮等事。[①] 它不归任何“寺”管辖，那么它执掌的迭只斡耳朵便不是世祖及以后诸帝的斡耳朵。元人许有壬云：“迭只则又序于诸帐之上者焉”。[②]高荣盛先生已经指出，迭只音译自蒙古语 de'eaǰi(degeǰi)，[③]义为上部的、顶部的、首要的、第一位的。值得注意的是，许有壬文中又有“世祖皇后迭只斡耳朵”的用语，[④]而熊梦祥《析津志》则记载：“西第一位，名迭住斡耳朵；第二位，世祖斡耳朵”。[⑤] 迭住即迭只的异译，迭只斡耳朵与世祖斡耳朵判然分开。许有壬与熊梦祥的记载看似相互矛盾，但笔者以为从迭只斡耳朵的设立时间和职能入手可以解释得通。迭只斡耳朵的设立时间，史料未有详载，但《元史·昔儿吉思传》提供了旁证。传云：“昔儿吉思子塔出，为宝儿赤、迭只斡耳朵千户。塔出子千家奴、撒里蛮。……撒里蛮年十六，从世祖讨阿里不哥，战于失门秃，有功，赐号拔都儿，赏赉尤厚，授光禄少卿，仍袭为迭只斡耳朵千户，改同佥宣徽院，进佥院事。以管军千户，从征乃颜有功，赏金盏二、金五十两，复入为同知宣徽院事。成宗时，拜宣徽使，加大司徒，卒。子帖木迭儿袭为迭只斡耳朵千户，累迁宣徽院使，遥授左丞相。”[⑥]自塔出开始，这个家族世袭为迭只斡耳朵千户。塔出担任迭只斡耳朵千户，是目前所见迭只斡耳朵第一次出现于史料。虽然史料中未给出塔出的生卒年和担任迭只斡耳朵千户的确切时间，但塔出之子撒里蛮参与了对阿里不哥和乃颜的征讨，且在两次战事之间承袭了迭只斡耳朵千户，因此至少可以确定迭只斡耳朵在世祖朝就已经存在。在世祖朝，迭只斡耳朵的主掌者很可能为忽必

---

①《元史》卷八九《百官志五》，第 2271—2272 页。

②许有壬：《敕赐崇源寺碑》，《至正集》卷四六，第 223 页。

③高荣盛：《元代守宫制再议》，《元史论丛》第 14 辑，第 3—4 页。

④许有壬：《敕赐崇源寺碑》、《敕赐顺圣寺碑》，《至正集》卷四六，第 223—225 页。

⑤《析津志辑佚》，第 106 页。

⑥《元史》卷一二二《昔儿吉思传》，第 3015—3016 页。

烈的后妃，元代多数时间后妃名号使用不严，主掌斡耳朵的妃子多称为皇后，[①]因此许有壬所谓“世祖皇后迭只斡耳朵”之说，可以理解为由世祖皇后（后妃）所主掌的迭只斡耳朵。迭只斡耳朵排序在世祖斡耳朵之上，说明迭只斡耳朵承载的祭祀对象很可能是成吉思汗。迭只斡耳朵的出现，与祭祀祖先的功能直接相关。成吉思汗的斡耳朵没有移动到到大都和上都，为举行祭祀，故设立迭只斡耳朵。迭只斡耳朵可能与前文所引至元十三年（1276）严光大所见的罘罳有关。

在元朝诸帝中，泰定帝的正统性被文宗所否定，文宗的正统性被顺帝所否定，因此他们的斡耳朵被撤销，而其余七帝的斡耳朵一直存续到元末。关于诸帝斡耳朵的数量，根据有限的现存史料，我们可以知道的是，世祖在世时，其后妃分居四斡耳朵，但元朝后期的记载并不将其分为四个，只称为世祖斡耳朵；元仁宗皇庆二年（1313）设立长信寺，管理武宗五斡耳朵，[②]但两年后的延祐二年（1315）分拨江南户钞时武宗斡耳朵就只有两个了，[③]以后随着时间推移很可能也合并为一个；其余皇帝见于记载的只有一个斡耳朵。如此推算，则在十一室斡耳朵中，目前可以确认的有迭只、世祖、成宗、武宗、仁宗、英宗、明宗、宁宗斡耳朵共八个。

考察元朝太庙可知，在整个至正年间，太庙为十一室，依次为：太祖、睿宗、世祖、裕宗、顺宗、成宗、武宗、仁宗、英宗、明宗、宁宗。[④] 同样是至正年间，十一室太庙与十一室皇后斡耳朵恐怕不只是数字上的巧合。汉式太庙与蒙古式火室烧饭虽然祭祀形式不同，但祭祀的对象不可能不同，因为祭祀祖先的选择意味着皇位正统传承的体认，事关重大。相较我们已知的八个斡耳朵，尚须考察睿宗拖雷、裕宗真金、顺宗答剌麻八剌斡耳朵是否存在。

---

①《元史》卷三四《文宗纪三》，第768页

②《元史》卷九〇《百官志六》，第2290页。

③《元史》卷九五《食货志四》，第2424—2425页。

④参马晓林：《元朝太庙演变考——以室次为中心》，《历史研究》2013年第5期；本书第五章。

《析津志》有一条重要史料：[①]

> 四斡耳朵：西第一位，名迭住斡耳朵；第二位，世祖斡耳朵；第三位，完者笃斡耳朵；第四位，浑都笃斡耳朵。

迭住斡耳朵即迭只斡耳朵。完者笃是成宗的蒙古语尊号，浑都笃是明宗的蒙古语尊号。《析津志》前后文与此又毫无关联，为何只提及这四个斡耳朵，颇为难解。只有我们认为迭只斡耳朵是祭祀太祖成吉思汗的，这四个斡耳朵才能有唯一的合理之处，即他们彼此隔代。太祖、世祖、成宗、明宗，互相之间呈现的是祖孙关系。这种隔代的情况，只有在汉文化传统的昭穆排序时才会出现。难道是汉文化对火室斡耳朵的排序造成了影响？但由于史料阙如，十一室究竟如何排序、何方为尊，已难查考。

裕宗真金、顺宗答剌麻八剌皆为追尊的皇帝，他们的斡耳朵存留情况值得考察。因为守宫后妃是享受岁赐的，故《元史·食货志·岁赐》成为一个重要的参照系。[②] 其中记载，"裕宗妃伯蓝也怯赤"延祐三年（1316）分拨江南户钞。[③] 实际上伯蓝也怯赤已于大德四年（1300）去世，延祐三年的分拨证明其有继承守宫者，可知裕宗斡耳朵直至仁宗朝仍是存在的。至于顺宗斡耳朵，《食货志·岁赐》载有"顺宗后位"大德二年（1298）分拨民户，[④]顺宗斡耳朵应该一直由答己主持，答己去世后，相关史料阙如，无法可考。

总之，笔者认为十一室皇后斡耳朵与十一室太庙应是对应的。从史料中可以确认的是迭只、世祖、裕宗、成宗、武宗、仁宗、英宗、明宗、宁宗斡耳朵共九个。只是睿宗、顺宗的斡耳朵因史料阙如，尚没有得到印证而已。

---

①《析津志辑佚》，第106页。案，这条史料原附于"南城坊有唐卢龙节度使刘怦碑……"条之后，实际上二者记事毫无关联，且斡耳朵绝无可能在南城坊，故应断为二条。

②关于《元史·食货志·岁赐》，参李治安：《〈元史·食货志三·岁赐〉笺注》，《元代分封制度研究（增订本）》，北京：中华书局，2007年，第384—535页。

③《元史》卷九五《食货志三·岁赐》，第2417页。

④《元史》卷九五《食货志三·岁赐》，第2424页。

五　火室斡耳朵与烧饭祭祀

元人张昱《辇下曲》一首:“守宫妃子住东头,供御衣粮不外求。牙仗穹庐护阑盾,礼遵估服侍宸游。”[①]道出了火室制度的三方面内容:火室的位置在元大都东华门内;各斡耳朵皆有自己专属的怯怜口、工匠,享受岁赐;火室每年跟随当朝皇帝巡幸上都。《析津志》载:[②]

> 松亭关与居庸、北口关为三关,世并闻之。南口、大口在南,北口在北,即呼为汉儿山。过北去是为羖羖山,则万里如掌。十一室温房子于羖羖山少止,易大白牛车凡数十,牛机一车,辙迹所止,咸成居焉。飞放纵情,莫乐于是。

“十一室温房子”,《析津志辑佚》原标点以顿号断开了,笔者以为应该是一个词,指十一室火室斡耳朵。羖羖山,同书又作“鞔鞔山”[③],与汉儿山相对,指的应该是海拔较高而其上较为平坦的蒙古高原。这段史料反映的正是火室斡耳朵在汉地和草原之间往来的游牧形态,数十驾大白牛车显示出火室斡耳朵的规模。

除了两都巡幸之外,火室的主要活动是烧饭祭祀。关于烧饭祭祀,《元史・祭祀志六・国俗旧礼》载:[④]

> 每岁,九月内及十二月十六日以后,于烧饭院中,用马一,羊三,马湩,酒醴,红织金币及裹绢各三匹,命蒙古达官一员,偕蒙古巫觋,掘地为坎以燎肉,仍以酒醴、马湩杂烧之。巫觋以国语呼累朝御名而祭焉。

---

①张昱:《张光弼诗集》卷三,《四部丛刊》本,第18b页。

②《析津志辑佚》,第259页。

③《析津志辑佚》,第118、232页。

④《元史》卷七七《祭祀志六・国俗旧礼》,第1924页。拉契涅夫斯基将这条史料译为德语并有简单评注。参Paul Ratchnevsky,“Über den mongolischen Kult am Hofe der Grosskhane in China”,in Louis Ligeti ed.,*Mongolian Studies*,Amsterdam,1970,pp. 417-443(429-430).

其中未提及火室。直到《析津志辑佚》出版，我们才认识到火室及其与烧饭祭祀的密切关系，其中载：①

> 烧饭园　在蓬莱坊南。由东门又转西，即南园红门，各有所主祭之树、坛位。其园内无殿宇，惟松柏成行，数十株森郁，宛然著高凄怆之意。阑与墙西有烧饭红门者，乃十一室之神门，来往烧饭之所由，无人敢行往，有军人把守。每祭，则自内庭骑从酒物呵从携持祭物，于内烧饭。师婆以国语祝祈，遍洒湩酪酒物。以火烧所祭之肉，而祝语甚详。先，烧饭园在海子桥南，今废为官祭场。

烧饭红门是十一室斡耳朵来往烧饭经由之门，因此被称为"十一室之神门"。元代火室平时在元大都东华门内北，延春阁东偏。烧饭园（烧饭院）起初在海子桥南，后迁至蓬莱坊南。火室人员每年两次从宫内到烧饭园举行烧饭祭祀。烧饭园内无殿宇，仅有树木、坛位，保持了蒙古本俗的祭祖特点。

元大都烧饭园的祭祀日期是九月内（秋末）、十二月十六日后（冬末）。考虑到火室每年随皇帝巡幸两都，烧饭作为蒙古本俗在汉地尚且举行，没有理由不在草原举行。且《元朝秘史》第70节提到了蒙古人的一次烧饭祭祀，时间就是在春季。② 前引严光大《祈请使行程记》记载至元十三年五月一日上都西郊的祭祖，虽然史载这是为平南宋而告祖宗，但是并不能排除这同时也是蒙古人夏季的例行祭祖。因此，估计每年在上都时春、夏两季分别有一次烧饭祭祀。一年四次的祭祀，还可以参考蒙古文史料。16世纪末17世纪初蒙古语仪式抄本《圣成吉思汗祭祀经》（*Boγda Činggis Qaγan-u Takil-un Sudur*）记载成吉思汗祭祀日期是三月二十一日、五月十五日、九月十二日、十月三日。③《十善福法白史》（*Arban buyan-tu nom-un čaγan teüke*，简称《白

①《析津志辑佚》，第115页。标点略有改动。

②阿尔达扎布：《新译集注〈蒙古秘史〉》，第119页。

③Elisabetta Chiodo, "The Book of the Offerings to the Holy Činggis Qaγan. A Mongolian Ritual Text", *Zentralasiatische Studien*, 22, 1989: 190-220(119, 202). Idem., "The Book of the Offerings to the Holy Činggis Qaγan (Part 2)", *Zentralasiatische Studien*, 23, 1992: 84-144(87).

史》),由 17 世纪的呼图克图彻辰洪台吉(《蒙古源流》作者萨冈彻辰的祖父)编定。开篇称此书初为忽必烈编著,呼图克图彻辰洪台吉得之于松州城,并与至顺元年必兰纳识里之古本相校勘而编成。但今本《白史》主要内容为演说忽必烈治国之道,存在大量鼓吹佛法的内容,不太可能是元朝的撰述。一种可能是呼图克图彻辰对原书做了篡改,另一种可能是呼图克图彻辰洪台吉假托《白史》之名伪造了全书。尽管如此,书中记载的"四季大宴"——即成吉思汗四大祭祀,与佛教几乎无涉,起码能反映 17 世纪蒙古人的习俗观念。这种习俗大概源自久远的蒙古传统。《白史》中每年四次祭祀的日期为:三月二十一日、五月十六日、九月十二日、十月三日。[①] 至今鄂尔多斯成吉思汗陵使用的也是这四个日期。[②] 鄂尔多斯春季大祭前一天的三月二十日夜里,又有隐秘的"嘎如里"(γaril)祭祀,在成陵附近的小树林中,掘地三穴,焚烧羊骨,洒马奶酒,祝赞,[③]与元朝烧饭祭祀颇多共通之处。[④] 鄂尔多斯又有旧俗是每年十二月二十九日,在成吉思汗陵庙附近,掘地三穴,烧马奶酒、羊肉、面粉等物,进行祭祀。[⑤] 今日蒙古许多地区仍是在除夕前烧饭祭祖(tülesi)。[⑥] 在元代,秋末九月元大都的烧饭,是刚刚从上都回来后不

---

①留金锁整理注释:《十善福白史册》(蒙古文),呼和浩特:内蒙古人民出版社,2000 年。参吴柏春、鲍音:《〈十善福经白史〉浅译注析》,《内蒙古民族师院学报》(社会科学汉文版)1988 年第 4 期,第 39 页。

②杨海英:《チンギス・ハーン祭祀——試みとしての歴史人類学的再構成》,东京:风响社,2004 年,第 101—102 页。赛因吉日嘎拉著,赵文工译:《蒙古族祭祀》,呼和浩特:内蒙古大学出版社,2008 年,第 100—176 页。

③Elisabetta Chiodo, "Γaril Sacrifice to the Ancestors in the Cult of Cinggis Qaγan," Ingeborg Baldauf and Michael Friederich eds., *Bamberger Zentralasienstudien*: *Konferenzakten ESCAS IV*, *Bamberg* 8. - 12. *Oktober* 1991, Berlin: K. Schwarz, 1994, pp. 301 - 310. Henry Serruys, "The Cult of Cinggis Qaγan: A Mongolian Manuscript from Ordos," *Zentralasiatische Studien* 17, 1984, pp. 29-62.

④杨海英:《チンギス・ハーン祭祀——試みとしての歴史人類学的再構成》,第 145—147 页。

⑤额尔登泰、乌云达赉、阿萨拉图:《〈蒙古秘史〉词汇选释》,呼和浩特:内蒙古人民出版社,1980 年,第 108 页。

⑥娜仁格日勒:《蒙古族祖先崇拜的固有特征及其文化蕴涵——兼与日本文化的比较》,第 104—105 页。

久举行的。对应地，每年抵达上都后不久的春末三月，应该也有烧饭祭祀。总之，元朝一年四次的烧饭祭祀时间大约是春三月、夏五月、秋九月、冬十二月。

烧饭园中的烧饭祭祀，执事者是蒙古达官、蒙古巫觋（师婆），参加者是火室中的后妃。关于女性参加烧饭祭祀，《元朝秘史》有相关记载。《元朝秘史》第 70 节记载，也速该死后，一年春天，俺巴孩汗的两位夫人祭祀祖宗时，诃额伦去迟了，没有分到余胙。“祭祀祖宗时”一句，校勘本原文、旁译、拉丁转写还原如下：①

原文	也客薛	中合札舌鲁	亦捏舌鲁	中合舌鲁黑三	突舌儿
旁译	大的每行	地里	烧饭祭祀	出去了	时
拉丁转写	yekes-e	qaǰaru	inerü	qaruqsam	-dur

实际上，蒙古语中表示烧饭祭祀的词汇是《元朝秘史》第 161 节和第 177 节中出现的“土烈食连”（tülešilen），②至今仍然使用。其词根 tüle-，义为烧。田清波明确指出“亦捏舌鲁”（inerü）词源词义与祭祀无关。③《〈蒙古秘史〉词汇选释》认为 inerü 为 inaru 之误，义为这厢、这边。④ 但这未必是误写误读，小泽重男即认为 inerü 为 inaru 的阴性形式。⑤ 罗依果认为 qaǰaru inerü 是整个祭祀仪式祝祷辞的起首语，义为“来此地，来这边”，萨满巫觋以之召唤祖先之灵前来就食，《元朝秘史》用这一祝祷用语借代整个烧饭祭祀。⑥ 娜仁

①阿尔达扎布：《新译集注〈蒙古秘史〉》，第 541、737 页。

②阿尔达扎布：《新译集注〈蒙古秘史〉》，第 602、620 页。

③Antoine Mostaert, "Sur quelques passages de l'histoire secréte des Mongols (1)", *Harvard Journal of Asiatic Studies*, 13. 3/4, 1950, pp. 300-301.

④额尔登泰、乌云达赉、阿萨拉图：《〈蒙古秘史〉词汇选释》，第 107—108 页。

⑤［日］小沢重男：《元朝秘史全釈》下册，东京：风间书房，1986 年，第 15 页。

⑥Igor de Rachewiltz, "The expression *qa ǰaru inerü* in Paragraph 70 of *The Secret History of the Mongols*", in P. Daffinà ed., *Indo-Sino-Tibetica: Studi in onore di Luciano Petech*, Rome, 1990, pp. 283-290. Idem., *The Secret History of The Mongols: A Mongolian Epic Chronicle of the Thirteenth Century*, Vol. 1, pp. 341-344.

格日勒认为,蒙古祭祀中有某种程度的女性禁忌,女性烧饭祭祀时,要在离开祭祀地一定距离的地方进行,故用 inaru 一词表示。[①] 如果此说正确,那么元代火室后妃们到烧饭园中祭祀时应该也遵守同样的习俗。

更值得注意的是,《秘史》的记载与元代火室的烧饭祭祀颇具相似点。第一,施行烧饭的俺巴孩汗的两位夫人、诃额伦皆为寡妇,应该皆是亡夫所留下的斡耳朵的主持者。这对应了元代负责烧饭的火室后妃。第二,俺巴孩汗的两位夫人、诃额伦举行烧饭祭祀的场所,显然是要从斡耳朵所在的营地走出一定距离。相对应的是,元代烧饭祭祀时,火室后妃须由十一室斡耳朵经由东华门再出红门前往蓬莱坊南的烧饭园。由此可见,元代火室后妃所参加的烧饭祭祀继承了更早时期的蒙古本俗。

火室拥有岁赐和食邑,因而可以妥善安置过世皇帝的未亡人。在这些皇族寡妇的主持下,火室的主要活动有两方面,一是随当朝皇帝巡幸两都,二是烧饭祭祀祖先。烧饭祭祀在大都烧饭园每年秋、冬举行两次,与两都巡幸相适应,在上都大概每年春、夏也有两次烧饭祭祀。

六　小结

火室斡耳朵的烧饭祭祀活动,可以上溯至《元朝秘史》,下延至 17 世纪《白史》乃至今天鄂尔多斯风俗,在蒙古文化中是一种悠久而稳定的传统。祭祀祖先,也是贯穿火室斡耳朵制度的一条核心线索。火室斡耳朵的源头是成吉思汗四大斡耳朵的祭祀,在元世祖忽必烈时期随着国家中心的迁移而发展形成火室制度,其后代代相传累积,到顺帝至正年间形成十一室。从祭祀祖先的角度来看,这十一室火室斡耳朵与元大都太庙的十一室应该是逐一对应的。

蒙古语中的 qoš(火室)源于突厥语,指临时帐房、可移动的帐房。这种

---

①娜仁格日勒:《蒙古族祖先崇拜的固有特征及其文化蕴涵——兼与日本文化的比较》,第 120 页。

帐房与蒙古丧葬习俗和烧饭祭祀有关，大概在入元以后专指皇帝去世以后传下的斡耳朵。火室制度又可称为守宫制度。皇帝死后，其斡耳朵先由其未亡的后妃相继主持，这些后妃死后，斡耳朵由皇室的其他女性继承主持。这些守宫者一般是后代皇帝的后妃，尤其是无子嗣者。元代用语较为随意，守宫者也常被称作皇后，文宗至顺元年(1330)敕："累朝宫分官署，凡文移无得称皇后，止称某位下娘子。"[①]目的在于整治名号混淆的情况。火室拥有岁赐和食邑，因而可以妥善安置过世皇帝的未亡人。在这些皇族寡妇的主持下，火室的主要活动有两方面，一是随当朝皇帝巡幸两都，二是烧饭祭祀祖先。与两都巡幸相适应，烧饭祭祀，在大都烧饭园是每年秋、冬举行两次，在上都可能是每年春、夏两次。

元朝的火室斡耳朵与烧饭祭祀，从根本上说是草原民族文化传统的集中体现，但也受到中原文化一定程度的影响。从元世祖朝开始，斡耳朵进入宫城内，烧饭园设于都市中，客观上与草原环境皆已不同。不过，即使久居汉地，火室斡耳朵与烧饭祭祀受汉地城市生活和宫廷文化的影响也仍然十分有限。《至正条格》有《肃严宫禁》条，载延祐四年(1317)仁宗批准的一件中书省公文，有云："东门里，在先除女孩儿、火者之外，其余人每不教行。如今依先例，除女孩儿、火者之外，不教其余人每行呵，怎生？"[②]东门，即东华门，东华门内北即累朝斡耳朵火室所在地。除女孩儿(宫女)、火者(宦者)，其余人不得通行，这也许是火室受汉文化影响开始重视宫禁制度，但更可能是因蒙古人祭祀祖先而产生的禁忌。此外，由于资料匮乏，我们很难判断《析津志》所记迭住斡耳朵、世祖斡耳朵、完者笃斡耳朵、浑都笃斡耳朵这四斡耳朵相互隔代的逻辑，是否与中原文化的昭穆规则有关。而这个难以论定的相关性甚至可能是火室斡耳朵与汉文化的惟一关联。

火室斡耳朵更多体现的还是元朝蒙汉二元体制中蒙古本位的一面。火

①《元史》卷三四《文宗纪三》，第768页

②《至正条格·断例》卷一《卫禁·肃严宫禁》，首尔：Humanist韩国学中央研究院校注本，2007年，第168页。

室的管理官署，是元朝新创造出来的，在官制中较为特殊。首先，这些官署大概就设在宫墙之外、皇城之内，与火室斡耳朵一墙之隔。[①] 其次，这些官署受到优待，如泰定年间张珪上奏裁汰冗滥、肃清铨法，惟独"累朝斡耳朵所立长秋、承徽、长宁寺及边镇屯戍，别议处之"。[②] 第三，这些官署应该主要由怯薛执掌。顺帝时，怯薛出身的哈麻"恃以提调宁徽寺为名，出入脱忽思皇后宫闱无间"[③]。这固然是哈麻得宠妄为，但也说明了火室官署的特殊性，以及蒙古宫廷传统中男女之防并不严格。

总之，火室斡耳朵与烧饭祭祀，源于草原习俗，有很深的蒙古文化背景，而受到汉文化影响较为有限。火室斡耳朵与烧饭祭祀作为草原政权的核心组织结构和国家礼制的核心成分之一，在元朝国家制度中占有独特而重要的位置。

①《元史》卷五一《五行志二》，第 1099 页。

②《元史》卷一七五《张珪传》，第 4079 页。

③《元史》卷二〇五《奸臣传·哈麻传》，第 4582 页。

第五章　元代太庙

太庙是古代帝室祭祀祖先的场所。太庙祭祀则是具有深厚文化底蕴和丰富政治内涵的礼仪制度。有学者指出："帝制中国的国家礼制中，太庙祭祀有着非常突出的地位，它象征着帝国的统治权在一个家族内传递的合法性，因此，与强调受命于天思想的郊祀礼仪一起构成了国家祭祀的支柱。"①元朝国家制度中充满蒙汉二元文化的碰撞与交融。黄时鉴、刘迎胜对元代太庙的研究，②主要关注元朝的二元文化背景尤其是蒙古文化的影响。而近年高荣盛、阎宁从传统礼制层面探讨元代太庙，③启示我们观察中国礼制思

---

①朱溢：《唐宋时期太庙庙数的变迁》，《中华文史论丛》2010年第2期，收入氏著《事邦国之神祇——唐至北宋吉礼变迁研究》，上海：上海古籍出版社，2014年，第166—195页。

②黄时鉴：《元朝庙制的二元性特征》，《元史论丛》第5辑，北京：中国社会科学出版社，1993年。刘迎胜：《从七室之祀到八室之祀——忽必烈朝太庙祭祀中的蒙汉因素》，《元史论丛》第12辑，呼和浩特：内蒙古教育出版社，2010年，第1—20页。刘迎胜：《至元元年初设太庙神主称谓考》，《清华元史》第1辑，北京：商务印书馆，2011年，第250—282页。

③高荣盛：《元代祭礼三题》，《南京大学学报》2000年第6期，收入氏著《元史浅识》，南京：凤凰出版社，2010年，第99—113页。阎宁：《〈元史·祭祀志〉校勘记纠误及献疑》，《内蒙古师范大学学报》(哲学社会科学版)2008年第2期。阎宁：《〈元史·祭祀志〉研究》，内蒙古师范大学硕士论文，2008年。

想与实践在元代的发展变迁。庙制、室次,在太庙中最为引人注目,清初万斯同(1638—1702)《庙制图考》绘出元代庙制图四幅并略加评论,[①]高荣盛先生以史学的视角批判并修正万氏的评语,颇有创获。然元代庙制的变化远不止四幅图所能概括,《元史·祭祀志》对太庙室次的记载并不全面,如世祖朝后期、成宗朝的太庙室次皆湮没无闻,亟待考证,而元朝太庙室次的沿革仍然有待整体梳理和深入探索。[②] 本文以前人成果为基础,以太庙室次的变迁为主线,梳理元朝太庙庙制的建制沿革。在制度的梳理、史实的分析中,主要视角有二:一是蒙汉文化的碰撞与交融;二是太庙室次的变化与现实政治的关系。

一 燕京太庙

蒙古人自有祭祀祖先之本俗,而汉式太庙祭祀之采用,始于元世祖忽必烈。即位当年(中统元年,1260),忽必烈在中书省设祖宗神位而祭。当时神主之数、位次,史料未有明载,可能与下述至元元年(1264)情况相同。

太庙的修建,始于中统四年(1263)三月,"诏建太庙于燕京"。次年,至元元年(1264)冬十月,"奉安神主于太庙"[③],说明太庙已建成并投入使用。《祭祀志》记载了当时所定的太庙七室之制:[④]

> 皇祖、皇祖妣第一室,皇伯考、伯妣第二室,皇考、皇妣第三室,皇伯考、伯妣第四室,皇伯考、伯妣第五室,皇兄、皇后第六室,皇兄、皇后第七室。凡室以西为上,以次而东。

---

①万斯同:《庙制图考》,四明丛书本,第85—88页。

②刘晓:《元代太庙制度三题》,达力扎布主编:《中国边疆民族研究》第7辑,北京:中央民族大学出版社,2013年,部分收入吴丽娱主编:《礼与中国古代社会(隋唐五代宋元卷)》,北京:中国社会科学出版社,2016年,第357—378页。

③《元史》卷七四《祭祀志三·宗庙上》,第1831页。

④《元史》卷七四《祭祀志三·宗庙上》,第1832页。

诸帝庙号尚未定，仅使用皇祖、皇考、皇伯考、皇兄等亲属称谓。《礼乐志》有“世祖中统四年至至元三年七室乐章”，亦依次列出太祖、太宗、睿宗、皇伯考术赤、皇伯考察合台、定宗、宪宗七室。[①] 需要说明的是，至元元年定七室之时，诸人尚无庙号，神主只是以亲属称谓书之。[②]《祭祀志》的记载反映出了这种情况。而《礼乐志》所载庙号为后来追述史事时所替换。这里说中统四年，盖为太庙始建之年，实际当年“仍寓祀事中书”[③]，次年太庙才投入使用。兹根据二者记载作太庙室次图（太庙中的皇后，无关本文宏旨，不列于图中）。

世祖朝前期太庙室次图：至元元年至三年（1264—1266）

第一室	第二室	第三室	第四室	第五室	第六室	第七室
皇祖 （太祖）	皇伯考 （太宗）	皇考 （睿宗）	皇伯考 （术赤）	皇伯考 （察合台）	皇兄 （定宗）	皇兄 （宪宗）

这样的排列方式，一方面符合蒙古人以西（右）为上的习俗。据13世纪西方旅行者鲁布鲁克（William of Rubruck）所见，蒙古人诸妻的营帐按尊卑自西向东排列。[④] 另一方面，自西向东更是对中原汉地制度的直接继承。金代太庙采取自西向东的室次，具载于《金史·礼志》：[⑤]

东西二十六楹，为间二十有五，每间为一室。庙端各虚一间为夹室，中二十三间为十一室。从西三间为一室，为始祖庙，祔德帝、安帝、献祖、昭祖、景祖祧主五，余皆两间为一室。（或曰：“惟第二、第三室两间，余止一间为一室，总十有七间。”）世祖室祔肃宗，穆宗室祔康宗，余皆无祔。

---

①《元史》卷六九《礼乐三·宗庙乐章》，第1718-1719页。

②刘迎胜：《至元元年初设太庙神主称谓考》，《清华元史》第1辑，第250—282页。

③《元史》卷七四《祭祀志三·宗庙上》，第1831页。

④耿昇、何高济译：《柏朗嘉宾蒙古行纪　鲁布鲁克东行纪》，北京：中华书局，1985年，第210页。

⑤《金史》卷30《礼志三·宗庙》，北京：中华书局，1975年，第728页。关于金代庙制及室次变迁，参徐洁：《金中都太庙之制解读》，《学习与探索》2011年第1期；徐洁：《金汴京太庙探微》，《黑龙江民族丛刊》2011年第4期。

概言之,金朝太庙东西共二十五间,东西两端各一间为夹室,其余二十三间为十一室,始祖在最西,三间,其余十室自西向东依次排列。金末元初人杨奂访问遗老,更亲身进入废为仓库的金汴京太庙探查,证实了这种室次。[①] 同时人王恽《遗庙记》记载:“庙两首各限一楹,中以二十三楹,分十有一室,从西以三楹作一室,余每室以两楹为之。龛之数,其西位夹室六,南向者三,北向者三,东俱两龛,自余率一龛,所向皆东西而已,总十有八龛。”亦与《金史》吻合。王恽又记:“皇朝中统五年夏四月,诏河南前宣抚张子良撤焉以北,浮御河入燕,就为今之太宫。”[②]这不禁让人想起,元上都大安阁也是拆迁汴京熙春阁而建。元朝将金汴京太庙整体拆迁运至燕京重建,新太庙的形制与汴京太庙应该有直接关系。另外,提议建造太庙者盖皆由金入元的士大夫,如王磐、张文谦、徐世隆等人,中统初设置讲集太常礼乐官三人,一为安平人,二为东平人,[③]更是直接责任者。这些人设计燕京太庙必然参考了金制,而金朝庙制则直接承袭唐宋(详见后文)。

燕京太庙始建于中统四年(1263)三月。虽然至元元年十月已经投入使用,但是完全建成是在至元三年(1266)十月。在此期间,元朝尝试对草创的太庙制度进行完善。史载,世祖“诏命(孟)攀鳞会太常议定礼仪,攀鳞夜画郊祀及宗庙图以进,帝皆亲览焉”[④]。这次讨论的问题有祖宗世数、尊谥庙号、配享功臣、增祀四世、各庙神主、七祀神位、法服祭器等事。[⑤] 其中最重要的是两个问题:祖宗世数、尊谥庙号。世祖命平章政事赵璧等集议。集议之时间,《祭祀志》、《世祖本纪》系于至元三年十月。实际,这些讨论不是一时一刻就定议的,八室神主始制于至元三年九月,[⑥]若十月才集议,则不通,必然在此前就有长期议论的过程。

---

①杨奂:《与姚公茂书》,苏天爵编:《国朝文类》卷三七,《四部丛刊》本,第 3a—5a 页。

②王恽:《秋涧集》卷三七《遗庙记》,第 512—513 页。

③王恽:《秋涧集》卷八〇《中堂事记》(上),第 361 页。

④《元史》卷一六四《孟攀鳞传》,第 3860 页。

⑤《元史》卷六《世祖纪三》,第 112 页;卷七四《祭祀志三 · 宗庙上》,第 1832 页。

⑥《元史》卷七四《祭祀志三 · 宗庙上》,第 1832 页。

关于祖宗世数、增祀四世，二者实为一事，后者为前者的讨论结果。朝廷认为原定的七室只有三世，应增祀四世。祀四世，是历代王朝建立之初常见的做法，如唐高祖、宋太祖始建太庙，皆祀四世。当然，唐宋祀四世是高祖、曾祖、祖、父，最远追溯到高祖。而元代最初的太庙七室三世最远只到祖父（成吉思汗）。增祀四世以后，也只到曾祖（也速该）。盖因四世中有忽必烈的同辈（贵由、蒙哥）。

下面根据《祭祀志》、《礼乐志·宗庙乐章》“至元四年至十七年八室乐章”制成室次图。

世祖朝中期太庙室次图：至元三年至十七年（1266—1280）

第一室	第二室	第三室	第四室	第五室	第六室	第七室	第八室
烈祖神元皇帝	太祖圣武皇帝	太宗英文皇帝	皇伯考术赤	皇伯考察合台	皇考睿宗景襄皇帝	定宗简平皇帝	宪宗桓肃皇帝

《礼乐志》只记载庙号，是为行文简略之便。《祭祀志》记载则很全面。帝后庙号、谥号俱全。术赤、察合台未做大汗，故系庙号、谥号。拖雷未做大汗，因系皇父，故加庙号、谥号，但仍称皇考。

新的庙制四世八室，与三世七室的庙制相比，主要有两个变化：一是增加了也速该；二是成吉思汗四子次序有变化。七室时期，顺序是窝阔台、拖雷、术赤、察合台。而八室时期，变成了窝阔台、术赤、察合台、拖雷。四子中，窝阔台曾为大汗，所以一直居于最前。七室时期，拖雷作为皇父被置于第二。而八室时期则按照长幼之序排列，拖雷排在最后。刘迎胜《从七室之祀到八室之祀——忽必烈朝太庙祭祀中的蒙汉因素》引用波斯语资料指出，成吉思汗四子被视为大蒙古国的共同拥有者，至元初年确定太庙祭祀时，将他们共同祭祀，表明他们的地位得到了忽必烈的确认，七室时期将拖雷的排序提前，“凸显了当时忽必烈心目中地位转移的合法性”，而八室时期的顺序，“反映了忽必烈对汉文化长幼有序概念的接受”①。由七室到八室，汉文化发挥了不

①刘迎胜：《从七室之祀到八室之祀——忽必烈朝太庙祭祀中的蒙汉因素》，第14、19页。

小的作用。将生前未做皇帝的皇父拖雷追认为皇帝而奉入太庙,合乎汉地礼法。而将皇伯术赤、察合台奉入太庙,则是出于蒙古之文化习俗与国家观念。

自西向东的室次,承自金代。金代的庙室,始祖之后,偶数室为昭,奇数室为穆,昭穆为父子。若有兄弟,则祔于一室。这样,昭穆不乱。元代立太庙自西向东,却是兄弟并坐,昭穆不分。这体现出蒙古文化在强势政治力量保护下的深刻影响。总之,这时的太庙是以汉地传统的庙室制度为本体,杂糅了蒙古本俗。

二　大都太庙的建立

至元六年(1269)开始,元世祖忽必烈在燕京城东北创建大都,燕京城中的功能性建筑纷纷移至大都。作为都城,最具有功能性与象征意义的是宫殿、中央官署、仪式性建筑。太庙是元初都城中最重要的仪式性建筑。随着大都城建造逐渐完备,城中新太庙的修建也提上了日程。

《元名臣事略》卷一二《太常徐公(徐世隆)》所引《墓志》载:①

> (至元)六年作新大都于燕。宗庙之制,未有议者。公奏曰:"陛下帝中国,当行中国事。事之大者,首为祭祀。祭祀必有清庙。"因以图上,乞敕有司以时兴建。从之。逾年而庙成。公之所教太常礼乐亦备,遂迎祖宗神御入藏太庙,因奉安而大飨焉。礼成,上悦。赏赐良渥。

考诸《本纪》、《祭祀志》,至元六年并没有新建太庙之举。史料显示,当时仍在使用燕京太庙。至元八年,太庙殿柱朽坏,监察御史王恽为此弹劾当年监造太庙的刘晸:"今省部虽令刘晸用木填塞了毕,终非可待岁月。"②然而这个建筑质量不佳的燕京太庙,经至元八年、十年、十五年几次修葺,③仍然使用

①《元朝名臣事略》卷一二《太常徐公》,北京:中华书局,1996 年,第 251 页。

②《元史》卷七《世祖纪四》,第 137 页。王恽:《秋涧集》卷八八《为太庙中柱损坏事状》,第 439 页。赵永禧等编撰,王晓欣点校:《宪台通纪(外三种)》,杭州:浙江古籍出版社,2002 年,第 408 页。

③《元史》卷七《世祖纪四》,第 137、150、202 页。

到至元十七年(1280)。徐世隆墓志所记载的时间有模糊之处,"逾年而庙成"并非指至元七年就建成太庙。可能的情况是,确有徐世隆至元六年上奏、献图之事,然而太庙并没有马上兴建。一直到十四年八月,元世祖才下诏建太庙于大都,位置在齐化门内北。

对于新太庙的庙制,太常博士展开了讨论,议论焦点是采取都宫别殿还是同堂异室。至元十四年(1277)八月,太常博士是赞成同堂异室的。而十五年(1278)五月,博士又言同堂异室非礼。于是,"以古今庙制画图贴说,令博士李天麟赍往上都,分议可否以闻"①。从《祭祀志》所录当时的奏文看,至元十五年之议倾向于都宫别庙之制。至元十七年(1280)大都太庙初步告成,十二月,告迁于燕京太庙,神主分批迁入新庙安奉,毁旧庙。新庙虽已投入使用,但建筑工程并没有全部完工,关于庙制也争论未休。十八年(1281)二月,博士李时衍等议:"历代庙制,俱各不同。欲尊祖宗,当从都宫别殿之制;欲崇俭约,当从同堂异室之制。"三月十一日,尚书段那海及太常礼官奏曰:"始议七庙,除正殿、寝殿、正门、东西门已建外,东西六庙不须更造,余依太常寺新图建之。"遂为前庙、后寝,庙分七室。经过长达数年的讨论,最终元朝决定采用同堂异室之制。②

大都的太庙,正殿东西七间,内分七室。③ 这完全是采用了汉地传统礼制中"天子七庙"的规定,是徐世隆等人鼓吹"帝中国,当行中国事"的结果。

至元十七年,太庙由八室变为七室,则必然有被迁出太庙者。《经世大典·礼典总序·宗庙》言至元十七年"更定室次"④,即指此。至于孰留孰迁,史无明言。但我们可以从太庙神主的变化找到线索。

元代神主之制有四:一为日月山神主。宪宗二年(1252),日月山祭天所用神主,太祖、睿宗二主。一为圣安寺神主。世祖中统元年(1260)中书省祭

①《元史》卷七四《祭祀志·宗庙上》,第1833页。

②《元史》卷七四《祭祀志·宗庙上》,第1835页。

③《元史》卷七四《祭祀志·宗庙上·庙制》,第1842页。

④《经世大典·礼典总序·宗庙》,《国朝文类》卷四一,第10a页。

祀所用神主,后因中书省迁址,神主曾暂存于圣安寺。至元元年(1264)奉入新建成的燕京太庙,七室十四主。一为栗木神主。至元三年(1266),刘秉忠奉命考古制,造栗木神主,八室十六主。一为金主。至元六年(1269),国师做佛事,造木质金表牌位,八室十六主。

栗木神主以后,日月山神主、圣安寺神主不再使用。栗木神主仿中原古制,显然是以汉字书写。后来因国师做佛事而造的金主则是以"国字"——八思巴字书写。中原礼制有"神不二归"之说,新神主制成,旧神主须埋瘗。然而元朝对所有旧神主全部保留,甚至很可能曾短暂存在金主、栗木神主并用的情况,[①]这应该是蒙古统治者与汉人士大夫理念碰撞、妥协的结果。不过,最迟到至元十七年太庙建成后,栗木神主便停用,《祭祀志》载:[②]

> (至元)十七年十二月甲申,告迁于太庙。癸巳,承旨和礼霍孙,太常卿太出、秃忽思等,以祏室内栗主八位并日月山版位、圣安寺木主俱迁。甲午,和礼霍孙、太常卿撒里蛮率百官奉太祖、睿宗二室金主于新庙安奉,遂大享焉。

金主迁移完毕后才举行大享,足见朝廷认为只有金主才是祖先神灵所居。我们可以发现,至元十七年的金主只有太祖、睿宗二室,另外的六室烈祖、太宗、术赤、察合台、定宗、宪宗皆不见了。忽必烈至元十七年将此六室迁出太庙的原因,单纯从礼制角度的推想是不够的,还必须联系蒙古旧俗以及当时的政治情况。诚如《祭祀志》所言:"其因袭之弊,盖有非礼官之议所能及者也。"下面逐一分析。

从汉地传统礼法来讲,元朝最初就以成吉思汗为太祖,就意味着他具有不祧的地位。至元三年追加烈祖也速该,缘于推及祖先、增祀四世。但忽必烈也许很快意识到,也速该入庙是很危险的,因为这无意中似乎承认了成吉思汗弟系东道诸王也有继承汗位的机会。早在窝阔台死时,成吉思汗幼弟

---

①《元史》卷七四《祭祀志·宗庙上》,第1832页。

②《元史》卷七四《祭祀志·宗庙上》,第1832页。

帖木哥斡赤斤就曾萌生夺位的意图。忽必烈的即位曾得到东道诸王的支持，然而到至元年间东道诸王势力日趋膨胀，与元廷产生矛盾。至元十四年(1277)，别勒古台之孙爪都参与昔里吉叛乱。至元二十四年(1287)，帖木哥斡赤斤后裔乃颜叛乱。对于东道诸王身上的不安定因素，相信至元十七年的忽必烈已经能够切身感受到。将烈祖迁出太庙，从法理上断绝东道诸王的非分之想，无疑是出于现实政治的考虑。

术赤、察合台神主被迁的理由有二。一方面，术赤、察合台及其后裔皆与大汗之位无缘。最初术赤、察合台"以家人礼"得祀太庙，[①]是受蒙古旧俗的影响。随着太庙制度的汉文化因素越来越浓厚，忽必烈已经在至元三年为各室加上庙号。庙号的直接功用就是代表其在太庙中的位置。而术赤、察合台始终未加庙号，可知忽必烈已经不将他们与其他人同等看待。随着太庙作为中原皇帝的宗庙的性质越来越深刻，出于统治汉地、收服汉地人心的需要，太庙必然向中原传统礼制方面倾斜。未即位的皇伯入庙，是背离汉地礼制的做法，故被舍弃是可以想见的。另一方面，从现实政治出发，忽必烈即位以来，与术赤、察合台系诸王长期不和。至元六年(1269)，术赤、察合台、窝阔台三系诸王在塔剌思举行大会，在名义上承认了忽必烈共主的地位，而实质上三系一致将矛头对准拖雷系，结成了反元联盟。[②] 随后无休止的战争成为忽必烈的一大心病。在这种情况下，忽必烈对敌对的、疏远的术赤、察合台二系祖先没必要再举行祭祀。

太宗窝阔台、定宗贵由都是曾经登基的大汗，将他们迁出太庙，在中原礼制本是万万不可的。但从现实政治出发，将窝阔台一系全部迁出，在世系上凸显了拖雷系的正统性，同时意味着对窝阔台系后王担任大汗资格的全面否定。至元年间，窝阔台之孙海都的叛乱愈演愈烈。关于海都叛乱的原因，据刘迎胜先生介绍，波斯语史料《瓦萨甫史》记载，成吉思汗曾有明命，只要窝阔台还有一个吃奶的子孙存在，他在继承皇位、国家旗帜和军事统帅权

---

①《元史》卷七二《祭祀志一》，第1780页。

②刘迎胜：《论塔剌思会议》，《元史论丛》第4辑，北京：中华书局，1992年。

方面,就要优先于其他(各支)子孙。拉施特《史集》中也提及,“只要是从窝阔台合罕诸子出来的,哪怕是一块肉,如果将它包上草,牛不会去吃那草,如果将它涂上油脂,狗不会瞧一眼那油脂,我们〔仍然〕要接受他为汗,任何其他人都不得登上宝位”[①]。然而类似的文字在《蒙古秘史》中出现,意义却完全相反:“即使在斡歌歹(窝阔台)的子孙中生了裹在草中牛不吃,包在油脂中狗不吃的,难道我的众子孙中,就一个好的也不生吗?”[②]余大钧先生曾揭示这个差异,并指出《蒙古秘史》的这段文字是为蒙哥夺取汗位之政治需要而编造的。[③] 而波斯语史料则更能反映当年的真相。据研究,窝阔台生前定合失为皇储,[④]然合失早卒。作为合失之子,海都在黄金家族中具有争夺汗位继承权的特殊资本。忽必烈登上汗位之后,海都的举兵仍得到不少诸王的支持,与他作为窝阔台嫡孙有继承汗位的合法性是分不开的。[⑤] 考虑到这种情况,至元十七年忽必烈将窝阔台、贵由迁出太庙,为的是全面否定窝阔台系的正统性。

另一方面,成吉思汗长眠之地起辇谷,后来成为拖雷家族的葬地,而窝阔台、贵由没有葬在此地。虽然《元史·太宗本纪》云窝阔台、贵由皆葬于起辇谷,然而陈得芝先生依据拉施特《史集》的记载指出,只有拖雷一系葬在此地,术赤、察合台、窝阔台及其家族皆葬在别处,具体而言,窝阔台、贵由的葬地在叶密立—霍博的其家族分地内。[⑥] 葬地不在一处意味着家族关系的疏远,以家族祭祀的角度看,最初忽必烈将窝阔台、贵由纳入太庙反倒成了优待,将二者剔除而只祭祀本家族直系祖先,似乎从蒙古本俗上能说得通。

---

①《史集》第一卷第一分册,第 154 页。

②阿尔达扎布:《新译集注〈蒙古秘史〉》,呼和浩特:内蒙古大学出版社,2005 年,第 475 页。

③余大钧:《〈蒙古秘史〉成书年代考》,《中国史研究》1982 年第 1 期,第 154—155 页。

④王晓欣:《合失身份及相关问题再考》,《元史论丛》第 10 辑,北京:中国广播电视出版社,2005 年。刘晓:《也谈合失》,《中国史研究》2006 年第 2 期。

⑤刘迎胜:《元初朝廷与西北诸王关系考略》第五部分“海都叛乱的原因”,中国社会科学院民族研究所主编:《中国民族史研究》,北京:中国社会科学出版社,1987 年,第 132—134 页。

⑥陈得芝:《成吉思汗墓葬所在与蒙古早期历史地理》,《中华文史论丛》2010 年第 1 期,第 11 页注 2。

作为旁证，是太祖、太宗、睿宗御容祭祀的建立。影堂又称神御殿、原庙，是奉祀已故帝后御容之所。作为太庙的补充，它是祭祀祖先的一种重要方式。[①] 史料所见元朝最早的御容祭祀，是太祖、太宗、睿宗三朝御容祭祀。《元史·祭祀志》载：[②]

> 至元十五年十一月，命承旨和礼霍孙写太祖御容。十六年二月，复命写太上皇御容，与太宗旧御容，俱置翰林院，院官春秋致祭。

太宗窝阔台的御容是旧的，而太祖成吉思汗、太上皇睿宗拖雷的御容是新制作的。而三朝御容祭祀开始的次年，太宗即被迁出太庙。这或许隐含着忽必烈通盘调整的策略。窝阔台作为一位颇有名望的大汗，在世祖朝影响力犹存。窝阔台的祭祀不宜完全撤销，忽必烈采取了祭祀御容的做法用以弥补太庙中的缺失。同时，将太祖、太宗、睿宗三朝御容合并祭祀，又避免了太宗的独尊。另外，中国历代影堂一般置于寺观，在翰林院中祭祀御容前所未有。翰林院、太庙同为儒家系统，在翰林院中祭祀太宗，亦有补偿太庙迁主之意。

宪宗蒙哥作为前任皇帝，被迁出太庙也是不合乎中原礼制的。究其原因，仍然是出于现实政治的考虑。自世祖忽必烈即位以后，宪宗蒙哥的后人便失去了继承皇位的可能性。世祖朝中期，以蒙哥之子昔里吉为首的拖雷后王发动兵变，俘虏了统兵漠北的忽必烈之子那木罕、丞相安童，献给西北叛王海都。昔里吉之乱持续六年，为元朝带来了极大困扰。[③]《史集》记载兵变前，拖雷庶子岁哥都之子脱黑帖木儿诱惑昔里吉，说："帝位将归于你，合

---

①参洪金富：《元〈析津志·原庙·行香〉篇疏证》，《"中研院"历史语言研究所集刊》第79本第1分，2008年3月，第1—40页。许正弘：《试论元代原庙的宗教体系与管理机构》，《蒙藏季刊》2010年第3期。以及本书第六章。

②《元史》卷七五《祭祀志四·神御殿》，第1876页。

③关于昔里吉之乱，参陈得芝：《元岭北行省建置考（中）》，《元史及北方民族史研究集刊》第11期，1987年，此据氏著《蒙元史研究丛稿》，北京：人民出版社，2005年，第149—154页。

罕(忽必烈)使我们和我们的父亲们受了多少侮辱啊。”[①]这道出了昔里吉兵变的动因。昔里吉果然称汗,这最易触动忽必烈的敏感神经。数年后虽然拖雷后王们归降元朝,但忽必烈对昔里吉始终拒而不见,先是将其派往安南前线作战,然后流放至高丽的海岛而死。[②] 至元十七年将宪宗迁出太庙,意味着断绝蒙哥后裔当皇帝的可能性,强调皇位在拖雷—忽必烈一系传承的合法性。

总之,至元十七年太庙迁出六室神主,原因非常复杂,有一定的中原礼制的因素,也有一定的蒙古本俗的影响,但最为主要的还是出于现实政治的考虑。

太庙二室的排序,史料中没有明载,有两种可能:A. 延续以往的自西向东;B. 改成太祖居中。《元史·祭祀志》载,泰定元年(1324)四月,中书省臣言:“世祖皇帝始建太庙。太祖皇帝居中南向,睿宗、世祖、裕宗神主以次祔西室,顺宗、成宗、武宗、仁宗以次祔东室。”[③]这似乎暗示世祖至元十七年建太庙时确定了太祖居中的规则。如果B种可能性成立,那么至元十七年太庙既迁出六室神主,又改为太祖居中,制度较此前变化巨大。但泰定元年毕竟距离至元十七年已有近半个世纪,事后追溯,可靠性可能会打折扣。稳妥起见,兹两存之。至于太祖居中在礼仪文化上的理由,容待下文讨论武宗朝时详述。

世祖朝后期太庙室次图 A:至元十七年至三十一年(1280—1294)

第一室	第二室	第三室	第四室	第五室	第六室	第七室
太祖	睿宗	/	/	/	/	/

①[波斯]拉施特:《史集》第二卷,余大钧、周建奇译,北京:商务印书馆,1997年,第313页。

②参李治安:《忽必烈传》,北京:人民出版社,2004年,第449—455页。党宝海:《昔里吉大王与元越战争》,《西部蒙古论坛》2013年第4期。毛海明:《元初诸王昔里吉的最终结局》,《元史及民族与边疆研究集刊》第34辑,2017年。

③《元史》卷74《祭祀志·宗庙上》,第1841页。

世祖朝后期太庙室次图 B:至元十七年至三十一年(1280—1294)

第四室	第三室	第二室	第一室	第五室	第六室	第七室
／	／	睿宗	太祖	／	／	／

三　成宗的继承

至元三十一年(1294),忽必烈驾崩。皇太子真金已于九年前死去,真金之子铁穆耳即位,是为元成宗。成宗即位后,五月,为祖父忽必烈、祖母察必、父亲真金加上尊谥庙号。世祖忽必烈及皇后察必、裕宗真金祔庙。

关于成宗朝太庙室次,有两条相关记载。

第一条是王构《得玉玺奏告太庙祝文》。所谓"得玉玺",是与成宗即位相关的一件史事。忽必烈死前并没有明确指定皇位继承人,虽然至元三十年授铁穆耳皇太子旧印,但是并没有经过法定手续。在忽必烈去世而皇位未决的这段时间,蒙古开国功臣木华黎后人在家中发现传国玉玺。学者们认为,这是大臣伯颜、崔彧等人为确保铁穆耳即位而精心安排的祥瑞。[①] 王构《得玉玺奏告太庙祝文》就是与此事相关。这是关于成宗朝太庙室次的重要文献。在《国朝文类》中,该文之前为大德六年(1302)祝文,之后为至大二年(1309)祝文,但《国朝文类》收文并不严格按时间顺序排列。传国玺的发现在至元三十一年(1294)初,二月崔彧献给太后,四月铁穆耳由漠北至上都,太后将传国玺亲手交给铁穆耳,[②]几天后铁穆耳登基。按常理,获宝物、得祥瑞应于当年或次年奏告太庙。故《得玉玺奏告太庙祝文》的写作时间应在成宗即位后不久的至元三十一年或元贞元年。祝文至第四室而止,全文如下:[③]

①陈得芝主编:《中国通史·第八卷·元时期》(上),上海:上海人民出版社,1997年,第446页。

②王恽:《秋涧集》卷四〇《传国玉玺记》,第532—533页。崔彧:《献符宝书》(至元三十一年二月),周南瑞编:《天下同文集》卷三,《雪堂丛刻》本,第16a—23a页。《元史》卷一八《成宗纪一》,第381页。

③王构:《得玉玺奏告太庙祝文》,《国朝文类》卷四八,第1b—2b页。

维传国之守器,为历代之珍符,得自神皋,进由宪长。询以佥言则脗合,考之图制则无差。皆祖宗孚佑而致然,亦祚胤隆昌之所系。是烝是享,孔惠孔时,以介寿祺,以流曾庆。(第一室)

昔黄龙荐瑞,有虞肇基。玄扈授图,周成袭祚。诞膺景命,夫岂无征。方忝嗣于徽音,遽亲承于镇宝。台臣贡上,良用惕然。殆天相皇元,启万世无疆之业,抑如大琮玄璧,为宗闱世守之珍。灵贶之来,盍知所自。尚祈叶兆,既寿永昌。(第二室)

閟宫储祉,德著神仪。瑞玉来归,孝孙有庆。矧在嗣徽之始,进由耳目之官。上以表信于神祇,下以系隆于后嗣。爰修报典,思媚太姜。俾炽而昌,长膺戬谷。(第三室)

猗维瑞玺,显伏靡常。麟质凤章,万世所宝。式当今日,启佑皇图。谷旦于差,告蠲致享。以燕翼子,于万斯年。(第四室)

每一室的祝文都在称颂传国玺的祥瑞,引经据典,用词古雅,却体现不出室主为谁。惟第三室祝文有"孝孙"之语,可能意味着第三室是当今皇帝铁穆耳的祖父忽必烈。当然,最重要的是,祝文中确然透露出太庙有四室。

第二条史料,是王恽所撰的《祀庙乐章》与《祝文》,祝文全文如下:①

第一室:

于赫圣武,开运立极。启迪后人,奄宅万域。继体守文,爰及眇质。大位昭升,阴相之力。奉荐明禋,载祇载式。尚祈顾歆,永深燕翼。

第二室:

丕显睿祖,载扬我武。左右祢昆,耆定区宇。庆衍本支,绍纂基绪。嗣服惟初,礼须告祀。延洪幼冲,永锡繁祉。

第三室:

明明我祖,神灵无方。武定文绥,于先有光。运开大统,德冠百王。

①王恽:《秋涧集》卷六七,第253页。

仙驭渐远，攀慕奚极。祔庙奉安，缛典是式。燕翼如在，英灵日赫。

第四室：

于皇昭考，神灵在天。民受阴赐，余二十年。不飨其位，眇躬是传。追尊徽号，永言奉先。爰用昭告，斋慄揭虔。尚冀申佑，宝祚绵延。

从内容看，此祝文撰写时间必在成宗朝。第一室祝文提及“于赫圣武，开运立极”，无疑是指元太祖圣武皇帝成吉思汗。第二室提及“睿祖”、“左右祢昆”（祢指亡父，昆指兄），是指成吉思汗第四子睿宗拖雷。第三室提及“我祖”、“运开大统”，指的是成宗铁穆耳的祖父世祖忽必烈，这与《得玉玺奏告太庙祝文》相符。第四室“于皇昭考”、“不飨其位”、“追尊徽号”，指的是成宗铁穆耳的父亲、未即位而逝的裕宗真金。

世祖朝室次有两种可能的排序方式，所以成宗朝的太庙室次也有 A、B 两种可能。

成宗朝太庙室次图 A：至元三十一年至大德十一年（1294—1307）

第一室	第二室	第三室	第四室	第五室	第六室	第七室
太祖	睿宗	世祖	裕宗	/	/	/

成宗朝太庙室次图 B：至元三十一年至大德十一年（1294—1307）

第四室	第三室	第二室	第一室	第五室	第六室	第七室
裕宗	世祖	睿宗	太祖	/	/	/

成宗朝室次 A，四世四室，自西向东，昭穆不乱，符合宋金太庙的制度。而如果室次 B 符合事实，则是蒙古人方位尊卑观念与中原昭穆顺序磨合未尽的结果，如《祭祀志·序》所言：“其因袭之弊，盖有非礼官之议所能及者”。①

四　武宗的改制

大德十一年（1307），成宗驾崩。经过一番争夺，海山即位，是为武宗。

①《元史》卷七二《祭祀志一》，第 1779 页。

以往的观点常常认为,海山即位前长期总兵漠北,是一位蒙古文化浓重而汉文化薄弱的草原皇帝。学者们常以蒙汉文化对立的观点来解释武宗的施政。然而,这一观点有待重新认识,李鸣飞的研究表明,实际上武宗的新政中包含了颇多汉化因素,[①]其中郊庙祭祀是重要的一方面。

武宗在郊祀、太庙方面大有作为。对于太庙祭祀,武宗的举措有:始亲祀太庙;立太庙廪牺署;改制神主;更换祭器等。在庙制方面,武宗亦有大的动作。武宗海山之父答剌麻八剌是成宗铁穆耳之兄,武宗将乃父追尊为皇帝,庙号顺宗,顺宗、成宗兄弟同时祔庙。大德十一年武宗所定的太庙室次为:太祖之室居中,睿宗西第一室,世祖西第二室,裕宗西第三室,顺宗东第一室,成宗东第二室。[②]

武宗朝太庙室次图:大德十一年至至大四年(1307—1311)

第四室	第三室	第二室	第一室	第五室	第六室	第七室
裕宗	世祖	睿宗	太祖	顺宗	成宗	/

后之学者以礼法为准绳,对元武宗朝太庙室次大加挞伐。代表者如明胡粹中《元史续编》评曰:[③]

> 元之睿宗、裕宗、顺宗皆未尝居天子位,但当祔食于所出之帝,而各为立庙,已非礼矣。况成宗为君时顺宗为之臣,兄弟之不先君臣尚矣,岂有依次升祔而跻顺宗于成宗之上者乎?失礼之中又失礼焉。哈喇哈逊、李孟、何伟诸臣何能逃其责乎?

清代秦蕙田《五礼通考》卷八三《吉礼·宗庙制度》几乎全文征引了以上评语。[④] 民国柯劭忞《新元史》亦评曰:"睿宗、裕宗、顺宗并未践大位,入庙称

---

①李鸣飞:《试论元武宗朝尚书省改革的措施及其影响》,达力扎布主编:《中国边疆民族研究》第1辑,北京:中央民族大学出版社,2008年,第17—30页。

②《元史》卷二二《武宗纪一》,第480页;卷七四《祭祀志三·宗庙上》,第1836页。

③胡粹中:《元史续编》卷六,《景印文渊阁四库全书》第334册,台北:台湾商务印书馆,1986年,第16a—b页。

④秦蕙田:《五礼通考》卷八三《吉礼·宗庙制度》,《景印文渊阁四库全书》第136册,第15a页。

宗，而黜太宗、定宗、宪宗不在六室之列。又跻顺宗于成宗之上，皆失礼之甚者也。"①此评聚焦于如何对待践祚与追封之君，具体的批判有二点。一，践祚的皇帝（太宗、定宗、宪宗）应该占据一室，而死后追封的皇帝（睿宗、裕宗、顺宗）不应占据一室。二，成宗为君时顺宗为臣，而顺宗室竟然居于成宗室之上，是为失礼之中又失礼焉。② 总之，在他们看来，元武宗朝太庙室次几无可取之处。

这样的批判过于迂腐。《祭祀志》失载世祖朝后期、成宗朝太庙室次，这些学者评判武宗朝室次时，不先将前二者考证清楚，就缺乏必要的参照物，无法认识武宗朝室次形成的原因与背景。抛开了历史背景而凭空诉诸传统礼制，强作解人，作出的批判只是隔靴搔痒而已。

要想真正理解武宗朝室次，须从历史背景出发，来考察其成因。笔者前文通过考稽史料、推理分析，已经整理出了世祖朝后期、成宗朝的太庙室次，为研究武宗朝太庙提供了必要的参照物。首先，太宗、定宗、宪宗已在世祖至元十七年迁出太庙，睿宗、裕宗是其各自世代在太庙中的仅存者，当然应各为一室。其次，成宗朝太庙四世四室，武宗朝增入顺宗、成宗，成为五世六室。顺宗为成宗兄，室居成宗上，是蒙古旧俗之影响。可以作为比较的是世祖朝前期七室、中期八室中成吉思汗四子的排序。刘迎胜先生总结出了排序原则，七室，首要因素是否践祚，其次是否追封，再次长幼之序；八室，首要因素是否践祚，其次长幼之序。但是，术赤、察合台二室非常特殊，他们既未曾践祚亦未曾追封，却出现在太庙中，这是极其罕见的情况，在礼书中找不到先例，无既定原则可循。如果撇开术赤、察合台，只看窝阔台、拖雷的排

①柯劭忞：《新元史》卷八三《礼志四 · 宗庙上》，北京：中国书店，1988 年，第 396 页上。

②近年学者所提出的太庙具有公、私二重属性的观点，也可以作为看待这一问题的一种视角。作为国家治统象征是太庙的"公"的属性，作为皇帝家庙是其"私"的属性，表现为尊尊、亲亲。高明士：《礼法意义下的宗庙——以中国中古为主》，高明士编：《东亚传统家礼、教育与国法（一）：家族、家礼与教育》，上海：华东师范大学出版社，2008 年，第 17—71 页。朱溢：《唐至北宋时期太庙祭祀中私家因素的成长》，《台大历史学报》第 46 期，2010 年 12 月，第 35—83 页，收入氏著《事邦国之神祇——唐至北宋吉礼变迁研究》，第 195—236 页。

序，则很明显，七室、八室中窝阔台在前、拖雷在后的顺序是一致的。与武宗朝太庙顺宗在前、成宗在后的顺序比较，再与后文将述及的泰定朝太庙显宗—顺宗—成宗的顺序比较，可以发现排序原则只有一个：长幼之序。将践祚与追封的皇帝以长幼排定次序，是贯穿元朝太庙室次的一个原则。

从本质上说，排序所涉及的就是历代学者最为关注的昭穆制度，即庙制的核心。然而元朝对太庙的一大创举，也是对元后期以至明清造成巨大影响的做法，却被忽视了，这就是太祖居中。

太祖居中，左右分昭穆排列，这是宗庙的基本构型，为历代所遵循。为什么说是元朝创举？这要从祭祀礼仪和太庙建筑说起。太庙祭礼可以分为两类，一类是“馈食于室”的时享、告祭，礼官进入各室行礼；另一类是“朝践于堂”的禘祫，即将各庙神主集中到一起祭祀。

至于太庙建筑，有都宫别殿、同堂异室两种制度。都宫别殿之制，太祖庙居中南向，昭庙穆庙分左右东西。“馈食于室”时，太祖居中，无疑。“朝践于堂”时，则将神位集中到一起，摆设方式是，太祖神位居中，东向，左昭右穆分列南北。据信这种独特的朝向是上古礼俗的残留。

都宫别殿之制施行不广，魏晋以降历代王朝基本都采用同堂异室之制，即殿内自西向东分成若干室，除东西两端作为夹室外，太祖室在最西，依次向东排列。唐、宋、金代概莫能外。[①] 在这种构造下，所谓太祖居中，显然不是指太祖室居中。“馈食于室”——时享时，体现太祖居中的做法是，太祖的神主东向，其他神主按昭穆南向或北向。至于“朝践于堂”——禘祫时，从各室请出神主，集中到一起，太祖居中，东向，左昭右穆分列南北。[②] 总之，元以

---

①朱光亚：《南宋太庙朝向布局考》，刘先觉主编：《建筑历史与理论研究文集（1927—1997）》，北京：建筑工业出版社，1997年，第107—115页。唐俊杰：《南宋太庙研究》，《文博》1999年第5期。徐洁：《金中都太庙之制解读》，《学习与探索》2011年第1期。

②《宋史》卷一〇七《礼志十·吉礼十·禘祫》，北京：中华书局，1977年，第2586页。太常寺丞王普言：“臣窃以古者庙制异宫，则太祖居中，而群庙列其左右；后世庙制同堂，则太祖居右，而诸室皆列其左。古者祫享，朝践于堂，则太祖南向，而昭穆位于东西。馈食于室，则太祖东向，而昭穆位于南北。后世祫享一于堂上，而用室中之位，故唯以东向为太祖之尊焉。”

前历代所谓太祖居中，不是指太庙中太祖室的位置，而与各室神主的朝向有关。太庙各室的神主，有东向者，有南向者，有北向者，遵从的是上古礼俗，与后世社会相距太遥远，恐怕除了精专的礼学家之外的人都会感到困惑。中唐以后，随着社会的发展变革，经学界出现了不盲从先儒成说，敢于疑古的学术风尚，宋代学者更是怀疑、批判甚至否定汉唐以名物训诂为主的治学方法，形成了探究经典内在义理的具有"宋学"特色的经学诠释体系。[①] 宋代学者主张，不应亦步亦趋因循古代礼制，而应因时制宜。对于宗庙（包括太庙、家庙）的神主朝向，虽然北宋、南宋朝廷仍然沿袭历代旧制，但已经有人提出了不同的看法，如朱熹《家礼》规定祠堂（家庙）中神主皆南向。[②]

据曾在金朝做过太祝的毛正卿说，金朝太庙时享，太祖神主南向。[③] 如此，则金朝"馈食于室"时是无法体现太祖居中原则的。也就是说，只有在"朝践于堂"禘祫时，才能体现。元初建太庙仿金制，太庙神主朝向亦依金制，即神主皆南向，《元史・祭祀志》关于仪式的记载可以证明这一点。[④] 这样，只有禘祫中才能体现太祖居中。禘祫是大祭，也是唯一能体现太祖居中制度的礼仪，因此对太庙而言至关重要。而关于禘祫礼仪，历来礼学家们聚讼不已，未有定论，[⑤]这为蒙古皇帝接受禘祫造成了障碍。终元一代，仅见有

①林庆彰：《明代的汉宋学问题》，《东吴文史学报》第5期，1986年8月。林庆彰：《唐代后期经学的新发展》，《东吴文史学报》第8期，1990年3月。郭善兵：《略述宋儒对周天子宗庙礼制的诠释——以宗庙庙数、祭祀礼制为考察中心》，《东方论坛》2006年第5期。

②朱熹著，王燕均、王光照校点：《家礼》，《朱子全书》第7册，上海：上海古籍出版社、合肥：安徽教育出版社，2002年，第876页。

③杨奂：《与姚公茂书》，《国朝文类》卷三七，第3a—5a页。

④亲祀时享仪、亲谢仪、摄祀仪、摄行告谢仪的酌献环节，皇帝（初献官）"入诣太祖神位前，北向立"，其他室"并如第一室之仪"。可见各室神主皆南向。《元史》卷七四《祭祀志三・宗庙上》，第1852页；《元史》卷七五《祭祀志四・宗庙下》，第1862、1871、1873页。

⑤孙诒让：《周礼正义》卷三三《大宗伯》，北京：中华书局，1987年，第1330—1344页。高明士：《礼法意义下的宗庙——以中国中古为主》，高明士编：《东亚传统家礼、教育与国法（一）：家族、家礼与教育》，上海：华东师范大学出版社，2008年，第17—71页。郭善兵：《略述宋儒对周天子宗庙礼制的诠释——以宗庙庙数、祭祀礼制为考察中心》，《东方论坛》2006年第5期。

人讨论,有人撰写乐章,但禘祫始终没有实行。[①] 改太祖室居中,是在禘祫不行的情况下,杂糅都宫别殿之制,使太庙"太祖居中"的原则得以体现。元朝改太祖室居中的礼制上的原因。

元朝对太祖室的调整,一方面改变了后世太庙室次的排列——明清的太庙皆采取太祖室居中之制度,另一方面也改变了明清的禘祫礼仪。在元代以前的禘祫礼仪中,太祖居中东向,昭位于北,南向;穆位于南,北向。这种朝向应该是对上古礼俗的保存。而明禘祫,太祖居中南向,昭位于东,西向;穆位于西,东向。[②] 这与太祖居中的太庙室次制度是紧密相关的。

另一方面,元武宗朝室次虽然太祖居中,却没有实行中原传统的昭穆制度,其他神主的排列顺序非常独特——右边依次排列完之后,左边再依次排列。这种排序方式,与汉地传统"左昭右穆"、"父子不并坐"的法则相抵牾,在整个中国史上独具一格,可谓前无古人后无来者。这种特色恐怕是蒙古本俗所致。《黑鞑事略》载,蒙古之俗,"以中为尊,右次之,左为下"[③]。此俗被多种史料所证实。如集会时的座次,大汗(主人)居中,男人们在西,女人们在东。[④] 成吉思汗分封国土,大汗居中,诸子为西道诸王,诸弟为东道诸王。蒙古人这种根深蒂固的观念,[⑤]也直接反映在武宗朝的庙制中。中原的

---

①明清以来学者皆认为元无禘祫。今之研究者陈戍国、高荣盛亦主此说。(陈戍国:《中国礼制史·元明清卷》,第46页。高荣盛:《元代祭礼三题》。)惟阎宁新近提出元代未必无禘祫,并举出三条例证(阎宁:《〈元史·祭祀志〉研究》,硕士论文,内蒙古师范大学,2008年,第11—12页)。可惜这三条材料的说服力不强,阎宁的解读略嫌牵强。故笔者仍然赞同前辈学者的观点,认为元无禘祫。

②《大明会典》卷八七《礼部四五·庙祀二》"祫祭"、"大禘",万历内府刻本,第1b、34a页。《明史》卷五一《礼志五·吉礼五·祔禖》,北京:中华书局,1974年,第1319—1320页。秦蕙田:《五礼通考》卷一〇〇《吉礼一百·禘祫》,《景印文渊阁四库全书》第137册,第16a—27b页。

③王国维:《黑鞑事略笺证》,《王国维遗书》第13册,上海:上海古籍书店,1983年,第7b页。

④李承修:《动安居士集》卷四《宾王录》,杜宏刚、邱瑞中、崔昌源编:《韩国文集中的蒙元史料》,桂林:广西师范大学出版社,2004年,第103页下。《鲁布鲁克行纪》,第211页。

⑤罗依果指出,成吉思汗、窝阔台汗时,蒙古人初入中原建立官府曾直接挪用金代官制,以左为上,但很快改用蒙古本俗尚右的方位观。Igor de Rachewiltz,"Personnel and Personalities in North China in the Early Mongol Period",*Journal of the Economic and Social History of the Orient*,9.12,1966,pp. 88-144(pp. 125-126,footnote. 2). 此承台湾"中研院"史语所洪金富研究员教示,谨致谢忱。

昭穆制度，一方面，尚左，与蒙古本俗相悖，另一方面，“父子不并坐”的原则，在汉文化水平有限的蒙古人看来恐怕有些费解。蒙古皇帝对中原昭穆制度的理解需要一个过程。十余年后，在深受汉文化熏陶的英宗朝，昭穆制度才得以实行。

五　仁宗的无为与英宗的更新

至大四年（1311），武宗驾崩，弟爱育黎拔力八达即位，是为仁宗。仁宗久居汉地，汉文化修养较高，这在史学界已有共识。然而在郊、庙祭祀制度方面，仁宗却无所作为。仁宗在位十年期间，对太庙唯一的动作就是将武宗祔庙。①

仁宗朝太庙室次图：至大四年至延祐七年（1311—1320）

第四室	第三室	第二室	第一室	第五室	第六室	第七室
裕宗	世祖	睿宗	太祖	顺宗	成宗	武宗

至此，太庙七室皆满。延祐七年（1320），仁宗驾崩，其子英宗硕德八剌即位，升祔乃父，遇到了庙室不足的局面。最直接的解决办法当然是祧迁某位祖宗。官方史籍中没有留下议论祧迁的迹象。而据济宁出土《曹元用墓志铭》记载，实际上当时出现了“议祧久不决”的情况。② 个中原因，恐怕是蒙古人接受不了直系祖先被祧迁的命运。当时有人提出了权宜办法：“大行皇帝升祔太庙，七室皆有神主，增室不及。依前代典故，权于庙内止设幄座，面南安奉。今相视得第七室近南对室地位，东西一丈五尺，除设幄座外，余五尺，不妨行礼。”此提议被采纳。乃结彩为殿，置武宗室南，

①《元史》卷二三《武宗纪二》，第527页。《元史》卷二四《仁宗纪一》，第545页。

②《曹元用墓志铭》，拓片见山东省济宁地区文物局：《山东嘉祥县元代曹元用墓清理简报》，《考古》1983年第9期。录文见李恒法、解华英编著：《济宁历代墓志铭》，济南：齐鲁书社，2011年，第48—51页。

权奉神主。[①] 这样武宗室的一部分被分割出来,形成了第八室仁宗室。《祭祀志》记载,泰定元年(1324)四月中书省臣奏言中提及的太庙室次:"太祖皇帝居中南向,睿宗、世祖、裕宗神主以次祔西室,顺宗、成宗、武宗、仁宗以次祔东室。"[②]表明直到彼时这一室次仍在使用。

英宗朝太庙室次图:延祐七年至泰定元年(1320—1324)

第四室	第三室	第二室	第一室	第五室	第六室	第七室	第八室
裕宗	世祖	睿宗	太祖	顺宗	成宗	武宗	仁宗

英宗对于郊庙礼极为热衷。在太庙祭祀方面,英宗力行亲谢、亲享,并制定仪式,极其谨严。在庙制方面,英宗更不会让自己的父亲受委屈,将仁宗置于武宗室南的做法仅仅是权宜之计,英宗很快开始了扩建太庙的计划。

经中书省、御史台、翰林院、太常院官集议,至治元年(1321)五月中书省臣呈上了扩建方案:"世祖所建前庙后寝,往岁寝殿灾。请以今殿为寝,别作前庙十五间,中三间通为一室,以奉太祖神主,余以次为室。"英宗甚为满意,命翌年营建。[③]

太庙正殿修建过程中,至治三年(1323)四月以"太庙夹室未有制度",朝臣集议。所谓夹室,是安置祧迁之主的场所。《元史》载,至元八年(1271)二月庚申,奉御九住旧以梳栉奉太祖,奉所落须发束上,诏椟之,藏于太庙夹室。[④] 可见元朝初建之燕京太庙即已有夹室。至英宗时,太庙祧迁之主有:烈祖、术赤、察合台、太宗、定宗、宪宗,共计六位,有可能藏于夹室中或埋瘗,

①《元史》卷七四《祭祀志·宗庙上》,第1836—1837页。参《元史》卷一七二《曹元用传》,第4027页。案,《元史·曹元用传》误作"太庙九室"。《曹元用墓志铭》可证"九"为"七"之误。参朱建路:《〈元史·曹元用传〉勘误一则》,《中国史研究》2013年第3期。

②《元史》卷七四《祭祀志·宗庙上》,第1841页。

③《元史》卷七四《祭祀志·宗庙上》,第1838页。最先提出方案的应该是太常礼仪院经历曹元用(《曹元用墓志铭》;《元史》卷一七二《曹元用传》,第4027页)。中书右丞相拜住起了上呈下达的作用(黄溍:《金华黄先生文集》卷二四《中书右丞相赠孚道志仁清忠一德功臣太师开府仪同三司上柱国追封郓王谥文忠(拜住)神道碑》,《四部丛刊初编》,上海:商务印书馆,1919年,第4b页)。

④《元史》卷七《世祖纪四》,第134页。

无法确考。武宗朝以降，太庙中神主渐次增加，但尚无祧迁者。至英宗即位，太庙室满，夹室制度跃入英宗的视野。元初夹室制度盖沿用金代，英宗乃定立有元一代之夹室制度。当年六月，夹室制度确定。[①] 正殿十五间，东西二间为夹室，居中三间为太祖室，其余每间一室，东五室，西五室。这样，新建的太庙共可容纳十一室。《元史·吴澄传》云"在至治末，诏作太庙，议者习见同堂异室之制，乃作十三室"[②]，十三之数，大概是将一间算作一室。

另外，英宗可能亦打算对室次做调整。毕竟，武宗虽然将太祖居中之制固定下来，然而其他神主的排序是不符合汉地传统昭穆次序的。数年后李好文编纂《太常集礼》，在序中总结了历朝皇帝对祭祀的功绩，其中称颂英宗："英宗皇帝广太室，定昭穆，御衮冕卤簿，修四时之祀。"[③]其中"定昭穆"在我们可见的史料中并没有直接的体现。这与英宗的猝然被弑有关。至治三年六月夹室制度确定，七月太庙落成，八月英宗即被弑，可能朝臣已开始讨论昭穆次序，而英宗未及下令集议。但有了英宗朝的准备，重整昭穆之序在泰定帝即位之初即得以实现。

六　泰定帝的重整

至治三年（1323）八月，英宗被弑，九月，晋王也孙铁木儿入继大统，是为泰定帝。泰定帝即位时，神主尚未奉安入新建成的太庙正殿，"有司疑于昭穆之次，命集议之"。[④] 理学家吴澄亦参与了讨论，凭借自己对经学的造诣，吴澄提出，应舍弃同堂异室，而采用都宫别殿之制。这偏离了元朝太庙的发展变迁主线，难以为朝廷所接受。吴澄志不得遂，坚定了去意。[⑤]

---

①《元史》卷七四《祭祀志·宗庙上》，第1839页。

②《元史》卷一七一《吴澄传》，第4013页。

③李好文：《太常集礼稿序》，苏天爵编：《国朝文类》卷三六，第20b—22a页。

④《元史》卷七《世祖纪四》，第134页。

⑤《元史》卷一七一《吴澄传》，第4013页。

泰定帝身份特殊，他的父亲甘麻剌是顺宗与成宗之兄，泰定帝自身是武宗与仁宗之弟、英宗之叔。因此他面临的问题不仅是升祔英宗，还有将自己的父亲晋王甘麻剌追尊并祔庙。至治三年十二月，泰定帝追尊皇考晋王为皇帝，庙号显宗。然而在加显宗庙号的同时并没有祔庙。当时朝廷对太庙室次应该有激烈的讨论。是否由尚右改为左昭右穆，以及如何确定显宗的位置，是讨论的主要议题。直到次年四月，太常博士刘致的意见得到采纳，才算有了结果。刘致的意见体现在《太庙室次议》一文中，这是关于元代太庙的一篇重要文献，《祭祀志》所录仅为其节选，故而无法从中全面了解刘致之意，幸《国朝文类》卷一五收录了全文。在文中，刘致拟出室次的合理方案，详细解答了前述问题，行文颇具说服力。高荣盛先生《元代祭礼三题》一文之《关于宗庙神主的位向与位次》一节分析了元代昭穆次序的变化，但重点在于回应、批判万斯同的偏颇观点。[①] 本文则从刘致文章本身出发，加以分析解说。

刘致追溯了经学家对室次的观点以及唐宋室次的排序；再举出英宗朝太庙室次，认为它"昭穆不分，父子并坐，不合《礼经》"。随后，刘致拟出了太庙室次的解决方案（见泰定朝室次图），他从两方面分析其合理性：

> 若以旧庙为累朝定依室次于新庙迁安，则显宗跻顺宗之上为东之第一室，居裕宗之下则为西之第五室，显宗之室定而英宗之室始可议焉。盖显宗在东则仁宗以下更无余室，显宗在西则英宗当祔仁宗之下。以礼言之，春秋闵公无子，庶兄僖公代立，其子文公遂跻僖公于闵公之上，《书》曰"逆祀"。及定公正其序，《书》曰"从祀先公"，为万世法。然僖公犹是有位之君，尚不可居弟之上，况未尝正位者乎？若以此言之，则成宗宜居上，顺宗次之，显宗又次之。若以国家兄弟长次言之，则显宗固当居上，顺宗次之，成宗又次之。英宗居西祔裕宗之下，则兄跻弟

①高荣盛：《元代祭礼三题》，《元史浅识》，第105—110页。然高先生将此事定在英宗时（第110页），是为《祭祀志》的编纂疏漏所误。参王慎荣主编：《元史探源》，长春：吉林文史出版社，1991年，第117—118页。

上,犹为逆祀,而孙居父祖之上,可乎?

国家虽曰以右为尊,然古人所尚或左或右,初无定制,古人右社稷而左宗庙,国家宗庙亦居东方,盖谓之所当然也?岂有建宗庙之方位既依《礼经》,而宗庙之昭穆反不应《礼经》者乎?且如今之朝贺或祭祀,宰相献官分班而立,居西则尚左,居东则尚右,及行礼就位,则西者复尚右,东者复尚左矣。公私大小燕会亦然。但人不之察耳。

一方面,刘致分析了以前排序规则的不合理性。若按以前的排序规则,安置显宗有两种方法:1、显宗居其弟顺宗之上,在东第一室。这样,西边至裕宗止,共四室,空闲一室;而东则需要排下显宗、顺宗、成宗、武宗、仁宗、英宗六位,室数不足。若将英宗置于空闲的西第五室,则整体上无规则可言,陷入混乱。2、显宗居其父裕宗之下,在西第五室。这样,显宗与东第一室顺宗、东第二室成宗兄弟分离,君臣、长幼次序混乱,不合理。

另一方面,刘致分析了尚右、尚左的相对性,举例道:“如今之朝贺或祭祀,宰相献官分班而立,居西则尚左,居东则尚右,及行礼就位,则西者复尚右,东者复尚左矣。公私大小燕会亦然。但人不之察耳。”①从而指出左昭右穆是可行的。

刘致对古典礼制的征引没有引起元人的共鸣,但他的合理性分析是可行的。从可操作性上讲,延续千年的昭穆制度确实要比武宗临时改成的制度合理得多。最终刘致所拟室次被付诸实行。

泰定朝太庙室次图:泰定元年至致和元年(1324—1328)

第十室	第七室	第六室	第五室	第三室	第一室	第二室	第四室	第八室	第九室	第/室
英宗	成宗	顺宗	显宗	世祖	太祖	睿宗	裕宗	武宗	仁宗	/

当然,以严格的古典礼制眼光看,这个室次并不完美。明清学者即批评刘致“徒知兄弟当合为一世而不知显、顺二君不当称宗;徒知父子各自为一

①刘致:《太庙室次议》,《国朝文类》卷一五,第14b—17b页。

世,而不知睿、裕二宗亦不当立庙"[①]。然而考虑到元朝皇帝接受汉文化是循序渐进的,刘致的建议也是在特定历史背景下产生的,此段批评实为过苛。

七 文宗与顺帝的维持与微调

泰定帝以降,元朝太庙室次的排序规则底定。迄至元亡,庙室发生了两次大的变动,一是 1328 年文宗即位后否定泰定帝一系正统性,泰定帝不加庙号,不入太庙,泰定帝之父显宗亦被撤出太庙;[②]二是顺帝后至元六年(1340)以文宗谋害乃兄明宗,将文宗撤出太庙。[③] 但皆无伤于太庙室次的排序规则。

致和元年(1328)七月,泰定帝驾崩,元朝陷入争夺皇位的两都之战,泰定帝之子阿剌吉八在上都登基,是为天顺帝;武宗之子图帖睦尔在大都登基,是为文宗。十月十三日辛丑,上都兵溃,天顺帝不知所踪。从此直至元亡,皇位一直在武宗后人中传承。

文宗稳固了皇位之后,对泰定帝盖棺论定,彻底否定了显宗—泰定帝一系的正统性。十月二十九日,毁显宗室,升顺宗祔右穆第二室,成宗祔右穆第三室,武宗祔左昭第三室,仁宗祔左昭第四室,英宗祔右穆第四室。[④] 泰定帝虽是践祚之君,不加庙号,不入太庙。

文宗朝前期太庙室次图:天历元年至至顺元年(1328—1330)

第/室	第九室	第六室	第五室	第三室	第一室	第二室	第四室	第七室	第八室	第/室
/	英宗	成宗	顺宗	世祖	太祖	睿宗	裕宗	武宗	仁宗	/

文宗克复上都后,迫于当年仁宗迎立武宗、武仁授受兄终弟及的先例,遣使往迎流放漠北的兄长和世㻋。天历二年(1329)正月,和世㻋在和林之

①秦蕙田:《五礼通考》卷八三《吉礼·宗庙制度》引胡粹中,第 15a 页。
②《元史》卷三二《文宗纪一》,第 717 页。
③《元史》卷三五《文宗纪五》,第 806 页;卷 40《顺帝纪三》,第 856—857 页。
④《元史》卷三二《文宗纪一》,第 717 页。

北即位，是为明宗。明宗南下，文宗亲自往迎。八月二日，文宗见大兄于行宫。八月六日，明宗“暴崩”，实为文宗所害。十五日，文宗复即位。

十月，命中书省、枢密院、御史台、翰林、集贤院、奎章阁、太常礼仪院、礼部诸臣僚集议，为明宗加尊谥庙号。[①] 翌年，至顺元年（1330）三月，议明宗升祔，明宗与英宗同辈而明宗年长，故序于英宗之上，视顺宗、成宗庙迁之例。[②]

《国朝文类》卷二《太庙乐章》所载即为此时所定之太庙室次。[③]

文宗朝后期太庙室次图：至顺元年至至顺三年（1330—1332）

第十室	第九室	第六室	第五室	第三室	第一室	第二室	第四室	第七室	第八室	第/室
英宗	明宗	成宗	顺宗	世祖	太祖	睿宗	裕宗	武宗	仁宗	/

至顺三年（1332）八月，文宗驾崩。十月，文宗后卜答失里按照文宗遗志，立明宗次子懿璘质班，是为宁宗。宁宗年仅七岁，在位月余而夭。又迎立明宗长子妥欢贴睦尔。至顺四年（1333）六月，妥欢贴睦尔即位于上都，改元元统。

十一月，为文宗加尊谥庙号。关于室次，文宗是武宗之子，与明宗、英宗同辈而最幼，故应在英宗之下。“时寝庙未建，于英宗室次权结彩殿，以奉安神主。”[④]次年（1334），奉文宗神主祔于太庙。[⑤]

顺帝朝前期太庙室次图：元统元年至至元三年（1333—1337）

<table>
<tr><td>第十室
英宗</td><td rowspan="2">第九室
明宗</td><td rowspan="2">第六室
成宗</td><td rowspan="2">第五室
顺宗</td><td rowspan="2">第三室
世祖</td><td rowspan="2">第一室
太祖</td><td rowspan="2">第二室
睿宗</td><td rowspan="2">第四室
裕宗</td><td rowspan="2">第七室
武宗</td><td rowspan="2">第八室
仁宗</td><td rowspan="2">第十二室
/</td></tr>
<tr><td>第十一室
文宗</td></tr>
</table>

①《元史》卷三三《文宗纪二》，第743页。

②《元史》卷三四《文宗纪三》，第754页。《元史》卷三一《明宗纪》，第701页。

③《国朝文类》卷二，第4a—7b页。

④《元史》卷三八《顺帝纪一》，第818—819页。

⑤《元史》卷三八《顺帝纪一》，第820页。案，《元史》卷三六《文宗纪五》：“元统二年正月己酉，太师右丞相伯颜率文武百官等议，上尊谥曰圣明元孝皇帝，庙号文宗，国言谥号曰札牙笃皇帝，请谥于南郊。三月己酉，祔于太庙。”《文宗纪》与《顺帝纪》记事相差一月。今两存之。

后至元二年(1336)十二月,诏省、院、台、翰林、集贤、奎章阁、太常礼仪院、礼部官定议宁宗皇帝尊谥、庙号,[①]次年(1337)正月升祔,谥冲圣嗣孝皇帝,庙号宁宗。[②] 宁宗为明宗之子,按照昭穆原则,应在东第五室。

顺帝朝中期太庙室次图:后至元三年至六年(1337—1340)

<table>
<tr><td>第十室
英宗</td><td rowspan="2">第九室
明宗</td><td rowspan="2">第六室
成宗</td><td rowspan="2">第五室
顺宗</td><td rowspan="2">第三室
世祖</td><td rowspan="2">第一室
太祖</td><td rowspan="2">第二室
睿宗</td><td rowspan="2">第四室
裕宗</td><td rowspan="2">第七室
武宗</td><td rowspan="2">第八室
仁宗</td><td rowspan="2">第十二室
宁宗</td></tr>
<tr><td>第十一室
文宗</td></tr>
</table>

顺帝即位之时,年仅十四岁,元统、至元间(1333—1340),朝政大率皆为权臣所定。后至元六年(1340),已成年的顺帝大权在握,遂追究乃父明宗暴崩之事。六月,下诏痛斥文宗之过:"文宗稔恶不悛,当躬迓之际,乃与其臣月鲁不花、也里牙、明里董阿等谋为不轨,使我皇考饮恨上宾。"撤文宗神主,毁文宗室。[③] 这就是元朝最后的太庙室次。

顺帝朝后期太庙室次图:后至元六年至至正二十八年(1340—1368)

第十室	第九室	第六室	第五室	第三室	第一室	第二室	第四室	第七室	第八室	第十一室
英宗	明宗	成宗	顺宗	世祖	太祖	睿宗	裕宗	武宗	仁宗	宁宗

我们看到,元朝后期的太庙室次基本符合中原传统的昭穆制度。差别在于,按照严格的礼制太庙应一世一室,而元朝太庙是一帝一室。顺帝时,十一室太庙排满,顺帝之后的皇帝将必须面临祧迁抑或扩建庙室的抉择,而元朝的灭亡把这一难题永远悬置了起来。

---

①《元史》卷三九《顺帝纪二》,第 837 页。

②《元史》卷三九《顺帝纪二》,第 838 页。案,《宁宗纪》:四年三月辛酉,谥曰冲圣嗣孝,庙号宁宗。四月乙酉,祔于太庙。二者所记时间亦不同。

③《元史》卷三五《文宗纪五》,第 806 页。《元史》卷四〇《顺帝纪三》,第 856—857 页。

八　小结

元代太庙祭祀始于世祖即位之初，止于元顺帝弃大都北奔。祭祀场所有三：燕京中书省（中统元年至四年，1260—1263），燕京太庙（至元元年至十七年，1264—1280），大都太庙（至元十七年至元亡，1280—1368）。其中，大都太庙按庙室建构又可分为二：七室太庙（1280—1323）、增广十一室太庙（1324—1368）。

中统元年至四年（1260—1263）祭祀场所在燕京中书省，尚无庙室。自开始使用太庙建筑以降，按室次排序原则，可分为五个时期：

（一）自西向东、七室时期。世祖至元元年至三年（1264—1266）。

（二）自西向东、八室时期。世祖至元三年至十七年（1266—1280）。

（三）自西向东或太祖居中时期。世祖至元十七年至成宗大德十一年（1280—1307）。

（四）太祖居中、右上左下时期。武宗大德十一年至英宗至治三年（1307—1323）。

（五）太祖居中、左昭右穆时期。泰定帝泰定元年至顺帝至正二十八年（1324—1368）。

在第（三）期的两种可能性中，笔者更倾向于太祖居中的方案。这样，（三）、（四）期便可以合并，太庙室次的分期便与祭祀场所的四次变动燕京中书省、燕京太庙、大都七室太庙、大都增广十一室太庙完全吻合。

从蒙汉二元文化的碰撞与交融的视角看，元前期、中期、后期汉法的影响在逐步加深。第（一）、（二）期术赤、察合台以“皇伯”的身份跻身太庙，是元前期蒙古本俗祖先祭祀对中原太庙制度的改造。第（三）期内太宗、宪宗之迁，太祖—睿宗—世祖—裕宗世系之构建，显示出蒙古人重血统轻治统的观念。第（四）期室次远远偏离汉地的昭穆制度，而更接近蒙古本俗。随着时间推移，蒙古因素对室次的影响逐渐减少。由（四）至（五）期，中原传统的左昭右穆制度恢复,蒙古的尚右习俗被舍弃。第(五)期的太庙室次与中原传统的制度已很接近。

到顺帝时,汉地礼法中的其他因素似乎也开始发挥作用。《元史·顺帝纪》载:①

> (至正三年,1343)十月……戊戌,帝将祀南郊,告祭太庙。至宁宗室,问曰:"朕,宁宗兄也,当拜否?"太常博士刘闻对曰:"宁宗虽弟,其为帝时,陛下为之臣。春秋时,鲁闵公弟也,僖公兄也,闵公先为君,宗庙之祭,未闻僖公不拜。陛下当拜。"帝乃拜。

对于君臣、长幼的讨论,是中原礼法最关心的话题之一。而顺帝已经能够听取太常博士的意见,以兄拜弟,行君臣之礼,大概反映出汉文化的影响。

不过,仅以蒙古法、汉法的碰撞与融合来解释太庙室次变迁是不全面的,必须指出,现实政治是影响太庙室次的另一重要因素。

元世祖朝草创制度,各种势力冲突激烈,前后权衡,多有变化,故而又分成三个分期。七室、八室时期供奉术赤、察合台,既是蒙古本俗对中原太庙制度的改造,也体现出成吉思汗四嫡子同为大蒙古国(Yeke Mongγol Ulus)继承者、共有天下的观念,②具有团结宗室诸王的作用。至元十七年,庙室重新调整,也速该、术赤、察合台、窝阔台、贵由、蒙哥皆祧迁,部分是对中原礼法的接受,更主要的还是强调拖雷—忽必烈系在元朝统治的唯一合法性。

武宗对太庙的热衷,实是其"惟和惟新"政治之一端,③先中再右后左的室次虽然是蒙古本俗的直接体现,但从中原礼制角度看亦有一定合理性。

---

①《元史》卷四一《顺帝纪四》,第869页。

②关于蒙元国号问题,参萧启庆:《说"大朝":元朝建号前蒙古的汉文国号——兼论蒙元国号的演变》,《汉学研究》1985年第1期,收入氏著《内北国而外中国:蒙元史研究》(上册),北京:中华书局,2007年,第62—78页。陈得芝:《关于元朝的国号、年代与疆域问题》,《北方民族大学学报》2009年第3期。

③姚大力先生以"惟和惟新"概括武宗朝政治,政治上对贵族官僚"惟和"、"溥从宽大",经济上"惟新"之令。参姚大力:《元仁宗与中元政治》,《元代制度与政治文化》,北京:北京大学出版社,2011年,第366—367页;陈得芝主编:《中国通史》第8卷《元时期(上)》第7章(姚大力撰),(转下页注)

英宗力行儒治，推动太庙汉化进程，意图重整昭穆次序，惜遽然被弑。英宗未竟的汉化事业，由泰定帝完成。但泰定帝身为久居漠北的草原皇帝，汉文化知识有限，他对庙制的举措是从现实政治出发，对汉文化群体的拉拢与抚慰。

元后期的两次庙室变化无关乎排序原则，即文宗毁显宗庙室、顺帝毁文宗庙室，分别是对正统性的辨正以及为乃父报仇，亦是直接的现实政治问题。这更体现在皇后祔庙的问题上，如成宗皇后卜鲁罕因政争失势未能祔庙；武宗子孙即位皆欲尊己亲，因而武宗先后有三位皇后祔庙，甚至庙室中出现一帝配二后的情况；顺帝朝还对英宗、明宗皇后祔庙有很大争议……①这些固然说明元朝统治者受汉地礼制制约少，但根本原因还是现实因素。

在中国礼制史上，元朝的太庙制度独具时代特色，可以说是一种异变，然而也起着承上启下的作用。元代太庙制度直接来源于金代，上承唐宋，又顺应了唐中期以降出现的不泥于古的礼制思想，因时制宜，改造古礼，可谓继承中而有变通。元武宗改行的太祖居中制度，经英宗、泰定帝重整昭穆之序后，对明清太庙产生了直接影响。明朝建立之初，在江浙儒士的影响下，有复古主义、原旨主义（Fundamentalism）倾向，②一度实行都宫别殿制度，但很快回归同堂异室，其太庙室次沿用了元后期的太祖（始祖）居中、左昭右穆的制度。明朝时享祫祭采用始祖居中南向，③而不再使用有元以前的居中东向，是亦为元朝太庙制度之影响。

最后需要讨论的是元朝太庙对后世蒙古的影响。今日内蒙古鄂尔多斯

（接上页注）上海：上海人民出版社，1997年，第462—463页。依笔者看，“惟和惟新”的涵义应该更广，“溥从宽大”的对象不仅是蒙古贵族官僚，更有汉人士大夫，甚至优伶、屠沽、僧道，还包括地方大小神祇。这从武宗朝对人、神封号的滥加可见一斑。

①《元史》卷二二《武宗纪一》，第480页；卷三〇《泰定帝纪二》，第675页；卷三七《宁宗纪》，第813页；卷三八《顺帝纪一》，第818页。

②关于明太祖对礼制、祭祀的态度，参［日］浜岛敦俊：《総管信仰：近世江南農村社会と民間信仰》，东京：研文出版，2001年，第114—124页。朱海滨译：《明清江南农村社会与民间信仰》，厦门：厦门大学出版社，2008年，第104—113页。

③徐一夔：《大明集礼》卷五《太庙祫祭图》，日本早稻田大学图书馆藏明嘉靖刻本，第3页。

有成吉思汗八白室（又译八白宫、八白帐，蒙古语 naiman čaγan ger），为祭祀成吉思汗之所。据史料记载，八白室在河套地区出现是在 15 世纪后期，后来固定在河套即今鄂尔多斯地区，形成了今日的成吉思汗陵。① 陈得芝先生指出，今成吉思汗陵所在地的地名伊金霍洛，承袭自元代的"大禁地"（Yeke ejen qoroγa），指成吉思汗祭祀地。② 关于八白室之起源，有学者追溯到忽必烈至元三年（1266）所定的太庙八室。③ 但本文的研究表明，太庙八室仅仅使用了十余年而已，至元十七年（1280）即改为四室。1368 年元顺帝逃往草原时，太庙是十一室，但是顺帝未能将神主带走，④蒙古人大概从此停用太庙祭祀。元朝太庙不可能是八白室之源。近年日本学者白石典之运用考古资料与文献对证，也得出了同样的观点。⑤ 元朝的祖先祭祀形式多样，有汉式的太庙，亦有蒙古本俗的烧饭祭祀，以及融合多元文化因素的神御殿。鄂尔多斯八白室的渊源应在蒙古文化传统中找寻。

---

①乌兰：《〈蒙古源流〉研究》，沈阳：辽宁民族出版社，2000 年，第 246—247 页。

②陈得芝：《伊金霍洛——从"大禁地"到"成陵"》，《西域历史语言研究集刊》第 5 辑，2012 年，收入《蒙元史与中华多元文化论集》，上海：上海古籍出版社，2013 年，第 253—266 页。

③Paul Ratchnevsky, "Über den mongolischen Kult am Hofe der Grosskhane in China", in Louis Ligeti ed., *Mongolian Studies*, Amsterdam, 1970, pp. 424-425 n. 43.

④1368 年明军压境，顺帝欲弃大都，命太常礼仪院官载太庙神主从皇太子北行，太常礼仪院使陈祖仁等奏曰："天子有大事出，则载主以行，从皇太子，非礼也。"还守太庙以俟命。城破，陈祖仁等被杀，神主尚在太庙中，盖为明军所得。《元史》卷四七《顺帝纪十》，第 986 页；卷一八六《陈祖仁传》，第 4277 页。

⑤［日］白石典之：《チンギス＝ハーン廟の源流》，《東洋史研究》63-4，2005 年 3 月。

第六章　元代影堂

影堂，又称原庙、神御殿，是皇室供奉祖宗肖像的场所。“影”，指肖像，元代一般采用绘画或织物的形式。神御，同样指肖像。原庙最早出现于汉代，唐代以后逐渐成为重要的皇家祭祖形式。元代影堂主要源于汉地传统，又杂糅了多种宗教文化元素。中村淳研究元大都敕建寺院时，尚刚、马明达研究元代帝后御容时，对元代影堂皆有一定涉及。[①] 洪金富揭出了重要史料——《析津志·原庙·行香》佚文，并对其做了笺注研究。[②] 许正弘进一步论述元代的诸多影堂分处于释、儒、道、景四大宗教体系中，管理影堂的机构有太禧宗禋院、宣政院、翰林国史院、集贤院、崇福司等五个官署。[③] 刘晓全

①［日］中村淳：《元代大都の勅建寺院をめぐって》，《東洋史研究》58-1，1999年，第63—83页。尚刚：《蒙、元御容》，《故宫博物院院刊》2004年第3期，第31—59页；改题《元朝御容》，收入氏著《古物新知》，北京：生活·读书·新知三联书店，2012年，第170—209页。马明达：《元代帝后肖像画研究》，纪宗安、汤开建主编：《暨南史学》第4辑，广州：暨南大学出版社，2006年，第197—215页。

②洪金富：《元〈析津志·原庙·行香〉篇疏证》，《“中研院”历史语言研究所集刊》第79本第1分，2008年3月，第1—40页。

③许正弘：《试论元代原庙的宗教体系与管理机构》，《蒙藏季刊》2010年第3期。许正弘：《元太禧宗禋院官署建置考论》，《清华学报》新42卷第3期，新竹，2012年，第443—487页。

面梳理了影堂制度。[①] 韩裔美国学者赵容敏(Yong Min Cho)在提交耶鲁大学的博士论文中论述了蒙古翁衮、草原石人、辽宋金影堂、藏传密教图像等因素对元朝影堂发展的影响。[②] 先行研究颇为丰硕,但因为元代影堂构成因素多元,变迁过程复杂,所以还有很多值得讨论的问题。本文在前人研究基础上,讨论元代影堂的源头与雏形,考证元代影堂的形成与演变过程,最后分析影堂的功能、特点以及分类。

一　元代影堂的起源

元代影堂是从蒙、汉、藏多文化中起源的。

元代影堂御容祭祀的蒙古源头,是翁衮(ongγun)之俗。翁衮,义为灵,具体到祖先崇拜中,指象征祖先的偶像。[③] 鲁布鲁克(William of Rubruck)记载蒙古人住所内有毡制的像,在墙上,主人位置的上方有一尊,被称为主人的兄弟,女主人的上方也有一尊,被称为女主人的兄弟。[④] "兄弟"之说当是由于语言、文化的隔膜而造成的误解。鲁布鲁克所见的毡像应该就是祖先的翁衮。柏朗嘉宾(John of Plan Carpin)称,蒙古人把这种偶像装在一辆漂亮的篷车上,置于自己幕帐的大门口。柏朗嘉宾更是亲眼见到贵由汗斡耳

①刘晓:《原庙——神御殿寺》,吴丽娱主编:《礼与中国古代社会(隋唐五代宋元卷)》,北京:中国社会科学出版社,2016年,第382—421页。

②Yong Min Cho,"The Mongol Impact: Rebuilding the Arts System in Yuan China(1271-1368)",PhD. Dissertation,Yale University,2020,pp. 109-152.

③参[俄]道尔吉·班札罗夫(Dorji Banzarov):《黑教或称蒙古人的萨满教》,潘世宪译,余大君校,《蒙古史研究参考资料》第17辑,呼和浩特:内蒙古大学历史系蒙古史研究室,1965年,第18页。乌力吉:《翁衮初探》,仁钦道尔吉等编:《阿尔泰语系民族叙事文学与萨满文化》,呼和浩特:内蒙古大学出版社,1990年,第132—139页。任继愈主编:《宗教大辞典》,上海:上海辞书出版社,1998年,第849页。娜仁格日勒:《蒙古族祖先崇拜的固有特征及其文化蕴涵——兼与日本文化的比较》,第25—82页。

④耿昇、何高济译:《柏朗嘉宾蒙古行纪　鲁布鲁克东行纪》,北京:中华书局,1985年,第211页。Peter Jackson trans. ,*The Mission of Friar William of Rubruck*,Indianapolis/ Cambridge: Hackett,2009, p. 75.

朵门前的马车上供奉着第一位汗(成吉思汗)的偶像,那里供奉着很多祭品,人们面向南方祭拜此像。[①] 蒙古本俗的翁衮偶像崇拜,是元朝设立影堂御容祭祀的根本动力。

13 世纪中期,汉地礼仪日益影响蒙古宫廷礼俗。元世祖采行中原礼制,中统元年(1260)始设神位祭祀,建太庙。[②] 中原传统中有原庙,又称影堂、神御殿,供奉皇家肖像,汉、唐已出现,[③]辽宋金时期形成较为固定的制度。辽、宋一般以塑像或画像的形式设于寺观之中,[④]金代在都城内建立专门的原庙殿宇,[⑤]逢忌辰、年节致祭。元世祖时,王恽建言在拖雷征战之地河南钧州建睿宗原庙。[⑥] 虽然没有得到批准,但大概反映出汉人已察觉到原庙制度与蒙古祭祀祖先肖像之俗相通。辽宋金的原庙,是元代影堂的直接制度先例。

13 世纪中期,藏传佛教文化亦日益影响蒙古宫廷礼俗。藏传佛教塔庙祭祀祖先之功能,被元世祖采行。《萨迦五祖全集》收有八思巴用藏文撰写的土羊年(至元二年,1265 年)白塔建成祝词。[⑦] 这是燕京(元大都)修建的第一座藏式佛塔。[⑧] 八思巴在白塔建成祝词中,依次称颂成吉思汗、合罕(窝阔台)、贵由汗、拖雷、拖雷妃(唆鲁禾帖尼)、蒙哥汗。诚如石滨裕美子指出

①耿昇、何济高译《柏朗嘉宾蒙古行纪　鲁布鲁克东行纪》,第 32、33 页。余大钧、蔡志纯译《普兰·迦儿宾行记　鲁布鲁克东方行记》,第 23 页。

②《元史》卷七四《祭祀志三·宗庙上》,北京:中华书局,1976 年,第 1831 页。

③雷闻:《论唐代皇帝的图像与祭祀》,《唐研究》第 9 卷,2003 年,第 261—282 页。

④Patricia Ebrey,"Portrait Sculptures in Imperial Ancestral Rites in Song China",*T'oung Pao* 83. 1/3 (1997): 42-92. 汪圣铎:《宋代寓于寺院的帝后神御》,《宋史研究论丛》第 5 辑,2003 年,第 241—264 页。

⑤徐洁:《金代原庙误识厘正》,《学习与探索》2012 年第 2 期。

⑥王恽:《秋涧集》卷九二《钧州建原庙事状》,《元人文集珍本丛刊》本,第 477 页。案,原文作"太上宪宗皇帝",显为"太上睿宗皇帝"之讹。

⑦'Phags pa blo gros rgyal mtshan, *chos rgyal 'phags pa'i bka' 'bum*, Vol. 6-7, Tokyo: Toyo Bunko, 1968, No. 311. 参[日]石滨裕美子:《パクパの著作に見るフビライ政権最初期の燕京地域の状況について》,《史滴》24,2003 年,第 235—238 页。

⑧石滨裕美子分析认为,1265 年建成的白塔与大圣寿万安寺白塔(今北京妙应寺白塔)不能勘同。

的,白塔很可能发挥了祭祀祖先的仪礼功能。[①] 值得注意的是白塔与燕京太庙修建时间很接近。燕京太庙建成于至元元年(1264)冬十月,而白塔的建成恰恰在次年八月。这说明元朝接受中原传统的太庙、藏传佛教的仪式祭祀祖先几乎是同时的。

对于御容而言,藏传佛教的唐卡艺术是绝佳载体。从粗糙的毡制偶像到更为逼真的肖像,是很自然的发展。来自汉地、喜马拉雅地区、西域的绘画、雕塑、纺织技艺,都为元朝御容提供了技术基础。《经世大典·工典》有云:"绘事后素,此画之序也。而织以成像,宛然如生,有非采色涂抹所能及者。以土像形,又其次焉。"[②]绘画、雕塑、纺织,都为元朝所用。织造的御容,宛然如生,最受元朝青睐。赵容敏分析黑水城出土织物,指出西夏佛教织物的技术对于元朝御容有直接影响。[③]

二　世祖时期的影堂雏形

元世祖朝尚未出现真正意义上的影堂,但出现了翰林院三朝御容、玉华宫御容、敕建寺院,它们是元代影堂制度的主要雏形。

三朝御容,指太祖、太宗、睿宗画像。史载,世祖至元十五年(1278)十一月,命承旨和礼霍孙写太祖御容。十六年(1279)二月,复命写太上皇(睿宗)御容,与太宗旧御容,俱置翰林院,院官春秋致祭。[④] 三朝御容是绘制的。御容绘本,是后来影堂中织造御容的基础。

真定玉华宫供奉睿宗夫妇御容。中统二年(1261),世祖"命炼师王道妇

---

①参[日]石滨裕美子:《パクパの著作に見るフビライ政権最初期の燕京地域の状況について》,《史滴》24,2003年,第233—235页。

②《经世大典·工典总叙·画塑》,《国朝文类》卷四二,第19a页。

③Yong Min Cho,"The Mongol Impact: Rebuilding the Arts System in Yuan China(1271-1368)",PhD. Dissertation,Yale University,2020,pp. 182-194.

④《元史》卷七五《祭祀志四·神御殿》,第1876页。

于真定筑道观，赐名玉华”①。王道妇，又称老王姑、带伦王姑，②是睿宗拖雷夫妇侍女，对世祖有保育之恩。③ 世祖颁赐王道妇玉华宫的护持圣旨并未提及御容，只说建立玉华宫“以为我家祈福之地，朝夕焚诵，用报我皇考妣罔极之恩”④。真定是拖雷家族封地。老年的王道妇在真定修道，告天祈福，报答睿宗夫妇之恩。《析津志·原庙·行香》记载真定玉华宫安奉“太上太皇”，⑤当为“太上皇、皇太后”之脱讹倒误。虽然玉华宫是世祖敕建的，但朝廷并没有建立岁时遣使致祭的制度，其祭祀是非官方的。

自元世祖开始，元朝帝后在大都城内外陆续建立一些佛寺，其中大多数是藏传佛教寺院。中村淳将它们统称为“敕建寺院”。⑥ 元世祖去世后，敕建寺院中开始建立影堂。后来，影堂成为了这些寺院最主要的特征，因此刘晓先生将它们称为“原庙——神御殿寺”。⑦ 世祖建佛寺大圣寿万安寺（俗称白塔寺），察必皇后建佛寺大护国仁王寺（俗称高梁河寺），皆有私产性质。至元十八年（1281）察必去世，至元二十年（1283）南必继为皇后。南必皇后应该也有一座私产性质的佛寺。据《析津志》记载，宝塔寺“在南城竹林寺西北。有释伽真身舍利，作窣堵波以瘗之，曼陁若冢。其寺地宏大洪敞，正殿壮丽。内有南合后影堂。东合殿门有安罗树影二，正北门隙内露现五色祥光，西则有塔影幡幢，验此倒景也。有唐武后碑刻等，甚有考索，实古刹也”⑧。许正弘指出，“南合后”当即南必皇后。宝塔寺早在辽代即已存在。

①《元史》卷四《世祖纪一》，第72页。

②刘岳申：《申斋刘先生文集》卷七《玉华宫碑》，《元代珍本文集汇刊》本，第313—316页。

③参洪金富：《忽必烈乳母的不揭之谜》，《古今论衡》第21期，2010年，第32—62页。

④王恽：《秋涧集》卷八二《中堂事记》（下），《元人文集珍本丛刊》本，第385页。

⑤《析津志·原庙·行香》，见洪金富：《元〈析津志·原庙·行香〉篇疏证》，《“中研院”历史语言研究所集刊》第79本第1分，2008年3月，第4—5页。

⑥［日］中村淳：《元代大都の勅建寺院をめぐって》，《東洋史研究》58-1，1999年，第63—83页。

⑦刘晓：《原庙——神御殿寺》，吴丽娱主编：《礼与中国古代社会（隋唐五代宋元卷）》，北京：中国社会科学出版社，2016年，第382—421页。

⑧《析津志辑佚》，第73页。标点有改动。

辽景福元年（1031）《采魏院石塔记》的作者就是“燕京宝塔寺讲律沙门如正”。[①]《至元辨伪录》记载，“京宝塔寺经藏院”曾被天长观下属的道教徒占据。[②] 南必为皇后时，已是佛道论争之后，宝塔寺应该已还给了佛教。南必皇后大概是宝塔寺功德主，所以宝塔寺内才会建立南必影堂。据许正弘考证，南必应该死于至元二十九年（1292）之前，有一子铁迈赤，早夭。[③] 南必没有直系后代，她的影堂可能是宝塔寺僧人所造。南必影堂在元代几乎不见有祭祀的记载，只有文宗时为其制定了殿名“懿寿”。[④] 但《析津志·原庙·行香》不予载录，说明顺帝时期已不遣使行香祭祀南必影堂。

世祖时期的翰林院三朝御容、玉华宫御容、敕建寺院，是元朝影堂的三种雏形。这三种形式，贯穿了元代影堂制度的发展史。世祖朝以后，敕建寺院中设置祖先御容，发展为元代影堂的主体场所。三朝御容和玉华宫御容在元代不同时期经历了曲折的变迁，增加了元代影堂制度的丰富性。

三　成宗至仁宗时期的影堂

成宗至仁宗时期，影堂制度初步建立形成。

成宗即位后，在世祖所创的大圣寿万安寺（白塔寺）中纪念祖父世祖、父亲裕宗，“置世祖影堂于殿之西，裕宗影堂于殿之东，月遣大臣致祭”[⑤]。世祖影堂中也安奉着世祖皇后御容，裕宗影堂中也安奉着裕宗皇后的御容。[⑥] 大护国仁王寺是察必皇后创建的，所以大德五年（1301）在其中设置了察必影

---

①孙承泽著，王剑英点校：《春明梦余录》卷六七《石刻》，北京：北京古籍出版社，1992年，第1290页。

②《至元辨伪录》卷三，《大正藏》第52册。

③许正弘：《杭州飞来峰元至元二十九年造像题记疏证》，《中华佛学研究》第17期，2016年，第61—85页（第78—81页）。

④《元史》卷七五《祭祀志四·神御殿》，第1876页。

⑤《元史》卷五一《五行志五》，第1101页。

⑥《元史》卷七五《祭祀志四·神御殿》，第1876页。

堂。[①] 大德九年(1305),成宗创建大天宁万寿寺(俗称中心阁),安奉其早薨的皇后失怜答里御容。[②] 因此,成宗时期共设立了四座影堂,大圣寿万安寺(白塔寺)中有两座,大护国仁王寺、大天宁万寿寺中各有一座。

武宗即位后,为成宗及其皇后失怜答里织造了御容,但没有设立影堂。武宗之后相继即位的仁宗、英宗,也都没有设立成宗影堂。最主要的原因恐怕是成宗去世后武宗、仁宗兄弟以政变夺得皇位。成宗皇后卜鲁罕想扶立安西王为帝,站在了武宗、仁宗的对立面,失败后被废,徙居东安州,不久赐死。[③] 成宗生前可能也没有支持过他的侄子武宗、仁宗。因此武宗、仁宗、英宗三朝皆未设立成宗影堂。大天宁万寿寺(中心阁)的成宗皇后失怜答里御容应该也没有得到祭祀。

武宗将其父顺宗奉入太庙,但似乎没有设立顺宗影堂。武宗兴建了大崇恩福元寺(俗称南镇国寺、南寺),规模宏大,直到武宗去世后才建成。[④] 武宗是否有在寺中设立顺宗影堂的想法,不得而知。总之,武宗在位期间没有建立任何一座影堂。

仁宗至大四年(1311)正月即位,立即清算武宗朝政,废罢武宗所立的尚书省,搁置宗所热衷的郊庙之礼,转而重视武宗时期无所作为的御容祭祀。

仁宗即位后,将翰林院官署移至旧尚书省,想将翰林院三朝御容祭祀频度提升为月祭,但遭到大臣的反对。中书平章完泽等言:“祭祀非小事,太庙岁一祭,执事诸臣受戒誓三日乃行事,今此轻易非宜。旧置翰林院御容,春秋二祭,不必增益。”[⑤]仁宗最终同意维持旧制,至大四年(1311)六月,敕翰林国史院春秋致祭太祖、太宗、睿宗御容,岁以为常。[⑥]

---

①《元史》卷二〇《成宗纪三》,第 433 页。

②《元代画塑记》,第 1 页。

③《元史》卷一〇六《后妃表》,第 2697 页;卷一一四《后妃传》,第 2873 页。

④姚燧:《牧庵集》卷一〇《崇恩福元寺碑》,《四部丛刊》本,第 8b—11b 页。

⑤《元史》卷七五《祭祀志四 · 神御殿》,第 1877 页。

⑥《元史》卷二四《仁宗纪一》,第 543 页。

仁宗尤其抬高真定玉华宫睿宗帝后影堂，首次将其列入国家祭祀，开始遣使祭祀。皇庆元年(1312)九月，命大司徒田忠良等诣真定玉华宫致祭，[①]从此每年降御香。延祐四年(1317)开始用登歌乐，行三献礼，[②]这是祭祀祖先的最高礼仪。鉴于敕建寺院中的影堂“岁时差官，以家人礼祭供，不用太常礼乐”[③]，可知仁宗将玉华宫提高到了无以复加的地位。仁宗独崇玉华宫的缘由，史书无载，但我们也许可以稍作推测。仁宗于武宗为弟，正如睿宗于太宗为弟。太祖死后，睿宗监国两年，最终太宗登基；成宗死后，仁宗发动政变夺得大权，最终不得不让位于武宗。太宗虽曾为君，但皇位终究属于睿宗子孙；仁宗想要违背叔侄相承之约，传位于子。[④] 这些方面结合起来，大概导致仁宗以睿宗自况，推崇玉华宫睿宗帝后祭祀。

仁宗当然也延续了在敕建寺院中建影堂的惯例，绘制武宗御容，奉安于武宗所建的大崇恩福元寺，[⑤]但武宗皇后真哥尚在世，未制作御容。洪金富先生已经指出，《析津志·原庙·行香》所载“曲律皇后”当校正为“曲律皇帝”，即武宗的蒙古语尊号。

仁宗早在即位前已创建大承华普庆寺(简称普庆寺)，以纪念对其有抚养之恩的祖母裕宗皇后，寺基之地是裕宗皇后生前赠与仁宗的。[⑥] 普庆寺创建于大德四年(1300)裕宗皇后去世后不久，仁宗被武宗立为皇太子后又大

---

①《元史》卷二四《仁宗纪一》，第551页。洪金富先生已揭，《析津志·原庙·行香》误“皇庆元年九月九日”为“皇庆二年九月九日”。参洪金富：《元〈析津志·原庙·行香〉篇疏证》，《“中研院”历史语言研究所集刊》第79本第1分，2008年3月，第15页。

②《元史》卷七五《祭祀志四·神御殿》，第1876页；卷六八《礼乐志二》，第1699页。

③元永贞：《真定玉华宫罢遣太常礼乐议》，《国朝文类》卷一五，第18b页。

④仁宗自比睿宗，这一观点受艾骛德启发。参 Christopher P. Atwood, *Campaigns of Činggis Qan*, Chapter 2. 3 ‘Ayurbarbada Buyantu Qa’an and the “Authentic Chronicle” Tradition’，未刊稿。

⑤《元史》卷二四《仁宗纪一》，第547页。

⑥姚燧：《牧庵集》卷一一《普庆寺碑》，第5b—8b页。据研究，大承华普庆寺在明代改为宝禅寺，今已不存，原址在今西城区平安里宝产胡同北。参姜东成：《元大都大承华普庆寺复原研究》，王贵祥等著：《中国古代建筑基址规模研究》，北京：中国建筑工业出版社，2008年，第418—425页。

为扩建。但普庆寺内没有设裕宗皇后影堂。[①] 大概是因为裕宗皇后已在大圣寿万安寺（白塔寺）有一座影堂，所以没有重复设置的必要。

仁宗创建大永福寺（俗称青塔寺）以纪念其父顺宗，延祐五年（1318）“敕大永福寺创殿，安奉顺宗皇帝御容”[②]，但到仁宗去世时，大永福寺、影堂皆未完成。

总之，仁宗时期将玉华宫睿宗帝后影堂列入国家祭祀，设立了大崇恩福元寺武宗影堂，而大永福寺（青塔寺）顺宗影堂也在建设之中。

成宗、武宗朝开始在敕建佛寺中设置影堂。到仁宗时期，元朝影堂制度基本形成，包括三种类型：翰林院三朝御容、真定玉华宫、敕建佛寺影堂。

元仁宗时期影堂表

帝后名称	影堂所在地（简称）
太祖皇帝（三朝御容） 太宗皇帝（三朝御容） 睿宗皇帝（三朝御容）	翰林院
太上皇（睿宗）、皇太后	真定玉华宫
世祖皇帝 昭睿顺圣皇后察必（老太后、也可皇后）	大圣寿万安寺（白塔寺）
昭睿顺圣皇后察必（老太后、也可皇后）	大护国仁王寺（高梁河寺）
裕宗皇帝 裕宗徽仁裕圣皇后	大圣寿万安寺（白塔寺）
武宗曲律皇帝	大崇恩福元寺（南寺）

四　英宗时期的影堂

延祐七年（1320）三月，英宗即位，很快就重新讨论仁宗时期过于激进的

①赵孟頫：《大元大普庆寺碑铭》，《赵孟頫集》，杭州：浙江古籍出版社，1986 年，《外集》，第 238—240 页。

②《元史》卷二六《仁宗纪三》，第 587 页。

真定玉华宫祭祀。《元史·礼乐志》记载，玉华宫太常登歌乐“延祐七年春三月奏罢”[①]。但据《元史·英宗纪》，此事不在三月，而是当年秋冬经朝议而确定的。九月，敕议玉华宫岁享睿宗登歌大乐，十月，罢玉华宫祀睿宗登歌乐。[②]《国朝文类》所收御史元永贞《真定玉华宫罢遣太常礼乐议》，[③]当即这段时间所撰。英宗不仅罢太常登歌乐，而且命“岁时本处依旧礼致祭”[④]，改回仁宗以前的旧礼，也就是停止遣使祭祀，而由玉华宫自行致祭。

英宗即位后开始制作仁宗御容。英宗延祐七年（1320）十二月“画仁宗皇帝及庄懿慈圣皇后御容”[⑤]。至治元年（1321）二月，建仁宗神御殿于普庆寺。[⑥]《元史·英宗纪》载，至治元年（1321）八月，“奉仁宗及帝御容于大圣寿万安寺”[⑦]。“仁宗及帝御容”显讹，疑原作“仁宗帝后御容”或“仁宗及后御容”。仁宗皇后阿纳失失里，又译阿纳失舍里，生英宗，卒于仁宗时期，延祐七年与仁宗一起升祔太庙，《元史·后妃传》误记其卒年为至治二年，[⑧]是将她与答己混淆了。《析津志·原庙·行香》所载“阿咱失里皇后”，当为“阿纳失失里皇后”之讹脱，“咱”为“纳”字形讹，第二个“失”字脱。《析津志·原庙·行香》记载仁宗皇后愍忌日、忌日皆行香于普庆寺；而仁宗普颜笃皇帝愍忌日行香于普庆寺，忌日行香于白塔寺。这说明仁宗帝后御容安奉于普庆寺影堂，而且仁宗自己还有一座影堂在大圣寿万安寺（白塔寺）。这只可能是英宗为尊崇父亲而额外设立的。

英宗继续仁宗延祐五年（1318）发轫的大永福寺工程，至治元年（1321）

---

①《元史》卷六八《礼乐志二·制乐始末》，第1699页。

②《元史》卷二七《英宗纪一》，第610页。

③元永贞：《真定玉华宫罢遣太常礼乐议》，《国朝文类》卷一五，第18a—b页。《析津志·原庙·行香》，参洪金富：《元〈析津志·原庙·行香〉篇疏证》，《“中研院”历史语言研究所集刊》第79本第1分，2008年3月，第5页。

④《元史》卷七五《祭祀志四·神御殿》，第1876页。

⑤《元代画塑记》，第2页。

⑥《元史》卷二七《英宗纪一》，第610页。

⑦《元史》卷二七《英宗纪一》，第613页。

⑧《元史》卷二七《英宗纪一》，第610页。

二月寺成。[①] 许正弘认为，英宗在大永福寺为仁宗建立了影堂。[②] 笔者则认为这缺乏直接证据。仁宗创建大永福寺的目的是安奉顺宗，英宗应该继承其遗志。但英宗在位期间似乎没有安奉祖父顺宗御容，也许是影堂仍未完工，也许与其祖母答己有关。英宗即位后屡屡受答己掣肘。至治二年（1322）九月太皇太后答己去世，英宗没有为她设立影堂。

英宗计划将翰林院的三朝御容移入佛寺，至治二年（1322）十月，建太祖神御殿于兴教寺。[③] 兴教寺始建于至元二十年（1283），在元大都阜财坊。许正弘以为兴教寺、石佛寺为两座不同的寺。刘晓先生指出，石佛寺即兴教寺的俗称。[④] 但到至治三年（1323）英宗被弑时，太祖神御殿建筑尚未完成。

总之，英宗建立了普庆寺仁宗影堂，将玉华宫移出国家祭祀，并计划将翰林院三朝御容合并到敕建寺院体系内。如果英宗的计划实现，那么元朝影堂就整合为敕建寺院影堂一种类型了。

元英宗时期影堂表

帝后名称	影堂所在地（简称）
太祖皇帝（三朝御容） 太宗皇帝（三朝御容） 睿宗皇帝（三朝御容）	翰林院
世祖皇帝 昭睿顺圣皇后察必（老太后、也可皇后）	大圣寿万安寺（白塔寺）
昭睿顺圣皇后察必（老太后、也可皇后）	大护国仁王寺（高梁河寺）
裕宗皇帝 裕宗徽仁裕圣皇后	大圣寿万安寺（白塔寺）
武宗曲律皇帝	大崇恩福元寺（南寺）

①《元史》卷二七《英宗纪一》，第605页；卷一一四《后妃传》，第2875、2843—2844页。

②许正弘：《试论元代原庙的宗教体系与管理机构》，《蒙藏季刊》19-3，2009年，第65、68页。

③《元史》卷二八《英宗纪二》，第624页。

④刘晓：《原庙——神御殿寺》，吴丽娱主编：《礼与中国古代社会（隋唐五代宋元卷）》，第410页。

续表

帝后名称	影堂所在地(简称)
仁宗普颜笃皇帝 仁宗庄懿慈圣皇后阿纳失失里	大承华普庆寺(普庆寺)
仁宗普颜笃皇帝	大圣寿万安寺(白塔寺)

五　泰定帝时期的影堂

泰定帝作为英宗的皇叔，由漠北入继大统，亟需确立合法性，赢得广泛支持。为此，泰定帝尊崇各支先祖，敕建寺院中的影堂数量显著增加。新增六座影堂，祭祀对象包括北平王那木罕、显宗帝后、顺宗帝后、成宗、英宗帝后，共四代八人。

泰定帝至治三年(1323)即位后，立即制作了其父母显宗帝后御容，以及英宗、太皇太后答己御容、北安王那木罕御容。北安王那木罕镇守成吉思汗四大斡耳朵，继承其职位者是晋王甘麻剌(追尊为显宗)，而泰定帝即甘麻剌之子。诚如中村淳所指出的，泰定帝以那木罕为合法性来源，[①]因此奉北安王那木罕像于高良河寺(即高梁河寺、大护国仁王寺)。[②] 那木罕作为幼子与其母察必一起供奉在察必所建寺院，与蒙古人幼子守产习俗相符。[③]

泰定帝为其父显宗建影堂于大天源延圣寺(俗称黑塔寺)，泰定元年(1324)二月"作显宗影堂"[④]，三年(1326)八月建成，十月"奉安显宗御容于大天源延圣寺"[⑤]。

---

①参[日]中村淳:《元代大都の勅建寺院をめぐって》,《東洋史研究》58-1,1999年,第75页。

②《元史》卷二九《泰定帝纪一》,第640页。

③参刘迎胜:《从北平王到北安王——那木罕二三题》,《元史及民族与边疆研究集刊》第21辑,上海:上海古籍出版社,2009年,第14页。

④《元史》卷二九《泰定帝纪一》,第643页;卷七五《祭祀志四·神御殿》,第1876页。案,《祭祀志》记载建造时间是"泰定二年"。

⑤《元史》卷三〇《泰定帝纪二》,第668、674页。

泰定帝又为其父显宗建立第二座影堂于京西卢师寺。此寺原名真应寺，俗称卢师寺。① 泰定三年（1326）二月，建显宗神御殿于卢师寺，赐额大天源延寿寺。② 致和元年（1328）三月，大天源延寿寺显宗神御殿建成。③

许正弘认为显宗还有第三座影堂，在大永福寺（青塔寺）。④ 其依据是《元史·泰定帝纪》记载，泰定二年（1325）正月“奉安显宗像于永福寺，给祭田百顷”⑤。大永福寺创建于仁宗延祐五年（1318），以安奉顺宗，英宗至治二年寺成，但一直未安奉顺宗。如果许正弘之说成立，则泰定帝将原本为顺宗准备的影堂改为了显宗影堂。

笔者以为还有一种可能性是《元史·泰定帝纪》“奉安显宗像于永福寺”为“奉安顺宗像于永福寺”之误，即泰定二年按仁宗时的原计划将顺宗御容安奉于大永福寺。《元史》载，泰定元年（1324）建顺宗皇后答己御容殿于普庆寺，二年（1325）十一月泰定帝“幸大承华普庆寺，祀昭献元圣皇后于影堂，赐僧钞千锭”⑥。单独提答己，说明顺宗御容起初与答己并不在一起。而《元史·祭祀志》与《析津志》载，顺宗帝后御容在普庆寺，反映的是后来文宗、顺帝时期的情况。顺宗御容从永福寺移到普庆寺，与答己共享一殿，大概在泰定二年之后不久。

泰定帝将英宗影堂设于大永福寺。泰定元年（1324）十二月命大都留守赴青塔寺输纳成造英宗影堂祭器、剪绒花毯。⑦《元史·祭祀志》、《析津志·原庙·行香》皆载，英宗帝后影堂在大永福寺（青塔寺）。大永福寺是英宗建成的，适宜安奉英宗御容。但许有壬《庆云赋（并序）》记载，泰定二年

①参许正弘：《元大都大天源延圣寺考论》，《中国文化研究所学报》第55期，2012年，第83—101页。

②《元史》卷三〇《泰定帝纪二》，第668页。

③《元史》卷三〇《泰定帝纪二》，第685页。

④许正弘：《试论元代原庙的宗教体系与管理机构》，《蒙藏季刊》19-3，2009年，第65、68页。

⑤《元史》卷三〇《泰定帝纪二》，第653页。

⑥《元史》卷二九《泰定帝纪一》，第646、661页。

⑦《经世大典·工典·毡罽·御用》，周少川、魏训田、谢辉：《经世大典辑校》，北京：中华书局，2020年，第827页。

(1325)十一月英宗御容安奉于大圣寿万安寺(白塔寺)。[①] 这大概意味着泰定二年十一月大永福寺英宗影堂尚未就绪,而英宗御容已经制作完成,暂时安奉于大圣寿万安寺。英宗御容从大圣寿万安寺迁至大永福寺,可能与顺宗御容从大永福寺迁走同时。

成宗御容虽然在其去世后立即就制作完成,但一直没有设立影堂。泰定四年(1327)五月,作成宗神御殿于天寿万宁寺。[②] 天寿万宁寺是成宗创建的,安奉他早薨的皇后失怜答里御容。泰定帝专门建造一座成宗影堂,成宗皇后失怜答里御容应该也安奉于内。

泰定帝时期,武宗皇后真哥去世。真哥无子,是否应祭祀她,出现了争议。[③]《元史·后妃传》记载真哥"泰定四年十一月崩"[④],四年当为三年之误。[⑤] 真哥死后一个月,泰定三年(1327)十二月,"御史贾垕请祔武宗皇后于太庙,不报"[⑥]。大概是因为真哥无子。但是几个月之后,泰定帝态度发生变化。泰定四年六月,英宗皇后速哥八剌崩。[⑦] 八月,"谥武宗皇后曰宣慈惠圣,英宗皇后曰庄静懿圣,升祔太庙"[⑧]。武宗皇后真哥、英宗皇后速哥八剌既然升祔太庙,她们的御容应该也很快就安奉于武宗影堂、英宗影堂。

泰定帝将三朝御容迁至佛寺中。至治三年(1323),泰定帝将三朝御容从翰林院迁置普庆寺,祀礼废。泰定二年(1325)八月,中书省臣言当祭如故,乃命承旨斡赤赍香酒至大都,同省臣祭于普庆寺。[⑨] 九月,继续修建兴教

---

①许有壬:《庆云赋(并序)》,《至正集》卷一,第30页。

②《元史》卷三〇《泰定帝纪二》,第679页。

③《元史》卷三〇《泰定帝纪二》,第681页。

④《元史》卷一一四《后妃传》,第2874页。

⑤《元史本证》已发现"泰定四年十一月崩"日期有误,但以为是月份有误,未觉察是年份有误。参《元史》卷一一四《后妃传》校勘记,第2883页。

⑥《元史》卷一一四《后妃传》,第2874页。

⑦《元史》卷一一四《后妃传》,第2876页。

⑧《元史》卷三〇《泰定帝纪二》,第681页。

⑨《元史》卷七五《祭祀志四·神御殿》,第1877页。

寺太祖神御殿。[①] 四年(1327),兴教寺太祖影堂大致完工,三朝御容未及迁入,[②]次年泰定帝驾崩。

泰定帝时期的影堂制度,大体延续了英宗的计划,随着三朝御容迁入佛寺,便只有敕赐寺院影堂一种类型了。有的寺院安奉了不止一位皇帝,安奉的原则有逻辑可循。大天寿万宁寺(中心阁)安奉其创建者成宗。大崇恩福元寺(南寺)安奉其创建者武宗。大承华普庆寺(普庆寺)安奉其创建者仁宗,又安奉仁宗父母顺宗帝后。大永福寺(青塔寺)安奉其建成者英宗。整体而言,泰定时期影堂安奉的总原则就是"重所生",即重视血缘关系。

元泰定帝时期影堂表

帝后名称	影堂所在地(简称)
太祖皇帝(三朝御容) 太宗皇帝(三朝御容) 睿宗皇帝(三朝御容)	翰林院→普庆寺
世祖皇帝 世祖昭睿顺圣皇后察必(老太后、也可皇后)	大圣寿万安寺(白塔寺)
世祖昭睿顺圣皇后察必(老太后、也可皇后)	大护国仁王寺(高梁河寺)
裕宗皇帝 裕宗徽仁裕圣皇后	大圣寿万安寺(白塔寺)
北安王那木罕主人	大护国仁王寺(高梁河寺)
显宗皇帝 显宗宣懿淑圣皇后	大天源延圣寺(黑塔寺)
显宗皇帝 显宗宣懿淑圣皇后	大天源延寿寺(卢师寺)
顺宗皇帝	大永福寺(青塔寺)→大承华普庆寺(普庆寺)

①《元史》卷二九《泰定帝纪一》,第650页。

②《元史》卷七五《祭祀志四·神御殿》,第1877页。

续表

帝后名称	影堂所在地(简称)
顺宗昭献元圣皇后(太皇太后)	大承华普庆寺(普庆寺)
成宗完者笃皇帝 成宗贞慈静懿皇后失怜答里	大天寿万宁寺(中心阁)
武宗曲律皇帝 武宗宣慈惠圣皇后真哥	大崇恩福元寺(南寺)
仁宗普颜笃皇帝 仁宗庄懿慈圣皇后阿纳失失里	大承华普庆寺(普庆寺)
仁宗普颜笃皇帝	大圣寿万安寺(白塔寺)
英宗皇帝	大圣寿万安寺(白塔寺)→大永福寺(青塔寺)
英宗庄静懿圣皇后速哥八剌	大永福寺(青塔寺)

六　文宗时期的影堂

泰定帝死后,文宗通过两都之战消灭泰定帝之子天顺帝,又毒害皇兄明宗,保住了自己的皇位。这一系列激烈的夺权斗争,使文宗迫切渴求稳固自身合法性。影堂成为文宗构建合法性的重要场所。文宗不仅大幅丰富影堂制度,而且新增或撤除了多座影堂。

文宗对影堂制度的改动包括两方面。一方面是改动管理制度。文宗新设立太禧宗禋院,“掌神御殿朔望岁时讳忌日辰禋享礼典”①。太禧宗禋院品秩达到了从一品,地位崇高;官吏定员七十五名,组织庞大。许正弘指出,太禧宗禋院是元代典型的叠床架屋官制产物,在神御殿祭祀管理中没有起到关键作用。② 文宗之所以设立太禧宗禋院,应该有多方面原因。中村淳提出

①《元史》卷八七《百官志三》,第2207页。

②许正弘:《元太禧宗禋院官署建置考论》,《清华学报》新42卷第3期,新竹,2012年,第454—463页。

了缓解财政危机、强化统治正当性等原因。许正弘进一步申论统治正当性中的转轮王观念、重本生思想，又提出了统合管理、统一事权的意义。[①] 实际上，太禧宗禋院品级崇高、员额众多、职责清闲，恰恰适合封授官员。致和元年（1328）九月，文宗即位三日后即建立太禧院（泰禧院），秩正二品，[②]十一月升从一品，[③]天历二年（1329）九月改为太禧宗禋院。[④] 在这一年间，文宗先与上都的天顺帝交战，又在明宗死后安抚贵族大臣，亟须大肆封授赏赐，赢得支持；为了把持住权力，亟须委任亲信以要职，品秩崇高的太禧宗禋院是很好的过渡职任。文宗所委任的太禧宗禋院最高长官院使，不是大根脚出身，就是文宗亲信。[⑤] 封授的实际需求，可以说是文宗设立太禧宗禋院的直接原因之一。

文宗改动影堂整体制度的另一个方面，是改"影堂"之名为"神御殿"。至顺二年（1331）三月，殿皆制名以冠之。世祖曰元寿，昭睿顺圣皇后曰睿寿，南必皇后曰懿寿，裕宗曰明寿，成宗曰广寿，顺宗曰衍寿，武宗曰仁寿，文献昭圣皇后曰昭寿，仁宗曰文寿，英宗曰宣寿，明宗曰景寿。[⑥] 又制定祭祀仪注。这些大致应视为文宗粉饰文治的举措。

文宗否定泰定帝合法性，不设泰定帝影堂。但《析津志》记载，也孙帖木儿皇帝（泰定帝）影堂在"三教寺"。[⑦] 三教寺不见于其他文献记载，具体方位不详。致和元年（1328）七月泰定帝死于上都，九月泰定帝皇太子阿剌吉八即位于上都。同月文宗即位于大都，两都之战爆发。十月，上都兵败，阿剌吉八不知所踪。泰定帝影堂，只可能是阿剌吉八在上都称帝的一个月期

---

①许正弘：《元太禧宗禋院官署建置考论》，《清华学报》新 42 卷第 3 期，新竹，2012 年，第 447—451 页。

②《元史》卷三二《文宗纪一》，第 710 页。

③《元史》卷三二《文宗纪一》，第 723 页。

④《元史》卷三三《文宗纪二》，第 741 页。

⑤参许正弘：《元太禧宗禋院官署建置考论》，《清华学报》新 42 卷第 3 期，新竹，2012 年，第 467 页。

⑥《元史》卷三五《文宗纪四》，第 780 页。

⑦《析津志·原庙·行香》，见洪金富：《元〈析津志·原庙·行香〉篇疏证》，《"中研院"历史语言研究所集刊》第 79 本第 1 分，2008 年 3 月，第 4—5 页。

间设立的,而且两都之战后就废掉了。至正时期熊梦祥编纂《析津志》时泰定帝影堂早已不存,大概只是存录而已。

文宗也否定了泰定帝之父显宗甘麻剌的正统性,天历元年(1328)撤销大天源延圣寺(黑塔寺)显宗影堂,[①]大天源延寿寺(卢师寺)显宗影堂很可能也撤销了。

文宗没有取消北安王那木罕影堂祭祀。这留存了对成吉思汗四大斡耳朵守护者的礼敬,有争取漠北势力支持的目的。而且泰定帝一系绝嗣,四大斡耳朵的新镇守者是忽必烈庶子宁王阔阔出后裔,[②]没有资格挑战皇位。因此保留那木罕影堂有利无弊。

文宗即位后曾短暂让位于兄明宗,天历二年(1329)八月将明宗毒死,重新即位。十一月,明宗皇后八不沙请为明宗资冥福,文宗命帝师率僧作佛事七日于大天源延圣寺。[③] 至顺元年(1330)四月,八不沙被文宗皇后与宦者杀害。[④]《元史·祭祀志》载,明宗帝后影堂在大天源延圣寺(黑塔寺)。[⑤] 洪金富已指出,《析津志·原庙·行香》所载黑塔寺"忽都笃皇后"当校正为"忽都笃皇帝",即明宗。至顺二年(1331)三月制定各神御殿名,其中明宗神御殿曰景寿,[⑥]证明明宗御容已经安奉于黑塔寺。此时八不沙皇后已经去世一年,她的御容有可能被文宗安奉在了黑塔寺明宗神御殿中。

文宗调整了武宗皇后祭祀。武宗皇后真哥无子,而武宗妃亦乞烈氏生明宗,武宗妃唐兀氏生文宗。天历二年(1329)初,文宗遣使前往漠北迎明

---

①《元史》卷七五《祭祀志四·神御殿》,第1877页。

②至正时期见于汉文记载的宁王旭灭该,即哈剌和林出土的至正八年(1348)《岭北省右丞郎中总管收粮记》碑左侧回鹘体蒙古文题记中的 yekes ordas-un Ümekei Ning-ong(大斡耳朵的旭灭该宁王)。《元史》卷四三《顺帝纪六》,第912页。参[日]松川节撰,宫海峰译:《哈剌和林出土的1348年汉蒙合璧碑文——〈岭北省右丞郎中总管收粮记〉》,《元史及民族与边疆研究集刊》第18辑,2006年,第164—167页。

③《元史》卷三三《文宗纪二》,第744页。

④《元史》卷三四《文宗纪三》,第756页;卷一一四《后妃传》,第2877页。

⑤《元史》卷七五《祭祀志四·神御殿》,第1875页。

⑥《元史》卷三五《文宗纪四》,第780页。

宗,二月,“中书省议追尊皇妣亦乞烈氏曰仁献章圣皇后,唐兀氏曰文献昭圣皇后,命有司具册宝”[①]。二月十三日,文宗命“绘画皇妣皇后御容”,[②]应即亦乞烈氏、唐兀氏御容,以奉入大崇恩福元寺(南寺)武宗影堂。而武宗影堂中原有的皇后真哥御容被撤销了。顺帝时太常博士逯鲁曾有言:“先朝既以武宗皇后真哥无子,不立其主。”[③]先朝应指文宗。也就是说文宗撤掉了真哥皇后在太庙中的神主。那么她的御容祭祀应该也撤销了。武宗、文宗生母、明宗生母一帝二后,在太庙、影堂中同享祭祀。

文宗为了抬高生母地位,为唐兀氏建立第二座影堂。至顺二年(1331)三月,文宗为每一座神御殿拟定殿名,其中武宗曰仁寿殿,文献昭圣皇后(唐兀氏)曰昭寿殿。这说明在武宗神御殿之外,文宗生母还有一座神御殿。天历二年(1329)三月,“文献昭圣皇后神御殿月祭,特命如列圣故事”[④],说明这座神御殿已经设立。十一月,文宗命平章明理董阿“提调重重(画)文献皇后、武宗皇帝共坐御影”[⑤],十二月,织武宗御容成,即神御殿作佛事。[⑥] 这件武宗御容应该就是文献皇后、武宗皇帝共坐御影,安奉于昭寿殿。

综上所述,文宗时期大崇恩福元寺(南寺)中有两座神御殿。一座是武宗影堂仁寿殿,安奉着武宗及亦乞烈氏、唐兀氏二后御容。另一座是昭寿殿,安奉文宗生母文献皇后唐兀氏、武宗皇帝共坐御容。《析津志·原庙·行香》记载黑塔寺又有明宗生母影堂,笔者认为应该是顺帝为纪念祖母而建立的,详见下节。美国纽约大都会博物馆藏有一件著名的元代缂丝大威德金刚曼荼罗,左下织有供养人文宗、明宗像,右下织有文宗皇后卜答失里、明宗皇后八不沙像。法国学者沙怡然(Isabelle Charleux)根据其尺寸与文献所

①《元史》卷三三《文宗纪二》,第 730 页。

②《元代画塑记》,第 4 页。

③《元史》卷一八七《逯鲁曾传》,第 4292—4293 页。

④《元史》卷三三《文宗纪二》,第 732 页。

⑤《元代画塑记》,第 5 页。

⑥《元史》卷三三《文宗纪二》,第 746 页。

记元代织造的影堂御容尺寸相合,认为其原来是悬挂于影堂中的。[①] 赵容敏进一步论证了这一观点,考订私人收藏的一件元代缂丝残件为喜金刚曼荼罗,其右下角也有藏文卜答失里题名,认为其与缂丝大威德金刚曼荼罗为一对;又据《大元画塑记》有"左右佛坛"的记载,认为这两件缂丝原来悬挂于影堂内武宗帝后御容左右。[②] 笔者赞同这一观点。可稍加补充的是,赵容敏认为它们悬挂在文宗生母唐兀氏影堂昭寿殿内,而笔者认为应该悬挂在武宗影堂仁寿殿内。因为曼荼罗的供养人是文宗、明宗兄弟,而昭寿殿内御容没有明宗生母,仁寿殿则同时有文宗、明宗的生母,与供养人两兄弟更相契合。曼荼罗的织造只有在元朝都城才有条件,不可能在漠北,这一点没有异议。但关于其织造时间,学界观点不一。大都会博物馆研究人员认为是明宗去世后八不沙皇后(1330年去世)下令制作的,完成于至顺三年(1332)文宗去世后,[③]邵彦支持这一观点。[④] 熊文彬认为是在天历元年(1328)九月文宗第一次即位后到天历二年(1329)八月明宗去世之前开织的。[⑤] 尚刚认为是在天历元年(1328)九月文宗第一次即位后到天历二年(1329)正月明宗登基前开织的,并认为这反映出文宗对皇位的眷恋。[⑥] 笔者认为尚刚的观点最接近事实,但仍可稍作修正。判定织造时间最重要的参照系,是大威德金刚曼荼

①Isabelle Charleux, "On Worshipped Ancestors and Pious Donors: Some Notes on Mongol Imperial and Royal Portraits", *National Palace Museum Bulletin*, 40, 2007, pp. 17-36.

②Yong Min Cho, "The Mongol Impact: Rebuilding the Arts System in Yuan China (1271-1368)", PhD. Dissertation, Yale University, 2020, pp. 74-108.

③James Watt and Anne Wardwell eds., *When Silk was Gold: Central Asian and Chinese Textiles*, New York: Harry Abrams, 2001, p. 98.

④邵彦:《元代宫廷缂丝唐卡巨制——大都会博物馆藏缂丝大威德金刚曼荼罗》,《中国国家博物馆馆刊》2017年第5期。

⑤熊文彬:《元代的汉藏版画和缂丝曼陀罗》,谢继胜主编:《藏传佛教艺术发展史》,上海:上海书画出版社,2010年,第363页。

⑥尚刚:《一幅巨作,几点猜测——关于元代刻丝大威德金刚曼荼罗》,谢继胜、罗文华、景安宁主编:《汉藏佛教美术研究——第三届西藏考古与艺术国际学术讨论会论文集》,上海:上海古籍出版社,2009年;改题《元代刻丝大威德金刚曼荼罗——兼谈织佛像与佛坛的区别》,收入氏著《古物新知》,北京:生活·读书·新知三联书店,2012年,第158—169页。

罗上的藏文题记以文宗图帖睦尔为帝（rgyal po thug thi mur），明宗和世㻋为王（rgyal bu ko sha la）。这似乎只可能发生在明宗称帝前，但要考虑明宗称帝的消息传到大都要经历一段时间。明宗于天历二年（1329）正月二十八日丙戌即位于和林之北，当时文宗的使者撒迪在场。[①] 天历二年（1329）二月二十四日辛亥，文宗谓廷臣曰："撒迪还，言大兄已即皇帝位。凡二月二十一日以前除官者，速与制敕。后凡铨选，其诣行在以闻。"[②]这说明，直到撒迪回来这一天，文宗才知道明宗即位的消息。此前，在文宗的认知里，文宗为帝，明宗为王。而且文宗此前在二月十三日已经命令绘制皇妣御容了，[③]曼荼罗很可能是同时织造的。因此大威德金刚曼荼罗的开织时间应该是文宗天历元年九月即位后到天历二年二月二十四日之前的某个时间。

大承天护圣寺（俗称西湖寺）是文宗时期最大的皇家寺院工程，是文宗为祖母答己建立的影堂。答己与顺宗在大承华普庆寺（普庆寺）已有影堂。文宗为报答祖母养育之恩，天历二年（1329）在元大都西郊玉泉之北的瓮山新建一座佛寺，设置答己影堂。早在成宗初年，瓮山已有寺，国师胆巴在其中修法。[④] 答己"从（胆巴）受戒法"[⑤]，应该就在此寺。正是有此渊源，文宗才在瓮山择址为答己建寺，定名为大承天护圣寺。工役横跨四年。文宗皇后以银五万两助役，中书省以钞本十万锭、银六百铤助役。文宗将很多犯罪高官的籍没财产划归大承天护圣寺。[⑥] 至顺元年（1330）八月，文宗命绘画太皇太后（答己）御容。[⑦] 至顺三年（1332），大承天护圣寺建成，虞集奉旨撰碑文，记载寺中有神御殿，"奉太皇太后晬容于中。日有献，月有荐，时有享，器

---

①《元史》卷三一《明宗纪》，第 696 页。

②《元史》卷三三《文宗纪二》，第 730 页。

③《元代画塑记》，第 4 页。

④念常：《佛祖历代通载》卷二二，《大正藏》第 49 册，第 726 页。

⑤赵孟頫：《胆巴碑》（《大元敕赐龙兴寺大觉普慈广照无上帝师之碑》），原件藏故宫博物院，此据北京：文物出版社，2010 年影印本。

⑥《元史》卷三三《文宗纪二》，第 734、740、744 页；卷三四《文宗纪三》，第 756、762、764 页；卷三五《文宗纪四》，第 778—780、782、790 页。

⑦《元代画塑记》，第 5—6 页。

用金宝"[①]。太皇太后即文宗的祖母答己，也就是顺宗昭献元圣皇后。六月，大承天护圣寺碑树立之日，"百僚无敢不至碑所"[②]。八月，文宗去世，宁宗短暂在位月余而夭。次年，顺帝即位，元统元年（1333）十月，"奉文宗皇帝及太皇太后御容于大承天护圣寺"[③]，也就是将文宗与答己御容都安奉到了大承天护圣寺。刘晓认为大承天护圣寺安奉的这位"太皇太后"是文宗皇后卜答失里，[④]是不合理的。卜答失里确实被顺帝尊为太皇太后，[⑤]但元统元年她尚在世，不可能安奉御容祭祀。笔者同意许正弘观点，"太皇太后"指答己。[⑥]《析津志·原庙·行香》中两处出现"太皇太后"，皆指答己。[⑦] 后至元六年（1340），顺帝撤销文宗祭祀，废卜答失里，去尊号，安置东安州。卜答失里不久去世，在太庙、斡耳朵、影堂中都没有得到祭祀。

文宗开始祭祀元大都也里可温寺睿宗皇后唆鲁禾帖尼影堂。致和元年（1328）九月，文宗即位，"命高昌僧作佛事于延春阁，又命也里可温于显懿庄圣皇后神御殿作佛事"[⑧]。显懿庄圣皇后，即睿宗皇后唆鲁禾帖尼，又称唐妃，号称阿吉剌（波斯语'aqīlat，意为聪明、杰出）。[⑨]《析津志》记载，唐妃娘娘阿吉剌影堂，在元大都靖恭坊也里可温寺。[⑩] 徐苹芳认为也里可温寺在通

①虞集：《大承天护圣寺碑》，《道园类稿》卷三六，第165—168页。

②陈旅：《西山诗序》，《安雅堂集》卷四，《元代珍本文集汇刊》本，第166页。

③《元史》卷三八《顺帝纪一》，第828页；卷一〇六《后妃表》，第2700页；卷一一四《后妃传》，第2878页；卷一八二《许有壬传》，第4201页。

④刘晓：《原庙——神御殿寺》，吴丽娱主编：《礼与中国古代社会（隋唐五代宋元卷）》，第408页。

⑤《元史》卷三八《顺帝纪一》，第818页。

⑥许正弘：《试论元代原庙的宗教体系与管理机构》，《蒙藏季刊》19-3，2009年，第65、68页。

⑦洪金富：《元〈析津志·原庙·行香〉篇疏证》，《"中研院"历史语言研究所集刊》第79本第1分，2008年3月，第11—13页。

⑧《元史》卷三二《文宗纪一》，第711页。

⑨参洪金富：《唐妃娘娘阿吉剌考》，《"中研院"历史语言研究所集刊》79-1，2008年3月，第41—62页。

⑩《析津志·原庙·行香》，见洪金富：《元〈析津志·原庙·行香〉篇疏证》，《"中研院"历史语言研究所集刊》第79本第1分，2008年3月，第4—5页。

惠河以北,即明清改为显应宫之地。[①] 也里可温寺中安奉唆鲁禾帖尼御容,显然是因为她崇信景教。笔者认为,也里可温寺中的唆鲁禾帖尼御容在文宗朝以前不属于国家祭祀。至顺元年(1330)三月,"命宣政院供显懿庄圣皇后神御殿祭祀"[②],说明此前也里可温寺唆鲁禾帖尼祭祀不归国家机构职掌。文宗没有为也里可温寺的神御殿制定殿名,也说明它与其他影堂相比有特殊性。

文宗将世祖皇后南必影堂祭祀纳入影堂祭祀。文宗至顺二年(1331)定南必皇后神御殿额为懿寿,[③]说明宝塔寺世祖皇后南必御容在文宗时成为了国家祭祀。笔者认为,南必的影堂可能是宝塔寺僧人所造,唆鲁禾帖尼影堂可能是也里可温寺僧所造,在文宗以前它们尚未被纳入国家祭祀。从现实政治角度来看,祭祀唆鲁禾帖尼、南必影堂,可能是为了争取也里可温、佛僧的支持。

真定玉华宫睿宗帝后御容祭祀在英宗和泰定帝时期停断,在文宗时重新开始。文宗遣使致祭,见于记载的有三次。至顺元年(1330)八月,遣使诣真定玉华宫,祀睿宗及显懿庄圣皇后神御殿。十二月,遣集贤侍读学士珠遘诣真定,以明年正月二十日祀睿宗及后于玉华宫之神御殿。至顺二年(1331)十二月,遣集贤直学士答失蛮诣真定玉华宫,祀睿宗及显懿庄圣皇后神御殿。[④] 与仁宗时期相比,文宗时遣使玉华宫的时间不仅有秋八月,还有正月二十日。刘晓认为,正月二十日可能是拖雷的生辰。[⑤] 但《元史·祭祀志·神御殿》记载玉华宫"以忌日享祀太上皇、皇太后"。因此洪金富认为,

---

①徐苹芳:《元大都也里可温十字寺考》,《中国考古学研究:夏鼐先生考古五十年纪念论文集》,北京:文物出版社,1986年,第309—316页,收入氏著《中国城市考古学论集》,上海:上海古籍出版社,2015年,第178—186页。

②《元史》卷三四《文宗纪三》,第753页。

③《元史》卷七五《祭祀志四·神御殿》,第1876页。

④《元史》卷三四《文宗纪三》,第765、770页;卷三五《文宗纪四》,第794页。

⑤刘晓:《原庙——神御殿寺》,吴丽娱主编:《礼与中国古代社会(隋唐五代宋元卷)》,第420页。

正月二十日是唆鲁禾帖尼卒日，九月是睿宗卒日。[①] 东西方文献所载唆鲁禾帖尼卒日，[②]实与洪金富的推断相合。

三朝御容在文宗时期从普庆寺移回翰林院，但太祖神御殿的建设再次被提上议程。至顺元年（1330）七月，依泰定帝时之旧，在普庆寺祭祀。二年，迁回翰林国史院祭祀。[③] 三年，命燕铁木儿集翰林、集贤、太禧宗禋院，议立太祖神御殿。[④] 但很快文宗就去世了。

文宗为自己夭折的皇太子设立影堂。文宗对长子阿剌忒纳答剌（？—1331）极为重视，先封为燕王，至顺元年（1330）十二月立为皇太子。二年（1331）正月，皇太子阿剌忒纳答剌病死。三月，绘皇太子真容，奉安庆寿寺之东鹿顶殿，祀之如累朝神御殿仪。五月，皇太子影殿造祭器如裕宗故事。[⑤] 文宗将阿剌忒纳答剌先封燕王再立为皇太子，是仿效裕宗真金的先例。不幸阿剌忒纳答剌也如裕宗一般死在了皇太子位上。裕宗有影堂，大概成了文宗为皇太子建影堂的先例。实际上，裕宗影堂是并非其父忽必烈所建，而是其子成宗即位后才建的。文宗在丧子之痛中建皇太子影堂以寄托思念，大概没有考虑得那么严格细致。世祖命皇太子真金为庆寿寺功德主，[⑥]文宗应该是援此典故，在庆寿寺建皇太子影堂。庆寿寺的阿剌忒纳答剌影堂，是元代惟一一座当朝皇帝为皇太子建立的影堂。

《析津志》记载，报恩寺有一座“太子影堂”。[⑦] 这位太子是谁，前人有不

---

①洪金富：《唐妃娘娘阿吉剌考》，《“中研院”历史语言研究所集刊》79-1，2008 年 3 月，第 53—55 页。

②参许正弘：《唆鲁禾帖尼生卒年寿及其相涉史事》，《台湾师大历史学报》第 53 期，2015 年 6 月，第 59—68 页

③《元史》卷三四《文宗纪三》，第 760 页；卷三五《文宗纪四》，第 787 页。

④《元史》卷三六《文宗纪五》，第 801 页。

⑤《元史》卷三六《文宗纪五》，第 778、784 页。

⑥《皇太子大庆寿禅寺功德院事状》，《顺天府志》卷七引《析津志》，北京：北京大学出版社，1983 年，第 2—5 页。此文作者当为熊梦祥，参党宝海：《〈析津志〉佚文的新发现》，《北京社会科学》1998 年第 3 期。

⑦《析津志辑佚》，第 69 页。《析津志·原庙·行香》，见洪金富：《元〈析津志·原庙·行香〉篇疏证》，《“中研院”历史语言研究所集刊》第 79 本第 1 分，2008 年 3 月，第 4—5 页。

同观点。洪金富论述认为是文宗长子阿剌忒纳答剌，但在附表中所列的却是文宗次子燕帖古思；[①]许正弘认为可能是文宗长子阿剌忒纳答剌；[②]刘晓认为是顺帝太子爱猷识理达腊。[③] 影堂只为亡者设置，爱猷识理达腊（1339—1378）一直活到元亡以后，在元代不可能有影堂。燕帖古思（1328/1329—1340）卷入政变，被顺帝流放高丽，途中被杀，年方幼冲，无子嗣，不会有人给他建影堂。有太子影堂的报恩寺，在齐化门（今朝阳门）太庙西北，俗名方长老寺。[④] 元大都还有一座报恩寺，是元末僧人募建的，永乐时改为顺天府学，[⑤]原址在今北京东城区府学胡同小学，其东为文丞相祠。元亡前，危素任翰林仅一日，明军入元大都。危素“趋所居报恩寺，脱帽井傍，两手据井口俯身将就沉”[⑥]，被寺僧大梓等人阻拦救下。元末翰林院在凤池坊，据徐苹芳考证，其旧址应在今旧鼓楼大街北口外、北二环路北。[⑦] 翰林院距离齐化门很远，危素所居住的报恩寺很可能是文丞相祠旁的那座。而齐化门的报恩寺几乎找不到其他材料，仅见于《析津志》。太子称号在元代较为常见，一般皇子、诸王之子皆可称为太子。而皇太子一般不省略为太子。因此笔者认为，报恩寺太子影堂的太子不是文宗皇太子。如果将目光移出大都，还有一座报恩寺跃入我们的视野。坚州（今山西繁峙）有一座报恩寺，为尼姑妙德所创。成宗初年，妙德受皇太后（裕宗徽仁裕圣皇后）礼遇。姚燧《报恩寺碑》记载，元贞二年（1296），皇太后“命今卫王阿穆格与亲王、妃、主、从官等数百人，持香币至报恩寺，寻以寺为卫王集禧所”[⑧]。卫王阿穆格，即魏王阿木哥

---

①洪金富：《元〈析津志·原庙·行香〉篇疏证》，《“中研院”历史语言研究所集刊》第 79 本第 1 分，2008 年 3 月，第 11、24 页。

②许正弘：《试论元代原庙的宗教体系与管理机构》，《蒙藏季刊》19-3，2009 年，第 66 页。

③刘晓：《原庙——神御殿寺》，吴丽娱主编：《礼与中国古代社会（隋唐五代宋元卷）》，第 415 页。

④《析津志辑佚》，第 69 页。

⑤孙承泽：《春明梦余录》卷五五《府学》，第 1119 页。

⑥宋濂：《故翰林侍讲学士中顺大夫知制诰同修国史危公新墓碑铭》，《危太朴集》附录，第 483 页。

⑦徐苹芳：《元大都中书省址考》，《中国文化研究所学报》新第 6 期，1997 年，收入氏著《中国城市考古学论集》，上海：上海古籍出版社，2015 年，第 147—154 页。

⑧姚燧：《牧庵集》卷一二《报恩寺碑》，第 1a—3b 页。

(Amoqa,?—1324),裕宗孙,顺宗庶长子,约至大四年(1311)封魏王。姚燧卒于1313年,因此《报恩寺碑》撰写于1311—1313年之间,也就是仁宗在位初期。阿木哥封魏王之前,确实被称为太子。[①] 坚州报恩寺成为阿木哥太子专属的祝厘祈福之所,是奉皇太后旨意。姚燧称报恩寺为"国家集禧之所",说明当时仁宗也是认可的。仁宗延祐四年(1317)阿木哥因为卷入图谶事件而被削去爵号,流放到高丽,泰定帝即位后(1323)召回,次年卒。此后,阿木哥之子孛罗帖木儿袭封魏王、阿鲁封西靖王,家族在元朝维持住了地位。张岱玉推测阿木哥家族食邑可能就在坚州。[②] 阿木哥后裔在坚州报恩寺设阿木哥影堂,是有可能的,这座影堂当然也有可能被简称为太子影堂。严格而言,这样的一座太子影堂,不属于朝廷设立的国家祭祀。同理,元大都齐化门报恩寺太子影堂,从名称来看应该不属于皇太子,而是属于诸王。《析津志》记载大都报恩寺太子影堂,却没有记载祭祀日期,也表明它应该不在国家祭祀之列。

文宗时出现了元代惟一的非皇室成员影堂——八思巴帝师影堂。八思巴帝师在元朝有特殊的地位,元仁宗始设帝师殿为天下通祀。[③] 文宗至顺三年(1332)五月,诏给钞五万锭,修帝师巴思八影殿,[④]此即仁宗时在大兴教寺(石佛寺)所建的帝师殿。文宗将元大都的帝师殿纳入影堂系统,既有利于祭祀的管理,也是对八思巴的进一步推崇。

总之,文宗对影堂的热情几乎没有节制,他新设官署,新定仪制,恢复了影堂的三种类型,而且新增了三座特殊的影堂。在敕建寺院影堂中,文宗撤除了泰定帝之父显宗影堂,新增大天源延圣寺(黑塔寺)明宗影堂、大崇恩福元寺(南寺)文宗生母唐兀氏影堂、大承天护圣寺(西湖寺)答己影堂、庆寿寺

---

①例如"阿木罕太子",见《高丽史》卷三一《忠烈王世家四》,第1003页;卷三三《忠宣王世家一》,第1049页。再如"俺木哥太子",见程钜夫:《雪楼集》卷八《太原宋氏先德之碑》,第349页。

②张岱玉:《元代魏王家族史事钩稽》,《内蒙古大学学报》(哲学社会科学版)2011年第5期。

③参马晓林:《元代八思巴帝师祭祀研究》,《北大史学》18,北京大学出版社,2013年12月,第81—103页;本书第十九章。

④《元史》卷三六《文宗纪五》,第804页。

（双塔寺）皇太子阿剌忒纳答剌影堂共四座，又从武宗影堂中撤除真哥皇后御容，改奉明宗生母亦乞烈氏、文宗生母唐兀氏。三朝御容回到了翰林院，但仍计划在佛寺中建设太祖神御殿。玉华宫睿宗帝后影堂祭祀得到恢复并增加了祭祀日期。文宗新增的元大都也里可温寺显懿庄圣皇后（唆鲁禾帖尼）影堂、宝塔寺南必皇后影堂，应该是受玉华宫的启发，以被祀者个人与景教、佛教的信仰与赞助为基础，从半官方的纪念堂提升为遣使祭祀的规格。大兴教寺八思巴影堂，则又进了一步，是想要将仁宗时期建立的帝师殿祭祀纳入影堂系统。

元文宗时期影堂表

帝后名称	影堂所在地（简称）
太祖皇帝（三朝御容） 太宗皇帝（三朝御容） 睿宗皇帝（三朝御容）	普庆寺→翰林院
太上皇（睿宗）、皇太后	真定玉华宫
显懿庄圣皇后（唐妃娘娘阿吉剌）	也里可温寺
世祖皇帝 昭睿顺圣皇后察必（老太后、也可皇后）	大圣寿万安寺（白塔寺）元寿殿
昭睿顺圣皇后察必（老太后、也可皇后）	大护国仁王寺（高梁河寺）睿寿殿
南必皇后	宝塔寺懿寿殿
裕宗皇帝 裕宗徽仁裕圣皇后	大圣寿万安寺（白塔寺）明寿殿
那木罕主人	大护国仁王寺（高梁河寺）
顺宗皇帝 顺宗昭献元圣皇后（太皇太后）	大承华普庆寺（普庆寺）衍寿殿
成宗完者笃皇帝 成宗贞慈静懿皇后失怜答里	大天寿万宁寺（中心阁）广寿殿
武宗曲律皇帝 武宗庄献嗣圣皇后（明宗生母） 武宗文献昭圣皇后（文宗生母）	大崇恩福元寺（南寺）仁寿殿

续表

帝后名称	影堂所在地(简称)
武宗文献昭圣皇后(文宗生母)	大崇恩福元寺(南寺)昭寿殿
仁宗普颜笃皇帝 仁宗庄懿慈圣皇后阿纳失失里	大承华普庆寺(普庆寺)文寿殿
仁宗普颜笃皇帝	大圣寿万安寺(白塔寺)
英宗皇帝 英宗庄静懿圣皇后速哥八剌	大永福寺(青塔寺)宣寿殿
明宗忽都笃皇帝 八不沙皇后	大天源延圣寺(黑塔寺)景寿殿
文宗皇太子阿剌忒纳答剌	庆寿寺(双塔寺)
八思巴帝师	大兴教寺(石佛寺)

七　顺帝时期的影堂

文宗驾崩后,文宗皇后卜答失里先后扶立明宗的两个儿子宁宗、顺帝。宁宗在位月余而崩,影堂没有什么改变。顺帝的统治可以分为两个阶段。第一阶段是元统、后至元年间(1334—1340),顺帝年少,朝政由皇太后卜答失里与权臣把持。第二阶段是从后至元六年(1340)顺帝亲政,改元至正,直至元亡。

顺帝元统元年(1333)十月,"奉文宗皇帝及太皇太后御容于大承天护圣寺"①。前文已论,此太皇太后指文宗祖母答己。大承天护圣寺(西湖寺)是文宗为祖母答己所建的,但文宗去世时还没有来得及安奉答己御容。顺帝安奉答己,是完成文宗未竟事业;安奉文宗,是因为此寺是文宗所建。

在宁宗时期和顺帝初期,朝廷再次讨论武宗皇后祭祀问题。宁宗时,诏翰林国史、集贤院、奎章阁学士院集议先皇帝庙号、神主、升祔武宗皇后及改

①《元史》卷三八《顺帝纪一》,第828页;卷一〇六《后妃表》,第2700页;卷一一四《后妃传》,第2878页;卷一八二《许有壬传》,第4201页。

元事,[①]应该是卜答失里发起主导的。武宗皇后真哥的祭祀在文宗时期已经被取消,武宗配有明宗生母、文宗生母两位皇后。而文宗死后,卜答失里的意见是以文宗生母作为武宗唯一的配祀皇后。这样明宗生母的地位就下降了。而明宗生母就是顺帝祖母。经过顺帝时群臣讨论和博弈,在右丞相伯颜的支持下,最终以真哥皇后配祀太庙。[②] 而影堂不变,仍然是大崇恩福元寺仁寿殿中安奉武宗与亦乞烈氏(明宗生母)、唐兀氏(文宗生母)一帝二后御容,昭寿殿安奉武宗与唐兀氏御容。太庙与影堂的差异,是顺帝与皇太后卜答失里双方妥协的结果。

英宗神御殿名在后至元五年(1339)十一月由“宣寿”改为“昭融”,[③]在名号上似是一种贬抑。具体原因待考。

顺帝日益年长,其影响力逐步及于影堂,首先是尊崇生母。后至元二年(1336)二月,顺帝追尊其早逝的生母迈来迪曰贞裕徽圣皇后。[④]《析津志》记载,贞裕徽圣皇后周年行香于黑塔寺,当即明宗影堂所在地。因此顺帝为其生母上谥号之后便安奉御容。《析津志·原庙·行香》不载明宗八不沙皇后,说明八不沙皇后御容被撤除。太庙中也没有八不沙皇后的位置。[⑤]

顺帝对影堂影响的第二方面是尊崇父皇。顺帝为父亲明宗在大天源延寿寺(卢师寺)设立第二座影堂。后至元二年(1336)十一月,命参知政事纳麟监绘明宗皇帝御容,[⑥]后至元六年(1340)四月,诏大天源延寿寺立明宗神御殿碑。[⑦] 大天源延寿寺(卢师寺)最初在泰定帝时有显宗影堂,文宗时取消

---

①《元史》卷三八《顺帝纪一》,第813页。

②《元史》卷一八七《逯鲁曾传》,第4292—4293页。

③《元史》卷三九《顺帝纪二》,第846页。

④《元史》卷三八《顺帝纪一》,第833页。

⑤参刘晓:《元代太庙制度三题》,达力扎布主编:《中国边疆民族研究》第7辑,北京:中央民族大学出版社,2013年,第68页。

⑥《元史》卷四〇《顺帝纪三》,第855页。

⑦《元史》卷四〇《顺帝纪三》,第855页。

显宗祭祀,顺帝奉入皇父明宗御容。因此明宗有了两座影堂。

顺帝延续文宗先例,遣使祭祀真定玉华宫。元统三年(1335)秋,集贤学士只儿哈丹奉旨代祀玉华宫,燕南廉访司照磨萨都剌监礼,有诗咏之。① 后至元三年(1337),集贤大学士羊归等言:"太上皇、唐妃影堂在真定玉华宫,每年宜于正月二十日致祭。"从之。②

甘州十字寺唆鲁禾帖尼影堂,在顺帝时首次见于记载。《元史·顺帝纪》载,后至元元年(1335)三月,中书省臣言:"甘肃甘州路十字寺奉安世祖皇帝母别吉太后于内,请定祭礼。"从之。③ 这也是甘州十字寺惟一一次见于记载。别吉太后即唆鲁禾帖尼。这座影堂的渊源应该是唆鲁禾帖尼的景教信仰。但诚如许正弘指出的,甘州唆鲁禾帖尼影堂的设立原因及具体状况,存在一些难解之处,例如影堂的出现距其人去世约有百年。④ 笔者认为,这座影堂最初不是朝廷设立的,而大概是由甘州当地官民尤其是景教徒发起建立的,到顺帝时期才被朝廷注意到。⑤ 元朝为其"定祭礼",并不意味着遣使致祭,而只是对地方的祭祀活动进行规范而已。甘州十字寺影堂,虽然与真定玉华宫、大都也里可温寺有相似之处,但是毕竟距离都城极为遥远,因此笔者倾向于将其定性为一种得到朝廷承认的地方祭祀。

总之,顺帝元统、至元时期,延续了文宗时的制度,只新增了三座影堂,包括大承天护圣寺(西湖寺)答己影堂、文宗影堂,大天源延寿寺(卢师寺)明宗影堂,并在明宗影堂安奉顺帝生母。

---

①萨都剌:《雁门集》卷八《元统乙亥,集贤学士只儿哈丹奉旨代祀真定路玉华宫,余备监礼》,上海:上海古籍出版社,1982 年,第 222—223 页。

②《元史》卷三九《顺帝纪二》,第 843 页。

③《元史》卷三八《顺帝纪一》,第 826 页。

④参许正弘:《唆鲁禾帖尼生卒年寿及其相涉史事》,《台湾师大历史学报》第 53 期,2015 年 6 月,第 59—68 页。

⑤参马晓林:《元代甘州十字寺唆鲁禾帖尼影堂设立原因探析——兼论马可·波罗所记河西景教》,《国际汉学研究通讯》第 8 期,北京:北京大学出版社,2014 年,第 194—213 页。

元顺帝元统、至元时期影堂表

帝后名称	影堂所在地（简称）
太祖皇帝（三朝御容） 太宗皇帝（三朝御容） 睿宗皇帝（三朝御容）	翰林院
太上皇（睿宗）、皇太后	真定玉华宫
显懿庄圣皇后（唐妃娘娘阿吉剌）	也里可温寺
世祖皇帝 昭睿顺圣皇后察必（老太后、也可皇后）	大圣寿万安寺（白塔寺）
昭睿顺圣皇后察必（老太后、也可皇后）	大护国仁王寺（高梁河寺）
南必皇后	宝塔寺
裕宗皇帝 裕宗徽仁裕圣皇后	大圣寿万安寺（白塔寺）
那木罕主人	大护国仁王寺（高梁河寺）
顺宗皇帝 顺宗昭献元圣皇后（太皇太后）	大承华普庆寺（普庆寺）
顺宗昭献元圣皇后（太皇太后）	大承天护圣寺（西湖寺）
成宗完者笃皇帝 成宗贞慈静懿皇后失怜答里	大天寿万宁寺（中心阁）
武宗曲律皇帝 武宗文献昭圣皇后（文宗生母） 武宗庄献嗣圣皇后（明宗生母）	大崇恩福元寺（南寺）
仁宗普颜笃皇帝 仁宗庄懿慈圣皇后阿纳失失里	大承华普庆寺（普庆寺）
仁宗普颜笃皇帝	大圣寿万安寺（白塔寺）
英宗皇帝 英宗庄静懿圣皇后速哥八剌	大永福寺（青塔寺）
明宗忽都笃皇帝 明宗贞裕徽圣皇后	大天源延圣寺（黑塔寺）
明宗忽都笃皇帝	大天源延寿寺（卢师寺）
文宗皇帝	大承天护圣寺（西湖寺）

续表

帝后名称	影堂所在地（简称）
文宗皇太子阿剌忒纳答剌	庆寿寺（双塔寺）
八思巴帝师	大兴教寺（石佛寺）

后至元六年（1340）二月，顺帝扳倒权臣伯颜，夺得大权之后，立刻对影堂表现出重视。五月，“置月祭各影堂香于大明殿，遇行礼时，令省臣就殿迎香祭之”①。尚刚认为，大约这个时候，神御殿恢复了旧名影堂。②

顺帝亲政后第一件大事就是向文宗复仇，与文宗相关的影堂遭到撤除。后至元六年（1340）六月，顺帝流放皇太后卜答失里，颁诏斥文宗谋害明宗之罪，撤文宗庙主。大承天护圣寺（西湖寺）文宗影堂、庆寿寺文宗皇太子阿剌忒纳答剌影堂，应该都被撤除了。文宗生母唐兀氏的祭祀也被撤除了。文宗皇后卜答失里不久死去，没有得到祭祀。

翰林院三朝御容迁入佛寺的计划，因顺帝亲政而有新变化。兴教寺（石佛寺）太祖神御殿，始建于英宗，泰定帝、文宗时断断续续修建，迁延近二十年，在顺帝时终于建成。《元史・顺帝纪》载，后至元六年（1340）正月，“奉三朝御容于石佛寺”③。许正弘采信这一记载，认为三朝御容从此安奉于兴教寺。④ 然而，《元史・祭祀志》所载此事更为详细：“翰林院言三朝御容祭所甚隘，兼岁久屋漏，于石佛寺新影堂奉安为宜。中书省臣奏：‘此世祖定制，当仍其旧。’制可。”⑤所谓世祖定制，即将三朝御容留在翰林院。《顺帝纪》很可能因删略史文过甚而致误。我们可以发现，至正时期三朝御容也仍然在翰林院。《析津志・岁纪》提到六月祭祀“翰林院三朝御容”⑥，《析津志・原

①《元史》卷四〇《顺帝纪三》，第 856 页。

②尚刚：《蒙、元御容》，《故宫博物院院刊》2004 年第 3 期，第 31—59 页；改题《元朝御容》，收入氏著《古物新知》，北京：生活・读书・新知三联书店，2012 年，第 177 页。

③《元史》卷四〇《顺帝纪三》，第 853—854 页。

④许正弘：《试论元代原庙的宗教体系与管理机构》，《蒙藏季刊》19-3，2009 年，第 70 页。

⑤《元史》卷七五《祭祀志四・神御殿》，第 1877 页。

⑥《析津志辑佚》，第 220 页。

庙·行香》记载七月上旬祭三朝御容于翰林国史院，都是至正年间的情况。危素记载，至正三年（1343）春，贺惟一为中书右丞，“祭三朝御容于翰林国史院”[①]。张翥（1287—1368）记载，至正十八年戊戌（1358），三朝御容在翰林。[②] 总之，自顺帝亲政以后，翰林院三朝御容迁入佛寺的计划就取消了。

顺帝为父亲明宗新设一座影堂。许正弘认为三朝御容后至元六年安奉于石佛寺之后又迁回翰林院。[③] 笔者认为石佛寺没有安奉过三朝御容，而是建立了明宗影堂。张翥记载，后至元六年（庚辰，1340）十月朔，“奉迎明宗册宝至石佛寺”[④]。元代皇帝册宝一般收藏在太庙、影堂中。张翥的记载说明此时石佛寺中有明宗影堂。这可以得到合理解释。因为后至元六年正月顺帝决定三朝御容按世祖旧制留在翰林院，所以石佛寺中刚建成的神御殿便空置了，于是改为明宗影堂。石佛寺明宗影堂，是明宗的第三座影堂。至正二年（1342），织造明宗御容，[⑤]应该就是为了安奉于石佛寺。《析津志·原庙·行香》记载，明宗皇帝愍忌日行香于延寿寺，忌日行香于黑塔寺。石佛寺内明宗的第三座影堂，不举行岁时行香。

顺帝为祖母亦乞烈氏建立了第二座影堂。至正七年（1347）十二月，将明宗生母亦乞烈氏寿童徽号“仁献章圣皇后”改为“庄献嗣圣皇后”，[⑥]提升了她的地位，强调她抚育明宗、宁宗、顺帝两代三位皇帝之功。《析津志·原庙·行香》记载，庄献嗣圣皇后愍忌日行香于南寺，忌日行香于黑塔寺。寿童御容在文宗时已安奉于大崇恩福元寺武宗影堂，顺帝至正时期又被安奉于大天源延圣寺，应该是要与她的儿子明宗安奉在同一寺中。元朝皇帝有建影堂以纪念祖母的先例。总之，顺帝祖母亦乞烈氏影堂有大崇恩福元寺

---

①危素：《危太朴文续集》卷二《元故征君杜公伯原父墓碑》，《元人文集珍本丛刊》本，第25a页。

②张翥：《张蜕庵诗集》卷四《翰林三朝御容戊戌仲冬把香前宫》，《四部丛刊》本，第1a页。

③许正弘：《试论元代原庙的宗教体系与管理机构》，《蒙藏季刊》19—3，2009年，第72页。

④张翥：《张蜕庵诗集》卷四《庚辰十月朔奉明宗册宝至石佛寺，明日壬辰迎至太庙清祀礼成，赋以纪事》，第1b页。

⑤《元史》卷四〇《顺帝纪三》，第863页。

⑥《元史》卷四一《顺帝纪四》，第876页。

（南寺）、大天源延圣寺（黑塔寺）两处。

顺帝的曾祖母顺宗昭献元圣皇后答己，泰定时有普庆寺影堂，文宗时又增西湖寺影堂。《析津志·原庙·行香》记载答己的慇忌日、忌日祭祀皆在普庆寺。顺帝还不定期乘龙舟幸大承天护圣寺（西湖寺）。如至正元年（1341）四月十三日，中书省臣帖木尔达识、阿鲁、许有壬等随行。[①] 再如至正三年（1343）三月二十二日周伯琦侍从顺帝"泛舟玉泉西山护国寺行香"[②]。"护国寺"当为"护圣寺"之讹，即玉泉西山的西湖寺。顺帝到西湖寺行香，很可能是祭拜答己影堂。

宁宗驾崩之后没有立刻得到祭祀。大概是因为宁宗是顺帝的弟弟。而以兄拜弟之礼应与蒙古习俗相悖，顺帝对此心存疑虑[③]。顺帝后被儒臣说服，于后至元三年（1337）加宁宗谥号，升祔太庙，[④]但立宁宗影堂仍然要等到至正十四年（1354）。[⑤]《析津志》记载，宁宗影堂在大天寿万宁寺（中心阁）。因此《析津志》成书时间很可能在至正十四年之后。大天寿万宁寺安奉有成宗帝后，成宗无嗣，大概因此也用于安奉宁宗。

真定玉华宫祭祀仍然延续了既往制度。至正五年或六年（1345/1346），迺贤行经真定，记载玉华宫"宏壮华丽，拟于宫掖。制命羽流崇奉香镫，置卫士以守门阈，岁时月日，中书以故事奏闻，命集贤院臣代祀，函香致礼，遣太常礼乐，率燕南宪臣、真定守臣具朝服，备牲牢，行三献之礼"。迺贤还记载延祐时御史元永贞上疏请罢玉华宫太常雅乐，"疏上，不报"[⑥]。前文已述，元永贞上疏当在英宗延祐七年，且被英宗采纳。至正时迺贤见玉华宫仍用太常雅乐，不谙元永贞疏文背后的史事，因此"疏上，不报"为他的推测之辞。

---

①许有壬：《圭塘小稿》别集卷上《龙舟侍宴（并序）》，《三怡堂丛书》本，第5a页。

②周伯琦：《近光集》卷一《三月廿二日侍从圣上泛舟玉泉西山护国寺行香作二首》，日本静嘉堂文库藏明刊本，第21a页。

③《元史》卷四一《顺帝纪四》，第869页。

④《元史》卷三九《顺帝纪二》，第838页。

⑤《元史》卷四三《顺帝纪六》，第916页。

⑥迺贤：《河朔访古记》卷上，《迺贤集校注》，叶爱欣校注，郑州：河南大学出版社，2012年，第277页。

唆鲁禾帖尼影堂祭祀也得到继续。至正十五年(1355)九月,"命秘书卿答兰提调别吉太后影堂祭祀,知枢密院事野仙帖木儿提调世祖影堂祭祀,宣政院使蛮子提调裕宗、英宗影堂祭祀"①。别吉太后即唆鲁禾帖尼。此处秘书卿答兰所提调的,应该是自文宗时列入国家祭祀的靖恭坊也里可温寺影堂。

总之,顺帝从后至元六年亲政到至正时期,撤除了文宗、文宗皇太子阿剌忒纳答剌、文宗生母唐兀氏的影堂祭祀,取消了翰林院三朝御容迁入佛寺的计划,延续了真定玉华宫、元大都也里可温寺的唆鲁禾帖尼影堂,新增了三座影堂,包括兴教寺(石佛寺)明宗影堂、大天源延圣寺(黑塔寺)明宗生母亦乞烈氏影堂、大天寿万宁寺(中心阁)宁宗影堂。

元顺帝至正时期影堂表

帝后名称	影堂所在地(简称)
太祖皇帝(三朝御容) 太宗皇帝(三朝御容) 睿宗皇帝(三朝御容)	翰林院
太上皇(睿宗)、皇太后	真定玉华宫
显懿庄圣皇后(唐妃娘娘阿吉剌)	也里可温寺
世祖皇帝 昭睿顺圣皇后察必(老太后、也可皇后)	大圣寿万安寺(白塔寺)
昭睿顺圣皇后察必(老太后、也可皇后)	大护国仁王寺(高梁河寺)
南必皇后	宝塔寺
裕宗皇帝 裕宗徽仁裕圣皇后	大圣寿万安寺(白塔寺)
那木罕主人	大护国仁王寺(高梁河寺)
顺宗皇帝 顺宗昭献元圣皇后(太皇太后)	大承华普庆寺(普庆寺)

①《元史》卷三八《顺帝纪一》,第818页。

续表

帝后名称	影堂所在地（简称）
顺宗昭献元圣皇后（太皇太后）	大承天护圣寺（西湖寺）
成宗完者笃皇帝 成宗贞慈静懿皇后失怜答里	大天寿万宁寺（中心阁）
武宗曲律皇帝 武宗庄献嗣圣皇后（明宗生母）	大崇恩福元寺（南寺）
武宗庄献嗣圣皇后（明宗生母）	大天源延圣寺（黑塔寺）
仁宗普颜笃皇帝 仁宗庄懿慈圣皇后阿纳失失里	大承华普庆寺（普庆寺）
仁宗普颜笃皇帝	大圣寿万安寺（白塔寺）
英宗皇帝 英宗庄静懿圣皇后速哥八剌	大永福寺（青塔寺）
明宗皇帝 明宗贞裕徽圣皇后	大天源延圣寺（黑塔寺）
明宗皇帝	大天源延寿寺（卢师寺）
明宗皇帝	大兴教寺（石佛寺）
宁宗皇帝	大天寿万宁寺（中心阁）
八思巴帝师	大兴教寺（石佛寺）

八　半官方影堂

前文所讨论的敕建佛寺、翰林院三朝御容、真定玉华宫三类影堂，前两类是一直稳定遣使致祭，而真定玉华宫则不太稳定。玉华宫，仁宗时期开始朝廷遣使致祭，英宗、泰定帝时期罢遣使，文宗以降又恢复遣使。可见玉华宫在相当长的时间里并非遣使祭祀之所，而只是得到朝廷允许或承认，本处自行祭祀。在文宗朝以前，元大都也里可温寺唆鲁禾帖尼影堂、宝塔寺南必皇后影堂也属于这种情况。笔者将这种地位的影堂定义为半官方影堂。玉华宫、也里可温寺、宝塔寺的影堂，在文宗时期最终从半官方进入朝廷遣使祭祀之列。然而，还有七座影堂始终处于半官方地位。

在元大都及其周边地区有三座。（一）昌平县崇源寺武宗影堂；（二）大都咸宜坊顺圣寺顺宗皇后答己影堂，创立者皆为伯忽笃。伯忽笃是武宗潜邸侍女，后随太皇太后答己于覃怀，英宗朝以降，她又主掌太祖皇后完颜氏斡耳朵、世祖皇后迭只斡耳朵，出资在昌平县建崇源寺供奉武宗御容，在大都咸宜坊建顺圣寺供奉顺宗皇后答己御容。许有壬《敕赐顺圣寺碑》云："皇上孝治天下，事佛之宇列圣神御在焉，圣母（答己——引者案）既有所矣。伯忽笃复此缔筑，非渎也。"[①]这有力地说明这两座影堂是在朝廷影堂之外，由伯忽笃自发建立的，后来虽然得到了朝廷的认可，但朝廷并不遣使祭祀。（三）大都崇仙宫顺宗皇帝影堂，见于《析津志》记载："崇仙宫，女冠众，在长春宫东南。内有顺宗皇帝影堂。"[②]崇仙宫顺宗影堂设立者不详，但也不在朝廷祭祀名单中。

建在州县的影堂有四座。首先需说明，前文已经提及，元初王恽建言在拖雷征战之地河南钧州建睿宗原庙，[③]但没有了下文，因此笔者同意刘晓先生的观点，王恽的建议没有得到批准。（一）山西临汾尧庙光宅宫有"世祖皇帝影殿"[④]，其渊源是因为光宅宫高道姜善信（1197—1274）备受世祖尊崇。[⑤] 赵建勇据至正十七年（1357）《光宅宫常住田宅记》碑文"而圣言之谆切，御宝之辉煌，蕴诸金匮者，完存如新"[⑥]，认为尧庙影殿藏有玉册、御

---

①许有壬：《敕赐顺圣寺碑》，《至正集》卷四六，第224页。

②《析津志辑佚》，第93页。

③王恽：《秋涧集》卷九二《钧州建原庙事状》，第477页。案，原文作"太上宪宗皇帝"，显为"太上睿宗皇帝"之讹。

④《圣旨田宅之记》（至正十七年），王天然主编：《三晋石刻大全·临汾市尧都区卷》，太原：三晋出版社，2011年，第53—54页。

⑤李槃：《敕赐靖应真人道行碑》，成化《山西通志》卷一五，第149b—151b页；王国杰主编：《三晋石刻大全·运城市新绛县卷》，太原：三晋出版社，2015年，第39—40页。《敕董若冲圣旨碑》，张江涛编著：《华山碑石》，第262—263页。《忽必烈皇帝圣旨碑》，汪学文主编：《三晋石刻大全·临汾市洪洞县卷》，太原：三晋出版社，2009年，第76页。

⑥《圣旨田宅之记》（至正十七年），王天然主编：《三晋石刻大全·临汾市尧都区卷》，太原：三晋出版社，2011年，第53—54页。

宝。[①] 然而玉册、御宝是不可能出现在祠庙中的。笔者认为，碑文此句的意思实际上是钤盖有御宝的圣旨妥善保存于尧庙之中。尧庙光宅宫因受世祖眷顾，所以供奉御容以表纪念。（二）山西赵城中镇霍山广胜寺有“世祖薛禅皇帝御容、佛之舍利、恩赐藏经”[②]，应该设有世祖影堂。此为延祐六年（1319）重修碑所载，而至元二十年（1283）重修碑中无一语提及，[③]说明世祖御容是在这中间的某个时间奉入广胜寺的。据《佛祖历代通载》，元世祖“印大藏经三十六藏，遣使分赐”[④]。广胜寺的《赵城金藏》很可能包含了元世祖印赐的部分。[⑤] 寺中有世祖御容，应该就是为了纪念此事。（三）元末至正年间宜宾县尹杨济亨建言在蟠龙山（在四川阆中）设宪宗神御殿，经奉使宣抚王守诚上奏，可能得到了朝廷批准。[⑥]（四）甘州十字寺有别吉太后（唆鲁禾帖尼）影堂，其渊源应该是唆鲁禾帖尼的景教信仰。这座影堂大概也是先由甘州当地发起而后得到朝廷承认。[⑦] 许正弘指出，蟠龙山宪宗神御殿、甘州唆鲁禾帖尼影堂的设立原因及具体状况，都存在一些难解之处，例如蟠龙山并非宪宗征战之地，而且蟠龙山宪宗神御殿、甘州唆鲁禾帖尼影堂的出现距此二人去世约有百年。[⑧] 笔者认为，这些朦胧之处，更说明这些影堂不是朝廷设立的。

---

①参赵建勇：《全真姜善信教行初考》，熊铁基、梁发主编：《第二届全真道与老庄学国际学术讨论会论文集》，武汉：华中师范大学出版社，2013年，第405—411页。

②《重修明应王殿之碑》（延祐六年），《山右石刻丛编》卷三一，第15680页；汪学文主编：《三晋石刻大全·临汾市洪洞县卷》，太原：三晋出版社，2009年，第72—75页。

③《重修明应王庙之碑》（至元二十年），汪学文主编：《三晋石刻大全·临汾市洪洞县卷》，第62—64页。

④念常：《佛祖历代通载》卷二二，《中华再造善本》影印中国国家图书馆藏元至正七年释念常募刻本，北京：北京图书馆出版社，2005年，第32b页。

⑤参李富华、何梅：《汉文佛教大藏经研究》，北京：宗教文化出版社，2003年，第109—110页。

⑥《元史》卷一八三《王守诚传》，第4210页。

⑦参马晓林：《元代甘州十字寺唆鲁禾帖尼影堂设立原因探析——兼论马可·波罗所记河西景教》，《国际汉学研究通讯》第8期，北京：北京大学出版社，2014年，第194—213页。

⑧参许正弘：《唆鲁禾帖尼生卒年寿及其相涉史事》，《台湾师大历史学报》第53期，2015年6月，第59—68页。

总之，这七座半官方影堂的设立，一般缘起于某位帝后与特定地域、特定人物的密切关系，带有纪念性质。其中不藏册宝，与朝廷岁时遣使祭祀的影堂规格性质皆不同。

九　小结

我们归纳一下元代影堂的起源、发展演变过程、功能特点与设立原则。

元代影堂作为祭祀祖先的一种形式，是蒙古翁衮崇拜、辽宋金原庙、藏传佛教塔庙、唐卡艺术的融合体。元世祖时期，出现了影堂的三种雏形：翰林院三朝御容、真定玉华宫睿宗帝后御容、敕建佛寺。翰林院三朝御容、真定玉华宫睿宗帝后御容，由院官、宫观道士祭祀，处于国家祭祀的边缘，尚未得到足够尊崇。敕建寺院逐渐成为纪念其功德主帝后的场所，发展为元代影堂的主体。

成宗、武宗时期，织造御容并安奉于敕建佛寺中，形成了真正意义上的影堂。仁宗将影堂增加到三种类型：翰林院三朝御容、敕建佛寺影堂、真定玉华宫御容。英宗、泰定帝时期，取消遣使祭祀真定玉华宫，计划将三朝御容迁入敕建佛寺中，呈现出整合划一的倾向。文宗时期，回归仁宗时期的多元化倾向，不仅恢复了三种类型，而且将一些半官方影堂升入遣使祭祀之列。顺帝时期基本上延续了文宗的影堂体系，只是在政治斗争背景下略有调整。

元朝先后为34位帝后设置了影堂。但因为现实政治的变化，有的影堂祭祀被撤除。顺帝至正年间，共祭祀23位帝后，每年逢愍忌（生日）与忌日（周年、卒日）遣官行香。影堂的首要功能是纪念祖先，主要职能是行香祭祀，宣示皇位传承的血缘正统由来。影堂也具有实际的经济功能，分担了斡耳朵宫帐的一些实际职能。斡耳朵宫帐领有私属人口、财产、军队，是典型的游牧制度。而影堂所在的皇家寺院，本身就是一位皇族成员的私产。建立影堂后，这份私产得以传承。这与斡耳朵制度“列圣宾天，其帐不旷”[①]的原则是相同的。元朝帝后的私产主要在宫帐、佛寺之中。宫帐及其财产通过火室斡耳朵的形式得以传承。佛寺的财产则以影堂的形式传承。

帝后生前创建的佛寺,即其私产,一般在会成为其影堂所在地。世祖创建大圣寿万安寺(白塔寺),因此世祖影堂设于其中。白塔寺世祖影堂中当然也有皇后察必御容。察必皇后所创大护国仁王寺(高梁河寺)为其私产,因此后来寺中设察必影堂。成宗创建大天寿万宁寺(中心阁),因此成宗影堂设于其中。武宗创建大崇恩福元寺,因此武宗影堂设于其中。仁宗创建大崇华普庆寺,因此仁宗影堂设于其中。文宗建大承天护圣寺(西湖寺),因此文宗影堂设于其中。

元朝出现了一人同时有两座甚至三座影堂的情况。英宗为父亲仁宗在白塔寺、普庆寺设立两座影堂。顺帝时,其父明宗同时有三座影堂。文宗为生母额外设立一座影堂。文宗为祖母答己建立第二座影堂。顺帝为祖母亦乞烈氏建立第二座影堂。可见一人同时有两或三座影堂的情况,皆为皇帝尊父、母、祖母的表现。因此,基于直系血缘关系的“孝”,对元朝皇帝影响极深。

---

①许有壬:《敕赐崇源寺碑》,《至正集》卷四六,第 223 页。

本篇结语

元代国家祭祖仪式，内容来源多元，表现形式多样，并且相互影响。

草原传统的烧饭礼，有很悠久的历史。大蒙古国前四汗时期应该基本上采用烧饭祭祖礼。在漠北草原的成吉思汗大斡耳朵之地，烧饭祭祀一直持续到15世纪中叶。[①] 烧饭礼在元朝得到了完整保留，但也在一定程度上受到定居文化影响。元大都城内建立烧饭院时，当然需要考虑城市布局问题。元代烧饭院在元代从宫城正北方的海子桥北迁移至宫城东北方的蓬莱坊。虽然迁址原因不得其详，但在城市内选址当然与定居文明难脱关系。

在13世纪中期，中原礼制、藏传佛教因素开始进入蒙古统治者的视野。

元世祖忽必烈即位后，立即采纳汉、藏文化因素祭祀祖先。中统元年（1260），“设神位于中书省，用登歌乐，遣必阇赤致祭焉”[②]。此处的“神位”，即中原传统的木质神主。太庙始建于中统四年（1263）三月，至元元年（1264）十月建成。至元二年（1265）八月，燕京建成了第一座藏式佛塔白塔，应该也

---

①白石典之：《モンゴル帝國における『燒飯』祭祀》，《東洋史研究》第80卷第1期，2021年，第69—103。

②《元史》卷七四《祭祀志三·宗庙上》，第1831页。

发挥了祭祀祖先的功能。白塔与太庙修建时间很接近,说明元朝皇室采用中原传统的太庙、藏传佛教的塔庙仪式祭祀祖先几乎在同一时间。

至元十七年(1280)元大都新建的太庙,仍然吸收了藏、蒙因素。

藏传佛教因素直接进入太庙,在中国历史上尚属首次。至元六年(1269)十二月,“命国师僧荐佛事于太庙七昼夜,始造木质金表牌位十有六,设大榻金椅奉安祏室前,为太庙荐佛事之始”①。将中原传统的栗木神主改为木质金表牌位,设大榻金椅,在太庙内做佛事,这些都是直接受藏传佛教影响。

蒙古因素也进入太庙、影堂。祭祀仪式中所用的牲品、宰牲方式,都包含蒙古因素。元代太庙室次制度深受蒙古文化影响,经过五个阶段的演变,才逐渐符合汉制。在蒙古文化影响下确立的太祖居中之制,经元中期重整昭穆之序后,为明清太庙所承袭。

影堂最能体现蒙、汉、藏文化的交融。元代影堂虽然化用了中原的原庙先例,但在13世纪后半叶出现时缺乏完整的制度,其体系是在此后现实政治演变中才逐渐形成的。元代累朝敕建藏式佛寺是影堂的重要基础。影堂祭祀礼仪的主体是藏传佛事与中原仪注的结合,另外还有道教、景教因素。而在游牧本俗中,宫帐斡耳朵具有私产与纪念堂合一的性质。影堂也具有这种私产与纪念堂合一的性质。因此在影堂的设立理念中,蒙古文化是一条主轴。

总之,元代国家祖先祭祀的形成与演变,体现了蒙古、汉、藏等多元文化因素的并存、杂糅和交融。

①《元史》卷七四《祭祀志三·宗庙上》,第1832页。

第三篇

*

国俗旧礼

元代国家祭祀主要源于草原、中原二元传统。自忽必烈附会汉法,建立起中原传统的祭祀制度以后,与之相对的蒙古礼俗被称为"国俗旧礼"。对于元朝这样一个由漠北草原入主中原的少数民族政权而言,"国俗旧礼"对统治者文化意识的凝聚有重要意义。"尊国礼"的原则,在元朝礼制中尤为突出。

《元史·祭祀志》六卷基本上按照中原传统吉礼编排,仅第六卷末有"国俗旧礼",专记蒙古宫廷礼俗,下分九条,史料价值极高。一些涉及元代礼俗的著作往往概括介绍这些条目的内容。[①] 1970 年,拉契涅夫斯基(Paul Ratchnevsky)发表《中国大汗宫廷中的蒙古信仰》,将"国俗旧礼"前八条全文译为德文并有注释和研究。[②] 第九条白伞盖佛事得到了藏传佛教研究者的关注,石滨裕美子从八思巴的佛教思想出发解读其内涵,[③]乙坂智子详考其源流、构成与功能。[④]

以往研究对《元史·祭祀志·国俗旧礼》的史源、编纂时间鲜有涉及,因此影响了研究的深度。本篇第七章旨在解决这一问题,以之为基础,才能展开史实考证。

元代国俗旧礼可以分为植入型和独立型两种类型。植入型,是在中原礼仪郊祀、太庙中出现的"国礼"。郊祀中的国礼在本书第一篇中已有讨论,

---

①黄时鉴:《元代的礼俗》,《元史及北方民族史研究集刊》第 11 期,1987 年,收入白寿彝总主编,陈得芝主编:《中国通史·元代卷》(上)第十二章《元代的礼俗》,上海:上海人民出版社,1997 年,第 1018—1038 页。陈高华、史卫民:《中国风俗通史·元代卷》,第 388—389 页。王明荪:《元史中所载之蒙古旧俗》,台北:"蒙藏委员会",1988 年,收入氏著《辽金元史论文稿》,台北:槐下书肆,2005 年,第 291—319 页。

②Paul Ratchnevsky,"Über den mongolischen Kult am Hofe der Grosskhane in China",in Louis Ligetied.,*Mongolian Studies*,Amsterdam,1970,pp. 417-443.

③[日]石滨裕美子:《パクパの仏教思想に基づくフビライの王権像について》,《日本西藏学会々報》40,1994 年,第 35—44 页。

④[日]乙坂智子:《元大都の游皇城——"与民同乐"の都市祭典》,[日]今谷明编:《王権と都市》,京都:思文阁出版,2008 年,第 170—208 页,收入氏著:《迎仏鳳儀の歌——元の中国支配とチベット仏教》,东京:白帝社,2017 年,第 492—560 页。

本篇第八章考察太庙中的“国礼”。

独立型，是独立成礼的“国俗”。其中等级最高的是祭天与祭祖，如元人姚燧云：“如马湩酹郊、燔肉告神，皆大祀。”[①]马湩酹郊，是以洒马湩为主要特征的祭天。燔肉告神，是以烧饭为主要特征的祭祖。这两种蒙古礼俗在本书第一、二篇中已有讨论。本篇第九章考察射草狗仪式。第十章搜集散见史料，考出八项礼俗，以呈现元朝“国俗旧礼”的丰富样貌。

①姚燧：《牧庵集》卷一三《皇元高昌忠惠王神道碑铭并序》，《四部丛刊》本，第9b页。《全元文》第9册第550页收入此文时标点误作“马湩、酹郊、燔肉、告神”。周清澍先生已纠其谬。周清澍：《元代文献辑佚中的问题——评〈全元文〉1—10册》，《元蒙史札》，呼和浩特：内蒙古大学出版社，2001年，第644页。

第七章 《元史·祭祀志·国俗旧礼》的成立

《元史·祭祀志》第六卷末“国俗旧礼”,下分九条,一千余字,篇幅虽小,但史料价值极高。《元史·祭祀志·国俗旧礼》是研究元代宫廷蒙古礼俗最核心的史料,其重要性不言而喻。以往研究对《元史·祭祀志·国俗旧礼》的史源、编纂时间鲜有涉及,影响了研究的深度。本文从历史编纂学的角度,分析其内容性质、纂修时间以及史源。

一 内容性质

樱井智美指出,关于《元史·祭祀志》,应考虑五个层面的可能性:1. 反映元代的现实状况;2. 反映元代史料的残缺;3.《元史》编纂者的意图;4. 明政权的意图;5. 编纂上的制约。① 这五方面都体现在《元史·祭祀志·国俗旧礼》中。

---

①[日]櫻井智美:《〈元史·祭祀志〉について》,《13、14 世紀東アジア史料通信》第 6 号,2006 年 3 月。

《元史·祭祀志·国俗旧礼》下分九条，各条原无题目，为叙述方便，兹依其内容，分别定名：

1. 太庙四祭国礼；
2. 六月二十四日洒马奶；
3. 烧饭；
4. 射草狗；
5. 岁末祭火脱灾；
6. 后妃妊娠生育；
7. 帝后病丧；
8. 葬俗；
9. 白伞盖佛事。

这九条的内容实际上远远超出了祭祀的范畴。从仪式性质与目的来看，第1、2、3这三条属于祭祀；第4、5、6、7条是禳灾、生育、病丧的习俗，与祭祀无涉；第8条虽然涉及一点祭祀，但主要内容还是丧葬习俗；第9条与其说是祭祀不如说是节庆，而且“白伞盖佛事”显非蒙古本俗，而是13世纪中期蒙古人接受佛教之后才出现的。拉契涅夫斯基译注《国俗旧礼》时即将“白伞盖佛事”条排除在外。总之，《国俗旧礼》除前三条外，其余六条属于风俗节庆，与《祭祀志》并不切题，有拼凑之嫌，编纂时应该受到了史料制约。

从仪式特点而言，如前所述，元代国俗旧礼，可以分为两种类型。一种为独立型国俗旧礼，即蒙古传统仪式独立成礼。另一种为植入型国俗旧礼，指汉地祭祀礼仪之中所植入的蒙古仪式因素。《国俗旧礼》第1条“太庙四祭国礼”是植入型，第2—9条是独立型国俗旧礼。

从文化起源的角度来看，第9条白伞盖佛事，是各族众多人员参加的游皇城活动，是糅合了中古中国都市节庆、藏传佛教白伞盖信仰、汉地佛教、民间信仰等多种因素的都市庆典，呈现“与民同乐”、“混一华夷”的观念,[①]总的来说是一种以融合性为特点的节庆礼俗。而第 1—8 条八种礼俗则带有鲜明的草原民族特色,与汉地礼制扞格难入。汉唐以来,汉地传统的吉、凶、军、宾、嘉五礼制度已经形成了一整套完整的体系框架。以这套体系框架来衡量,第 1 条与太庙相关,尚属于吉礼,其余 2—8 条则很难写入五礼体系。

元朝宫廷文化的复杂性,导致明修《元史》处理元代国俗旧礼时在体例上有一定难度。《元史》纂修者明言"志"参照《宋史》,当然《宋史》没有这种礼俗问题。而类似的问题在《金史》中已经遇到了。元人修《金史》采取的体例是设《礼志》,内容大致按五礼顺序编写,但不拘泥于五礼制度的框架,根据实际情况,有则书,无则免。少数民族礼俗文化因而进入《礼志》,名实相符,较为得宜。但《元史》没有沿用《金史》的成例,不设《礼志》,而设《礼乐志》与《祭祀志》。这种编排的直接原因在于史源。《元史》诸志主要取材于元文宗朝官修政书《经世大典》。《经世大典·礼典》中有大篇幅的中原传统祭祀条目,除祭祀之外的礼仪篇幅较小,难以凑成五礼,最后只能单独设立《祭祀志》。《经世大典》中又没有专门记载蒙古礼俗的章节。明朝崛兴,为树立新王朝的合法性,重拾华夷之辨,强调明朝为华夏正统,因此明太祖不遗余力地进行礼俗改革,贬斥元朝"胡俗"。[②] 明太祖以编纂《元史》来宣告元朝亡国,从而确立明朝正统。《元史》编纂为这一政治目标服务,则《元史·祭祀志》中必须有蒙古礼俗。因此《元史》纂修官在《祭祀志》最后一卷之末设立了《国俗旧礼》条。

二　记事时间

《元史》分前后两次修成。初修记事止于文宗朝,续修主要是采集史料、

①参[日]乙坂智子:《元大都の游皇城——"与民同乐"の都市祭典》,[日]今谷明编:《王権と都市》,京都:思文阁出版,2008 年,第 170—208 页,收入氏著:《迎仏鳳儀の歌——元の中国支配とチベット仏教》,东京:白帝社,2017 年,第 492—560 页。

②参张佳:《新天下之化——明初礼俗改革研究》,上海:复旦大学出版社,2014 年。

纂修顺帝朝史事。《元史·祭祀志》前五卷记事止于文宗朝，显为初修。第六卷主要记载顺帝朝礼制，当为续修。方龄贵先生认为，第六卷之末的《国俗旧礼》很难断言成于初修抑或续修。① 但我们可以找到《国俗旧礼》成于续修的证据。

首先，《国俗旧礼》第4条“射草狗”、第9条“白伞盖佛事”皆提及了“西镇国寺”。此寺在元大都以西，始建于世祖朝，通称“镇国寺”，②后来武宗在大都以南建南镇国寺（又名大崇恩福元寺），③因此原来的镇国寺才改称西镇国寺。据此，《国俗旧礼》记事不早于武宗朝。

其次，能将《国俗旧礼》记事时间进一步向后推的，是第1条“太庙四祭国礼”的记载：

> 每岁太庙四祭，用司禋监官一员，名蒙古巫祝。④

据此条开头“每岁太庙四祭”，即可判定其记事不早于元中期。因为元代太庙起初岁用冬祀，每年享祭一次，英宗延祐七年（1320）即位后，决议四时躬祀太庙，次年开始施行。⑤

而据此条中提及的官署“司禋监”，更能判定其记事必在元后期顺帝朝。拉契涅夫斯基对司禋监做了简单梳理，⑥但未据之判断《国俗旧礼》纂修时间。《元史·百官志》载，至正元年（1341）十二月，“奉旨，依世祖故事，复立

---

①方龄贵：《〈元史〉纂修杂考》，张寄谦编：《素馨集——纪念邵循正先生学术论文集》，北京：北京大学出版社，1993年，收入氏著《元史丛考》，北京：民族出版社，2004年，第1—49页（尤其是第36—37页）。

②王恽：《秋涧集》卷二八《镇国寺观迎佛》，第425页上。王恽：《玉堂嘉话》卷四“镇国寺栢上生芝”条，北京：中华书局，2006年，第114页。周南瑞编：《天下同文集》卷四《迎佛会歌》，《雪堂丛刻》本，第26a页。念常：《佛祖历代通载》卷二二“帝命皇后娘娘镇国寺行香”条，《大正藏》第49册，第722页。

③参林梅村：《元大都南镇国寺考》，《中国文化》2018年第2期。

④《元史》卷七七《祭祀志六·国俗旧礼》，第1923—1924页。

⑤《元史》卷二七《英宗纪一》，第606页；卷七四《祭祀志三·宗庙上》，第1837页。

⑥Paul Ratchnevsky, “Über den mongolischen Kult am Hofe der Grosskhane in China”, in Louis Ligetied., *Mongolian Studies*, Amsterdam, 1970, p. 418 n. 10.

司禋监,给四品印,掌师翁祭祀祈禳之事"[①]。然而元世祖时似乎并未设立司禋监,惟至元八年(1271)秋七月,以郑元领祠祭岳渎,"授司禋大夫"[②]。所谓"依世祖故事",大概指此而言。《元典章》卷七《吏部一·职品·拾存备照杂职·正四品》有"司禋大夫"[③]。所谓"拾存备照杂职",指过去曾设而现在不设的官职。元代诸监长官一般皆称卿、监、丞,[④]而不是大夫。因此世祖设司禋大夫一职时,并无司禋监。司禋监的初次设立是在武宗至大三年(1310)正月,然仅一年有余,仁宗至大四年(1311)五月敕中书省裁省冗司,司禋监便被罢。当年闰七月复置,又仅过一年,皇庆元年(1312)八月复罢。顺帝至元六年(1340)正月立司禋监,二月罢。[⑤] 总之,司禋监三次旋立旋罢,前两次存活一年有余,第三次存活仅一个月。直到至正元年(1341)十二月复立司禋监,才永久固定下来。[⑥] 有鉴于此,《国俗旧礼》此条所记应该是顺帝至正元年(1341)十二月以后的事。

最后,第9条"白伞盖佛事"记载:"世祖至元七年(1270),以帝师八思巴之言,于大明殿御座上置白伞盖一,顶用素段,泥金书梵字于其上,谓镇伏邪魔护安国刹。自后每岁二月十五日,于大明殿启建白伞盖佛事,用诸色仪仗社直,迎引伞盖,周游皇城内外……"[⑦]如果只从字面理解,这段史料是说自至元七年以后每年二月十五日都举行白伞盖佛事,帝师亲率梵僧启建佛事,

---

①《元史》卷九二《百官志八》,第2330页。

②《元史》卷七《世祖纪四》,第136页。

③《元典章》卷七《吏部一·职品·拾存备照杂职·正四品》,《续修四库全书》本,第87页上;陈高华等点校本,第229页。

④[日]丹羽友三郎:《元朝の諸監についての一研究》,《法制史研究:法制史學會年報》20,1970年,第111—131页。余大钧译:《关于元代诸监的一些研究》,《北方民族史与蒙古史译文集》,昆明:云南人民出版社,2003年,第691—721页。

⑤《元史》卷二三《武宗纪二》,第521页;卷二四《仁宗纪一》,第543、545、553页;卷四〇《顺帝纪三》,第853、854页。

⑥《元史》卷四〇《顺帝纪三》,第863页。柯劭忞:《新元史》卷六一《百官志七·司禋监》,第309页载:"至元六年置司禋监。至大元年罢。"柯氏可能是将顺帝至元六年与世祖至元六年混淆了,其说不足采信。

⑦《元史》卷七七《祭祀志六·国俗旧礼》,第1926页。

同时包括规模盛大的游皇城活动，中书省、枢密院、礼部、刑部官员各有职责，皇帝、后妃、公主亲临观览。然而，这种情况在元世祖乃至元中期都是不可能实现的。关于元代历朝皇帝每年的居处地点和日期，史料记载较为零散，渡边健哉做了系统整理。自世祖以降，二月十五日不在大都的案例不在少数。如世祖至元十四年(1277)、二十八年(1291)二月十五日“驾幸上都”，至元十六年(1279)二月十五日在德仁府，至元十八年(1281)二月五日至三月一日在柳林，至元十九年(1282)二月一日至十八日在柳林，至元二十二年(1285)、二十三年(1286)、二十四年(1287)、二十九年(1292)在柳林、德仁府；成宗元贞二年(1296)二月十五日在柳林的戏出秃(Hicutu)；英宗至治二年(1322)二月十六日在柳林，三年(1323)二月十一日前往柳林；顺帝后至元三年(1337)、四年(1338)二月十五日当亦在柳林。[①] 以上年份的二月十五日，皇帝不在大都，不可能观览白伞盖游皇城活动。因此，元朝实际上并没有每年都举行白伞盖佛事。《析津志》记载“近年惟太师右丞相脱脱奉旨前后游城二次”[②]，也反映出这一点。所谓每年举行白伞盖佛事的说法，只是元后期追溯时以偏概全而已。

综合上述三条内部证据，可以推知《国俗旧礼》所记为顺帝朝礼制。因此《国俗旧礼》应该纂成于《元史》第二次纂修时。

三 史源

明朝洪武二年(1369)《元史》第一次纂修完毕，为续修顺帝朝史事，派遣吕复等人前往北平采史。吕复等人八月在北平故国子监开局，采集史料并

①参渡边健哉：《元大都形成史の研究：首都北京の原型》附表《元代皇帝の居处》，仙台：东北大学出版会，2017年，第289-301页。

②《析津志辑佚》，第216页。

汇编成册,十一月纂成,“以帙计者八十”[①],用车运载到南京。有记载称共计“八十有一帙”[②],多出来的一帙应该是吕复所编的《采史目录》。这部目录,吕复自己也过录了一份,藏于家中。宋濂见过这份目录,撰《吕氏采史目录序》云:[③]

> 凡诏令章疏,拜罢奏请,布在方策者,悉辑为一。有涉于番书,则令译而成文。其不系公牍,若乘舆巡幸、宫中隐讳、时政善恶、民俗歌谣,以至忠孝、乱贼、灾祥之属,或见之野史,或登之碑碣,或载群儒家集,莫不悉心咨访。

按宋濂的说法,北平采得史料主要有两类。第一类是“方策”,即官方档案,主要内容是诏令章疏、拜罢奏请的公文。第二类是公牍之外的资料,主要涉及的内容是“乘舆巡幸、宫中隐讳、时政善恶、民俗歌谣,以至忠孝、乱贼、灾祥之属”,来源是野史、碑碣、群儒家集。

吕复《采史目录》还有一篇序文,即刘崧(1321—1381)《北平山东事迹目录序》。徐苹芳先生揭出此序文,但未深论。[④] 刘崧序文题目中虽然有山东,但序文内容实际上仅涉及北平。这与《采史目录》的编纂过程有关。洪武二年十一月北平八十帙甫成书,即与《采史目录》一起送到了南京。随后吕复前往山东采史,到次年正月才结束。因此,吕复《采史目录》一开始只是北平目录,后来可能又增补了山东目录,大概附在北平目录后面。刘崧记载吕复北平采史内容:

---

①宋濂:《吕氏采史目录序》,《宋濂全集》卷二四,黄灵庚编辑校点,北京:人民文学出版社,2014 年,第 500—501 页。

②刘崧:《北平山东事迹目录序》,《槎翁文集》卷一〇,《四库全书存目丛书》集部第 24 册,第 19a—20b 页。

③宋濂:《吕氏采史目录序》,《宋濂全集》卷二四,第 500 页。

④徐苹芳:《燕京旧闻录三则》,朱诚如主编:《清史论集——庆贺王鍾翰教授九十华诞》,北京:紫禁城出版社,2003 年;收入氏著《中国城市考古学论集》,上海:上海古籍出版社,2015 年,第 203-210 页。

> 凡山亭农父之传诵、退卒阉竖之见闻，上自朝廷制诰诏旨、勋硕谥议、省台章奏、公府文移，以至公卿士大夫之述作、山林名儒逸士之缵纪、陵碑冢碣之幽潜、乡评稗官之碎琐，与夫士民节义之著、天人灾变之征，总总乎，彬彬乎，广哉备矣。①

刘崧与宋濂所记大体类似。“朝廷制诰诏旨、勋硕谥议、省台章奏、公府文移”，属于官方资料。而私家著述包括“公卿士大夫之述作、山林名儒逸士之缵纪、陵碑冢碣之幽潜、乡评稗官之碎琐，与夫士民节义之著、天人灾变之征”，大致对应于宋濂所说的野史、碑碣、群儒家集。此外，“山亭农父之传诵、退卒阉竖之见闻”大概是采访所得的资料。

《元史·祭祀志·国俗旧礼》的内容，大概算是“乘舆巡幸、宫中隐讳”，在碑碣中不会出现这样性质的文本。因此其史源可能是吕复等人在北平采得的文集、野史或采访资料。《元史·祭祀志·国俗旧礼》诸条风格接近，很可能有共同的史源，反映的主要是至正年间所能见到的元朝宫廷礼俗。

四 小结

《元史·祭祀志·国俗旧礼》内容与性质，是元代到明初的特定历史情境下造成的。明初修《元史》以树立明朝正统，强调华夷之变，则必须编纂元朝国俗旧礼。而元文宗朝官修《经世大典》对此不列条目，明初修《元史》时无官方文献可资取材。因此其条文内容严格而言不全属于祭祀，而是加上风俗节庆资料拼凑而成的。其史源是明洪武二年(1369)派遣吕复等人在北平采集到的私家著述，记载的是元顺帝朝至正年间的宫廷礼俗。

---

①刘崧：《北平山东事迹目录序》，《槎翁文集》卷一〇，第19a—20b页。

第八章　元代太庙中的“国礼”

元朝文化和制度中，以蒙汉两大因素的互动最为显著。但学术界往往更加关注元代汉文化的状况，[①]而对蒙古文化的讨论深度不足。元代国家祭祀礼仪糅合了蒙汉两大传统。蒙古传统制度、文化和习俗在元代文献中，称为“国制”、“国礼”、“国俗”等。研究“国礼”，有利于加深对元朝制度的理解。从国家祭祀礼仪中剥离出蒙古礼俗，不仅有利于理解古代蒙古文化，更有利于加深对元朝制度的理解。中原传统礼制中地位最高的郊祀、太庙，在蒙古因素影响下如何承续和嬗变，尤能体现元朝的意识形态。元代郊祀的建立缓慢迟滞，[②]而太庙祭祀在元世祖忽必烈即位之初即开始，受“国礼”影响既久且深，最具典型意义。

拉契涅夫斯基在1970年用德文发表《元史·祭祀志·国俗旧礼》译注

---

①参萧启庆：《蒙元统治与中国文化发展》，石守谦、葛婉章编：《大汗的世纪：蒙元时代的多元文化与艺术》，台北：故宫博物院，2001年，第186—201页，收入氏著《元代的族群文化与科举》，台北：联经出版事业公司，2008年，第23—54页。

②参马晓林：《蒙汉文化交会之下的元朝郊祀》，《中国史研究》2019年第4期，修订后收入本书第二章。

研究，其中就包括太庙祭祀问题，文章认为元朝官方祭祀在较晚时候具有了交融性质（einen synkretistischen charakter）。[①] 此文具有开拓性和启发性，但是未臻细致。后之学者虽未利用拉契涅夫斯基之文，但已将这一领域大幅推进。黄时鉴、刘迎胜、笔者、刘晓等对庙号、庙制、神主等问题有所研究，[②] 高荣盛、闫宁对仪式的探索尤为深入。[③] 不过，迄今相关研究中仍有含混笼统之说和有待发覆之处。一方面，传统礼制还有很大的探索空间，另一方面，西方学界的蒙古礼俗文献研究也需要国内学者的更多措意。

有鉴于此，本文将对元代太庙中的“国礼”进行系统性考察，依次探析牲酒、仪节、执事人员等方面，实证地填补以往研究中的空白并解决疑问，并在此基础上，从动态发展的角度评估元代国家礼仪的变迁、蒙汉文化的互动与融合问题。

一　太庙牲酒中的“国礼”

元代太庙牲酒特色鲜明，受“国礼”影响很大。元朝将中原礼制原有的牛、羊、豕三牲，改为马、牛、羊、野豕、鹿五牲，还增加了不少猎获的野生动物。从三牲到五牲，经历了相当长的过程。

---

①Paul Ratchnevsky, “Über den mongolischen Kult am Hofe der Grosskhane in China”, in Louis Ligeti ed., *Mongolian Studies*, Amsterdam, 1970, pp. 417-443.

②黄时鉴：《元朝庙制的二元性特征》，《元史论丛》第5辑，北京：中国社会科学出版社，1993年，第131—135页；刘迎胜：《从七室之祀到八室之祀——忽必烈朝太庙祭祀中的蒙汉因素》，《元史论丛》第12辑，呼和浩特：内蒙古教育出版社，2010年，第1—20页；刘迎胜：《至元元年初设太庙神主称谓考》，《清华元史》第1辑，北京：商务印书馆，2011年，第250—282页；马晓林：《元朝太庙演变考——以室次为中心》，《历史研究》2013年第5期；刘晓：《太庙祭祀》，吴丽娱主编：《礼与中国古代社会（隋唐五代宋元卷）》，北京：中国社会科学出版社，2016年，第357—378页。

③高荣盛：《元代祭礼三题》，《南京大学学报》2000年第6期，收入氏著《元史浅识》，南京：凤凰出版社，2010年，第99—113页；阎宁：《〈元史·祭祀志〉研究》，硕士学位论文，内蒙古师范大学历史文化学院，2008年；闫宁：《元代宗庙礼中蒙古因素的重新审视——以“蒙古巫祝”职能为中心》，《古代礼学礼制文献研究丛稿》，北京：商务印书馆，2018年，第142—150页。

元世祖忽必烈登基后,创立元朝太庙制度。中统元年(1260),始用中原礼制在中书省祭祀祖宗神位;中统四年,始建太庙于燕京;至元二年(1265)九月,"初命涤养牺牲"①。不久,监察御史王恽上奏指出:"太庙岁祀牺牲,有司临时取办,在涤不及两月即用。"②可见忽必烈在位初期太庙牺牲制度处于粗疏草创阶段。

忽必烈全面建设国家制度。太庙礼制中引人注目的一连串动作,是改造三牲。至元七年(1270)十月,"敕来年太庙牲牢,勿用豢豕,以野豕代之";至元八年(1271)九月,"敕享太庙毋用牲牛"③。至元九年,监察御史魏初上奏:

> 十月八日,太庙省牲,为不见用牺,问得太常杨寺丞,称:"为此,已曾闻奏。"今来参详:祭享太庙,国家大事,三牲之礼,自古为重,今特用羊,合行复奏,以备供祀祖宗之礼,天下幸甚。④

这条史料存在问题。《世祖本纪》载,至元九年(1272)十月壬辰(七日),享于太庙。⑤ 按照惯例,省牲,在祀前一日。因此魏初奏议中的"八日"很可能是"六日"之讹。三牲的改造,让太常寺有些不知所措。结果是祀前一日,不见用牲。豢豕、牛既已不用,而捕猎野豕毕竟不是礼官的传统职能,为太庙供应猎物的职司制度大概还没有建立。太常寺对羊的置办也很消极,已经闻奏,还在等待皇帝意见。监察御史魏初见状,又上奏,希望皇帝对用三牲或"特用羊"的实施办法有所指示,以免误了祀礼。可见从至元七年开始,元世祖改造三牲的态度很明确,但新制度尚不完备。

---

①《元史》卷七四《祭祀志三》,北京:中华书局,1976年,第1831—1832页。

②王恽:《秋涧集》卷八九《乌台笔补·为牺牲在涤不及九旬事状》,《元人文集珍本丛刊》,台北:新文丰出版公司,1985年,第2册,第446页。

③《元史》卷七《世祖纪四》,第131、137页;卷七四《祭祀志三》,第1833页。

④魏初:《青崖集》卷四《奏议》,《景印文渊阁四库全书》,台北:商务印书馆,1986年,第1198册,第757页。

⑤《元史》卷七《世祖纪四》,第143页。

元朝之所以改造三牲，首先与蒙古饮食和祭祀习俗有关。蒙古作为游牧民族，不饲养家猪，因此太庙的豢豕最先被弃用。南宋使臣彭大雅记载蒙古人“牧而庖者，以羊为常，牛次之”，而徐霆却说自己在草地数月“不曾见韃人（蒙古人——引者注）杀牛以食”[①]。牛可能不是当时蒙古常见的肉食。而牲羊，即使得以特用，也应该与原来的制度有所不同，因为蒙汉宰牲方式迥异，蒙古风俗忌见血，杀牲不用抹脖割喉，而是在牲畜胸腹之间割破一个口子，伸手入内掐断心脏处的大动脉，让血流入腹腔。这种屠宰方式，被列入蒙古习惯法“札撒”之中，[②]成为了有明文记载的“国俗”，具有较深内涵。至元十六年（1279），忽必烈有旨“禁回回抹杀羊”[③]，与元朝政治乃至蒙古在西域的统治都有密切关联。[④] 至元十年（1273）或其后不久，世祖遣太常卿孛罗向太常太祝申屠致远问“毛血之荐”，应该是因为中原宰牲法与蒙古风俗相抵触。至元十二年（1275）九月，世祖谕太常卿合丹：“去冬享太宫，敉牲无用牛，今其复之。”[⑤]可见在太常官员的坚持下，世祖妥协，牲牛暂时得以恢复。

元朝之所以改造三牲，也受到佛教的影响。至元十八年（1281）前后，又出现了替代牲牛的新方案。田忠良的墓志记载：“至元十八年，（田忠良）除太常寺丞。或者言庙祀当去牺牲，用面肖形以代。公至上前，反复论列，以谓：‘萧梁故事，岂可为法？’牺牲卒得不废。”[⑥]《元史·田忠良传》的记载稍

---

①许全胜：《黑韃事略校注》，兰州：兰州大学出版社，2014年，第28、33页。

②［伊朗］志费尼：《世界征服者史》，何高济译，第242、321页；拉施特主编：《史集》第二卷，余大钧、周建奇译，北京：商务印书馆，1985年，第86、346—347页。

③《元典章》卷五七《刑部十九·禁宰杀·禁回回抹杀羊做速纳》，陈高华等点校，天津：天津古籍出版社；北京：中华书局，2011年，第1893—1894页。

④Francis W. Cleaves, “The Rescript of Qubilai Prohibiting the Slaughtering of Animals by Slitting the Throat,” *Journal of Turkish Studies*, 16 (1992), pp. 67-89; Timothy May, “Spilling Blood: Conflict and Culture over Animal Slaughter in Mongol Eurasia,” in Rotem Kowner, et al., eds. *Animals and Human Society in Asia*, Cham, Switzerland: Palgrave Macmillan, 2019, pp. 151-177.

⑤《元史》卷一七〇《申屠致远传》，第3989页；卷八《世祖纪五》，第170页；卷七四《祭祀志三·宗庙上》，第1834页。

⑥李雨濛：《〈大元故光禄大夫大司徒领太常礼仪院事田公墓志铭〉考释》，《故宫博物院院刊》2016年第5期，第129页。

有不同:"国制,十月上吉,有事于太庙。或请牲不用牛,忠良奏曰:'梁武帝用面为牺牲,后如何耶?'从之。"[①]这两条史料遣词造句互有参差,但记事是一致的。史料中没有交代是谁提议用面肖形代牲,笔者推测应该是与佛教有关。其一,佛教因素在忽必烈即位前已渗透入政治制度,宪宗蒙哥便已颁布圣旨,在全境推行定期或不定期的禁屠、素食。[②] 其二,至元六年(1269),忽必烈命帝师八思巴在太庙做佛事,造木质金表神主,[③]已将佛教因素引入太庙。其三,田忠良援引了梁武帝故事。梁武帝萧衍是中国历史上第一位推行素食的统治者,[④]田忠良以梁武帝佞佛而亡,劝谏忽必烈,显然与佛教针锋相对,最终保留了牲牛。

将猎获的野生动物进献太庙,始于元世祖至元十年(1273)九月,"敕自今秋猎鹿、豕先荐太庙"[⑤]。九月是元朝在草原上举行大围猎的时节,狩猎对于游牧民族的经济、军事、文化都非常重要。[⑥]《蒙鞑备录》记载,蒙古人"如出征中国,食羊尽,则射兔、鹿、野豕为食"[⑦]。《黑鞑事略》记载,蒙古人"猎而得者,曰兔,曰鹿,曰野彘,曰黄鼠,曰顽羊,曰黄羊,曰野马,曰河源之鱼"[⑧]。鹿、野豕(野彘)是主要的大型猎物。鹿还具有图腾式的文化内涵,因

---

①《元史》卷二〇三《方技传·田忠良传》,第4537页。

②山本明志:《モンケの聖旨をめぐって——屠殺、狩猟、及び刑罰を禁じる日》,赤木崇敏、伊藤一马、高桥文治等:《元典章が语ること:元代法令集の諸相》,大阪:大阪大学出版会,2017年,第117—126页;马晓林:《马可波罗、鄂多立克所记元朝天寿圣节》,《杨志玖教授百年诞辰纪念论文集》,天津:天津古籍出版社,2017年,第409—424页。

③《元史》卷七四《祭祀志三》,第1843页。

④康乐:《素食与中国佛教》,林富士编:《礼俗与宗教》,北京:中国大百科全书出版社,2005年,第128—172页。

⑤《元史》卷八《世祖纪五》,第151页。

⑥吉田顺一:《モンゴル族の遊牧と狩猟——十一世紀~十三世紀の時代》,《東洋史研究》第40卷第3期,1981年,第512—547页。Denis Sinor, "Some Remarks on the Economic Aspects of Hunting in Central Eurasia," *Die Jagd bei den altaischen Völkern: Vorträge der VIII. Permanent International Altaistic Conference vom* 30. 8 *bis* 4. 9. 1965 *in Schloss Auel*, Wiesbaden: O. Harrassowitz, 1968, pp. 119-128.

⑦王国维:《蒙鞑备录笺证》,《王国维遗书》,上海:上海古籍书店,1983年,第13册,第13a页。

⑧许全胜:《黑鞑事略校注》,第28页。

为《元朝秘史》开篇即云，蒙古人的祖先是苍色的狼与惨白色的鹿。[①] 元朝太庙起初每年一祭，时间正是秋猎结束的时节。至元十三年（1276）九月，“享于太庙，常馔外，益野豕、鹿、羊、蒲萄酒”，至元十五年（1278）十月，“享于太庙，常设牢醴外，益以羊、鹿、豕、葡萄酒”[②]。此处“豕”不是家畜，而是猎获的野豕，“羊”很可能是猎获的黄羊，[③]这些反映出游牧狩猎习俗的影响。

马是许多游牧民族礼俗中最尊贵的祭品，[④]蒙古人同样如此，“致祭曰烧饭，其大祭则用马”[⑤]。元朝太庙祭祀用马，始于祭祀皇太子真金别庙的礼仪。至元二十二年（1285）十二月，皇太子真金薨，世祖用太常、中书、翰林之议，谥明孝太子，立别庙奉祀，至元二十五年冬享，制送白马一。这是元朝第一次用马祀庙。真金之子成宗铁穆耳即位后，真金正式进入太庙，庙号裕宗。大德元年（1297）十一月，太保月赤察儿等奏请庙享增用马，制可。大德二年（1298）正月，特祭太庙，用马一，牛一，羊、鹿、野豕、天鹅各七。[⑥] 此后元朝太庙牲品基本固定下来，用马、牛、羊、野豕、鹿五牲。

元朝太庙除了五牲之外，还辅以其他野生动物，集中体现在荐新仪中。荐新，即每月进献时令物产，至元四年初步定制。元代荐新之物，较有特色的有雁、天鹅、野鸡、黄鼠、䴇老、野马、黄羊、塔剌不花，等等。[⑦] 这些牲品在其他朝代的太庙中很少见，而在元朝饮膳太医忽思慧所著《饮膳正要》中基本上都有记载。例如塔剌不花，又译塔剌巴合、打剌不花、塔剌不欢（蒙古语

---

①乌兰校勘：《元朝秘史（校勘本）》，北京：中华书局，2012 年，第 1 页；Igor de Rachewiltz, *The Secret History of The Mongols: A Mongolian Epic Chronicle of the Thirteenth Century*, Vol. 1, Leiden: Brill, 2004, p. 224.

②《元史》卷九《世祖纪六》，第 185 页；卷一〇《世祖纪七》，第 205 页。

③例如，定宗元年（1246）冬猎黄羊，《元史》卷二《定宗纪》，第 39 页。

④Victor Mair, “Horse Sacrifices and Sacred Graves among the North(west)ern Peoples of East Asia,”《欧亚学刊》第 6 辑，2004 年，第 22—53 页。

⑤叶子奇：《草木子》卷三下《杂制篇》，北京：中华书局，1959 年，第 63 页。

⑥《元史》卷七四《祭祀志三》，第 1836 页。

⑦《元史》卷七四《祭祀志三》，第 1832、1845 页。

tarbuqa[n] ~ tarbaqa),学名旱獭,[①]《饮膳正要》记载,"一名土拨鼠……生山后草泽中,北人掘取以食"[②]。塔剌不花对当时蒙古人而言,是一种较重要的肉食和皮毛来源。[③]《元朝秘史》记载,成吉思汗幼年丧父后,一家人常捕土拨鼠为食。[④] 可以说,太庙祭祀所用的这些野生动物,很大程度上反映了元代蒙古人的饮食习俗。

元朝太庙祭祀所用酒品,不仅有中原谷物酒,还新增了草原马湩、西域葡萄酒,有鲜明的时代印记。中原传统太庙祭祀所用的谷物酒,按照清浊程度的不同,称为"五齐三酒",由元朝光禄寺酿制。[⑤] 马湩(马奶酒)是草原上的酒。葡萄酒由西域高昌、山西等地上贡。[⑥] 太庙的五种主要礼仪类型,使用的酒品有差别。在等级最高的亲祀、亲谢仪中,皇帝用中原传统的酒祭三爵,随后用玉爵祭马湩。在摄祀仪中,献官用中原酒祭三爵,再用金玉爵斝祭马湩、葡萄酒各一,大概在顺帝时取消了葡萄酒。在每月的荐新仪中,太常礼仪使主祭,三祭酒后三祭马湩。摄行告谢仪,只用中原酒。[⑦] 概言之,太庙与郊祀用酒的规律是相似的,[⑧]纯用中原酒的只有告谢仪。摄行告谢仪等

---

①Paul D. Buell and E. N. Anderson, *A Soup for the Qan: Chinese Dietary Medicine of the Mongol Era As Seen in Hu Sihui's Yinshan Zhengyao: Introduction, Translation, Commentary, and Chinese Text*, Leiden: Brill, 2010, pp. 139-140.

②忽思慧:《饮膳正要》卷三,尚衍斌等:《〈饮膳正要〉注释》,北京:中央民族大学出版社,2009年,第227页。

③方龄贵:《古典戏曲外来语考释词典》,上海:汉语大词典出版社,昆明:云南大学出版社,2001年,第121—125页;孙立慧:《〈饮膳正要〉中几种稀见名物考释》,尚衍斌等:《〈饮膳正要〉注释》,第390—391页;Frances Woodman Cleaves, "The Biography of Bayan of the Barin in the *Yuan Shih*," *Harvard Journal of Asiatic Studies*, 19. 3/4, 1956, pp. 263-265, n. 292.

④乌兰校勘:《元朝秘史(校勘本)》,第54、56页;Igor de Rachewiltz, *The Secret History of The Mongols*, Vol. 1, p. 383.

⑤《元史》卷七四《祭祀志三》,第1845页。

⑥杨印民:《帝国尚饮:元代酒业与社会》,天津:天津古籍出版社,2009年,第31—46页。

⑦《元史》卷七四《祭祀志三》,第1852、1862页;卷七五《祭祀志四》,第1869、1872—1874页;卷七七《祭祀志六》,第1923页。

⑧马晓林:《蒙汉文化交会之下的元朝郊祀》,《中国史研究》2019年第4期。

级相对不高，用于受尊号、上太皇太后和皇太后册宝，册立皇后和皇太子等场合，而等级更高的礼仪则是并用中原酒、马湩、葡萄酒，呈现出“国礼”与汉礼并重的特点。

总之，元朝太庙牲酒可以概括为五牲、三酒。在五牲之中，马、鹿皆为“国礼”，用野豕、羊则是对汉礼进行改造的结果；在三酒之中，除中原谷物酒之外，皆为“国礼”，而中原牲酒的基本理念得以保留，并调整、扩充了内容，体现出元朝对中原礼制的继承和蒙汉文化的融合。

二　太庙仪节中的“国礼”

元代太庙仪节受“国礼”影响突出，主要有三方面。第一是废止燔膋膟；第二是增设割奠礼，即割牲、奠马湩，还包括与之相关的抛撒茶饭礼俗；第三是增设蒙古巫祝致辞之礼。《元史・祭祀志》云：“其祖宗祭享之礼，割牲、奠马湩，以蒙古巫祝致辞，盖国俗也。”①

（一）废止燔膋膟

燔膋膟，又称膟膋萧蒿，即将动物脂膏和香蒿一起焚烧产生馨香，是中原古礼。《礼记・郊特牲》：“取膟膋燔燎，升首，报阳也。”元朝将这一古礼废止，《元史・祭祀志》载：“膟膋萧蒿，至元十八年五月弗用，后遂废。”②至元十八年（1281）五月，太庙为何举行祭祀，史料未载，我们略作推测。

至元十八年发生两件大事。第一件是元大都新庙建成定制。至元十七年（1280）十二月，祖宗神主从燕京旧庙迁入新建成的太庙安奉，经过一段时间的讨论，至元十八年三月十一日最终确定庙制。③ 第二件大事是世祖皇后

①《元史》卷七四《祭祀志三》，第1831页。

②孙希旦：《礼记集解》卷二六《郊特牲第十一之二》，沈啸寰、王星贤点校，北京：中华书局，1989年，第717页；《元史》卷七四《祭祀志三》，第1845页。

③《元史》卷七四《祭祀志三》，第1835页。

察必去世升祔。察必于二月二十九日去世，“冬十月乙未，享于太庙，贞懿顺圣昭天睿文光应皇后祔”①，这是元朝太庙建立之后第一次有帝后去世。这两件大事，对太庙而言都有发凡起例的意义。

然而，我们无法完全确定至元十八年（1281）五月太庙祭祀与这两件大事之间的关联。当时太庙中已有太祖、睿宗两位神主，但五月并不是在太庙中祭祀他们的时节。只有察必之死与这一时间可能有关联。按照元朝制度，帝后去世，归葬漠北起辇谷，葬后烧饭祭祀49日。② 从察必去世，算上归葬漠北路程上的时间，再加49天，正当五月。元大都烧饭园应该会举行祭祀，③太庙与之相呼应也并非不可能。察必虽是在十月时享的同时升祔，但其神主有可能已先行奉入太庙。上述解释遽难定论，但换个角度而言，至元十八年五月太庙祭祀既然与中原礼制颇难契合，那就应该深受蒙古观念影响。

至元十八年五月燔膋膟废止后，太常博士提出：“燔膋膟与今烧饭礼合，不可废。”这是争取恢复这一古礼的尝试。闫宁认为，在被废止之前，元代燔膋膟由司禋监的蒙古巫祝负责。④ 他的观点主要有两条依据，一是认为“禋”的字义指燔烟，二是《元史》记载祭器有“燎炉一，实以炭”⑤。闫宁似未考虑到，司禋监设立于元代中后期，而当时燔膋膟早已废止。“禋”虽有燔烟之义，但元代司禋监的职责是“掌师翁祭祀祈禳之事”，所以禋应该泛指蒙古巫觋的祭祀祈禳活动。燎炉与炭虽在祭器之列，但从仪注来看，膟膋、萧蒿只是盛在豆、篚之中，⑥并不燔燎。

①《元史》卷一一《世祖纪八》，第230、234页。

②《元史》卷七七《祭祀志六》，第1925页。

③烧饭园每年大致在三、五、九、十二月祭祖。马晓林：《元朝火室斡耳朵与烧饭祭祀新探》，《文史》2016年第2期，第214页。

④《元史》卷七四《祭祀志三》，第1842页。闫宁：《〈元史·祭祀志〉研究》，第29—31页；《元代宗庙礼中蒙古因素的重新审视——以“蒙古巫祝”职能为中心》，《古代礼学礼制文献研究丛稿》，第149—150页。

⑤《元史》卷七四《祭祀志三·宗庙上》，第1846页。

⑥《元史》卷九二《百官志八》，第2330页；卷七四《祭祀志三》，第1846页。

燔膋膟是与烧饭相似的焚烧祭品仪式。高荣盛认为，燔膋膟被烧饭礼所取代。[①] 如果至元十八年（1281）五月太庙祭祀与烧饭园祭祀同时举行，那么可以说是一种取代。但需要强调的是，太庙中既没有燔膋膟也没有烧饭。从唐、宋、金礼制角度看，太庙礼仪似乎有欠完整。其缺失的祭祀须由烧饭园补充，而元代绝大多数时候太庙与烧饭园祭祀并不同时举行。这种情况对太庙并未造成本质性影响，因为明清两代似乎也没有恢复燔膋膟礼仪。

（二）增设割奠礼

割奠礼，即用蒙古人的传统方式宰割牲体、奠酹马湩。这对应了中原传统太庙仪注的两个主要环节。

第一个环节是祭祀前一日的“省牲器”。在中原传统祭祀礼仪中，三献官最重要的任务是出席三献礼，而无须参与“省牲器”的陈设工作。世祖设立太庙之初，由太常卿在陈设时施行割奠之礼。至元二十四年至二十八年（1287—1291），桑哥为相，代表皇帝摄祀，亲率三献官割奠陈设，于是形成了“三献等官同设之仪”。这是为了凸显对蒙古割奠礼的尊崇，“盖以国礼行事，尤其所重也”。然而太常博士提出反对，因为献官在献礼前一日上殿，打乱了原来的礼仪程序，“恐非诚悫专一之道”。这种不合中原礼制的“三献等官同设之仪”，大约到元文宗时才被取消。《元史·祭祀志·宗庙》的仪注，史源是文宗朝官修《经世大典·礼典》，反映出文宗时陈设之礼由太常卿施行，回归了中原传统。[②] 而《元史·祭祀志·国俗旧礼》史源是明洪武二年（1369）为编纂元顺帝朝史而从北平（元大都）采集的史料，[③]反映出至正时期仪式又变成了三献官同设。这说明元朝不同时期对陈设之礼的态度有反复。

第二个环节是太庙的核心仪式进馔、酌献。中原传统仪式为三献礼，而

---

①高荣盛：《元代祭礼三题》，《元史浅识》，第104页。

②《元史》卷七四《祭祀志三》，第1841—1842、1849页。

③马晓林：《〈元史·祭祀志〉史源蠡测》，《中国史学》第30卷，京都：朋友书店，2020年，第67—80页。

蒙古割奠礼紧随其后,共同构成了太庙核心仪式。三献礼,按传统配有音乐。大乐署长建言:“割奠之礼,宜别撰乐章。”而太常博士认为:“三献之礼,实依古制。若割肉,奠葡萄酒、马湩,别撰乐章,是又成一献也。”结果是割奠时仍奏三献礼的音乐,既没有破坏三献机制,也尊崇了国礼。[①] 顺帝时情况有变化,据《析津志》记载,“四孟以大祭,雅乐先进,国朝乐后进,如在朝礼”[②]。雅乐是三献礼的音乐,国朝乐则与割奠礼相配,是新创制的,丰富了“国礼”的内容。

割奠礼中的酌献在文献中记为“酌奠”,文宗时是“太庙令取案上先设金玉爵斝马湩、蒲萄尚酝酒,以次授献官”,而顺帝时是“太仆卿以朱漆盂奉马乳,酌奠”。不同之处主要有三点。第一是取酒者,文宗时是太庙署令,秩从六品,是中原传统的礼仪职官;顺帝时是太仆卿,秩从二品,虽用了中原传统的官名,本质上仍是游牧马政职官,由亲信大臣担任。[③] 第二是酒的种类,文宗时用马湩和葡萄酒两种酒,顺帝时只用马湩。第三是盛酒的容器,文宗时用金玉爵斝,顺帝时用朱漆盂。总体而言,顺帝时的酌奠礼,礼官用蒙古人,酒品单纯化,酒器质朴化,显然比文宗时更强调蒙古本俗。

在核心仪式割奠礼结束之后的收尾仪式,是饮福受胙、抛撒茶饭之节。饮福受胙,是中原传统的仪式,与祭官领受祭祀所剩的酒肉。元朝完整接纳饮福受胙,[④]又增加了一项国礼:“以割奠之余,撒于南棂星门外,名曰抛撒茶饭。”[⑤]这源于蒙古礼俗。《元朝秘史》第 70 节记载,蒙古人祭祖时要分配祭祀所剩的余胙。[⑥]《元朝秘史》连用了两个蒙古语词 bile'ür(旁译“余胙”)和

---

①《元史》卷七四《祭祀志三》,第 1842、1852—1854 页;卷七五《祭祀志四》,第 1862—1863、1872 页。

②《析津志辑佚》,北京:北京古籍出版社,2001 年,第 213 页。

③《元史》卷七五《祭祀志四》,第 1872 页;卷七七《祭祀志六》,第 1923 页;卷八八《百官志四》,第 2218 页;卷九〇《百官志六》,第 2288 页。

④《元史》卷七四《祭祀志三》,第 1853—1854 页;卷七五《祭祀志四》,第 1863 页。

⑤《元史》卷七五《祭祀志四》,第 1872 页。

⑥乌兰校勘:《元朝秘史(校勘本)》,第 42 页。阿尔达扎布:《新译集注〈蒙古秘史〉》,呼和浩特:内蒙古大学出版社,2005 年,第 541、737 页。Igor de Rachewiltz, *The Secret History of the Mongols*, Vol. 1, p. 345.

sarqut（旁译“胙”），是祭祀中专用的术语，但后者旁译不准确。蒙古语词 sarqut 源于突厥语，[①]本义为奶酒，引申义为丰盛、剩余，又专指祭祀所剩的福酒。[②] 因此《元朝秘史》中的蒙古语词 bile'ür 和 sarqut，义为余胙与福酒，即割奠之余。据 16 世纪末 17 世纪初蒙古语仪式抄本记载，成吉思汗祭祀仪式中有 yeke tügegel（即“大分配”之意）的环节，[③]将余胙和福酒分给与祭者。20 世纪初，有学者观察到鄂尔多斯成吉思汗祭祀结束时，将大块的肉分给贵族，小块的肉分给平民。[④] 蒙汉文化皆有饮福受胙的理念，但是祭祀中所用的酒、肉已经不同，分配仪节自然不同。元代太庙在汉式仪节结束后抛撒茶饭，呈现出汉礼与“国礼”并重的特点。

（三）增设蒙古巫祝致辞之礼

蒙古巫祝，即萨满巫觋，是蒙古人本俗中的祭祀专家。蒙古巫觋参与了元朝太庙的两个主要仪节。第一是省牲之节，蒙古巫觋与三献官共同升殿，三献官同设之礼结束后，紧接着是蒙古巫觋告腯的仪式，也就是礼官省察牲品肥腯后，蒙古巫觋“以国语呼累朝帝后名讳而告之”[⑤]。第二是进馔、酌献之节。这与割奠礼密不可分，包括三个步骤：首先，蒙古庖人（博儿赤）割牲体以授献官，献官跪奠于帝主神位前，次奠于后主神位前；其次，献官酌奠马湩于沙地；最后，蒙古巫祝以“国语”告神，具体做法是蒙古巫祝依次进入太庙各室，“呼帝后神讳，以致祭年月日数、牲齐品物，致其祝语”，其后又有翰

---

①Gerhard Doerfer, *Türkische und Mongolische Elemente im Neu-persischen*, III, Wiesbaden, 1967, pp. 245-246. Lajos Ligeti, "Le sacrifice offert aux anctres dans l'*Historie Secrète*," *Acta Orientalia Academiae Scientiarum Hungaricae*, 27.2, 1973, pp. 160-161.

②Mefküre Mollova, "Nouveaux côtés dévoilés du *Codex Cumanicus*," *Wiener Zeitschrift für die Kunde des Morgenlandes*, 83, 1993, pp. 126-129.

③Elisabetta Chiodo, "The Book of the offerings to the Holy Činggis Qaγan (Part 2)," *Zentralasiatische Studien*, Vol. 23, 1992, pp. 110-111.

④Цыбен Жамцарано, "Культ Чингиса в Ордосе: Из путешествия в Южную Монголию в 1910 г.," *Central Asiatic Journal*, 6, 1961, p. 220.

⑤《元史》卷七七《祭祀志六》，第 1923—1924 页；卷七四《祭祀志三》，第 1849 页。

林词臣担任读祝官,读汉文祝文。[①] 因此,蒙古语、汉语祝文各读一次。

蒙古巫祝有特定的仪式服装。《元史·祭祀志·国俗旧礼》记载,在太庙四祭中,蒙古巫祝身着"法服"。[②] 拉契涅夫斯基认为,法服始用于元世祖中统元年(1260)十二月。[③] 其所据为《元史·世祖纪》载,中统元年十二月,"始制祭享太庙祭器、法服"[④]。当时始立太庙,因此制作中原式的祭器和法服。然而,蒙古巫祝穿着的更可能是传统萨满服装,只不过是借用了汉语专名"法服"而已。萨满法服自有传统,元代是否受到汉制影响,史料阙如。

元代蒙古巫祝确实有体现出蒙汉文化交融的一面。蒙古巫觋在太庙中,承担了传统太庙礼仪中的一部分职能。闫宁指出,元朝太庙蒙古太祝与南宋宗庙"荐香灯官"都有出纳神主的职能,体现了蒙汉祭祀传统的融合。[⑤] 不仅如此,更重要的是,蒙古巫觋在元中后期逐渐职官化和制度化。

所谓职官化,即司禋监的设立。世祖时有司禋大夫一职,至元八年七月,"以郑元领祠祭岳渎,授司禋大夫"。司禋大夫,是唐代礼部职官,元代仅此一任。郑元或郑元领,生平不详,承担祠祭岳渎的职责,很可能是一位道士。世祖时期的司禋大夫与蒙古巫觋无关,无官署,后来就不再设了。元中期却重拾司禋之名,创设司禋监,成为掌管蒙古巫觋的机构。但司禋监旋设旋废。武宗至大三年正月初设司禋监,至大四年五月被仁宗裁撤,当年闰七月复置,皇庆元年(1312)八月复罢。顺帝至元六年正月立司禋监,二月罢。直到至正元年十二月复立司禋监,才固定下来,给四品印,掌师翁祭祀祈禳之事。[⑥] 师翁,

①《元史》卷七五《祭祀志四》,第 1872 页;卷七四《祭祀志三》,第 1841—1842、1853 页。闫宁误以为祝文也是蒙古巫祝读的,《元代宗庙礼中蒙古因素的重新审视——以"蒙古巫祝"职能为中心》,《古代礼学礼制文献研究丛稿》,第 146 页。

②《元史》卷七七《祭祀志六》,第 1923—1924 页。

③Paul Ratchnevsky, "Über den mongolischen Kult am Hofe der Grosskhane in China", p. 419.

④《元史》卷 4《世祖纪一》,第 68 页。

⑤闫宁:《〈元史·祭祀志〉研究》,第 29—31 页;《元代宗庙礼中蒙古因素的重新审视——以"蒙古巫祝"职能为中心》,《古代礼学礼制文献研究丛稿》,第 148—150 页。

⑥《元史》卷七《世祖纪四》,第 136 页;卷二三《武宗纪二》,第 521 页;卷二四《仁宗纪一》,第 543、545、553 页;卷四〇《顺帝纪三》,第 853—854 页;卷九二《百官志八》,第 2330 页。

即萨满巫觋。可见蒙古巫觋的职官化经历了较为曲折的过程。文宗时没有设立官署，而是将蒙古巫觋纳入祠庙系统。文宗天历二年（1329），为蒙古巫觋立祠；至顺二年（1331），封蒙古巫者所奉神为灵感昭应护国忠顺王，号其庙曰灵佑。① 立祠封神是宗教化、制度化的举措，显然是借鉴了汉制。而《元史·祭祀志·国俗旧礼》载“用司禋监官一员，名蒙古巫祝”②，反映出顺帝时蒙古巫觋由司禋监统一管理。

三　太庙礼仪中的怯薛执事

元代太庙行礼过程中，有太常卿（掌礼仪）、光禄卿（掌酒醴）、太仆卿（掌马乳）、监察御史（负责监礼）等。这些职官古已有之，而职能与蒙古本俗相通，因此元朝也委派蒙古人担任，可以说体现出了蒙汉融合。而元朝最典型的蒙古职官是怯薛。怯薛是蒙古语 kešig 的音译，义为番直，取轮番入值侍卫之义。成吉思汗创立的怯薛与千户制度，是蒙古政权的两大支柱。怯薛作为皇帝近侍，在内侍从起居，在外执政掌兵，构成了政治组织的核心。终元一代，怯薛从未官僚化，是所有蒙古机构中是保留原来面目最多的一个。③ 怯薛按照执事的不同分为若干类，至少有五类怯薛参与太庙礼仪，其中三类负责置办牲酒，还有一类负责割牲之礼，一类负责奏乐。

首先是贵赤（güyügči），又译贵由赤。其词根 güyü-意为疾走、奔跑，贵赤意为疾走者。④ 贵赤是元代最重要的怯薛执事之一，据李治安研究，其职司是徒步携犬行猎，⑤马可·波罗释贵赤（ciuici）为猎师（signori della caccia）。⑥ 实际上正是因为贵赤在行猎时具有首领地位，所以贵赤一词疾走

---

①《元史》卷三三《文宗纪二》，第 732 页；卷三五《文宗纪四》，第 775 页。

②《元史》卷七七《祭祀志六》，第 1923—1924 页。

③萧启庆：《元代的宿卫制度》，《内北国而外中国：蒙元史研究》，北京：中华书局，2007 年，第 216—255 页。

④Paul Pelliot, *Notes on Marco Polo*, Vol. 1, Paris: Imprimerie Nationale, 1959, pp. 572-573。

⑤李治安：《元朝诸帝“飞放”围猎与昔宝赤、贵赤新论》，《历史研究》2018 年第 6 期，第 36—38 页。

⑥猎师之说，16 世纪意大利的学者剌木学整理的意大利语本《马可波罗游记》（简称 R 本）。（转下页注）

者之本义被忽略了。《元史·祭祀志·宗庙》载："凡祀，先期命贵臣率猎师取鲜獐、鹿、兔，以供脯臡醯醢。"[①]贵臣，字面意思似乎是贵显之臣，但笔者认为应理解为蒙古语音译，即 güyügči（贵赤）加上了尾音-n，这是蒙古语中常见的现象。怯薛贵赤的猎获物，是太庙祭祖牲品的重要来源。

其次是昔宝赤（siba'uči），又译昔博赤、失宝赤，意为鹰人。昔宝赤鹰房极受蒙古贵族重视，人员众多，构成了怯薛内最庞大的分支集团。[②]《经世大典·政典·鹰房捕猎》载，鹰房的职司之一是打捕"荐新活雁鸭"，进献入太庙神厨局。[③] 荐新是每月一次的太庙祭祀活动，禽类是鹰房打捕的主要猎物。

再次是太仆寺挏马官，即哈赤、哈剌赤。太仆寺，掌御位下、大斡耳朵马。[④] 哈赤语源不详。至于哈剌赤，据《元史》载，钦察人土土哈"掌尚方马畜，岁时挏马乳以进，色清而味美，号黑马乳，因目其属曰哈剌赤"，因此哈剌赤（*qarači）得名于黑马乳之黑（qara）。[⑤]《元史·兵志》载："牧人曰哈赤、哈剌赤；有千户、百户，父子相承任事。自夏及冬，随地之宜，行逐水草，十月各至本地。……太庙祀事暨诸寺影堂用奶酪，则供牝马。"《元史·祭祀志》载，太庙"将有事，敕太仆寺挏马官，奉尚饮者革囊盛送焉"。元代宫廷"殿上执事"之中，有主湩二十人，"国语曰合剌赤"[⑥]。合剌赤即哈剌赤。可见，哈剌赤职掌宫廷宴饮、祭祀所需的马湩。

（接上页注）Samuela Simion and Eugenio Burgio ed., *Giovanni Battista Ramusio*: "*De I viaggi di Marco Polo, gentil'huomo venetiano*," In *Secondo volume Delle Navigationi et viaggi*, Digital edition, Venezia: Edizioni Ca' Foscari, 2015, Libro II, cap. 15, http://virgo.unive.it/ecf-workflow/books/Ramusio/commenti/R_II_15-main.htm0l,访问日期:2022 年 5 月 15 日。英译本 A. C. Moule and Paul Pelliot, *Marco Polo the Description of the World*, Vol. 1, London: G. Routledge and sons, 1938, p. 228.

①《元史》卷七四《祭祀志三》,第 1842 页。

②李治安:《元朝诸帝"飞放"围猎与昔宝赤、贵赤新论》,《历史研究》2018 年第 6 期。

③赵世延等撰,周少川、魏训田、谢辉辑校:《经世大典辑校》,北京:中华书局,2020 年,第 743 页。

④《元史》卷九〇《百官志六》,第 2288 页;卷一〇〇《兵志三》,第 2553 页。

⑤《元史》卷一二八《土土哈传》,第 3132 页;方龄贵:《古典戏曲外来语考释词典》,第 281—283 页;乌云毕力格:《喀喇沁万户研究》,呼和浩特:内蒙古人民出版社,2005 年,第 14—20 页。

⑥《元史》卷一〇〇《兵志三》,第 2554 页;卷七四《祭祀志三》,第 1841 页;卷八〇《舆服志三》,第 1997 页。

复次是博儿赤(ba'urči),又译博尔赤、宝儿赤,是“亲烹饪以奉上饮食者”。博儿赤因为侍奉皇帝饮食,所以在怯薛中地位极为显要。《元史·祭祀志·宗庙》载,在三献礼之后的割奠仪式上,“蒙古庖人割牲体以授献官”,此即《国俗旧礼》所载“蒙古博儿赤跪割牲”[1]。蒙古庖人即蒙古博儿赤。“献官”由皇帝或者摄祀大臣担任,从博儿赤手中接过割好的牲体,献给祖先。割牲是太庙祭祀的核心礼节,博儿赤是皇帝身边最亲近的重要角色。

最后,在顺帝时期,割奠礼配有国朝乐,因此必然有蒙古乐师。《元史》记载怯薛有云:“奏乐者,曰虎儿赤。”[2]虎儿赤(qu'urči),又译忽儿赤。其词根qu'ur义为胡琴,泛指各种弦乐器。[3] 元代公文中有“大乐忽儿赤”[4],当指大乐署的蒙古乐官。

总之,怯薛在元朝太庙祭祀中是不可或缺的。怯薛在太庙中的任务,与其自身的执事功能相契合,太庙祭祀仪式作为国家权力的象征,也展现了怯薛在元朝政治结构中的地位。

四 小结

在元朝创建太庙制度之时,蒙古“国礼”就在太庙中出现并发挥重要作用。拉契涅夫斯基所谓元朝祭礼较晚时候具有交融性质之说,有失严谨。元世祖、成宗在建立太庙礼仪过程中,不断用“国礼”改造太庙礼仪,经过朝臣的反复讨论和尝试,最终奠定一代制度。元代中后期诸帝对太庙的态度虽然不尽一致,但大的趋势是太庙礼仪日趋丰赡,局部稍有调整。这与清前期宫廷礼乐的发展过程尤有可比性。据研究,清代宫廷起初惟用满洲礼俗,

①《元史》卷九九《兵志二》,第2524页;卷七五《祭祀志四》,第1872页;卷七七《祭祀志六》,第1923页。

②《元史》卷九九《兵志二》,第2525页。

③方龄贵:《古典戏曲外来语考释词典》,第13—14页。Gerhard Doerfer, *Türkische und Mongolische Elemente im Neu-persischen*, I, Wiesbaden, 1963, pp. 443-445.

④《元典章》卷三一《礼部四·学校一·儒学·儒人差役事》,第1092页。

自崇德年间转而开始吸收汉儒礼乐,顺治晚期尤以汉儒礼乐为标准,到康乾时期汉、满礼乐皆达到成熟完备。[①] 元代经历了大致类似的过程。从元太祖成吉思汗建国算起的前四汗时期,惟用国礼;元世祖开始吸收汉礼;元文宗呈现出以汉礼为标准的倾向,取消与汉制抵牾的三献等官同设仪便是例证;元顺帝时礼制尽管不如清康乾时期完备,但“国礼”确实有制度化和丰赡化的趋势。

从元世祖到顺帝,蒙汉文化在太庙中的互动交流历时百年,长久且深入。“国礼”对太庙礼仪起了三种作用。第一是简化汉礼。宋金时期繁缛的礼仪类型,[②]到元朝简化为时享、告谢、荐新三种。元朝废弃唐、宋、金的燔膋膟礼,这一举措也被明朝沿用,正如元朝改弦更张的太庙室次被明朝继承。[③]可以说,元朝礼制的一些变动,虽是蒙古因素使然,但也符合长时段的变迁趋势,具有因时制宜的意义。

第二是用“国礼”改造和扩充汉礼。礼仪类型新增加荐、配荐、特祭三种名目,[④]在省牲器仪式中增添三献等官同设仪,以尊“国礼”。牲品由三牲改为五牲,且新增一些野生动物,酒品新增马湩与葡萄酒,体现游牧狩猎饮食文化习俗。世祖试图以面食替代牺牲,命藏僧造金表神主,是受佛教影响。这也提醒我们,“国礼”所代表的元朝蒙古皇室礼俗,也吸纳了其他文化的一些因素,有待未来继续研究。

第三是在不改变汉礼的基础上增加“国礼”。这使“国礼”与汉礼呈现并置的状态,拉长了太庙单次祭祀的时间。汉式三献礼之后又有蒙古割奠礼,汉式饮福受胙之后又有蒙古式的抛撒茶饭,蒙古语致辞之后又读汉文祝文,都是功能重叠的仪节并置。重要的仪节几乎都是蒙、汉礼各行一次,行礼时

---

①邱源媛:《清前期宫廷礼乐研究》,北京:社会科学文献出版社,2012 年,第 228—231 页。

②《宋史》卷一〇七《礼志十》,北京:中华书局,1977 年,第 2579 页;《金史》卷三〇《礼志三》,第 777 页;卷三一《礼志四》,北京:中华书局,2020 年,第 803 页。

③马晓林:《元朝太庙演变考——以室次为中心》,《历史研究》2013 年第 5 期,第 81—82 页。

④高荣盛:《元代祭礼三题》,《元史浅识》,第 103 页;闫宁:《〈元史·祭祀志〉研究》,第 13—15 页。

间即使不是翻倍也是显著变长。至元七年就有官员上奏抱怨，“计其漏刻，几于一日，以致老者不胜其疲，壮者委顿于地”[①]。但终元一代，太庙礼节二元并置，行礼过程冗长的情况无法改变。“国礼”基本上由蒙古职官施行，怯薛置办牲酒、割牲、奏乐，蒙古巫觋祝告。蒙古职官，成为元朝太庙祭祀中不可或缺的要素。

蒙汉文化在元朝太庙祭祀中密集交流，相互交融。尽管元朝统治者简化、改造汉仪，但仍保存了太庙传统礼仪的主体。蒙汉文化之间存在广泛的共通点，深刻体现在太庙礼仪的融合性上。蒙古巫觋，实际上承担了传统太庙礼仪中出纳神主的部分职能。在太庙中执礼的太常卿（掌礼仪）、光禄卿（掌酒醴）、太仆卿（掌马乳）、监察御史（监礼）、大乐署（奏乐），人员兼有蒙汉，职能共通融合。

蒙汉文化在元朝太庙中的互动交流，也影响了蒙古礼俗。据最近白石典之的考古研究，13 世纪后期，漠北草原成吉思汗大斡耳朵的烧饭祭祀，应该就已受到汉礼的影响。[②] 元中后期，蒙古“国礼”对汉制的借鉴，主要表现为职官化和制度化。蒙古巫觋的职官化，在武宗、仁宗时初现端倪，文宗为巫觋设立祠庙，顺帝时最终设立汉式官署司禋监。顺帝为蒙古割奠礼创制国朝乐，强化酌奠礼官、酒品、酒器的蒙古特色，使“国礼”更为制度化和丰赡化。这些应该是在与中原礼仪文化的交流中，得到的启发和借鉴。

元朝太庙将传统礼仪简化、改造和扩充，展现出空前丰富的内涵，有利于汉人之外的其他族群的接受和参与，促进了民族文化的交流与交融，体现出统一多民族国家的格局，不仅没有改变汉制在太庙中的主体地位，而且拓展了国家礼仪的维度，有因时制宜的积极意义，是对国家礼制的新发展。

---

①王恽：《秋涧集》卷八六《乌台笔补·太庙行礼早晏事状》，第 414 页；冲田道成、加藤聪、佐藤贵保、高桥文治、山尾拓也、山本明志：《〈烏臺筆補〉譯註稿（3）》，《内陸アジア言語の研究》第 20 期，2005 年，第 77—79 页。

②白石典之：《モンゴル帝國における『燒飯』祭祀》，《東洋史研究》第 80 卷第 1 期，2021 年，第 69—103。

第九章　元代射草狗仪式

元代国家祭祀主要来自蒙汉两大文化传统。“国俗旧礼”代表了蒙古传统。蒙古族群，是由众多不同部族组成的，随着成吉思汗建国、军事扩张以及忽必烈定都华北而发展变迁。这决定了蒙古文化呈现出复杂性。蒙古人的祭天仪式，即已呈现出多种类型共存、多种因素融合的特点。①

一　文本纂成的时代背景

射草狗仪式，载于《元史·祭祀志·国俗旧礼》：②

> 每岁，十二月下旬，择日，于西镇国寺内墙下，洒扫平地，太府监供彩币，中尚监供细毡针线，武备寺供弓箭环刀，束秆草为人形一，为狗一，剪杂色彩段为之肠胃，选达官世家之贵重者交射之。非别速、札剌尔、乃蛮、忙古台、列班、塔达、珊竹、雪泥等氏族，不得与列。射至糜烂，

①参马晓林：《元代蒙古人的祭天仪式》，《民族研究》2018 年第 3 期；本书第一章。

②《元史》卷七七《祭祀志六·国俗旧礼》，第 1924—1925 页。

以羊、酒祭之。祭毕，帝后及太子嫔妃并射者，各解所服衣，俾蒙古巫觋祝赞之。祝赞毕，遂以与之，名曰脱灾。国俗谓之射草狗。

关于此条史料反映的时期，西镇国寺、太府监、中尚监、武备寺这几个地名、官署名是重要的参照系。

据《元史·百官志》，太府监始设于中统四年（1263）；中尚监原为尚用监，至元二十四年（1287）改中尚监；武备寺，前身为军器监，后改武备监，至元二十年（1283）升为寺。[①] 因此，这三个官署名同时出现，不早于至元二十四年（1287）。

西镇国寺，乃元世祖皇后察必创，[②]程钜夫《故河东山西道宣慰副使吴君（诚）墓碑》载，至元七年（1270）夏，大司徒阿你哥（案，即阿尼哥）向昭睿顺圣皇后（察必）推荐吴诚，"会建镇国仁王寺，授诸物库提领"[③]。这说明镇国寺创建年月，在至元七年夏或稍早。其地址，在平则门外白石桥，高良河南畔，昭应宫西邻。[④] 西镇国寺全名大镇国仁王寺。一些学者认为大镇仁王国寺即大护国仁王寺。[⑤] 最近林梅村经过调查和测绘，认为白塔庵（遗存白塔，在今中国国家画院内）即元代西镇国寺。[⑥] 大镇国仁王寺起初被简称为"镇国寺"。[⑦] 元武宗建南镇国寺（又名大崇恩福元寺），[⑧]而大镇国仁王寺的简

---

①《元史》卷九〇《百官志六》，第2294、2292、2284—2285页。

②《析津志辑佚》，第214页。

③程钜夫：《雪楼集》卷二一，《元人珍本文集丛刊》本，第796页。

④刘之光：《元代大护国仁王寺与西镇国寺位置的商榷》，《北京文博》2002年第1期。

⑤参中村淳：《元代法旨に見える歴代帝師の居所——大都の花園大寺と大護国仁王寺》，《待兼山論叢（史学篇）》27，1993年，第57—82页（第68—71页）。顾寅森：《元大护国仁王寺名称、地址考略》，《元史及民族与边疆研究集刊》第23辑，上海：上海古籍出版社，2011年，第60—64页。

⑥林梅村：《元大都西镇国寺考》，未刊稿。

⑦王恽：《秋涧集》卷二八《镇国寺观迎佛》，第425页上。王恽：《玉堂嘉话》卷四"镇国寺栢上生芝"条，北京：中华书局，2006年，第114页。周南瑞编：《天下同文集》卷四《迎佛会歌》，《雪堂丛刻》本，第26a页。念常：《佛祖历代通载》卷二二"帝命皇后娘娘镇国寺行香"条，《大正藏》第49册，第722页。

⑧参林梅村：《元大都南镇国寺考》，《中国文化》2018年第2期。

称遂变为西镇国寺。《国俗旧礼》此条用"西镇国寺"之名,可知记事不早于元武宗朝。

笔者已经论证《国俗旧礼》"太庙四祭国礼"条所记为元顺帝至正年间的情况。[①] 如果我们认为《元史·祭祀志·国俗旧礼》整体上来自同一史源,那么其所记射草狗仪式反映的也是至正年间的情况。

二 仪式因素分析

拉契涅夫斯基认为,射草狗是史料所见蒙古人最早的射箭仪式(kultischen Bogenschießens),草人代表敌人,而狗祭是一种祈福仪式。[②] 拉契涅夫斯基还举出契丹屠狗祭祀之例。《辽史·礼志》记载:"八月八日,国俗,屠白犬,于寝帐前七步瘗之,露其喙。后七日中秋,移寝帐于其上。国语谓之'捏褐耐'。'捏褐',犬也;'耐',首也。"[③]公元947年契丹攻入后晋都城,"契丹主(辽太宗)自赤冈引兵入宫,都城诸门及宫禁门,皆以契丹守卫,昼夜不释兵仗。磔犬于门,以竿悬羊皮于庭为厌胜"[④]。辽圣宗时,宋朝使节在辽朝见到"有巫者一人,乘马抱画鼓,于驿门立杆长丈余,以石环之,上挂羊头、胃及足,又杀犬一,以仗柱之"[⑤]。

第一,射箭仪式在北方民族中有多种类型。辽代射柳,又称瑟瑟仪,是

①参本书第七章、第八章。

②Paul Ratchnevsky, "Über den mongolischen Kult am Hofe der Grosskhane in China", in Louis Ligeti ed., *Mongolian Studies*, Amsterdam, 1970, p. 432.

③《辽史》卷五三《礼志六·岁时杂仪》,第975页。此条当源于武珪《燕北杂录》,见《说郛》卷三八,北京:中国书店,1986年,第36a页。参苗润博:《〈说郛〉本王易〈燕北录〉名实问题发覆》,《文史》2017年第3期,第141—155页。

④《资治通鉴》卷二八六,北京:中华书局,1956年,第9330页。[旧题]叶隆礼:《契丹国志》卷三《太宗嗣圣皇帝下》,贾敬颜、林荣贵点校,上海:上海古籍出版社,1985年,第35页。

⑤徐松辑:《宋会要辑稿·蕃夷道释》"蕃夷一·辽",郭声波点校,成都:四川大学出版社,2010年,第46页。

一种祈雨仪式。金代重五重九拜天射柳，[①]有演武和节庆的色彩。辽代有射木兔（契丹语“淘里化”）之俗，三月三日“以木雕为兔，分两朋走马射之”[②]，也是演武节庆。辽代频繁举行射鬼箭仪式，“凡帝亲征，服介胄，祭诸先帝，出则取死囚一人，置所向之方，乱矢射之，名射鬼箭，以祓不祥。及班师，则射所俘”[③]。射鬼箭是杀人厌禳的仪式。[④] 西夏出征时也有杀人厌禳仪式，“若获人马，射之，号曰‘杀鬼招魂’，或射草缚人”[⑤]。综观这些仪式，所射对象包括人、动物、植物，在元代射草狗仪式中都有体现。

第二，草人属于替身巫术。替身，蒙古语ǰoliγ，《元朝秘史》第272节音译为“勺里阿”（ǰoli'a ~ ǰoliγa）。[⑥] 蒙古传统巫术治病时，用草或纸扎为人形，作为病人的替身，现代犹存。[⑦] 前述西夏的杀鬼招魂仪式，有时并不杀人，而是射草人。元代宫廷还有一种射草人的仪式。《析津志》记载，元顺帝时十月择吉日开垛场，储皇、诸王、省院宰辅、武职枢密参加，太子发矢至高远，射天狼，俗呼射天狗，束刍为草人以代天狼，因此又俗称射草人。[⑧] 元朝十月射草人、十二月射草狗，都用到了草人。其中的草人应该与西夏杀鬼招魂仪式中的一样代表敌人。

第三，草狗是活狗的替身。杀狗祭祀，在北方民族礼俗中占据重要位置。元朝射草狗仪式用秆草扎束成狗之形，不禁让人想起《道德经》：“天地不仁，以万物为刍狗。圣人不仁，以百姓为刍狗。”刍狗，是以秆草做成的祭祀之物，是上古风俗，与元朝射草狗仪式应该没有直接关系。北方民族广泛

---

①《金史》卷三五《礼志八·拜天》，第827页。

②武珪：《燕北杂录》，《说郛》卷三八，第36a页。《契丹国志》卷二七《岁时杂记·上巳》，第251页。

③《辽史》卷一一六《国语解》，第1691页。

④参黄清连：《辽史射鬼箭初探》，《史源》1973年4期。唐统天：《辽代“射鬼箭”浅探》，《史学评林》1983年第3、4期合刊。

⑤《辽史》卷一一五《二国外纪·西夏》，第1676页。

⑥乌兰校勘：《〈元朝秘史〉校勘本》，第383页。

⑦Antoine Mostaert, *Dictionnaire Ordos*, Pekin, 1941, p. 209.

⑧《析津志辑佚》，第211-212页。

流行着杀狗祭祀礼俗,除了前述契丹的两种仪式外,还有很多例子。金朝女真初兴,尚巫祝,“病者杀猪狗以禳之”①。突厥语系民族有杀狗盟誓的仪式,②也有杀狗以驱除疾病的信仰,③还有将狗头骨置于房基之下的风俗。④通古斯、蒙古、突厥系共通的杀狗祭祀礼俗,足以说明元朝射草狗的驱灾祈禳目的。

第四,射草狗的射箭仪式完毕后,用羊、酒祭祀。羊是蒙古祭祀中最为普遍的牲品,但蒙古礼俗中最尊贵的牲品是马,“其大祭则用马”⑤。这说明射草狗的规格不如祭天祭祖那样尊贵。

第五,射草狗祭祀的最后有解衣脱灾的仪节:“各解所服衣,俾蒙古巫觋祝赞之。祝赞毕,遂以与之,名曰脱灾。”祭祀的最后解衣交给蒙古巫觋,是一种脱灾的仪节。这种仪节又见于元朝宫廷岁末祭火仪式中。《元史·祭祀志·国俗旧礼》载:“每岁,十二月十六日以后,选日,用白黑羊毛为线,帝后及太子,自顶至手足,皆用羊毛线缠系之,坐于寝殿。蒙古巫觋念咒语,奉银槽贮火,置米糠于其中,沃以酥油,以其烟薰帝之身,断所系毛线,纳诸槽内。又以红帛长数寸,帝手裂碎之,唾之者三,并投火中。即解所服衣帽付巫觋,谓之脱旧灾、迎新福云。”⑥岁末祭火仪式,主要是皇室将羊毛、红帛等织物烟熏、火烧。祭祀最后皇室将所穿戴的衣帽交给巫觋,是脱灾的仪节。

---

①[旧题]宇文懋昭:《大金国志校证》卷三九《初兴风土》,崔文印校证,北京:中华书局,1986年,第551页。

②丹尼斯·塞诺:《以切成两半的狗立誓》,北京大学历史系民族史教研室译:《丹尼斯·塞诺内亚研究文选》,北京:中华书局,2006年,第367—377页。

③Ilse Cirtautas, “On Pre-Islamic Rites among Uzbeks,” in Jean-Louis Bacqué-Grammont et al., *Traditions religieuses et para-religieuses des peuples altaïques: Communications présentées au XIIIe Congrès de la Permanent international altaistic conference, Strasbourg, 25-30 juin* 1970, Paris: Presses Universitaires de France, 1972, pp. 46-47.

④Peter B. Golden, “Wolves, Dogs and Qipčaq Religion,” *Acta Orientalia Academiae Scientiarum Hungaricae* 50.1/3 (1997): 87-97.

⑤叶子奇:《草木子》卷三下《杂制篇》,北京:中华书局,1959年,第63页。

⑥《元史》卷七七《祭祀志六·国俗旧礼》,第1924—1925页。

岁末祭火仪式与辽代宫廷岁除仪很相似："初夕，敕使及夷离毕率执事郎君至殿前，以盐及羊膏置炉中燎之。巫及大巫以次赞祝火神讫，阁门使赞皇帝面火再拜。"[①]契丹岁除仪记载较为简略，解衣脱灾虽未被提及，但可能也是存在的。总之，解衣脱灾仪节，可能是契丹、蒙古共有的习俗。

以上五条分析的是射草狗仪式中所含的北方民族固有礼俗因素，也可以说是萨满教因素。而我们还可以发现射草狗仪式具有制度性宗教因素。

射草狗受佛教影响。射草狗举行的地点西镇国寺是皇家佛寺。蒙古崛兴于草原之初，尚无佛教信仰。在佛寺中举行的射草狗，显然是后起的仪式。使用草人、草狗，很可能是受佛教不杀生观念的影响。元朝所制草狗，"剪杂色彩段为之肠胃"，是为了最终射至糜烂，呈现逼真效果。可知其仪式的原型是射人杀狗。与射草狗有类似之处的，是辽代射木兔。射木兔的契丹语名称是"淘里化"，"淘里"义为兔，"化"义为射。[②] 也就是说这一仪式的契丹语本义是射兔，而不是射木兔。由此可以推知仪式早期形态是用活兔的，后来才改用木兔。射木兔载于武珪《燕北杂录》，所记为辽道宗时期礼俗，这时辽朝佛教极盛，宫廷礼仪已受佛教影响。元朝自世祖广建皇家佛寺，奉僧人为国师、帝师，大为崇奉佛教，宫廷礼仪如太庙中也杂糅了佛教因素。[③] 因此元代射草狗仪式与草原本俗必然有很大差别。

射草狗中还有其他宗教因素。文献所列举参加仪式的八个氏族中，有一个"列班"，颇费琢磨。拉契涅夫斯基未找到与此音相符相近之氏族名。[④]周良霄《元史北方部族表》是迄今收录氏族名最为全面的著述，[⑤]亦不载此名。伯希和猜测，"列班"非部族名，而是音译叙利亚文 Rabban，是对景教高

---

①《辽史》卷四九《礼志一・吉仪》，第931页。

②武珪：《燕北杂录》，《说郛》卷三八，第36a页。叶隆礼：《契丹国志》卷二七《岁时杂记・上巳》，第251页。

③《元史》卷七四《祭祀志三》，第1843页。

④Paul Ratchnevsky, "Über den mongolischen Kult am Hofe der Grosskhane in China", in Louis Ligeti ed., *Mongolian Studies*, p. 431.

⑤周良霄：《元史北方部族表》，《中华文史论丛》2010年第1期。

僧的尊称。[①] 近期张晓慧提出新说,认为前面的"台"字当与"列班"连属为"台列班",指朵儿边(Dörben)。[②] 朵儿边,又译朵鲁班、朵鲁别,属于尼伦蒙古部族。[③] 但是台列班这一译名不见于他处,只能构拟为 * Deireben 或 * Dereben,与 Dörben 不合。若将"台"字理解为"朵"字之讹,"朵列班"对音 Dörben 仍不完美。因此笔者仍赞同伯希和之说。元代一般称基督教徒为也里可温,"列班"一般指教内高僧。按照这种理解,景教高僧构成了一个"列班"群体,与诸氏族并列,相当于一种特殊的氏族。元代景教主要在回鹘、怯烈、汪古等民族中流传。拖雷妻唆鲁禾帖尼、幼子阿里不哥也信仰景教。[④] 在贵由时期(1246—1248),有一位高僧列边阿答(Rabban Ata)"以本俗教法受知定宗"[⑤],其人影响力很大,事迹见于欧洲、高加索文献。[⑥] 景教徒爱薛(1227—1308)受列边阿答推荐,入仕元朝,子孙在元中后期依然处于统治集团核心。[⑦] 基督教文化中关于狗的观念也有悠久的历史,但从中寻找射草狗的原型就是舍近求远了。蒙古统治者将各宗教高僧大德一律视为"告天人",因此在蒙古祭祀中出现基督教士并不稀奇。如 1252 年在蒙古汗廷的欧洲旅行者鲁布鲁克(William of Rubruck)记载,五月九日,蒙哥汗聚集白马

---

①Paul Pelliot, *Recherches sur les chrétiens d'Asie centrale et d'Extrême-Orient* I, Paris, 1973, pp. 208-209.

②张晓慧:《元代蒙古人族群记忆的建构与书写》,北京大学博士学位论文,2019 年,第 143 页。

③[波斯]拉施特:《史集》第一卷第一分册,第 160 页。

④何高济译:《鲁布鲁克东行纪》,第 293—294 页。

⑤程钜夫:《雪楼集》卷五《拂林忠献王神道碑》,第 243 页。

⑥[法]伯希和:《蒙古与教廷》,冯承钧译,北京:中华书局,2008 年,第 31、40—41、50—51 页。Simon de Saint-Quentin, *Histoire des Tartares*, ed. by Jean Richard, Paris: Librairie Orientaliste Paul Geunther, 1965, p. 30. 西蒙·圣宽庭原著,让·里夏尔法译、注释,张晓慧中译,周思成校:《鞑靼史》,《西域文史》第 11 辑,北京:科学出版社,2017 年版,第 241—277 页。Robert Bedrosian trans., *Kirakos Gandzakets'i's History of the Armenians*, New York: Sources of the Armenian Tradition, 1986, pp. 238-240.

⑦参金浩东著,李花子译:《蒙元帝国时期的一位色目官吏爱薛怯里马赤(Isa Kelemechi,1227—1308 年)的生涯与活动》,余太山、李锦绣主编:《欧亚译丛》第 1 辑,北京:商务印书馆,2015 年,第 224—263 页。

举行祭祀，同时要求基督教士们也携带香炉到那里集合。[①] “列班”也可以泛指基督教士，如鄂多立克（Odorico da Pordenone）记载，元代天主教士被称为“法兰克列班”[②]。因此，在射草狗仪式中，出现“列班”甚至其他宗教的高僧，应该不令人意外。

射草狗仪式在元代以前不存在，在元代以后也消失了，后世蒙古族也没有类似的礼俗。射草狗仪式没有单一的原型，而是元朝糅合多种因素而创造的。这些因素中不仅有蒙古本俗，更有契丹、女真、西夏等北方民族礼俗，乃至宗教因素。将多种元素融为一体的射草狗仪式，是元朝独有的。

三　参与仪式的氏族

元代射草狗的参加者，包括“帝后及太子、嫔妃”与“达官世家之贵重者”，而且“非别速、札剌尔、乃蛮、忙古台、列班、塔达、珊竹、雪泥等氏族，不得与列”。这反映出明确的身份限制。前文已述，列班是宗教高僧，因此这里要分析七个氏族在文本中的意义。

《元史・祭祀志》记射草狗仪式时，为什么写这七个氏族？其他重要的蒙古氏族如弘吉剌、蔑儿乞、许慎、伯岳吾等，贵为元朝皇室姻亲，为何没有被列出？一种可能性，是《元史・祭祀志》所记仅为特定时间点的情况，在至正时期参与射草狗的显赫人物恰好出自这几个氏族。但我们无法找到能直接印证这一观点的史实。尤其是别速、雪泥等部，在元代中后期大抵籍籍无名，未出现显贵。因此笔者认为，《祭祀志》既然明确记载“……等氏族”，那么实际上参加射草狗的还有其他氏族。其所列举的七个氏族名，并非随意挑选，其实在族群认同层面是具有代表性的。

蒙古的崛起，揭开了草原上族群认同的新一页。张帆先生指出，蒙古群

---

①何高济译：《鲁布鲁克东行纪》，第 305 页。Peter Jackson trans., *The Mission of Friar William of Rubruck*, Indianapolis/ Cambridge: Hackett, 2009, pp. 241-242.

②何高济译：《鄂多立克东游录》，北京：中华书局，2002 年，第 95—96 页。

体内部呈现出“圈层式”结构,蒙古部族集团居于核心地位,其他集团在被征服过程中逐渐向核心贴合。① “圈层”,体现出诸氏族与蒙古皇族的亲疏远近,置于历史发展的维度中,也反映出蒙元时期各阶段族群认同的构建过程。我们采用的主要参照系,是《蒙古秘史》和《史集·部族志》。《蒙古秘史》成书于1252年,②保存了大蒙古国官方对诸氏族亲缘关系的书写。《史集·部族志》是伊利汗国宰相拉施特(1247? —1317)编纂的,反映了14世纪初(相当于元成宗朝)蒙古官方的观点。此二书记载的差异,大体上反映了跨越半个世纪的蒙古族群认同变迁。《史集·部族志》将草原上的众多部族归为四类:乌古斯诸部、各有君长的突厥诸部、“过去就被称为蒙古”的突厥诸部、“现今称为蒙古”的突厥诸部。③ 需要注意的是,拉施特所谓突厥,是当时波斯人对所有游牧民族的泛称,并非专指突厥人。④ 我们在《史集·部族志》分类的基础上稍加改动,将射草狗文献中的七个氏族分为四类。

第一类,包括别速(Besüt)、忙古(Mangqut)、珊竹(Salǰi'ut)三个氏族,属于尼伦蒙古诸部,与成吉思汗所在的乞颜部血缘最近,是“过去就被称为蒙古”的诸部。据《史集》记载,别速人负责施行“札撒迷失”(yasal 或 yasamishi)礼仪,为成吉思汗氏族重申成规和习俗。⑤ 射草狗仪式提及别速,大概也与这一习惯有关。忙古,又译忙兀、忙忽惕,早年曾与成吉思汗为敌,⑥归附后

---

①张帆:《圈层与模块:元代蒙古、色目两大集团的不同构造》,《西部蒙古论坛》2022年第1期,第3-9页。

②Christopher P. Atwood, “The Date of the ‘Secret History of the Mongols’ Reconsidered”, *Journal of Song-Yuan Studies*, 37, 2007: 1-48.

③[波斯]拉施特:《史集》第一卷第一分册,余大钧、周建奇译,第123-124页。

④Joo-Yup Lee, “The Historical Meaning of the Term Turk and the Nature of the Turkic Identity of the Chinggisid and Timurid Elites in Post-Mongol Central Asia”, *Central Asiatic Journal* 59. 1-2 (2016): 101-132.

⑤W. M. Thackston trans. and annot., *Rashiduddin Fazlullah's Jami u t-tawarikh*, Cambridge, Mass.: Harvard University Department of Near Eastern Languages and Civilizations, 1998, p. 109. [波斯]拉施特:《史集》第一卷第一分册,第317页。

⑥[波斯]拉施特:《史集》第一卷第一分册,第302页。

被编为先锋军，以作战勇猛著称。[①] 忙古台（Mangqutai）是在氏族名忙古的后面加上词缀-tai，义为忙古氏人。在元代汉文文献中，忙古台也可以当作氏族名来用。珊竹（Sal J̌i'ut），又译撒勒只兀惕、散竹台、撒只兀、撒术兀歹、撒术歹等，据《史集·部族志》记载，成吉思汗规定皇族不可与珊竹部通婚。[②] 郑玉（1298—1358）《徽泰万户府达鲁花赤珊竹公遗爱碑》载："蒙古氏族珊竹台，亦曰散术觧，其先盖与国家同出，视诸臣族为最贵。"[③]"最贵"是元后期人的夸饰之辞。"其先盖与国家同出"，确实道出了其与皇族的亲缘关系。

第二类，札剌尔（Jalayir）、塔达（Tatar），与蒙古无血缘关系，被蒙古征服后，14 世纪初已称为"现今称为蒙古"的诸部。札剌尔，又译札剌亦儿、札剌儿，很早就被成吉思汗的祖先海都征服，因而成为"斡脱古—孛斡勒"，译言世仆。[④] 在蒙古诸部统一过程中，札剌尔部人随成吉思汗征战，功绩显赫，其中最著者木华黎家族在元朝始终保有很高地位。塔达，又译塔塔儿、达达、鞑靼，是宋代就活跃于草原上的强大部落，[⑤]与成吉思汗家族有世仇，后被成吉思汗征服。[⑥] 因为鞑靼在蒙古崛起前声名已盛，直到元代，蒙古也被称为达达。[⑦]

第三类，雪泥（Sönit），又译雪你惕，是混合了突厥、蒙古成分的部族。《史集》对雪泥的归属有两种相互矛盾的记载，一是记载这个部族比蒙古还要古老，只是"现今称为蒙古"[⑧]；二是记载雪泥部与蒙古的很多分支氏族同出一源，"过去就被称为蒙古"。[⑨] 第二种记载与《蒙古秘史》第 47 节相合。[⑩]

---

①余大钧译注：《蒙古秘史》，第 81、120 页。

②［波斯］拉施特：《史集》第一卷第一分册，第 293—294 页。

③郑玉：《师山集》卷八《徽泰万户府达鲁花赤珊竹公遗爱碑》，中华再造善本影印版，第 3b—4a 页。

④［波斯］拉施特：《史集》第一卷第一分册，第 148 页。

⑤参白玉冬：《九姓达靼游牧王国史研究（8—11 世纪）》，北京：中国社会科学出版社，2017 年。

⑥［波斯］拉施特：《史集》第一卷第一分册，第 164 页。

⑦参蔡美彪：《元代文献中的达达》，《辽金元史考索》，北京：中华书局，2012 年，第 207—214 页。

⑧［波斯］拉施特：《史集》第一卷第一分册，第 126—127 页。

⑨［波斯］拉施特：《史集》第一卷第一分册，第 301—302 页。

⑩余大钧译注：《蒙古秘史》，第 36 页。

这两种相互矛盾的说法，实际上说明雪泥部是由突厥、蒙古成分混合而成的，其族群身份的认定应该与雪泥人在元朝政治地位的沉浮有关。[①]

第四类，乃蛮（Naiman），在14世纪初被归为“各有君长的突厥诸部”，不被视为蒙古，但在元后期逐渐以蒙古为身份认同。乃蛮是成吉思汗兴起时草原西部的强大部落，政治组织、文化较发达，行用突厥语。《史集》将乃蛮归入“各有君长的突厥诸部落”，但又称“他们的习俗与蒙古人相似”[②]。乃蛮族属是突厥还是蒙古，以往学者看法不一。[③] 黄时鉴、萧启庆皆主元代乃蛮是蒙古说。[④] 然而我们可以发现，乃蛮是否属蒙古，元代不同时期有不同的表述。在元世祖朝，乃蛮不同于蒙古。《元史·选举志》《元典章》所载至元六年（1269）、至元七年（1270）的官方规定，皆将蒙古、回回、畏兀儿、乃蛮、唐兀并列。[⑤] 14世纪初拉施特《史集》将乃蛮归为“各有君长的突厥诸部”，而非蒙古。而到元代中后期，乃蛮被归属于蒙古，氏族名“蒙古乃蛮”多见于记载。如元明善《魏国忠懿公神道碑》，立石于英宗至治元年（1321）；[⑥]《元史》卷一三五《和尚传》，记事止于天历元年（1328），传主是元武宗至文宗朝军官，两都之战有功；[⑦]《元统元年进士录》以及《至正庚子（1360）国子题名记》，[⑧]反映的是顺帝时的情况。元末明初陶宗仪《南村辍耕录》卷一《氏族》

①求芝蓉：《13世纪蒙古大中军的雪泥部研究》，《民族研究》2021年第5期，第89—98页。

②［波斯］拉施特：《史集》第一卷第一分册，第224页。

③Paul Pelliot, “Une tribu méconnu des Naiman: Les Bätäkin,” *T'oung Pao* 37 (1943-44), pp. 35-71.

④黄时鉴：《元代乃蛮是蒙古而非色目考》，中国蒙古史学会编：《中国蒙古史学会论文选集（1983）》，呼和浩特：内蒙古人民出版社，1987年，第1—5页。萧启庆：《元代蒙古人的汉学》，《蒙元史新研》，台北：允晨文化，1994年，第102页；收入氏著《内北国而外中国：蒙元史研究》，第583页。

⑤《元史》卷八二《选举志二·铨法上》，第2052页。《元典章》卷八《吏部二·达鲁花赤弟男承荫》，第257页；卷四九《刑部十一·刺字·女直作贼刺字》，第1655页。

⑥元明善：《清河集》卷八，《藕香零拾》本，第7页下。立石时间，据《湖北金石志》卷一三，《石刻史料新编》第1辑第16册，第12208页上。

⑦《元史》卷一三五《和尚传》，第3288页。

⑧萧启庆：《元统元年进士录校注》，《食货月刊》（复刊）第13卷第1、2、3、4期，1983年。罗振玉：《金石萃编未刻稿》卷下，《历代碑志丛书》第8册，江苏古籍出版社，1998年，第564页上。

记载蒙古氏族有"〔乃〕蛮台"，色目氏族又有"乃蛮"，[①]应该是将不同时期的资料混编在了一起。韩儒林先生已经怀疑《氏族》是用两种资料合并而成的。[②] 刘迎胜先生进一步推论，认为元代中期开科举以后需要记录氏族籍贯，因此将同一氏族的不同译名汇集到一起。[③] 这种汇集工作是很粗疏的，罗列顺序没有规律，同名异译也没有得到甄别。"乃蛮台"脱漏"乃"字也说明其汇集之粗疏。色目人是一个粗疏的范畴，在元代没有严格的定义，[④]常常处于变动中。乃蛮、怯烈都属于介于蒙古、色目之间的氏族，随着社会政治环境的变化而变动。可以推测的是在元中期开科举之后，越来越多的乃蛮人将蒙古作为身份认同。

上述四类氏族，呈现出由中心到边缘的圈层式结构。第一类是原本就属于蒙古的氏族，第二类是在大蒙古国建立后逐渐进入蒙古共同体的氏族，第三类是混合了蒙古、突厥成分的氏族，第四类是元中后期才进入蒙古共同体的突厥氏族。这四类氏族是随着时间推移，依次建立起蒙古认同。笔者曾从族群的社会建构论（Social Constructivism）解读射草狗仪式。[⑤] 虽然当时的论证较为粗略，对国俗旧礼的复杂性理解不足，但基本观点仍然可以成立。射草狗仪式是元中后期建构蒙古共同体的一种手段。从族群认同的角度而言，射草狗礼仪列举这七个氏族是具有代表性的，可以说涵盖了元后期蒙古族群的多圈层结构。因此，《国俗旧礼》所谓"不得与列"，强调的不是蒙古的其他氏族不得参加，而是强调蒙古之外的族群如色目人、汉人不得参加。这样的规定，实际上构建出了元后期最广义的蒙古统治集团上层的身份边界。

---

①陶宗仪：《南村辍耕录》卷一《氏族》，第 12—13 页。

②韩儒林：《蒙古氏族札记二则》，《穹庐集》，第 51—53 页。

③刘迎胜：《"汉人八种"新解——读陈寅恪〈元代汉人译名考〉》，《西北民族研究》2020 年第 1 期。

④参船田善之：《色目人与元代制度、社会——重新探讨蒙古、色目、汉人、南人划分的位置》，《元史论丛》第 9 辑，北京：中国广播电视出版社，2004 年，第 162—174 页。胡小鹏：《元代族群认知的演变——以"色目人"为中心》，《西北师大学报（社会科学版）》2022 年第 6 期，第 109—118 页。

⑤马晓林：《元代国家祭祀研究》第三章第二节，南开大学博士学位论文，2012 年，第 135—141 页。

四 小结

礼仪是意识形态的表征，元朝礼仪具有鲜明的时代特点，在当时发挥着不可或缺的政治功用。近年有研究者提出“元代礼失百年”之说，[①]是将“礼”狭义地定义为儒家礼仪了。实际上，元朝疆域广大，民族众多，因俗而治，必然不能局限于儒家礼仪。元朝统治者并非一味被动接受某种礼仪文化，而是有意识地从多元文化中择用一些因素，创造新礼仪。元朝在创造影堂、三皇庙、帝师殿等礼仪方面，就体现出很强的能动性。[②] 射草狗作为一个整体仪式在元代以前并无先例，而是元朝糅合多种元素创造出来的一种宫廷祭祀礼仪。射草狗仪式中的射箭、草人、草狗、解衣脱灾等因素，能够在蒙古、辽、金、西夏等民族文化中找到踪迹，也显示出宗教因素的影响。射草狗号称“国俗旧礼”，实际上却是元朝为适应新时代而创造的新仪式。多元因素的糅合，体现了元朝政治文化的特色。

射草狗仪式，是观察蒙古族群发展动态的一条线索。蒙古族群的形成变迁，经历了较长的历史时期。成吉思汗兴起前，草原上存在着大大小小的部落，族群成分复杂。13 世纪初成吉思汗统一诸部，建立千户制度，蒙古高原的社会结构得到重整，逐渐塑造出新的蒙古族共同体。[③] 这一过程并非一蹴而就。从元朝初期到中后期，蒙古族群的范畴一直在变动。参与射草狗的四类氏族，呈现出圈层式结构，随着时间推移，依次建立起蒙古认同。《元史・祭祀志》所载射草狗仪式，反映的是元后期的礼仪和族群构建状况。

元代国家祭祀的各种礼仪，按照参加者身份可以分为不同的层次。蒙

---

①吴恩荣：《元代礼失百年与明初礼制变革》，《北京社会科学》2016 年第 8 期。

②参马晓林：《元代八思巴帝师祭祀研究》，《北大史学》第 18 期，北京：北京大学出版社，2013 年，第 81—103 页。本书第六、十八、十九章。

③参亦邻真：《中国北方民族与蒙古族族源》，《内蒙古大学学报》1979 年第 3—4 期，收入氏著《亦邻真蒙古学文集》，呼和浩特：内蒙古人民出版社，2001 年，第 544—582 页。

古传统的洒马湩祭天“皇族之外，无得而与”[①]，强调血缘身份，范围很小。元上都六月二十四日的洒马湩祭祀，参加者不仅有蒙古人，也有汉人秀才；[②]中原传统的吉礼如郊祀、太庙、社稷等，参与者包括蒙、汉、色目等各种官员，范围很大，呈现出更大的多元性。射草狗介于其间，参加者既不是最多的也不是最少的，而是代表了统治阶层中的蒙古族群。射草狗礼仪中糅合多元因素，适于容纳广义的蒙古人。元朝帝后亲自参加射草狗这一脱灾仪式，起到凝聚蒙古族群的目的。元亡后，统治阶层剧烈变动，射草狗礼俗不仅在中原消弭，在草原上也失去了根基。

---

①《元史》卷七二《祭祀志一 · 郊祀上》，第 1781 页。

②《元史》卷七七《祭祀志六 · 国俗旧礼》，第 1924 页。参马晓林：《元代蒙古人的祭天仪式》，《民族研究》2018 年第 3 期；本书第一章。

第十章　元代国俗旧礼辑考

《元史·祭祀志·国俗旧礼》的内容，涉及洒马湩、烧饭、射草狗、岁末祭火、生育、病丧、葬祭等礼俗，显然不是元代国俗旧礼的全部。本文搜集散见文献，以汉文史料为中心，结合多语言史料，撮要归纳出八种礼俗，逐一论考。

一　望祭北方陵园

北方陵园，指漠北起辇谷元朝皇帝陵寝。望祭北方陵园之礼，出现于忽必烈时期。南宋日记官严光大《祈请使行程记》载，至元十三年(1276)南宋君臣到元上都乞降，参加了五月初一日在上都西门外草地上“望北拜太庙”的礼仪：“北边设一紫锦罘罳，即家庙也。庙前两拜。……又一人对罘罳前致语拜。两拜而退。”[①]此即望祭北方陵园之礼。《元史·世祖纪》简略记载此事：“五月乙未朔，以平宋，遣官告天地、祖宗于上都之近郊。”[②]因为从忽必

①严光大：《祈请使行程记》，刘一清：《钱塘遗事》卷九，《武林掌故丛编》本，第13b—15a页。

②《元史》卷九《世祖纪六》，第182页。

烈开始元朝皇帝不亲赴漠北祭拜祖先，所以在上都郊野举行望祭。

元中后期，望祭北方陵园之礼的举行时间和地点较为固定。元顺帝后至元六年（1340），周伯琦作《立秋日书事五首》诗，其中一首云："大驾留西内，兹辰祀典扬。龙衣遵质朴，马酒荐馨香。望祭园林邈，追崇庙祏光。艰难思创业，万叶祚无疆。"周伯琦自注："国朝岁以七月七日或九日，天子与后素服望祭北方陵园，奠马酒。执事者皆世臣子弟，是日择日南行。"①又据周伯琦记载，后至元六年（1340）六月二十一日西内举行了诈马宴。② 诈马宴之后半个月，又在西内举行望祭北方陵园之礼。

西内是元上都西郊的一处宫殿群，所在地名为龙冈。至正九年（1349），廼贤作《失剌斡耳朵观诈马宴，奉次贡泰甫授经先生韵》，有"龙冈开宴百官齐"、"棕榈别殿日熙熙"等诗句。③ 贡泰甫，即贡师泰，字泰甫，时任宣文阁授经郎。④ 廼贤所唱和的诗，即贡师泰《玩斋集》卷四所收《上都诈马大燕五首》，其中有"棕闾别殿拥仙曹，宝盖沉沉御座高"之句。⑤ 王袆记载了这次诈马宴的具体日期："至正九年（1349）夏五月，天子时巡上京。乃六月二十有八日，大宴失剌斡尔朵，越三日而竣事，遵彝典也。"⑥周伯琦《扈从诗后序》记载，至正十二年（1352）"车驾既幸上都，以是年六月十四日大宴宗亲、世臣、环卫于西内棕殿，凡二日。"⑦因此，棕榈殿、棕榈别殿、棕殿，即昔剌斡耳朵，是西内的一座重要宫殿。

---

①周伯琦：《近光集》卷二《立秋日书事五首》，日本静嘉堂文库藏明刊本，第22a—b页；《景印文渊阁四库全书》第1214册，第523页。

②周伯琦：《近光集》卷一《诈马行（有序）》，第3b—4b页。

③廼贤：《失剌斡耳朵观诈马宴，奉次贡泰甫授经先生韵》，《金台集》卷二，《廼贤集校注》，叶爱欣校注，郑州：河南大学出版社，2012年，第160—161页。

④《玩斋先生年谱》，贡奎、贡师泰、贡性之：《贡氏三家集》，邱居里、赵文友校点，长春：吉林文史出版社，2010年，第461页。《元史》卷一八七《贡师泰传》，第4295页。

⑤贡奎、贡师泰、贡性之：《贡氏三家集》，邱居里、赵文友校点，第230页。

⑥王袆：《王忠文公文集》卷六《上京大宴诗序》，《王袆集》，颜余庆点校，杭州：浙江古籍出版社，2016年，第162—163页。

⑦周伯琦：《扈从诗后序》，第5a页。"凡二日"，《四库全书》本作"凡三日"。

《元史·顺帝纪》载,后至元三年(1337)秋七月“丙午(八日),车驾幸失剌斡耳朵。丁未(九日),车驾幸龙冈,洒马乳以祭”①。曾廉(1856—1928)《元书》径改为“车驾幸龙冈,洒马湩以祭天”②,是不妥当的。因为这是望祭北方陵园之礼。

总之,至少在元后期,元上都西内每年六月在昔剌斡耳朵举行诈马宴,七月七日或九日举行望祭北方陵园之礼。望祭北方陵园,是当朝帝后洒马湩祭祀祖先的活动。

二 幄殿祓祭

幄殿,即毡帐、帐殿。毡帐在蒙古传统祭祀活动扮演了重要角色。祓祭于幄殿,是游牧民族礼俗。元代文献所见的幄殿祓祭大概有四种。

第一种是元朝皇帝亲自到幄殿祓祭。鉴于烧饭祭祖亦与斡耳朵帐殿有关,③皇帝祓祭幄殿大概也与祭祀祖先有关。张留孙墓志铭载,约至元十四年(1277),“世祖尝亲祠幄殿,皇太子侍”④。文宗天历二年(1329)八月,“幸世祖所御幄殿祓祭”;同年十二月,“祓祭于太祖幄殿”⑤。

第二种在幄殿中的祭祀,与病危和殡殓有关。《元史·祭祀志》记载:“凡帝后有疾危殆,度不可愈,亦移居外毡帐房。有不讳,则就殡殓其中。葬后,每日用羊二次烧饭以为祭,至四十九日而后已。”⑥这种风俗的早期事例,是成吉思汗处死巫师帖卜·腾格理后,命人拿来一个灰色帐房(qošiliq)盖在

①《元史》卷三九《顺帝纪二》,第841页。

②曾廉:《元书》卷一五《顺帝纪上》,《四库未收书辑刊》第4辑第15册,北京:北京出版社,1997年影印清宣统三年刻本,第81页。

③参马晓林:《元朝火室斡耳朵与烧饭祭祀新探》,《文史》2016年第2辑;本书第四章。

④虞集:《张宗师墓志铭》,《道园学古录》卷五〇,《四部丛刊》本,第13a页。袁桷:《有元开府仪同三司上卿辅成赞化保运玄教大宗师张公家传》,《清容居士集》卷三四,《四部丛刊》本,第15b页。《元史》卷二〇二《释老传·张留孙传》,第4527页。

⑤《元史》卷三三《文宗纪二》,第739、745页。

⑥《元史》卷七七《祭祀志六·国俗旧礼》,第1925页。

帖卜·腾格理身上。[①] 柏朗嘉宾记载，蒙古人重病濒危时，帐前插一枝裹着黑毡的长矛，任何人都不敢步入此帐四周之地。[②] 鲁布鲁克记载："有人得病时便躺在床上，往室外放一个标记，表示内有病人，不得进入。所以没有人去看病人，除非是为他服役的。如大斡耳朵里有人害病，便在斡耳朵四周设置守卫，不许人进入这些进去。因为他们害怕鬼神或者风随人进去。"[③]病死者所居帐房，成为蒙古的禁忌，殡殓后祭祀四十九日。

第三种幄殿祓祭，属于婚嫁、生育时的脱灾风俗。《高丽史》载，忽必烈之女忽都鲁揭里迷失公主远嫁高丽，"时帝（忽必烈）令脱忽送公主。脱忽先至，张穹庐，祓以白羊膏"[④]。可见祓祭使用白羊膏，大概是点燃羊之膏脂以熏的仪式。生育祓除，见于《元史》载，泰定二年（1325）六月己卯朔，"皇子生，命巫祓除于宫"[⑤]。所谓"宫"，当指幄殿。

第四种幄殿与祭天有关。《元史·世祖纪》载，至元二十七年正月"造祀天幄殿"[⑥]。幄殿，即帐殿、营帐。中原郊祀礼仪中有幄殿，备皇帝临时起居之用。但元世祖对郊祀甚为冷淡，在位三十余年仅遣官告郊一次，遑论亲祀。这个祀天幄殿不可能是郊祀所用，则一定是蒙古传统祭天中所用。术兹扎尼（1193—1266?）《纳昔儿史话》（*Ṭabaqāt-i Nāṣirī*）记载了成吉思汗出征金朝之前的仪式："成吉思汗……召集军队，发布第一道命令，蒙古人全体在一座山下聚集。他让所有男人与女人分开，孩子与母亲分开；三天三夜他们都光着头（不戴帽）；三天三夜他们都不进食，也不许牲畜给幼畜哺乳。成吉思汗自己进入一座毡帐（khargāh），将帐绳绕在脖颈上，三天三夜不出来。在此期间，人们喊着：'腾格理！腾格理！'三天后，第四天，成吉思汗出帐，宣

---

①乌兰校勘：《元朝秘史（校勘本）》，第327页。

②耿昇、何高济译：《柏朗嘉宾蒙古行纪　鲁布鲁克东行纪》，北京：中华书局，1985年，第35页。

③耿昇、何高济译：《柏朗嘉宾蒙古行纪　鲁布鲁克东行纪》，第220页。

④［朝鲜］郑麟趾：《高丽史》卷八九《列传二·后妃二·齐国大长公主》，韩国奎章阁藏本，第1a—b页。

⑤《元史》卷二九《泰定帝纪一》，第656页。

⑥《元史》卷一六《世祖纪十三》，第333页。

布:'腾格理已经赐予我胜利。现在我们要做好准备,我们可以向阿勒坛汗复仇了!'又过了三天,在同一地点召开了宴会。这三天结束后,他率军前进……"①术兹扎尼原居中亚古儿地方(Ḡur),因蒙古入侵而避居印度德里。《纳昔儿史话》撰写于1259—1260年左右,其中关于蒙古的信息来源于亲历过蒙古入侵的中亚难民。② 因此《纳昔儿史话》所记蒙古攻中亚史事颇为详细,但所记蒙古草原早期历史和礼俗可能有穿凿歪曲之处。③《纳昔儿史话》所记成吉思汗出征金朝之前的仪式,大概也有歪曲之处,但应该与史实相差不远。因为《元朝秘史》《世界征服者史》《史集》都记载,成吉思汗在告天仪式中解带挂颈,脱帽,跪拜祈祷三日三夜。④《纳昔儿史话》提到将帐绳绕在脖颈上,与解带挂颈大致呼应。⑤总之,元朝祭天应该有专用的帐殿。

三　祀宅神与萨满降神

元人张昱《辇下曲》一首云:

> 国俗祠神主中霤,毡车毡俑挂宫灯。神来鼓盏自飞应,妖自人兴如有凭。⑥

---

①'Uthmān ibn Sirāj al-Dīn, Abu 'Umar Minhāj al-Din, Jūzjānī, *Ṭabaḳāt-i-Nāṣirī: A General History of the Muhammadan Dynasties of Asia, including Hindustan; from A. H.* 194(810 *A. D.*) *to A. H.* 658(1260 *A. D.*) *and the Irruption of the Infidel Mughals into Islam*, translatedbyHenry George Raverty, London: Gilbert and Rivington, 1881-1899, vol. 2, p. 954. 笔者汉译。

②Khaliq Ahmad Nizami, *On History and Historians of Medieval India*, New Delhi: Munshiram Manoharlal, 1983, pp. 79-80.

③Jūzjānī, *Ṭabaḳāt-i-Nāṣirī*, vol. 2, p. 937. 参党宝海:《外交使节所述早期蒙金战争》,《清华元史》第3辑,北京:商务印书馆,2015年,第159—187页(尤其是第169页)。

④余大钧译注:《蒙古秘史》,石家庄:河北人民出版社,2001年,第54—55页。[波斯]拉施特主编,余大钧、周建奇译:《史集》第一卷第二分册,北京:商务印书馆,1983年,第260页。[伊朗]志费尼著,何高济译:《世界征服者史》,呼和浩特:内蒙古人民出版社,1980年,第93页。

⑤Jūzjānī, *Ṭabaḳāt-i-Nāṣirī*, vol. 2, p. 954.

⑥张昱:《张光弼诗集》卷三,第12b页。

中霤,即宅神。[①] 毡车,表明祭祀是在营帐中进行。毡俑,即用毡所制作的偶像,蒙古语称为翁衮(ongγun)。[②] 鲁布鲁克(William of Rubruck)记载蒙古人住所内有毡制的像,在墙上,主人位置的上方有一尊,被称为主人的兄弟,女主人的上方也有一尊,被称为女主人的兄弟。[③] 柏朗嘉宾(John of Plan)称,蒙古人把这种偶像装在一辆漂亮的篷车上,置于自己幕帐的大门口。[④] 阿布尔-哈奇(Abul-Ghāzi Bahādur Khan,1605—1665)《突厥世系》记载蒙古人风俗:"如果某一亲爱的人(儿子、女儿或兄弟等)死了,就制作一个人偶保存在家中。人们喜欢边抚摩这个人偶边说:这是我们某某人的形象。他们将第一份饭菜摆放在这个人偶前面,仔细地为人偶擦拭面容和双眼,最后向它跪拜行礼。"[⑤]马可·波罗记载:"他们(蒙古人)的诸神中有一个叫做纳赤海(Nacigai),他们说他是地神,守护他们的子嗣、牲畜和谷物。他们给他极大的敬畏和崇高的尊敬,每人皆将他奉于家中。他们用毡和布制作此神像,并将他置于室内;也制作此神之妻及诸子之像。……他们用餐时,取一些肥肉涂抹于此神及其妻、子之口。"[⑥]伯希和、邵循正试图将 Nacigai(有

---

①王国维:《东山杂记》卷一《中霤》,赵利栋辑校:《王国维学术随笔》,北京:社会科学文献出版社,2000 年,第 8—9 页。此书系辑录而成,间有讹别之字,学者已有订正,参姜福杰:《王国维〈东山杂记〉校记》,张本义主编:《白云论坛》第一卷,北京:北京图书馆出版社,2004 年。

②关于翁衮,参[俄]道尔吉·班札罗夫(Dorji Banzarov):《黑教或称蒙古人的萨满教》,潘世宪译,余大君校:《蒙古史研究参考资料》第 17 辑,呼和浩特:内蒙古大学历史系蒙古史研究室,1965 年,第 18 页。乌力吉:《翁衮初探》,仁钦道尔吉等编:《阿尔泰语系民族叙事文学与萨满文化》,呼和浩特:内蒙古大学出版社,1990 年,第 132—139 页。任继愈主编:《宗教大辞典》,上海:上海辞书出版社,1998 年,第 849 页。娜仁格日勒:《蒙古族祖先崇拜的固有特征及其文化蕴涵——兼与日本文化的比较》,第 25—82 页。

③耿昇、何高济译:《柏朗嘉宾蒙古行纪　鲁布鲁克东行纪》,第 211 页。Peter Jackson trans., *The Mission of Friar William of Rubruck*, Indianapolis/ Cambridge: Hackett, 2009, p. 75.

④耿昇、何高济译:《柏朗嘉宾蒙古行纪　鲁布鲁克东行纪》,第 31—32 页。余大钧、蔡志纯译《普兰·迦儿宾行记　鲁布鲁克东方行记》,第 23 页。

⑤阿布尔-哈齐:《突厥世系》,罗贤佑译,北京:中华书局,2005 年,第 8 页。

⑥A. C. Moule and Paul Pelliot, *Marco Polo: The Description of the World*, Vol. 1, London: G. Routledge and sons, 1938, p. 170.

的版本作 Natigai）勘同为地神 Etügen ~ Itügen，①但对音不协。田清波在吐鲁番出土 1312 年刊蒙古文佛经跋文中发现了 Načiγai 一词，解决了对音疑难。② 可知纳赤海（Nacigai）是元代蒙古人信仰的土地神，后来此名不再行用。元代蒙古毡帐中供奉的毡俑，到底是祖先神、土地神，还是兼而有之，难以遽断。不过可以肯定的是元代汉文史料称之为宅神。《元史·本纪》载，泰定二年（1325）秋七月庚戌，"遣阿失伯祀宅神于北部行幄"③。阿失伯之名在《元史》中仅此一见。《永乐大典》所录《太常集礼》载延祐七年（1320）英宗即位告祭社稷的亚献官"翰林承旨阿失伯"④，疑即此人。总之，元代蒙古人的帐房中供奉毡俑翁衮，称为宅神，实行祭祀。

《辇下曲》"神来鼓盏自飞应，妖自人兴如有凭"二句描绘的是萨满教降神附体仪式。伊利亚德（Mircea Eliade）在其经典著作《萨满教——古老的入迷术》中，将迷狂出神（trance）作为萨满教的特征。⑤ 但这一概念被后来的研究者指出带有西方想象和偏见，不适于萨满教研究。⑥ 研究北亚、东北亚的

①Paul Pelliot, *Notes on Marco Polo*, vol. 2, Paris: Imprimerie Nationale, 1963, pp. 791-792. 邵循正：《释 Natigai、Nacigai》，《元史论丛》第 1 辑，北京：中华书局，1982 年，第 225 页；收入《邵循正历史论文集》，北京：北京大学出版社，1985 年，第 118—119 页（题目中"Natigai"讹作"Narigai"，当为手民之误）。

②Antoine Mostaert, "Le mot *Natigay/Nacigay chez Marco Polo*", in *Oriente poliano studi e conferenze tenute all' ls. M. E. O. in occasione del VII centenario della nascita di Marco Polo* (1254-1954), Roma: Istituto italiano per il Medio ed Estremo Oriente, 1957, pp. 95-101.［比利时］田清波撰，马晓林译：《马可·波罗所记 Natigay/*Nacigay* 一词》，马晓林：《马可·波罗与元代中国：文本与礼俗》，上海：中西书局，2018 年，第 371—378 页。

③《元史》卷二九《泰定帝纪一》，第 657 页。

④《永乐大典》卷二〇四二四，第 7650 页下。

⑤Mircea Eliade, *Shamanism: Archaic Techniques of Ecstasy*, English trsanlated by William R. Trask, New York: Pantheon, 1964. 参姜德顺述评，载郭淑云主编：《萨满文化研究》第 1 辑，长春：吉林大学出版社，2007 年，第 197—212 页。

⑥Roberte N. Hamayon, "Are 'Trance,' 'Ecstasy' and Similar Concepts Appropriate in the Study of Shamanism?" *Shaman*, Vol. 1, No. 1-2, Budapest, First edition, 1993, Second edition, revised and expanded, 2007, pp. 17-40. Idem., "'Ecstasy' or the West-dreamt Siberian shaman." In Helmut Wautischer ed., *Tribal Epistemologies. Essays in the Philosophy of Anthropology. Avebury Series in Philosophy*, Aldershot and Brookfield: Ashgate, 1998, pp. 175-187.

学者更倾向于将降神附体作为萨满教的特征。[①] 关于蒙元时期萨满降神的记载不多，波伊勒在《中古突厥与蒙古萨满教》一文中做了搜集梳理。[②] 关于降神仪式，鲁布鲁克记载最详细："其中一些人呼唤鬼神，晚上在家里聚集一群希望得到鬼神回答的人。他们在屋的中央放上煮好的肉，请神的珊蛮（qam）开始念咒，把手中的鼓拼命往地上碰。最后他进入疯狂状态，让人把他自己捆缚起来。这时鬼神从暗中入内，给他肉吃，他就作回答。"[③]珊蛮（萨满）巫师在突厥语中称为 qam，而在蒙古语中称为 bö'e。《史集》记载，成吉思汗崛起时，巫师（bö'e）帖卜·腾格理代神预言成吉思汗为君主，授予"成吉思汗"的称号。帖卜·腾格理曾有寒冬裸坐于冰上，以及骑白马上天的奇异表现，并且惯于预言未来，常常说："神在和我谈话，我在天上巡游！"[④]这些迹象都表明帖卜·腾格理常进入降神附体的状态。降神附体，有可能也发生在成吉思汗本人身上。术兹扎尼《纳昔儿史话》记载，成吉思汗"是魔法和骗术的行家，与一些魔鬼是朋友。他屡屡迷狂出神，在无知觉的状态下，各种事情脱口而出。他最开始崛起时就是这种出神状态，魔鬼支配着他预言他的种种胜利。他将第一次这样时所穿着的衣裳放在一个箱子里，惯常随身携带。只要他有了灵感，任何他渴求的状况——胜利、任务、敌人出现、侵攻敌国——都会从他口中说出。有一个人曾经将一切都记录下来，置于囊中，加以封印，当成吉思汗又一次有了灵感时，他们就一条接着一条地读他的言语；他据之行动，确实或多或少地得以实现了一切"[⑤]。成吉思汗降神附

---

①［日］小松和彦：《灵魂附体型萨满教的危机——关于萨满教研究的现状与未来的探讨》，金香、色音主编：《萨满信仰与民族文化》，北京：中国社会科学出版社，2009 年，第 278—292 页。

②John Andrew Boyle, "Turkish and Mongolian Shamanism in the Middle Ages", *Folkelore*, 83, 1972: 177-193.

③Guglielmo di Rubruk, *Viaggio in Mongolia*（*Itinerarium*）, ed. by Paolo Chiesa, Fondazione Lorenzo Valla/Mondadori, 2011, pp. 271-272. 耿昇、何高济译：《柏朗嘉宾蒙古行纪　鲁布鲁克东行纪》，第 308 页。

④［波斯］拉施特主编，余大钧、周建奇译：《史集》第一卷第一分册，第 273—274 页。

⑤Jūzjānī, *Ṭaba ḳāt-i-Nā ṣirī*, translated by Henry George Raverty, vol. 2, p. 1077-1078. John Andrew Boyle, "Turkish and Mongolian Shamanism in the Middle Ages", *Folkelore*, 83, 1972: 181. 笔者据波伊勒修订英译文汉译。

体的记载虽然独见于此书,但巫师帖卜·腾格理被成吉思汗处死后,借由萨满降神仪式传达天意的方式必然保留。不过,是否如《纳昔儿史话》所记由成吉思汗本人施行,还有待其他证据。而《辇下曲》证明了降神仪式在元后期宫廷中仍存在,仪式场所有毡车毡俑。

四　岁末祭火脱灾

《元史·祭祀志·国俗旧礼》第5条载:

> 每岁,十二月十六日以后,选日,用白黑羊毛为线,帝后及太子,自顶至手足,皆用羊毛线缠系之,坐于寝殿。蒙古巫觋念咒语,奉银槽贮火,置米糠于其中,沃以酥油,以其烟薰帝之身,断所系毛线,纳诸槽内。又以红帛长数寸,帝手裂碎之,唾之者三,并投火中。即解所服衣帽付巫觋,谓之脱旧灾、迎新福云。[1]

拉契涅夫斯基认为,这一仪式与契丹再生仪有相似的含义,元朝帝后及太子"自顶至手足,皆用羊毛线缠系之",表示新生儿的襁褓。[2] 契丹再生仪每十二年举行一次,使用襁褓、彩结等物,仪式模仿生育流程,[3]寓意君主再生,与本命年信仰有关。辽代再生仪在本命年之外也施行,与皇权巩固有关。[4] 然而,元朝宫廷的岁末脱灾仪式,是每年都举行的,与本命信仰无关,因此与契丹再生仪有本质的不同。

笔者认为,元朝宫廷岁末脱灾仪式与辽代宫廷岁除仪更加相关。《辽史》记载辽代宫廷岁除仪:"初夕,敕使及夷离毕率执事郎君至殿前,以盐及

---

①《元史》卷七七《祭祀志六·国俗旧礼》,第1924—1925页。

②Paul Ratchnevsky,"Über den mongolischen Kult am Hofe der Grosskhane in China",pp. 432-433.

③《辽史》卷五三《礼志六·再生仪》,第976页。

④参林瑞翰:《契丹民族的再生仪》,《大陆杂志》第4卷第2期,1952年。刘黎明:《辽代帝王再生仪的常例与变例》,《四川大学学报》(哲学社会科学版)2006年第5期。

羊膏置炉中燎之。巫及大巫以次赞祝火神讫，阁门使赞皇帝面火再拜。初，皇帝皆亲拜，至道宗始命夷离毕拜之。”[①]辽、元岁除仪式的相似性有三方面。一是都用火炉或火槽熏燎羊油，二是都有巫师祝赞念咒，三是都在宫中举行，而且最初都是皇帝亲自参加，只是辽道宗才改为夷离毕代行。仪式核心应该是祭火仪式，以烟熏的方式达到脱灾的目的。现代蒙古风俗每年十二月二十三日、二十四日聚集亲族祭火，[②]也与上述日期范围相符。因此我们将《元史·祭祀志·国俗旧礼》第5条定名为“岁末祭火脱灾”。

与岁末祭火脱灾仪式相关的史料，是元人张昱《辇下曲》一首：

> 三宫除夜例驱傩，遍洒巫臣马湩多。组烛小儿相哄出，卫兵环视莫如何。[③]

此为元朝宫廷除夕夜驱傩脱灾仪式，有巫觋（巫臣）参与，仪式中用马湩、组（丝带）、烛。这与《元史·祭祀志·国俗旧礼》第5条岁末祭火脱灾仪式、辽朝宫廷岁除仪式都非常相似。

五　女巫骨卜与祓除

张昱《辇下曲》一首云：

> 狼髋且抛何且咒，女巫凭此卜妖祥。手持扑撒挥三祀，蠲祓祈神受命长。[④]

---

①《辽史》卷四九《礼志一·吉仪》，第931页。

②杨海英：《チンギス・ハーン祭祀——試みとしての歴史人類学的再構成》，东京：风响社，2004年，第115—116页。赛因吉日嘎拉：《蒙古族祭祀》，赵文工译，呼和浩特：内蒙古大学出版社，2008年，第411—413页。

③张昱：《张光弼诗集》卷三，《四部丛刊》本，第18b页。

④张昱：《张光弼诗集》卷三，第13a页。

髋,即胛骨、琵琶骨,蒙古语 dalu,《至元译语》音译为“答娄”①,当为“答鲁”之讹。② 蒙古人用琵琶骨占卜之俗,载于《蒙鞑备录》、《黑鞑事略》等史料。③ 用胛骨占卜者,称为 daluči,④汉译可拟为答鲁赤。波斯文史料《五族谱》记载,弘吉剌部人忽乃(Qūnāy)是成吉思汗的答鲁赤(dālūjī)。⑤ 可知成吉思汗属下有骨卜职事。《耶律楚材神道碑》记载,成吉思汗“每将出征,必令公(耶律楚材——引者案)预卜吉凶,上亦烧羊髀骨以符之”⑥。《元史·耶律楚材传》亦载此事,但作“灼羊胛”⑦。《元史·郭德海传》载,睿宗拖雷与金朝战于三峰山时,“烧羊胛骨卜得吉兆”⑧。《元史·宪宗纪》载,蒙哥“酷信巫觋卜筮之术,凡行事必谨叩之,殆无虚日,终不自厌也”⑨。鲁布鲁克记载蒙哥笃信骨卜术,“若不先向这些骨头请教,他就不干世上的任何事”⑩。骨卜术在后世蒙古人中仍有流传。帕拉斯(Peter Simon Pallas,1741—1811)在西伯利亚做过实地调查和研究。⑪ 鲍登(Charles R. Bawden,1924—2016)译注蒙古文抄本,考察了琵琶骨占卜的操作方法。⑫

①贾敬颜、朱风合辑:《蒙古译语 女真译语汇编》,天津:天津古籍出版社,1990 年,第 7 页。

②G. Kara,“*Zhiyuan yiyu* index alphabétique des mots mongols”, *Acta Orientalia Academiae Scientiarum Hungaricae*, 44. 3, 1990: 279-344(289).

③参陈高华、史卫民:《中国风俗通史·元代卷》,第 386—387 页。

④《蒙汉词典》,呼和浩特:内蒙古大学出版社,1999 年,第 1151 页。

⑤*Shu'ab-i panjgāna*, İstanbul: Topkapı Sarayı Müzesi Kütüphanesi, MS. Ahmet III 2937, fol. 118b“也速真”条旁注。

⑥宋子贞:《中书令耶律公神道碑》,《国朝文类》卷五七,第 11b 页。

⑦《元史》卷一四六《耶律楚材传》,第 3456 页。

⑧《元史》卷一四九《郭德海传》,第 3522 页。

⑨《元史》卷三《宪宗纪》,第 54 页。

⑩耿昇、何高济译:《柏朗嘉宾蒙古行纪 鲁布鲁克东行纪》,第 273 页。

⑪Peter Simon Pallas, *Sammlungen historischer Nachrichten überdie Mongolischen Völkerschaften*, vol. 2, St. Petersburg, 1801, pp. 350-354.

⑫Charles R. Bawden, “On the Practice of Scapulimancy among the Mongols”, *Central Asiatic Journal*, 4, 1958: 1-44.

女巫在当时的蒙古人中很常见，蒙古语称之为iduγan～ uda'an。[①] 13世纪中叶亚美尼亚史家祁剌柯思（Kirakos of Ganjak）记载："他们（蒙古人）的女人是巫，预知万事。若无女巫和术士之命，他们不朝任何方向出行。"[②]窝阔台皇后脱列哥那宠幸的女侍法提玛擅长巫术，贵由皇后斡兀立海迷失常常与萨满会于密室。[③] 蒙哥告诉鲁布鲁克："海迷失是最坏的巫婆，她用巫术毁了她的全家。"[④]元朝屡禁诸王大臣妄用阴阳巫蛊，[⑤]其中应当涉及女巫。但女巫在宫廷礼俗中仍是重要角色。元朝宫廷礼俗中常见"巫觋"或"师婆"的身影，即男女巫师参与祭祀仪式、择吉日等活动。[⑥] 元朝帝后去世后收殓于棺，以舆车承载，"前行，用蒙古巫媪一人，衣新衣，骑马，牵马一匹，以黄金饰鞍辔，笼以纳失失，谓之金灵马"[⑦]。可见女巫在皇室葬礼中是不可或缺的角色。《元史》载，英宗延祐七年（1320）七月"赐女巫伯牙台钞万五千贯"[⑧]。此事前后因果不详，但所赐数额之大，足以说明女巫待遇很高。

扑揪，为女巫手持之法器，蒙古语dalalγan-u sumu或dalalta，词典中释

①贾敬颜、朱风合辑：《蒙古译语　女真译语汇编》，第44、136、154页。关于这一词在阿尔泰诸语言中的形式及其词源，参Albert E. Dien, "A possible early occurrence of Altaic iduγan", *Central Asiatic Journal*, 2, 1956: 12－20. Juha Janhunen, "The holy shamaness: Some additional notes on a Turko-Mongolic etymology", *Pilgrimage of Life: Studies in Honour of Professor René Gothóni*, Helsinki, 2010, pp. 175-185.

②John Andrew Boyle, "Kirakos of Ganjak on the Mongols", *Central Asiatic Journal*, 8, 1963: 199－214 (208).

③《世界征服者史》，第288—289、301页。

④Peter Jackson trans., *The Mission of Friar William of Rubruck*, Hackett, 2009, p. 249. 耿昇、何高济译：《柏朗嘉宾蒙古行纪　鲁布鲁克东行纪》，第310页。

⑤参Elizabeth Endicott-West, "Notes on Shamans, Fortune-tellers and *Yin-Yang* Practitioners and Civil Administration in Yüan China", in Reuven Amitai-Preiss and David O. Morgan ed., *The Mongol Empire and Its Legacy*, Leiden: Brill, 1999, pp. 224-239.

⑥《析津志辑佚》，第115、221页。

⑦《元史》卷七七《祭祀志六·国俗旧礼》，第1923—1924页。

⑧《元史》卷二七《英宗纪一》，第604页。

义为跳神用的缚白丝的箭。[①] Dalalγa 是一种祈福的仪节,应用非常广泛,[②]此法器名称的本义可理解为祈福的箭。根据民俗学调查,蒙古族萨满今日仍在使用这种法器,形制为一细棍,裹以兽皮,头上系布条、丝带。[③] 三祀,典出《礼记·祭法》,指众鬼。蠲祓,即祓除。蒙古风俗认为,疾病的原因是恶灵入侵人身,人的灵魂脱离身体。[④] 女巫手持扑撒法器驱除恶鬼,以达到祓除延寿的目的。

六 “设比儿”与“撒答海”

设比儿、撒答海,都是与生育相关的礼俗。《高丽史》载,元朝公主忽都鲁揭里迷失公主嫁入高丽,“生元子于离宫,是为忠宣王。诸王百官皆贺。公主从者在门,凡入者悉褫其衣,谓之设比儿”[⑤]。案,褫(sī),义为福,名词。此当为褫(chǐ)之讹,义为夺去衣服,动词。蒙古风俗中有解衣脱灾的仪式,如元朝国俗旧礼射草狗仪式的最后,各解其衣祝赞以示脱灾。[⑥] 忽都鲁揭里迷失公主作为忽必烈之女,在高丽甚为强势,在宫中建穹庐而居,保留了蒙古人的生活方式与习俗。生子于离宫,与《国俗旧礼》第 6 条所载“凡后妃妊身,将及月辰,则移居于外毡帐房”之俗相符。《元史》载,泰定二年(1325)六

---

①蒋维介、庄愈等编,荣德译:《满蒙汉三文合璧教科书》第 8 册,民国元年(1912)铅印本,第 51b 页。Antoine Mostaert, *Dictionnaire Ordos*, Pekin, 1941, p. 114b.

②Krystyna Chabros, *Beckoning Fortune: A Study of the Mongol Dalalγa Ritual*, Wiesbaden: Otto Harrassowitz, 1992. Bulcsu Siklós, “Review”, *Bulletin of the School of Oriental and African Studies*, 57. 2, 1994: 411-413.

③乌丙安:《神秘的萨满世界:中国原始文化根基》,上海:上海三联书店,1989 年,第 233—234 页。色音:《蒙古族萨满教的文化人类学考察》,黄强、色音:《萨满教图说》,北京:民族出版社,2002 年,第 71 页。

④Charles R. Bawden, “Calling the Soul: A Mongolian Litany”, *Bulletin of the School of Oriental and African Studies, University of London*, 25. 1, 1962: 81-103.

⑤[朝鲜]郑麟趾:《高丽史》卷八九《列传二·后妃二·齐国大长公主》,韩国奎章阁藏本,第 1b 页。

⑥《元史》卷七七《祭祀志六·国俗旧礼》,第 1924—1925 页。

月己卯朔,"皇子生,命巫祓除于宫"①,可能与设比儿有关。

《国俗旧礼》第6条又载:"若生皇子孙,则锡百官以金银彩段,谓之撒答海。及弥月,复还内寝。其帐房,则以颁赐近臣云。"②伯希和认为"设比儿"是生子庆礼的一般礼仪,不限于褫衣而已,似与"撒答海"同义。③ 然而设比儿(＊säbir)、撒答海(＊sadaqai)对音不合。拉契涅夫斯基怀疑撒答海与蒙古语sadu(亲戚)有关。④

七　祭旄纛

旄纛(蒙古语:tuq),形似长矛或三叉戟,下垂马尾或马鬃所制之缨。其神灵为sülde,今译苏勒德、苏力德,《元朝秘史》第63节、201节作"苏勒迭儿"(sülder),最后一个字母-r应为明初译写时误读,旁译为吉兆、威灵。⑤

旄纛之神是部族权力的象征,具有统领部族、抵御外敌之威力。⑥《秘史》第73节述帖木真之父也速该死后,百姓们打算迁走,诃额伦亲自上马举着旄纛,才劝阻住了一部分百姓。⑦作战时,旄纛是统帅的象征。《秘史》第170节载,札木合向汪罕述说帖木真军队之勇猛,提及帖木真军队"有黑色和花色的旄纛"⑧(tuqtan,旁译"旄纛每",是tuq的复数形式)。1206年成吉思

---

①《元史》卷二九《泰定帝纪一》,第656页。

②《元史》卷七七《祭祀志六·国俗旧礼》,第1925页。

③Paul Pelliot,"Les mots Mongols dans le Korye sa",*Journal Asiatique*,217,1930: 253-266(263-264).[法]伯希和:《高丽史中之蒙古语》,冯承钧编译《西域南海史地考证译丛二编》,北京:商务印书馆,1962年,第67—68页。

④Paul Ratchnevsky,"Über den mongolischen Kult am Hofe der Grosskhane in China",p. 433.

⑤阿尔达扎布:《新译集注〈蒙古秘史〉》,第109页。

⑥T. D. Skrynnikova,"Sülde—The Basic Idea of the Chinggis-Khan Cult",*Acta Orientalia Academiae Scientiarum Hungaricae*,47,1992/1993: 51-59.

⑦阿尔达扎布:《新译集注〈蒙古秘史〉》,第123—124页。举着旄纛,蒙古语tuqlaǰu,旁译作"莫头拿着"。莫头为英头之讹,即缨头。《蒙古秘史词汇选释》,第264—265页。

⑧阿尔达扎布:《新译集注〈蒙古秘史〉》,第309页。

汗登基，建九斿白旄纛（yesün költü čaqa'an tuq）。"九斿白纛"，《元史》作九游白旗，[①]九斿又译九足、九脚，由一个大纛八个小纛组成而得名。九斿白旄纛被视为大蒙古国的象征。今日蒙古人祭祀白、黑、花三大苏力德，亦称白纛、黑纛、花纛，[②]其根源可追溯到《秘史》的成吉思汗时代。

元人云："世祖皇帝在潜藩，建牙纛、庐帐于滦河之上，始作城郭宫室。"[③]牙纛、庐帐的建立，昭示着忽必烈对漠南领地统治权的确立。入元以后，旄纛成为皇帝行幸仪仗的一部分。《元史·舆服志二·仪仗》载："皂纛（国语读如秃），建缨于素漆竿。凡行幸，则先驱建纛，夹以马鼓。居则置纛于月华门西之隅室。"[④]皂纛，即黑纛。元人张昱《辇下曲》之一即咏皂纛，诗云："月华门里西角屋，六纛幽藏神所居。大驾起行先戒路，鼓钲次第出储胥。"[⑤]"储胥"指皇宫。"六纛"之说，可能是确指皂纛之数，更可能的是借用既有的汉语词汇的一种文学性表达。中原王朝皇帝仪仗中也有皂纛，有六纛、十二纛之别，然而仅列于仪仗两旁，并非先驱，也不与马鼓并行。《秘史》第232节、第278节分别记录成吉思汗、窝阔台登基时申说宿卫的职司，其中一个职责是保管旄纛、战鼓、钩、枪、器皿。[⑥] 皂纛（黑纛）与马鼓作为仪仗队的先驱，这

①阿尔达扎布：《新译集注〈蒙古秘史〉》，第386—387页。《元史》卷一《太祖纪》，第13页。

②参赛因吉日嘎拉：《蒙古族祭祀》，赵文工译，第177—234页。Elisabetta Chiodo，"The Black Standard（*qara sülde*）of Činggis Qaγan in Baruun Xüree"，*Ural-Altaische Jahrbücher*，15，1997/1998：250-254. Elisabetta Chiodo，"The White Standard of Chinggis Khaan（*čaγan tug*）of the Čaqar Mongols of Üüsin Banner"，*Ural-Altaische Jahrbücher*，16，1999/2000：232-244. 杨海英：《モンゴル研究のパラダイム：モンゴルにおける「白いスゥルデ」の継承と祭祀》，《国立民族学博物館研究報告別冊》20，1999年，第135—212页；收入氏著《チンギス・ハーン祭祀——試みとしての歴史人類学的再構成》，东京：风响社，2004年，第165—232页。杨海英：《モンゴルにおけるアラク・スゥルデの祭祀について》，《アジア・アフリカ言語文化研究》61，2001年，第71—113页；收入氏著《チンギス・ハーン祭祀——試みとしての歴史人類学的再構成》，第233—296页。

③虞集：《上都留守贺惠愍公庙碑》，《道园学古录》卷一三，第1b页。

④《元史》卷七九《舆服志二·仪仗》，第1957页。另参同卷"马鼓"条，第1974页.

⑤张昱：《张光弼诗集》卷三《辇下曲》，第12b页。

⑥阿尔达扎布：《新译集注〈蒙古秘史〉》，第430、511页。

是元朝礼仪独有的蒙古文化色彩。

旄纛祭祀，有洒祭、涂油祭两种形式。《秘史》第 106 节载，札木合出征时说："洒祭了远处能看见的黑纛，擂响了用黑犛牛皮做的响声咚咚的战鼓。"第 193 节载，1204 年四月十六日，成吉思汗洒祭旄纛，出征乃蛮。[①]《史集》记载，早期蒙古乞颜部与蔑儿乞部交战时，蔑儿乞首领脱黑台（脱黑脱阿·别乞）"按照习惯在大纛上涂了油（tūq rā yāghālmīshī kard），让军队上马，非常娴熟地去迎击敌人"[②]。《史集》在此使用的突厥语词 yāghālmīshī，词根为 yagh，义为油脂。[③]《史集》还记载，按蒙古人的风俗，小孩子第一次出去打猎时，要在手指上涂油（yāghālmīshī），如成吉思汗曾为年幼的忽必烈、旭烈兀涂油，阿八哈汗曾为年幼的合赞汗涂油。[④] 现代蒙古一些部落仍有为初次出猎者涂油的习俗，[⑤]这是蒙古狩猎仪式的一种。[⑥] 涂油之礼应该具有祝赞武功、祈求得胜的寓意。

祭祀旄纛是出征前的一种军礼。汉文史料常以汉语词汇祃牙、祭旗指蒙古祭旄纛仪式。祃牙，是借用了汉语的词汇。实际在中原汉地，作为军祭的首要内容，祃牙之祭自上古就存在。《礼记·王制》："天子将出征，类乎上帝，宜乎社，造于祢，祃于所征之地。"上古祃祭的具体制度不详，秦汉以降，祃牙的主要内容固定为祭旗纛。[⑦]《宋史·礼志》载："军前大旗曰牙，师出必祭，谓之祃。"[⑧]汉地祃牙与蒙古祭旄纛皆为出征的军礼，然而具体仪式不同。

---

①阿尔达扎布：《新译集注〈蒙古秘史〉》，第 185、354 页。

②《史集》第一卷第二分册，第 50 页。

③参本田实信：《十三・十四世紀ペルシア語文献に見モンゴル语・トルコ語-mīshīなる語尾をする術語》，《ユーラシア文化研究》第 1 号，1965 年，收入氏著《モンゴル時代史研究》，东京：东京大学出版会，1991 年，第 405—456 页（第 451—453 页）。

④《史集》第一卷第二分册，第 316 页；第三卷，第 238 页。

⑤John Andrew Boyle, "A Eurasian Hunting Ritual", *Folklore*, 80. 1, 1969: 12-16.

⑥Alice Sárközi, "A Mongolian Hunting Ritual", *Acta Orientalia Academiae Scientiarum Hungaricae*, 25 (1972): 191-208.

⑦邵鸿：《祃祭考》，台湾《历史月刊》2002 年第 7 期。

⑧《宋史》卷一二一《礼志二十四・军礼・祃祭》，第 2829 页。

《元史·耶律楚材传》载,己卯(1219)夏六月,成吉思汗西讨回回国,"祃旗之日,雨雪三尺"①。成吉思汗祃旗,显然应是蒙古传统的仪式。《元史》载,宪宗二年(1252),皇弟忽必烈受命征大理,祃牙西行。八年(1258),皇弟忽必烈受命攻宋,祃牙于开平西北。② 宪宗七年(1257)六月,谒太祖行宫,祭旗鼓。③ 柯劭忞认为以上三条史料是"蒙古军礼之仅见者"④。元代文献记战事,多见祃牙一词,并不都是蒙古祭旄纛仪式。

八 石人祭祀

草原上的石人,最早出现于突厥汗国时期,⑤随着突厥人的迁徙而传播到欧亚草原西部,尤其以钦察石人地理分布最广。⑥ 突厥石人根据地域不同、时代推移而有变化,⑦但总体上服饰发式有突厥特点,雕刻手法粗糙原始。巴托尔德根据《鲁布鲁克行纪》等文献及考古资料指出,石人一般立于突厥墓葬附近,面向东南方,代表死者,接受祭祀。⑧ 晚近有学者认为石人造型程式化,代表传说中的英雄祖先。⑨ 但更细致的实地考察研究发现石人个

①《元史》卷一四六《耶律楚材传》,第3456页。

②《元史》卷四《世祖纪一》,第58、61页。

③《元史》卷三《宪宗纪》,第50页。

④柯劭忞:《新元史》卷九〇《礼志十·祃牙祭旗鼓》,北京:中国书店,1988年,第422页中栏。

⑤林俊雄:《モンゴリアの石人》,《国立民族学博物館研究報告》21(1),1996年,第177—283页。

⑥Erdoğan Altınkaynak,"Desht-i Kipchak Stone Statues",*Karadeniz Araştırmaları*,3,2004,pp.78-93. С. А. Плетнева,*Половецкие каменные изваяния. Археология СССР*,Москва: Наука,1974.

⑦Л. С. Гераськова,"Новое в изучении монументальной скульптуры кочевников средневековья",*Stratum plus. Археология и культурная антропология*,5,1999: 408-430.

⑧V. V. Barthold,"The Burial Rites of the Türks and the Mongols",translated,with a note on iconography,by J. M. Rogers,*Central Asiatic Journal*,14,1970: 195-227.

⑨Л. Н. Ермоленко,*Средневековые каменные изваяния казахстанских степей*(《哈萨克草原中世纪石像》),Новосибирск: Изд-во ИАЭТ СО РАН,2004.

体之间差异明显，确实应该是表现墓中死者的形象。[①]

在蒙古高原上，石人在漠北回鹘汗国时期基本上销声匿迹，到蒙元时期重新出现。蒙元时期石人特点鲜明，多坐于交椅上，单手执杯，衣冠发饰皆有典型的蒙古特点，雕刻手法细致写实。蒙古国学者巴雅尔出版专书，刊布了39件蒙元时期石人。这些石人分布于蒙古国东部的苏赫巴特尔省、肯特省、东戈壁省、中戈壁省等地。石人附近都有土堆，但考古调查发现这些土堆并非墓葬，而是祭祀场所。[②] 林俊雄认为这些石人属于东迁的钦察人。[③] 鉴于蒙元时期之前蒙古高原上已经数百年没有石人，蒙古石人祭祀礼俗应该来自东迁钦察人。但近期的研究似乎可以推定很多石人并不属于钦察人，而属于蒙古人。最具代表性的是蒙古国东南部苏赫巴特尔省塔班陶勒盖（Tavan Tolgoi）墓葬群的石人。这座墓葬群包括七座墓，其中五座墓属于同一家族，碳十四检测确定其年份在1130—1250年之间。[④] 结合基因数据与墓葬位置可以推测这个家族很可能属于弘吉剌部，随葬品规格最高的一位女性属于蒙古黄金家族。[⑤] 塔班陶勒盖的石人，同样反映出典型的蒙元时

①G. V. Kubarev, "Ancient Turkic statues: Epic hero or warrior ancestor?." *Archaeology, Ethnology and Anthropology of Eurasia*, 29. 1, 2007: 136-144.

②Баяр Довдойн, *Монголчуудын чулуун хөрөг: XIII-XIV зуун*（巴雅尔：《13—14世纪蒙古石像》）, Улаанбаатар: "Орбис" Хэвлэлийн Газар, 2002. 彩色照片见 Сампилдондовын Чулуун & Дамдинсүрэнгийн Цэвээндорж, *Монголын археологийн өв V. Монголын хүн чулуу*（《蒙古考古遗存》第6卷《蒙古石像》）, Улаанбаатар: Монгол Улсын Шинжлэх Ухааны Академи, 2016, pp. 170-225.

③Toshio Hayashi, "Change from Turkic Stone Statues to Mongolian Statues", *Türk Dili Ara 堢 tırmaları Yıllığı-Belleten*, 60(1), 2012, pp. 15-38. 林俊雄：《ユーラシアの石人》，东京：雄山阁，2005年。

④Minyoung Youn, Jong Chan Kim, Han Kyeom Kim, Dashtseveg Tumen, Dorjpalam Navaan, and Myagmar Erdene, "Dating the Tavan Tolgoi site, Mongolia: Burials of the nobility from Genghis Khan's era", *Radiocarbon*, 49. 2, 2007: 685-691.

⑤Fenner, Jack N., Dashtseveg Tumen, and Dorjpurev Khatanbaatar, "Food fit for a Khan: stable isotope analysis of the elite Mongol Empire cemetery at Tavan Tolgoi, Mongolia", *Journal of Archaeological Science*, 46(2014): 231-244. GavaachimedLkhagvasuren, Heejin Shin, Si Eun Lee, Dashtseveg Tumen, Jae-Hyun Kim, Kyung-Yong Kim, Kijeong Kim et al., "Molecular genealogy of a Mongol Queen's family and her possible kinship with Genghis Khan", *PloS one*, 11, no. 9(2016): e0161622.

期服饰。① 弘吉剌作为元朝后族,在墓葬树立石人,在元代蒙古部族中应该有一定的代表性,能够说明蒙元时期一些蒙古人奉行石人祭祀礼俗。东欧、哈萨克草原发现的同时期钦察石人,②与蒙古石人造型风格迥异。这说明蒙古人并非直接照搬钦察礼俗,而是有新的创造。

内蒙古正蓝旗发现的石人,可以得到历史文献的直接印证。1990 年代初,内蒙古正蓝旗元上都遗址西北约 30 公里处的羊群庙发现元代遗址与石像。起初学者猜测该地是皇室祭天祭祖之所,后来结合历史文献进一步研究认为是权臣钦察人燕铁木儿家族祭祀地。③ 魏坚明确指出,其四座大型建筑基址是燕铁木儿家庙遗址,四座石人为燕铁木儿三代祖先及燕铁木儿本人。④ 燕铁木儿家族早在成吉思汗时期就归附蒙古,东迁后世代深受重用,位极人臣,应该深受蒙古文化影响。这些燕铁木儿家族石人与钦察石人造型迥异。与其说燕铁木儿家族石人祭祀保存了钦察风俗,毋宁说是元朝治下的特有产物。因此,燕铁木儿家族石人祭祀,应该很接近元朝皇族礼俗。元人许有壬《陪右大夫太平王祭先太师石像》诗曰:"石琢元臣贵至坚,元臣何在石依然。巨杯注口衣从湿,肥脔涂身色愈鲜。范蠡铸金功岂并,平原为绣世谁传。台前斩马踏歌起,未信英姿在九泉。"作者自注:"像琢白石,在滦都西北七十里,地曰旭泥白(* Hüni-baya)。负重台架小室贮之,祭以酒,注

①Баяр Довдойн, *Монголчуудын чулуун хөрөг: XIII-XIV зуун*(巴雅尔:《13—14 世纪蒙古石像》), p. 110. Сампилдондовын Чулуун & Дамдинсүрэнгийн Цэвээндорж, *Монголын археологийн өв V. Монголын хүн чулуу*(《蒙古考古遗存》第 6 卷《蒙古石像》), pp. 187-188.

②Aneta Gołębiowska - Tobiasz, *Monumental Polovtsian statues in Eastern Europe: the archaeology, conservation and protection*, Walter de Gruyter, 2014. Л. Н. Ермоленко, *Средневековые каменные изваяния казахстанских степей*, Новосибирск: Изд-во ИАЭТ СО РАН, 2004.

③魏坚、陈永志:《正蓝旗羊群庙石雕像研究》,《内蒙古文物考古文集》第一集,北京:中国大百科全书出版社,1994 年。陈永志:《羊群庙元代石雕人像装饰考》,《内蒙古大学学报》(人文社会科学版)1997 年第 5 期。陈永志:《羊群庙石雕人像与燕铁木儿家族祭祀地》,《内蒙古社会科学(汉文版)》2002 年第 6 期。

④魏坚:《蒙古高原石雕人像源流初探——兼论羊群庙石雕人像的性质与归属》,《文物》2011 年第 8 期。

彻，则以肥脔周身涂之。从祖俗也。”[①]其中，“负重台架小室贮之”描述的是石人置于祭祀台上的状况。“重台”义为高台，“小室”是一座小型建筑，用以贮存石人。羊群庙遗址可见这种小型建筑基址遗存。燕铁木儿家族祭祀祖先的仪式是在祭祀台前杀马，踏歌，奠酒，并涂油于石像上。这种仪式基本上反映了元代贵族石人祭祀礼俗。

①许有壬：《至正集》卷一六《陪右大夫太平王祭先太师石像》，第100页。

本篇结语

“尊国礼”是元代国家礼制最重要的特点之一。元朝宫廷保有大量蒙古礼俗,体现出鲜明的民族特色。元朝在最高等级的中原礼仪郊祀、太庙中插入“国礼”,以强调统治者身份,表现统治秩序。元朝对礼仪参加者身份的限制,分为不同的层次,最核心的是强调皇族血缘身份,其次是构建蒙古统治阶级的认同,最外层的则是容纳多元族群以显示元朝的融合性。

《元史·祭祀志·国俗旧礼》对于今人认识元朝国俗旧礼有关键性影响。学者大多认为《元史·祭祀志·国俗旧礼》代表了整个元代的礼俗。然而分析史源和文本内容可知,《元史·祭祀志·国俗旧礼》反映的是元顺帝至正时期的情况。这一时间断面,不能代表整个元代。实际上,这些礼俗是经过元代各时期不断发展变化而形成的。

元朝的国俗旧礼虽然大体上源于蒙古文化传统,但与草原上的礼俗已有不小差别,实际上吸收和融合了多元文化因素,形成了全新的面貌。蒙古崛起时,整合了众多草原部族,也从诸多政权吸收了制度文化。元朝国俗旧礼中的一些因素,与突厥、辽、金、西夏以及其他游牧民族文化有呼应之处,还反映出佛教的影响。拉契涅夫斯基指出:“忽必烈引入的多元制度,可以被解释为用异质文化丰富蒙古文化的一次尝试,为适应于世界帝国的普世性的一种新文化创造基础。"[①]这切中了元代宫廷礼仪的实质。但可以修正的是,多元制度并非世祖忽必烈一朝一夕引入的,而是经历了元朝历代皇帝的逐渐累积和不断调整。

蒙汉二元文化是元代国家祭祀的两大主体来源,礼仪中二元文化长期并存,导致了交互影响和融合。虽然融合不够深入,但也有突出之处。一方面,蒙古文化对元代国家祭祀中的郊庙制度影响较大。在郊祀、太庙的礼仪程序、牲酒等方面中,蒙古因素颇多。蒙古职官、萨满巫觋在郊庙礼仪中扮演重要角色。另一方面,汉文化对元代蒙古萨满也产生了影响。恩迪考特(Elizabeth Endicott-West)分析元代各时期宗戚大臣交通巫祝屡禁不止的原因,认为元代蒙古萨满与汉地阴阳数术的观念和实践很可能相互补充,部分融合,因而给统治者造成了更大困扰。[②] 元朝中后期官方尝试用汉制规范蒙古巫觋。元文宗为蒙古巫觋建灵佑庙,封其所奉神为灵感昭应护国忠顺王,顺帝为蒙古巫觋设立官署司禋监,都是利用汉制重塑或丰富蒙古本俗文化的尝试。

①Paul Ratchnevsky, "Über den mongolischen Kult am Hofe der Grosskhane in China", p. 443.

②Elizabeth Endicott-West, "Notes on Shamans, Fortune-tellers and *Yin-Yang* Practitioners and Civil Administration in Yüan China", in Reuven Amitai-Preiss and David O. Morgan ed., *The Mongol Empire and Its Legacy*, Leiden: Brill, 1999, pp. 224-239(225-226).

第四篇

*

岳镇海渎

岳镇海渎,是五岳、五镇、四海、四渎的简称,是天下山川的代表。[①] 岳镇海渎祭祀,是最早被蒙古统治者施行的中原传统国家祭祀,在元代极为兴盛,屡见于正史、石刻、诗文,尤其是道教相关史料中。元代岳镇海渎祭祀,涉及一系列的政治、文化、宗教问题,对于研究元代政治文化、宗教政策以及道教史皆有裨益。

元代岳镇海渎相关史料,以石刻资料最值得挖掘。明清民国方志、金石著作中多有著录,现当代学者也做过一些整理工作。释力空(1892—1972)《霍山志》收中镇元碑录文。[②]《曲阳北岳庙》收北岳元碑录文。[③] 吉星田整理东镇碑林碑目与录文,[④]张孝友主编《沂山石刻》进一步整理并附照片与拓片。[⑤] 姚永霞研究济渎当地历史文化,所著书中附有很多碑刻的录文。[⑥] 日本学者的实地考察大幅推进了史料整理。樱井智美整理了济渎、北岳、南海等地的石刻情况。[⑦] 饭山知保、井黑忍、船田善之、小林隆道等进行多次实地考察,结合金石著作,制作了石刻收录与存佚目录。[⑧]

元代岳镇海渎的研究始于 2001 年森田宪司的《关于元朝的代祀》一文。[⑨] 代祀的主要对象是岳镇海渎,因此森田氏的研究对岳镇海渎而言是有

---

①关于岳镇海渎祠庙的历史与现状,参李零:《岳镇海渎考——中国古代的山川祭祀》,《我们的中国》第 4 编,北京:生活·读书·新知三联书店,2016 年,第 107—151 页。

②释力空:《霍山志》,太原:山西人民出版社,1986 年。

③薛增福、王丽敏主编:《曲阳北岳庙》,石家庄:河北美术出版社,2000 年。

④吴德升主编:《东镇沂山》,临朐:中国人民政治协商会议临朐委员会,1991 年。潘心德主编:《东镇沂山》,济南:济南出版社,1998 年。

⑤张孝友主编:《沂山石刻》,济南:山东友谊出版社,2009 年。

⑥姚永霞:《文化济渎》,郑州:中州古籍出版社,2014 年。姚永霞:《古碑探微》,郑州:中州古籍出版社,2015 年。

⑦[日]樱井智美:《中国における蒙元史研究の現状と石刻調査の意義——元史学会参加及び北岳廟、隆興寺、済源市石刻調査をとおして》,《東アジア石刻研究》创刊号,2005 年 12 月。

⑧[日]饭山知保、井黑忍、船田善之:《陕西、山西訪碑行報告(附:陕西、山西訪碑行現存確認金元碑目録)》,《史滴》第 24 号,2002 年。井黑忍、船田善之、飯山知保:《山西、河南訪碑行報告》,《大谷大学史学论究》第 11 号,2005 年。飯山知保、井黑忍、船田善之、小林隆道:《北镇訪碑行報告(附:北镇訪碑行現存確認金元碑目録)》,《史滴》第 28 号,2006 年。

⑨[日]森田宪司:《元朝における代祀について》,《東方宗教》98,2001 年,第 17—32 页。

开拓性的。随后，樱井智美对济渎庙、北岳庙、北京东岳庙等地进行实地考察，用日文、汉文发表了系列文章，从国家祭祀、地域社会、祠庙管理等层面，探讨了元代的岳镇海渎制度，对元以前的制度亦有所涉及。主要包括考释石刻史料的《〈创建开平府祭告济渎记〉考释》、[①]《关于元至元九年〈皇太子燕王嗣香碑〉》，[②]专论济渎庙的《忽必烈华北支配的一个形象——怀孟地区的祭祀与教育》、《蒙古时代的济渎祭祀——以唐代以来岳渎祭祀的位置为中心》，专论北岳庙的《元代的北岳庙祭祀与其执行者们》，专论元大都东岳庙的《元大都的东岳庙建设与祭祀》，以及专论南海庙的《元代的南海庙祭祀》。[③]

中国较早的研究是王元林的论著《国家祭祀与海上丝路遗迹——广州南海神庙研究》[④]，其中第五章元代部分，主要利用《元史》、《元典章》、方志中的史料，对元代南海庙、南海神祭祀制度作出了梳理，并探讨了元代南海神庙与广州海上丝路的关系。周郢《全真道与蒙元时期的五岳祀典》、刘江《元宪宗元年李志常代祀岳渎考》以及《元代全真教的岳渎代祀》，[⑤]皆关注

①[日]樱井智美：《〈创建开平府祭告济渎记〉考释》，李治安主编：《元史论丛》第10辑，北京：中国广播电视出版社，2005年。

②[日]樱井智美、姚永霞：《元至元9年〈皇太子燕王嗣香碑〉をめぐって》，《駿台史学》第145号，2012年3月，第23—49页。

③[日]樱井智美：《クビライの華北支配の一形象——懷孟地区の祭祀と教育》，《駿台史学》124，2005年3月。《モンゴル時代の済涜祭祀——唐代以来の岳瀆祭祀の位置づけの中で》，《明大アジア史論集》18，2014年。《元代的岳渎祭祀——以济渎庙祭祀为中心》，《元史论丛》第14辑，天津：天津古籍出版社，2014年，第312—319页。《元代の北嶽廟祭祀とその遂行者たち》，氣賀澤保規编《中國石刻資料とその社會——北朝隋唐を中心に》，东京：汲古书院，2007年9月，第113—142页。《元大都的东岳庙建设与祭祀》，《元史论丛》第13辑，天津：天津古籍出版社，2010年。《元代の南海廟祭祀》，《駿台史学》第163号，2018年3月，第27—52页。

④王元林：《国家祭祀与海上丝路遗迹——广州南海神庙研究》第五章《元代的南海神庙》，北京：中华书局，2006年，第217—242页。

⑤周郢：《全真道与蒙元时期的五岳祀典》，刘凤鸣主编：《丘处机与全真道：丘处机与全真道国际学术研讨会论文集》，北京：中国文史出版社，2008年，第284—292页。刘江：《元宪宗元年李志常代祀岳渎考》，熊铁基、麦子飞主编：《全真道与老庄学国际学术研讨会论文集》，武汉：华中师范大学出版社，2009年，第378—387页。

全真教的岳渎代祀尤其是蒙哥时期李志常的代祀活动。[①] 刘兴顺的专著《泰山国家祭祀史》第五章《南宋金元泰山国家祭祀》考察了元代国家东岳祭祀。[②]

综观先行研究,元代的岳镇海渎研究尚有研究空间。首先,相关史料尤其是石刻史料的搜集、移录与标点,难以一蹴而就,仍未尽善尽美。其次,以往研究基本上都是局部性的,集中于一种祭祀形式或一座祠庙,仍有待整体系统性研究。本篇分四章,依次考察元代岳镇海渎祭祀制度的渊源、建置沿革、祭祀地点与路线,以及祭祀的运作(仪式、使臣、礼物)。其中涉及人物、系年、史事考证颇多,正文未尽之处,见本篇附录《元代岳镇海渎代祀年表》。

---

①刘江:《元代全真教的岳渎代祀》,《湖南科技学院学报》2012 年第 1 期。

②刘兴顺:《泰山国家祭祀史》,济南:山东人民出版社,2017 年,第 252—280 页。

第十一章　元代岳镇海渎祭祀的渊源

《元史·祭祀志》载:"岳镇海渎代祀,自中统二年始。"①以往学者一般沿袭这种说法。② 但是阅读其他史料可发现,蒙古人早在 1240 年代就开始遣使代祀岳镇海渎了。岳镇海渎,是中原传统国家祭祀项目中最早被蒙古人施行的一项。

关于蒙古统治者祭祀岳镇海渎的原因,日本学者池内功指出,一方面,在宗教层面,蒙古人敬鬼神,入据汉地后,祈祀汉地山川神以求护持;另一方面,在政治层面,蒙古人刚刚涉足汉地,摆出尊崇汉地神祇的姿态,也能博得汉人的支持。③ 岳镇海渎是中原历代王朝因循的国家祭祀,是正统政治文化象征,被元世祖所接纳而形成元代制度。而元世祖以前的蒙古统治者对中原礼制所知甚少,却已经开始祭祀岳镇海渎,其主要根源来自蒙古人自身的

---

①《元史》卷七六《祭祀志五》,第 1900 页。

②黄时鉴:《元代的礼俗》,《元史及北方民族史研究集刊》第 11 期,1987 年,收入陈得芝主编:《中国通史·元代卷》(上)第十二章,上海:上海人民出版社,1997 年,第 1018—1038 页。那木吉拉:《中国元代习俗史》,北京:人民出版社,1994 年,第 196—197 页。

③[日]池内功:《フビライ朝の祭祀について》,平成二年度科学研究費補助金総合研究(A)研究成果報告書《中国史における正統と異端》(二),1991 年,第 55—70 页。

山川信仰传统。而在蒙古早期岳镇海渎祭祀仪式中,道教具有主导性。本章从蒙古信仰、中原传统、道教三个层面探析元代岳镇海渎祭祀的渊源。

一　蒙古传统的山川信仰

岳镇海渎之所以较早被蒙古统治者接受,先决条件是其与蒙古人的固有信仰颇为接近。

山岳崇拜在北方游牧民族中是普遍存在的。[①] 蒙古人亦崇拜山川。[②] 布里亚特学者道尔吉·班札罗夫在其经典著作《黑教或称蒙古人的萨满教》中列出蒙古人祭祀的山与河,如肯特山、杭爱山、母纳山、色楞格河、鄂嫩河、克鲁伦河等等。[③] 德国学者海西希(Walther Heissig)又举出由古代到近代的大量习俗,如敬畏高山、讳言山名、设置敖包等等,皆体现出蒙古人的山川崇拜。[④] 匈牙利学者玛格达莲娜·塔达尔(Magdalena Tatár)转写翻译两件蒙古语抄本,并结合传世文献与民俗调查,剥离出佛教的因素,对蒙古人古老的神山信仰与祭祀做了深入研究。[⑤]

蒙古人同样尊崇蒙古高原外的山川。

《元史·郭宝玉传》记载,成吉思汗西征中亚,"辛巳(太祖十六年,1221),可弗叉国唯算端罕破乃满国,引兵据挦思干,闻帝将至,弃城南走,入

---

①参郑君雷:《论历史上北方游牧民的山岳崇拜》,王建新、刘昭瑞编著:《地域社会与信仰习俗——立足田野的人类学研究》,广州:中山大学出版社,2007年,第314—322页。

②[瑞典]多桑:《多桑蒙古史》,冯承钧译,北京:中华书局,1962年,第30页。

③[俄]道尔吉·班札罗夫:《黑教或称蒙古人的萨满教》,潘世宪译,余大君(余大钧)校,《蒙古史研究参考资料》第17辑,呼和浩特:内蒙古大学历史系蒙古史研究室,1965年,第12页。Dorji Banzarov,"The Black faith, or Shamanism among the Mongols", translated by Jan Nattier and John R. Krueger, *Mongolian Studies*, 7, 1981: 67-70.

④[意]图齐、[德]海西希:《西藏和蒙古的宗教》,耿昇译,王尧校订,天津:天津古籍出版社,1989年,第496—508页。

⑤Magdalena Tatár,"Two Mongol texts concerning the cult of the mountains", *Acta Orientalia Academiae Scientiarum Hungaricae*, 30. 1, 1976: 1-58.

铁门,屯大雪山,宝玉追之,遂奔印度。帝驻大雪山前,时谷中雪深二丈,宝玉请封山川神。壬午(太祖十七年,1222)三月,封昆仑山为玄极王,大盐池为惠济王。"①此系事后多年之追溯,记事多有穿凿。众所周知,成吉思汗西征的诱因,是花剌子模算端杀蒙古使团,而非可弗叉(Kipchak,又译钦察)攻破乃满(Naiman,又译乃蛮)。蒙古大军压境,花剌子模统治者从挦思干(Semizkent,今撒马尔罕)南逃,经铁门关(Temür Qa'alqa),至阿富汗地区。成吉思汗率军追击,至阿富汗大雪山,造就了不止一件传说,最著名的莫如角端显现的故事。传说角端是上古瑞兽,能作人言,好生恶杀。耶律楚材以角端之现,劝谏成吉思汗班师。这一故事被元代多种文献传颂,带有传奇色彩,但学者研究认为有可能是蒙古军在当地见到犀牛,而被耶律楚材附会为角端。② 而成吉思汗封昆仑山、大盐池的记载,与角端故事也有类似之处。因蒙元王朝真正开始用汉文加封神祇是忽必烈即位以后的事。在成吉思汗时期,几乎不太可能出现玄极王、惠济王这样的汉文封号。尽管如此,笔者认为这一记载应该不是凭空捏造的,而是有一定的事实依据。身处山谷中雪深二丈的恶劣自然环境下,郭宝玉请封山川神,成吉思汗很可能祭祀了当地的山川。这大概可以说明蒙古统治者对山川的普遍信仰。

关于蒙古人崇拜山川神,最具说服力的材料来自《元朝秘史》第272节所载窝阔台征金时的一个著名事件:③

> 斡歌歹(引者案,即窝阔台)忽得疾,皆愦失音,命师巫卜之。言乃金国山川之神,为军马虏掠人民,毁坏山郭,以此为祟。许以人民财宝等物禳之。卜之不从,其病愈重。惟以亲人代之则可。

---

①《元史》卷一四九《郭宝玉传》,第3522页。

②参 Igor de Rachewiltz, "More About the Story of Cinggis-Qan and the Peace-Loving Rhinoceros", A. R. Davis and A. D. Stefanowska (eds.), *Austrina: Essays in Commemoration of the 25th Anniversary of the Founding of the Oriental Society of Australia* (Oriental Society of Australia, 1982), also in *East Asia Studies*, 42(2018): 57-66. 何启龙:《角端、耶律楚材与刘秉忠:以谣言理论研究传说流变》,李治安主编:《元史论丛》第13辑,天津:天津古籍出版社,2010年,第294—302页。

③阿尔达扎布:《新译集注〈蒙古秘史〉》,第499—500页。

随后拖雷饮咒水,代窝阔台而死。拖雷之死一直备受争议。此处的记载可以称得上是蒙古人"官方"的说法,即认为拖雷的死因从根本上说是金国山川之神为祟。山川之神,《元朝秘史》原文作"中合札舌儿　兀速讷　额者惕中罕惕"①,还原为蒙古语为 qaǰar usun-u eǰed qand,直译为地、水的主们、汗们。② 词组 qaǰar usun 义为水土、地方、地域,而 eǰed 和 qand 都是对神的尊称,qaǰar usun-u eǰed qand 指的是掌管一个地方的众神,③主要是山神、河神。拖雷之死,是大蒙古国权力传承中的关键性事件。《史集》、《元史》也都记载了拖雷饮咒水而死的结局,但未提及山川神。《元朝秘史》将拖雷之死归因于山川神作祟,反映出蒙古人山川神信仰的根深蒂固。

总之,蒙古人的山川神信仰是普适性的,不仅限于蒙古高原本土,而且可以推及世界上任何山川。岳镇海渎作为汉地最重要的山川,理所当然得到了蒙古人的崇拜。

二　中原传统的岳镇海渎祭祀

岳镇海渎作为一个整体成为祭祀对象,是经过了较长的历史过程才形成的。其中,岳、渎祭祀出现较早,而海、镇祭祀略晚。

山川祭祀,古已有之。殷商祭祀的山川神祇颇多,其中河、岳的地位高于一般的山川,④卜辞中出现次数最多的山是"华"(华山)、"兇"(很可能是

---

①乌兰校勘:《〈元朝秘史〉校勘本》,第 383 页。

②阿尔达扎布:《新译集注〈蒙古秘史〉》,第 713—714、813 页。札奇斯钦:《蒙古秘史新译并注释》,台北:联经出版公司,1979 年,第 431 页注四。余大钧将"山川之神"直译为"土地神、水神"。余大钧译注:《蒙古秘史》,石家庄:河北人民出版社,2001 年,第 473 页。

③Magdalena Tatár,"Two Mongol texts concerning the cult of the mountains",*Acta Orientalia Academiae Scientiarum Hungaricae*,30. 1,1976: 14-15,n. 54-55.

④参朱凤瀚:《商人诸神之权能与其类型》,吴荣曾主编:《尽心集——张政烺先生八十庆寿论文集》,北京:中国社会科学出版社,1996 年,第 57—79 页。

嵩山）。[①] 卜辞中有“十山”、“五山”、“二山”这样的合称，却未见岳镇海渎之称。秦统一六国后，整合天下山川，分为“崤以东”与“华以西”两部，对西部的秦地山川地位着意强调，对东部的山川体系有极大的改造和重构，从而构建出一套全新的国家山川祭祀体系。[②] 岳渎体系还没有出现。

西汉中期，“五岳四渎”开始进入国家礼制。汉宣帝神爵元年（公元前61年）确立五岳四渎礼：“东岳泰山于博，中岳泰室于嵩高，南岳灊山于灊，西岳华山于华阴，北岳常山于上曲阳，河于临晋，江于江都，淮于平氏，济于临邑界中，皆使者持节侍祠。唯泰山与河岁五祠，江水四，余皆一祷而三祠云。”[③] 在此之前，岳渎还是礼书中的概念。有“四岳”、“五岳”说，指称范围不固定。[④] 四渎，指江、河、淮、济四条河流。早期的“江”指的是沂水，反映了以邹、鲁、泗上（今山东省中南部）为中心的古代“山东”居民对这一带主要水道的知识。[⑤] 到西汉时，长江取代沂水，成为四渎之一。西汉末，郊祀确立之后，郊坛中设岳渎山川之位，而岳渎祭祀的主要形式是遣使致祭和地方祭祀。[⑥] 到东汉时，由朝廷遣使改为地方长吏主事。[⑦] 总之，经两汉时期，五岳四渎祭祀制度确立并日益成熟。

魏晋南北朝时期诸政权争相祭祀岳渎，以塑造王朝正统，而祭祀制度大体与西汉相似。[⑧] 隋朝建立新的岳镇海渎祭祀制度，调整了五岳四渎制度，

①参詹鄞鑫：《神灵与祭祀——中国传统宗教综论》，南京：江苏古籍出版社，1992年，第67页。

②参田天：《秦代山川祭祀研究》，《中国历史地理论丛》2011年第2期；《西汉山川祭祀格局考：五岳四渎的成立》，《文史》2011年第2期；《秦汉国家祭祀史稿》，北京：生活·读书·新知三联书店，2015年，第277—296页。

③《汉书》卷二五《郊祀志下》，北京：中华书局，1962年，第1249页。

④参巫鸿：《五岳的冲突——历史与政治的纪念碑》，《礼仪中的美术：巫鸿中国古代美术史文编》，北京：生活·读书·新知三联书店，2005年，第616—641页。

⑤参石泉：《古文献中的“江”不是长江的专称》，《文史》1979年第6辑。

⑥参田天：《东汉山川祭祀格局研究——以石刻史料为中心》，《中华文史论丛》2011年第1期；《秦汉国家祭祀史稿》，第258—327页。

⑦参牛敬飞：《古代五岳祭祀演变考论》，北京：中华书局，2020年，第26—43页。

⑧参牛敬飞：《古代五岳祭祀演变考论》，第50—101页。

增加了四镇四海。隋改一祷三祠为五郊迎气日致祭。在五岳中,废灊山(又名霍山、天柱山,位于今安徽庐江)为名山,以衡山为南岳。[①] 南北朝后期国家祀典中才有镇山出现,隋朝确立东镇沂山、南镇会稽山、北镇医巫闾山、西镇吴山为四镇。[②] 祭祀海,秦代已有,《史记·封禅书》载,秦并天下后,设"四海"庙于雍地。[③] 隋代以前所立"海水祠"、"海祠"和"东海祠"都是在长江口以北,[④]隋诏东海于会稽县界,南海于南海镇南,并近海立祠。[⑤] 隋代还设"岳令"管理祠庙。总之,汉代的岳渎祭祀到隋代发展为岳镇海渎祭祀。

唐宋时期,四镇增为五镇。隋唐时期,霍山(位于今山西霍州)常与四镇相提并论,但国家祀典中一直维持"四镇"之名。[⑥] "五镇"的概念在唐德宗时出现。[⑦] 北宋乾德六年(968)正式确定霍山为中镇。[⑧] 从此,五岳五镇四海四渎作为一个整体在国家祀典中固定下来。

北宋在莱州、明州建立了两座东海祠,对广州南海祠也极为重视。从南北朝到唐宋,国家祀典中确立了海尊于渎的地位。[⑨] 唐宋时期,莱州、明州、广州的东海、南海祭祀,对于当地的海运、贸易都有明显的功能性意义;而西海、北海徒具象征性意义,不单独设祠,就近合祭,西海合于河渎,北海合于济渎。

北宋废除唐代的九品岳渎令,"以本县令尉兼庙令、丞,掌祀事",[⑩]即以地方官兼掌岳镇海渎祠庙。

---

①参牛敬飞:《论衡山南岳地位之成立——兼与陈立柱等商榷》,《社会科学战线》2014年第2期。

②《隋书》卷七《礼仪志二》,第140页。

③《史记》卷二八《封禅书》,北京:中华书局,1959年,第1375页。

④参王元林:《国家祭祀与海上丝路遗迹——广州南海神庙研究》,北京:中华书局,2006年,第51页。

⑤《隋书》卷七《礼仪志二》,北京:中华书局,1973年,第140页。

⑥《旧唐书》卷二四《礼仪志四》,北京:中华书局,1975年,第910页。

⑦参蔡宗宪:《唐代霍山的神话与祭祀——兼论霍山中镇地位的确立》,《台湾政治大学学报》第47期,2017年5月,第75—116页。

⑧马端临:《文献通考》卷八三《郊社十六·祀山川》,北京:中华书局,1986年,第758页。

⑨参牛敬飞:《论先秦以来官方祭祀中的海与四海》,《宗教学研究》2016年第3期。

⑩李焘:《续资治通鉴长编》卷一三,北京:中华书局,1995年,第285页。

金熙宗天眷元年(1138)暂停祭祀天地、岳镇海渎等活动。[①] 金世宗大定四年(1164)重新开始祭祀岳镇海渎,制度大体承袭北宋,"以四立、土王日就本庙致祭,其在他界者遥祀",具体日期是:[②]

> 立春,祭东岳于泰安州、东镇于益都府、东海于莱州、东渎大淮于唐州。
>
> 立夏,望祭南岳衡山、南镇会稽山于河南府,南海、南渎大江于莱州。
>
> 季夏土王日,祭中岳于河南府、中镇霍山于平阳府。
>
> 立秋,祭西岳华山于华州、西镇吴山于陇州,望祭西海、西渎于河中府。
>
> 立冬,祭北岳恒山于定州、北镇医巫闾山于广宁府,望祭北海、北渎大济于孟州。

金代的代祀制度是"每岁遣使奉御署祝版奁芗,乘驲诣所在,率郡邑长贰官行事"[③]。金代逢旱祀岳镇海渎以祈雨。[④] 疆土所限,岳镇海渎祭祀无法完整举行,所以采取"望祀"的方式。

元世祖即位后基本上仿照金代制度建立岳镇海渎祭祀。但在元世祖即位前二十年,蒙古统治者已经开始祭祀岳渎。其直接推动者是道教。

至少自隋唐以来,道教就与国家祀典中的岳镇海渎祭祀关系颇为密切。[⑤] 唐宋时期,具有浓重道教色彩的投龙仪式,与岳镇海渎祭祀相互交织。[⑥] 唐代建立五岳真君祠,与五岳祭祀并行。宋徽宗在汴梁建五岳观,将

---

①《大金集礼》卷三八《沿祀杂录》,任文彪点校,杭州:浙江大学出版社,2019年,第370页。

②《金史》卷三四《礼志七·岳镇海渎》,北京:中华书局,1975年,第810页。参《大金集礼》卷三四《岳镇海渎》,第329—334页。

③《金史》卷三四《礼志七·岳镇海渎》,第810页。

④《金史》卷三五《礼志八·祈禜》,第825—826页。

⑤参雷闻:《道教徒马元贞与武周革命》,《中国史研究》2004年第1期。

⑥参谢一峰:《唐宋间国家投龙仪之变迁》,《宋史研究论丛》第16辑,保定:河北大学出版社,2015年,第212—230页。

五岳神祇与道教信仰合而为一。岳镇海渎祠庙常常承担了道教道场的功能。[①] 金代岳镇海渎祭祀的道教色彩浓重。岳镇海渎祠庙由道教管理，“选有德行名高道士二人看管”[②]。金代加封五镇四渎王爵，也是道士奏请的结果。[③] 道教与岳镇海渎祠庙关系密切，因而对蒙古统治者施行祭祀岳渎起到了直接作用。

三　蒙古祭祀岳渎的肇始与道教

蒙古统治者最早的岳渎祭祀，应该是1244年（乃马真后称制三年），“宣差裴天民奉诏诸路降香，以申志贞为辅行”[④]。这则史料来自全真道士申志贞的墓志铭。文中虽然没有直接提到“岳渎”，但“诸路降香”指的是祭祀各地的神祇，且元代“降香”与“代祀”二词常互用，故岳渎很可能在此次祭祀之列。森田宪司先生认为这则史料记事可信程度值得怀疑，但没有说明怀疑的根据。[⑤] 以笔者所见，虽然墓志铭对传主的生平事迹常有粉饰，但是此处为传主申志贞凭空捏造事实是没有必要的。申志贞是全真掌教李志常弟子，时居燕京长春宫，得李志常器重，委以任宫门事。此次申志贞降香归来后，李志常升他为宫门知宫以示嘉奖。后来，申志贞又两次参与岳镇海渎祭祀，分别是：宪宗元年（1251），申志贞“代宗师（李志常）诣东岳作醮”；以及宪宗四年（1254），李志常奉旨遍祀岳渎，申志贞随行。[⑥] 一系列事件因果相连，难于造伪。另外，从裴天民这一人物身上还可得到有力的旁证。裴天民的生平事迹虽然罕见于记载，但在全真教道士于善庆（号洞真，1166—1250）

---

①参牛敬飞：《古代五岳祭祀演变考论》，第182—218页。

②《大金集礼》卷三四《岳镇海渎 · 杂录》，第337页。

③《金史》卷三四《礼志七 · 岳镇海渎》，第810页。

④张好古：《洞元虚静大师申公提点墓志铭》，李道谦编：《甘水仙源录》卷八，《道藏》第19册，北京：文物出版社、上海：上海书店、天津：天津古籍出版社，1988年，第793页下。

⑤[日]森田宪司：《元朝における代祀について》，《東方宗教》98，2001年，第17—32页。

⑥张好古：《洞元虚静大师申公提点墓志铭》，《甘水仙源录》卷八，《道藏》第19册，第794页上。

的传记中有载，于善庆担任终南山重阳宫住持期间，1244 年夏五月，“圣旨遣近使裴天民诣重阳宫降香”[①]。于善庆传记与申志贞墓志铭的记载正相吻合。重阳宫，正是裴天民、申志贞诸路降香的其中一处。这更可支持申志贞墓志铭记载的可靠性。于善庆传记中所谓“圣旨”，大概是事后追溯时所加。在当时，“宣差”这一身份可能是后妃、诸王授予的。近年发现的山东徂徕山炼神庵摩崖石刻，有庚戌年（1250）十二月牒文，其中引用了成吉思皇帝、哈罕皇帝（窝阔台）、贵由皇帝、乃马真皇后、孛罗真皇后、唆鲁古唐妃、昔列门太子、和皙太子（合失）护持道教的命令，[②]可见窝阔台系、拖雷系皆与道教关系密切。因此在 1244 年乃马真后称制的背景下，是谁派遣裴天民诸路降香，尚难断言。

1246 年初，诸王阔端“遣近侍贴没、业里邦古、必阇赤张维、讲师黄大朴奉信香祝文”，同京兆大小官僚，“遍诣寺观庙名山大川行礼”[③]。祭祀范围是阔端统辖的京兆地区。在四位使者中，贴没（* Temür）到达耀州五台山（又称药王山），那么其他使者应该前往了西岳华山。

1246 年拖雷寡妻唆鲁禾帖尼也发起了一次岳渎祭祀。据元人王恽记载，太一掌教萧辅道携弟子张善渊“赴太后幄殿”，得到礼遇，随后张善渊受命“颁锦幡宝香于嵩高、太华二岳，以祈福祐”[④]。“太后”指的正是唆鲁禾帖尼，当时她代表了拖雷家的最高权力。据孙克宽先生研究，金朝岳渎祭祀多

①李道谦：《终南山祖庭仙真内传》卷下《洞真真人》，《道藏》第 19 册，第 538 页下。

②录文及研究见周郢：《新发现的徂徕山炼神庵摩崖考》，《中国道教》2012 年第 3 期；《蒙古汗廷与全真道关系新证——新发现的蒙古国圣旨（懿旨、令旨）摩崖考述》，《中国史研究》2013 年第 1 期，收入氏著《碧霞信仰与泰山文化》，济南：山东人民出版社，2017 年，第 96—108、109—119 页。

③《祭五台山妙应孙真人文》，陈垣编纂，陈智超、曾庆瑛校补：《道家金石略》，北京：文物出版社，1988 年，第 1078 页；陕西省古籍整理办公室编，曹永斌编著：《药王山碑刻》，西安：三秦出版社，2013 年，第 294 页。

④王恽：《故真靖大师卫辉路道教提点张公墓碣铭》，《秋涧集》卷六一，《元人文集珍本丛刊》本，第 199 页上。

由太一教道士主持。[①] 金元之际,太一教蒙受兵燹,损失惨重。[②] 太一教复兴,与拖雷家族的扶持密不可分。萧辅道、张善渊二人觐见唆鲁禾帖尼之后,萧辅道获得赐号"中和仁靖真人"[③],而张善渊受命代祀岳渎。这成为太一教受拖雷家族礼遇的标志性事件。

全真道士也受命代祀岳渎。《潘德冲神道碑》载,己酉年(1249)秋,"中宫懿旨,凡海岳灵山,及玄教师堂,遣近侍护师(潘德冲)悉降香以礼之"[④]。中宫可能是海迷失后或者唆鲁禾帖尼。潘德冲(1190—1256)是丘处机十八弟子之一,当时住持大纯阳万寿宫(今永乐宫)。己酉年(1249)七月,东平世侯严忠济赴东岳泰山祭祀,随后率僚属登泰山,在山顶留下了两通摩崖题刻,至今犹存。一通是《徐世隆题刻》,在泰山顶碧霞祠西、孔子庙南七星岩。[⑤] 另一通是杜仁杰撰、商挺书丹《礼岳祠记》,在斗仙岩,后来部分文字被明人题"振衣冈"大字压盖,周郢先生据原石整理录文。[⑥] 刘兴顺先生将此事勘同于潘德冲降香,认为严忠济是奉海迷失后懿旨致祭。[⑦] 然而,这两通摩崖题刻既没有提及潘德冲,也没有奉懿旨的记载。因此,笔者认为严忠济祭祀东岳是自主祭祀辖境内名山。

唆鲁禾帖尼也派遣全真道士代祀岳渎。陕西泾阳庚戌年(1250)五月《重阳延寿宫牒》的颁发者为宣差崇德保真大师教门提点杨大师,牒文起首为"天底气力里,大福荫里,唆鲁古唐妃(唆鲁禾帖尼)懿旨里,悬带御前金牌宣授教门提点勾当,驰驿前来,随路于五岳四渎,但有圣像房子里,代礼行降

①孙克宽:《太一教考》,《大陆杂志》第14卷第6期,1957年。

②参卿希泰主编:《中国道教史》第三卷,成都:四川人民出版社,1993年,第268—270页。

③《太清宫懿旨碑》(1247年),国家图书馆藏拓片,编号:各地1918。碑文起首:"长生天的气力里,谷裕皇帝福荫里,唆鲁古唐妃懿旨"。唆鲁古唐妃即唆鲁禾帖尼。

④徒单公履:《冲和真人潘公神道之碑》,《甘水仙源录》卷五,《道藏》第19册,第762页中。

⑤毕沅、阮元:《山左金石志》卷二一,第4b页(题《王玉汝等岱顶题名》)。此据泰安市博物馆藏拓片。

⑥周郢:《新发现的元曲家杜仁杰史料辑证》,《中国典籍与文化》2004年第6期,收入氏著《泰山与中华文化》,济南:山东友谊出版社,2010年,第312—313页。

⑦刘兴顺:《泰山国家祭祀史》,济南:山东人民出版社,2017年,第254—255页。

御香，赍奉皇帝圣旨节该蠲免差发税石铺头口事"①，牒文中还引用了唆鲁禾帖尼懿旨、旭烈大王令旨，授予杨大师自行颁发道士名号、宫观名额的权力。高桥文治认为杨大师无疑是全真道士，但其人生平不明。② 实际上，杨大师也出现在河南的一通碑上。河南荥阳延祐四年（1317）立石、由朱象先③撰并书的《创建长春观碑记》载，"壬子（1252）宣差提点杨保真赍捧（奉）旭烈大王令旨"为荥阳长春观道士追赠道号。④ 宣差提点杨保真，显然即宣差崇德保真大师教门提点杨大师。

附带稍加讨论《重阳延寿宫牒》碑的书丹人杨聪。孙星衍、缪荃孙皆曾著录《重阳延寿宫牒》碑，但题为《旭烈大王令旨碑》，并注明为"杨聪行书"⑤。杨聪，即重阳延寿宫大朝辛亥年（1251）《复建十方重阳延寿宫碑铭并序》的书丹者"希真微妙大师赐紫讲经兼大化通玄两宫提点杨聪闻道"⑥。闻道可能是他的字。大化观是陕西三原县唐代始建的道教宫观，通玄观也在三原县。⑦ 据清人著录，大化观有丁巳年（宪宗七年，1257）杨聪草书《升元经》《大化观四颂》二碑以及同年杨思聪正书《大化观太上老君常清净经》碑，⑧

---

①《重阳延寿宫牒》，《道家金石略》，第768页。

②参［日］高桥文治：《モンゴル时代全真教文书研究（二）》，《追手門学院大学文学部紀要》32，1997年，收入氏著《モンゴル時代全真教文書の研究》，东京：汲古书院，2011年，第157页。文中称《重阳延寿宫牒》为《泾阳重阳延寿宫给文》。

③朱象先早年学道于茅山，后住持陕西楼观说经台，著有《终南山说经台历代真仙碑记》、《古楼观紫云衍庆集》。参王士伟：《楼观道源流考》，西安：三秦出版社，2007年，第24页。

④1936年当地教师董文英据碑录文，见陈万卿：《朱象先〈创建长春观碑记〉》，《中国道教》1992年第1期。

⑤孙星衍：《寰宇访碑录》卷一一，，《石刻史料新编》第1辑第26册，第20027页。缪荃孙：《金石分地编目》卷一五，张廷银、朱玉麒主编：《缪荃孙全集·金石》第5册，南京：凤凰出版社，2014年，第653页。

⑥《复建十方重阳延寿宫碑铭并序》，宣统《泾阳县志》卷二，《中国方志丛书》，台北：成文出版社，1969年影印本，第41a—43a页。

⑦嘉靖《重修三原县志》卷三，《中国地方志集成·陕西府县志辑》第8册，第9a、9b页。

⑧孙星衍：《寰宇访碑录》卷一一，第20027页。吴式芬：《攈古录》卷一七，北京：中国书店，1982年，第9a页。

又有戊午年(1258)本观住持杨思聪行书《唐通微道诀碑》。① 大化观住持与重阳延寿宫碑上的大化宫提点职务相合,因此杨聪又名杨思聪。《佩文斋书画谱》将杨思聪列为唐人,②大概是因为他重立唐碑而导致的臆断。其人善于书法。与泾阳、三原邻近的耀州药王山也有杨聪书碑。耀州药王山今存丙辰年(1256)《唐太宗赐真人颂》、《五泉野人题诗》、《孙真人福寿论》三碑以及至元四年(1267)《道经石幢》,③皆为杨聪所书。据方志记载,药王山玄元殿匾额为高陵杨聪书,后殿“妙应真人之殿”匾额亦杨聪书,④可知杨聪是高陵人。在药王山碑上,杨聪自号五泉闲客、五泉野人、五泉紫云闲客。总之,杨聪,又名杨思聪,字闻道,道号希真微妙大师,住持提点三原县大化、通玄两座宫观。

元宪宗蒙哥是第一位施行岳渎祭祀的蒙古皇帝。李志常道行碑载,蒙哥即位之始年(1251)秋,“欲遵祀典,遍祭岳渎”,于是命李志常为使,以近侍哈力丹为辅行。代祀启程前,蒙哥端拱御榻,亲缄信香,冥心注祷于祀所。且赐李志常金符、宝诰,及内府白金五千两以充其费。李志常“自恒而岱,岱而衡。衡隶宋境,于天坛望祀焉。既又合祭四渎于济源。终之至于嵩,至于华”⑤。翌年夏,代祀之礼全部完成。⑥

宪宗四年(1254)春正月,李志常复奉蒙哥汗之命在燕京长春宫集会诸

①录文见王昶:《金石萃编》卷九一,《历代碑志丛书》,江苏古籍出版社,1998 年影印本,第 19a—20b 页。碑目参毕沅:《关中金石记》卷八,第 10702 页。

②孙岳颁等:《佩文斋书画谱》卷三〇,《景印文渊阁四库全书》第 820 册,第 295 页。

③陕西省古籍整理办公室编,曹永斌编著:《药王山碑刻》,西安:三秦出版社,2013 年,第 184—186、189 页(拓片),第 296—297、298—299 页(录文)。明清人著录之碑题与今有差异。参嘉靖《耀州志・五台山志》,《中国方志丛书》,台北:成文出版社,1976 年影印本,第 15a 页;孙星衍:《寰宇访碑录》卷一一,第 20027 页。

④嘉靖《耀州志・五台山志》,第 1b 页。

⑤王鹗:《玄门掌教大宗师真常真人道行碑铭》,《甘水仙源录》卷三,《道藏》第 19 册,第 794 页上。参《重修真君观碑》,光绪《重修曲阳县志》卷一三,清光绪三十年刻本,第 39a—39b 页;《重修终南山上清太平宫记》,《道家金石略》,第 518—521 页。

⑥徒单公履:《冲和真人潘公神道之碑》,《甘水仙源录》卷五,《道藏》第 19 册,第 762 页中。王鶶:《洞玄子史公道行录》,《甘水仙源录》卷八,《道藏》第 19 册,第 789 页上。魏初:《青崖集》卷三《重修磻溪长春成道宫记》,《景印文渊阁四库全书》第 1198 册,第 736—737 页。

路高道,作普天大醮。此次普天大醮规模浩大,“登坛者五千人,皆清高洁白、深通秘典、严持斋法、有道之士”[①]。参与者中不仅有全真一派,而且还会集了各派高道,例如时任太一教掌教的李居寿。[②] 醮成之后,李志常“遍祀岳渎”[③],随行者包括全真教道士申志贞、太一教道士张善渊等。[④] 今人周郢先生曾撰文专论李志常代祀岳渎的活动,侧重于探讨其积极的历史意义和影响。[⑤] 而实际上,李志常声势浩大的法事活动和巡行各地的岳渎祭祀,无疑演变为全真教对自身实力的一次公然自炫,也成为了全真教盛极而衰的转捩点。全真教炙手可热的气焰,终于招致祸端。宪宗五年(1255),佛教僧侣以“谤讪佛门”、“占夺佛寺”为由,向道教发难,双方在大内万安阁下展开辩论。仲裁者蒙哥明显偏向佛教方,李志常论败。次年(1256)蒙哥再召佛道至昔剌行宫辩论,李志常迁延不至,不久病逝。[⑥] 关于佛道论争,前辈学者已多有论证,统治者是借教派之争以达政治制衡之目的。在论争中借佛抑道,深层原因是统治者对全真教权力过分膨胀的不满。[⑦]

1256年,李志常死后一个月,岳渎祭祀再次举行。发令者不是蒙哥,而是皇弟忽必烈。因创建开平,忽必烈命上清大洞法师王一清、府僚李宗杰遍告山川,于五岳四渎投龙简玉册。此事郝经《陵川集》中有载,[⑧]而记载最为

---

①《敕建普天黄箓大醮碑》,《道家金石略》,第516—517页。

②王恽:《故真靖大师卫辉路道教提点张公墓碣铭》载:“癸丑(宪宗三年,1253)冬,诏天下名师赴燕长春宫修罗天清醮,公(张善渊)奏五代贞常真人(李居寿)与会。”案,王恽将“普天大醮”误记为“罗天清醮”,有碑文可证其误,见《道家金石略》,第516—517页。

③张好古:《洞元虚静大师申公提点墓志铭》,《甘水仙源录》卷八,《道藏》第19册,第794页上。

④王恽:《故真靖大师卫辉路道教提点张公墓碣铭》,《秋涧集》卷六一,第199页下。

⑤周郢:《全真道与蒙元时期的五岳祀典》,刘凤鸣主编:《丘处机与全真道:丘处机与全真道国际学术研讨会论文集》,北京:中国文史出版社,2008年,第284—292页。

⑥释祥迈:《至元辨伪录》卷三,《大正藏》第52册,日本大正一切经刊行会,1934年。

⑦参陈垣:《南宋初河北新道教考》,第47—54页,北平:辅仁大学,1941年;卿希泰主编:《中国道教史》第三卷,第216—242页;以及[日]中村淳:《モンゴル時代の「道佛論争」の実像——クビライの中国支配への道》,《東洋學報》75-3,1994年。

⑧郝经:《二履辨》,《陵川集》卷二〇,《北京图书馆古籍珍本丛刊》第91册,北京:书目文献出版社,1998年,第658页。

详尽的是碑文《创建开平府祭告济渎记》。[①] 日本学者樱井智美指出,王一清大概是最早活跃于蒙古政权中的正一教道士。[②] 风口浪尖上的全真派没有被忽必烈任用。

蒙古早期祭祀岳镇海渎表

时间	发令者	使臣	祭祀地点与路线
1244 年(乃马真后三年,甲辰)		裴天民、申志贞	诸路
1246 年(定宗元年,丙午)	阔端	近侍贴没、业里邦古、必阇赤张维、讲师黄大朴	西岳、耀州药王山
1246 年(定宗元年,丙午)	唆鲁禾帖尼	张善渊	嵩高、太华
1249 年(海迷失后三年,己酉)	严忠济	/	东岳
1249 年(海迷失后三年,己酉)	中宫	潘德冲	海岳灵山及玄教师堂
1250 年(海迷失后四年,庚戌)	唆鲁禾帖尼	杨保真	随路于五岳四渎,但有圣像房子里
1251 年(宪宗元年,辛亥)	蒙哥	李志常、近侍哈力丹、王志坦、申志贞	自恒而岱,岱而衡。衡隶宋境,于天坛望祀焉。既又合祭四渎于济源。终之至于嵩,至于华。
1252 年(宪宗二年,壬子)	蒙哥	李志常、史志经	遍祀岳渎
1254 年(宪宗四年,甲寅)	蒙哥	李志常、张善渊	遍祀岳渎
1256 年(宪宗六年,丙辰)	忽必烈	王一清、府僚李宗杰	五岳四渎

①《道家金石略》,第 865 页。

②[日]樱井智美:《〈创建开平府祭告济渎记〉考释》,李治安主编:《元史论丛》第 10 辑,北京:中国广播电视出版社,2005 年。刘晓对此问题也有涉及,参刘晓:《元代大道教玉虚观系的再探讨——从两通石刻拓片说起》,《中国史研究》2005 年第 1 期。

四　小结

蒙古最早的一次岳镇海渎祭祀在1244年，上距蒙古灭金已十年。随后的十余年间，岳渎祭祀颇为活跃。蒙古统治者既有宗教方面祈求山川神护佑的需求，也有政治方面稳定中原统治的需求。派遣道士祭祀岳渎，恰好满足了这两方面需求。

道教在蒙古早期岳镇海渎祭祀中居于主导地位。金元之际，华北社会结构遭到极大破坏，以全真教为代表的宗教组织成为重建社会秩序的核心力量。[①] 全真高道在代祀岳渎的过程中，修建宫观，吸纳教徒，实际上发起了一系列的宗教、文化、经济活动，有利于北方统治的稳定和社会的复兴。在每一次代祀岳渎中，道士都是主要执事者。代祀道士来自各派，地位都很高。张善渊是太一教四祖萧辅道的弟子；王一清是正一教在北方地位最高的道士；李志常是当时的全真教掌教，潘德冲是曾随丘处机西行的十八弟子之一，王志坦是未来的全真掌教，其他如申志贞、史志经、杨保真都是全真教高道。道士代祀岳渎，在金朝已有先例。距金亡仅四年的1230年（金哀宗正大七年庚寅），河南不雨，金哀宗诏近侍护全真教高道于善庆降香济源。[②] 全真掌教李志常代祀岳渎时，拥有很高的自主性。学者已经指出，六朝以来，道教一直试图改造国家祀典中的牺牲血祭传统。[③] 李志常的岳渎祭祀仪

---

①Jinping Wang, *In the Wake of the Mongols: The Making of a New Social Order in North China, 1200–1600*, Cambridge, MA: Harvard University Asia Center, 2018, pp. 63–117.

②《终南山重阳万寿宫于真人碑》，碑石现存陕西户县重阳宫。刘兆鹤、王西平编著：《重阳宫道教碑石》收有拓片以及录文，题为《洞真于真人道行碑并序》（西安：三秦出版社，1998年，第8页［拓片］，第68页［录文］）。此碑尚有拓片一种，见《北京图书馆藏中国历代石刻拓本汇编》第48册，第15页。汧阳县玉清宫亦有于善庆碑，文同而书丹、刻石者异，拓片见《北京图书馆藏中国历代石刻拓本汇编》第50册，第140页。杨奂：《终南山重阳万寿宫洞真于真人道行碑》，李道谦编：《甘水仙源录》卷三，《道藏》第19册，第538页下。

③参雷闻：《郊庙之外——隋唐国家祭祀与宗教》，第201—204页。

式以道教斋醮替代了血食,[①]因此有学者认为,岳镇海渎祭祀的道教化得以实现。[②] 到元世祖朝,随着国家祀典的建立,岳镇海渎祭祀仪式中代表血祭的三献礼得到恢复,道教的影响也被削弱。

从元代国家祭祀角度而言,这一时期的岳镇海渎祭祀尚无完整的制度。在祭祀方式上,只有代祀一种形式,地方官岁祀的形式没有出现。在祭祀对象地点上,镇、海基本上尚未得到祭祀。1251 年李志常代祀的路线是最清楚详细的,先北岳、东岳,因南岳在宋境故遥祭于济源天坛,再合祭四渎于济源,然后是中岳、西岳。实际上,一人遍祀岳渎费时费力,至少东岳、济渎两处都是申志贞"代掌教大宗师(李志常)做醮行香"[③]。即便如此,这次遍祀岳渎仍然耗时半年多。对于全真教而言,这是扩张势力的大好机会。元世祖即位之后,祭祀地点增多,地理范围扩大,遍祀耗时太长,便改成了分遣多路使臣。

对于这一时期的蒙古统治者而言,岳镇海渎祭祀有稳固统治的政治目的,但没有很深的政治内涵。在九次祭祀中,除了 1244 年发令者不明,其他的发令者都是诸王、王妃。而世祖忽必烈即位后认识到了岳镇海渎作为中央统治的政治象征意义,下令诸王不得僭祭。这也说明,对于蒙古早期祭祀岳渎而言,蒙古人自身的山川信仰文化传统发挥了直接而关键的作用。而汉地传统的国家祭祀礼制,到元世祖时才成为岳镇海渎祭祀制度的主体来源。

---

①刘江:《元宪宗元年李志常代祀岳渎考》,熊铁基、麦子飞主编:《全真道与老庄学国际学术研讨会论文集》,武汉:华中师范大学出版社,2009 年,第 378—387 页。

②周郢:《全真道与蒙元时期的五岳祀典》,刘凤鸣主编:《丘处机与全真道:丘处机与全真道国际学术研讨会论文集》,北京:中国文史出版社,2008 年,第 284—292 页。

③张好古:《洞元虚静大师申公提点墓志铭》,《甘水仙源录》卷八,《道藏》第 19 册,第 794 页上。《投龙诗碣》,济源王屋山紫微宫存。

第十二章　元代岳镇海渎祭祀的建置沿革

元世祖朝是元代岳镇海渎祭祀制度化的开始。元世祖即位之后，祭祀范围就从五岳、四渎扩展到四海、五镇。中统二年(1261)，始定代祀之制，至元三年(1266)夏四月，定岁祀之制。[①] 至元二十八年(1291)，为五岳、四渎、四海加封号，成宗大德二年(1298)，为五镇加封号，[②]完整意义上的岳镇海渎祭祀制度最终形成。元中后期诸帝延续和完善了这一制度。

一　建置：世祖、成宗时期

忽必烈早在潜藩时就因建开平城而遣使代祀五岳四渎，登基后很快建立了岳镇海渎祭祀制度。这里需要说明的是，在世祖朝，五镇还没有名列

---

①《元史》卷七六《祭祀志五》，第1900、1902页。

②《元史》卷七六《祭祀志五》，第1900—1901页。《元典章》卷三《圣政二 · 崇祭祀》，《续修四库全书》影印元刊本，第54—55页；陈高华等点校本，第108—111页。阎复：《加封五岳四渎四海诏》，《国朝文类》卷九，第6a—b页。

“岳镇海渎”,但是“岳镇海渎”作为一个名词已成为习惯用法,所以我们在追述早期制度的时候,除特别强调外亦统以“岳镇海渎”名之。

忽必烈时期的岳镇海渎祭祀,除“代祀”外,更出现了另外两种形式。《元史·祭祀志》中关于岳镇海渎分列两条,一条题为“岳镇海渎”,其实际内容是“岳镇海渎代祀”,即派遣使者前往各地的祠庙举行祭祀;另一条题为“岳镇海渎常祀”,即岳镇海渎所在地的地方官每年前往祠庙祭祀。[①] 除代祀、常祀两种形式外,还存在着因事专祀的情形。

(一)代祀

代祀,在整个蒙元时期出现最早、举行最频繁,也是当时朝廷最重视的一种祭祀形式。

《元史·祭祀志》云:“岳镇海渎代祀,自中统二年始。”[②]河北内丘扁鹊庙的一通碑文记载,中统元年(1260),“宣差太医提点许国桢奉皇帝圣旨里致祭五岳四渎”[③]。济渎庙的一通碑文也记载,中统元年“特遣提点太医院事许国桢驰驿遍告后土岳渎”[④]。“许国桢”即《元史》中的“许国祯”。《元史·许国祯传》记载,世祖在藩邸,征许国祯掌医药,后从征云南、攻鄂州,世祖即位,“授荣禄大夫、提点太医院事”[⑤]。以此相证,则忽必烈即位当年便遣使代祀岳渎。许国桢作为太医,不仅代祀岳渎,还祭祀了扁鹊庙。而且许国桢是一人代祀各祠庙,与后来分遣数路使臣代祀有差别。这些都说明这次代祀比较特殊,因此《元史·祭祀志》没有将其算作岳镇海渎代祀,而是从中统二年算起。中统二年的代祀有了数路使者。据元人王恽记述,中统二年

---

①《元史》卷七六《祭祀志五》,第1900、1902页。

②《元史》卷七六《祭祀志五》,第1900页。

③《祭鹊山神应王庙记》,《道家金石略》,第1090—1091页。

④《祭济渎记》,钱大昕:《潜研堂金石文跋尾》卷一八,《石刻史料新编》第1辑第25册,台北:新文丰出版公司,1977年,第18976页;黄叔璥:《中州金石考》卷五,《石刻史料新编》第1辑第18册,第13704页;毕沅:《中州金石记》卷五,《石刻史料新编》第1辑第18册,第13806页。

⑤《元史》卷一六八《许国祯传》,第3963页。

(1261)秋,全真道士刘志真"奉旨驰乘祝香岳渎"①;据《元史·世祖本纪》,中统二年十月,"遣道士訾洞春代祀东海广德王庙"②。可知忽必烈派出了不止一路使者。值得注意的是訾洞春代祀的是东海。海祀在忽必烈即位以前是没有的。中统二年,是元代海祀的开始。

世祖时期,代祀极其频繁。王圻《续文献通考》称,"岳镇海渎,元世祖时代祀几无虚岁"③。据《元史·世祖本纪》记载,在世祖忽必烈当政的35年中(1260—1294),共26年有代祀。石刻资料可补《世祖本纪》的不足。从中统二年到至元三十一年正月世祖崩,本纪中无代祀岳镇海渎记载的是:中统三年、至元元年、二年、七年、十年、十九年、二十年,共7年。而石刻及文集资料证明,中统三年、④至元元年、⑤至元七年⑥、至元十年⑦都是举行过代祀的。在忽必烈在位的35年中,有3年尚无法确定是否举行过代祀,有可能是出于某种原因取消了,但更可能是史料阙载。

从整体看,代祀已经形成了制度。代祀周期是每年一次,具体月份并不固定,但以正月为多(参本篇附"元代岳镇海渎代祀年表")。代祀路线起初分为五道,改三道,复改五道(详见下文)。这些制度在世祖以前是没有的。世祖所定制度与此前的代祀相比还有两方面重要变化。

1. 使臣的人选。

《元史·祭祀志》云:⑧

> 中统初,遣道士,或副以汉官。……至元二十八年正月,帝谓中书

---

①王恽:《秋涧集》卷五三《故普济大师刘公道行碑铭(有序)》,第135页。

②《元史》卷三《世祖纪一》,第75页。

③王圻:《续文献通考》卷七四《郊社十·祀山川》。

④《神应王祠题记》(中统三年四月十五日),《道家金石略》,第1091页。

⑤《大朝投龙记》,《道家金石略》,第562页。《济祠投龙简灵应记》,《道家金石略》,第572—573页。

⑥《御香天坛投简感应碑》,中原石刻艺术馆编:《河南碑志叙录(二)》,郑州,河南美术出版社,1997年,第289页。

⑦祁志诚:《西云集》卷下,《道藏》第25册,第700页。

⑧《元史》卷七六《祭祀志五》,第1900页。

省臣言曰："五岳四渎祠事，朕宜亲往，道远不可。大臣如卿等又有国务，宜遣重臣代朕祠之，汉人选名儒及道士习祀事者。"

世祖朝早期，因袭了大蒙古国前四汗时期的旧例，代祀主要由道士担当，有时以汉官为副。《本纪》对代祀使臣大多不具名。从石刻史料来看，元世祖前期的代祀使臣主要是道教各派的掌教，如全真掌教张志敬、祁志诚，太一掌教李居寿，真大道掌教李德和，正一大道掌教杜福春（参本篇附元代岳镇海渎代祀年表）。其中，全真掌教代祀最为频繁，例如至元九年（1272）祁志诚继任全真掌教后"岁奉命持香祠岳渎，为国祭醮祝厘，精诚感通，数有符应"①。

在元世祖朝中后期，情况起了变化。至元十八年（1281），发生了史上著名的佛道辩论。忽必烈借机对权力过度膨胀的道教势力进行打压。② 紧随佛道辩论之后的至元十九年、二十年，都没有代祀岳镇海渎的记载。道士不再被委任，代祀的人选出现了困难，这两年的代祀很可能因此而取消了。至元二十一年（1284），代祀重现于《本纪》："遣蒙古官及翰林院官各一人祠岳渎后土"③，其中着意强调了代祀使臣的身份——蒙古官、翰林院官。道士原本一直是代祀使臣的首选，这时却不在代祀使臣之列了。

至元二十一年以后，道教被压制的情况渐渐有所缓和。自从平南宋以后，正一教道士开始进入宫廷。正一教在南方有雄厚的基础，忽必烈没有将权力赋予正一教天师张宗演，而是扶植其弟子张留孙创造了"玄教"这一特殊的教派。玄教从教义上是正一教的支派，但在行政上与正一互不统属；玄教的基地在大都，没有教团基础；玄教的教派成员数量有限，但都有较高的行政职务。玄教是出于政治需要而扶立的特殊教派，其领袖张留孙等人受

①李谦：《玄门掌教大宗师存神应化洞明真人祁公道行之碑》，《道家金石略》第700页。

②参［日］中村淳：《モンゴル时代の道佛论争——クビライの中国支配への道》，《東洋學報》75-3，1994年。

③《元史》卷一三《世祖纪十》，第264页。

到礼遇，对道教的恢复起了很大的作用。[①] 至元二十八年（1291），忽必烈重新规定了使臣的人选："宜遣重臣代朕祠之，汉人选名儒及道士习祀事者。"[②]道士重新回到了代祀使臣之列。当年十二月，即遣全真掌教张志仙持香诣东北海岳、济渎致祷。[③] 但是，道士在代祀中的地位已经大不如前，世祖朝前期"遣道士，或副以汉官"是以道士为绝对的主导，而至元二十八年的规定"遣重臣代朕祠之，汉人选名儒及道士习祀事者"是强调重臣（主要是怯薛）的地位，参用名儒、道士。道士在代祀岳镇海渎中的地位被大大降低，这样的趋势在世祖以后愈加明显。

2. 发令者的限制。

在元世祖朝以前，不仅皇帝，诸王也可以发令遣使代祀。而世祖即位后，遣使代祀的权力已经收归皇帝所独有。惟一的特例是至元九年的代祀，使臣由燕王真金派出，但真金是奉忽必烈旨意遣使。[④]

大蒙古国前四汗时期大汗没有独占岳镇海渎的祭祀权，诸王、王妃常常遣使代祀，主要是出于祈求福祉、笼络民心的目的。而到了元世祖朝以后，随着蒙古人对汉文化认识程度的加深，遣使代祀的权力逐渐收归皇帝所独有。早在忽必烈即位次年——中统二年（1261），他就注意到了这个问题。当时有诸王遣使"祝香四岳"，忽必烈问中书省官此事是否得当。省官婉辞以对："此无他，止是争欲徼福耳。若大制一定，此事自革。"[⑤]这则史料反映出，忽必烈已经意识到皇帝对岳镇海渎祭祀的独享权，之所以如此，一是他较其他蒙古人熟谙汉法，二是他刚刚得到汗位，对合法性问题较敏感。至元

①参［日］高桥文治：《張留孫の登場前後——発給文書から見たモンゴル時代の道教》，《東洋史研究》56-1，1997年，收入氏著《モンゴル時代全真教文書の研究》，东京：汲古书院，2011年，第243—281页。

②《元史》卷七六《祭祀志五》，第1900页。

③《元史》卷一六《世祖纪十三》，第354页。

④《皇太子燕王嗣香碑记》，《道家金石略》，第1102页。《元史》卷七《世祖纪四》，第140页。

⑤王恽：《秋涧集》卷八〇《中堂事记》（上），第369页上。

九年(1272)的代祀,皇太子燕王真金奉忽必烈旨意才遣使代祀。[①]

但诸王祭祀岳镇海渎的情况仍存在。据吴澄《天宝宫碑》载,真大道掌教张清志曾经"为永昌王(只必帖木儿)祈福于五岳四渎名山大川"[②],时在至元十九年(1282)到至元二十四年(1287)之间,[③]未见有罪责。北安王那木罕于至元二十三年、二十四年两度遣使降香岳渎,[④]则引起了朝廷的关注。至元二十四年桑哥为尚书省平章,"诬言北安王以皇子僭祭岳渎,安童明知而不以闻"[⑤]。那木罕是忽必烈幼子,在至元二十二年(1285)皇太子真金去世后连续两年祭祀岳渎,其意图引人揣摩。《史集》记载,忽必烈曾经有意让那木罕继承大位,但那木罕被海都俘虏并放归之后,忽必烈命立真金,那木罕不满,忽必烈将那木罕斥而逐去,不许相见,几天后那木罕死去。[⑥] 实际上那木罕是五年后去世的,《史集》所载不够准确。但至元二十四年以后那木罕驻守漠北,与忽必烈再未相见,与《史集》所载相符。因此北安王很可能因僭祭岳渎遭到了追究。[⑦]

岳渎祭祀禁令正式写入诏旨,是在成宗时。成宗大德元年(1297)六月,"诸王也里干遣使乘驿祀五岳、四渎,命追其驿券,仍切责之"[⑧]。也里干,又

---

①《元史》卷七《世祖纪四》载:"敕燕王遣使持香幡,祠岳渎、后土、五台兴国寺。"(第140页)《皇太子燕王嗣香碑记》亦有"代命"之语(《道家金石略》,第1102页)。

②《道家金石略》,第828页;亦见《吴文正公集》卷二六,《元人文集珍本丛刊》本,第462—464页。

③《道家金石略》,第827—829页。碑文云,时张清志33岁。张清志之生卒年无法确考,然据碑文,张清志26岁至33岁间七祖李德和卒,案,李德和卒于至元十九年(卿希泰主编:《中国道教史》第三卷,成都:四川人民出版社,1993年,第251页),故张清志33岁之年应在至元十九到至元二十四年之间。

④《皇子北安王降香记》(至元二十三年),《北京图书馆藏中国历代石刻拓本汇编》第48册,郑州:中州古籍出版社,1990年,第100页。《皇子北安王降香记》(至元二十四年)(存目),黄叔璥:《中州金石考》卷五,《石刻史料新编》第1辑第18册,第13704页下。

⑤苏天爵:《元朝名臣事略》卷一《丞相东平忠宪王》,北京:中华书局点校本,1996年,第12页。

⑥[波斯]拉施特著,余大钧、周建奇译:《史集》第二卷,北京:商务印书馆,1986年,第352页。

⑦参刘迎胜:《从北平王到北安王——那木罕二三题》,《元史及民族与边疆研究集刊》第21辑,上海:上海古籍出版社,2009年,第24—26页。

⑧《元史》卷一九《成宗纪二》,第411页。

译也里悭，是成吉思汗叔父答里真（答力台）的玄孙，[①]属于东道诸王，元贞二年（1296）受命驻夏于晋王怯鲁剌（怯绿连）之地。[②] 也里干应该是从怯绿连河大斡耳朵之地遣使祭祀岳渎。这又属于僭越。成宗大德二年（1298）二月正式颁旨，“诏诸王、驸马毋擅祀岳镇海渎”[③]。元代诸王屡屡僭祭岳渎，主要是因为蒙古人祭祀山川而祈福的固有信仰根深蒂固，对岳镇海渎象征皇权的内涵缺乏足够的认识。

（二）常祀

常祀，由岳镇海渎所在地的地方官即其地举行祭祀，每年一度，又称“岁祀”。忽必烈即位前没有常祀。《元典章》记载：“庚申年（中统元年，1260）四月，钦奉诏书内一款：五岳四渎、名山大川、历代圣帝、明王、忠臣、烈士载在祀典者，所在官司岁时致祭。”[④]《元史·祭祀志》记载：[⑤]

> 至元三年（1266）夏四月，定岁祀岳镇海渎之制。正月东岳镇海渎，土王日祀泰山于泰安州，沂山于益都府界，立春日祀东海于莱州界，大淮于唐州界。三月南岳镇海渎，立夏日遥祭衡山，土王日遥祭会稽山，皆于河南府界，立夏日遥祭南海、大江于莱州界。六月中岳镇，土王日祀嵩山于河南府界，霍山于平阳府界。七月西岳镇海渎，土王日祀华山于华州界，吴山于陇县界，立秋日遥祭西海、大河于河中府界。十月北岳镇海渎，土王日祀恒山于曲阳县界，医巫闾于辽阳广宁路界，立冬日

---

①《元史》卷一〇七《宗室世系表》，第2709页。

②《元史》卷一九《成宗纪二》，第409页。

③《元史》卷一九《成宗纪二》，第417页。

④《元典章》卷三《圣政二·崇祭祀》，《续修四库全书》影印元刊本，第54页下；陈高华等点校本，第108页。

⑤《元史》卷七六《祭祀志五》，第1902页。标点作“东岳、镇、海渎”、“南岳、镇、海渎”、“西岳、镇、海渎”、“北岳、镇、海渎”，笔者以为欠妥。将“岳”、“镇”单列，而将“海渎”合为一词，意义不通。“岳镇海渎”是一个整体名词，不可用顿号间隔开。因此，作“东岳镇海渎”、“南岳镇海渎”、“中岳镇”、“西岳镇海渎”、“北岳镇海渎”较为妥帖。

遥祭北海于登州界,济渎于济源县。祀官,以所在守土官为之。既有江南,乃罢遥祭。

简单地说,就是将岳镇海渎按照方位分为东、南、中、西、北五组,分别在春正月、夏三月、六月、秋七月、冬十月祭祀,四季祭祀在土王日、四立日,六月祭祀在土王日。实际上,因为中国使用的是阴阳合历,不能保证立春必然在正月,立夏、立秋、立冬也不能保证一定在三月、七月、十月。所以这里的四个月份大概仅仅代表季节的开始而已。还需要解释的是土王日。中国古代数术家以春、夏、秋、冬四季配五行的木、火、金、水,每季又留出四立日之前的十八日属土,称为土王日。具体而言,"季秋寒露第十三日至霜降终,凡十八日;季冬小寒第十三日至大寒终,凡十八日;季春清明第十三日至谷雨终,凡十八日;及此小暑第十三日至大暑终十八日,共七十二日,皆为土王用事"①。而每十八日之中有干支属土的戊巳日,是土中之土,当为实际祭祀之日。值得注意的是,祭祀中岳中镇的六月土王日与祭祀西岳西镇的七月土王日,指的都是立秋之前的土王日,实际上大概是同一天。因此,至元三年的岁祀岳镇海渎之制是一种理想化的规定。与前代岳镇海渎祭祀相比较,元代祭祀日期有变化。宋、金只有在季夏六月的土王日才举行祭祀,而元代在四季的土王日都举行祭祀。宋、金祭祀中岳、中镇是在土王日,而元代的五岳、五镇祭祀皆在土王日。

金元岳镇海渎常祀日期对照表

<table>
<tr><th></th><th>金代</th><th>元代</th></tr>
<tr><td>东岳、东镇</td><td rowspan="2">立春日</td><td>土王日</td></tr>
<tr><td>东海、淮渎</td><td>立春日</td></tr>
<tr><td>南岳、南镇</td><td rowspan="2">立夏日</td><td>土王日</td></tr>
<tr><td>南海、江渎</td><td>立夏日</td></tr>
<tr><td>中岳、中镇</td><td>土王日</td><td>土王日</td></tr>
</table>

①吴澄:《礼记纂言》卷六上《月令》"中央土"条、"其日戊巳"条,中华再造善本影印元刊本。

续表

	金代	元代
西岳、西镇	立秋日	土王日
西海、河渎		立秋日
北岳、北镇	立冬日	土王日
北海、济渎		立冬日

资料来源:《金史》卷三四《礼志七·岳镇海渎》,北京:中华书局,1975 年,第 810 页。参《大金集礼》卷三四《岳镇海渎》,任文彪点校,第 329—334 页。

尽管元朝至元三年制定了地方官常祀岳镇海渎之制,但有些地方的常祀并不是从这一年开始的。例如位于平阳路的中镇霍山,是从至元十三年(1276)六月开始常祀的。[①] 元世祖初期岳镇海渎祭祀的施行并不严格。

在元朝平江南之前与之后,岳镇海渎祭祀有变化。南北统一前,南岳、南海、江渎皆在南宋境内,元朝只能采取遥祭的形式。岁祀时,由河南府、莱州地方官遥祭南岳、南海、江渎。代祀使臣也必须到河南府祭祀南岳,到莱州祭祀南海、江渎。山东掖县至元九年(1272)二月立石的《莱州望祀江渎记》,仅存碑目,[②]《山左金石志》认为其所记为至元九年正月皇太子遣使代祀。[③] 史载,至元九年正月,皇太子遣使祀岳渎、后土、五台兴国寺。[④] 还有一种可能性是地方官遥祭。至元三年(1266)规定立夏日莱州地方官遥祭南海、大江,那么至元九年二月立石之碑则所记为至元八年(1271)立夏日莱州地方官遥祭江渎之事。鉴于立石时间与代祀时间更近,此碑所载更可能是代祀。

(三)因事专祀

前文所论的代祀与常祀,都是周期性的、定例的祭祀形式。从元世祖朝

①王恽:《秋涧集》卷六二《肇祭霍岳文》,第 214 页。

②《莱州望祀江渎记》,《寰宇访碑录》卷一一,第 20030 页。

③《莱州望祀江渎记》,《山左金石志》卷二一,第 15b 页。

④《元史》卷七《世祖纪四》,第 140 页。《皇太子燕王嗣香碑记》,《道家金石略》,第 1102 页。

开始，也出现了因事专祀的情况，也就是遭逢非常事件而临时采取的祭祀。

所谓非常事件有两类。一类是遇天灾而祀岳镇海渎。天灾主要是水、旱、蝗、疠疫等。如下面这则公文，起因是霖雨不止：①

> 至元十年（1273）七月，中书吏礼部奉中书省札付：据大司农司呈：先为随路霖雨不止，检会到旧例："霖雨不止，祈祠山川、岳镇海渎、社稷、宗庙"，为此，移准大司农司咨，于七月十一日闻奏过，奉圣旨："与省家一处商量祭去者。钦此。"请钦依所奉圣旨事意，与中书省商量祭享事。准此。仰行下合属。如霖雨不止，去处祭享施行。承此。

因"随路霖雨不止"，大司农司通过中书省上奏，乞求依照旧例"霖雨不止，祈祠山川、岳镇海渎、社稷、宗庙"施行，得到了忽必烈的批准。文中，"霖雨不止，祈祠山川、岳镇海渎、社稷、宗庙"这一条"旧例"，应是直接从金代继承而来的。

又如王恽《冬旱请祈雪事状》一文，为消弭蝗灾而祭祀岳镇海渎：②

> 切见随路蝗灾，经今数年，山东河南其势尤甚，今遗种遍地，傥灾更不已，饥荒盗贼何所不有。若比及出冬已来，得三两大雪，庶可消弭以绝根种。古语有云，冬雪一尺，蝗子入地可丈。今去春节仅三十余日，照得中都及迤南路分自八月至今天不雨雪，小麦青黄，半掩干土，虽云阴屡作，终无大润。参详。唯有以精诚感格神明，致祷岳渎，为民祈谢而已。不然，令各路总管府官或郡守躬亲祀祷部内山川并社稷等神，以示朝廷忧恤元元至意。庶望和气一回普沾嘉瑞，使民心慰安，且忘积年饥乏扑灭之苦。

上引二文，都是在遭遇天灾时举行祭祀的例子。大德七年（1303）八月，山西洪洞发生罕见的大地震，元朝皇帝立即遣使"并祷群望"，其中包括代祀

①《元典章》卷三〇《礼部三·祭祀·霖雨不止享祭》，《续修四库全书》本，第323页上；陈高华等点校本，第1079页。

②王恽：《秋涧集》卷八九《冬旱请祈雪事状》，第450—451页。

霍山中镇庙。[①] 代祀降香行礼时，参与的地方官一般是霍州、赵城县官员。至大元年（1308），因为余震不断，又命令晋宁路总管专程前往中镇庙降香祈福。[②]

另一类是逢人事而祀岳镇海渎。至元十三年（1276）五月"遣使代祀岳渎"[③]，便是因平定南宋、国家统一而祀。再如，"太子（真金）尝有疾，世祖临幸，亲和药以赐之，遣侍臣李众驰祀岳渎名山川"[④]，则是为皇室福祉而祀。

因为存在遇事而祀的情况，所以会出现一年二祀的现象。如至元十三年五月"遣使代祀岳渎"，而当年七月，又"遣使持香币祠岳渎后土"[⑤]。再如至元二十八年（1291），分别在二月、十二月祭祀岳镇海渎，也是一年二祀。不过，除非有特别急迫的事件，年度大事可以统一在每年一度的定例祭祀中祝祷。如《元史》记至元九年"敕燕王遣使持香幡，祠岳渎、后土、五台兴国寺"，而一则碑刻史料中称这次祭祀是"皇太子燕王以蝗妖灭息，年谷丰登，代（世祖之）命祀于济渎，乃遣孙著祇捧香币，于二月十二日陈醮于神庭"[⑥]。在年度祭祀时祈祀"蝗妖灭息"，便是非定例与定例的重合。

因事专祀在具体执行时，祭祀的规格、等阶是有差别的。因为水、旱、蝗、疠疫等天灾以及军国大事，其小大轻重，各有差等。如前引王恽《冬旱请祈雪事状》，王恽对于祭祀的建议是："唯有以精诚感格神明，致祷岳渎，为民祈谢而已。不然，令各路总管府官或郡守躬亲祀祷部内山川并社稷等神，以示朝廷忧恤元元至意。"分成了两个等级，等级高的是"致祷岳渎"，即遣使代祀岳渎；等级低的是"令各路总管府官或郡守躬亲祀祷部内山川并社稷等

---

①《祀中镇崇德灵应王碑记》，《霍山志》，第 171 页；《洪洞金石录》，第 50 页；《三晋石刻大全 · 临汾市洪洞县卷》，第 68 页。

②《至大元年十二月御祭中镇文》，《洪洞金石录》，第 51 页；《三晋石刻大全 · 临汾市洪洞县卷》，第 70 页。

③《元史》卷九《世祖纪六》，第 182 页。刘敏中：《平宋录》卷中，《守山阁丛书》本，第 11a 页。

④《元史》卷一一五《裕宗传》，第 2889 页。

⑤《元史》卷九《世祖纪六》，第 184 页。

⑥《皇太子燕王嗣香碑记》，《道家金石略》，第 1102 页。

神”,若境内有岳镇海渎即祀之,若无,则祀境内名山大川。祭祀等级的高低,视事之小大轻重而定。

总之,在世祖朝,代祀、常祀、因事专祀三种形式皆已形成。至元二十八年(1291)春二月,为五岳、四渎、四海加封号:①

> 加上东岳为天齐大生仁圣帝,南岳司天大化昭圣帝,西岳金天大利顺圣帝,北岳安天大贞玄圣帝,中岳中天大宁崇圣帝。加封江渎为广源顺济王,河渎灵源弘济王,淮渎长源溥济王,济渎清源善济王,东海广德灵会王,南海广利灵孚王,西海广润灵通王,北海广泽灵佑王。

加封号,意味着正式确立岳镇海渎的地位。此前,四海祭祀没有严格规定,“国朝自至元二十八年始岁祀南海”②,从加封号这年开始正式定制,每年一祀。可以说,至元二十八年,岳镇海渎制度成型,祭祀对象包括五岳、四海、四渎。成宗大德二年(1298)二月,加封五镇,具体而言加封东镇沂山为元德东安王,南镇会稽山为昭德顺应王,西镇吴山为成德永靖王,北镇医巫闾山为贞德广宁王,中镇霍山为崇德应灵王,敕有司岁时与岳渎同祀。③ 至此,岳镇海渎十八位皆有封号,完整的岳镇海渎祭祀制度形成。

二　延续:元代中后期

世祖、成宗为岳镇海渎祭祀定立典范,其后诸帝踵事增华,元人称之为“列圣相承,有隆无替”④。文宗时官修的《经世大典》云,岳镇海渎“自世祖

---

①《元史》卷七六《祭祀志五》,第1900—1901页。《元典章》卷三《圣政二·崇祭祀》,《续修四库全书》影印元刊本,第54—55页。阎复:《加封五岳四渎四海诏》,《国朝文类》卷九,第6a—b页。

②《代祀南海庙记》碑阴,道光《广东通志》卷二一五《金石略》,《续修四库全书》影印1934年商务印书馆影印清道光二年刻本,第538页上;同治《番禺县志》卷三〇,第21a页。

③《本纪》作三月壬子,“三月壬子”重出,误,故从《祭祀志》。

④刘源:《祀恒岳记》,光绪《重修曲阳县志》卷一三,第93—96页。拓片见《北京图书馆藏中国历代石刻拓本汇编》第50册,第77页。

皇帝，累降明诏，以次加封，岁时遣使礼焉”[①]。顺帝时成书的《析津志》仍称“每岁驰驿至彼，代祀行礼”[②]。元末陶宗仪亦云：“朝廷于岁首例遣使祭岳渎。”[③]碑记中也有“每岁春泮遣使”的记载。[④] 可见，每年一次代祀在元末仍是通例。

元中后期的代祀岳镇海渎，在正史中记载少。按元代史院纂修体例，“某日遣使持香祠五岳四渎后土，如衡山始入版图、东海南海始遣使，皆书。至岳渎海加封，则先书加五岳四渎四海封号，某神加某号，详书之毕，却书分遣使臣奉制辞香币祠于庙所。如西海北海附祭，亦合书于初年，后不复书。或专遣一使遍行，则特书”[⑤]。也就是说史院一般只记载最初的代祀和特殊情况的代祀。世祖时期作为制度建立期尚有较多记载，而元中期的本纪中就很少记录了。明人王圻《续文献通考》论曰：“大率徼福之举居多，故不悉载。”[⑥]而石刻和诗文集中关于元中后期岳镇海渎祭祀的记载非常丰富。《代祀南海庙记》碑阴云：“国朝自至元二十八年始祀南海，祀必有记。至正乙未（至正十五年，1355），太府监大使（三宝奴）、翰林修撰（牛继志）被旨祠祀讫，历考前所存者，才三之一。易旧为新，踵弊为常政。恐久而此亦不免，故书之碑阴，后之君子幸毋是前弊，与共惜之，用垂不朽云。”[⑦]将一块碑的旧碑文磨去重刻新碑文，这样的现象颇为普遍。元代当时各祠庙中碑文散佚的数量已经很多，留传至今的碑文只是一部分。至于常祀，因影响范围有限——仅仅限于岳镇海渎所在地，岁以为例，所以不会特书，留下的记载就很少。即便如此，我们藉由金石书籍、方志、文集而得到的碑文，仍然颇为丰

---

①《经世大典·礼典总序·岳镇海渎》，《国朝文类》卷四一，第10b页。

②《析津志辑佚》，第59页。

③陶宗仪：《南村辍耕录》卷二四“木冰”条，北京：中华书局，1959年，第295页。

④李好文：《重修河渎庙》，光绪《永济县志》卷一七，清光绪十二年刻本。

⑤潘昂霄：《金石例》卷一〇《史院纂修凡例·岳渎降香》，《石刻史料新编》第3辑第39册，台北：新文丰出版公司，1986年，第569页下。

⑥王圻：《续文献通考》卷七四《郊社十·祀山川》。

⑦《代祀南海庙记》（至正十五年），同治《番禺县志》卷三〇，第21a页。

富。文集、碑记史料的显著增加，也从一个侧面反映出元代中后期儒臣在岳镇海渎祭祀中地位的提升。

元中后期朝廷对岳镇海渎祭祀制度进行维持和完善。

常祀方面，忽必烈后诸帝，为登基、上尊号、立太子等大事而颁布的诏书里，都要再次强调常祀制度。如见于《元典章》者如下：[①]

大德九年六月，钦奉立皇太子诏书内一款：岳镇海渎、名山大川，凡载在祀典者，所在长官严加致祭。

大德十一年五月，钦奉登宝位诏书内一款：五岳四渎、名山大川、历代圣帝明王、忠臣烈士，载在祀典者，所在官司岁时致祭。

大德十一年十二月，钦奉至大改元诏书内一款：岳镇海渎、名川大川、风师、雨师、雷师当祀之日，须以本处正官斋洁行事。有废不举、祀不敬者，从本道廉访司纠弹。钦此。

至大二年二月，钦奉上尊号诏书内一款：岳镇四渎、名山大川、圣帝明王、忠臣烈士，载在祀典者，诏书到日，有司正官，蠲洁致祭。

至大四年三月十八日，钦奉登宝位诏书内一款：岳镇海渎、名山大川、圣帝明王、忠臣烈士凡载祀典者，所在正官涓吉致祭。

延祐四年闰正月□日，钦奉建储诏书内一款：岳镇海渎、名山大川、圣帝明王、忠臣烈士载在祀典者，除常祀外，所在长吏择日致祭。

延祐七年三月□日，钦奉登宝位诏书内一款：岳镇海渎、圣帝明王载在祀典者，长吏择日致祭。

因事专祀方面，文宗时成书的《救荒活民类要》载：[②]

祷祭祈求通例曰：

京师孟夏以后，旱则祈雨。审理冤狱，赈恤穷乏，掩骼埋胔，先祈岳镇海渎，又山川兴云致雨者，于北郊望而告之。又祈社稷、宗庙。每七

①《元典章》卷三《圣政二·崇祭祀》，陈高华等点校本，第110—111页。
②张光大：《救荒活民类要》“祷祀”条，《北京图书馆古籍珍本丛刊》第56册，第679—680页。

日一祈。不雨，还从岳渎如初。旱甚则修雩。秋分以后不雨，初祈后旬不雨，则徙市，禁屠杀，断扇伞，造土龙。雨足则报祈。祀用酒脯，皆有司行事。

随路霖雨不止，祈祀山川、岳镇、社稷、宗庙。

必须指出，《救荒活民类要》一书的性质类似于参考手册，这段祈雨、祈晴的文字仅仅是节录唐代礼制以备采撷。[①] 但元代确实有因旱涝灾害祭祀岳镇海渎的记载。仁宗延祐四年七月，秦州成纪县山崩，十月，遣御史大夫伯忽、参知政事王桂、长春宫道教代真人王道亨祭陕西岳镇、名山，赈恤秦州被灾之民，西镇、西岳都留下了此次代祀的碑记。[②] 文宗天历二年(1329)夏四月，以陕西久旱，遣使祷西岳、西镇诸祠，[③]虞集《诏使祷雨诗序》所记即此事，担任专使的是翰林学士普颜实立。[④] 元顺帝至正中期，因黄河泛滥，特遣平章政事韩嘉讷、御史中丞李献等祭祀河渎庙。[⑤]

代祀方面，元代中后期政府沿袭世祖末期的趋向，对代祀使臣的人选做了一些调整。世祖至元二十八年留下了“遣重臣代朕祠之，汉人选名儒及道士习祀事者”的体例。有学者认为，终元一代，道士始终牢牢掌握五岳祭祀的代祀权。[⑥] 事实并非如此。顺帝年间成书的《析津志》称“用文翰清望之臣”[⑦]，同

①《大唐开元礼》卷三《祈祷》，北京：民族出版社，2000年，第32页。

②《元史》卷二六《仁宗纪三》，第580—581页。莫胜：《大元特祀西镇碑》，《道家金石略》，第748—749页；《陕西金石志》卷二八，第16766页；《关中金石记》卷八，第10704页；《寰宇访碑录》卷一一，第20051页。《伯忽题名碑》，乾隆《华阴县志》卷一六，第99b—100a页；《祀西岳文》，《寰宇访碑录》卷一一，第20051页；《关中金石记》卷八，第10704页。

③《元史》卷三三《文宗纪二》，第733页。

④虞集：《诏使祷雨诗序》，《道园类稿》卷一九，第512—513页。

⑤李好文：《重修河渎庙》，光绪《永济县志》卷一七；李好文：《新修西海河渎庙之碑》，成化《山西通志》卷一四，第81a—82a页。李好文：《代祀河渎记》，成化《山西通志》卷一四，第82a—83a页。张镛：《祀河渎西海记》，成化《山西通志》卷一四，第80a—81a页。

⑥周郢：《全真道与蒙元时期的五岳祀典》，刘凤鸣主编：《丘处机与全真道：丘处机与全真道国际学术研讨会论文集》，第284—292页。

⑦《析津志辑佚》，第59页。

为顺帝年间刘源撰《祀恒岳记》称“选勋臣旧子、清望朝士”[①]。与至元二十八年体例作比较,便可发现顺帝时的二则记载都没有专门提及道士。虽然道士代祀仍见于史料记载,但所谓“文翰清望之臣”、“清望朝士”是明显偏向了儒臣。元中后期的代祀使臣大多是翰林院、集贤院官,出现了很多知名儒臣,如焦养直、[②]虞集、[③]周仁荣、[④]张起岩、[⑤]揭傒斯、[⑥]周伯琦,[⑦]等等。至顺三年(1332)甚至有集贤院臣请求:“岁时巡祭岳渎,祈为百姓育谷,宜以儒臣充。”[⑧]儒臣在岳镇海渎祭祀中的地位的上升,与元中期以后科举的恢复有关,朝中儒臣的数量、地位皆有所提高。而《祀恒岳记》中的“勋臣旧子”,则与元世祖至元二十八年的“重臣”相呼应,其中有大量的怯薛代祀,见于史料者如必阇赤塔的迷失、[⑨]必阇赤寺奴、怯里马赤脱烈、[⑩]奉御奥兀剌赤唐兀歹、速古儿赤观音奴、[⑪]塔剌赤孛阑奚、舍利伯赤亚罕、[⑫]速古儿赤领四、怯薛必阇赤庆童、[⑬]御位下必阇赤僧宝[⑭]等等,兹不逐一列举。代祀使臣除怯薛、翰林

---

①刘源:《祀恒岳记》,光绪《重修曲阳县志》卷一三,第94b页。

②《元史》卷一六四《焦养直传》,第3860页。

③虞集:《道园学古录》卷三《代祀西岳至成都作》,第1a页。萨都剌:《次韵送虞伯生学士入蜀代祀》,《雁门集》卷一,上海:上海古籍出版社,1982年,第17页。马祖常:《石田文集》卷三《和袁伯长待制送虞伯生博士祠祭岳、镇、江、河、后土》,第565页下。文子方:《次元复初韵送虞伯生代祀江渎二首》,傅习、孙存吾辑:《皇元风雅》前集卷三,第1b页。

④《元史》卷一九〇《儒学传二·周仁荣传》,第4347页。《元祭南镇昭德顺应王碑》,《两浙金石志》卷一六,《石刻史料新编》第1辑第14册,第10594页。

⑤《代祀北镇之记》,《满洲金石志》卷四,第17319页。

⑥黄溍:《翰林侍讲学士中奉大夫知制诰同修国史同知经筵事追封豫章郡公谥文安揭公神道碑》,《金华黄先生文集》卷二六,《四部丛刊》初编本,第19a页。《南镇代祀记》(后至元五年),《越中金石记》卷九,《石刻史料新编》第2辑第10册,台北:新文丰出版公司,1979年,第7326页。

⑦周伯琦:《近光集》卷三《至正庚寅孟春代祀北岳等神,简同使刘学士》,日本静嘉堂文库藏本,第6页。

⑧王沂:《伊滨集》卷一八《祀济渎北海记》,《景印文渊阁四库全书》第1208册,第547页。

⑨《祀中镇崇德灵应王碑记》,《霍山志》,第171页。

⑩《祀南海王记》,同治《番禺县志》卷三〇,第7页。

⑪《登极祀岳碑》,光绪《重修曲阳县志》卷一三,第78a页。

⑫熊炎:《代祀南海神记》,嘉靖《广州志》卷三五《礼乐》,第13b—14a页。

⑬《皇帝登宝位祀北岳记》,《道家金石略》第1161页;光绪《重修曲阳县志》卷一三,第80页。

⑭《泰定代祀记》,《道家金石略》,第1160页。

官、集贤官、道士外，亦有御史台、秘书监、太府监、大司农司、广惠寺、宣政院等机构的官员。

元中后期道士代祀岳镇海渎仍然见于记载，但是其地位已与元初不可同日而语。一部分道士的代祀，是典型的代祀，如南海庙代祀碑记中有“天倪体真明玄大师、中岳庙住持提点、玄门诸路道教所较录曹德仁”①，北镇庙碑记中有“太虚玄静明妙真人王天助”②。而更多的道士代祀，是非定例形式的，不限于岳镇海渎，而是巡历名山大川。如，延祐六年（1319），著名道士赵嗣祺代祀北岳恒山、南海、南镇会稽山、道教名山缙云山。③ 再如，泰定二年（1325），玄教大宗师吴全节“被旨代祠江南三神山”④。江南三神山指龙虎、阁皂、句曲，皆为道教胜地。森田宪司先生在《关于元朝的代祀》一文中，曾将“道士巡历岳渎”单独作为一类列出。以森田先生举出的李志常、张志仙、祁志诚、萧居寿、张留孙、吴全节、赵嗣祺等人而言，这些著名道士的代祀确实有特殊性，他们的巡历，往往不依照既定的岳镇海渎制度进行，重点在于祭祀道教名山。⑤ 皇帝给与他们这样的特殊性，着力凸显对高道的优遇。

元中后期岳镇海渎祭祀中显现出一些问题，朝廷采取了一些针对措施。

首先，代祀使臣扰民成为突出问题。早在元世祖朝，忽必烈曾因太子真金有疾，遣侍臣李众驰祀岳渎名山川，史载，“太子戒其所至郡邑，毋烦吏迎送，重扰民也”⑥。可见世祖朝可能就存在代祀使臣骚扰地方的情况。元中后期，这种情况愈加突出。《元典章》载录大德七年（1303）九月监察御史上报的案件：朝廷差去西岳、后土庙代祀降香的使臣于秘监、燕帖木儿等一行五人“经过站赤，除正分例外，多要羊肉等物，纵令总领将秦川驿等处站司王思明等殴打，剥脱衣服……别无开到正从人数，所过州县预报，致令官府出

①《代祀南海王记》（泰定四年），同治《番禺县志》卷三〇，第 11b—12b 页。

②《代祀北镇碑》，《满洲金石志》卷五，第 17338 页。

③虞集：《道园学古录》卷四六《送赵虚一奉祠南海序》，第 3a—4a 页。

④吴澄：《吴文正公集》卷一三《吴闲闲宗师诗序》，《元人文集珍本丛刊》本，第 247 页。

⑤《中兴路创建九老仙都宫记》，《道家金石略》，第 959 页。

⑥《元史》卷一一五《裕宗传》，第 2889 页。

廓伺候,连日妨夺公务;又令官吏准备茶食祗待”[①]。于秘监即秘书监(从三品)于仁良,见于《秘书监志》。[②] 燕帖木儿可能是蒙古怯薛近侍。[③] 这些使臣仗着政治地位高,恣意妄为,对地方官府以及驿站造成了极大困扰。甚至有驿站人员不堪忍受代祀使臣的虐打而将使臣杀死。[④] 代祀使臣除有可能骚扰沿途驿站、州县官府外,还可能对宫观祠庙造成骚扰。延祐五年(1318),玄教掌教张留孙的弟子夏文泳“奉上旨代祀龙虎、三茅、阁皂三山。竣事,悉以祭供金缯分施各宫观,秋毫无所犯”[⑤]。这里特书“秋毫无所犯”是为了称颂夏文泳,亦可以反证骚扰宫观这一情况的普遍存在。虽然夏文泳代祀的不是岳镇海渎,但是显见骚扰宫观是代祀使臣的通病。使臣扰民问题受到朝廷的关注。泰定二年(1325),浙西道廉访司上言:“四方代祀之使,弃公营私,多不诚洁,以是神不歆格,请慎择之。”[⑥]扰民不仅是代祀使臣的弊端,也是整个元代使臣的通病,虽然朝廷颁布了一系列的条画,[⑦]但是使臣扰民问题终元一代都没有得到有效解决。[⑧] 元中后期遣使代祀的权力已经严格收归最高统治者独有,易言之,代祀使臣是代表最高统治者前来行祀事,地位尤为崇高。代祀使臣到达地方时,“其守令率其属,发传除道,迎入府

---

①《元典章》卷二八《礼部一 · 迎送 · 迎接》,《续修四库全书》本,第 307 页上;陈高华等点校本,第 1016—1017 页。

②王士点、商企翁:《秘书监志》卷九《题名》,第 166 页。

③参日本“元代の法制”研究班:《〈元典章 · 禮部〉校定と譯注(一)》,《東方學報》第 81 册,2007 年,第 175—179 页。

④苏天爵:《元故奉元路总管致仕工部尚书韩公神道碑铭》,《滋溪文稿》卷一二,北京:中华书局,1997 年,第 183 页。

⑤黄溍:《特进上卿玄教大宗师元成文正中和翊运大真人总摄江淮荆襄等处道教事知集贤院道教事夏公神道碑》,《金华黄先生文集》卷二七,第 20b 页。

⑥《元史》卷二九《泰定帝纪一》,第 654 页。

⑦《元典章》卷三六《兵部三 · 使臣》,陈高华等点校本,第 1242—1245 页。

⑧参陈高华:《论元代的站户》,《元史论丛》第 2 辑,北京:中华书局,1983 年,收入氏著《元史研究论稿》,第 156—185 页。党宝海:《蒙元驿站交通研究》,北京:昆仑出版社,2006 年,第 272—276 页。苗冬:《元代使臣扰民问题初探》,《云南社会科学》2009 年第 3 期。苗冬:《元代使臣研究》,南开大学博士论文,2010 年。

舍，躬导至祠”①。甚至出现了假冒使臣也无人敢怀疑的情况：“有诈称降香使臣，所过迎接护送，莫敢谁何”。② 代祀使臣挟天子之命，享有特权，是元代皇权的典型外在表现。

其次，国家祭祀与民间信仰之间的冲突显现出来。岳镇海渎象征着至高皇权，世祖朝至成宗朝已禁止诸王僭祭。然而据元中期的公文反映，每年春季有民众“百万余人”聚集到东岳泰山，“或称祈福以烧香，或托赛神而酬愿”。在官府看来，民众对东岳神的狂热崇拜，一方面属于僭越祀典，亵渎神灵，另一方面，大量民众连日聚集，有滋生事端的隐患。所以又颁布规定，对于岳镇海渎，“民间一切赛祈并宜禁绝”③。然而，如果祠庙缺乏地方民众的信仰支持，而仅仅官府出资不足以维持祠庙运转，庙宇很容易走向衰败。因此官府的态度往往并不严格。

最后，朝廷面临特殊事件尤其是元末战乱时，岳镇海渎祭祀有临时调整。祭祀岳镇海渎，是祈求山川护佑，也是向百姓宣示统治权的象征。即便如此，元朝仍然勉力维系每年的岳镇海渎代祀。至正二十三年（1363），翰林国史编修官夏以忠代祀中镇，写道：“近年国步惟艰，祀事犹举。今兹偃武修文，群生咸遂，沐神之惠，其又多矣。”④元末的战乱，陆续切断了交通干线。元朝不得不调整代祀路线。元朝最后一次代祀，是至正二十四年（1364）派遣迺贤由海路前往祭祀南镇、南岳、南海。迺贤由海道到达南镇祭祀，随后至漳州，被南方动乱所阻，不得不返回。⑤ 元朝代祀岳镇海渎从此停止。

---

①虞集：《道园学古录》卷四六《送赵虚一奉祠南海序》，第 3a—4a 页。

②吴澄：《故承直郎崇仁县尹胡侯墓志铭》，《吴文正公集》卷三九，第 629 页下。

③《元典章》卷五七《刑部十九 · 杂禁 · 禁投醮舍身烧死赛愿》，《续修四库全书》本，第 558 页；陈高华等点校本，第 1949—1950 页。

④夏以忠：《中镇祀香记》，成化《山西通志》卷一四；《洪洞金石录》，第 631 页。

⑤林弼：《林登州遗集》卷九《马翰林易之使归序》，第 9b 页。

三　小结

元世祖建立了岳镇海渎祭祀制度,分为代祀、常祀、因事专祀三种形式。世祖至元十八年(1281)佛道辩论是一条分界线。至元十八年前,代祀岳镇海渎延续了宪宗时期的先例,由近侍与道教领袖人物担任使臣,道教仍有主导性地位。至元十八年以后,代祀使臣变为道、儒参用。到元中后期,儒臣成为了代祀使臣的首要人选。

元世祖已经认识到岳镇海渎祭祀的天下正统内涵,开始禁止诸王、驸马擅祀岳镇海渎。但很多蒙古贵族仍然抱持固有的山川祭祀观念,祭祀岳镇海渎以祈福。到成宗申严僭祭之禁,岳镇海渎祭祀的皇权象征意义得到了充分体认。

元朝代祀岳镇海渎频率之高,在中国历史上是罕见的。笔者共搜集到元朝代祀岳镇海渎活动 239 条(详见本篇附"元代岳镇海渎代祀年表")。最早的是中统元年(1260),最晚的是至正二十四年(1364),时间跨越 105 年。可考出明确纪年的代祀 219 条,其中,元世祖朝 34 年之中(1260—1293)的代祀为 58 条,其后 71 年之中(1294—1364)的代祀有 161 条。此外,笔者还搜集到没有确切纪年的代祀活动 19 条,考其撰者与所记人物,可以判定绝大多数是至元三十一年(1294)以后的代祀。这些资料整体上能够证实,讫至正二十四年(1364)元朝几乎每年都遣使代祀岳镇海渎。

元朝代祀岳镇海渎频率高,原因有两方面。一方面是因事而代祀较前代有所增加。金朝因水旱而祭岳镇海渎,一般在都城北郊望祀,偶尔遣使前往当地祠庙行祀。[①] 而元朝郊祀制度建立很晚,长期不能实现在郊坛中望祀岳镇海渎,只能遣使代祀。另一方面,元朝重视使臣,将遣使当成政治运作的重要手段。代祀使臣不止负责祭祀,还有沟通朝廷与地方的作用,是元代国家统治方式的典型代表。

---

①参庞倩、王龙:《试论金代塑造正统地位的举措——以祭祀名山大川为例》,《辽金历史与考古》第 7 辑,沈阳:辽宁教育出版社,2017 年,第 178—188 页。

第十三章　元代岳镇海渎祭祀的地点与路线

元朝经历了由北及南统一的过程，岳镇海渎的祭祀地点、路线也随之变化。史书中未能记载元代岳镇海渎代祀的完整路线，我们可以通过零散的史料考证出来。理清代祀路线由五道改三道复改五道的变迁，有助于理解元代政治局势的变化。史料中也出现了与制度不合的路线，其原因有必要讨论。

一　祭祀地点

《元史·祭祀志》“岳镇海渎常祀”条所载为统一南宋前的岳镇海渎祭祀地点。因为南岳、南镇、南海、江渎都在南宋境内，只能采取遥祭的形式。

至于平宋后的祭祀地点，可参考元人程钜夫《雪楼集》卷一《皇太后遣使祭诸神文一十九首》的记载。皇太后，指的是武宗与仁宗之母答己。诸神，实际上指的就是岳镇海渎，共十九神，每神祭文一首。每首祭文都注出了祭

祀地点。现胪列如下：[①]

后土　平阳路

东岳泰山　泰安州

南岳衡山　潭州路

西岳华山　华州

北岳恒山　保定路曲阳县

中岳嵩山　河南府路

江渎　成都府

河渎　河中府

淮渎　唐州

济渎　怀孟路

东海　莱州

南海　广州

西海　河渎附祭

北海　济渎附祭

东镇沂山　登州

南镇会稽山　绍兴路

西镇吴山　陇州

北镇医巫闾山　高州

中镇霍山　霍州

需要说明三点。第一，后土的所在地荣河县，属平阳路，“元初为平阳路，大德九年，以地震改晋宁路”[②]。祭文的写作时间应该在武仁年间，确切地说是武宗至大元年（1308）到仁宗延祐五年（1318，是年程钜夫卒）之间，平

①程钜夫：《雪楼集》卷一《皇太后遣使祭诸神文一十九首》，《元代珍本文集汇刊》本，第137—140页。

②《元史》卷五九《地理志二》，第1379页。

阳路已改晋宁路，但祭文仍用平阳路旧称。汾阴后土祠始于西汉，从汉至唐、宋皆有皇帝亲祀，宋以后皇帝遣官代祀，[①]又称太宁宫，在今万荣县荣河镇庙前村。元代后土祠太宁宫由高道姜善信的宗派住持管理。[②] 至元十二年（1275），姜善信弟子尧庙光宅宫真人董若冲奉旨重修后土庙太宁宫，[③]至元二十六年（1289）立石的《敕赐靖应真人道行碑》碑阴有太宁宫提点王惠懋、知宫卢守静题名。[④] 尚须注意的是，山西有多座后土庙，不可与汾阴后土祠太宁宫混淆。如新绛县三泉镇鼓堆村后土庙，旧有元代猴儿年圣旨碑一通。圣旨列举以往的"成吉思皇帝、月阔歹皇帝、薛禅皇帝圣旨"，可知猴儿年当为成宗大德元年（1297）。此护持圣旨颁赐"住持明复大师提点宁若拙"[⑤]。宁若拙在姜善信宗派内地位很高，他为至元六年（1269）立石的《大元敕赐重建尧帝庙碑铭并序》书丹时署衔"宣授明复大师提点光宅宫事"。[⑥]尧庙光宅宫（在今山西省临汾市尧都区）是姜善信宗派的总部。到大德元年（1297），宁若拙应该依旧是光宅宫提点，三泉镇鼓堆村后土庙大概是其管领的众多祠庙之一。但是元代国家祭祀的后土祠，专指荣河镇的后土太宁宫。

第二，祭文称东镇沂山在登州，有误。《祭祀志》"岳镇海渎常祀"条记为

---

①参李零、唐晓峰：《汾阴后土祠的调查研究》，唐晓峰主编：《九州》第4辑，北京：商务印书馆，2007年，第1—107页。

②参 Wang Jinping, "Daoists, the Imperial Cult of Sage-Kings, and Mongol Rule", *T' oung Pao*, 106, no. 3-4(2020): 309-357(344-347).

③蔡美彪：《龙门建极宫碑译释》，《清华元史》第1辑，北京：商务印书馆，2011年，收入氏著《八思巴字碑刻文物集释》，北京：中国社会科学出版社，2011年，第3—27页。《道家金石略》，第1104页（题为《龙门禹王庙圣旨碑》）。《敕董若冲圣旨碑》（至元十九年立石），张江涛编著：《华山碑石》，西安：三秦出版社，1995年，第37、262—263页。

④李槃：《敕赐靖应真人道行碑》，王国杰主编：《三晋石刻大全·运城市新绛县卷》，太原：三晋出版社，2015年，第39—40页。

⑤《元圣旨碑》，王国杰主编：《三晋石刻大全·运城市新绛县卷》，太原：三晋出版社，2015年，第467页（误系猴儿年于1248年）。

⑥王磐：《大元敕赐重建尧帝庙碑铭并序》，王天然主编：《三晋石刻大全·临汾市尧都区卷》，太原：三晋出版社，2011年，第50—51页。王磐：《重建尧帝庙碑》，成化《山西通志》卷一四，第33b—34b页。

益都府。案，东镇沂山实在莒州沂水县。[①] 据《元史·地理志》，益都倚郭，“至元二年，以行淄州及行淄川县并入。三年，又并临淄、临朐二县入焉。十五年，割临淄、临朐复置县，并属本路。”[②]《祭祀志》所载乃至元十三年前的情况，故称东镇沂山在益都府，可通。至于登州，元初属益都路。中统五年，别置淄莱路，以登州隶之。至元二十四年，改属般阳路。领四县：蓬莱、黄县、福山、栖霞。[③] 登州虽然中统五年之前属益都路，但是称东镇沂山在登州，则不恰当。

第三，祭文称北镇医巫闾山在高州，有误。《祭祀志》“岳镇海渎常祀”条记为辽阳广宁路。据《元史·地理志》，高州属大宁路。而广宁府路“治临潢，立总管府。……有医巫闾山为北镇，在府城西北二十里”[④]。可知程钜夫记载不确。

以《元史·祭祀志》“岳镇海渎常祀”条与《雪楼集》相参，兹列出岳镇海渎祭祀地点表。

岳镇海渎祭祀地点表

	祭祀地点	
	至元十三年前	至元十三年后
东岳泰山	泰安州	
南岳衡山	河南府（遥祭）	潭州路衡山县
中岳嵩山	河南府路登封县	
西岳华山	奉元路华州	
北岳恒山	保定路曲阳县	
东渎淮渎	南阳府唐州	
南渎江渎	莱州（遥祭）	成都路

①《元史》卷五九《地理志一》，第1372页。
②《元史》卷五九《地理志一》，第1370—1371页。
③《元史》卷五九《地理志一》，第1374页。
④《元史》卷五九《地理志二》，第1396页。

续表

	祭祀地点	
	至元十三年前	至元十三年后
西渎河渎	河中府	
北渎济渎	怀孟路孟州济源县	
东海	般阳府路莱州	
南海	莱州（遥祭）	广州路
西海	河中	
北海	登州（遥祭）	怀孟路
东镇沂山	益都路莒州沂水县	
南镇会稽山	河南府（遥祭）	绍兴路
中镇霍山	晋宁路霍州	
西镇吴山	巩昌府陇州	
北镇医巫闾山	广宁府路	
后土	晋宁路（平阳路）临汾县	

西海附祭于河渎，北海附祭于济渎，因而实际祭祀地点共17处。从地理位置上看，腹里7处（东岳、北岳、东镇、中镇、东海、济渎北海、后土），河南江北行省3处（中岳、淮渎、河渎西海），陕西行省2处（西岳、西镇），四川行省1处（江渎），辽阳行省1处（北镇），江浙行省1处（南镇），湖广行省1处（南岳），江西行省1处（南海）。[①] 可以说，岳镇海渎遍布宋金故地，而没有涉及的地区是岭北行省、甘肃行省、云南行省以及宣政院辖下的吐蕃地区。

以元朝疆域之广大，地理意义上的西海、北海不同于前代，可以有更为科学的定位。但元朝对岳镇海渎中西海、北海的实际地理涵义不求甚解，仍把西海、北海附祭于华北。这说明岳镇海渎制度是作为一种概念、一种文化而传承。岳镇海渎的地理布局，是“中心——四方”统治模型的表征。

---

①此处所据行省疆界范围，时间定位在世祖末期以后。因为迄世祖末，各行省才有了确定辖区和疆界范围。参李治安：《元代行省制度》，北京：中华书局，2011年，第18页。

二　代祀路线

《元史·祭祀志》"岳镇海渎"条载:

> 岳镇海渎代祀,自中统二年始。凡十有九处,分五道。后乃以东岳、东海、东镇、北镇为东道,中岳、淮渎、济渎、北海、南岳、南海、南镇为南道,北岳、西岳、后土、河渎、中镇、西海、西镇、江渎为西道。既而又以驿骑迂远,复为五道。①

这则史料透露出,岳镇海渎代祀路线起初分五道,后改三道,再改五道。仍然需要解答两个问题:何时由五道改三道,何时由三道复改五道?引文已经列出了三道的划分方法,那么五道是如何划分的,前后两次的五道是否相同?

《元史·祭祀志》"岳镇海渎常祀"条将岳镇海渎划分为五类:

> 东岳镇海渎:东岳、东镇、东海、东渎。
>
> 南岳镇海渎:南岳、南镇、南海、南渎。
>
> 中岳镇:中岳、中镇。
>
> 西岳镇海渎:西岳、西镇、西海、西渎。
>
> 北岳镇海渎:北岳、北镇、北海、北渎。②

这样简单地按方位分类,是为了让有司每年按一定的月份祭祀,作为代祀路线的可行性很低。

史料中很少记载世祖朝的代祀路线。最有价值的史料是全真掌教祁志诚(1272—1285年在任)《西云集》卷下所收的一组诗,共二十首,诗题依次是《至元癸酉同奉御史公奉旨降香岳渎过济南》《泰山二首》《天坛》《投龙简二首》《同引进崔公叔文过洞庭湖》《题祝融峰》《题居庸关二首》《龙门》《蓬

---

①《元史》卷七六《祭祀五·岳镇海渎》,第1900页。

②《元史》卷七六《祭祀五·岳镇海渎常祀》,第1902页。

山》《过辉州》《济源投简》《投简》《嵩山次引进崔叔文韵》《九月宿秋阳观值雨》《华岳》《过井陉二首》。[①] 刘江认为这一组诗反映了至元十年（癸酉，1273）的代祀路线，又误读“奉御史公”为御史。[②] 奉御，是宫廷近侍，常被委为代祀使臣，史是其人姓氏。祁志诚至元九年继任掌教以后，多次代祀。这一组诗并非同一次代祀时所作。前四首确实写于至元十年（癸酉，1273）代祀时。《同引进崔公叔文过洞庭湖》《题祝融峰》是祁志诚与崔彧（字叔文）至元十五年（1278）代祀南岳时所作。[③] 其余的诗多数是在不同年次的代祀途中所作。总之，这些诗只有前四首能够说明至元十年祁志诚代祀东岳、济渎，这可能不是一条完整的路线。史料所限，目前我们对世祖初期的五道了解只有这么多。

何时由五道改三道，有一个重要的临界点——至元十三年（1276）。至元十三年前，南岳、南镇、南海、南渎都在南宋境内，元朝只能遥祭。莱州不仅祭祀东海，还遥祭南海、江渎。而东海、南海、江渎分属东道、南道、西道三道。如果三道使者都要去莱州，显然不合情理。因此，由五道改三道必在至元十三年后。三道的实际路线应该是：

> 东道：泰安州（东岳）、莱州（东海）、益都府（东镇）、辽阳广宁路（北镇）。
>
> 南道：河南府路（中岳）、唐州（淮渎）、怀孟路（济渎、北海）、潭州路（南岳）、广州（南海）、绍兴路（南镇）。
>
> 西道：保定路（北岳）、华州（西岳）、平阳路（后土）、霍州（中镇）、河中府（河渎、西海）、陇州（西镇）、成都府（江渎）。

南北统一后，元朝第一次代祀南岳是至元十五年（1278）。[④] 当时南方尚

---

①祁志诚：《西云集》卷下，《道藏》第 25 册，第 700 页。

②刘江：《元代全真教的岳渎代祀》，《湖南科技学院学报》2012 年第 1 期。

③李谦：《玄门掌教大宗师存神应化洞明真人祁公道行之碑》，《道家金石略》第 700 页。

④祁志诚：《西云集》卷下《同引进崔公叔文过洞庭湖》《题祝融峰》，《道藏》第 25 册，第 700 页。

不稳定,使臣祭祀后刚刚离开,南岳祠即为盗所据,颇为凶险。[①] 元朝第一次代祀南海是至元二十六年(1289)。[②] 考虑到三道中有南岳、南海,那么三道真正完整施行只能是从至元二十六年(1289)开始的。当然,在至元二十六年(1289)之前,可能已经有了三道的规划,但还没有真正实现。

三道复改五道的时间下限能大致推测出来。《元史》载,至元二十八年(1291)二月,"遣官持香诣中岳、南海、淮渎致祷"[③]。这一路线比三道的南道简单得多,有可能是临时路线。元贞元年(1295),买奴、吴全节代祀中岳、淮渎、南岳、南海,[④]大德三年(1299)阿闼赤、卢挚代祀中岳、淮渎、南岳、南海,[⑤]显然是从三道复改五道之后的路线。因此,元贞元年可作为三道复改五道的时间下限。总之,五道改三道的制度设计不早于至元十三年(1276),真正完整施行是从至元二十六年(1289)开始的;而三道复改五道不迟于元贞元年(1295)。

三道有"驿骑迂远"之弊,所以复为五道,是重新规划了更合理的路线。如前文提到的元贞元年(1295)、大德三年(1299)的中岳、淮渎、南岳、南海路线。泰定末文宗初,翰林修撰李黼(1298—1352)代祀嵩、衡、淮、海。[⑥] 袁桷曾为降香嵩、衡、淮、海的毛道士题诗。[⑦] 这条路线便是五道中的中南方向的一道。

---

①李谦:《玄门掌教大宗师存神应化洞明真人祁公道行之碑》,《道家金石略》第700页。

②《元史》卷一四《世祖纪十一》,第319页。

③《元史》卷一六《世祖纪十三》,第344页。

④卢挚:《皇帝遣使代祀中岳记》,周南瑞编:《天下同文集》卷五,第27a—29a页。虞集:《道园学古录》卷二五《河图仙坛之碑》,第8a页。

⑤卢挚:《代祀南岳记》,周南瑞编:《天下同文集》卷五,第29b页。彭万隆《元代文学家卢挚生平新考》(《浙江工业大学学报(社会科学版)》2013年第1期)认为此次代祀使臣仅卢挚一人,阿闼赤是卢挚在怯薛中的执事名。但鉴于阿闼赤前有"臣"字,当为人名。参周清澍:《卢挚生平及诗文系年再检讨》,《中华文史论丛》2014年第4期,第44页。

⑥吴当:《学言稿》卷二《送李黼修撰以旱请祷代祀嵩、衡、淮、海》,《景印文渊阁四库全书》第1217册,第264页。

⑦袁桷:《清容居士集》卷七《送毛道士降香嵩、衡、淮、海》,《袁桷集校注》,第276—277页。

元人刘源《祀恒岳记》载："至正十一年（1351）正月上日，命丞相选勋臣旧子、清望朝士，惟五岳、四渎、四海、四镇（引者案，下文有"一十九祠"，故此处"四镇"应为"五镇"之讹）致祠使。丞相选十人，分五道，总一十九祠，列名奏可。亚中大夫佥宣政院事百家奴、翰林修撰奉政大夫同知制诰兼国史院编修官刘源，其一也，……其祠北岳、济渎、北海、南镇。"[①]这是东南方向的一道。

西道见于至正十三年（1353）文允中《代祀中镇崇德应灵王记》载："圣元定都幽燕，道里阔远，銮舆莫及，故分五岳五镇四海四渎暨后土为五道，每岁首春函香遣使代祀。而后土、西岳、江渎、河渎、西海、中镇、西镇为一道。"[②]

除以上三道外，还剩下东岳、东海、东镇、北镇四处。其中，东岳、东海、东镇为一道，东镇庙碑林后至元二年、至正八年、至正十年碑可资证明。北镇单独为一道，《满洲金石志》收录元代代祀碑文十一篇，提到代祀路线时皆只书北镇。

诸史料对代祀路线的记载大多不完整，笔者选取一部分记载了二处岳镇海渎及二处以上的路线资料，将其附在注里。归纳五道如下：

中南道：中岳、淮渎、南岳、南海。[③]

东南道：北岳、济渎、北海、南镇。[④]

---

①刘源：《祀恒岳记》（至正十一年），光绪《重修曲阳县志》卷一三，第93—96页

②文允中：《前题（代祀中镇崇德应灵王记）》（至正十三年），《霍山志》，第71页。

③吴当：《学言稿》卷二《送李黼修撰以旱请祷代祀嵩、衡、淮、海》，《景印文渊阁四库全书》，第1217册，第264页。蒲道源：《闲居丛稿》卷一六《东海神庙碑》，《元代珍本文集汇刊》本，第654—655页。《脱欢蔡文渊昭告碑》，张孝友主编：《沂山石刻》，济南：山东友谊出版社，2009年，第28—29页。

④刘源：《祀恒岳记》（至正十一年），光绪《重修曲阳县志》卷一三，第93—96页；拓片见《北京图书馆藏中国历代石刻拓本汇编》第50册，郑州：中州古籍出版社，1990年，第77页。陈旅：《送王致道代祠北岳、北海、济渎、南镇》，《安雅堂集》卷二，《元代珍本文集汇刊》本，第67页。

西道:中镇、后土、河渎、西海、西岳、西镇、江渎。①

东道:东岳、东海、东镇。②

北道:北镇。

笔者翻检正史、诗文、石刻史料,共搜集到元中后期代祀相关史料约181条(见本篇附附"元代岳镇海渎代祀年表")。通观所有记载,与以上的五道路线不符的仅有7条:

1. 虞集《河图仙坛之碑》载,皇庆元年(1312)吴全节代祀路线:中岳、济渎。③

2. 柳贯《行祀岳渎祝文(代李学士作)》载路线:中岳、南岳、淮渎、济渎、北海。④ 济渎庙《大元投奠龙简之记》记载,延祐二年(1315)集贤侍读学士中奉大夫李倜、太一崇玄体素演道真人蔡天佑代祀济渎,⑤当为一事。李倜延祐元年(1314)、二年为碑石书丹,皆署衔集贤侍读学士。⑥ 朱思本《衡岳赋》记载代祀南岳者有"集贤员峤李公"(李倜号员峤真逸),⑦应该也是延祐二年事。

3. 虞集《送赵虚一奉祠南海序》载,延祐六年(1319)赵嗣祺(号虚一)代祀路线:恒、南海、会稽、缙云。⑧

①文允中:《前题(代祀中镇崇德应灵王记)》(至正十三年),《霍山志》,第71页。马祖常:《石田文集》卷三《和袁伯长待制送虞伯生博士祠祭岳、镇、江、河、后土》,《元人文集珍本丛刊》本,第565页下。

②《李绣代祀东镇记》,潘心德主编:《东镇沂山》,济南:济南出版社,1998年,第231—232页。《代祀沂山记残碑》,张孝友主编:《沂山石刻》,济南:山东友谊出版社,2009年,第279页。

③虞集:《道园学古录》卷二五《河图仙坛之碑》,第8a页。

④柳贯:《柳待制文集》卷七《行祀岳渎祝文(代李学士作)》,《四部丛刊》本,第14a—16a页。

⑤《大元投奠龙简之记》,《道家金石略》第862页;拓片见《北京图书馆藏中国历代石刻拓本汇编》第49册,第48页。

⑥《梁瑛碑》,《山右石刻丛编》卷三一,第15658页。《敕赐朝列大夫同知晋宁路总管府事致仕靳府君碑》,雷涛、孙永和主编:《三晋石刻大全·临汾市曲沃县卷》,太原:三晋出版社,2011年,第25—26页。

⑦朱思本:《贞一斋诗文稿·文》卷一《衡岳赋》,第34b—35a页。

⑧虞集:《道园学古录》卷四六《送赵虚一奉祠南海序》,第3a—4a页。

4. 天历元年(1328)十月范完泽、贡奎代祀路线：北岳、淮、济、南镇。①

5. 许有壬《水龙吟(四)赵伯宁中丞代祀淮浙过维扬征赋》载代祀路线：淮、南镇。② 赵伯宁，即赵世安(1284—1339 以后)，易州涞水人，文宗潜邸元从功臣，至顺元年(1330)二月至三年(1332)六月为御史中丞。③ 许有壬天历三年(1330)擢两淮都转运盐司使，至顺二年(1331)二月召为中书参议。④ 因此赵世安代祀途中遇许有壬于扬州，当在至顺元年(1330)二月至至顺二年(1331)二月之间。

6. 陶宗仪《南村辍耕录》卷二四"木冰"条载，至正乙巳(至正二十五年，1365)翰林应奉李国凤代祀路线：中岳、北岳、北镇。⑤ 从李国凤(？—1367)仕宦来看，《南村辍耕录》所记至正乙巳当为至正乙未(至正十五年，1355)之讹。⑥

7. 至正二十四年(1364)，翰林国史院编修廼贤代祀南镇、南岳、南海。⑦

---

①虞集：《道园学古录》卷三《送贡仲章学士奉祠岳渎》，第 6a—b 页。《中州金石记》卷五《龙飞祀渎海记》(贡奎讹作黄奎)，第 13813 页。李黼：《故集贤直学士奉训大夫贡公行状》，《贡文靖公云林诗集》，《北京图书馆古籍珍本丛刊》第 96 册，第 85 页。马祖常：《石田文集》卷一一《集贤直学士贡文靖公神道碑铭》，第 641—644 页。

②许有壬：《至正集》卷七九《水龙吟(四)赵伯宁中丞代祀淮浙过维扬征赋》，第 355 页。

③参都刘平：《元散曲家赵世安事迹钩沉》，《元史及民族与边疆研究集刊》第 37 辑，2019 年，第 50—59 页。

④《元史》卷一八二《许有壬传》，第 4201 页。

⑤陶宗仪：《南村辍耕录》卷二四"木冰"条，第 295 页。

⑥参曹金成：《〈南村辍耕录〉"木冰"条与〈元史〉相同史文辨析》，《元史及民族与边疆研究集刊》第 33 辑，2017 年，第 258—260 页。关于李国凤生平，参萧启庆：《元至正十一年进士题名记校补——元朝科举史料校注之二》，《食货月刊》(复刊)第 16 卷第 7、8 期合刊，1987 年，第 331 页；桂栖鹏：《元代进士研究》，兰州：兰州大学出版社，2001 年，第 33 页；萧启庆：《元代进士辑考》，台北："中研院"历史语言所，2012 年，第 114—115 页。

⑦林弼：《林登州遗集》卷九《马翰林易之使归序》，《北京图书馆古籍珍本丛刊》第 99 册影印清康熙四十五年林兴刻本，第 9b 页。陈基：《送马易之代祀海岳》，《夷白斋稿》补遗，《四部丛刊》本，第 10a 页。廼贤：《钱塘留别康里丞相之会稽代祀》，《廼贤集校注》，叶爱欣校注，郑州：河南大学出版社，2012 年，第 257 页。廼贤：《使归》，顾嗣立编：《元诗选》初集戊集，北京：中华书局，1987 年，第 1477 页；《廼贤集校注》，第 258 页。参陈高华：《元代诗人廼贤生平事迹考》，《文史》第 32 辑，1990 年，收入《元史研究新论》，第 278 页；段海蓉：《廼贤〈金台集〉版本考述》，北京师范大学古籍与传统文化研究院编：《中国传统文化与元代文献国际学术研讨会会议论文集》，北京：中华书局，2009 年，第 310—312 页。

下面来分析出现不符的原因。

第一，在代祀使臣中，道士是一类特殊的群体。知名高道担任使臣时，常常是巡历名山大川，而不仅仅是祀岳镇海渎。宪宗时，李志常遍祀岳渎，“凡在祀典者，靡神不举”①。世祖末期以降，道士失去了对山川祭祀的独占权。朝廷为显示对高道的优遇，往往实行特例，不依照既定制度进行，代祀神祇不限于岳镇海渎，路线也就不同于既定制度。如延祐五年（1318），玄教掌教张留孙弟子夏文泳“奉上旨代祀龙虎、三茅、阁皂三山”②。再如泰定二年，玄教大宗师吴全节“被旨代祠江南三神山”③。第1条的吴全节、第2条的蔡天佑、第3条的赵嗣祺，皆为高道，可能不太拘泥于固定路线。

第二，代祀有因事专祀的情形。如遇水、旱、蝗、疫等天灾，或逢军国大事，都可能派出特使，路线则根据需要便宜选择。第4条史料天历元年（1328）十月的代祀，是文宗即位后第二个月遣使代祀岳渎，有临时性特征。

第三，临时调整的路线在地理上有合理性。上述这些特殊路线，调整的主要是北岳、中岳、淮渎、济渎。它们都位于华北，相互不远，临时调整对路途远近影响不大。再如东镇，与东岳、东海在一条路线上，且其地理位置在东岳、东海之间。虞集《送赵虚一奉祠南海序》（延祐六年，1319）列举岳镇海渎，独缺东镇。④ 但东镇庙碑刻记载延祐六年有代祀使臣抵达东镇庙。⑤ 因此虞集可能只是偶然疏漏。刘源《祀恒岳记》（至正十一年，1351）列举岳镇

①《重修终南山上清太平宫记》，《道家金石略》，第518—521页。

②黄溍：《特进上卿玄教大宗师元成文正中和翊运大真人总摄江淮荆襄等处道教事知集贤院道教事夏公神道碑》，《金华黄先生文集》卷二七，第20b页。

③吴澄：《吴文正公集》卷一三《吴闲闲宗师诗序》，《元人文集珍本丛刊》本，第247页。

④虞集：《道园学古录》卷四六《送赵虚一奉祠南海序》，第3a—4a页。

⑤《延祐六年残碑》，张孝友主编：《沂山石刻》，第272页；《山东道教碑刻集·临朐卷》，第7页；光绪《临朐县志》卷九下《东镇祭告碑》，第18b页。

海渎，独缺东镇。[①] 其他史料也未见至正十一年代祀东镇。[②] 许有壬（1286—1364）记彭大年真人代祀东岳、东海，[③]却不书东镇。彭大年是杭州高道王寿衍（1273—1353）弟子，以延祐年间祈雨于杭州而闻名。[④] 彭大年生平不可考，代祀东岳、东海具体在哪一年不详，应该在延祐以后。因此东道路线有临时跳过东镇的情况。

第三，顺帝末年的战乱，使岳镇海渎祭祀无法正常举行。笔者搜集的资料（本篇附表）显示，由后至元元年迄至正十四年（1335—1354）的 20 年中，每年都有代祀的记载。而至正十五年迄至正二十八年（1355—1368）的 14 年间，只有 5 年有代祀的记载。至正十一年五月，韩山童、刘福通首起事于颍上，其后叛乱蜂起，动乱炽烈，尤以江淮为甚。至正十五年（1355），代祀南海的翰林院修撰牛继志云："先是，淮寇构乱，道途梗塞，使节罕通。"[⑤]可见岳镇海渎——尤其是江淮以南的岳镇海渎代祀受到了很大影响。第 6 条史料出自《辍耕录》，记至正十五年（1355）事，以木冰等奇异天象作为叛乱势力攻陷汴梁之预兆，[⑥]这一年的代祀应该是因战乱而改变了路线。此外，代祀所需的礼物及费用"发乎内帑"[⑦]，而顺帝末期财政日蹙，应该对岳镇海渎代祀也有影响。一方面代祀周期无法实现每年一度，另一方面代祀路线不得不更改。第 7 条史料系事于至正二十四年，"天子以天下多故，惧岳镇海渎之祀

①刘源：《祀恒岳记》（至正十一年），光绪《重修曲阳县志》卷一三，第 93—96 页。

②关于元代东镇庙碑刻，参吉星田：《东镇庙碑目》元碑部分，吴德升主编：《东镇沂山》，临朐：中国人民政治协商会议临朐委员会，1991 年，第 12—14 页；以及张孝友主编：《沂山石刻》，第 420—421 页。

③许有壬：《饯彭大年真人代祠东岳、东海》，《至正集》卷一一，《元人文集珍本丛刊》本，第 75 页上。此承江西师范大学吴小红教授提示，特致谢忱。

④王袆：《元故弘文辅道粹德真人王公碑》，《王袆集》卷一六，颜余庆点校，杭州：浙江古籍出版社，2016 年，第 475 页。张雨：《题彭大年祷雨诗卷，和仲举韵，延祐己未开玄道院作》，《张雨集》卷五，彭尤隆点校，杭州：浙江古籍出版社，2015 年，第 222 页。

⑤《代祀南海庙记》（至正十五年），同治《番禺县志》卷三〇，第 19—20 页。

⑥《南村辍耕录》卷二四《木冰》，第 295 页。此奇异天象亦见载于《元史》卷四六《顺帝纪九》，第 968 页；卷五一《五行二・木不曲直》，第 1104 页。

⑦《西镇祀香记》，《道家金石略》，第 1135—1136 页。

久旷厥典,遣使函香四出,代致其敬。君(引者案,廼贤)实衔命祀南镇、南岳、南海",实际上廼贤由海道到达南镇会稽山,至漳州,"闻广南多警",望祀而返,[①]只完成了代祀南镇而已。《析津志》记载,至正年间有遣使南海、南镇,其余十七处合祭的做法。[②] 这应是战乱背景下的权宜之计。以上路线的临时变化,应该都是受到地方具体事件的影响。

总之,在元世祖朝以后的181条代祀史料中,代祀路线不符合制度规定的仅有7条史料,低于总数的3.9%。因此可以说,从元成宗朝开始,祭祀岳镇海渎的五道路线执行较为严格。

三　小结

元朝自世祖开始,完整继承了中原传统岳镇海渎的地理布局,体现出"中心——四方"统治模型,是统治汉地合法性的象征。元代岳镇海渎代祀路线,因时、因地、因事制宜。元世祖初期代祀路线分为五道,到至元十三年(1276)以后的某个时间,改为三道,但仍有迂远之弊,因此至晚元贞元年(1295)又改五道,根据地理情况进行了合理规划。在特殊事件尤其是元末动乱的情况下,代祀路线又有临时调整。元朝代祀路线由五道到三道复改五道的变迁,反映了疆土南北统一的过程。在这方面,元朝没有太多前代经验可以借鉴,只能自行摸索。在岳镇海渎祭祀中,儒、道参与最深。[③] 代祀路线当然也会考虑儒、道文化。总之,元代岳镇海渎代祀路线的规划,蕴含着深厚的地理、政治和文化内涵。

---

①林弼:《林登州遗集》卷九《马翰林易之使归序》,第9b页。

②《析津志辑佚》,北京:北京古籍出版社,2001年,第59页。

③参本书第十四章第二节《代祀使臣》。

第十四章　元代岳镇海渎祭祀的运作

元代岳镇海渎的运作，牵涉到国家意识形态的推行及其与地方社会的互动。本章从三个方面入手，首先考察元代岳镇海渎祭祀仪式，其次分析代祀使臣的职能以及道士、儒臣如何发挥中间作用，最后以祭祀礼物为主线考察祠庙经济状况，从而观察岳镇海渎祭祀在国家与地方社会之间的联结作用。

一　祭祀仪式

岳镇海渎祭祀有代祀、常祀两种形式，核心仪式都是三献礼。三献礼分为初献、亚献、终献三个步骤，主持者分别称为初献官、亚献官、终献官。

常祀由地方长官每年率领僚属施行。《元史・祭祀志》记载："祀官，以所在守土官为之。"①地方官吏几乎全体出动，按长贰顺序任初献、亚献、终献。路府州县社稷、宣圣、三皇、风雨雷师祭祀，同样如此。《太常集礼》载社

①《元史》卷七六《祭祀志五・岳镇海渎常祀》，第1902页。

稷祭祀,“本州长官则充初献。佐贰官充亚献。长官有故则以佐贰摄。佐贰有故则以幕官摄”①。池内功先生在论述元代郡县祭祀时指出,仪式由管民长官(蒙古人)带领佐贰官(汉人、色目人)施行,展现出一幅以蒙古为中心的各族群协调建立秩序的景象。② 这也适用于岳镇海渎祭祀。

代祀时,通常是两位代祀使臣分别担任初献、亚献官,地方官担任终献官。例如,至正二年(1342),蒙古翰林院学士木八剌沙、翰林国史院侍讲学士知制诰同修国史秃坚里不花代祀北镇医巫闾山,木八剌沙任初献官,秃坚里不花任亚献官,广宁府路总管李咬住任终献官。③

代祀使臣抵达时,还有隆重的迎接礼仪,地方长官率僚属参加。朝廷对礼仪有详细规定:④

> 送诏赦官到,随路先遣人报,班首即率僚属吏从人等,备仪从音乐彩舆香舆,诣郭外迎接。见送诏赦官,即于道侧下马。所差官亦下马,取诏赦,恭置彩舆中。班首诣香舆前上香,讫,所差官上马在彩舆后,班首以下皆上马后从,鸣钲鼓作乐前导,至公所,从正门入。所差官下马,执事者先于庭中望阙设诏赦案及香案并褥位,又设所差官褥位在案之西,及又设床于案之西南。所差官取诏赦置于案,彩舆香舆皆退。所差官称有制,赞,班首以下皆再拜,班首稍前跪,上香,讫,复位,又再拜。所差官取诏赦授知事,知事跪受,二名司吏二名齐捧诏赦同升宣读,在位官皆跪听,讫,诏赦恭置于案上,知事等复位,班首以下皆再拜,舞蹈叩头,三称万岁。(官属叩头中间,公吏人等相应高声三呼万岁。)就拜

①《永乐大典》卷二〇四二四,第7647页下。

②[日]池内功:《元朝の郡県祭祀について》,野口鐵郎編:《中國史における教と國家》,东京:雄山阁,1994年,第155—179页。同文中文版本见池内功:《异民族支配与国家祭祀——谈元朝郡县祭祀》,郝时远、罗贤佑主编:《蒙元史暨民族史论集——纪念翁独健先生诞辰一百周年》,北京:社会科学文献出版社,2006年,第149—167页。

③《御香碑记》(至正二年),《满洲金石志》卷五,第17335页。

④《通制条格》卷八《贺谢迎送·外路迎拜诏赦》,黄时鉴点校,杭州:浙江古籍出版社,1986年,第127页。《元典章》卷二八《礼部·迎送·外路迎拜诏赦》记载大致相同。

兴，又再拜讫。班首以下与所差官相见于厅前，礼毕。

船田善之将上述礼仪与《大金集礼》所载金代礼制相比较，指出元代大体沿袭了金制。[①] 下面我们以一次具体的代祀实例，来直观地了解从迎接礼仪到祭祀礼仪的宏大场面。泰定四年（1327），火赤儿（笔者案，当为“火儿赤”之讹）黄头、天倪体真明玄大师中岳庙住持提点玄门诸路道教所较录曹德仁前往广州代祀南海，碑文载：[②]

> 七月十六日至郡，本道廉访司、宣慰司、暨路县文武百官、庶老，严具幡幢缦盖，作大供养，迎奉于番禺驿舍，越四月（引者案，当为“四日”之讹）丁巳，率宾佐僚属，具舟进自黄木湾，铙鼓震天，旌旗盖海。是夜达祠下，甘雨如霆。蒇事之际，天宇划开，星月辉映。罇彝罍洗洁于堂坛，粢盛牲牷陈于俎豆。物具礼备，天使乃盛服入就位，北面致天子命。祭官、祝官、暨百执事，各供乃职。宪司官执简而临之，纠其怠慢不恭者。登降乐和，三献礼成，神人胥协，观者肃穆。

从迎接使臣仪式到祀神仪式，间隔四天，“致天子命”的使臣始终是中心。礼仪场面宏大，不啻一个节日，必然吸引百姓来观看。因此可以说，代祀使臣的仪式活动，将皇帝、地方官、百姓联结了起来。仪式中昭显着皇权的至高无上，表现了中央与地方的统治秩序，是教化百姓的一种方式。

韩森（Valerie Hansen）在《变迁之神》一书中指出，封赐神祇是“有效的统治方法”[③]。韩明士（Robert Hymes）也指出，朝廷封赐、祭祀地方神祇，是中央进入地方的有效途径。[④] 岳镇海渎作为历代朝廷封赐的传统祠庙，也成为了联结中央与地方的纽带。

---

①［日］船田善之：《元代の命令文書の開讀について》，《東洋史研究》63-4，2005年3月。

②《代祀南海王记》（泰定四年），同治《番禺县志》卷三〇，第11b—12b页。

③［美］韩森：《变迁之神》，包伟民译，杭州：浙江人民出版社，1999年，第101页。

④［美］韩明士：《道与庶道：宋代以来的道教、民间信仰和神灵模式》，皮庆生译，南京：江苏人民出版社，2007年，第164页。

二　代祀使臣

代祀使臣的正式任务是祭祀岳镇海渎,往往同时还有其他职能。元人虞集的记载最切中肯綮。成宗大德(1297—1307)初年,虞集来到京师,从"世祖皇帝近旧人"口中得知:"中统、至元间,方有事于四方,每大小使者之出,比还奏毕,必从容问所过丰凶、险易,民情习俗,有无人材、治迹。或久之,因事召见,犹问之也。是以人人得尽其言,当以此观人而得之。由是凡以使行事,莫敢不究心省察,以待顾问。"[①]在世祖时期,派往各地的大小使者,除了自身的使命以外,还要承担的任务有:考察当地的经济情况(丰凶)、地理情况(险易)、民情习俗,并且荐拔人才,考察治迹。所有的使者都要承担如上所述的搜集情报、省察地方的任务,每年一度的代祀岳镇海渎之使更是如此。这种做法被元代诸帝所承袭,如"成宗遣岳渎使还,顾问如世祖故事"。[②] 岳镇海渎所在地每年都会迎来朝廷的使臣,当然对地方官民产生了影响。虞集记载:"夫祠使之遣,自中统、至元以来五六十年矣,民间习闻之。方献岁发春,吏民必肦肦然望之曰:天子之使,其将至乎? 庶几有以抚吾人也。"[③]南镇庙碑记有云:"(皇帝)不鄙夷南镇之远且外也,岁遣近臣奉缛典奔走数千里,有事于其庭,于皇盛哉。"[④]皇帝每年亲遣近臣前往数千里之外的祠庙,对地方的安抚作用不言而喻。更显著的例子是南海。地处广州的南海庙,是距离国都最遥远的岳镇海渎祠庙。每年一度的代祀,穿过重重山川,沟通着朝廷与广州。元顺帝时,因江淮一带叛乱,朝廷与广州交通不畅,至正十五年(1355),终于有代祀使臣再次来到南海庙,碑记中记载了当时的

---

①虞集:《道园类稿》卷一九《司执中西游漫稿序》,第509页。

②虞集:《道园学古录》卷二五《河图仙坛之碑》,第8a页。

③虞集:《道园类稿》卷二〇《送王在中编修奉祠西岳序》,第528—529页。

④《元祭南镇昭德顺应王碑》(致和元年),《两浙金石志》卷一六,《石刻史料新编》第1辑第14册,第10594页。

情况："先是，淮寇构乱，道途梗塞，使节罕通。迨兹香旆之来，溪蜑峒獠，罗拜道侧，或至垂泣曰：'不图今日复睹天使威仪，誓死不敢从乱矣。'"①"溪蜑峒獠"指当地土著居民。碑记文字出自代祀使臣之手，不免有夸大之嫌，但是可以肯定代祀在沟通朝廷与地方的方面发挥了一定的作用

代祀使臣一般由二人组成，一位是宫廷近侍，另一位通常是道士或儒臣。近侍更能代表皇帝权威，而道士、儒臣则更具有联结官、民的作用。学者在研究地方信仰与国家祭祀政策时，已关注在国家与地方之间的第三种力量。如巫仁恕研究明清江南东岳神信仰时，曾探讨统治者、地方民众、儒家士大夫三者之间的微妙关系。② 对于元代岳镇海渎祭祀而言，担任代祀使臣的道士、儒臣都是兼具官方与民间双重身份，因而发挥着中间作用。

（一）道士

元代岳镇海渎祭祀始于道士。岳镇海渎的概念，深植于汉人传统文化之中。蒙古人在踏入汉地之前，对岳镇海渎恐怕是所知甚少。随着窝阔台灭金，蒙古人对中原文化的了解才逐渐增多。由窝阔台汗至蒙哥汗即位之初，全真教发展达到鼎盛。这时期的道士，在文化事业上大有作为。例如，大蒙古国初建国子学，就主要由全真道士们主持。③ 硬译白话体公文的出现，也与全真道士们有着密切的关系。④ 蒙古统治者最早对岳镇海渎的认知，应该是藉由道士之口。宪宗前期，李志常以全真掌教的身份遍祀岳镇海渎。史称"凡在祀典者，靡神不举"⑤，全权代理了汉地所有山川神祇的祭祀，

①《代祀南海庙记》（至正十五年），同治《番禺县志》卷三〇，第19—20页。

②巫仁恕：《明清江南东岳神信仰与城市群众的集体抗议——以苏州民变为讨论中心》，李孝悌编：《中国的城市生活》，北京：新星出版社，2006年，第133—182页。

③萧启庆：《大蒙古国的国子学：兼论蒙汉菁英涵化的滥觞与儒道势力的消长》，《内北国而外中国：蒙元史研究》（上册），北京：中华书局，2007年10月，第89—135页。

④参［日］高桥文治：《張留孫の登場前後——発給文書から見たモンゴル時代の道教》，《東洋史研究》56-1，1997年，收入氏著《モンゴル時代全真教文書の研究》，东京：汲古书院，2011年，第243—281页。

⑤《重修终南山上清太平宫记》，《道家金石略》，第518—521页。

并且以道教斋醮替代了血食祭祀仪式。[①] 周郢先生认为,岳镇海渎祭祀的道教化得以实现。[②] 无疑此时道士在岳镇海渎祭祀中居于主导地位。

从宪宗五年(1255)开始,经数次佛道辩论,过分膨胀的道教势力遭到打压,道士在岳镇海渎祭祀中的地位开始降低。世祖至元十八年(1281),道教遭焚经之厄,受到重挫。至元二十一年(1284)的代祀,使臣变成了“蒙古官及翰林院官各一人”。原本一直是代祀使臣首选的道士,已不在代祀使臣之列。至元二十八年(1291),忽必烈规定:“宜遣重臣代朕祠之,汉人选名儒及道士习祀事者。”[③]道士再次回到了代祀使臣之列,然而与此前已不可同日而语了。元顺帝年间成书的《析津志》称代祀“用文翰清望之臣”[④],同样是顺帝年间刘源撰《祀恒岳记》云“选勋臣旧子、清望朝士”[⑤],明显偏向儒臣,不再专门提及道士。虽然吴全节、陈日新、蔡天佑、赵虚一等高道的代祀仍见于史料,然而多出于皇帝对高道个人的优遇,且代祀路线多不依照既定的岳镇海渎制度进行,重点往往在祭祀道教名山。[⑥]

虽然道士越来越少担任代祀使臣,但道教在岳镇海渎祭祀中的影响仍然不小。岳镇海渎祭祀仪式中有一定的道教因素。宪宗时李志常曾用道教仪式祭岳渎,到世祖时改为传统的三献礼,但道教因素仍然局部存在。南海庙代祀碑中,多称祭祀仪式为“醮”。后至元二年(1336)的南海代祀碑记甚至直接以“醮”为题。[⑦] “醮”是道教特有的仪式。而“三献礼”是儒家提倡的古礼。道教仪式“醮”与儒家古典祭祀礼仪的区别在于,醮不采

①刘江:《元宪宗元年李志常代祀岳渎考》,熊铁基、麦子飞主编:《全真道与老庄学国际学术研讨会论文集》,武汉:华中师范大学出版社,2009年,第378—387页。

②周郢:《全真道与蒙元时期的五岳祀典》,刘凤鸣主编:《丘处机与全真道:丘处机与全真道国际学术研讨会论文集》,北京:中国文史出版社,2008年,第284—292页。

③《元史》卷七六《祭祀志五》,第1900页。

④《析津志辑佚》,北京:北京古籍出版社,2001年,第59页。

⑤《祀恒岳记》(至正十一年),光绪《重修曲阳县志》卷一三,第93b—97a页。

⑥《中兴路创建九老仙都宫记》,《道家金石略》,第959页。

⑦《南海庙代建宝醮记》(后至元二年),同治《番禺县志》卷三〇,第13a—14a页。

用血食。[①] 实际上，南海庙祭祀时，"罇彝罍洗洁于堂坛，粢盛牲牷陈于俎豆"[②]，牲牷的存在，说明仪式不是"醮"。后至元五年(1339)爱牙赤、揭傒斯等代祀北岳时用一羊一豕祭祀。[③] 岳镇海渎属于国家祭祀，仪式必然是各处统一的。宪宗元年(1251)，李志常至北岳"恭焚御香，修设清醮"[④]，这确实是道教的醮。世祖时，岳镇海渎祭祀仪式已统一为三献礼。《南海庙代建宝醮记》碑末列出了与祭人员，其中没有一人是道教身份，可见"醮"成为了祭祀仪式的笼统称呼。另外一个与道教密切相关的是投龙简仪式。自20世纪初沙畹开始系统研究，[⑤]这一问题颇受学界重视。投龙简仪式在南北朝道教领域极为流行，并开始渗透到国家礼制中，后成为唐宋国家祭祀的组成部分。从唐至宋，五岳投龙由盛而衰，宋仁宗确定名山洞府岁投龙简者二十处，其余皆罢。[⑥] 元代投龙简之处，见于记载的只有济渎、中岳嵩山。全真掌教祁志诚(1272—1285年在任)有诗云："敬持龙简出皇州，济渎嵩岩两处投。"[⑦]元代济渎投龙简的记载最多。最早见于记载的是元宪宗三年(1253)李志常在济源王屋山清虚小有洞天投龙简。[⑧] 元大都长春宫举办大醮之后到济渎投龙简，基本上成为了惯例。

在元代中后期，道士作为岳镇海渎祠庙的管理者发挥作用。至元初年全真掌教张志敬修缮了四岳一渎共五座庙宇，[⑨]住持者皆为全真道士。中镇

---

①丁培仁：《道教与民俗浅议——以斋醮、礼俗为例》，《宗教学研究》2001年第4期。关于斋醮的详细仪式、器物，参张泽洪：《道教斋醮符咒仪式》，成都：巴蜀书社，1999年，第75—98页；以及陈耀庭《道教礼仪》，北京：宗教文化出版社，2003年，第180—192页。

②《代祀南海王记》(泰定四年)，同治《番禺县志》卷三〇，第11b—12b页。

③揭傒斯：《代祀北岳庙》，《恒岳志》卷中，济南：齐鲁书社，1996年影印清顺治十八年刻本，第21b—22a页。

④《重修真君观碑》，光绪《重修曲阳县志》卷一三，第39a—39b页。

⑤Édouard Chavannes, "Le jet des dragons", *Mémoires concernant l'Asie orientale* 3, 1919, pp. 68-128.

⑥参谢一峰：《唐宋间国家投龙仪之变迁》，《宋史研究论丛》第16辑，保定：河北大学出版社，2015年，第212—230页。

⑦祁志诚：《西云集》卷下《投简》，《道藏》第25册，第700页。

⑧张道亨：《沈先生墓志》，王宗昱编：《金元全真教石刻新编》，第172页。

⑨王磐：《玄门嗣法掌教宗师诚明真人道行碑铭并序》，《道家金石略》，第600—601页。

庙住持是全真道苗道一及其弟子。[①] 北岳庙、东镇庙也都由道教掌管。[②] 河渎庙住持是姜善信及其门人。[③] 尽管道士不再主导岳镇海渎代祀,但道教势力已广泛渗透到地方,控制着岳镇海渎祠庙的管理,影响力不容忽视。

(二)儒臣

儒臣参与岳镇海渎祭祀,始于世祖时期。蒙古统治者汉文化知识日益增长,大概觉察到祀事并非道士专擅。道士与儒臣在岳镇海渎祭祀中的地位是此消彼长的。综合各种史料来看,元中后期的代祀使臣大多是翰林院、集贤院官。岳镇海渎代祀名单上汇聚了儒林名臣、文坛耆宿。如焦养直、虞集、张起岩、朱思本、揭傒斯、贡奎、赵世延、泰不华、王沂、周伯琦,等等,不一而足。至顺三年(1332)甚至有集贤院臣奏:"岁时巡祭岳渎,祈为百姓育谷,宜以儒臣充。"[④]可见道士在岳镇海渎祭祀中的位置很大程度上被儒臣所代替。

在儒臣们看来,岳镇海渎祭祀中的道教因素,妨碍了国家祭祀的纯正性。这从虞集的论调中可见一斑。虞集与道教因缘颇深,其传记中甚至说他是南岳真人转世。[⑤] 但他对岳镇海渎祭祀仍然保持着典型的儒家态度。虞集在《送集贤周南翁使天坛济源序》一文中,先举"先王之礼"、"祖宗之制",随后称今日所用的是"道家方士之祀",最后对儒臣周应极(字南翁)寄予期望:"用汉文召贾生故事,得使对,从容论说,庶几原理之本,推致其节文之宜而陈之也夫。"[⑥]虞集发掘了"不问苍生问鬼神"典故的积极一面,认为儒

---

①《霍岳庙令旨碑》,《道家金石略》,第 715 页。

②参[日]樱井智美:《元代の北嶽廟祭祀とその遂行者たち》,[日]氣賀澤保規编:《中国石刻資料とその社会——北朝隋唐期を中心に》,东京:汲古书院,2007 年,第 113—142 页。赵卫东:《沂山东镇庙及其宗派传承》,《全真道研究》第 2 辑,齐鲁书社,2011 年,第 274—303 页。

③《光宅宫圣旨碑》,《三晋石刻大全·临汾市尧都区卷》,第 427 页。

④王沂:《伊滨集》卷一八《祀济渎北海记》,《景印文渊阁四库全书》第 1208 册,第 547 页。

⑤《元史》卷一八一《虞集传》,第 4174 页。

⑥虞集:《道园学古录》卷五《送集贤周南翁使天坛济源序》,第 9b—10a 页。

臣应当借这个机会接近皇帝，向皇帝“原理之本”，祛除道家之法，恢复先王之礼。虞集的这篇文章作于至大四年（1311）。[①] 这种论调在儒士中是很有代表性的。元中后期的儒臣们一直在履践这个论点。

当儒臣成为岳镇海渎的代祀使臣时，儒家宣扬的秩序得以重新构建。我们注意到，儒臣代祀时，经常被派往途经其家乡的路线。如元代儒臣蒲道源自述“延祐二年，余自京师以代祀岳渎驰驲过家”[②]。再如，元人贡奎《送史助教代祀西岳》诗云：“秩秩西岳祀，皇皇使臣体。高堂寿慈母，兼致君亲喜。”[③]出外为官的儒士衣锦还乡，对其家乡地方会造成不小的影响。朝廷使臣的尊贵，以及还乡省亲所显露的孝道，都体现出儒家宣扬的秩序。这种宣传无疑是有效的，朝廷也乐于这样的派遣。在这样的情况下，有年老的儒臣借代祀之机告老还乡，著名文士揭傒斯、贡奎都是如此。[④]

儒臣代祀时，游览沿途名胜古迹，交游名士，吟诗作赋，是对国家权力的变相宣扬。周伯琦《近光集》卷三有前后相连的一组诗，很能反映这种情况。兹录诗题如下：

《至正庚寅（至正十年，1350）孟春代祀北岳等神，简同使刘学士》《羑里》《比干墓》《山阳汉献帝墓》《过怀庆》《济渎祠留题三首》《孟州》《渡黄河作》《巩县》《北邙望洛中作》《宋陵》《虎牢关》《鸿沟》《汴中》《徐州》《宝应湖》《渡扬子江泊京口》《二月廿六日到会稽》《明日代祀南镇题飞流亭》《游山阴兰亭》《还至钱塘，浙省开宴湖山堂，泛湖而归，纪事三十韵，简道同平章诸公》《杭守宝惟贤邀游水乐洞》《题孤山林和靖

---

①参《投龙简记》，《道家金石略》，第894页。

②蒲道源：《闲居丛稿》卷二〇《送赵君锡赴秦州幕序》，《元代珍本文集汇刊》本，第768—770页。

③贡奎：《贡文靖公云林诗集》卷二《送史助教代祀西岳》，《北京图书馆古籍珍本丛刊》第96册，第28—29页。

④朱晞颜：《瓢泉吟稿》卷二《和张伯雨寄揭曼石学士》，《景印文渊阁四库全书》第1213册，第389—390页自注：“时揭奉旨祀岳渎，留杭丐老。”李黼：《故集贤直学士奉训大夫贡公行状》，贡奎：《贡文靖公云林诗集》，《北京图书馆古籍珍本丛刊》第96册，第85页。马祖常：《石田文集》卷一一《集贤直学士贡文靖公神道碑铭》，第641—644页。

亭》《游金山寺》《游焦山寺》《黄河舟中对月》《驿途还至通州二首》。[①]

这组诗大致勾勒出了周伯琦至正十年（1350）的行程。孟春正月从大都出发，先后经北岳、济渎，二月廿六日到达南镇所在地会稽。沿途游览古迹、交结官宦名士。组诗最后一首《驿途还至通州二首》有“归途泊处榴花发，千树鸣蝉麦穗齐”之句，可见回到大都时已是夏季。儒臣在代祀的一路上留下的诗，因其文名，易于为人传诵。

儒臣撰写的代祀碑记，同样藉由儒臣的声望，易于存留下来，被游览祠庙的人们所瞻仰。儒臣们在有意无意间，已经为朝廷做了很好的宣传。朝廷的意志，经由这些卓有声名的文人，更有力地传播到了地方。

举荐人才，是使臣的职责之一。在元代科举长期废而不行的情况下，通过荐举而进入仕途，对地方的儒生来说是一条绝佳的途径。如蒲道源代祀路过家乡，见到境遇不济的友人赵君锡，就有“奏用”之意；而赵君锡阴差阳错无缘朝官，只能做秦州幕僚，蒲道源又专门为他写推荐信。[②] 儒臣担任使臣，对荐举儒生是最有利的。这对于安定民心、维持统治秩序都有一定的效力。

三　祭祀礼物与祠庙经济

在古代中国地方社会，祠庙、寺院、宫观三者呈鼎足之势，而且各类祠庙数量极多。以祠庙为视角探讨国家与地方社会的关系，是学术界颇为关注的一个问题。[③] 雷闻先生将祠庙分为三类：由国家下令修建的祠庙，由政府赋予合法地位的祠庙，以及民间设立而未经政府认可的祠庙。[④] 岳镇海渎祠庙是国家在地方社会设立的，是推行官方意识形态的一种举措。代祀使臣

①周伯琦：《近光集》卷三，日本静嘉堂文库藏本，第6a—13a页。

②蒲道源：《闲居丛稿》卷二〇《送赵君锡赴秦州幕序》，第768—770页。

③邓京力：《“国家与社会”分析框架在中国史领域的应用》，《史学月刊》2004年第12期。

④雷闻：《唐代地方祠祀的分层与运作——以生祠与城隍神为中心》，《历史研究》2004年第2期。

所携来的皇帝所赐礼物,是岳镇海渎祠庙的一个重要经济来源。森田宪司先生《关于元朝的代祀》一文中引《元史·祭祀志》,对礼物有简单介绍。[①]而礼物的具体明细,礼物在元代不同时期的变化,礼物的发出机构,礼物的最终归属,都有深入探讨的必要。我们利用石刻史料考察上述问题以及祠庙的经济状况。

(一)礼物明细

早在宪宗元年(1251年),李志常代祀,宪宗蒙哥"端拱御榻,亲缄信香,冥心注祷于祀所",赐李志常"金符、宝诰,及内府白金五千两以充其费"[②]。可见使者需携带的物品包括:作为身份凭证的金符、皇帝的宝诰,以及作为祭祀费用的五千两白银,当然还有皇帝亲缄的"信香"。宪宗六年(1256),忽必烈因创建开平府,命道士王一清及府僚李宗杰祭告济渎,史料中对礼物的记载更加明确了:"以金镂盒持香,导以宝幡,藉以重币。"[③]金镂盒、香、幡、币,这四者也是岳镇海渎代祀礼物制度的主体。《元史·祭祀志》载礼物细目:[④]

> 其礼物,则每处岁祀银香合一,重二十五两,
> 五岳组金幡二、钞五百贯,
> 四渎织金幡二、钞二百五十贯,
> 四海、五镇销金幡二、钞二百五十贯,
> 至则守臣奉诏使行礼。
>
> 皇帝登宝位,遣官致祭,降香、幡、合如前礼,惟各加银五十两,五岳各中统钞五百贯,四渎、四海、五镇各中统钞二百五十贯。或他有祷,礼亦如之。

---

①[日]森田宪司:《元朝における代祀について》,《東方宗教》98,2001年,第17—32页。

②王鹗:《玄门掌教大宗师真常真人道行碑铭》,《甘水仙源录》卷三,《道藏》第19册,第794页上。

③《创建开平府祭告济渎记》,《道家金石略》,第865页。

④《元史》卷七六《祭祀志五》,第1900页。

礼物制度在忽必烈登基前就开始采用,但礼物的规格、数量或有不同,至元二十八年详细的礼物制度正式定立,大德二年加封五镇以后,如上所引的完整的制度最终形成。概括而言,礼物包括:香、银香合(盒)、幡、钞,史料中常合称为“香幡币物”;如逢皇帝登基,则额外加银、钞。

(一)香,即御香。代祀使者启程之日,皇帝御某殿,丞相以香贮盒,领诸使者入。使者膝御前,奉香以进。“上以香加额,密祝良久,其精诚之意隐然着于立默之表。复以香授使人,出即驰驿,各之所祠。”①御香,直接昭示皇帝对神祇的虔诚,所以是代祀的核心礼物。“代祀”又常被称为“降御香”。

(二)银香合,即贮御香的银盒,②银盒重二十五两。诸代祀碑记中,有“白金香盒”、“御香银盒”、“御香白金盒”、“金盒”、“白金香奁”等称呼。③又因御香、银盒实为二物,故许多碑记中又常将二者分列。如,后至元六年(1340)《代祀北岳纪名碑》:“御香、锦幡、银盒、楮币五百缗。”④又如,至正十一年(1351)《祀恒岳记》:“名香千两,银盒四,宝幡八,白金一,楮币以缗计者千五百。”⑤宋濂《危素新墓碑铭》记载,至正二十年至二十四年(1360—1364)危素担任中书参知政事期间,“降香岳渎,故用金十两为香函,吏利金,以铜半杂之,或造铜函易金。公(危素)廉其状,皆执论诛之”⑥。据此,则元朝在至正十一年到至正二十年之间某个时间将香盒的原材料由银二十五两

①《祀恒岳记》(至正十一年),光绪《重修曲阳县志》卷一三,第93b—97a页。

②《满洲金石志》卷五《御香碑记》载,至正二年(1342),蒙古翰林院学士资善大夫木八剌沙、翰林国史院侍讲学士知制诰同修国史中奉大夫秃坚里不花“躬奉名香,函以银盒”。《石刻史料新编》第1辑第23册,第17335页。

③《代祀南海王记》(延祐七年),同治《番禺县志》卷三〇,第9a—10a页。《御香碑记》(皇庆二年),《满洲金石志》卷四,第17318页。《御香碑记》(至顺二年),《满洲金石志》卷四,第17323页。《谕祭南海神文》,同治《番禺县志》卷三〇,第5b—6a页。《加封五镇诏》碑阴,《越中金石记》卷七,《石刻史料新编》第2辑第10册,第7288页。

④《代祀北岳纪名碑》,光绪《重修曲阳县志》卷一三,第89b—90b页;同碑亦见《道家金石略》,第1099页(题为《代祀纪名之记》)。

⑤《祀恒岳记》(至正十一年),光绪《重修曲阳县志》卷一三,第93b—97a页。

⑥宋濂:《故翰林侍讲学士中顺大夫知制诰同修国史危公新墓碑铭》,《危太朴集》附录,第480页。

改为金十两。

（三）幡，碑记中又称为锦幡、宝幡、纳失失幡，[①]根据工艺和贵重程度的不同，分为组金幡、织金幡、销金幡三种。

（四）钞，碑记中亦称币、楮币，用于祭祀所需的各项花费。五岳每处钞五百贯，镇、海、渎每处钞二百五十贯。大德九年（1305）《谕祭南海神文》载"币二十五万钱"[②]，二十五万钱即二百五十贯，与制度相印证。

值得注意的是，大德后期开始，通货膨胀日益严重，物价腾贵。延祐四年（1317），因"钞数不敷"，对大德九年（1305）原定的三皇、宣圣、社稷、风雨雷师的祭祀费用予以增加，[③]黑城出土文书中也有相关的记录。[④] 但岳镇海渎的祭祀费用没有增加。延祐六年（1319）三月立碑的《东镇庙祭春记》载，使臣赍擎"御香、织金幡二、白金香盒一、中统钞五锭"[⑤]。中统钞一锭为五十贯，五锭即二百五十贯，与《元史》所记相合。至顺二年（1331）北镇《御香碑记》载"中统钞五定"[⑥]，后至元六年（1340）《代祀北岳纪名碑》载"楮币五百缗"[⑦]，亦皆与《元史》相合。岳镇海渎祭祀钞数未增加的原因，可能是岳镇海渎祭祀的钞数远比三皇、宣圣、社稷、风雨雷师为多。据《元典章》，诸路祭祀三皇由一锭（五十贯）增至二锭（一百贯），社稷由三十贯增至六十贯，风雨雷师由二十五贯增至五十贯；散府、中下州则更少。这些钞数与岳镇海渎的五百贯、二百五十贯相比，可谓小巫见大巫。

但到元后期，岳镇海渎祭祀钞数有所增加。《东镇时享之记》碑载，至正八年（1358）翰林学士承旨咬住、翰林待制远者图代祀东镇，礼物有"香一、银

---

①《代祀南海王记》（延祐七年），同治《番禺县志》卷三〇，第9a—10a页。

②《谕祭南海神文》，同治《番禺县志》卷三〇，第5b—6a页。

③《元典章》卷三〇《礼部三·祭祀·添祭祀钱》，陈高华等点校本，第1076—1077页。

④参［日］池内功：《元朝郡県祭祀における官費支出について——黒城出土祭祀費用文書の検討》，《四国学院大学論集》85，1994年。

⑤《东镇庙祭春记》，光绪《临朐县志》卷九下，第18a页；张孝友主编《沂山石刻》，第25—27页。

⑥《御香碑记》（至顺二年），《满洲金石志》卷四，第17323页。

⑦《代祀北岳纪名碑》，光绪《重修曲阳县志》卷一三，第89b—90b页；《道家金石略》，第1099页。

盒、币二、锦幡、宝楮五百两”[①]。五百两,较《元史·祭祀志》所载之制增加了一倍。钱大昕据此碑认为《元史》所载为初制,后增加一倍。[②] 钞数增倍的时间应该是至正年间。

(五)新皇登基时,额外加赐银、钞,这在碑记中也有体现。至元三十一年(1294)五月,成宗甫即位,遣近侍代祀中岳,奉“白金、锦幡、礼器、香、币”[③]。虽没有明言“币”的数额,而“白金”则显是额外加赐的。延祐七年(1320),英宗登基,命奥兀剌赤唐兀歹、速古儿赤观音奴代祀北岳,礼物有“御香、银盒、锦幡、白金一锭”[④];命速古儿赤奉直大夫广宁路同知普颜、承务郎秘书监著作郎忽都达儿代祀南海,礼物有“元宝银锭、纳失失幡、白金香盒”[⑤]。其中的“白金一锭”、“元宝银锭”也都是额外加赐。泰定帝即位(1324),除御香、锦幡、银盒以外,也有额外加赐的白金。[⑥]

至于礼物负责管理、发放的机构,来自内府。史料记载,宪宗元年(1251年),李志常代祀,宪宗蒙哥赐李志常“内府”白金五千两以充其费。[⑦] 大德十一年(1307)《西镇祀香记》亦载,代祀所需的礼物及费用“发乎内帑”[⑧]。具体的负责部门是太府监。元人刘源《祀恒岳记》载:“太府监出名香千两,银盒四,宝幡八,白金一,楮币以缗计者千五百。”[⑨]据《元史·百官志》,太府监“掌钱帛出纳之数”。“万亿四库”条:“国初以太府掌内帑之出纳。”《本纪》

①《东镇时享之记》,张孝友主编《沂山石刻》,第353页;刘悦营主编《东镇碑林》,第18—19页;光绪《临朐县志》卷九下,第24a—b页。

②钱大昕:《十驾斋养新录》卷一五《东镇庙元碑》,《嘉定钱大昕先生全集》第7册,第426—427页。

③卢挚:《皇帝遣使代祀中岳记》,周南瑞编:《天下同文集》卷五,第27a—29a页。

④《登极祀岳碑》(延祐七年),光绪《重修曲阳县志》卷一三,第77b—78b页;亦见《道家金石略》,第1156—1157页,题为《皇帝登极祀岳之记》。

⑤《代祀南海王记》(延祐七年),同治《番禺县志》卷三〇,第9a—10a页。

⑥《皇帝登宝位祀北岳记》,《道家金石略》,第1161页。

⑦王鹗:《玄门掌教大宗师真常真人道行碑铭》,《甘水仙源录》卷三,《道藏》第19册,第794页上。

⑧《西镇祀香记》(大德十一年),《道家金石略》,第1135—1136页。

⑨刘源:《祀恒岳记》(至正十一年),光绪《重修曲阳县志》卷一三,第93b—97a页。

载，大德十一年十二月，中书省臣言："太府院[1]为内藏，世祖、成宗朝，遇重赐则取给中书，今所赐有逾千锭至万锭者，皆取之太府。比者太府取五万锭，已支二万矣，今复以乏告。请自后内府所用数多者，仍取之中书。"武宗曰："此朕特旨，后当从所奏。"[2]可见，内府所用数多者，例如逾千锭至万锭，则取之中书。而岳镇海渎祭祀礼物，岁时不过五六千贯，应是始终由太府监（太府院）管理。又据《祭祀志》，京师祭祀三皇庙时，"宣徽供礼馔，光禄勋供内醖，太府供金帛，广源库供芗炬，大兴府尹供牺牲、制币、粢盛、肴核"；射草狗祭祀时，"太府监供彩币，中尚监供细氈针线，武备寺供弓箭环刀"[3]。可见，供应祭祀所需的"金帛"、"彩币"，是太府监的职责之一。

（二）礼物去向

如前文所述，皇帝所赐的礼物计有：香、幡、银香盒、钞、银。由使者带至岳镇海渎祠庙。其中，香、幡在祭祀活动中使用；钞、银，供祭祀活动的相关花费。祭祀结束后，钞、银仍有结余，另外银香盒也未使用，对这些礼物如何处置呢？

下面以会稽南镇庙碑刻为中心，来探讨祭祀结束后剩余礼物的去向。泰定三年（1326）刻石的《南镇庙置田记》，由韩性撰并书、袁桷题额，是关于祠庙经济问题的重要史料，兹节录如下：[4]

> ……庙在会稽郡东南十余里，无庙祝之守。尚方所锡，藏之郡帑，积无所用。泰定乙丑（泰定二年，1325），金源王公克敬为会稽守，议买田以供庙之用，请于帅府。帅府如其请，乃会所藏，得楮币若干，白金为铤者若干、为香奁者若干，斥而卖之，又得楮币若干。买傍近田一百十

---

①案，据《元史·本纪》，大德九年七月，升太府监为太府院。至大元年六月，复太府院为太府监。

②《元史》卷二二《武宗纪一》，第491—492页。

③《元史》卷七七《祭祀志六》，第1915、1924页。

④录文见《越中金石记》卷八，第7314—7319页；拓片见《北京图书馆藏中国历代石刻拓本汇编》第49册，郑州：中州古籍出版社，1989年，第109—110页。

七亩有奇。侯命列其丘亩，刻之石，使后有考。侯之虑事，远哉。南镇，国重祀。庙之用度，有司所当虑。其最重者二焉。古之祭祀，预备以示严，神仓所以备粢盛也，掌牧所以备牲牷也，祭祀之物具，故临事而不扰。今南镇岁祀，责成有司。有司集事则已，牺牲粢盛，取具临时。有不能具，则赋之民，民以为病。一也。汉祀岳渎，始为宫室，若庙祏制，后以为常。今南镇之庙壮丽靓深，明宫斋庐，多至千础。岁岁修缮，劳民无已。时委而不修，必至隤圮。圮而更为民之扰滋甚。二也。今侯买田于庙，贮其租入，以供祭祀，以待修缮，至于香火之需、祝史之养，皆取乎其中。非独致力于神，其为斯民计远矣。或谓，一夫之田，所入无几，用之不周，犹之无益也。是不然。天下之事，莫难于创始。今侯倡之于前，继侯之理者，颇增益之，足用而后已。敬共明神，民不劳费，神人相依，有引弗替，以称国家崇明祀之意。此侯之所望于后来也。……

会稽山作为五镇之一，大德二年（1298）开始列入祀典，从此依例每年代祀、常祀。南镇庙的特点在于，“无庙祝之守”，即无日常管理人员。除每年举行祭祀活动外，平时几乎是一座空庙。鉴于南镇庙的特殊情况，祭祀后剩余的礼物——包括“楮币若干，白金为铤者（笔者案，即新皇登基加赐的白金）若干、为香奁者（笔者案，即银香盒）若干”——只能“藏之郡帑，积无所用”。可见，一般来说，祭祀后剩余的礼物，应由庙中管理人员收纳，以供祠庙的日常花费：香火之需、祝史之养。

大德三年（1299），南镇庙的状况是“象饰弗严，梁倾栋桡，庭序榛薉”，这种情况持续了11年之久，直到至大二年（1309）南镇庙才得以重建。当时，朵儿赤任会稽守，筹集重建资金，一方面向民众募集钱款；另一方面，“请于帅府，给缗钱二万五千四百有奇”①，约合25贯有余。这25贯多钱应是从累年剩余的祭祀钱中拨出的。后来，泰定二年（1325），王克敬任会稽守，议买

①《皇元重建南镇庙碑》，《两浙金石志》卷一五，第10552—10553页；《越中金石记》卷八，第7302—7304页。

田以供庙之用，请于帅府。帅府如其请，乃会所藏，将“绍兴路元由朝廷颁将本路会稽山南镇庙银香盒、课银等物，变易作钞，并香钱，总该中统钞贰伯柒定叁拾叁两捌钱叁分伍厘”①，约合 1035 贯有余。从大德三年（1299）至泰定二年（1325）的 27 年间，祭祀后剩余礼物、祭祀钱的总价值约 1060 贯有余。

按制度，南镇每年得钞 250 贯；另有银香盒一个，重 25 两。据《元史·食货志》，中统钞两贯同白银一两，②故银香盒价值钞 50 贯。所以，南镇每年实得礼物价值 300 贯，27 年合计 8100 贯。另外，皇帝登基时加赐银 50 两（合钞 100 贯）、钞 250 贯，合计 350 贯。由大德三年（1299）至泰定二年（1325）共有四帝登基，故共加赐 1400 贯。8100 贯加上 1400 贯，得 27 年钞银价值总数 9500 贯。那么可以计算出这 27 年间平均每年南镇获赐的钞银价值约 351 贯，平均每年祭祀花费约 312 贯，平均每年剩余约 39 贯。

可见，礼物在祭祀之后所剩无几。剩余的这笔钱对于维持祠庙的日常经济来说是杯水车薪。

会稽守王克敬正是为了解决祠庙的日常经济问题，请于绍兴路总管府，拿出积攒下来的代祀钞银，“买傍近田一百十七亩有奇”，以供庙用。《南镇庙置田记》碑阴详细记录了田亩的购买账目、四至情况。然而，当时便有人对置田提出了异议，认为“一夫之田，所入无几，用之不周，犹之无益也”。不幸的是，这一论调在 13 年后成为了现实。至正四年（1344），南镇庙又是一派“摧败倾压”的景象，在新任地方官夏日孜的提议下再次重修，③这也是元代南镇庙的第二次重修。可见，购置庙田这一举措没有解决南镇庙的经济问题。明代万历年间南镇庙有田 129 亩有余，④与元泰定二年购置的 117 亩有余相比，增幅很小。可知后人不再着力增置庙田。

---

①《南镇庙置田记》碑阴，《越中金石记》卷八，第 7314—7319 页。拓片见《北京图书馆藏中国历代石刻拓本汇编》第 49 册，第 110 页。

②《元史》卷九三《食货志一·钞法》，第 2369 页。

③《元重修南镇庙碑》，《两浙金石志》卷一七，第 10621 页；《越中金石记》卷九，第 7341 页。拓片见《北京图书馆藏中国历代石刻拓本汇编》第 50 册，第 18 页。

④万历《会稽县志》卷一三，《天一阁藏明代方志选刊续编》第 28 册，第 526—527 页。

南镇庙的大笔经济收入实际来自地方民众。如南镇庙的第一次重建，官府所拨的钱款仅仅25贯有奇，而民众则“邑里竞劝，倾赀相役”[①]，最终，南镇庙建成，“壮丽靓深，明宫斋庐，多至千础”。此中民众的贡献不可小觑，重建碑的碑阴记下了这些邑士、邑人的名字。另外，官府还常常将祭祀、修缮祠庙的费用摊派给民众，如前引《南镇庙置田记》称，有司每年祭祀时，祭祀物品“有不能具，则赋之民，民以为病”；至于修缮祠庙，“岁岁修缮，劳民无已；时委而不修，必至隤圮，圮而更为民之扰滋甚”。

（三）祠庙经济

岳镇海渎祠庙的经济来源主要有：国家下拨的祭祀礼物与祭祀钱、庙田收入、向民众征募的钱款。支出方面最主要的两项是：祭祀、祠庙修缮。

南镇庙的经济困境，直接原因在于祠庙缺乏专职的管理者。在筹备祭品、管理礼器、经营庙田、修缮祠庙、募集资金、推动民间信仰等方面，祠庙的管理者都扮演着非常重要的角色。南镇庙始建于隋，隋“取侧近巫一人，主知洒扫”，唐、宋则设官管理祠庙。[②] 及至元代，却未设立这样的官职。参与祭祀的官员仅仅负责施行祭礼，至于准备祭品、礼器，则与官员无涉。这意味着官府放弃了对岳镇海渎祠庙的直接管理。正如樱井智美在研究北岳庙时揭橥的，元代大部分岳镇海渎祠庙都是由道士管理的。[③] 我们在诸祠庙碑记中也能看到很多某道士充任住持提点的头衔，[④]官府公文中也有类似记载。[⑤] 更需注意的是，正是由于道教的大力推动，岳镇海渎祭祀才开始在蒙

---

①《皇元重建南镇庙碑》，《两浙金石志》卷一五，第10552—10553页；《越中金石记》卷八，第7302—7304页。

②《隋书》卷七《礼仪志二》，北京：中华书局，1973年，第139页。《宋大诏令集》卷一三七，北京：中华书局，1962年，第483页。

③［日］樱井智美：《元代の北嶽廟祭祀とその遂行者たち》，［日］气贺泽保规编：《中国石刻資料とその社会——北朝隋唐を中心に》，东京：汲古书院，2007年，第113—142页。

④如《满洲金石志》卷四、五所收北镇碑文中的“北镇庙住持提点”皆为道士。

⑤如《通制条格》载，东岳泰山庙“朝省选差年高有德清洁道士主管祠事”、“差廉干道官充提点”。方龄贵校注，北京：中华书局，2001年，第742页。

元时代施行。可知金元之际道教势力在地方急遽发展,使元代官府无须直接管理祠庙,而是借助地方道教势力。然而,并非所有祠庙都运转良好。南镇庙就是一例。在大德二年(1298)元朝设立南镇祭祀之前,道教没有入据南镇庙,南镇庙几近荒废。设立南镇祭祀之后,南镇庙仍然长年无人管理,时人称“庙无守者,有司又少涉其地”。我们在关于南镇祭祀的正史、诗文、碑刻等史料中,也完全看不到道士的身影。直到至正四年(1344),南镇庙第二次重修,工程告成,地方官“命道士陈道盛守之,尽故田奉祠事,余以给其食”①。在至正九年(1349)的祀南镇残碑中,陈道盛的名字也出现在碑末。②可见,从至正四年(1344)起南镇庙开始由道士管理。元末南镇庙史料阙如,我们推测,在道士管理祠庙以后,南镇庙的经济状况应该有所好转。

从大德二年(1298)到至正四年(1344)近半个世纪南镇庙的经济困境,直接原因在于祠庙无人管理,深层原因则与当地民众的信仰状况密不可分。正是由于当地民众对南镇的信仰并不兴盛,③南镇庙就没有受到佛道人士的垂青,因而时常现出衰颓的景象。景安宁研究发现中镇霍山祠存在类似的问题,“霍山祠坐落于猛虎栖息的高山上,远离社区,更重要的是,它作为一种官方制度,与地方民众的生活毫无关联,得不到他们的关注”④。元朝设立南镇祭祀,着眼于“岳镇海渎”的理念,架构“中心——四方”的框架,更多地是出于对汉地传统礼制的恢复与继承,强调皇权中心统御四方,带有强烈的政治色彩。南镇庙第一次重建完成之后(1309),江浙行省平章政事张闾等上奏朝廷,请命儒臣邓文原为文立碑以诏来者。南镇庙重建碑经过了江浙行省平章政事上奏、皇帝敕命,足见朝廷对南镇庙的重视。南镇祭祀的设

---

①《元重修南镇庙碑》,《两浙金石志》卷一七,第10621页;《越中金石记》卷九,第7341页;拓片见《北京图书馆藏中国历代石刻拓本汇编》第50册,第18页。

②《祀南镇残碑》,《越中金石记》卷一〇,第7356页。

③当地民间信仰状况,参朱海滨:《祭祀政策与民间信仰变迁——近世浙江民间信仰研究》,上海:复旦大学出版社,2008年,第140—178页。

④Anning Jing, *The Water God's Temple of the Guangsheng Monastery: Cosmic Funtion of Art, Ritual, and Theater*, Leiden: Brill, 2002, p. 238.

立,是国家企图将官方意识形态强加于地方民众,带有控御地方、引导民众信仰的目的,体现出文化上的威权。然而民众并不是被动接受,学者们的研究显示,国家对地方祭祀和民众信仰的控制企图,获得的成功是很有限的。①在方志、碑文的正统话语体系之外,民众信仰以其自身的姿态发展。南镇庙的经济困境,正是国家意识形态与民众信仰脱节的产物。

四 小结

元代岳镇海渎祭祀是联结朝廷与地方的一条纽带。其运行过程,是国家的权威贯注到地方的过程。每年的代祀、常祀仪式,都是宣扬统治秩序的手段。代祀使臣承担着省察、荐举等职能,建立了沟通朝廷与地方的一条渠道。道士、儒臣兼具官方与民间双重身份,在岳镇海渎祭祀的施行过程中,在朝廷与地方之间的联系上,发挥着中间作用。朝廷颁赐的礼物,是祠庙的重要经济来源。

祠庙的良性运转,不仅需要国家的支持,更依赖祠庙的妥善管理与本地民众的资助。历代王朝管理岳镇海渎祠庙的方式各不相同。宋代"以本县令尉兼庙令、丞,掌祀事"②。金朝前期岳镇海渎祠庙缺乏管理,金世宗时规定"委所隶州府,选有德行名高道士二人看管,仍令本地人官员常切提控"③。元代对此没有统一规定。因为金元之际北方道教发展极其迅速,在元世祖建立岳镇海渎祭祀制度时,多数祠庙已在道教管理之下,因此元朝无须颁布专门的规定。但岳镇海渎十九位神在本地的信受程度参差有别。东岳庙遍

①James Watson, "Standardizing the Gods: The Promotion of T'ien Hou('Empress of Heaven') along the South China Coast, 960-1960", In David Johnson, Andrew J. Nathan, and Evelyn S. Rawski eds., *Popular Culture in Late Imperial China*, Berkeley: University of California Press, 1985, pp. 292-324. Daniel Overmyer, "Attitudes toward Popular Religion in the Ritual Texts of the Chinese State: The Collected Statutes of the Great Ming", *Cahiers d'Extrême-Asie*, 5(1989-1990): 191-221.

②李焘:《续资治通鉴长编》卷一三,第285页。

③《大金集礼》卷三四《岳镇海渎·杂录》,第337页。

及天下，备受崇拜。① 元中期延祐、至治间玄教掌教张留孙在元大都所建的东岳庙（今北京民俗博物馆），极为兴盛，②后来为明清沿用。元代一些地方还有西岳、西镇、东海、济渎、后土等行祠，受不同地域民众的崇拜。而南镇、中镇与其所在地民众的信仰有很大偏差，几乎只能依靠国家支持才得以维持。各个祠庙在地方社会中的兴衰变迁，国家祭祀与民间信仰的互动，是今后研究中有待继续探索的问题。

①陈高华：《元代的东岳崇拜》，《首都博物馆丛刊》第14期，2000年，第1—9页。［日］水越知：《宋元時代の東嶽廟：地域社会の中核的信仰として》，《史林》86-5，2003年，第689—720页。

②参［日］樱井智美：《元大都的东岳庙建设与祭祀》，《元史论丛》第13辑，天津：天津古籍出版社，2010年。

本篇结语

岳镇海渎祭祀是最早被蒙古统治者施行的中原传统国家祭祀,并且在元代极为兴盛。其原因有宗教与政治两方面。

从宗教角度而言,蒙古统治者1240年代开始遣使祭祀汉地山川以祈福,一是因为蒙古本俗有山川信仰,元初屡有诸王遣使祭祀岳渎,多半只是祈福,没有充分认识到在汉文化传统中这是一种僭越。二是得益于道教的直接推动。唐宋金时期,岳镇海渎已有浓重的道教色彩。金代道教负责管理岳镇海渎祠庙。金元之际道教蓬勃发展,一度主导了岳镇海渎祭祀仪式,元宪宗时期岳镇海渎祭祀的道教化达到顶峰。元世祖削弱了岳镇海渎祭祀的道教色彩,但道教在祠庙管理和地方社会中仍然扮演重要角色。而祠庙的运转,不仅依靠国家支持,道教的经营,更与民间信仰息息相关。

从政治角度而言,岳镇海渎祭祀有丰富的功能与内涵。

首先,岳镇海渎祭祀具有直接的政治功能,成为朝廷统治地方的一条纽带。祭祀礼仪由各族群官员共同参加,宣扬元朝的统治秩序。代祀使臣兼有体察、荐举的职能,为朝廷统御地方提供了便利。道士、儒臣具有半官方身份,在国家与社会之间起到中间沟通作用。元朝对于遣使代祀极为重视,每年一次例行遣使代祀岳镇海渎,再加上因事专祀,致使代祀岳镇海渎之频繁,在中国历史上是罕见的。

其次,元世祖建立岳镇海渎祭祀制度,直接借鉴了金代制度,上承汉唐宋,体现出历代王朝之间的传承关系。岳镇海渎作为传承了千年的国家祭祀,与王朝正统性相关联。在金与南宋对峙时,双方各自施行岳镇海渎祭祀,就有争夺正统的意味。从元世祖朝开始,祭祀岳镇海渎就具有了代表君临汉地合法性的文化符号意义。

第三,岳镇海渎祭祀是元朝因俗而治的一个侧面,是元朝用汉法治汉地的一种统治策略。岳镇海渎是汉地传统王朝"中心——四方"统治模型的表征,体现了中原中心观。元朝继承了岳镇海渎祭祀,但不追究西海、北海的实际地理内涵,将岳镇海渎文化范畴限于汉地。元代岳镇海渎的地理分布涵盖了主要的汉文化区,但没有涉及岭北行省、甘肃行省、云南行省、吐蕃。

蒙古本土山川祭祀受到汉制的一些影响。《元史·世祖纪》载,至元四年(1267)正月,"敕封昔木土山为武定山,其神曰武定公;泉为灵渊,其神曰灵渊侯"①。昔木土(蒙古语 Simaγultu,义为有蚊的),在今蒙古国苏赫巴托省南部。忽必烈于其地战胜阿里不哥,在皇位争夺中胜出。元世祖加封昔木土山神、泉神,理应建立祠庙,但不见于记载。与之形成鲜明对照的,是金朝、清朝都将岳镇海渎之制推广到"兴王之地",封祀长白山、混同江(松花江)等山川。金朝在长白山创建神祠,每年祭祀,②最近考古工作者探明了遗址规模并发现了加封玉册残件。③ 清朝不仅将长白山列同五岳祭祀,康熙帝更是亲自撰文论证泰山山脉源自长白山。④ 而岳镇海渎祭祀文化对蒙古本土山川祭祀的影响,值得未来从考古和文献两方面继续关注。

---

①《元史》卷六《世祖纪三》,第 113 页。

②参邱靖嘉:《金代的长白山封祀——兼论金朝山川祭祀体系的二元特征》,《民族研究》2019 年第 3 期。

③赵俊杰、刘庆彬、马健等:《吉林安图县金代长白山神庙遗址》,《考古》2018 年第 7 期。

④参杜家骥:《清代满族皇帝对长白山的高度神化及其祭祀之礼》,《满族研究》2010 年第 3 期。

明清王朝更将汉式山川祭祀礼仪推广到边疆甚至域外。明洪武初将外夷山川纳入国家祭祀，皇帝在南京祭外国山川，洪武八年（1375）改为地方官府致祭，[①]又遣使至高丽、安南、占城、琉球等国祀其山川，永乐帝更遣使降诏封祀海外满剌加（今孟加拉）、日本、渤泥（今文莱）、柯枝（今印度西南部）的镇国之山。[②] 清乾隆时期将新疆博克达山纳入国家祭祀，命乌鲁木齐官员每年望祭。[③] 而元代有一条相关史料。《元史·郭宝玉传》记载成吉思汗西征，辛巳（太祖十六年，1221），"帝驻大雪山前，时谷中雪深二丈，宝玉请封山川神。壬午（太祖十七年，1222）三月，封昆仑山为玄极王，大盐池为惠济王。"[④]这条史料暗示，成吉思汗西征至阿富汗一带时，曾封祀当地山川。这既体现了蒙古人对山川的普遍崇拜，也出现了汉文的封号，是明清王朝向外推广山川祭礼的先例。

正如郭嘉辉研究明朝宾礼时指出的，明朝虽然不遗余力地宣扬华夷秩序，但其宾礼仪式很大程度上取法于元朝。[⑤] 正是因为明清继承了元朝的广大疆域和外向视野，才会向外推行礼仪。这种礼仪来自华夏传统，但其向外推广的动机深受元朝影响。这可以说是变相地继承了元朝的遗产。

---

①《明太祖实录》卷九七，第1657—1658页。

②参庞乃明：《奠疆域、示无外：明初海外山川封祀考述》，《廊坊师范学院学报（社会科学版）》2018年第1期。

③参王平、何源远：《清代新疆博克达山官方祭祀与王朝秩序》，《民族研究》2018年第3期。

④《元史》卷一四九《郭宝玉传》，第3522页。

⑤郭嘉辉：《元明易代与天下重塑——洪武宾礼的出现及其意义》，《台湾东亚文明研究学刊》第17卷第1期，2020年6月，第1—54页。

附　元代岳镇海渎代祀年表

元代岳镇海渎代祀一览表(1260—1364年)

时间	行程	使臣	史料来源
中统元年八月十五日、九月二十九日(1260)	遍告后土岳渎;济渎	提点太医院事许国桢	《祭济渎记》,钱大昕《潜研堂金石文跋尾》卷一八,《石刻史料新编》25册,第18967页;《中州金石考》卷五,第13704页;《中州金石记》卷五,第13806页。《祭鹊山神应王庙记》(中统元年九月二十九日),《道家金石略》,第1090—1091页
中统二年四月十九日(1261)	东镇	王磐	《王磐祭告东镇碑》,潘心德主编《东镇沂山》,第196页
中统二年秋	奉旨驰乘祝香岳渎	刘志真	王恽《秋涧集》卷五三《故普济大师刘公道行碑铭(有序)》,第135页
中统二年十月	代祀东海广德王庙	道士訾洞春	《元史》卷三《世祖纪一》,第75页

续表

时间	行程	使臣	史料来源
中统三年(1262)	东海	皇阙金门逸士訾洞春	《神应王祠记》(中统三年四月十五日),《道家金石略》,第1091页
中统三年十二月十八日	济渎	全真掌教宗师诚明真人张志敬	《济渎投龙简灵应记及掌教宗师诚明真人张志敬诗并序》(中统三年),河南博物院藏拓片
中统四年九月(1263)	岳渎等祠;济渎	李居寿(萧居寿)、近侍合□□	王恽《秋涧集》卷四七《太一五祖演化贞常真人行状》,第77页。《济渎投龙简记》(中统四年九月),北京大学图书馆藏拓片;姚永霞《文化济渎》,郑州:中州古籍出版社,2014年,第210页
中统五年(至元元年)四月(1264)	济渎	宗师诚明真人张志敬、宣差奉御阿剌黑失海□	《济渎投龙简灵应记》(中统五年四月),北京大学图书馆藏拓片;《中州金石记》卷五,第13806页(《济祠投龙简灵应记》)。《大朝投龙记》(至元元年九月),《道家金石略》,第562页
至元三年七月(1266)	五岳四渎		《元史》卷六《世祖纪三》,第111页
至元四年四月(1267)	岳渎		《元史》卷六《世祖纪三》,第114页
至元五年四月(1268)	岳渎		《元史》卷六《世祖纪三》,第118页
至元五年六月	中岳	光先体道诚明真人张(张志敬)、奉御达合术	王沂《代祀中岳记》,景日昣《嵩岳庙史》卷一〇,《四库存目丛书·史部》第238册,第552页;《寰宇访碑录》卷一一,第20029页
至元六年四月(1269)	岳渎		《元史》卷六《世祖纪三》,第121页

续表

时间	行程	使臣	史料来源
至元七年三月(1270)	济渎	宗师(张志敬)	《御香天坛投简感应碑》,中原石刻艺术馆编:《河南碑志叙录(二)》,河南美术出版社,1997年,第289页;《中州金石考》卷五,第13704页(题作《御香投龙简感应碑记》)
至元七年闰十一月	济渎	奉御严忠祐、掌籍张志仙、提举李志微	《大朝济渎投龙简记》(至元七年),姚永霞《文化济渎》,第211页;井黑忍、船田善之、飯山知保《山西河南訪碑行報告》,第153页
至元八年七月(1271)	岳渎	郑元(郑元领?)	《元史》卷七《世祖纪四》,第136页
至元九年正月、二月(1272)	岳渎(济渎)、后土、五台兴国寺	(皇太子遣)孙著	《元史》卷七《世祖纪四》,第140页。《皇太子燕王嗣香碑记》,《道家金石略》,第1102页
至元九年二月	东海、江渎		《莱州望祀江渎记》,《山左金石志》卷二一,第15b页
至元十年(1273)	东岳、济渎	全真掌教祁志诚、奉御史公	祁志诚《西云集》卷下《至元癸酉同奉御史公奉旨降香岳渎过济南》《泰山二首》《天坛》《投龙简二首》,《道藏》第25册,第700页
至元十一年三月(1274)	遣使代祀岳渎后土		《元史》卷七《世祖纪四》,第154页
至元十二年二月(1275)	代祀岳渎后土	怯薛丹察罕不花、侍仪副使关思义、真人李德和	《元史》卷八《世祖纪五》,第163页
至元十二年三月	济渎	正一大道七祖圆明玄悟真人杜福春、奉御黑驴	《代祀济渎投龙简记》,《北京图书馆藏中国历代石刻拓本汇编》第48册,第64页;《中州金石记》卷五,第13807页

续表

时间	行程	使臣	史料来源
至元十三年五月(1276)	遣使代祀岳渎		《元史》卷九《世祖纪六》，第182页。
至元十三年七月	遣使持香币祠岳渎后土		《元史》卷九《世祖纪六》，第184页
至元十三年	东镇	綦公直	《綦公直代祀东镇沂山碑》，张孝友主编《沂山石刻》，第420页。吉星田《东镇庙碑目》，吴德升主编《东镇沂山》，中国人民政治协商会议临朐委员会，1991年，第12页
至元十四年二月(1277)	遣使代祀岳渎、后土		《元史》卷九《世祖纪六》，第188页
至元十四年五月	代祀济渎	真人李德和	《元史》卷九《世祖纪六》，第190页
至元十四年秋	中岳	洞明真人祁志诚、张献	李谦《祀嵩岳记》，景日昣《嵩岳庙史》卷一〇，《四库存目丛书·史部》第238册，第552—553页
至元十五年二月(1278)	遣使代祀岳渎		《元史》卷一〇《世祖纪七》，第198页
至元十五年	南岳	全真掌教祁志诚、御史中丞崔彧	李谦《玄门掌教大宗师存神应化洞明真人祁公道行之碑》，《道家金石略》第700页。祁志诚《西云集》卷下《同引进崔公叔文过洞庭湖》《题祝融峰》，《道藏》第25册，第700页
至元十六年二月(1279)	遣使代祀岳渎		《元史》卷一〇《世祖纪七》，第210页
至元十七年二月(1280)	遣使代祀岳渎		《元史》卷一一《世祖纪八》，第222页

续表

时间	行程	使臣	史料来源
至元十八年正月（1281）	遣使代祀岳渎后土		《元史》卷一一《世祖纪八》，第229页
至元十八年三月	诣东海及济源庙修佛事	丹八（胆巴）八合赤等	《元史》卷一一《世祖纪八》，第230页
至元二十一年正月（1284）	祠岳渎后土	蒙古官及翰林院官各一人	《元史》卷一三《世祖纪十》，第263页
至元二十二年正月（1285）	遣使代祀五岳四渎、东海、后土		《元史》卷一三《世祖纪十》，第272页
至元二十三年正月（1286）	遣使代祀岳渎、东海		《元史》卷一四《世祖纪十一》，第285页
至元二十三年二月	济渎		《皇子北安王降香记》，《北京图书馆藏中国历代石刻拓本汇编》，第48册，第100页
至元二十四年正月（1287）	遣使代祀岳渎、后土、东海		《元史》卷一四《世祖纪十一》，第295页
至元二十四年闰二月	济渎		《皇子北安王降香记》（存目），姚永霞《文化济渎》第192页（拓片藏首都图书馆）；《中州金石考》卷五，第13704页
至元二十五年正月（1288）	遣使代祀岳渎、东海、后土		《元史》卷一五《世祖纪十二》，第307页
至元二十六年正月（1289）	遣使代祀岳渎、后土、东南海		《元史》卷一四《世祖纪十一》，第319页

续表

时间	行程	使臣	史料来源
至元二十六年	东海（疑为代祀）		《莱州知州史烜祭东海神庙记》，《山左金石志》卷二一，第37a—b页
至元二十六年九月	济渎	（镇南王遣）童丸的斤驸马、博儿赤唆都、必阇赤梁奥鲁剌	《皇子镇南王祭渎记》（至元二十七年），拓片、录文见姚永霞《古碑探微》，第126、130页
至元二十七年正月（1290）	遣使代祀岳渎、海神、后土		《元史》卷一六《世祖纪十三》，第333页
至元二十七年九月	修东海广德王庙		《元史》卷一六《世祖纪十三》，第340页
至元二十七年	巡祀岳渎	玄门掌教玄逸张君真人（张志仙）	《大元清和大宗师尹真人道行碑》，《道家金石略》，第680页
至元二十八年二月（1291）	遣官持香诣中岳、南海、淮渎致祷		《元史》卷一六《世祖纪十三》，第344页
至元二十八年二月	诏加岳、渎、四海封号，各遣官诣祠致告		《元史》卷一六《世祖纪十三》，第345页
至元二十八年	南岳	知集贤院事张留孙、必阇赤养阿，吴全节辅行	《祀南岳记》，弘治《衡山县志》卷五，第11b页。元明善《敕赐南岳昭圣万寿宫碑》，《永乐大典》卷八六四八，第4010—4011页。许有壬《至正集》卷三五《特进大宗师闲闲吴公挽诗序》，第181—182页
至元二十八年	南海		《重建波罗庙记》，同治《番禺县志》卷三〇，第3b—5b页

续表

时间	行程	使臣	史料来源
至元二十八年十二月（至元二十九年三月二十九日至济渎）	遣真人张志仙持香诣东北海岳、济渎致祷	玄门掌教玄逸真人张志仙、近侍阿的迷失帖木	《元史》卷一六《世祖纪十三》，第354页。祁思问《加封北海广泽灵祐王记》，《北京图书馆藏拓本汇编》第48册，第121页。《加封济渎济源善济王敕并记》，《中州金石记》卷五，第13808页
至元二十九年二月（1292）	遣使代祀岳渎、后土、四海		《元史》卷一七《世祖纪十四》，第359页
至元二十九年三月	衡岳、淮渎	吕元仁、关思义	刘景中《祀南岳记》，弘治《衡山县志》卷五，第12a页
至元二十九年五月	南海	怯薛歹必阇赤塔不迷失、集贤院蒙古必阇赤孙澄	陈思善（陈志善）《代祀南海神记》，嘉靖《广州志》卷三五《礼乐》，第13a页；卷三六《艺文》，第14a页
至元二十九年	承诏摄祀海岳（途经湖广行省）	奉议大夫功德副使达里麻吉而的	危素《元故资善大夫福建道宣慰使都元帅古速鲁公墓志铭》，《危太朴文续集》卷五，第2a页
至元三十年正月（1293）	遣使代祀岳渎、东海及后土		《元史》卷一七《世祖纪十四》，第370页
至元三十年三月	南海	中奉大夫御史台侍御史郑制宜、侍仪司承奉班都知杨弥坚	王献《代祀南海神记》，嘉靖《广州志》卷三五《礼乐》，第13a—b页；同治《番禺县志》卷三〇，第2b页
至元三十一年五月（1294）	中岳	近侍臣仆兰蹊、臣亚韩	卢挚《皇帝遣使代祀中岳记》，周南瑞编《天下同文集》卷五，第27a—29a页
至元三十一年七月	南海	奉御塔剌赤孛阑奚、舍利伯赤亚罕	熊炎《代祀南海神记》，嘉靖《广州志》卷三五《礼乐》，第13b—14a页

续表

时间	行程	使臣	史料来源
元贞元年(1295)	中岳	近侍臣讷怀、奉议大夫前功德使司副使臣答理玛克敌	卢挚《皇帝遣使代祀中岳记》,周南瑞编《天下同文集》卷五,第27a—29a页
元贞二年二月(1296)	中岳、淮渎、南岳、南海	中奉大夫给事中兼修起居注臣买奴(买讷)、冲素崇道法师臣吴全节	卢挚《皇帝遣使代祀中岳记》,周南瑞编《天下同文集》卷五,第27a—29a页。元明善《敕赐南岳昭圣万寿宫碑》,《永乐大典》卷八六四八,第4010—4011页。虞集《道园学古录》卷二五《河图仙坛之碑》,第8a页
元贞二年二月	遣使代祀岳渎		《元史》卷一九《成宗纪二》,第402页
大德元年(1297)	后土、西岳、河渎、江渎	吴全节	虞集《道园学古录》卷二五《河图仙坛之碑》,第8a页
大德二年二月(1298)	东镇、南镇	必阇赤扎剌儿歹那怀、①朝列大夫治书侍御史冀德方	《大元增封东镇元德东安王感应之记》,张孝友主编《沂山石刻》,第23—24页;《山东道教碑刻集·临朐卷》,第2页;《东镇沂山元德东安王庙神佑宫记》,张孝友主编《沂山石刻》,第32—34页。《加封五镇诏》碑阴《南镇庙记》,《越中金石记》卷七,第7288页;嘉庆《山阴县志》卷二七,第17b—18a页
大德二年二月、三月	中岳、淮渎、南岳、南海	近侍臣阿闼赤、集贤学士大中大夫卢挚	卢挚《代祀南岳记》,周南瑞编《天下同文集》卷五,29a—b页。朱思本《贞一斋诗文稿·文》卷一《衡岳赋》,第34b—35a页。嘉靖《广州志》卷三五《礼乐》,第7a—b、14a—15a页

①必阇赤扎剌儿歹那怀,前人录文未辨识出"歹"字。2016年5月笔者亲赴东镇庙检核碑石校正。《南镇庙记》残泐"怀"字。

续表

时间	行程	使臣	史料来源
大德二年三月	中镇	必阇赤阿合马、翰林直学士王德渊	《祭中镇文》，成化《山西通志》卷一一，第12b—13a页
大德二年	济渎	梁王及元妃阿难答里	《□□王祀香之记》，姚永霞《文化济渎》，第181、287页；姚永霞《古碑探微》，第140页
大德三年四月（1299）	济渎	刘道真	《济渎灵贶碑》，《中州金石记》卷五，第13808页
大德四年二月（1300）	东岳		《元史》卷二〇《成宗纪三》，第430页
大德六年二月（1302）	奉香江南，遍祠岳镇海渎	集贤侍讲学士王寿	《元史》卷一七六《王寿传》，第4104页
大德六年	济渎		《投龙简记》（大德六年），姚永霞《文化济渎》，第181页；《中州金石考》卷五，第13705页
大德七年（1303）	西岳、后土	秘书监于仁良、燕帖木儿	《元典章》卷二八《礼部一·迎送·迎接》，陈高华等点校本，第1016—1017页
大德七年十月	中镇	必阇赤塔的迷失、翰林直学士林元	《祀中镇崇德灵应王碑记》，《霍山志》，第171页；《洪洞金石录》，第50页；《三晋石刻大全·临汾市洪洞县卷》，第68页
大德七年十一月	南海	火儿赤伯帖木儿、集贤待制奉训大夫徐凤	嘉靖《广州志》卷三五《礼乐》，第7b页
大德八年（1304）	南海	集贤侍讲学士焦养直	《元史》卷一六四《焦养直传》，第3859页
大德八年二月	中镇	火儿赤答失纳、乔学士	《大德八年二月御祭中镇应灵王文》，《霍山志》，第36页；成化《山西通志》卷一一，第13a页；《洪洞金石录》，第50页；《三晋石刻大全·临汾市洪洞县卷》，第69页

续表

时间	行程	使臣	史料来源
大德八年	南岳	吴全节	元明善《敕赐南岳昭圣万寿宫碑》,《永乐大典》卷八六四八,第4010—4011页
大德九年二月(1305)	北岳	魏□	《代祀北岳记碑》,光绪《重修曲阳县志》卷一三,第51a—51b页;《寰宇访碑录》卷一一,《石刻史料新编》第1辑第26册,第20043页
大德九年十月	南海、南镇	近侍蔑可度、中顺大夫侍少监晏理帖睦、翰林学士通议大夫知制诰同修国史卢挚	嘉靖《广州志》卷三五《礼乐》,第7b—8a页。《谕祭南海神文》,同治《番禺县志》卷三〇,第5b—6a页。揭傒斯《卢学士奉旨南祀海岳,繇钟陵相别,闻尚宿留会稽,有怀奉寄》,《揭傒斯全集·诗集》卷一,第29页
大德十年(1306)	中岳	王德渊、王道亨	《中岳投龙简记》,孙星衍《寰宇访碑录》卷一一,第20044页
大德十一年七月立(1307)	西镇		《西镇祀香碑》,毕沅《关中金石记》卷八,《石刻史料新编》第2辑第14册,第10704页
大德十一年十月	西镇	乃满安、提点茹道逸	《祀西镇碑记》,《陕西金石志》卷二八,《石刻史料新编》第1辑第23册,第16762—16763页
至大元年正月(1308)	南海	近侍必阇赤寺奴、怯里马赤脱烈	《谕祭南海神文》、《祀南海王记》,同治《番禺县志》卷三〇,第5b—6a、7a—8a页
至大元年三月	五岳四渎名山大川		《元史》卷二二《武宗纪一》,第497页
至大元年五月	中岳	提领佑元通义大师马守心、使者密里吉歹	杨英《投金龙玉册纪事》,景日昣《嵩岳庙史》卷一〇,《四库存目丛书·史部》第238册,第568页

续表

时间	行程	使臣	史料来源
至大元年十二月	中镇	（答罕术敬赍皇太子令旨,为晋宁路地震不止上头）晋宁路总管完颜通议	《至大元年十二月御祭中镇文》,《洪洞金石录》,第51页;《三晋石刻大全·临汾市洪洞县卷》,第70页
至大三年七月(1310)	中镇	御位下差来官速火儿赤亦速哥、真大道赵提点	《至大三年御祭中镇文》,《洪洞金石录》,第51页;《三晋石刻大全·临汾市洪洞县卷》,第968页
至大三年（立石）	东镇		蒲察《东安王神应记》,光绪《临朐县志》卷九下,第17b页;当即《重立东镇庙神应记》,《山左金石志》卷二二,第32a页;张孝友主编《沂山石刻》,第420页存目
至大四年五月(1311)	中镇	必阇赤李檠、玄靖通真大士湛、国子监道元、集虚堂侍者李椿等	《至大四年五月御祭中镇文》,《霍山志》卷五,第36页
至大四年六月	天坛济源	集贤司直奉训大夫周应极、洞玄明德法师崇真万寿宫提举陈日新	《投龙简记》(延祐元年立),原碑现存济渎庙,录文见《中州金石记》卷五,第13811页;《道家金石略》第894页;拓片见《北京图书馆藏中国历代石刻拓本汇编》第49册,第36页;姚永霞《古碑探微》,第84页。虞集《道园学古录》卷五《送集贤周南翁使天坛济源序》,第9b—10a页。袁桷《清容居士集》卷四一《书虞伯生送周南翁序后》,《袁桷集校注》,第2153—2154页。《近光集》卷三《济渎祠留题三首》。
至大四年六月	南岳	朱思本	朱思本《贞一斋诗文稿·文》卷一《舆地图自序》,第9b—10a页;《衡岳赋》,第34b—35a页

续表

时间	行程	使臣	史料来源
皇庆元年(1312)	中岳、济渎	吴全节	虞集《道园学古录》卷二五《河图仙坛之碑》,第9a页。《中岳祀香记》、《吴全节中岳投龙简诗》,《寰宇访碑录》卷一一,第20048页
皇庆元年四月	中镇	集贤大学士荣禄大夫郭松年、前相府长史李密罕不花(李察罕不花?)	《皇庆元年四月御祭中镇文》,成化《山西通志》卷一一,第13a页
皇庆元年十二月	遣官祈雪于社稷、岳镇海渎		《元史》卷二四《仁宗纪一》,第554页
皇庆二年(1313)	以旱(特使)北镇	速古儿赤奉议大夫佥山北辽东肃政廉访司事廉捏绵八哈	《御香碑记》,《满洲金石志》卷四,第17318—17913页
皇庆二年	东镇	集贤大学士荣禄大夫脱欢、翰林待制承直郎兼国史院编修官蔡文渊	《东镇祭告碑》,光绪《临朐县志》卷九下,第18a—b页;即《脱欢蔡文渊昭告碑》,张孝友主编《沂山石刻》,第28—29、272页
皇庆二年	中镇	翰林学士资善大夫小云失、集贤□□□	《皇庆二年御祭中镇文》,成化《山西通志》卷一一,第13b页
皇庆二年三月	中镇	翰林学士中奉大夫任乞僧、翰林侍□□□□儿台	《皇庆二年三月御祭中镇文》,成化《山西通志》卷一一,第13b页
皇庆二年五月	中岳	玄教嗣师吴全节、正议大夫太常卿李允中	吴全节《中岳投龙简诗并序》,景日昣《嵩岳庙史》卷九,《四库存目丛书·史部》第238册,第510—511页;李源河主编《翰墨石影——河南省文史研究馆藏揚片精选》第6册,第60页
皇庆二年	淮、济二渎,中、南二岳及南海	集贤直学士奉训大夫文陞	元明善《集贤直学士文君神道碑》,《国朝文类》卷六五,第26a页

续表

时间	行程	使臣	史料来源
延祐元年(1314)	奉诏代祀中岳等神	集贤侍讲学士梁曾	《元史》卷一七八《梁曾传》,第41354页
延祐元年	岳、镇、江、河、后土	虞集	虞集《道园学古录》卷三《代祀西岳至成都作》,第1a页。萨都剌《次韵送虞伯生学士入蜀代祀》,《雁门集》卷一,第17页。马祖常《石田文集》卷三《和袁伯长待制送虞伯生博士祠祭岳、镇、江、河、后土(二首)》,第565页。文子方《次元复初韵送虞伯生代祀江渎二首》,傅习、孙存吾辑《皇元风雅》前集卷三,第1b页
延祐二年(1315)	代祀岳渎途经家乡汉中	蒲道源	蒲道源《闲居丛稿》卷二〇《送赵君锡赴秦州幕序》,第768—770页。
延祐二年十月	中岳、南岳、淮渎、济渎、北海	集贤侍读学士中奉大夫李倜、太一崇玄体素演道真人蔡天佑	《大元投奠龙简之记》,《道家金石略》第862页;拓片见《北京图书馆藏中国历代石刻拓本汇编》第49册,第48页。柳贯《柳待制文集》卷七《行祀岳渎祝文(代李学士作)》,第14a—16a。朱思本《贞一斋诗文稿·文》卷一《衡岳赋》,第34b—35a页。
延祐三年(1316)	济渎	皇太后遣使祭庙	《重修济渎庙碑》(延祐三年九月立),《中州金石记》卷五,第13812页
延祐四年春(1317)	东海、东镇	集贤修撰张起岩	张起岩《有元承事郎济南路沾化县尹兼管本路诸军奥鲁劝农事王公墓表》,《益都县图志》卷二八,《石刻史料新编》第3辑第27册,第511页
延祐四年五月	北镇	集贤修撰张起岩	《代祀北镇之记》,《满洲金石志》卷四,第17319—17320页

续表

时间	行程	使臣	史料来源
延祐四年	北岳	皇太后遣细邻、张思义	《代祀題名》,见櫻井智美《中国における蒙元史研究の現状と石刻調查の意義——元史学会参加及び北岳廟、隆興寺、済源市石刻調査をとおして》,《東アジア石刻研究》創刊号,2005年12月
延祐四年十月	陕西岳镇、名山	御史大夫伯忽、中书省参知政事王桂	《元史》卷二六《仁宗纪三》,第580—581页
延祐四年十一月	西镇	御史大夫伯忽、中书省参知政事王桂、长春宫道教代真人王道亨	《大元特祀西镇碑》(莫胜撰),《道家金石略》,第748—749页;《陕西金石志》卷二八,第16766页;《关中金石记》卷八,第10704页;《寰宇访碑录》卷一一,第20051页
延祐四年十二月	西岳	御史大夫伯忽、中书省参知政事王桂、长春宫道教代真人王道亨	《伯忽题名碑》,乾隆《华阴县志》卷一六,第99b—100a页;《祀西岳文》,《寰宇访碑录》卷一一,第20051页;《关中金石记》卷八,第10704页
延祐六年春(1319)	中岳	皇太后令侍臣	景日昣《嵩岳庙史》卷六《祀典》,《四库存目丛书·史部》第238册,第480页
延祐六年	恒(疑为衡)、南海、会稽、缙云	赵嗣祺(号虚一)	《道园学古录》卷四六《送赵虚一奉祠南海序》,第3a—4a页
延祐六年三月	东镇	□位下必阇赤差监(下阙)、中宪大夫同(下阙) 集贤侍讲中奉大夫魏必复	《魏必复等致祭东镇庙碑》,《寰宇访碑录》卷一一,第20052页;《东镇祭告碑》("集贤侍讲中奉大夫魏必复记"),光绪《临朐县志》卷九下,第18b页;《延祐六年残碑》,张孝友主编《沂山石刻》,第272页;《山东道教碑刻集·临朐卷》,第7页

续表

时间	行程	使臣	史料来源
延祐六年①	东镇	□德大夫大□□卿迷只儿、承德郎崇文（下阙）	《祭东镇庙碑》,《寰宇访碑录》卷一一,第 20052 页;《延祐六年残碑》,张孝友主编《沂山石刻》,第 272 页;《山东道教碑刻集·临朐卷》,第 7 页
延祐七年（1320）	北岳	奉御奥兀剌赤唐兀歹、速古儿赤观音奴	《登极祀岳碑》,光绪《重修曲阳县志》卷一三,第 77b—78b 页
延祐七年	南海、南岳	速古儿赤奉直大夫广宁路同知普颜、承务郎秘书监著作郎忽都达儿	《代祀南海王记》,同治《番禺县志》卷三〇,第 9a—10a 页。马祖常《石田文集》卷三《送忽都达儿著作祠岳渎（戊午状元）》,第 554 页
延祐七年	南镇		《南镇降香记》（延祐七年）,《越中金石记》卷九,第 7365—7366 页;嘉庆《山阴县志》卷二七,第 19b—20a 页
延祐七年	东镇	舍尔别赤速哥、集贤直学士韩谊	《代祀之记碑》,张孝友主编《沂山石刻》,第 353 页
至治二年（1322）	首北岳,遵济源,转北海,终会稽焉	集贤都事李泂	袁桷《清容居士集》卷二四《送李溉之致祠山川序》,《袁桷集校注》,第 1213—1214 页。《圣旨颁降御香记》（至治二年二月立）,《中州金石记》卷五,第 13812 页
至治三年（1323）	由恒山、济源东南上于会稽	集贤修撰达兼善（普化帖木儿）	袁桷《清容居士集》卷二三《送达兼善祠祭山川序》,《袁桷集校注》,第 1172—1173 页

①此碑今残,"集贤侍讲中奉大夫魏必复记"等字已漫灭。"□位下必阇赤差监（下阙）、中宪大夫同（下阙）"在碑阴,为延祐六年三月代祀。"□德大夫大□□卿迷只儿、承德郎崇文（下阙）"在碑阳。碑阳碑阴当为两次代祀,若皆在延祐六年,则有些特殊。《寰宇访碑录》著录二碑目,皆系于延祐六年。兹姑从之。

续表

时间	行程	使臣	史料来源
泰定元年(1324)	北岳	速古儿赤领四怯薛必阇赤庆童、集贤直学士朝列大夫刘良弼	《登极祀岳碑》，光绪《重修曲阳县志》卷一三，第79b—81a页；《皇帝登宝位祀北岳记》，《道家金石略》第1161页
泰定元年	南海	承直郎御位下必阇赤绰思监、御位下舍里别赤承德郎崇福院经历毕礼亚	《代祀南海王记》，同治《番禺县志》卷三〇，第10b—11a页
泰定元年	东镇	御位下必阇赤僧宝、奉训大夫国子监典簿王锡钦	《东镇代祀记》，光绪《临朐县志》卷九下，第20a页；《代祀记碑》，张孝友主编《沂山石刻》，第273—274页；《泰定代祀记》，《道家金石略》第1160页
泰定元年	济渎	太一崇玄体素演道真人嗣教七祖蔡天佑、承德郎郊祀署令马怀吉	《周天大醮投龙简记》，《道家金石略》，第863页；拓片见《翰墨石影——河南省文史研究馆藏揭片精选》第6册，第69页
泰定初	奉旨代祀岳渎，至会稽，以疾作，不复还朝	集贤待制周仁荣	《元史》卷一九〇《周仁荣传》，第4346页
泰定元年七月	遣使代祀岳渎		《元史》卷二九《泰定帝纪一》，第649页
泰定二年三月(1325)		刘绍祖、定定	《代祀祷雨感应记》，《中州金石记》卷五，第13813页
泰定二年八月	遣使代祀岳渎名山大川		《元史》卷二九《泰定帝纪一》，第659页
泰定三年三月(1326)	帝以不雨自责，命审决重囚，遣使分祀五岳四渎、名山大川及京城寺观		《元史》卷三〇《泰定帝纪二》，第668页

续表

时间	行程	使臣	史料来源
泰定三年	东镇	买奴	《买奴代祀东镇沂山碑》，张孝友主编《沂山石刻》第421页存目
泰定三年（推定年份）	南岳	朱思本	朱思本《贞一斋诗文稿·文》卷一《衡岳赋》，第34b—35a页
泰定四年四月（1327）	南海	火赤儿黄头、天倪体真明玄大师中岳庙住持提点玄门诸路道教所较录曹德仁	《代祀南海王记》，同治《番禺县志》卷三〇，第11b—12b页
泰定四年五月	西镇	国子博士侯也先不花、国子助教史质	《祀西镇吴岳祠堂记》，《道家金石略》第1167页
泰定四年闰九月	命祀天地，享太庙，致祭五岳四渎、名山大川		《元史》卷三〇《泰定帝纪二》，第682页
泰定五年（致和元年）春（1328）	中镇、后土、河渎、西海、西岳、西镇、江渎	翰林国史院编修官王瓒（字在中）	宋褧《燕石集》卷八《送同年王在中编修代祀西行六首》，第180页。王士熙《送王在中代祀秦蜀山川》，《国朝文类》卷七。曹元用《送王编修代祀秦蜀山川序》，《国朝文类》卷三六，第3a页。《祀西镇吴岳祠堂记》，《道家金石略》第1167页。虞集《道园类稿》卷二〇《送王在中编修奉祠西岳序》，第528—529页
泰定五年	代祠西岳	李黼	《元史》卷一九四《忠义传二·李黼传》，第4392页
致和元年三月	东镇	近侍臣□□、①集贤都事刘瓒	《刘瓒代祀诗》，光绪《临朐县志》卷九下，第20b页；《刘瓒、胡居祐诗碑》，张孝友主编《沂山石刻》，第35—36页

①近侍臣□□，人名二字磨泐，笔者2016年5月亲赴东镇庙检核碑石，疑为“久住”。

续表

时间	行程	使臣	史料来源
致和元年四月	南镇	御位下必阇赤托铁穆尔、集贤待制周仁荣	《元祭南镇昭德顺应王碑》,《两浙金石志》卷一六,第 10594—10595 页;《越中金石记》卷九,第 7366 页
泰定五年五月	西镇	集贤学士兼国子祭酒杨寅	《祀西镇碑记》,《陕西金石志》卷二八,第 16772 页
致和元年九月	五岳四渎		《元史》卷三二《文宗纪一》,第 707 页
天历元年十月(1328)	北岳、淮、济、南镇	范完泽、集贤直学士奉训大夫贡奎	李黼《故集贤直学士奉训大夫贡公行状》,《贡文靖公云林诗集》,第 85 页。马祖常《石田文集》卷一一《集贤直学士贡文靖公神道碑铭》,第 643 页。虞集《道园学古录》卷三《送贡仲章学士奉祠岳渎》,第 6a—b 页。《龙飞祀渎海记》(贡奎讹作黄奎),《中州金石记》卷五,第 13813 页
天历二年四月(1329)	以陕西久旱,遣使祷西岳、西镇诸祠		《元史》卷三三《文宗纪二》,第 733 页
天历二年	西岳、西镇等祠	翰林学士普颜实立	虞集《诏使祷雨诗序》,《道园类稿》卷一九,第 512—513 页
天历二年十月	遣使代祀岳渎山川		《元史》卷三三《文宗纪二》,第 743 页
天历二年	南岳	赵世延(平章迂轩赵公)①	赵世延《代祀南岳登祝融峰》,《国朝文类》卷六,第 14a 页。朱思本《贞一斋诗文稿·文》卷一《衡岳赋》,第 34b—35a 页

①赵世延天历二年至至顺元年(1329—1330)为中书平章政事。《元史》卷一一二《宰相年表》,第 2830—2831 页。

续表

时间	行程	使臣	史料来源
天历三年（1330）	淮渎	太常同佥秃坚里不花、赐进士及第翰林修撰李黼	《李黼题名》，《中州金石记》卷五，第13813页
至顺元年十二月（1330）	东镇	集贤大学士陈颢	《集贤大学士廓然陈颢与大尹致岩胡居祐唱和诗》，光绪《临朐县志》卷九下，第21a—b页；即《赵瑨、郝载唱和诗碑》，刘悦营主编《东镇碑林》，第16页；即《赵晋、郝载唱和诗碑》，张孝友主编《沂山石刻》，第421页存目①
至顺二年十月（1331）	岳镇海渎、后土	秘书太监王珪等	《元史》卷三五《文宗纪四》，第791页
至顺二年	北镇	集贤大学士银青荣禄大夫中书平章政事温迪罕、御位下速古儿赤答里麻	《御香碑记》，《满洲金石志》卷四，第17322—17324页
至顺元年或二年（1330/1331）	淮渎、南镇	御史中丞赵世安	许有壬《至正集》卷七九《水龙吟（四）赵伯宁中丞代祀淮浙过维扬征赋》，第355页
至顺三年二月（1332）	济渎、北海、北岳、南镇	拜特穆尔、文林郎史馆编修王沂	王沂《伊滨集》卷一八《祀济渎北海记》；卷一九《祀南镇记》，第547、555页
至顺三年二月	东镇	翰林直学士梁完者秃、太常经历李敏之	《赵崇诗》，光绪《临朐县志》卷九下，第22a页；《赵崇诗碑》，刘悦营主编《东镇碑林》，第17页
至顺三年五月	遣使分祀岳镇海渎		《元史》卷三六《文宗纪五》，第804页

①此碑拓片、照片未见著录。笔者2016年5月亲赴东镇庙检核碑石。此碑有陈颢、胡居祐、赵瑨（赵晋）、郝载四人诗及郝载小字题记。赵瑨（赵晋）诗、题名皆已残泐。“廓然陈颢”、“集贤大学士”清晰可辨。此碑应定名为为《陈颢、胡居祐、赵瑨（赵晋）、郝载唱和诗碑》。

续表

时间	行程	使臣	史料来源
至顺三年五月	东镇	廷臣嘉议（阙）、□邸怯薛必阇赤（阙）	《东镇代祀记残碑》，张孝友主编《沂山石刻》，第275—276页；《山东道教碑刻集·临朐卷》，第13页
至顺三年七月	淮渎	前监察御史张策、国子伴读王良贵	《张策题名》，《中州金石记》卷五，第13812页
至顺三年左右①	西岳、江渎	翰林编修赵宗吉	宋褧《燕石集》卷八《送翰林编修赵宗吉降香秦蜀便道觐省》，第182页。胡助《纯白斋类稿》卷一二《送赵宗吉西祠陇蜀》，第5a页。虞集《道园学古录》卷二《送赵编修祀西岳、江渎》，第9a页。雅琥《送赵宗吉编修代祀西岳》，顾嗣立编《元诗选》二集，第560页。柯九思《送赵编修使秦蜀代祀岳渎》，顾嗣立编《元诗选》三集，第210页。
元统二年（1334）	东镇	谙都剌	《谙都剌代祀东镇沂山碑》、《谙都剌"谒东泰山祠寄兴二首·有跋"诗碑》，张孝友主编《沂山石刻》，第421页（存目）
元统二年	岳镇海渎		宋褧《燕石集》卷一一《代祀岳镇海渎祝文十九道（元统二年作）》，第202—203页
元统二年	南镇	翰林编修王沂	虞集《道园类稿》卷六《送王师鲁编修祠南镇》
元统三年（后至元元年）三月（1335）	东镇	必阇赤僧宝、集贤侍讲学士李頔	《李頔代祀记碑》，张孝友主编《沂山石刻》，第277—278页

①至顺三年（1332）六月陈旅在大都平则门外逢赵宗吉编修，至顺四年（1333）二月在大都再次相见。陈旅：《安雅堂集》卷四《西山诗序》，第166页。

续表

时间	行程	使臣	史料来源
元统三年五月	济渎	近侍臣应奉翰林文字承务郎伯家奴、奉训大夫中瑞司丞张完者	《降香之记》(元统三年),北京大学图书馆藏拓片;《中州金石记》卷五,第13814页
元统三年五月	南镇	应奉翰林文字承务郎伯家奴、奉训大夫中瑞司丞张完者笃	《代祀南镇记》,《越中金石记》卷九,第7323页
元统三年	东岳		张起岩《祀东岳记》,王子卿著,周郢校证《泰山志校证》卷一,第45页
后至元二年二月(1336)	东岳、东海、东镇(太皇太后降特旨命侍臣代祀天下山川河岳)	奉训大夫徽政院断事官方塔剌赤、承务郎宫正司典簿刘思诚	《代祀沂山记残碑》,张孝友主编《沂山石刻》第279页;光绪《临朐县志》卷九下《代祀沂山记》,第23a—b页
后至元二年	北岳、济渎北海、南镇	承德郎翊正司丞斡赤、承事郎翰林国史院编修官乌马儿(字希说)	宋褧《燕石集》卷七《鉴湖水送乌希说》,第165页。《南镇代祀记》(至元二年),《越中金石记》卷九,第7324页
后至元三年(1337)	北岳、济渎北海、南镇	奉议大夫规运提点所达鲁花赤八笃麻失里、奎章阁学士院照磨官从侍郎林宇(字彦广)	傅若金《傅与砺诗文集》卷五《送林彦广祠南北镇》。宋褧《燕石集》卷四《奎章阁学士院照磨林彦广代祀岳镇海渎,以诗送之》,第142—143页。《南镇代祀记》(至元三年),《越中金石记》卷九,第7325页
后至元三年或四年(1337/1338)	东岳	子通编修①	贡师泰《玩斋集》卷一《送子通编修代祠泰岱二首》,《贡氏三家集》,第180页

①子通编修,据黄清老(1290—1348)《丁丑(后至元三年,1337)三月七日会同年于城南》(蒋易辑:《皇元风雅》卷一七,《续修四库全书》第1622册影印元建阳张氏梅溪书院刻本,第8a—8b页)知其人为泰定四年(1327)进士。姓氏生平不详。贡师泰后至元三年至四年为翰林应奉(《玩斋先生年谱》,《贡氏三家集》,第461页)。子通代祀东岳当为此二年间事。

续表

时间	行程	使臣	史料来源
后至元四年二月(1338)	中镇	承务郎都水少监沙蓝朵儿只、奉议大夫秘书监著作郎杜敏	杜敏《中镇祀香记》,成化《山西通志》卷一四,第49a页;《洪洞金石录》,第625页
后至元五年(1339)	北岳、北海、济渎、南镇	翰林侍讲学士爱牙赤、集贤直学士揭傒斯	黄溍《金华黄先生文集》卷二六《翰林侍讲学士中奉大夫知制诰同修国史同知经筵事追封豫章郡公谥文安揭公神道碑》,第19a页。欧阳玄《圭斋文集》卷一〇《元翰林侍讲学士中奉大夫知制诰同修国史同知经筵事豫章揭公墓志铭》,第18b页。《元史》卷一八一《揭傒斯传》,第4185页。揭傒斯《代祀北岳庙》,《恒岳志》卷中,济南:齐鲁书社,1996年影印清顺治十八年刻本,第21b—22a页;光绪《重修曲阳县志》卷一三,第86b—88b页;《寰宇访碑录》卷一二(误作至正五年),第20071页。《南镇代祀记》(至元五年),《越中金石记》卷九,第7326页。
后至元五年	北镇	内八府宰相火鲁忽达、翰林修撰李齐	《御香碑》,《满洲金石志》卷四,第17332—17334页
后至元六年二月(1340)	河渎西海、中镇、西镇	翰林文字某、翰林待制王沂	王沂《伊滨集》卷一八《祀河渎西海记》;卷一九《祀中镇记》、《祀西镇记》,第555—556页。宋褧《燕石集》卷九《寄京师诸公》,第190页。陆友仁《研北杂志》卷下,《景印文渊阁四库全书》第866册,第595页
后至元六年二月	北岳	侍仪使兼金复州新府(附)军万户府万户中议大夫秃忽赤、集贤直学士中大夫哈儿失答思	《代祀北岳纪名碑》,光绪《重修曲阳县志》卷一三,第89b—90b页;《代祀纪名之记》,《道家金石略》,第1099页

续表

时间	行程	使臣	史料来源
至正元年(1341)	南镇	集贤学士张掖刘公、崇文少监鄱阳周公	陈基《夷白斋稿》卷一五《江月楼诗序》,《四部丛刊》本,第3b—4a页
至正元年秋	中镇	奉议大夫太常礼仪院判官赵彀	《奉议大夫太常礼仪院判官赵彀谒中镇崇德应灵王诗》,《霍山志》,第171页;《三晋石刻大全·临汾市洪洞县卷》,第990页(史语所傅斯年图书馆藏拓片)
至正二年(1342)	北镇	蒙古翰林院学士资善大夫木八剌沙、翰林国史院侍讲学士知制诰同修国史中奉大夫秃坚里不花	《御香碑记》,《满洲金石志》卷五,第17335—17336页
至正二年正月	五岳四渎	翰林学士三保等	《元史》卷四〇《顺帝纪三》,第863页
至正三年(1343)	北镇	翰林学士亚中大夫黑闾、集贤学士阿□辉	《北镇庙代祀记》,《满洲金石志》卷五,第17336页
至正四年二月(1344)	中镇	金字圆牌代祀官荣禄大夫太医院使五十四、朝散大夫通政院判韩希孟	《祭中镇文》,成化《山西通志》卷一一,第13b—14a页
至正四年二月	东岳、汾阴后土、龙虎、武当诸山	内八府宰相塔剌海、冲真明远玄静真人张德隆	田文举《代祀记》,《泰山志校证》卷一,第45、142页。黄溍《金华黄先生文集》卷一五《玄静庵记》,第5a页
至正四年闰二月	中镇	嘉议大夫中兴路达鲁花赤都鲁迷失、宣授大都大长春宫诸路道教都提点宝谦隆德冲和大师关德昌	《至正四年闰二月御祭中镇文》,《洪洞金石录》,第60页

续表

时间	行程	使臣	史料来源
至正四年	南岳	湖南道宣慰司同知元帅赤(亦)剌马丹、照磨欧阳逊、天临路知府事颜普、知事杨文质	《重修南岳书院记》,弘治《衡山县志》卷五,第13b—15a页
至正五年(1345)	北镇	翰林待制奉训大夫宝童、太虚玄静明妙真人王天助	《代祀北镇碑》,《满洲金石志》卷五,第17338—17339页
至正五年四月	中镇	内八府宰相塔剌海、翰林国史院编修官赵麟	《祀中镇碑记》,《霍山志》卷五下,第171—172页
至正六年(1346)	北镇	中宪大夫广惠寺少卿囊嘉歹、集贤修撰承务郎忽都帖木儿	《满洲金石志》卷五《御香代祀碑》,第17339—17341页,拓片见《北京图书馆藏中国历代石刻拓本汇编》第50册第25—26页
至正七年(1347)	北镇	内八府宰相理伯奴、翰林待制也先不花	《御香代祀记》,《满洲金石志》卷五,第17341—17342页;拓片见《北京图书馆藏中国历代石刻拓本汇编》第50册,第30—31页
至正八年(1348)	北岳	翰林学士承旨荣禄大夫宝寿、翰林待制中顺大夫兼国史院编修官费著	《代祀北岳碑》,光绪《重修曲阳县志》卷一三,第91a—92b页
至正八年	北镇	荣禄大夫集贤大学士五十四、翰林修撰儒林郎同知制诰兼国史院编修官董立	《御香代祀记》,《满洲金石志》卷五,第17342—17344页
至正八年正月	东岳、东海、东镇	翰林学士承旨咬哥、翰林待制远者图	《东镇时享之记》,光绪《临朐县志》卷九下,第24a—b页;张孝友主编《沂山石刻》,第353页;刘悦营主编《东镇碑林》,第18—19页

续表

时间	行程	使臣	史料来源
至正八年	河渎西海	平章政事韩嘉讷、御史中丞李献	李好文《重修河渎庙》，光绪《永济县志》卷一七；李好文《新修西海河渎庙之碑》，成化《山西通志》卷一四，第81a—82a页。李好文《代祀河渎记》，成化《山西通志》卷一四，第82a—83a页
至正九年春(1349)	中岳	内臣资善大夫宣政院使伯颜忽都	景日昣《嵩岳庙史》卷六，《四库存目丛书·史部》第238册，第480页
至正九年正月	中镇	资善大夫太医院使月禄帖木儿、命(佥)太常礼仪院事姚绂	《祭中镇文》，成化《山西通志》卷一一，第14a页
至正九年三月	南镇	礼部尚书领会同馆事泰不华	《祀南镇残碑》，《越中金石记》卷一〇，第7365页
至正九年闰七月	河渎	御史中丞李献	《元史》卷四二《顺帝纪五》，第887页
至正十年(1350)	北岳、济渎、南镇	周伯琦、刘学士	周伯琦《近光集》卷三《至正庚寅孟春代祀北岳等神，简同使刘学士》、《二月廿六日到会稽》、《明日代祀南镇题飞流亭》，日本静嘉堂文库本，第6a、10a页。《□渎之碑》(至正十年正月)，姚永霞《文化济渎》，第287页
至正十年正月	东岳、东海、东镇	资善大夫宣政院副使桑哥的斤、应奉翰林文字从仕郎同知制诰兼国史院编修官李绣	《代祀东镇记》，张孝友主编《沂山石刻》第354页；刘悦营主编《东镇碑林》，第20—21页。李绣《代祀记》，《泰山志校证》，第46页
至正十年	南海	秘书监卿月鲁不花、翰林待制杨舟	《代祀南海王记》，同治《番禺县志》卷三〇，第16b—17b页

续表

时间	行程	使臣	史料来源
至正十年八月	代祀海上,还抵吴门	张翥	张翥《题钓月轩》、《钓月轩 · 晋宁张翥仲举》,顾瑛辑《玉山名胜集》卷上,第71、91页
至正十一年正月(1351)	河渎西海	崇文太监朝请大夫检校书籍事兼经筵官文书讷、中顺大夫同佥宣政院事敬自强	张镛《祀河渎西海记》,成化《山西通志》卷一四,第80a—81a页
至正十一年	北岳、济渎北海、南镇	亚中大夫佥宣政院事百家奴、翰林修撰奉政大夫同知制诰兼国史院编修官刘源	《代祀北岳记》,光绪《重修曲阳县志》卷一三,第93b—97a页;拓片见《北京图书馆藏中国历代石刻拓本汇编》第50册,第77页
至正十一年	南海	大司农少卿王敬方、翰林修撰朝请大夫安僧	《颁降御香记》,同治《番禺县志》卷三〇,第18a—19a页
至正十二年正月(1352)	后土、西岳、江渎、河渎、西海、中镇、西镇	朝请大夫崇文监少监同检校书籍完者帖木儿、翰林修撰承务郎同知制诰兼国史院编修官文允中	《代祀中镇崇德应灵王记》(至正十二年),《霍山志》,第70—71页
至正十三年正月(1353)	后土、西岳、江渎、河渎、西海、中镇、西镇	集贤学士嘉议大夫宣寿、翰林修撰承务郎同知制诰兼国史院编修官文允中	《代祀中镇崇德应灵王记》(至正十三年),《霍山志》,第71页;《祭中镇文》(误作"至正十二年"),成化《山西通志》卷一一,第14a页;《三晋石刻大全 · 临汾市洪洞县卷》,第996页
至正十三年	北岳	中奉大夫集贤院侍讲学士塔剌海、应奉翰林文字从仕郎余章	《代祀北岳碑》,光绪《重修曲阳县志》卷一三,第96b—97b页;拓片见《北京图书馆藏中国历代石刻拓本汇编》第50册,第86页

续表

时间	行程	使臣	史料来源
至正十三年	南岳、南海	翰林应奉偰元鲁	贡师泰《玩斋集》卷三《送偰元鲁应奉代祠海岳》,《贡氏三家集》,第211页。张翥《张蜕庵诗集》卷四《送偰元鲁降香南岳、南海》,第16b页。黄镇成《秋声集》卷九《偰元鲁代祀南海序》,台湾《元人文集珍本丛刊》本,第506—507页
至正十三年	东镇		《东镇代祀记》,光绪《临朐县志》卷九下,第26a页;张孝友主编《沂山石刻》第421页存目
至正十四年(1354)	中岳		景日昣《嵩岳庙史》卷六,《四库存目丛书·史部》第238册,第480页
至正十五年正月(1355)	中镇、后土、西岳、西镇、西海、河渎、江渎	秘书卿答兰铁穆尔、翰林国史编修官王武	王武《中镇祀香记》,成化《山西通志》卷一四;《洪洞金石录》,第630页
至正十五年	南海	承事郎太府监右藏库使三宝奴、翰林院修撰承务郎牛继志	《代祀南海王记》,同治《番禺县志》卷三〇,第19a—20b页
至正十五年闰正月	西镇	秘书卿答兰铁睦尔、翰林国史院编修官王武	《祀西镇碑记》,《陕西金石志》卷二六,第16738页
至正十五年闰正月	中岳、北岳、北镇(嵩、恒、医无闾)	翰林应奉李国凤	《南村辍耕录》卷二四“木冰”,第295页
至正十七年二月(1357)	北镇	翰林侍讲学士□□、翰林修撰揭汯	《代祀碑》,《满洲金石志》卷五,第17350页
至正十七年	济渎	太尉丞相不花遣官致祭	《祀济渎神应记》(至正十七年十月立),《中州金石记》卷五,第13816页

续表

时间	行程	使臣	史料来源
至正二十二年八月(1362)	济渎		《祀渎记碑》,《中州金石记》卷五,第13816页
至正二十三年闰三月(1363)	中镇	翰林国史院编修官夏以忠(翰林国史院蒙古书写岳塔失不花、国子生任颙随行)	夏以忠《中镇祀香记》,成化《山西通志》卷一四;《洪洞金石录》,第631页;《代祀之记》,《霍山志》,第71—72页
至正二十四年(1364)	东镇		《代祀记残碑》,张孝友主编《沂山石刻》280页
至正二十四年五月	中镇	八府宰相童童、集贤都事普颜不花	《祭中镇文》,成化《山西通志》卷一一,第14a—14b页
至正二十四年	南镇、南岳、南海	迺贤	林弼《林登州遗集》卷九《马翰林易之使归序》,第9b页。陈基《送马易之代祀海岳》,《夷白斋稿》补遗,第10a页。迺贤《钱塘留别康里丞相之会稽代祀》,《迺贤集校注》,第257页。迺贤《使归》,《迺贤集校注》,第258页

元代岳镇海渎代祀一览表(年份不详者)

日期	行程	使臣	备注
世祖朝	岳渎名山川	侍臣李众	《元史》卷一一五《裕宗传》,第2889页
中统元年至至元十七年间	西岳	赵大中从李五祖(李居寿)奉祀岳渎	魏初《青崖集》卷一《送赵大中从李五祖奉祀岳渎》,《景印文渊阁四库全书》第1198册,第696页
世祖、成宗朝	济渎	玄门掌教玄逸真人张志仙、御独秃坚帖木儿(疑为"奉御秃坚帖木儿"之讹)	《济渎投龙简记》(残碑,年月佚失),姚永霞《文化济渎》,第285页

续表

日期	行程	使臣	备注
成宗朝	岳渎	董士恭	黄溍《金华黄先生文集》卷二六《资德大夫陕西诸道行御史台御史中丞董公神道碑》,第 2a 页
武宗、仁宗朝	岳渎	延福司丞刘德温	《元史》卷一七六《刘德温传》,第 4114 页
(同上)	海渎	毛练师	范梈《范德机诗集》卷七《送毛练师奉祠礼成还京》,第 9a 页
(同上)	嵩衡淮海	毛道士	袁桷《清容居士集》卷七《送毛道士降香嵩、衡、淮、海》,《袁桷集校注》,第 276—277 页
仁宗朝	两将使指,代祀太华、吴山、江渎、嵩高、王屋、济源	赵嗣祺	黄溍《金华黄先生文集》卷二九《玄明宏道虚一先生赵君碑》,第 11a 页
仁宗、英宗朝	嵩、衡、淮、海	马祖常(秘书伯庸马公)	薛汉(字宗海,?—1324)《送马少卿伯庸南祀嵩、恒(衡)、淮、渎(海)》,《元诗选》二集,第 880 页;蒋易辑:《皇元风雅》卷一〇《送马少卿南祀》,第 11b—12a 页;傅习、孙存吾辑《皇元风雅》后集卷二《送马伯庸南祀嵩恒淮渎》,第 1a 页。朱思本《贞一斋诗文稿・文》卷一《衡岳赋》,第 34b—35a 页
英宗、泰定朝	南岳	奉常亨之元公(元永贞)①	朱思本《贞一斋诗文稿・文》卷一《衡岳赋》,第 34b—35a 页
泰定、文宗朝	北岳、北海、济渎、南镇	王思诚(字致道)	陈旅《安雅堂集》卷二《送王致道代祠北岳、北海、济渎、南镇》,第 67 页

①奉常亨之元公,当即元永贞。参周清澍:《〈元朝名臣事略〉史源探讨》,《元史及民族与边疆研究集刊》第 29 辑,上海:上海古籍出版社,2015 年,第 23 页。

续表

日期	行程	使臣	备注
泰定末文宗初	嵩、衡、淮、海	李黼	吴当《学言稿》卷二《送李黼修撰以旱请祷代祀嵩、衡、淮、海》,第264页。
文宗至顺年间	南镇	纥石烈希元	《纥石烈希元颂》,万历《会稽县志》卷一三,第534—535页
顺帝朝	西岳、江渎	翰林应奉李仲甫	胡助《纯白斋类稿》卷九《送李仲甫应奉祠西蜀》,第2a—3b页
(同上)	河渎		夷安帖木尔(疑为明安帖木尔之讹)《代祀河渎记》,成化《山西通志》卷一七,第5b页
(同上)	南镇	王公俨	胡助《纯白斋类稿》卷一一《送王公俨代祠南镇》,第14b页。
(同上)	西岳、江渎	史秉文	胡助《纯白斋类稿》卷一二《送史秉文助教祠西岳还家》,第3b—4a页。马祖常《石田文集》卷三《送史秉文祠岳渎还家》,第558页。贡奎《云林集》卷二《送史助教代祀西岳》,第28—29页
(同上)	东岳、东海	彭大年真人	许有壬《至正集》卷一一《饯彭大年真人代祠东岳、东海》,第75页
(同上)	西岳、江渎	崇文太监杨国贤	周伯琦《近光集》卷三《送崇文太监杨国贤使祠西岳、江渎》,日本静嘉堂文库本,第15a页

第五篇

*

天下通祀

天下通祀,指的是既在首都也在地方郡县举行的祭祀。因其通行天下,所以最能体现大一统的意识形态。元朝结束了中国自五代以来长达三个多世纪的分裂,实现了空前的大一统。如何将疆域上的大一统贯彻到意识形态与文化上,实现国家的稳定与安宁,势必是马上得天下的元朝统治者面临的重大问题。天下通祀正是在这一背景下出台的。在推行天下通祀上的得与失,反映出元朝在意识形态上实践大一统的成与败。

日本学者池内功撰文专论元朝郡县祭祀,主要探讨了元朝郡县祭祀的建立、运营及其教化功能。这是国内外学界首篇研究元朝郡县祭祀的文章,对社稷、先农、风雨雷师、宣圣、三皇皆有所论述。① 不过,受文章篇幅所限,池内功对许多史实未加详考,有三方面问题亟待深究。

第一,天下通祀可分为两大系统:(一)坛壝系统,包括社稷、风雨雷师。(二)祠庙系统,包括宣圣庙、三皇庙、八思巴帝师殿。各项祭祀在元代建立有先后,在系统内部互相借鉴发明。

第二,八思巴帝师殿在元中期被设立为天下郡县通祀,尽管在《元史·祭祀志》中没有条目,但在事实上得到了天下通祀,不可或缺。

第三,元中后期天下通祀制度有重要的发展与变化。以宣圣庙的经验为蓝本设立发展三皇庙、帝师殿,是历史上前所未有的独特创造,在元代祭祀研究中是极其重要的一条线索。

有鉴于此,本篇拟梳理元代天下通祀两大系统的建立与演变过程,借以考察元朝政治文化的特征。

---

①[日]池内功:《元朝の郡県祭祀について》,野口鐵郎编:《中国史における教と国家》,东京:雄山阁,1994年,第155—179页。同文中文版本见池内功:《异民族支配与国家祭祀——谈元朝郡县祭祀》,郝时远、罗贤佑主编:《蒙元史暨民族史论集——纪念翁独健先生诞辰一百周年》,北京:社会科学文献出版社,2006年,第149—167页。

第十五章　元代坛壝祭祀

坛壝比祠庙产生得早，是很古老的祭祀形式。随着唐宋以来民间信仰中人格化神祇激增，祠庙祭祀越来越兴盛，而传统的坛壝祭祀体系与现实的信仰世界已经相距甚远，渐趋没落。宋代便有地方官请求将风伯雨师坛壝改为祠庙，[①]不过朝廷决议仍然维持坛壝。

到元代，国家祭祀中属于坛壝系统的有：郊祀、社稷、风雨雷师、先农。它们的运转，很大程度上依赖国家权力的强力支持。在金元易代、战乱频仍之际，官府无暇管理，各地的坛壝祭祀几乎完全荒废。蒙古人的信仰世界中本无社稷、风雨雷师、先农这样的概念，因此蒙古灭金、占据中原之后三十余年才开始举行这些祭祀。

古建筑学者对社稷坛壝制度做过还原研究。[②] 包志禹《元代府州县坛壝之制》考察了元代社稷、风雨雷师坛壝的定制时间、方位、规模、建筑形制，并

---

①《宋史》卷一〇三《吉礼六·风伯雨师》，第2516页。

②阚铎：《元大都宫苑图考》，《中国营造学社汇刊》第1卷第2期，北平：中国营造学社，1930年。王贵祥：《历代坛壝的基址规模》，王贵祥等：《中国古代建筑基址规模研究》，北京：中国建筑工业出版社，2008年，第204—228页。

绘制出建筑复原推测平面图。① 本章梳理元代社稷、风雨雷师、先农坛壝制度的建立过程，并将元代制度与其他王朝进行比较。先农虽不属天下通祀，但其建立过程与社稷、风雨雷师相关，故一并探讨。

一　元代坛壝祭祀的建立

从时间上看，社稷、风雨雷师、先农祭祀的建立，与忽必烈建国号为“大元”的过程几乎是同步的。至元八年《建国号诏》的颁布，标志着元朝确认自身在汉地的正统地位。元朝对中原传统正式接受，其中两个重要的方面是重农政策与礼乐制度。社稷、风雨雷师、先农祭祀皆在至元八年（1271）前后建立起来。而诚如池内功指出的，它们的建立，与设立大司农司推动劝农政策有关。《元史·世祖纪》载：

> （至元七年，1270）十二月丙申朔，改司农司为大司农司，添设巡行劝农使、副各四员，以御史中丞孛罗兼大司农卿。安童言孛罗以台臣兼领，前无此例。有旨：“司农非细事，朕深谕此，其令孛罗总之。”……敕岁祀太社、太稷、风师、雨师、雷师。②

其后为戊戌日（十二月三日）事。只看《世祖本纪》，可能产生一个误解，以为“敕岁祀太社、太稷、风师、雨师、雷师”的时间在十二月丙申朔（十二月一日）。幸而《永乐大典》卷二〇四二四所引的《太常集礼》载录一件公文，详细记录了社稷、风雨雷师祭祀设立的始末：

> 至元七年十二月，尚书省。大司农司呈：十二月二十七日，本司奏：自古，春秋二仲戊日祭大（太）社稷于西南隅，立春后丑日祭风师于东北郊，立夏后申日祭雨师雷师于西南郊。近年，随处官司废此祀事。合无

①包志禹：《元代府州县坛壝之制》，《建筑学报》2009 年第 3 期。

②《元史》卷七《世祖纪四》，第 132 页。

照依旧例举行。奉圣旨："便交行者。"①

这件公文在至元八年（1271）正月又被重申。② 根据公文，社稷、风雨雷师祭祀的设立是由大司农司提议的，时间是十二月二十七日。《元史·世祖纪》将设立大司农司事与敕岁祀社稷、风雨雷师祭祀事连属，正是因为二者有着因果关系。可以说，设立社稷、风雨雷师祭祀，正是大司农司上马后首先推行的大事之一。《世祖纪》记事简略，惟云"太社太稷"，易让人误以为这时只是在国都内祭祀。实际上，据《元典章》，这次的政策是"遍行各路，钦依施行"③，也就是说天下通祀社稷、风雨雷师从此开始。

至元七年末社稷、风雨雷师祭祀开始，但是尚未有详细的祭祀制度。至元九年（1272）初，中书省为各路年例祭祀钱数，再行拟定必合祭祀事理，礼部最终定拟："祭祀社稷、风雨雷师、释奠至圣文宣王、立春俱系各路合行事理。"④释奠至圣文宣王即祭祀孔子。除了至元七年所定的社稷、风雨雷师外，这里又增加了立春。池内功指出，元代立春是立春前一天及立春当天地方长官带领下属进行的迎春仪式。⑤ 立春礼仪源于上古，东汉时期立春礼仪有两种形态，一种是在东郊举行的迎气礼，所迎之神为青帝、句芒；另一种是在城门外举行的树立土牛和耕人的鞭打春牛仪式。唐代以后，迎气仪式渐趋消亡，鞭春则成为了官民普遍行用的礼仪。宋代，鞭春仪式也发生变化，仪式中的耕人被原迎气礼中的句芒神所取代。⑥ 元代的立春礼仪正是鞭打土牛的仪式。《元典章》收录元朝司天台颁布的《土牛经》，又称《春牛经

---

①《永乐大典》卷二〇四二四，第7647页。

②《元典章》卷三〇《礼部三·祭社稷风雨例》，陈高华等点校本，第1075页。

③《元典章》卷三〇《礼部三·祭社稷风雨例》，第1075页。

④《元典章》卷三〇《礼部三·祭郊社风雨例》，第1075页。

⑤［日］池内功：《异民族支配与国家祭祀——谈元朝郡县祭祀》，第151页。

⑥参简涛：《立春风俗考》，上海：上海文艺出版社，1998年，第55—88页。［日］中村乔：《立春の行事と風習——中国の年中行事に関する覚え書き》（上、下），《立命館文學》509，1988年12月；510，1989年3月。

式》,对鞭春礼仪制度有详细的规定。[①]《土牛经》可能就是至元九年左右颁布的。立春仪式与农业生产关系密切,其仪式在全国的推行应该也与大司农司有关。

先农祭祀只在都城举行,不属于天下通祀的范畴,因其与坛壝祭祀的建立密不可分,故这里顺带提及。《元史·祭祀志》载:"先农之祀,始自至元九年二月,命祭先农如祭社之仪。"[②]而据《元典章》,立春之祭在至元九年(1272)正月的公文中就出现了,公文行移没有经由皇帝这一环节,而是由中书省批准。[③]《元史·张文谦传》载,张文谦拜大司农卿,奏立诸道劝农司,巡行劝课,请开籍田,行祭先农先蚕等礼。[④] 此后每年的先农祭祀,皆由大司农司官员主领。[⑤]

坛壝祭祀制度的制定与颁行是一个缓慢的过程。至元十年(1273),大司农司上奏,指出各地社稷"虽是以时致祭,坛壝制度未行,于礼有阙"[⑥]。至元十一年(1274)八月,朝廷终于颁布诸路立社稷坛壝仪式。[⑦] 至元十六年(1279)三月,中书省下太常寺讲究州郡社稷制度,礼官折衷前代,参酌《仪礼》,定拟祭祀仪式及坛壝、祭器制度,图写成书,名曰《至元州县社稷通礼》,上之。[⑧]《元史·祭祀志》记此书名为《至元州郡通礼》,[⑨]应该是一种简称,但此书中可能也附带规定了风雨雷师制度。

《至元州县社稷通礼》作为元朝第一部由官方颁布的用以指导地方实践的祭祀礼仪书籍,在元朝礼制史上应该有一定的地位,然而这部书的普及度

---

①《元典章》卷三〇《礼部五·春牛经式》,第1123—1125页。

②《元史》卷七六《祭祀志五·先农》,第1891页;参同书卷七《世祖纪四》,第140页。

③《元典章》卷三〇《礼部三·革去拜天》,第1079—1080页。

④《元史》卷一五七《张文谦传》,第3697页。

⑤《经世大典·礼典总序·先农》,《国朝文类》卷四一,第11a页。

⑥《元典章》卷三〇《礼部三·立社稷坛》,第1078页。

⑦《元史》卷八《世祖纪五》,第156页。

⑧《元史》卷一〇《世祖纪七》,第210—211页。《元史》卷七六《祭祀志五·郡县社稷》,第1901页。案,《祭祀志》记此书名为《至元州郡通礼》,似当以《本纪》所记之《至元州县社稷通礼》为准。

⑨《元史》卷七六《祭祀志五·郡县社稷》,第1901页。

不广，终元一代我们没有见到任何人称引此书。至元二十五年(1288)，浙东海右道肃政廉访分司监治王某(缺名)撰《社稷坛议》，历述前代社稷坛壝、牲品、祭器、祭期、仪式、祭服制度，并提出了自己的意见，然对《至元州县社稷通礼》却只字未提。[①] 元贞二年(1296)，安西路华州知州吕埅(又名吕端善)奏请参考订正州县通祀社稷制度，太常博士讨论定拟时，依据的典籍不是《至元州县社稷通礼》，而是《集礼》。[②] 笔者以前曾认为这部《集礼》是金朝的礼书《大金集礼》。[③] 任文彪撰文指出，《大金集礼》所载内容止于金世宗大定(1161—1189年)末年，而金代州县社稷礼始于金章宗明昌年间(1190—1196年)，其制度不当载于《集礼》。任文彪又指出，金代尚编有《续集礼》一书，因此认为元代元贞时礼官所据当为金代《续集礼》。[④] 笔者部分同意任先生的观点，认为这部《集礼》并非《大金集礼》，但它也不是金代的《续集礼》，而是元世祖至元二十九年昭文馆大学士、知太史院侍仪司事赵秉温编成的《国朝集礼》。[⑤] 明正统年间《文渊阁书目》中记"《元集礼》一部三册"，[⑥]当即此书。赵秉温《集礼》在明正统以后大概就散佚了，又兼其名与元文宗朝《太常集礼》类似，便不为后人所知，诸家所补《元史艺文志》皆不录其名。赵秉温《集礼》是元至元末年礼制的汇编，显然会吸收在其13年前成书的《至元州县社稷通礼》的内容。因此，元贞二年参订州县社稷礼时，太常博士无须参考《至元州县社稷通礼》，只需参考赵秉温的《集礼》以拟定州县社稷制度。

---

①周南瑞编：《天下同文集》卷二五，《雪堂丛刻》本，1915年，第94—95页。

②《永乐大典》卷二〇四二四引《太常集礼》，第7647页；《元史》卷七六《祭祀志五·郡县社稷》，第1901页。其人即《贺仁杰墓志》(大德十一年)撰文者"奉议大夫前华州知州吕埅"。《贺仁杰墓志》拓片、录文见咸阳地区文物管理委员会：《陕西户县贺氏墓出土大量元代俑》，《文物》1979年第4期，第10—22页。其人生平参苏天爵著，陈高华、孟繁清点校：《滋溪文稿》卷七《元故翰林侍读学士赠陕西行省参知政事吕文穆公神道碑铭》，北京：中华书局，1997年，第92—96页。

③参马晓林：《元代国家祭祀研究》，南开大学博士学位论文，2012年，第388页。

④参任文彪：《金代社稷之礼再探》，《史学月刊》2016年第1期，第36页。

⑤《元史》卷一五〇《赵秉温传》，第3555页。

⑥杨士奇：《文渊阁书目》卷一，《景印文渊阁四库全书》第675册，第130页。

至元七年(1270)十二月"岁祀太社太稷"的敕令颁布时,元大都城尚在紧张建设中。至元二十二年(1285),具有完备的都城功能的大都城竣工。与元大都城相称的新的社稷坛,一直到至元二十九年(1292),经御史中丞崔彧上奏,才开始修建,并于至元三十年(1293)六月告成。① 至此,元大都有了真正的社稷坛。自成宗起,元朝皇帝登基之际告祭社稷。② 社稷正式恢复了其在国家祭祀体系中的崇高地位。《经世大典》称社稷礼仪"牲牢器币、三献之礼、八成之乐,亚于郊庙之隆矣"③。

因为有了元大都的太社太稷坛作为参照,所以元贞二年在地方官员的要求下,太常博士重新拟定州县社稷制度,颁行天下。④ 这次定拟的州县社稷制度较以前并无本质变化,只是内容更加细致。至此,有元一代的社稷祭祀制度最终确立。

至于风雨雷师祭祀,自至元七年(1270)敕令开始岁祀之后,大体上参考前代风雨雷师以及社稷制度举行。仁宗延祐五年(1318)"即二郊定立坛壝之制"⑤,元朝风雨雷师制度才正式确定。元代风雨雷师祭祀制度的具体内容未能留传下来。风雨雷师与社稷同属天下通祀的坛壝系统,二者非常相似,《经世大典·礼典》即将风雨雷师附于社稷条目之内。

二　历代礼制中的元代坛壝制度

下面将唐以降坛壝祭祀的日期、地址列表如下。

---

①《经世大典·礼典总序·社稷》,《国朝文类》卷四一,第 10a 页。《元史》卷一七《世祖纪十四》,第 365 页。《元史》卷六八《礼乐志二·制乐始末》,第 1697 页。

②《元史》卷一八《成宗纪一》,第 484 页;卷九九《兵志二》,第 2534 页;卷二九《泰定帝纪一》,第 639 页;卷三二《文宗纪一》,第 713、720 页;卷三一《明宗纪》,第 697—698、699 页;卷三三《文宗纪二》,第 742 页;卷三七《宁宗纪》,第 812 页。

③《经世大典·礼典总序·社稷》,《国朝文类》卷四一,第 10a 页。

④《元史》卷七六《祭祀志五·郡县社稷》,第 1901 页。

⑤《元史》卷七六《祭祀志五·风雨雷师》,第 1903 页。

唐宋金元明清坛壝祭祀日期表

	唐	宋	金	元	明	清
社稷		春秋二仲（及腊日）	春秋二仲月上戊日	春秋二仲戊日	春秋二仲月上戊日	春秋二仲月上戊日
风师	春秋二仲月上戊日	立春后丑日	立春后丑日	立春后丑日	惊蛰、秋分日	／
雨师	春秋二仲月上戊日	立夏后申日	立夏后申日	立夏后申日	惊蛰、秋分日	／
雷师	／		立夏后申日	立夏后申日	惊蛰、秋分日	／
先农		立春后亥日	／	初用二月戊日，后用仲春上丁，后又或用上辛或甲日	二月上戊日	二月亥日

唐宋金元明清郡县坛壝位置表

	唐	宋	金	元	明	清
社稷				西南	西北	西北
风师	社坛东	西郊	东南郊	东北郊	西南	／
雨师	社坛西	北郊	西南郊	西南郊	西南	／
雷师	／	北郊	位下	西南郊	西南	／
先农	东郊	东郊	／	东郊	南郊	南郊

史料来源：《旧唐书》卷二四《礼仪志四》，第912页。《通典》卷四四《礼典四·沿革四》，北京：中华书局，1988年，第1242页。《宋史》卷一〇三《吉礼六·风伯雨师》，第2516—2517页。《金史》卷三四《礼志七·社稷》，第804页；卷三四《礼志七·风雨雷师》，第809—810页。《大明会典》卷八五《礼部四三·社稷等祀·太社稷》，第1a页。《明史》卷四九《礼志三·吉礼三·社稷》，第1268页；卷四九《礼志三·吉礼三·先农》，第1272页；卷四九《礼志三·吉礼三·太岁月将风云雷雨之祀》，第1283页。《清史稿》卷八二《礼志一·吉礼一·序》，第2485—2486页；卷八三《礼制二·吉礼二·社稷》，第2516—2517页；卷八三《礼制二·吉礼二·先农》，第2519页。

比较唐以降一千多年的社稷、风雨雷师、先农祭祀，社稷的传承是最为稳定的，其祭祀制度变化较小，先农次之，风雨雷师变化最大。这与它们在国家祭祀体系中地位的高低是有关系的。

风雨雷师是最后起的祭祀，在国家祭祀体系中地位不高，历代变化很大。隋唐仅祭风师、雨师。宋增入雷师，附于雨师坛。金、元因之。明又增入云师，成风云雷雨四师祭祀。至于坛壝方位，历代没有统一的制度。宋金元皆为风师在一坛，雨、雷师在一坛。明则将风云雷雨四者合祭于一坛。到清代，风、云、雷、雨分立四庙，风云雨雷坛壝退出了历史舞台。

社稷的祭祀制度是比较稳定的，祭祀日期千年不变。太社太稷的坛壝方位也一直遵循“右社左庙”的规则。但是州县社稷坛壝方位就有许多变数了。唐、宋、金似乎都没有明确规定州县社稷坛的方位。朱熹云：“古今礼制，社稷、风雨雷神各有坛，又各有方位，社稷于西方，风师于东北，雨、雷于东南。（大略如此，不记子细。）今州县亦皆别有坛，但方位多不合古。”①历代礼制对坛壝方位规定不严格。到了元成宗元贞二年（1296），朝廷开始明确规定州县社稷坛壝设于城西南。② 但实际上全国各地的社稷坛方位一直没有统一。③ 明代试图大刀阔斧地进行统一，将社稷、风雨雷师坛壝皆定于城西北，同坛合祭，又规定“里社每里一百户立坛一所，祀五土五谷之神”④，从礼制上使社稷祭祀普及到里社。

三　小结

元代坛壝祭祀始于至元七年（1270）至九年（1272），起初由大司农司负责。元世祖至元中后期逐渐制定坛壝制度，并于至元十六年（1279）编绘《至

---

①朱熹：《晦庵集》卷六八《答社坛说·燎坛》，《朱子全书》第23册，第3326页。

②《元史》卷七六《祭祀志五·郡县社稷》，第1901页。

③参包志禹：《元代府州县坛壝之制》，《建筑学报》2009年第3期。

④《明史》卷四九《礼志三·吉礼三·社稷》，第1268页。

元州县社稷通礼》一书，但似乎未颁行，又于至元二十九年（1292）编成《国朝集礼》。世祖末期至成宗元贞二年（1296）建立了完整的太社太稷、州县社稷坛壝制度。仁宗延祐五年（1318）建立了完整的风雨雷师坛壝制度。

在历代坛壝礼制发展中，元代起到了承前启后的作用。元朝作为一个结束了五代辽宋金分裂格局的大一统王朝，在礼制建设中，既有对唐宋礼制的继承，又有一定的新发展，其制度直接影响了明清礼制，甚至远及域外。朝鲜世宗二十年（明正统三年，1438），朝鲜王朝大臣讨论坛壝制度，虽有明《洪武礼制》为依据，但仍然参考元《至正条格》。[①] 因为明朝洪武年间坛壝礼制改革幅度很大，[②]而元朝社稷制度对前代的继承性强，更符合古制，所以受到朝鲜王朝的青睐。综上而言，元代坛壝祭祀是礼制发展史上的重要一环。

---

①（韩国）国史编纂委员会编：《朝鲜王朝实录·世宗》卷八三“二十年十二月十九日己巳”条，首尔：东国文化社，1957年，第25页。

②《明史》卷四九《礼志三·吉礼三·社稷》，第1268页。

第十六章　元代社稷

社为土地神，稷为谷神，社稷在以农业立国的古代中国一般被视为政权的象征。历代王朝大多奉行《周礼》“右社稷，左宗庙”之制，对于社稷的祭祀都极为隆重。然而对于来自草原的元朝统治者而言，接受这种观念则需要一个过程。日本学者池内功梳理了元朝社稷祭祀制度从无到有渐进形成的过程，[①]又利用出土文书考察了社稷祭祀费用的变化。[②] 多位古建筑学者对社稷坛壝制度做过还原研究。[③] 这些先行成果为研究的进一步深入奠定了

---

①［日］池内功：《フビライ朝の祭祀について》，平成二年度科学研究費補助金総合研究（A）研究成果報告书《中国史における正統と異端》（二），1991年，第55—70页。［日］池内功：《元朝の郡県祭祀について》，野口鐵郎编：《中国史における教と国家》，东京：雄山阁，1994年，第155—179页。［日］池内功：《异民族支配与国家祭祀——谈元朝郡县祭祀》，郝时远、罗贤佑主编：《蒙元史暨民族史论集——纪念翁独健先生诞辰一百周年》，第149—167页。

②［日］池内功：《元朝郡県祭祀における官費支出について——黒城出土祭祀費用文書の検討》，《四国学院大学論集》第85号，1994年3月，第33—68页。

③阚铎：《元大都宫苑图考》，《中国营造学社汇刊》第1卷第2期，北平：营造学社，1930年。王贵祥：《历代坛壝的基址规模》，王贵祥等：《中国古代建筑基址规模研究》，北京：中国建筑工业出版社，2008年，第204—228页。包志禹：《元代府州县坛壝之制》，《建筑学报》2009年第3期，第8—12页。

基础。元代社稷祭祀的覆盖面很广,上至国都,中至州县,下及村社,皆有举行。在礼制的制定与实践中,中央与地方发展往往不同步,官方和私家理念常常有冲突。本章重点关注的是国家礼制的演变及其与地方社会的互动,从国都、州县、村社三个层面进行考察,以期增进理解元代社稷礼在中国礼制史上的地位。

一　元代国都社稷祭祀

坛壝这种古老的祭祀形式,在唐宋时期就与民众信仰相距已远,因此渐趋没落。坛壝祭祀的存续,很大程度上依赖于国家权力的支持。1234 年,蒙古灭金后,因为蒙古人的信仰中无社稷神的概念,所以华北地区社稷祭祀荒废了三十余年。后来蒙古统治者对农业越来越重视,[①]社稷祭祀才得以恢复。元世祖至元七年(1270)十二月三日设立大司农司,推动劝农政策。[②] 当月二十七日,大司农司奏请建立社稷、风雨雷师祭祀,依古制"春秋二仲月上戊日祭大(太)社太稷于西南郊,立春后丑日祭风师于东北郊,立夏后申日祭雨师、雷师于西南郊"[③]。这件公文在至元八年(1271)正月又被重申,而且明令"遍行各路,钦依施行"[④]。这标志着天下州县通祀社稷全面恢复。不过此时的社稷对元朝而言只是农业神而已。

元朝至元八年恢复州县社稷祭祀,但都城大都(今北京)之中迟迟没有建太社太稷坛。至元二十四年(1287)太常少卿田忠良"请建太社于朝右"[⑤],但没有结果。至元二十九年(1292)七月,经御史中丞崔彧建言,元朝

①参[日]中岛乐章:《元代社制の成立と展開》,《九州大学東洋史論集》第 29 号,2001 年 4 月,第 116—146 页。

②《元史》卷七《世祖纪四》,第 132 页。

③《永乐大典》卷二〇四二四《稷》,北京:中华书局 1986 年影印本,第 7647 页。

④陈高华等点校:《元典章》卷三〇《礼部三・祭社稷风雨例》,第 1075 页。

⑤《元史》卷二〇三《方技传・田忠良传》,第 4537 页。

在“和义门内少南,得地四十亩”[①],修建社稷坛,次年告成。[②] 元大都社稷坛实际上在和义门(今西直门)与平则门(今阜成门)之间,距城墙近而距宫城远。[③] 中国历代王朝大多将太社太稷坛置于宫南阙右,紧邻皇宫。[④] 金中都社稷坛位置未见记载,因太庙在阙左,社稷坛很可能与太庙对称,在阙右。[⑤] 唯有北宋都城开封的郊社在里城靠近城墙处,[⑥]与元大都社稷坛的方位有相似之处。[⑦] 因此,元大都社稷坛的规划布局应该是受到了北宋的影响。

元大都社稷坛建成后不到一年,即至元三十一年(1294)元世祖驾崩。五月,成宗登基,立即遣枢密副使答鲁忽台、只而合郎、平章伯颜、不忽木、留守马速忽、太常卿刘完泽等告祭社稷。[⑧] 他们多为元世祖临终托付的顾命大臣。这次登基告祭,标志着社稷的性质不仅是农业神,也上升为国家政权的象征。此后,每年二月、八月上戊日及新帝登基时,皆遣官祭社稷,若逢日食则改为中戊日。[⑨] 献官主要由中书省、枢密院高官担任。[⑩] 社稷仪式、礼器、

---

①《元史》卷七六《祭祀志五·太社太稷》,第 1879 页。

②《经世大典·礼典总序·社稷》,《国朝文类》卷四一,第 10a 页。《元史》卷一七《世祖纪十四》,第 365 页。《元史》卷六八《礼乐志二·制乐始末》,第 1697 页。

③陈高华、史卫民:《元代大都上都研究》,北京:中国人民大学出版社,2010 年,第 4 页。

④参[日]妹尾达彦:《唐長安城の儀礼空間——皇帝儀礼の舞台を中心に》,《東洋文化》第 72 号,1992 年 3 月,第 1—35 页。

⑤参朱偰:《八百年前的北京伟大建筑——金中都宫殿图考》,《文物参考资料》1957 年第 5 期,第 69、73 页;徐苹芳:《南宋人所传金中都图——兼辨〈永乐大典〉本唐大安宫图之误》,《文物》1989 年第 9 期,第 56—57 页。日本元禄十二年(1699)翻刻元泰定刻本《事林广记》所载金中都图中应当绘出了太庙,但未标注文字。参《新编群书类要事林广记》乙集卷一“京城之图”,北京:中华书局,1999 年影印本,第 304 页。此图承久保田和男先生赐教,谨致谢忱。

⑥参[日]久保田和男:《宋都開封の旧城と旧城空間について——隋唐都城の皇城との比較史的研究》,大阪《都市文化研究》第 16 号,2014 年 3 月,第 81 页。

⑦参杨宽:《中国古代都城制度史研究》,上海:上海古籍出版社,1993 年,第 483 页。

⑧《永乐大典》卷二〇四二四,第 7650 页。

⑨参《永乐大典》卷二〇四二四,第 7648 页。《元史》卷三四《仁宗纪三》,第 588 页。

⑩参《永乐大典》卷二〇四二四,第 7650—7651 页。

音乐“亚于郊庙之隆”[①],已经恢复了其应有的崇高地位。

坛壝和神主是社稷礼制的核心。元大都和义门内的社稷坛壝,元亡之后遭废弃,原有规模已不可得见。从文献记载看,元代太社稷坛壝制度与宋、金一脉相承,古建筑研究者已有考察,此不赘述。明代北京新建社稷坛于阙右,清代沿用。今改为中山公园,清代社稷坛壝、神位等实物尚存于内。除此之外,中国历代社稷祭祀相关文物不见存世,唯清末收藏家端方(1861—1911)藏有二石,号称元代太社太稷神位,有必要进行探讨。端方《匋斋臧石记》描述如下:“二石各高一尺九寸,广七寸强。正书”,一书“大社神位”,一书“大稷神位”。并述其来历云:

> 此社稷神位,固元帝为坛祀之者也,乃明兵既入,元社已墟,遂纵令颠踣荒原,牛马践履,无复过问。又数百年而乃为余得。[②]

上引文字简略,未能交代其据何判断为元代之物。叶昌炽《语石》提供了一条线索:

> 端午桥制府(引者案,端方字午桥)藏一元石,其中为“大社神位”四大字,其左小字一行,云“大德五年八月初□日”。此汉以后仅见者。[③]

叶昌炽可能只见到了二石中之一石。“大德五年八月初□日”,应为建石时间。1911年端方率军至四川资中时死于兵变,后其藏品多散佚,此二石下落不明。今存其拓片二套四件,分别藏于日本京都大学人文科学研究所(编号:GEN0267A、GEN0267B)及中国国家图书馆(编号:各地4250)。据拓片实测,二石各高约57厘米,宽约21厘米,与《匋斋臧石记》所记高一尺九寸(约合63厘米),广七寸强(约合23厘米)大致相符。拓片仅拓正面,叶昌炽所云其左小字“大德五年八月初□日”不见于拓片,也许是刻于

---

①《经世大典·礼典总序·社稷》,《国朝文类》卷四一,第10a页。

②端方:《匋斋臧石记》卷四三,《石刻史料新编》第1辑第11册,台北:新文丰出版公司,1977年,第8420页。

③叶昌炽著,陈公柔、张明善点校:《语石》卷五《神位题字》,北京:中华书局,1994年,第365页。

左侧面而失拓。

笔者认为这两件所谓的元太社太稷神位极为可疑。端方是清末显赫的政治人物,从政之余酷爱金石收藏,然个人才学有限。曾与端方同僚的张之洞评价道:“彼不过搜罗假碑版、假字画、假铜器,谬附风雅。”[①]张氏言辞虽过苛,但是戳中了要害。著录端方藏品的《匋斋吉金录》《匋斋臧石记》等书实由他人捉刀。[②]《匋斋臧石记》述元代太社太稷神位二石“颠踣荒原”,实际上没有注明确切出处。出处不明,是一疑点。至于石上题记“大德五年八月初□日”,我们在传世文献中也找不到任何线索。元代太社太稷神主始立于至元三十年(1293),此后并无改立、重立的迹象。端方所藏二石的尺寸与元代文献所记制度严重不符,尤其是石质太稷神主在中国礼制史上从未出现过(详见下文)。若大德五年(1301)社稷神主制度有这么重大的变化,文献不可能不记。鉴于疑点太多,笔者认为,端方藏元太社太稷神位二石不可轻信。

下面我们从礼制史的角度梳理元代太社太稷神主制度。《元史·祭祀志》记载至元三十年(1293)建太社太稷坛时的神主制度为:

> 社主用白石,长五尺,广二尺,剡其上如钟。于社坛近南,北向,埋其半于土中。稷不用主。[③]

这一制度并非元朝的发明,而是唐神龙元年(705)所定。神龙元年以前,旧社主长一尺六寸,方一尺七寸,唐朝礼官指出,“社主制度长短,在礼无文”,因此按照五是土数的理念,重新议定“其社主,请准五数,长五尺,准阴之二数,方二尺,剡其上以象物生,方其下以象地体,埋其半,以根在土中,而本末均也”[④]。这一制度遂为宋、元、明、清等王朝所沿用。宋代“社以石为

---

①刘成禺:《世载堂杂忆》,北京:中华书局,1960年,第58页。

②《匋斋臧石记》释文由况周颐、李详撰写。参郑炜明:《况周颐先生年谱》,上海:上海古籍出版社,2009年,第177—179页。

③《元史》卷七六《祭祀志五·太社太稷》,第1880页。

④杜佑:《通典》卷四五《礼五·沿革五·吉礼四·社稷》,第1271页。

主，形如钟，长五尺，方二尺，剡其上，培其半”[1]。明代“社主用石，高五尺，阔二尺，上微尖，半在土中”[2]。文字稍异，内容是相同的。唐代文献明言其尺“用古尺”[3]，在礼制中用古尺已是通识，因而后世文献中不再特别注明。古尺一般指周尺，据研究，周尺 1 尺约合 23.1 厘米。[4] 据此可推算出元代社主高约 115.5 厘米，宽约 46.2 厘米。据今人报道，北京中山公园内明清社稷坛所存的清代社主，以今尺测量高约三尺五寸（105 厘米），上顶斜形，中高四尺二寸（126 厘米），见方一尺五寸五分（45.15 厘米）。[5] 可见，清代与元代所用社主尺寸应该是相同的。而端方所藏大社神位高约 63 厘米，宽约 23 厘米，显然不符合唐代以来的国家礼制。另外，端方所藏石质太稷神位也与史实相悖。因为按照礼学，稷为五谷之神，五行属木，不宜用石，故不应设主，或用则用木主。[6] 唐、宋、元、明皆不设太稷神位，清代设木质太稷神位，[7]实物今尚存于北京中山公园内。

综上所述，元朝于至元七年始恢复社稷祭祀，但直到二十多年后的至元二十九年才在元大都建立社稷坛，说明草原意识形态阻碍了中原礼制在国都的实行。元朝最终建立的太社太稷坛壝，与唐宋、明清前后承续，没有太大的变动。神主方面，太社神位用白石，高五尺（约 115.5 厘米），宽二尺（约 46.2 厘米），太稷不用神位，这是自初唐至明代通行的制度，清代唯将太稷神主改为木质而已。从礼制史的角度看，元朝国都社稷礼可谓承前启后。而地方上的社稷礼情况要复杂得多。

---

①《宋史》卷一〇二《礼志五·社稷》，第 2483 页。

②徐一夔：《大明集礼》卷八《吉礼·社稷》，日本早稻田大学图书馆藏明嘉靖刻本，第 7 页。

③杜佑：《通典》卷四五《礼五·沿革五·吉礼四·社稷》，第 1271 页。

④郭正忠：《三至十四世纪中国的权衡度量》，北京：中国社会科学出版社，1993 年，第 231 页。

⑤刘一峰：《北京中山公园沧桑》，全国政协文史资料研究委员会编：《文史资料选辑》总第 102 辑，1986 年，第 117 页。

⑥秦蕙田：《五礼通考》卷四二《吉礼四二·社木社主》“蕙田案”，《景印文渊阁四库全书》第 135 册，第 1060—1061 页。

⑦参《清朝文献通考》卷九八《郊社考八·社稷》，《景印文渊阁四库全书》第 634 册，第 203 页。

二　元代州县社稷祭祀

元代州县层面的社稷祭祀,从元世祖至元七年(1270)开始恢复。元朝着眼于发展农业,对州县的社稷祭祀较为重视。至元九年(1272)议定各路年例祭祀钱数。[①] 至元十年至十一年(1273—1274),讨论颁布了诸路社稷坛壝仪式。[②] 至元十六年(1279),中书省下太常寺讲究州郡社稷制度,礼官折衷前代,参酌《仪礼》,定拟祭祀仪式及坛壝、祭器制度,图写成书,名曰《至元州县社稷通礼》,[③]又名《至元州郡通礼》。[④] 元贞二年(1296),太常博士最终拟定州县社稷制度,颁行天下,[⑤]从而最终确立了有元一代的州县社稷祭祀制度。

本书第十五章已论,至元十六年(1279)《至元州县社稷通礼》作为元朝第一部用以指导地方实践的礼书,普及度不广,甚至有可能未曾颁行。元贞二年(1296),太常博士讨论定拟州县通祀社稷制度时,依据的典籍不是《至元州县社稷通礼》,而是《集礼》。[⑥] 这部《集礼》,笔者曾认为是金朝礼书《大金集礼》,[⑦]任文彪认为是金代《续集礼》。[⑧] 此二说皆误。这部《集礼》应该是元世祖至元二十九年(1292)昭文馆大学士、知太史院侍仪司事赵秉温编成的《国朝集礼》。[⑨]《太常集礼》所引《集礼》条文透露出其所载并非金制而是元制。宋、金皆尚左,元代尚右。《集礼》所载社稷祭仪中的三献官位是

---

①《元典章》卷三〇《礼部三·祭社稷风雨例》,第1075页。

②《元典章》卷三〇《礼部三·立社稷坛》,第1078页;《元史》卷八《世祖纪五》,第156页。

③《元史》卷一〇《世祖纪七》,第210—211页。

④《元史》卷七六《祭祀志五·郡县社稷》,第1901页。

⑤同上,第1901页。

⑥《永乐大典》卷二〇四二四引《太常集礼》,第7647页。《元史》卷七六《祭祀志五·郡县社稷》,第1901页。

⑦马晓林:《元代国家祭祀研究》,南开大学博士学位论文,2012年,第388页。

⑧任文彪:《金代社稷之礼再探》,《史学月刊》2016年第1期,第36页。

⑨《元史》卷一五〇《赵秉温传》,第3555页。

“设献官板位于北门之内道西，以东为上”[①]。而宋代“设三献官席位于北阶之地，南向，西上”[②]，金代不见于记载，但其方位当同宋代。以西为上抑或以东为上，反映的正是尚左、尚右之差异。任文彪列出详细的表格，将《集礼》所载与唐、宋社稷制度比较，得出的结论是：金代州县社稷制度较多地继承了唐制，少量地吸收了宋制，也有与唐宋皆异的地方。[③] 鉴于《集礼》反映的是元制，这个结论应修正为：元代州县社稷制度较多地继承了唐制，少量地吸收了宋制，也有与唐宋皆异的地方。

在州县坛壝制度方面，元朝在唐宋基础上的发展是明确规定坛壝方位。太社太稷坛壝方位有右社左庙的规则可循，而历代州县社稷坛壝方位却不太统一。[④] 唐、宋、金皆未明确规定州县社稷坛的方位，所以各地情况比较混乱。元初对州县社稷坛的方位也没有明确的规定。元贞元年（1295）张之翰任松江知府时，便将社稷坛建于城内西湖书院中。[⑤] 元贞二年，朝廷明确规定，州县社稷“置坛于城西南”[⑥]。史料显示，这一新规颁布后，如松江府、镇江府及其属县，还有抚州宜黄县以及广州路社稷坛皆迁址于城西南。[⑦] 但是，也有许多州县社稷坛未做迁移，一仍旧贯。再如金陵社稷坛虽然迁址，

---

①《永乐大典》卷二〇四二四《稷》引《太常集礼》，第7647页下。

②郑居中等：《政和五礼新仪》卷一《序例·坛》，《景印文渊阁四库全书》第647册，第137页。

③参任文彪：《金代社稷之礼再探》，《史学月刊》2016年第1期，第36—37页。

④参本书第十五章《元代坛壝祭祀》。

⑤张之翰著，邓瑞全、孟祥静校点：《张之翰集》卷一六《西湖书院记》，长春：吉林文史出版社，2009年，第185—186页。

⑥《元史》卷七六《祭祀志五·郡县社稷》，第1901页。

⑦陆居仁：《重修松江府社稷坛记碑》（1336年），潘明权、柴志光编：《上海道教碑刻资料集》，上海：复旦大学出版社，2014年，第24页。正德《松江府志》卷一五《坛庙》，《天一阁藏明代方志选刊》续编第5册，上海：上海书店，1990年影印本，第787页。杨积庆、贾秀英等校点：《至顺镇江志》卷一三《坛壝》，南京：江苏古籍出版社，1990年，第523—524页。李仲谋：《修社稷坛记》，道光《宜黄县志》卷三一，台北：成文出版社，1970年影印本，第66页。广州市地方志编纂委员会办公室编：《元大德南海志残本（附辑佚）》卷八《社稷坛壝》，广州：广东人民出版社，1991年，第48—50页。

方位却与元朝制度不尽相合。[①] 总之,虽然元朝对州县社稷坛壝方位作出了统一的规定,但各地在具体实践中仍有较大弹性。

元代州县社稷神主制度,也是在继承中有所发展。《太常集礼》载:

> 社主以白石为之,其形如钟,长二尺五寸,方一尺一寸,剡其上,培其下半,立于坛之南方,北向。稷坛无主。[②]

宋代州县社主尺寸"半太社之制",[③]即长二尺五寸,方一尺。[④] 较之于宋制,元代州县社主的长(高度)继承了宋制,而方(宽度)则将宋制的一尺改为一尺一寸。这种规格的长、方尺寸首见于朱熹礼学著作,[⑤]在元代进入国家礼制,后来又为明代所继承。

总之,确立于元贞二年的元代州县社稷礼制,在继承唐、宋制度的基础上,既有所变动,也有发展。具体而言,包括适应元朝尚右风尚的礼仪改动,对坛壝方位制度的细化规定,以及对朱熹礼学中神主尺寸的采纳。

三　元代基层社稷祭祀

元朝有明文规定的社稷制度仅至州县层级,乍看似是礼不下庶人。实际上,基层社会在士人的主导下也进行着社稷祭祀的实践。

从金朝灭亡到元朝至元七年,官方主持的社稷祭祀中断了三十余年,其间便有士人自发地进行社稷祭祀。至元三年(1266),王恽在其家乡卫辉购田二百余亩,认为"田之置社所从来尚矣。天子至于庶人莫不有社。……各

---

①至正《金陵新志》卷一一《社稷(诸坛附)》,《中国方志丛书》华中地方第426号,台北:成文出版社,1983年影印本,第1912—1913页。

②《永乐大典》卷二〇四二四《稷》引《太常集礼》,第7647页。

③《宋史》卷一〇二《礼志五·社稷》,第2484页。

④郑居中等:《政和五礼新仪》卷一《序例·坛》,第137页。

⑤马端临:《文献通考》卷八二《郊社考十五·朱子州县社稷坛说》,北京:中华书局,1986年,第752页。按,朱熹《晦庵集》卷六八《答社坛说·燎坛》(第3326页)作"方一寸",显有脱字,当以马端临所引"方一尺一寸"为准。

以方所宜木树之，以表其位"，于是在田舍之西南若干步，竖立当地盛产的棠木作为神位。[①] 王恽的社稷祭祀，是在国家力量缺席的情况下，士人将自己的礼学理念在基层社会中付诸实践。

至元七年（1270）之后，元朝州县恢复了官方的社稷祭祀，基层社会也有非官方的社稷祭祀。约在至元三十一年（1294），屯驻河南鸣皋镇（今属伊川县）的炮手军千户蒙古克烈氏勖实带"筑社稷坛于营之隩，以祠后土后稷，主以石，树以所宜木，表以重门，环以穹垣，制也"[②]，"其社坛壝之度、牲杀之数、升降荐献之文，不侈不俭，以祈以报，莫不如制，名曰里社"[③]。万户千户制是蒙古游牧传统中的军民合一的管理体制，蒙古建立元朝后将其带入汉地，与州县制并存。元代军制中的千户，相当于行政体制中的州[④]。元朝规定了州县社稷礼，但没有将之推行到万户千户系统。勖实带汉文化水平较高，在其千户单位中建立社稷，应该是照搬了官方关于州县的社稷礼。"里社"之名显示出元代千户制的军民合一性质。这种"里社"祭祀是勖实带发起的，并非官方行为，而是相当于士人在国家政策感召下进行的基层礼制实践。

据江南士人记载，元代民间的社稷神崇拜已经人格化，与官方礼书相差很大。元代徽州士人胡炳文（1250—1333）记载："今庶民之社，往往多绘事于家屋而不坛，非古。绘一皓首庞眉者，尊称之曰'社公'，而以老媪媲之，浸非古矣。"泰定五年（1328），婺源游汀（今婺源游汀村）士人张泰宇"因见文公所述政和礼仪，取旧所绘焚之，于是就汀中印墩筑坛，北向，以石为主"[⑤]。胡炳文对张泰宇此举大加褒扬。南宋绍兴年间，朱熹提议，从北宋官修礼书

---

①王恽：《秋涧集》卷三六《社坛记》，《元人文集珍本丛刊》本，第 499—500 页。

②王沂：《伊滨集》卷一九《鸣皋里社坛记》，《景印文渊阁四库全书》第 1208 册，第 562 页。

③程钜夫：《雪楼集》卷二二《故炮手军总管克烈君碑铭》，《元代珍本文集汇刊》本，台北："中央图书馆"，1970 年影印本，第 837 页。

④参温海清：《"万户路"、"千户州"：蒙古千户百户制度与华北路府州郡体制》，《复旦学报》2012 年第 4 期，第 80—89 页。

⑤胡炳文：《云峰胡先生文集》卷二《游汀社坛记》，汪增华校注：《〈云峰胡先生文集〉校注》，芜湖：安徽师范大学出版社，2015 年，第 44 页。

《政和五礼新仪》中择取州县官民合用礼仪，修订为《绍兴纂次政和民臣礼略》，颁行州县。[①] 此书虽未能纂成，但朱熹对州县礼极为重视，留下了一些相关著述。[②] 张泰宇依据"文公所述政和礼仪"改易社公画像祭祀，是元代士人根据朱子礼学规范民间礼制的实践。

上述士人所采用的社稷神主有木有石，各不相同，反映出礼学思想的差异。对于用所宜木刻社主的做法，朱熹有云："某尝辨之，后来觉得却是。但以所宜木为主，如今世俗神树模样，非是将木来截作主也。"[③]可知朱熹关于社主的观点有所变化。观念的不确定性，导致了民间社稷礼实践的多样性。

石刻史料中还发现了元代村社所建社稷神主实物，对于了解基层社会礼制实践颇有意义。今山西洪洞堤村乡李村存有二石，皆为青石质，圆首，高55厘米，宽35厘米。阳面分别刻"社神之位"、"稷神之位"。"社神之位"阴面文字五行：

> 李贤卿施钞拾两
>
> 李村社长□□□施钞壹拾两
>
> 施主□□□施砖四伯（佰）、钞五两
>
> □□□钞五两
>
> 施主李才卿钞拾两

"稷神之位"阴面文字三行：

> 施主□□□□钞拾两
>
> 至正十五年三月日师家庄张二
>
> 李村□□□[④]

二石阴面题名文字恰能前后相连，可见它们一并建造于元顺帝至正十

①朱熹：《晦庵集》卷六九《民臣礼议》，《朱子全书》第23册，第3353页。

②参孟淑慧：《朱熹及其门人的教化理念与实践》，台北：台湾大学出版中心，2003年，第186、251页。

③朱熹：《朱子语类》卷九〇《礼七·祭》，王星贤点校，北京：中华书局，1986年，第2290页。

④李国富、王汝雕、张宝年主编：《洪洞金石录》，太原：山西古籍出版社，2008年，第66—67页。

五年(1355)。从题名看,李村社稷神位是由社长及民众自发建立的,没有政府官员参与。其非官方性的另一个表现,是其形制与国家礼制不尽相合。李村神位实物高55厘米,与前引元代州县社稷神主制度长二尺五寸(约58厘米)大致相符,然而李村神位宽35厘米与元代制度方一尺一寸(约23厘米)不合。李村稷神之位是石质的,亦不符合元代州县稷不用主的制度。李村实物形制尽管与国家礼制不合,却可以在非官方文献中找到依据。第一,关于稷是否用神主的问题。唐代已有儒士依据上古"载社之礼",提出社、稷主皆用石,方可奉之而行。[①] 这种观点虽然未被国家礼制所采纳,但在非官方层面是有影响的。朱熹曾云:"旧法惟社有主而稷无主,不晓其意,恐不可以己意增添。"[②]暗示南宋有很多地方已经增添了稷主。社、稷皆用石质神位的礼学观点,在宋元民间已经付诸实践。元代李村社稷石就是一个实例。第二,神主尺寸问题。唐中宗神龙元年(705)曾将社主规格由长一尺六寸、方一尺七寸改为长五尺、方二尺。[③] 改定之后的尺寸被宋、元、明、清王朝用于国家礼制,但一些礼学家并不赞同。北宋陈祥道在其《礼书》中评曰:"唐之时,旧主〔长〕一尺六寸、方一尺七寸,盖有所传然也。而议者谓宜长五尺、方二尺,埋其半于土中,此臆论也。古者天子诸侯有载社之礼,而陈侯尝拥社以见郑子展(《襄二十五年》)。果埋其半则不可迎而载。果石长五尺、方二尺则不可取而拥。"[④]陈祥道引用《左传·襄公二十五年》中的记载以证明唐神龙元年妄改社主之制,有理有据,在宋代以降的儒士中造成了不小影响,常被引用。然元人马端临《文献通考》引用陈祥道这段文字时,却有所改动:"唐之时,旧主〔长〕二尺五寸、方一尺七寸,盖有所传然也。而议者谓宜长五尺、方二尺,埋其半于土中,此臆论也。"[⑤]旧主长一尺六寸变成了二尺五

---

①《新唐书》卷一九九《儒学·张齐贤传》,北京:中华书局,1975年,第5674页。

②朱熹:《晦庵集》卷六八《答社坛说·社主》,《朱子全书》第23册,第3326页。

③杜佑:《通典》卷四五《礼五·沿革五·吉礼四·社稷》,第1271页。

④陈祥道:《礼书》卷九二《社主》,《北京图书馆古籍珍本丛刊》第3册,北京:书目文献出版社,1990年影印本,第360页下。

⑤马端临:《文献通考》卷八二《郊社考十五·社主社木》,第742页。

寸。元人吴师道也发现社主有“长尺有六寸”和“长二尺五寸”二说，他难辨孰是。[①] 我们不清楚二尺五寸说是如何产生的，但可以确定的是，此说在宋元时期颇为流传。应该有相当一部分儒士认为，应遵从唐神龙元年前的旧主尺寸，即长二尺五寸（约 58 厘米）、方一尺七寸（约 39 厘米）。这就是洪洞二石（今实测长 55 厘米，宽 35 厘米，应是时代久远磨损所致）的礼学依据。总之，元代洪洞李村社稷神位虽然不符合国家礼制，却与私家撰述相契合，是民间礼学实践的结果。

王恽、勖实带、张泰宇以及洪洞李村的社稷祭祀，代表了元代士人多元化的礼学观念。王恽的观念离国家礼制最远，勖实带亦步亦趋地遵循了国家礼制，张泰宇的实践源于宋代官修礼书，洪洞李村则是传承了宋元非官方礼学中的一种观念。总之，我们既看到了国家礼制向基层的下行渗透，也看到了私家的不同礼学理念在基层社会的实践，显示出宋元基层社会礼制的多元发展脉络。

四 小结

元代国都、州县社稷礼是由国家制定的，但二者的建置是不同步的。元代州县社稷祭祀始于至元八年（1271），而国都社稷祭祀始于至元三十年（1293）。元朝建立州县社稷祭祀，是劝农政策的一环，树立起社稷作为农业神的属性。国都中的社稷是政权的象征，而蒙古政治传统在元朝意识形态中占据核心地位，导致大都太社太稷坛壝建设较晚。

元代官方社稷礼，在继承唐宋制度的基础上有所变动和发展。社稷坛在国都中的规划布局，适应了元朝的尚右风尚，是具有时代特点的变动。而元代州县坛壝方位制度的细化规定，以及对朱熹礼学神主尺寸的采纳，都是在继承中原礼制基础上的新发展。

---

①吴师道：《吴正传先生文集》卷一〇《社主说》，《元代珍本文集汇刊》本，第 238 页。

元朝国都、州县、村社三个层面的社稷礼制，存在着中央与地方、官方与民间的多重互动。国家对州县制度的规定与州县的实际执行之间，存在着较大的弹性。在县级以下的基层社会，即使没有官方规定，也出现了士人主导的自发的社稷祭祀。有的表现出国家礼制对基层社会的下行渗透，有的则是私家礼学的实践，反映出中古以后国家礼制与私家礼学的各自发展及其对基层社会的影响。

第十七章　元代宣圣庙

宣圣，即孔子。孔子谥“宣”，又被尊为先圣，故有宣圣之称。关于元代宣圣庙祭祀制度，胡务、申万里在研究元代儒学教育时，皆做过总括式梳理。[①] 黄进兴、朱鸿林在论述历代孔庙从祀制度时对元代从祀状况有一定涉及。[②] 朱鸿林比较了元明二代祭孔仪节。[③] 刘砚月考察了元中期地方儒学释

---

①胡务：《元代庙学——无法割舍的儒学教育链》第一章第二节《元代庙学的祭祀》，成都：巴蜀书社，2005年，第18—39页。申万里：《元代庙学考辨》，《内蒙古大学学报（人文社会科学版）》2002年第2期。申万里：《元代文庙祭祀初探》，《暨南史学》第3辑，广州：暨南大学出版社，2004年，第283—304页，收入氏著《教育、士人、社会：元史新探》，北京：商务印书馆，2013年，第98—135页。申万里：《元代教育研究》第三章，武汉：武汉大学出版社，2007年，第187—245页。

②黄进兴：《学术与信仰：论孔庙从祀制与儒家道统意识》，《新史学》第5卷第2期，1994年6月，收入氏著《优入圣域：权力、信仰与正当性》，西安：陕西师范大学出版社，1998年，第247—344页。朱鸿林：《儒者从祀孔庙的学术与政治问题》，《清华历史讲堂续编》，北京：生活·读书·新知三联书店，2008年，第336—355页，收入氏著《孔庙从祀与乡约》，北京：生活·读书·新知三联书店，2015年，第1—23页。

③朱鸿林：《明太祖的孔子崇拜》，《“中研院”历史语言研究所集刊》第70本第2分，1999年，第483—530页。朱鸿林：《国家与礼仪——元明二代祀孔典礼的仪节变化》，《中山大学学报（社会科学版）》1999年第5期。

奠雅乐的重建。[①] 元代宣圣祭祀发展变迁的过程,颇为复杂,前人研究虽然有所涉及,但配享、从祀、加封名儒等方面仍有不少问题亟待解决。本章在前人研究基础上,梳理元代宣圣祭祀的建立过程,考察元代宣圣庙配享、从祀制度以及元后期加封朱熹始末,从而探析元代宣圣庙南北差异的整合以及元中后期理学在朝廷中的地位问题。

一　元代宣圣祭祀的建立

较之坛壝祭祀,宣圣在社会上拥有广泛的基础。宣圣孔子作为万世师表,是儒士群体的精神支柱。孔子"学而优则仕"的思想,激励着一代代的儒士通过读书投入到现实政治中。唐代以来,学校、宣圣庙逐渐合一,到有元以前,基本形成了庙学一体、有学必有庙的结构。即使在金元之际兵乱,儒家独尊地位不保的情况下,儒士们仍然坚持学校教育以求未来仕进。只要学校存在,宣圣祭祀就不断。

蒙古前四汗时期,各地宣圣庙在儒士的努力下已经渐渐恢复。[②] 当然,诚如赵琦指出的,虽然这一时期各地均有兴修庙学的记录,但是对其成就不应估计过高。实际上,除东平、泽州等个别地区的庙学教育取得了较大成就外,其他庙学的维持举步维艰。[③] 毕竟,蒙古朝廷尚未正式颁布法令兴建庙学、通祀宣圣。

忽必烈即位后,中统二年(1261)夏六月,诏宣圣庙及所在书院有司,岁时致祭,月朔释奠。[④] 这标志着元朝对通祀宣圣的正式认可,但实际上宣圣祭祀的规范与重建是比较缓慢的。至元六年(1269)制定官吏诣庙学礼仪,

---

①刘砚月:《"文化惯性"与"雅俗冲突":论元代地方儒学释奠雅乐的重建》,《湖南大学学报(社会科学版)》2016 年第 2 期。

②关于各地庙学的恢复情况,参赵琦:《金元之际的儒士与汉文化》,北京:人民出版社,2004 年,第 175—192 页。胡务:《元代庙学——无法割舍的儒学教育链》,第 50—53 页。

③赵琦:《金元之际的儒士与汉文化》,第 191—192 页。

④《元史》卷七六《祭祀志五·郡县宣圣庙》,第 1901 页。

至元十年(1273)规定释奠礼仪所用服色,[①]但没有在全国严格执行。赵琦研究发现,各地官府留心庙学的重建似乎是从至元十年(1273)左右开始的。[②]到成宗至元三十一年(1294)"诏中外崇奉孔子"[③],标志着元朝正式在全国确立宣圣庙祭祀。诚如陈高华先生指出的,元世祖、成宗"虽然受一些汉人谋士的影响,也采取一些尊孔崇儒的措施,以资号召,但实际上是不甚重视的"[④]。

元中期开始日益重视宣圣。武宗加封孔子为大成至圣文宣王,封号超越前代。仁宗开科举,完善宣圣庙配享、从祀制度。文宗、顺帝踵事增华。为便于理解宣圣祭祀的建立与发展过程,下面以天下地位最高的三处宣圣庙——大都、上都、曲阜阙里宣圣庙为例进行探讨。

(一)大都宣圣庙

元大都的前身是金中都。1214 年金中都被蒙古攻下后改名燕京。八年后,"壬午年(1222,元太祖十七年),行省许以枢密院旧基改建文庙"[⑤]。萧启庆先生指出,此处之"行省"即行尚书省六部事王檝。[⑥]《元史・祭祀志》云:"宣圣庙,太祖始置于燕京。"[⑦]确切地说,是太祖时置于燕京,建庙一事并未惊动元太祖成吉思汗。耶律楚材记载:

> 王巨川(王檝)能于灰烬之余,草创宣圣庙,以己丑(1229)二月八日

---

①《庙学典礼》卷一《官吏诣庙学烧香讲书》,王颋点校,杭州:浙江古籍出版社,1992 年,第 12—13 页;卷一《释奠服色》,第 14—15 页。

②赵琦:《金元之际的儒士与汉文化》,第 292 页。

③《元史》卷一八《成宗纪一》,第 386 页。

④陈高华:《金元二代衍圣公》,《文史》第 27 辑,1987 年,收入氏著《元史研究论稿》,北京:中华书局,1991 年,第 342 页。

⑤《析津志辑佚》,第 199 页。

⑥萧启庆:《大蒙古国的国子学:兼论蒙汉菁英涵化的滥觞与儒道势力的消长》,《内北国而外中国:蒙元史研究》,第 96 页。

⑦《元史》卷七六《祭祀志五・宣圣》,第 1892 页。

丁酉，率诸士大夫释而奠之，礼也。诸儒相贺曰："可谓吾道有光矣。"[①]

释奠礼，即祭祀宣圣孔子之礼。己丑为元太宗元年（1229），这可能是蒙古治下官员最早的宣圣祭祀。

宪宗四年（1254），在潜邸的忽必烈命燕京宣圣庙修理殿廷。忽必烈即位以后，虽未立刻正式定都，但燕京地区事实上已成为两都之一。《元史·世祖本纪》载，中统三年（1262）春正月"修宣圣庙成"[②]，应该就是在此背景下朝廷对燕京宣圣庙的重修。从此燕京宣圣庙成为都城级别的宣圣庙。不久，元朝在燕京城东北营建新城，至元九年（1272）命名为大都，而燕京城成为了大都南城。至元十年（1273）三月，"中书省命春秋释奠，执事官各公服如其品，陪位诸儒襕带唐巾行礼"[③]。这次释奠礼仪的举行场所实际上仍是燕京（大都南城）旧有的宣圣庙。

至元二十四年（1287），在南人儒臣叶李的推动下，忽必烈才下令在大都城内建造太学与文庙，其诏令云："先立学校，后盖文庙，大都拨地，与国学一同兴盖。"[④]诏令发出，城东拨出了土地基址。然而，终世祖朝庙、学皆未建成。至元二十四年正是桑哥开始独揽朝政之时。据毛海明研究，桑哥颇具汉文化修养，甚至有汉姓，且与汉儒交往较密切。[⑤] 叶李与桑哥是一对紧密的政治伙伴。新庙学迟迟不建的原因很复杂，其大背景是忽必烈晚年政策趋于保守，具体可能与朝中复杂的政治斗争有关，到至元二十八年叶李失势后新建庙学计划就搁浅了。当时燕京庙学旧址已使用了半个多世纪，相沿成习，也许也造成了一定的惰性。

《元史·选举志》载："（至元）二十四年，既迁都北城，立国子学于国城

①耶律楚材：《湛然居士集》卷三《释奠》，《四部丛刊》本，第6b页。

②《元史》卷五《世祖纪二》，第81页。

③《元史》卷七六《祭祀志五·宣圣》，第1892页。

④《庙学典礼》卷二《左丞叶李奏立太学设提举司及路教迁转格例儒户免差》，第30页。

⑤参毛海明：《桑哥辅政碑事件探微——以翰林官僚张之翰的仕宦转折为线索》，《"中研院"历史语言研究所集刊》第87本第3分，2016年9月，第611—668页。毛海明：《桑哥汉姓考——元代民族文化交融的一个侧面》，《民族研究》2017年第3期。

之东,乃以南城国子学为大都路学。”[①]有学者据此以为至元二十四年南城国子学改为了大都路学。[②] 但《选举志》又载,至元十三年(1276)改为大都路学。[③] 笔者以为,《选举志》的两种说法都很笼统。终世祖朝,新的国子学既然未建,国子学应该仍在南城旧址,大概与大都路学同址。

成宗即位后不久,至元三十一年(1294)七月“诏中外崇奉孔子”[④]。然而大都宣圣庙营造工程仍然启动迟缓。“元贞元年(1295),诏立先圣庙。久未集。”直到大德三年(1299)春,丞相哈剌哈孙饬五材,鸠众工,责成工部郎中贾驯。[⑤] 即便如此,宣圣庙的建设进度非常缓慢。大德六年(1302)九月才开始建造大成殿大成门。[⑥] 到大德十年(1306)秋,大都宣圣庙终于建成。[⑦]从世祖时就作为国子学与宣圣庙而使用了近半个世纪的燕京庙学,则真正改为大都路学。

(二)上都宣圣庙

元上都开平城,始建于元宪宗六年(1256)。起初为忽必烈藩府。开平的宣圣庙始建时间已不可考。忽必烈即位后,中统二年(1261)八月,命开平守臣释奠于宣圣庙。[⑧] 表明此前开平已有宣圣庙。数年后,宣圣庙得以重建。《本纪》载,至元四年(1267)五月,敕上都重建孔子庙。[⑨] 但许有壬《上都孔子庙碑》云:“至元六年(1269),命留守臣颜蒙古岱作孔子庙都城东南。”[⑩]记时有二年之差,或许前者为下令时间,后者为建成时间。仁宗皇庆

---

①《元史》卷八一《选举志一·学校》,第2032页。

②王建军:《元代国子监研究》,第114页。

③《元史》卷八一《选举志一·学校》,第2032页。

④《元史》卷一八《成宗纪一》,第386页。

⑤程钜夫:《雪楼集》卷六《大元国学先圣庙碑》,《元代珍本文集汇刊》本,第269—270页。

⑥《元代画塑记》,第10—11页。

⑦《元史》卷七六《祭祀志五·宣圣》,第1892页。

⑧《元史》卷七六《祭祀志五·郡县宣圣庙》,第1901页。

⑨《元史》卷六《世祖纪三》,第114页。

⑩许有壬:《上都孔子庙碑》,《至正集》卷四四,《元人文集珍本丛刊》本,第216页。

二年(1313)重修上都宣圣庙,增廊庑斋厅。[①] 文宗、顺帝先后敕赐上都孔子庙碑。[②]

考古调查发现,元上都皇城东南角有一座前后两殿式的建筑基址,围墙南北长 67.5 米,东西宽 62.5 米,被认为是宣圣庙遗址。围墙外西北侧有一院落与之相连,东西长约 50 米,南北宽约 35 米,被认为是国子监遗址。[③]

(三)曲阜阙里宣圣庙

曲阜是孔子故里,孔子后人于此世代袭爵衍圣公,主持阙里宣圣庙。这里作为天下宣圣庙之祖庙,地位极其重要。金亡,在蒙古统治下,阙里宣圣庙很快得到恢复。这与蒙古治下首位衍圣公孔元措是有密切关系的。[④]

《元史·祭祀志》载:"阙里之庙,始自太宗九年(1237),令先圣五十一代孙袭封衍圣公元措修之,官给其费。"[⑤]须辨析的是,此令的发出年代为太宗九年,但发布者并非太宗,而是管领汉地的断事官。证据是丁酉年《孔颜孟三氏免差役赋税文书碑》。该碑最早为学界所知是 1959 年蔡美彪先生在《元代白话碑集录》中据拓片录文。蔡先生将丁酉年比定为元贞三年(1297),对碑文中"扎鲁火赤也可那演胡都虏"等人名未及考释。1992 年萧启庆先生根据孔元措《孔氏祖庭广记》及《曲阜孔府档案史料》录文,将"胡都虏"校正为"胡都虎"——即大断事官失吉忽秃忽,并指出丁酉年应为太宗

①许有壬:《上都孔子庙碑》,《至正集》卷四四,第 216 页。

②《元史》卷三五《文宗纪四》,第 789 页;卷三九《顺帝纪二》,第 835 页。

③贾洲杰:《元上都调查报告》,《文物》1977 年第 2 期。魏坚:《元上都城址的考古学研究》,《蒙古史研究》第 8 辑,呼和浩特:内蒙古大学出版社,2005 年,第 103—104 页。魏坚:《元上都的考古学研究》,吉林大学博士论文,2004 年,第 46 页。魏坚:《元上都》(上册),北京:中国大百科全书出版社,2008 年,第 62 页。

④陈高华:《金元二代衍圣公》,《文史》第 27 辑,1987 年,收入氏著《元史研究论稿》,北京:中华书局,1991 年,第 328—345 页。萧启庆:《大蒙古国时代衍圣公复爵考实》,《大陆杂志》第 85 卷第 6 期,1992 年 12 月,收入氏著《内北国而外中国:蒙元史研究》,第 79—88 页。

⑤《元史》卷七六《祭祀志五·宣圣》,第 1899 页。

九年(1237)。[①] 2001年骆承烈编《石头上的儒家文献——曲阜碑文录》时未见到萧启庆先生的成果,仅据《元代白话碑集录》录文,且云“此碑至今未发现”[②]。实际上,此碑今日在邹城孟庙内。日本学者森田宪司、邹城本地学者刘培桂各自根据实地考察重新录文。[③] 兹据京都大学人文研究所藏拓片(GEN0001X)并参考前人成果录文:

皇帝圣旨里,扎鲁火赤也可那演胡都虎、斡鲁不、众扎鲁火赤那演言语:今准袭封衍圣公孔〔元〕措申“曲阜县现有宣圣祖庙,其亚圣子孙历代并免差发,目今兖国公后见有子孙八家,邹国公后子孙二家”事。除已行下东平府照会,是亚圣之后,仰依僧道体例一体蠲免差发去讫,并不得夹带他族。仰各家子孙准上照会施行。奉到如此。

右劄付兖国公邹国公之后子孙。准此。

劄付兖国公邹国公之后子孙事。

丁酉年十一月二十六日。

这件丁酉年(1237)文书,与阙里宣圣庙的兴复是息息相关的。己亥年(1239)孔元措立石的《大朝崇褒祖庙之记》以及孔元措编纂的《孔氏祖庭广记》,皆载丁酉年文书下发的原委。《大朝崇褒祖庙之记》记事较为详细。其中载,丁酉年(1237),孔元措前往拜见断事官丞相耶律丑山,先抵燕京,“邂逅竹林堂头简长老、长春宫大师萧公,二公皆丞相之师友”,在他们的帮助下,“丁酉岁仲冬二十六日公(孔元措)自燕而适固安之西□谒山相帐下”,最终得偿所愿,“宣圣之后悉蠲租赋,而颜孟之裔亦如之,袭封之职、祭祀土田,并令如旧”[④]。竹林堂头

①萧启庆:《大蒙古国时代衍圣公复爵考实》,《内北国而外中国:蒙元史研究》,第84页。

②骆承烈编:《石头上的儒家文献——曲阜碑文录》,济南:齐鲁书社,2001年,第237页。

③[日]森田宪司:《〈大朝崇褒祖廟之記〉再考:丁酉年における“聖人の家”への優免》,《奈良史学》12,1994年,第31—54页,收入氏著《元代知識人と地域社会》,东京:汲古书院,2004年,第97页。刘培桂:《孟子林庙历代石刻集》,济南:齐鲁书社,2005年,第37页。

④《大朝崇褒祖庙之记》,录文见[日]森田宪司:《〈大朝崇褒祖廟之記〉再考:丁酉年における“聖人の家”への優免》,《奈良史学》12,1994年,第53页。杨朝明主编:《曲阜儒家碑刻文献辑录》第4辑,济南:齐鲁书社,2018年,第77—82页。

简长老，即临济宗高僧海云印简，竹林即燕京竹林寺。长春宫大师萧公，其人生平不详，《孔氏祖庭广记》载："古燕义士萧元素与朝廷断事官丞相耶律丑山为师友，独萧公亲诣以为先容，具道其所以然。儒教由此复兴。"[①]可知长春宫大师萧公名为萧元或萧元素。[②] 断事官丞相耶律丑山，萧启庆以其人无考，[③]冲田道成等译注《乌台笔补》时认为耶律丑山即耶律阿海之子绵思哥。[④] 高桥文治将耶律丑山录为"耶律田山"，认为他可能是耶律绵思哥之子。[⑤] 绵思哥又见于太宗五年癸巳（1233）燕京文庙圣旨，是燕京长官之一。[⑥] 耶律阿海是金桓州尹耶律撒八之孙、尚书奏事官脱迭儿之子。[⑦] 然而，高桥文治所揭《大朝崇褒祖庙之记》碑阴记载，朝廷断事官丞相丑山是前辽国耶律郡王之子，祖父以上皆为西辽辅弼重臣。因此耶律丑山与耶律阿海子孙很难勘同，其人仍须新史料才可考证。无论如何，丁酉年文书末署十一月二十六日，正是孔元措面见耶律丑山之日。《元史・祭祀志》所载"阙里之

---

①孔元措：《孔氏祖庭广记》卷五《历代崇重》，《中华再造善本》影印蒙古乃马真后元年孔氏刻本，第17a页。

②高桥文治从"萧元"。［日］高橋文治：《孟廟丁酉年免差役賦税碑をめぐって》，《モンゴル時代全真教文書の研究》，东京：汲古书院，2011年，第74页。萧启庆从"萧元素"。萧启庆：《大蒙古国时代衍圣公复爵考实》，《内北国而外中国：蒙元史研究》，第84页。高桥文治揭《大朝崇褒祖庙之记》碑阴"石抹元"即萧元。但此碑阴未见刊布。［日］高橋文治：《書評：森田憲司著〈元代知識人と地方社會〉》，《東洋史研究》63（4），2005年，第759页。

③案，唐长孺曾引用《孔氏祖庭广记》论耶律楚材官职，但未论及耶律丑山。唐长孺：《蒙元前期汉文人进用之途径及其中枢组织》，《学原》第2卷第7期，1948年，收入氏著《山居存稿》，北京：中华书局，1989年，第524—581页。今人有文章述唐长孺以耶律楚材、耶律丑山为一人（朱翠翠：《必阇赤研究述评》，《元史及民族及边疆研究集刊》第27辑，2014年，第214页注4），实误解唐长孺文意。

④［日］冲田道成、加藤聪、佐藤贵保、高桥文治、向正树、山尾拓也、山本明志：《『烏臺筆補』訳註稿（2）》，《内陸アジア言語の研究》19，2004年，第121页。

⑤［日］高桥文治：《孟廟丁酉年免差役賦税碑をめぐって》，《モンゴル時代全真教文書の研究》，东京：汲古书院，2011年，第74页。

⑥《析津志辑佚》，第197页。参［日］高桥文治：《太宗オゴデイ癸巳年皇帝聖旨をめぐって》，《モンゴル時代全真教文書の研究》，第57—58页。

⑦《元史》卷一五〇《耶律阿海传》，第3548页。

庙,始自太宗九年(1237),令先圣五十一代孙袭封衍圣公元措修之,官给其费"[①],指的也是同一事件。经过孔元措的活动,曲阜宣圣庙祭祀得以恢复。

关于曲阜历代碑刻,森田宪司整理的目录最为完备。[②] 前四汗时期的数通碑刻,多为太宗朝恢复宣圣祭祀的相关内容。1251 年孔元措去世,袭封衍圣公的孔浈很快被罢黜,衍圣公之位从此到整个世祖朝一直空缺四十余年。[③] 这段时期,阙里宣圣庙的发展也没有大的起色。元世祖朝虽然留下许多官僚名士谒庙碑刻,但由朝廷下发的尊崇阙里宣圣庙的碑刻付之阙如。《元史·世祖本纪》载,至元四年(1269)春正月癸卯,敕修曲阜宣圣庙。[④] 元人阎复亦记载此事:"至元丁卯(引者案,即至元四年),衍圣公治(孔治)尹曲阜,主祀事,将图起废,奎文、杏坛,斋厅、黉舍,即其旧而新之,礼殿则未遑也。"[⑤]然曲阜孔庙诸碑刻却未留下任何关于此事的记载,且孔治时任县尹,但袭封衍圣公是成宗时期的事,可能与当时衍圣公府内部纷争、状况低落有关。[⑥]

成宗即位以后,至元三十一年(1294)七月"诏曲阜林庙,上都、大都诸路府州县邑庙学、书院,赡学土地及贡士庄田,以供春秋二丁、朔望祭祀,修完庙宇"[⑦]。这件圣旨在全国各地的宣圣庙刻碑立石,明确规定了对阙里林庙的护持、免役、祭祀等事项。[⑧]

---

①《元史》卷七六《祭祀志五·宣圣》,第 1899 页。

②[日]森田宪司:《曲阜地域の元代石刻群をめぐって》,《奈良史学》19,2001 年。

③参赵文坦:《蒙元时期衍圣公袭封考》,《孔子研究》2012 年第 2 期。

④《元史》卷六《世祖纪三》,第 113 页。

⑤阎复:《静轩集》卷二《曲阜孔子庙碑》,《元人文集珍本丛刊》本,第 544 页。

⑥参陈高华:《金元二代衍圣公》,《文史》第 27 辑,1987 年,收入氏著《元史研究论稿》,北京:中华书局,1991 年,第 328—345 页。赵文坦:《蒙元时期衍圣公袭封考》,《孔子研究》2012 年第 2 期。

⑦《元史》卷七六《祭祀志五·郡县宣圣庙》,第 1901 页。

⑧参[日]森田憲司:《至元三十一年崇奉儒学圣旨碑——石刻、〈庙学典礼〉、〈元典章〉》,[日]梅原郁编:《中国近世の法制と社会》,京都:京都大学人文科学研究所,1993 年,第 403—435 页,收入氏著《元代知識人と地域社会》,东京:汲古书院,2004 年,第 100—135 页。

大德十一年(1307),武宗即位,加封孔子为大成至圣文宣王,[①]在前代封号基础上增加“大成”二字。孔子父、母、妻及配享者、从祀者皆得到加封。《加封孔子圣旨致祭碑》记载了大德十一年五月至七月集贤院众学士上奏、讨论、定议的过程。赵文坦先生对参与者做过考证。[②] 最初提起奏请的是五月二十八日集贤大学士资德大夫赵也先、荣禄大夫平章政事太子少傅集贤大学士王颙。赵也先,其人不详。王颙,真定平山(今河北平山县)人,是一位耆旧老臣,曾任皇太子真金的师保宾客,[③]后长期担任集贤大学士。六月初八日,香山司徒、斡赤大学士、王大学士、安大学士奏:“如今众学士商量定,加封孔夫子作大成至圣文宣王,大都、上都、孔林,差人依旧例致祭,牲加太牢,赉制词、香、祝文、酒去呵……”香山司徒,应即武宗至大元年(1308)封宾国公的香山。[④] 斡赤,武宗时任太子詹事、中书左丞、集贤使、领典医监事等职,仁宗时为典瑞院使,泰定帝时为翰林学士承旨。[⑤] 香山、斡赤应该是汉文化水平较高的蒙古人或色目人。王大学士,即王颙。安大学士,即安祐,“磁州人。弱冠上书,世祖奇之,授以近侍,每有委用,规模宏远,官至集贤大学士”[⑥]。总之,武宗加封孔子并致祭,是由元朝北方儒臣推动的。这些儒臣既有汉人,也有蒙古、色目人。

武宗开始遣使代祀阙里,大幅提升了阙里宣圣庙的祭祀规格。据传世文献与碑刻史料统计,元朝代祀阙里宣圣庙共 15 次,其中 13 次在曲阜留下了碑刻。《元史·祭祀志·宣圣庙》载:“延祐之末,泰定、天历初载,皆循是

---

①关于加封缘起、诏书发出及刻石的过程,参[日]宫紀子:《大徳十一年「加封孔子制誥」をめぐって》,《中国——社会と文化》14,第 135—154 页,收入氏著《モンゴル時代の出版文化》,名古屋:名古屋大学出版会,2006 年,第 271—301 页。

②赵文坦:《元代尊孔“大成至圣文宣王”的由来》,《历史教学》(高校版)2009 年第 11 期。

③《元史》卷三四《文宗纪三》,第 770 页。

④《元史》卷二二《武宗纪一》,第 497 页。

⑤《元史》卷二三《武宗纪二》,第 525 页;卷二六《仁宗纪三》,第 584 页;卷二九《泰定帝纪一》,第 650 页。

⑥《明一统志》卷二八,第 1962 页。

典。”[①]延祐之末即延祐七年，天历初载实为天历二年，皆有碑刻为证。惟独泰定初载的代祀找不到相关碑刻。我们注意到武宗以降皇帝即位大多遣使代祀阙里。《祭祀志》所言泰定初载代祀当亦不虚，只是其碑不存。在 14 次代祀中，皇帝遣使共 12 次，其余 3 次分别为皇太后、皇太子、察罕帖木儿遣使。

元朝代祀阙里日期不固定。虽然有的代祀使臣是参与春秋二仲月（二月、八月）上丁日的释奠礼，但多数属于因事而祀。代祀使臣的人选，几乎皆为儒臣，最常见的是翰林学士、集贤学士、国子祭酒等职。在目前所知的 14 位使臣中，绝大多数都是北方人，只有后至元六年（1340）代祀的翰林修撰周伯琦是江西鄱阳人，至正八年（1348）代祀的宣文阁授经郎董立是湖北咸宁人。[②] 儒臣代祀阙里不啻一次朝圣之旅。与代祀岳镇海渎相比，代祀阙里为皇室祈福的宗教功能稀薄，而尊孔崇儒的姿态明确，体现治统与道统的并轨，从而博得儒士群体的拥护。

元代代祀阙里一览表

时间	代祀使臣	资料来源
至大元年（1308）七月	集贤学士王德渊	《元史》卷七六《祭祀志五・宣圣》，第 1899 页。《加封孔子及致祭颜孟祝文碑》，《石头上的儒家文献》，第 253—255 页；《曲阜儒家碑刻文献辑录》第 2 辑，第 163—171 页
至大四年（1311）十月	国子祭酒刘赓	《元史》卷七六《祭祀志五・宣圣》，第 1899 页。《祭告宣圣庙碑》，《石头上的儒家文献》，第 257—258 页；《曲阜儒家碑刻文献辑录》第 4 辑，第 91—96 页

①《元史》卷七六《祭祀志五・宣圣》，第 1899 页。

②参王德毅等编：《元人传记资料索引》，第 1591 页。

续表

时间	代祀使臣	资料来源
延祐七年（1320）五月	说书王存义	曹元用《大元祭孔子碑》，《石头上的儒家文献》，第265—267页。《曲阜儒家碑刻文献辑录》第5辑，第45—47页
泰定元年(1324)		《元史》卷七六《祭祀志五·宣圣》，第1899页
天历二年(1329)三月	翰林侍讲学士通奉大夫知制诰同修国史兼经筵官曹元用	曹元用《代祀孔子庙碑》，《石头上的儒家文献》，第272—274页；《曲阜儒家碑刻文献辑录》第3辑，第80—87页
元统三年(1335)正月	（皇太后遣）同知徽政院事兼侍正赵世安①	张起岩《□□皇太后祀鲁阙里庙之碑》，《石头上的儒家文献》，第284—285页
后至元元年（1335）闰十二月	翰林修撰文林郎同知制诰兼国史院编修官王思诚②	王思诚《代祀阙里孔子庙碑》，《石头上的儒家文献》，第288—289页
后至元五年（1339）二月	御史从事高元肃	梁宜《御赐尚醴释奠之记》，《石头上的儒家文献》，第290—291页。《曲阜儒家碑刻文献辑录》第5辑，第66—67页

①《石头上的儒家文献》作“周□□政院事兼侍正赵世安”。云南图书馆藏元代官刻大藏经题跋中有后至元二年(1336)太皇太后愿文及僧人、官员题名，其中有“荣禄大夫同知徽政院事侍正赵世安”（参童玮、方广锠、金志良:《元代官刻大藏经考证》，《世界宗教研究》1986第3期，第52页；方广锠:《两份新发现的元代职名录》，《文史》第29期，1988年）。河南登封少林寺今存《大元重建河南嵩山少林禅寺萧梁达摩大师碑叙》（至正七年立石），碑文为后至元五年(1339)少林僧请于朝，太皇太后命人撰作，篆额者为“荣禄大夫同知徽政院事兼隆祥使臣赵世安”（该碑概况见河南省文物局编:《河南碑志叙录(一)》，河南:中州古籍出版社，1992年，第271—272页。录文见徐长青:《少林寺与中国文化》，郑州:中州古籍出版社，1993年，第164—167页）。据此改正《石头上的儒家文献》录文错字并补入阙字。

②《石头上的儒家文献》作“国史院总修官”，显误。

续表

时间	代祀使臣	资料来源
后至元五年(1339)八月	监察御史孔思立	王守诚《大元祀宣圣庙记》,《石头上的儒家文献》,第295—296页;《曲阜儒家碑刻文献辑录》第5辑,第69—71页。 欧阳玄《曲阜重修宣圣庙碑》,《石头上的儒家文献》,第291—294页;《圭斋文集》卷九,《四部丛刊》本,第34a—37b页
后至元六年(1340)八月	翰林修撰周伯琦	周伯琦《大元释奠先圣庙碑记》,《石头上的儒家文献》,第300—302页;《曲阜儒家碑刻文献辑录》第5辑,第72—75页。 周伯琦《七月十二日奉诏以香酒使曲阜代祀孔庙作》、《八月六日丁亥释奠孔子庙三十韵》,《近光集》卷一,第5a、5b—6b页
至正二年(1342)十二月	集贤直学士郭孝基	郭孝基《皇帝致奠曲阜孔子庙碑》,《石头上的儒家文献》,第307—309页;《曲阜儒家碑刻文献辑录》第5辑,第83—85页
至正七年(1347)秋		张如石《贺衍圣公加封官爵诗碑》,《石头上的儒家文献》,第318—319页;《曲阜儒家碑刻文献辑录》第5辑,第94—95页
至正八年(1348)八月	宣文阁授经郎董立	董立《代祀记》,《石头上的儒家文献》,第319—320页;《曲阜儒家碑刻文献辑录》第2辑,第193—198页
至正十六年(1356)二月	集贤直学士杨俊民	《元史》卷四四《顺帝纪七》,第930页
至正二十一年(1361)八月	(中书平章政事知河南山东等处行枢密院事兼陕西诸道行御史台御史中丞察罕帖木儿遣)都事尹师彦	孙翥《中书平章祀宣圣庙记》,《石头上的儒家文献》,第335—336页;《曲阜儒家碑刻文献辑录》第5辑,第107—109页

续表

时间	代祀使臣	资料来源
至正二十五年(1365)二月	(皇太子遣①)承德郎枢密院经历赐进士及第魏元礼	魏元礼《代祀阙里记》,《石头上的儒家文献》,第336—337页;《曲阜儒家碑刻文献辑录》第5辑,第110—111页

二　宣圣庙配享制度

孔庙自汉代开始成为国家礼制的元素,其发展变迁与政治密不可分。②尤其是孔庙配享制度,不仅是国家政治文化的一部分,而且体现出儒家思想的历史变迁。在历代祭孔沿革史上,元代是重要的时期。在孔庙配享方面,孟子的地位自唐宋以降逐渐升格,到元仁宗时以颜、孟并为亚圣,文宗时改颜回为复圣,最终确立了孟子的亚圣地位。③ 当然,更重要的是元代对配享制度南北差异的整合。

历代孔庙配享的变化,与儒家思想的发展密不可分。唐以前,配享孔子者仅颜子一人而已。唐中期以降,在韩愈的倡导之下,孟子之学越来越受到重视,到北宋,孟学已蔚为大观,元丰七年(1084),孟子得以与颜子并配。④此二配制度为金代沿用。南宋前期亦用二配。随着学术演变,在程朱理学的影响下,四书取代五经,成为阐释儒家义理的首要依据。曾子、子思作为《大学》、《中庸》的作者,地位稳步提升。南宋咸淳三年(1267),令孔庙设

---

①此碑剥蚀较为严重,文中有"二月□太子□遣官致祭先圣□里"字样,当为"二月皇太子□遣官致祭先圣阙里"。

②参黄进兴:《象征的扩张:孔庙祀典与帝国礼制》,《"中研院"历史语言研究所集刊》第86本第3分,2015年9月。

③赵宇:《儒家"亚圣"名号变迁考——关于宋元政治与理学道统论之互动研究》,《历史研究》2017年第4期。

④李焘:《续资治通鉴长编》卷三四五,北京:中华书局,1995年,第8291页。参汤勤福、王志跃:《宋史礼志辨证》,上海:上海三联书店,2011年,第375页。

颜、曾、思、孟四配。[①] 这时,金朝早已灭亡,蒙古统治下的北方沿用的是金代宣圣庙配享制度,即颜、孟二配。理学刚刚北传,不可能在一朝一夕间改变北方的学术思想和祭祀制度。

元朝统一南北之后,南北孔庙配享制度长期存在明显差异。至大元年(1308)武宗加封孔子、颜子、孟子,遣使致祭阙里宣圣庙,配享者只有颜、孟二位。[②] 仁宗至大四年(1311)十月遣官致祭阙里,碑文有云:"以兖国公(颜子)、邹国公(孟子)配"[③],仍是二配。

元仁宗开科举以后,孔庙二配制度发生变化。仁宗皇庆二年(1313)决定恢复科举,考试内容以朱熹《四书章句集注》为准,[④]从制度上确立了四书学的官学地位。[⑤] 延祐三年(1316)七月,仁宗诏春秋释奠于先圣,以颜子、曾子、子思、孟子配享。[⑥] 升曾、思配享,应该是御史中丞赵世延建言促成的。曲阜现存危素撰《至正十四年尼山大成殿增塑四公配享记碑》载:

> 延祐三年,仁宗皇帝在位,崇学右文。御史中丞赵公世延始言:"南北祭礼,不宜有异,当升曾、思如典故。"制曰:"可。"[⑦]

赵世延(1260—1336),族出雍古(汪古),祖父按竺迩为蒙古汉军征行大元帅,家成都。赵世延"究心儒者体用之学"[⑧],深受理学影响,曾奏请朝廷于京兆置鲁斋书院,以关中名儒同恕(号榘庵,1255—1332)领教事,[⑨]因此被《宋

---

①《宋史》卷四六《度宗纪》,第 897 页。

②《至大元年加封孔子及致祭颜孟祝文碑》,《石头上的儒家文献——曲阜碑文录》,第 254 页。

③《至大四年祭告宣圣庙碑》,《石头上的儒家文献——曲阜碑文录》,第 257—258 页。

④《元史》卷八一《选举志一·科目》,第 2019 页。

⑤参周春健:《元代四书学研究》,上海:华东师范大学出版社,2008 年,第 65—92 页。

⑥《元史》卷七六《祭祀志五·宣圣》,第 1892 页。

⑦《至正十四年尼山大成殿增塑四公配享记碑》,《石头上的儒家文献——曲阜碑文录》,第 330 页;杨朝明主编:《曲阜儒家碑刻文献辑录》第 1 辑,第 171—176 页。危素:《危太朴文集》卷五《尼山大成殿四公配享记》,《元人文集珍本丛刊》本,第 430 页;陈镐:《阙里志》卷一八,《北京图书馆古籍珍本丛刊》第 23 册,第 638 页;孔贞丛:《重修阙里志》卷一〇,日本早稻田大学藏明刻本,第 48b 页。

⑧《元史》卷一八〇《赵世延传》,第 4163 页。

⑨《元史》卷一八九《儒学传一·同恕传》,第 4327 页。

元学案》列为"渠庵同调"[①]。因此，在元代理学传播的背景下，科举的开设和四书地位的确立，促成了延祐三年(1316)改二配为四配。

四配在北方各地的推行，经历了相当长的过程。例如河北藁城县文宣王庙至正八年(1348)才增塑曾子、子思，时人杨俊民感慨："迄今尚有未升曾、思，大郡且然，况小邑乎？"[②]再如济宁路鱼台县庙学也是"因旧俗，以颜、孟与先圣并列，而遗曾、思"，直到至正九年(1349)才在新任县尹杨世宁的主持下增为四配。[③] 此时距离仁宗颁布四配之制已有三十余年，而鱼台县更是邻近曾子、子思故里，可见二配旧制有较强的惯性。

黑城出土文书中有一件亦集乃路儒学财产交割文书(编号F39：W1)，文书中提到"大小奠牌拾伍面"[④]。李逸友误将这十五面奠牌定为孔子、四配(颜子、曾子、子思、孟子)、十从祀(许衡、程颢、程颐、张载、邵雍、司马光、朱熹、张栻、吕祖谦、董仲舒)的牌位。[⑤] 苏力已指出，十从祀当为十哲。[⑥] 因此，这十五人，当为孔子、四配(颜子、曾子、子思、孟子)、十哲(子渊、子骞、伯牛、仲弓、子有、子贡、子路、子我、子游、子夏)。此文书的具体年代无法确定，大致应该在元后期。可见远在西北的亦集乃路文庙也实行了四配制度。

总之，到元后期，在国家的推动之下，北方宣圣庙由二配改为四配，宣圣庙配位的南北方差异逐渐消除。

---

①黄宗羲、全祖望：《宋元学案》卷九五《萧同诸儒学案》，陈金生、梁运华点校，北京：中华书局，1986年，第3144页。

②杨俊民：《元文宣王庙绘塑记》，嘉靖《藁城县志》卷八，《中国方志丛书》影印民国二十三年铅字重印本，台北：成文出版社，1968年，第2a—3b页。

③明安：《学宫正圣贤位次及画像记》(原署至正元年，当为至正九年之讹)，康熙《鱼台县志》卷一八《艺文》，《复旦大学图书馆藏稀见方志丛刊》第29册，北京：国家图书馆出版社，2010年，第34b—36a页。

④李逸友编著：《黑城出土文书(汉文文书卷)》，北京：科学出版社，1991年，第195页，图版捌(2)。

⑤李逸友编著：《黑城出土文书(汉文文书卷)》，第46—47页。

⑥苏力：《元代亦集乃路儒学浅探》，《兰州学刊》2012年第5期，第70页。

三 宣圣庙从祀制度

孔庙从祀制度由东汉以下,渐次发展成形,由唐至宋,随着政治和学术的变迁而发展变化。[①] 元代孔庙从祀问题,有助于我们理解元代南北儒士对道统认知的差异,重新审视程朱理学在元朝的实际地位。

(一)宋元十儒从祀

元朝宣圣庙制度中最重要的举措之一是从祀宋元十儒。元仁宗皇庆二年(1313)决定恢复科举的同时,"以宋儒周敦颐、程颢、颢弟颐、张载、邵雍、司马光、朱熹、张栻、吕祖谦及故中书左丞许衡从祀孔子庙廷"[②]。这九位宋儒,是宋理宗淳祐元年(1241)、景定二年(1261)、咸淳三年(1267)先后列入从祀的。在南宋的从祀中,张载按照年齿顺序排在二程之前。但张载之学源自二程之说,经吕大临、杨时等人鼓吹,被朱熹《伊洛渊源录》采纳。[③] 元朝显然接受此说,将张载排在二程之后,以闻道先后为序。

元仁宗不仅承认九位宋儒从祀,更重要的是增入了元儒许衡(1209—1281,字仲平,号鲁斋)。从祀具有强烈的正统象征意义。到元仁宗时,理学北传已有半个多世纪。许衡执教国子学,大举推动了北方学习理学之风。但是南北儒士思想观念仍有不小差异,现实政治利益亦有冲突。从金亡以后,蒙古治下的北方各族儒士以共同的教育、文化、仕宦为纽带结成了"中州士大夫"这一群体。元朝统一江南之后,中州士大夫在政治上相对于南儒有

---

①参黄进兴:《学术与信仰:论孔庙从祀制与儒家道统意识》,《新史学》第5卷第2期,1994年6月,收入氏著《优入圣域:权力、信仰与正当性》,第247—344页。

②《元史》卷二四《仁宗纪一》,第557页。

③朱熹:《伊洛渊源录》卷六《横渠先生》,《朱子全书》第12册,上海:上海古籍出版社;合肥:安徽教育出版社,2002年,第992—1002页。

明显的优势。[①] 元仁宗开科举、议从祀时，主政者为中书平章政事李孟（1255—1321）。李孟，山西潞州人，是典型的中州士大夫，虽然推崇儒治，但很少提携南儒。至大四年（1311）南方理学大家吴澄在国子监推行教学改革不成而离职，当因违忤李孟政治布局。[②] 皇庆二年（1313）集贤建议召吴澄为国子祭酒，又被李孟阻止。[③] 李孟的态度，对于宋元十儒从祀有关键作用。而起到更直接作用的，是许师敬、杨朵儿只。许师敬，字敬臣，许衡之子，就在确定宋元十儒从祀之前十余日，以参知政事纲领国子学，[④]应该直接参与了确立从祀之事。杨朵儿只（1279—1320），河西宁夏人，幼侍仁宗潜邸，被李孟评价为仁宗"元从人材"第一，拥立仁宗有功，官至御史中丞。[⑤] 墓志记载杨朵儿只奏请从祀"周元公辈十人"[⑥]，即宋元十儒。

总之，元仁宗从祀宋元十儒的直接推手是北方士大夫。他们官居高位，文化认同又与南儒不相投合。最典型的如许师敬，被袁桷等南儒批评为"颇尚朔气"，"以门第自高"[⑦]。在这种背景下，元朝官方之所以承认宋元十儒为程朱理学传承谱系，重点当然不是推崇出身江南的理学家，而是强调道统由宋入元的转变，因此从祀许衡是接续道统的最关键举措。

（二）宋五贤从祀之议

元中后期，出现过从祀董仲舒（公元前 179 年-前 104 年）、李谦（1233-

①参求芝蓉：《元初"中州士大夫"与南北文化统合》，北京：社会科学文献出版社，2020 年，第 34—70、113—151 页。

②参刘成群：《吴澄国子监改革与元代的儒学生态》，《成大历史学报》第 42 号，2012 年 6 月，第 151—174 页。

③危素：《临川吴文正公年谱》，《吴文正公集》卷首附录，《元人文集珍本丛刊》本，第 23 页。

④《元史》卷二四《仁宗纪一》，第 556 页。

⑤《元史》卷一七九《杨朵儿只传》，第 4152—4153 页。

⑥《□□□□御史中丞夏国杨襄愍公墓志铭》，参门学文：《元代名臣杨朵儿只墓志》，北京市石景山区地方志办公室编：《名人墓葬》，北京：中央文献出版社，2008 年，第 81—86 页。

⑦孔克齐（原题孔齐）：《至正直记》卷四《敬仁祭酒》，庄敏、顾新点校，上海：上海古籍出版社，1987 年，第 146 页。陶宗仪：《南村辍耕录》卷二〇《孔掾史》，第 246 页。案，《至正直记》所记"敬仁"，当为许师敬字"敬臣"之讹。

1311)、刘因(1249-1293)、吴澄(1249-1333)等提议,但皆未成功。[①] 元顺帝至正十八年(1358)、十九年(1359)有宋五贤从祀之议。宋五贤,是南宋的五位理学家。

至正十八年九月,中书参知政事普颜不花、治书侍御史李国凤奉诏经略江南,明年,召还。[②] 在此期间,他们提议从祀宋五贤,事载宋濂《危素新墓碑铭》。宋濂记危素至正二十年至二十四年(1360—1364)担任中书参知政事期间的事迹,有云:

> 初,江南经略使普颜不花、李国凤请封徽国朱文公为齐国公,以龟山杨公、豫章罗公、延平李公、西山真公、九峰蔡公从祀于孔子庙廷。公(危素)为御史时,亦请封谥刘蕡。事上中书,皆寝不报。至是,公皆举行。复为文,以少牢躬祭蕡墓。[③]

普颜不花(?—1367),字希古,蒙古人,至正五年(1345)右榜进士第一,历任翰林修撰、江西行省左右司郎中、江西廉访副使、山东廉访使、中书参知政事、山东宣慰使等职。[④] 李国凤(?—1367),字景仪,济南历城人,福建廉访副使李絅次子,至正十一年(1351)进士,授翰林国史院编修官,历治书侍御史、江南经略使、中书参政、左丞、同知大抚军院事。[⑤] 普颜不花、李国凤皆为进士出身,儒学修养很高。李国凤更是受业于金华理学家许谦(1270—

---

①王祎:《王祎集》卷一五《孔子庙庭从祀议》,第434页。刘壎:《水云村稿》卷八《奉议大夫南丰州知州王公墓志铭》,《景印文渊阁四库全书》第1195册,第46b页。苏天爵:《滋溪文稿》卷八《静修先生刘公墓表》,第113-114页。参朱鸿林:《元儒吴澄从祀孔庙的历程与时代意涵》,《亚洲研究》第23期,1997年,第269-320页。

②《元史》卷四五《顺帝纪八》,第945页;卷一九六《忠义传四·普颜不花》,第4429页。

③宋濂:《故翰林侍讲学士中顺大夫知制诰同修国史危公新墓碑铭》,《危太朴集》附录,第480页。

④《元史》卷一九六《忠义传四·普颜不花传》,第4429页。

⑤参萧启庆:《元至正十一年进士题名记校补——元朝科举史料校注之二》,《食货月刊》(复刊)第16卷第7、8期合刊,1987年,第331页;桂栖鹏:《元代进士研究》,兰州:兰州大学出版社,2001年,第33页;萧启庆:《元代进士辑考》,台北:"中研院"历史语言研究所,2012年,第114—115页。

1337)、闻人梦吉(1293—1362)。①

普颜不花、李国凤提议从祀的宋五贤是杨时(号龟山先生,1053—1135)、罗从彦(号豫章先生,1072—1135)、李侗(号延平先生,1093—1163)、蔡沈(号九峰先生,1167—1230)、真德秀(号西山先生,1178—1235)。这五贤代表了朱子学在南宋的源与流。杨时,是二程弟子,将道学带入南方。罗从彦,是杨时弟子,也是朱熹父朱松、朱熹师李侗的老师。李侗,是朱熹的老师。蔡沈,是朱熹弟子。真德秀,是朱熹再传弟子。这五贤构成了朱子学的完整传承脉络。普颜不花、李国凤经略江南,推崇理学而提议从祀,但未得到元朝批准。

《元史》缺载普颜不花、李国凤的奏请之事,但记载了至正十九年(1359)十一月杭州路提控案牍兼照磨胡瑜的奏请。胡瑜(1309—?),字季珹(或作季城),婺州东阳人,胡助(1278—1355)之子。② 胡助、胡瑜父子皆"由文学入通朝籍"③。《元史·祭祀志六》"宋五贤从祀"条完整收录了胡瑜的奏议原文,文中阐明了请从祀的理由:"此五人者,学问接道统之传,著述发儒先之秘,其功甚大。"④值得注意的是普颜不花、李国凤的宋五贤与胡瑜的宋五贤有一人之差。胡瑜不记罗从彦,代之以胡安国(谥文定,1074—1138)。其原因可稍作探析。胡安国为二程私淑弟子。朱熹早年的老师胡宪是胡安国之侄,从学于胡安国。因此胡安国与朱熹在学脉上也是有传承关系的。胡安国、罗从彦是同一代人。胡安国的《春秋集传》被元朝指定为科举准绳,而罗从彦的著作并不突出。在五贤中,蔡沈《书集传》亦为元代科举指定书;真德秀《大学衍义》被元仁宗称赞为"治天下,此一书足矣",钦命译为蒙古文刊行,赐臣下。⑤ 胡瑜版本的五贤,因为有了胡安国,著作的份量显得格外

①黄宗羲、全祖望:《宋元学案》卷八二《白云门人·经略李先生国凤》,第5769页。宋濂:《故凝熙先生闻人公行状》,《宋濂全集》第1册,杭州:浙江古籍出版社,1999年,第312页。

②王德毅等编:《元人传记资料索引》,第794页。

③戴良:《九灵山房集》卷七《送胡主簿诗序》,《金华丛书》本,第9a页。

④《元史》卷七七《祭祀志六》,第1922页。

⑤《元史》卷二四《仁宗纪一》,第536页。

突出。

至正十九年(1359)十一月，胡瑜的牒文经杭州路经历司、江浙行省上呈至中书省。但没有立刻得到答复。直到二十一年(1361)七月，中书判送礼部，行移翰林、集贤、太常三院会议，回呈中书省。二十二年(1362)八月，奏准，送礼部定拟五贤谥号。前后历经近三年之久。至正二十年(1360)危素开始担任中书参知政事，在他的影响下，宋五贤从祀提上了议程。但是，元代朝廷最终讨论的结果还是没有批准宋五贤从祀，只是赠予了宋五贤封谥。钱大昕已指出，《元史·祭祀志》此条的题目"宋五贤从祀"是不恰当的。[①] 这有可能是明初史官根据公文内容误拟的。黄进兴先生研究孔庙从祀制度时以为至正二十二年实现了五贤从祀，[②]朱鸿林进而认为程朱理学取得了绝对优势。[③] 这都是被《元史·祭祀志》"宋五贤从祀"的题目误导了。实际上，直到明正统二年(1437)，胡安国、蔡沈、真德秀才得以从祀孔庙，杨时从祀则要到弘治八年(1495)，罗从彦、李侗更要迟至万历年间才位列从祀。[④] 即使在明朝他们列入从祀尚且如此缓慢，何况在元朝。

《危素新墓碑铭》将从祀宋五贤之议与封谥刘蕡事并举，作为危素的重要政绩。二事几乎同时，恰可相互比较。刘蕡，唐代幽州昌平人，耿介直言，以忤宦官被黜，卒赠左谏议大夫，历辽金，无能发潜德，元泰定二年始建刘谏议书院，据说是因为昌平驿官奏言。[⑤] 约至正初期，康里巎巎(1295—1345)曾请褒赠刘蕡。[⑥] 至正十五年(1355)危素为监察御史，[⑦]请封谥刘蕡，但没

---

①钱大昕：《廿二史考异》卷九〇，方诗铭、周殿杰校点，上海：上海古籍出版社，2004年，第1254页。

②黄进兴：《学术与信仰：论孔庙从祀制与儒家道统意识》，《新史学》第5卷第2期，1994年6月，收入氏著《优入圣域：权力、信仰与正当性》，第300页。

③朱鸿林：《儒者从祀孔庙的学术与政治问题》，《孔庙从祀与乡约》，第1—23页。

④《明史》卷五〇《礼志四·至圣先师孔子庙祀》，第1297—1299页。

⑤迺贤：《金台集》卷一《刘蕡祠》，《迺贤集校注》，叶爱欣校注，郑州：河南大学出版社，2012年，第148页。《元史》卷二九《泰定帝纪一》，第656页。

⑥《元史》卷一四三《巎巎传》，第3415页。

⑦宋濂：《故翰林侍讲学士中顺大夫知制诰同修国史危公新墓碑铭》，《危太朴集》附录，第480页。

有成功。至正十八年(1358),褒封唐赠谏议大夫刘蕡为文节昌平侯。[①] 危素以中书参政身份撰文并以少牢躬祭蕡墓。刘蕡在元以前没有得到过国家尊崇,之所以在元中后期一再被提议封赠,可能有三方面原因。一是刘蕡的故乡昌平,是元朝皇帝巡幸两都必经之地,有地利之便。二是刘蕡是北方士人的代表。三是至正中期宦官朴不花开始弄权,刘蕡以直言抨击宦官而闻名,尊崇刘蕡有借古讽今的意味。

至正刘蕡封谥成功,而宋五贤从祀未果,大概能说明一些问题。宋五贤从祀,是对以朱熹为核心的南宋道学传承的弘扬。道学借由两宋之际的杨时传入江南,递相传承,经朱熹集其大成,后续又有人阐扬。这种着重强调江南统绪的做法,在元朝是难以被认可的。实际上,朱鸿林先生指出,明朝也只完成了朱子父师辈从祀地位的认定,还没有明确规定以朱学为典范,朝廷真正全面认定程朱理学传承统绪,要到清雍正二年(1724)朱子一传至四传门人皆获从祀才告完成。[②] 在这种大历史背景下,可以看到元后期以朱子学为代表的江南势力日益向上渗透,但没有在朝廷中获得足够的承认。

总之,元朝孔庙从祀,虽然有很多次讨论,但成功的只有宋元十儒。南宋已从祀这九位宋儒,因此元朝实际上新增的只有许衡一人。

(三)加封朱熹及其父

元仁宗皇庆二年(1313),以宋元十儒从祀孔子庙廷,[③]是承认了宋元理学的传承。在元朝的宋元十儒体系之中,朱熹并不特别突出,沿用了南宋时的封谥"徽国文公"。元后期儒士寻求改封朱熹,抬高其地位。朱熹五世孙

---

①《元史》卷四五《顺帝纪八》,第945页。

②朱鸿林:《元儒熊禾的学术思想问题及其从祀孔庙议案》,《史薮》第3卷,香港中文大学历史系,1998年,第208页。

③《元史》卷二四《仁宗纪一》,第557页。

朱炘即为此而奔走。[①] 元末明初人郑真（1332—？）记载：

> 在元至顺间，朝廷将改封文公，命礼官集议，以为“文”之一字，理不可易；第“徽”以本乡，宜封大国，以致崇德报功之意，定为齐国。而未下。至正辛卯（至正十一年，1351），炘适在京，始复议付奏事曹。又十年，炘复至京，中书遂奏，遣使奉制并上樽内酝礼物祭告家庙。越二年，而献靖越国之封至矣。[②]

史载，元文宗至顺元年（1330），加封孔子父齐国公叔梁纥为启圣王，母鲁国太夫人颜氏为启圣王夫人，颜子兖国复圣公，曾子郕国宗圣公，子思沂国述圣公，孟子邹国亚圣公，河南伯程颢豫国公，伊阳伯程颐洛国公。[③] 这次加封活动涉及孔子父母、四配和二程。据郑真记载，当时礼官也曾集议改封朱熹为齐国公，但并没有施行。直到朱熹五世孙朱炘于顺帝至正十一年（1351）、二十一年（1361）两度赴京活动，才终于得到批准。

朱熹改封成功，不只是朱炘努力的结果，还有普颜不花、李国凤、危素等人的功劳。

至正十八年（1358）九月，中书参知政事普颜不花、治书侍御史李国凤奉诏经略江南，明年，召还。[④] 正是在此期间，他们奏请封徽国朱文公为齐国公，[⑤]但没有被朝廷批准。至正二十年（1360）危素担任中书参知政事以后，此事才有了实质性进展。

《元史·祭祀志六》“朱熹加封齐国、父追谥献靖”条，主体内容为至正二十二年（1362）十二月的两通制词。[⑥] 制词应该是朝廷颁赐给朱熹子孙及相

---

①参黄太勇：《朱子五世孙朱炘生平事迹考略》，《朱子学研究》第 23 辑，2019 年，第 128—136 页。

②郑真：《荥阳外史集》卷四五《宋故光禄大夫建安郡开国朱公神道碑铭》，《景印文渊阁四库全书》第 1234 册，第 278—279 页。

③《元史》卷三四《文宗纪三》，第 763 页。

④《元史》卷四五《顺帝纪八》，第 945 页；卷一九六《忠义传四·普颜不花传》，第 4429 页。

⑤宋濂：《故翰林侍讲学士中顺大夫知制诰同修国史危公新墓碑铭》，《危太朴集》附录，第 480 页。

⑥《元史》卷七七《祭祀志六》，第 1922—1923 页。

关祠庙收执。当时的朱熹祠庙，分布在福建各地及徽州与朱熹生平事迹有关的几个州县，包括婺源、崇安、建阳、泉州、汀州、仙游。[①] 朱熹祠庙收执后，在保存纸本的同时，很可能将制词刻石立碑。这些应该是明初修《元史·祭祀志》"朱熹加封齐国、父追谥献靖"条的史料来源。

明代婺源人戴铣（1464—1506）《朱子实纪》一书收录了《改封齐国公制》、《追谥韦斋献靖公制》这两通制词。制词内容与《祭祀志六》所收基本相同，但《朱子实纪》所收制词起首有"上天眷命，皇帝圣旨：盖闻……"字样，且文末署年月日，第一通署"至正二十二年二月日，危素行词"，第二通署"至正二十一年十二月日"[②]。婺源是朱熹原籍，南宋在朱熹父朱松婺源故居建立文公阙里祠，又称朱子家庙。入元，其地渐为邻居侵占。元顺帝后至元元年（1335），婺源知州干文传（1276—1353）请于朝，朱文公庙得以重建。[③] 至正十二年（1352）祠庙毁于兵乱。其后，至正十四年（1354）、至正二十年（1360）、至正二十五年（1365）地方官重修朱子祠，皆旋毁于兵。[④] 戴铣所录这两通制词应搜集自婺源当地，源头当然是元朝当时颁给婺源朱子祠的文件。"危素行词"字样表明《改封齐国公制》出自危素手笔。郑真更是明确记载，"盖请封时，词头云林危公执笔"[⑤]。郑真还记载，朱松谥号是太常博士张翥与危素讨论拟定的。[⑥] 总之，这两通制词都是危素执笔或参与撰写的。

---

①戴铣：《朱子实纪》卷七《庙宅》，《续修四库全书》第550册影印明正德八年鲍雄刻本，第1a—4b页。

②戴铣：《朱子实纪》卷九《褒典》，第11a—12a页。

③虞集：《朱氏家庙复田记》，戴铣：《朱子实纪》卷一一，第2b—5a页；《虞集全集》，王颋点校，天津：天津古籍出版社，2007年，第792—793页。《元史》卷一八五《干文传传》，第4225页。

④王袆：《重建文公家庙记》（洪武三年，1376），戴铣：《朱子实纪》卷一一，第5b—7b页。王袆：《重建徽国文公朱先生家庙记》，《王袆集》卷九，颜庆余点校，杭州：浙江古籍出版社，2016年，第261—262页。此为同一文章的两个版本，内容稍有差异。《重建文公家庙记》记载，至正十四年权知州事叶景渊、至正二十五年知州白谦两度重修。《重建徽国文公朱先生家庙记》记载，至正十四年权知州事叶琛、至正二十年守将余椿两度重修。

⑤郑真：《荥阳外史集》卷五七《拟故宋太师徽国公朱熹改封齐国公制》，第398—399页。

⑥郑真：《荥阳外史集》卷四五《宋故光禄大夫建安郡开国朱公神道碑铭》，第278—279页。

福建建阳考亭书院（位于今建阳区考亭村）是朱熹晚年讲学之所，宋理宗御笔赐额，书院内建立朱子祠，又以朱熹故居为燕居庙，而其地则被称为文公阙里。[①] 明天顺八年（1464）地方官刘钺《重建朱文公祠记》载，“元至正间，遣京学提举危斿航海奉制加封，颁上酝少牢告祠于家，仍致祭于书院”[②]。危斿（？—1372），危素次子，官至登仕郎大都路儒学提举，[③]即京学提举。所谓“奉制加封”指的应该就是至正二十二年（1362）加封朱熹齐国公一事——危斿经海路抵达福建，赴建阳考亭书院颁布制书并致祭朱子家庙、书院祠堂。虽然考亭书院没有朱松祠，但建阳县学在宋末即已祭祀朱松，福建其他州县的书院中也有祭祀朱松的。[④] 总之，危素、危斿父子都参与了加封朱熹及朱松的活动。

朱熹终于得到了改封，但危素执笔的《改封齐国公制》没有令江南士人满意。鄞县人郑真及朱熹子孙朱炘皆认为其“词意不备”。郑真为此私拟了一份制词，朱炘读后“甚为称羡”。郑真所拟制词与危素执笔的元朝官方制词对朱熹的评价差别不小。元朝官方制词评价朱熹在政治活动、著书立言、爱君忧国等方面的贡献，基本上就事论事，用词平允。而郑真对朱熹极尽鼓吹之能事：“皇天开太极，诞生不世之贤。……道统集大成，契帝王心传之要；名教非小补，会圣贤旨趣之归。”[⑤]这是元朝官方意识形态与江南理学信徒观念的差异。两相比较，说明元朝官方对朱熹“道统集大成”的地位有所保留。

---

①参方彦寿：《朱熹考亭书院源流考》，朱杰人编：《迈入21世纪的朱子学》，上海：华东师范大学出版社，2001年，第232—253页。

②嘉靖《建宁府志》卷一一，《天一阁藏明代方志选刊》第38册，第9b页。

③宋濂：《故翰林侍讲学士中顺大夫知制诰同修国史危公新墓碑铭》，程敏政编：《皇明文衡》卷八〇，《四部丛刊》本，第10b页。案，危素长子㳄，次子斿。《宋学士文集》卷五九，《四部丛刊》本，第9b页误作“於”、“游”；《宋濂全集》卷一四，第1274页亦皆误。惟《皇明文衡》本二字皆正确。

④真德秀：《建阳县四君子祠记》，《真文忠公文集》卷二六，《四部丛刊》本，第5a—7a页。

⑤郑真：《拟故宋太师徽国公朱熹改封齐国公制》，《荥阳外史集》卷五七，第398—399页。

四　小结

蒙古统治华北之初，尚未设立天下通祀制度，宣圣庙由地方儒士取得护持公文而得以维系，与佛道寺观的情况类似。元世祖即位后很快就诏命全国性的宣圣庙祭祀，但具体事务交由各级官府具体负责，国家级别的宣圣祭祀付之阙如。在元成宗时期，国家层面的宣圣祭祀走上正轨。

元武宗加封孔子为大成至圣文宣王，遣使致祭曲阜阙里，标志着宣圣祭祀达到最高规格。元仁宗在开科举的同时，确立宣圣庙的四配享、宋元十儒从祀制度，说明元朝承认宋元理学的传承谱系。四配享制度也体现出元朝对南北差异的整合。

仁宗朝从祀许衡，代表了由宋入元的理学道统观。元朝尽管将程朱理学的四书五经定为官学，但没有在官方层面统一儒学道统观的差异。魏伟森（Thomas A. Wilson）已经指出，理学对元朝当权者的价值观有多大影响，是很难说的。① 元朝一方面承认道统传承的重要性，另一方面对于此起彼伏的新增从祀之议皆不批准，②体现出其统治策略的重点在于制衡。

从宣圣祭祀的各方面来看，南方儒士所传承的理学在元代朝堂上话语权非常有限。朝廷派遣代祀阙里的使臣，绝大多数都是北人。四配享是雍古人赵世延上奏的结果，宋元十儒从祀是西夏人杨朵儿只上奏的结果。可见北方儒士在元朝的政治上始终占据主导地位。

元后期从祀宋五贤、加封朱熹之议，透露出南宋理学家在元代的地位日趋上升，理学在元朝的影响力日趋扩大。江南儒士没有完全得偿所愿。这

---

①Thomas A. Wilson, *Genealogy of the Way: The Construction and Uses of the Confucian Tradition in Late Imperial China*, Stanford, CA: Stanford University Press, 1995, pp. 47-51.

②Thomas A. Wilson, "Ritualizing Confucius/Kongzi: The Family and State Cults of the Sage of Culture in Imperial China", In Thomas A. Wilson ed., *On Sacred Grounds: Culture, Society, Politics, and the Formation of the Cult of Confucius*, Institute for East Asian Studies, Harvard University, 2003, p. 84.

两项提议的目的是提升朱子地位,宣扬朱子学的传承谱系。但元朝始终没有独尊朱子学。元文宗加封孔子父母、颜、曾、思、孟、二程,但没有加封朱熹。元顺帝至正二十二年(1362)朱熹的加封才姗姗来迟,但平实的加封制词没有达到江南士人的期望。宋五贤从祀也没有得到元朝批准,只是得到了封谥而已。这些都说明朱子学在元朝远远没有定于一尊。

第十八章　元代三皇庙

三皇，是史上最初的三位帝王，早期有不同的说法，唐以后的文献里一般指伏羲、神农、黄帝。[①] 元朝建立天下郡县通祀三皇制度，是中国历史上前所未有的创举。元人吴澄云："医有学，学有庙，庙以祀三皇，肇自皇元，前所未有也。"[②]元以前，伏羲、神农、黄帝作为先代帝王享受祭祀，[③]而元朝首次官方将三皇作为医家始祖，合列一庙，遍建于天下郡县，独具时代特色。

学界关于元代三皇祭祀的先行研究颇多。[④] 元代三皇庙建立在医学体系中，儒士撰写三皇庙碑文时常常议论：三皇到底应被视为医家始祖还是开

---

①顾颉刚、杨向奎：《三皇考》，《燕京学报专号》，北平：哈佛燕京学社，1936 年，收入《古史辨》第 7 册，上海：上海古籍出版社，1982 年，第 120—282 页。

②吴澄：《吴文正公集》卷一〇《宜黄县三皇庙记》，《元人文集珍本丛刊》本，第 380—381 页。

③参廖宜方：《中国中古先代帝王祭祀的形成、演变与意涵——以其人选与地点为主轴的探讨》，《"中研院"历史语言研究所集刊》第 87 本第 3 分，2016 年 9 月，第 507—568 页。张琏：《历代帝王祭祀中的帝王意象与帝统意识——从明代帝王庙祀的祭祀思维谈起》，《东华人文学报》第 10 期，2007 年 1 月，第 319—366 页。

④马明达：《元朝三皇庙学考》，《暨南大学宋元明清史论集》，广州：暨南大学出版社，1997 年，第 279—294 页。高伟：《元朝君主对医家的网罗及其影响》，《兰州大学学报（社会科学版）》1999 年第 4 期。张世清：《元代医祀三皇考》，《史学月刊》2004 年第 7 期。荣真：《中国古代（转下页注）

天立极的远古帝王?① 水越知认为,元朝三皇祭祀将"医家祭祀"与"圣人祭祀"聚合,造就了新概念的三皇制度。② 实际上,在元代,三皇祭祀的性质一直处于变动之中,这一变动过程仍值得仔细考察。而三皇庙制度在元代发挥的作用及其历史影响,也值得进一步关注。本章拟探讨元代三皇庙的性质及其变迁,首先考察元代三皇庙之外的作为先帝祭祀的伏羲庙、神农庙、黄帝庙;其次梳理元代三皇庙制度的建置沿革;最后分析三皇庙的多面性内涵及其历史影响。

一　作为古帝祭祀的三皇

元代国家祭祀体系中不仅有三皇庙,还有单独的伏羲庙、神农庙、黄帝庙,属于古帝祭祀,散处于各地方。古帝祭祀,又称先代帝王祭祀,北魏孝文帝时始有定制。据廖宜方研究,先代帝王祭祀场所的变化经历了四个阶段:(一)北魏孝文帝致祭于各帝王定都之地;(二)唐玄宗建三皇五帝庙合祭,并致祭其余帝王于历代肇迹之处;(三)宋太祖致祭于各帝王陵墓;(四)明清在

(接上页注)民间信仰研究——以三皇和城隍为中心》,北京:中国商务出版社,2006年,第157—172页。[日]水越知:《元代の祠廟祭祀と江南地域社会——三皇廟と賜額賜號》,《東方宗教》第106号,2005年,第55—74页。[日]谷口绫:《元代三皇廟制度の成立について》,《龍谷大学大学院文学研究科紀要》29,2007年,第138—151页。薛磊:《元代三皇祭祀考述》,《元史论丛》第13辑,天津:天津古籍出版社,2010年,第212—225页。Reiko Shinno,"Medical Schools and the Temples for the Three Progenitors in Yuan China: A Case of Cross-Cultural Interactions",*Harvard Journal of Asiatic Studies*, 67 (1), 2007: 89 - 133. Reiko Shinno, "Medical Schools and the Temples of the Three Progenitors", Linda L. Barnes and T. J. Hinrichs eds., *Chinese Medicine and Healing: An Illustrated History*, Cambridge: Harvard University Press, 2013, pp. 140 - 141. Reiko Shinno, *The Politics of Chinese Medicine under Mongol Rule*, New York: Routledge, 2016. 范家伟:《元代三皇庙与宋金元医学发展》,《汉学研究》第34卷第3期,2016年,第53—87页。

①参薛磊:《元代三皇祭祀考述》,《元史论丛》第13辑,第221—224页。

②[日]水越知:《元代の祠廟祭祀と江南地域社会——三皇廟と賜額賜號》,《東方宗教》第106号,2005年,第59页。陈佳臻也提出了元代儒医共同推广三皇庙的观点。陈佳臻:《三皇庙儒医合流与元代儒家道统建构》,《中国史研究》2022年第1期。

都城建历代帝王庙合祭。[①] 需要修正的是，宋太祖恢复致祭于各帝王定都之地，[②]直到徽宗才致祭于各帝王陵墓。[③] 金朝承宋太祖之制。[④]

在元代以前，除了唐玄宗的三皇五帝庙之制未被传承之外，古帝王祭祀场所主要有帝王定都地、陵墓。历代王朝主要祭祀定都地的祠庙。同时，在国家祭祀体系之外，民间也建立了一些古帝王祠庙。而官方体系和民间体系到元代混杂了起来。

元世祖中统元年(1260)即位后，始命各地官府祭祀圣帝明王，但对祭祀神祠名目细则未做规定。《元典章》载，至元九年(1272)九月中书吏部拟定各路合祭神宇及钱数：

> 神农、高辛，已上系圣帝明王及三代开国之主，皆以功及万世，泽被生民，故历代载在祀典，礼未尝废。拟令所在官司，三年一祭，拟支钞不过二十两。[⑤]

《元典章》只著录了神农、高辛二位古帝，然而从“已上系圣帝明王及三代开国之主”之句意看，仅列这二位显然是不够的。上古帝王，自伏羲以下是神农、黄帝、少昊、高阳、高辛五帝。《元典章》所记神农、高辛恰是这五帝的首位与末位。中间的黄帝、少昊、高阳三位，应该是《元典章》节略所致。尽管元世祖即位初期要求各地官府负责古帝祭祀，但直到至元九年相关规定仍然粗疏笼统，古帝祠庙大概并未有效恢复。

《元史・祭祀志・古帝王庙》概略记载元朝祭祀上古帝王庙始末，仅227字，全文如下：

---

①参廖宜方：《中国中古先代帝王祭祀的形成、演变与意涵——以其人选与地点为主轴的探讨》，《“中研院”历史语言研究所集刊》第87本第3分，2016年9月，第511—512页。

②《宋大诏令集》卷一五六《政事九》，北京：中华书局，1962年，第585页。

③马端临：《文献通考》卷一〇三《宗庙十三・祀先代帝王贤士》，北京：中华书局，1986年，第941—942页。

④《金史》卷三五《礼志八・前代帝王》，第819页。

⑤《元典章》卷三〇《礼部三・祭祀典神祇》，陈高华等点校本，第1071—1072页。

> 尧帝庙在平阳。舜帝庙，河东、山东济南历山、濮州、湖南道州皆有之。禹庙在河中龙门。至元元年（1264）七月，龙门禹庙成，命侍臣持香致敬，有祝文。十二年（1275）二月，立伏羲、女娲、舜、汤等庙于河中解州、洪洞、赵城。十五年（1278）四月，修会川县盘古王祠，祀之。二十四年（1287）闰二月，敕春秋二仲丙日，祀帝尧庙。致和元年（1328），礼部移太常送博士议，舜、禹之庙合依尧祠故事，每岁春秋仲月上旬卜日，有司蠲洁致祭，官给祭物。至顺元年（1330）三月，从太常奉礼郎薛元德言，彰德路汤阴县北故羑里城周文王祠，命有司奉祀如故事。①

《元史·祭祀志·古帝王庙》内容粗略，存在缺漏和讹误。文中完全没有提及《元典章》所载至元九年（1272）令。而且至元九年明确提到的神农、高辛，皆不见于《元史·祭祀志·古帝王庙》，遑论黄帝、少昊、高阳。《元史·祭祀志·古帝王庙》中关于至元十二年二月立伏羲、女娲、舜、汤等庙的记载，更是存在讹误。《元史·世祖纪》记载，至元十二月二月甲辰，"立后土祠于平阳之临汾，伏羲、女娲、舜、汤、河渎等庙于河中、解州、洪洞、赵城"②。细读即可发现，无论《元史·祭祀志·古帝王庙》还是《元史·世祖纪》，记载都不准确。

关于此事最原始的文献是至元十二年圣旨，刻碑于尧庙（在今山西省临汾市尧都区）、禹庙（在今山西省河津市清涧街道龙门村南）。二碑相同。尧庙光宅宫圣旨碑拓本现藏国家图书馆、哈佛燕京图书馆，《三晋石刻大全·临汾市尧都区卷》有录文。③ 禹庙龙门建极宫圣旨碑，1907 年由沙畹访得，次年刊布于《通报》，④2011 年蔡美彪先生发表了对碑文的重新释读和研究。⑤ 圣旨刻

---

①《元史》卷七六《祭祀志五·古帝王庙》，第 1903 页。

②《元史》卷八《世祖纪五》，第 161 页。

③《光宅宫圣旨碑》，《三晋石刻大全·临汾市尧都区卷》，第 427 页。

④Édouard Chavannes, "Inscriptions et pièces de chancellerie chinoises de L'époque mongole", *T'oung-pao*, Série II, Vol. IX, no. 3, 1928, pp. 297-428.

⑤蔡美彪：《龙门建极宫碑译释》，《清华元史》第 1 辑，北京：商务印书馆，2011 年，收入氏著《八思巴字碑刻文物集释》，北京：中国社会科学出版社，2011 年，第 3—27 页。下截汉文碑文，又载《道家金石略》第 1104 页（题为《龙门禹王庙圣旨碑》）。

在碑阳,八思巴字汉字合璧,上截为八思巴字汉语圣旨,可拟为:

> 长生天气力里,大福荫护助里,皇帝圣旨:光宅宫真人董若冲继靖应真人姜善信于平阳路荣河、临汾县起盖后土、尧庙,及于河解、洪洞、赵城修理伏牺、娲皇、舜、汤、河渎等庙宇。……

下截汉字圣旨与八思巴字圣旨逐字对应,只是在“舜、汤”之间多出了“禹”字。蔡美彪先生指出,此乃立碑道士擅自增添以自重。同一圣旨又在至元十九年(1282)刻碑立石于华山西岳庙,即无“禹”字。[①]《元史》无“禹”字,因其根据的是官方文牍。但笔者认为,“禹”字是至元十二年圣旨的脱漏。因为从圣旨的颁发背景来看,应当包含禹庙。

至元十二年圣旨,是颁发给姜善信门人董若冲的。关于姜善信的生平,王锦萍、赵建勇分别撰文研究得颇为清楚。[②] 此处择取与本书相关者略加梳理。姜善信(1197—1274),山西赵城人,早年出家修道,在当地颇为知名。忽必烈潜邸时,因姜善信言事如神,尊崇有加,后赐号靖应真人。姜善信及其门人修葺并经营山西西南部的诸多祠庙。禹庙在龙门,是姜善信起家之所。姜善信早年修道下山之后,即重修禹庙,中统年间大幅重修,元世祖敕赐碑文,遣使降香。[③] 至元十一年姜善信去世,董若冲继承其位,至元十二年获颁护持圣旨,即重申宗派祠庙所有权。圣旨也许是因为疏忽,脱漏了禹

---

①《敕董若冲圣旨碑》(至元十九年立石),张江涛编著:《华山碑石》,西安:三秦出版社,1995 年,第 37、262—263 页。

②王锦萍:《宗教组织与水利系统:蒙元时期山西水利社会中的僧道团体探析》,《历史人类学学刊》第 9 卷第 1 期,2011 年,第 27—35 页。Wang Jinping,“Daoists, the Imperial Cult of Sage-Kings, and Mongol Rule”, *T'oung Pao*, 106. 3-4, 2020: 309-357. 赵建勇:《全真姜善信教行初考》,熊铁基、梁发主编:《第二届全真道与老庄学国际学术讨论会论文集》,武汉:华中师范大学出版社,2013 年,第 378—439 页。赵建勇:《全真姜善信教行续考——兼对“龙门法脉源自姜善信”一说给予尝试性解释》,熊铁基、黄健荣主编:《第三届全真道与老庄学国际学术研讨会论文集》,武汉:华中师范大学出版社,2017 年,第 481—497 页。

③《大禹庙碑》(中统元年),嘉靖《龙门志》卷中,《河北大学图书馆藏稀见方志丛刊》第 20 册,北京:国家图书馆出版社,2011 年,第 8a—9a 页。王鹗(讹作王鄂):《敕赐龙门建极宫碑》(中统三年),嘉靖《龙门志》卷中,第 9b—12a 页。

庙。道士在尧庙、禹庙立碑时便擅自添上。

姜善信后来将教派中心移至尧庙光宅宫，重修尧庙也得到了忽必烈的支持，有敕赐碑文。[①] 姜善信还重修了很多祠庙。王恽《祭真人姜公文》有云："其揄扬称颂若恐陨越者，尧舜禹汤文武之道之功，建祠奉祀。"[②]至元十一年(1274)翰林直学士李槃奉敕撰《敕赐靖应真人道行碑》(至元二十六年[1289]立石)，历数姜善信重修禹庙、尧庙的事迹，又称："至于轩辕、汾阴、岳渎诸庙，皆面奉纶旨，复修而重起之。"[③]

赵建勇利用方志和碑刻，已将几座主要的祠庙梳理清楚。[④] 关于轩辕黄帝、舜、岳渎庙的情况，还可稍作补充。据成化《山西通志》记载，山西有五座黄帝庙，分别在襄陵县、大平县、曲沃县、洪洞县、绛州，除曲沃县的一座外，其余四座在元代皆曾修缮。[⑤] 洪洞县、绛州是姜善信一派的主要活动地，修建黄帝庙很可能是他们所为。舜庙，在河中府治蒲州东门外，至元二十五年(1288)董若冲门人醒清大师郭道真、弘真大师巨志安重修。[⑥] 岳渎应该指西岳庙、河渎庙。河渎庙在蒲州城西。[⑦] 西岳庙在华阴县，庙内现存至元十九年(1282)立石的《敕董若冲圣旨碑》，刻至元十二年圣旨、鼠儿年安西王令旨、己未年忽必烈大王令旨，立石人是"门人知真常观事宋若□"[⑧]，应即至元

①王磐：《大元敕赐重建尧帝庙碑铭并序》，王天然主编：《三晋石刻大全・临汾市尧都区卷》，太原：三晋出版社，2011年，第50—51页。王磐：《重建尧帝庙碑》，成化《山西通志》卷一四，第33b—34b页。

②王恽：《秋涧集》卷六三《祭真人姜公文》，第214页。

③李槃：《敕赐靖应真人道行碑》，成化《山西通志》卷一五，第149b—151b页；王国杰主编：《三晋石刻大全・运城市新绛县卷》，太原：三晋出版社，2015年，第39—40页。

④赵建勇：《全真姜善信教行初考》，熊铁基、梁发主编：《第二届全真道与老庄学国际学术讨论会论文集》，第420页。赵建勇：《全真姜善信教行续考——兼对"龙门法脉源自姜善信"一说给予尝试性解释》，熊铁基、黄健荣主编：《第三届全真道与老庄学国际学术研讨会论文集》，第481—497页。

⑤成化《山西通志》卷五《黄帝庙》，第13b页。

⑥郭思贞：《重修虞帝庙记》，成化《山西通志》卷一四，第78b—79b页；《全元文》，第327—328页。

⑦成化《山西通志》卷五《西海神庙、河渎神庙》，第17b页。

⑧《敕董若冲圣旨碑》(至元十九年立石)，张江涛编著：《华山碑石》，西安：三秦出版社，1995年，第37、262—263页。

二十六年(1289)立石的《敕赐靖应真人道行碑》碑阴的安西路华州华阴县“真常观提领宋”。可见姜善信一派的势力已经越过黄河,扩张到了华山。

正如王锦萍指出的,宋金国家祭祀的禹庙在夏县,而元朝因姜善信的关系而将龙门禹庙奉入国家祭祀,夏县禹庙则始终未列入。① 元初道教很大程度上重塑了华北社会秩序,也影响了元代国家古帝祭祀的格局。以往的国家祭祀和民间祠庙混杂在元朝国家古帝祭祀中。

成化《山西通志》记载,山西有伏羲庙三座,分别在平定州、吉州、赵城县。② 赵城县是姜善信一派活动地区。至元十二年圣旨中的伏羲庙当指赵城县伏羲庙。

山西有娲皇庙(女娲庙)十座。③ 王锦萍认为,至元十二年(1275)颁赐姜善信一派的圣旨所称的娲皇庙即赵城娲皇庙(今赵城镇侯村女娲庙)。赵城娲皇庙在赵城县东五里,今存元碑记载,郡人礼召道士张志一为住持,乙卯年(1255)重修后奉制改名补天宫,至元四年(1267)张志一命其弟子申志宽赴长春宫恳请掌教张志敬上奏,遂得翰林直学士高鸣奉敕撰《重修娲皇庙碑》,至元十四年(1277)立石。④ 张志一能够直接请示全真掌教张志敬,显然不属于姜善信一派。王锦萍认为姜善信与张志一在争夺这座娲皇庙。⑤ 笔者认为还有一种可能性,至元十二年圣旨中的娲皇庙并非赵城娲皇庙,而是临汾娲皇庙。临汾县娲皇庙遗址在今尧都区城居村,原有至元六年(1269)《重修娲皇庙碑》,今佚。⑥

至于其他几座祠庙,位置是比较清楚的。尧庙(光宅宫)在平阳路荣河,

---

①Wang Jinping,“Daoists, the Imperial Cult of Sage-Kings, and Mongol Rule”, *T'oung Pao*, 106, 3-4, 2020: 309-357(326, 340-341). 欧阳玄:《重修大禹庙碑记》,《圭斋文集》卷三八,第30b—32b页。

②成化《山西通志》卷五《伏羲庙》,第10a页。

③成化《山西通志》卷五《娲皇庙》,第10a页。

④《重修娲皇庙碑》,《山右石刻丛编》卷二六;《三晋石刻大全·临汾市洪洞县卷》,第59—61页。

⑤Wang Jinping,“Daoists, the Imperial Cult of Sage-Kings, and Mongol Rule”, *T'oung Pao*, 106, 3-4, 2020: 309-357(326).

⑥《三晋石刻总目·临汾市卷》,第19页。《三晋石刻大全·临汾市尧都区卷》,第527页。

舜庙在河中府治蒲州,[①]汤庙在平阳路荣河,[②]河渎庙在河中府治蒲州,汾阴后土祠在平阳路荣河。[③]

圣旨原文"于平阳路荣河、临汾县起盖后土、尧庙,及于河解、洪洞、赵城修理伏牺、娲皇、舜、汤、河渎等庙宇",应该连起来读。临汾、荣河在上半句已经出现,而下半句的娲皇、汤庙分别在临汾、荣河,但不再重复两个地名。河解万户府是蒙古早期行政区划,主要由河中府、解州组成,至元八年割解州隶平阳路。至元十二年圣旨沿用了河解旧称。

《元史·世祖纪》不顾至元十二年圣旨叙述逻辑,将"于平阳路荣河、临汾县起盖后土、尧庙"删改为"立后土祠于平阳之临汾",大谬。因为后土祠并不在临汾县。而且删除了"平阳路荣河"之后,也缺失了汤庙所在地。《元史·祭祀志·古帝王庙》延续了《元史·世祖纪》的错误,又删去"河渎"以契合古帝王庙的主题。总之,《元史》删节原材料不当而导致意义不确。[④]

《元史·祭祀志·古帝王庙》的直接史源是元文宗时期官修政书《经世大典》。从以上文本分析可以推论,《经世大典》只不过是将朝中所存零散公牍材料汇集并剪裁而已。

元世祖在位初期命所在官司祭祀圣帝明王,但规定得很笼统,地方官府的态度并不主动。古帝王庙的重振,由当地道教直接推动。下文具体考察元代伏羲庙、神农庙、黄帝庙的情况。

(一)伏羲庙

宋金时期国家祭祀的伏羲庙在陈州,元代却不见于记载。元代留下碑文资料的伏羲庙,主要在山西洪洞和山东凫山。

---

①郭思贞:《重修虞帝庙记》,成化《山西通志》卷一四,第 78b—79b 页;《全元文》,第 327—328 页。

②成化《山西通志》卷五《汤王庙》,第 18a—b 页。野先海牙:《重修成汤庙铭》,嘉靖《荣河县志》卷二,《稀见中国地方志汇刊》第 7 册,北京:中国书店,1992 年,第 958—959 页。

③成化《山西通志》卷五《后土庙》,第 18b 页。

④关于《元史》中删节不当的例子,参张帆:《读〈元典章〉校〈元史〉》,《文史》2003 年第 3 期。

山西洪洞赵城伏羲庙，前文已述，因为属于姜善信教派势力范围，所以世祖至元十二年（1275）颁布圣旨护持，由姜善信门人住持经营，[①]至大元年（1308）重修。[②]

山东凫山周边有多座伏羲庙。从元碑情况来，其中两座最重要。第一座即今邹城市郭里镇羲皇庙（又称爷娘庙）遗址。遗址内现存大德九年（1305）所立石柱。[③] 据记载，庙内曾有至大二年（1309）岳出谋《重修伏羲庙碑记》[④]、至正二年（1352）杨铎《重修伏羲庙献殿碑》（杨琬书丹、岳出谋篆额）[⑤]、《重建伏羲献殿赞助施主题名碑》。[⑥] 第二座即今济宁市微山县两城乡伏羲庙（旧属鱼台县）。元初道士赵道坚、孔志纯前赴后继，中统二年（1261）重修完工，孟祺（1230—1281）撰《重修伏羲庙碑》记其事。[⑦] 此碑今存庙内。[⑧] 据清人著录，庙中曾有至元二十一年（1284）、大德五年（1301）、至治二年（1322）、至顺三年（1332）、至顺四年（1333）、至正元年（1341）碑

①《光宅宫圣旨碑》，《三晋石刻大全·临汾市尧都区卷》，第427页。蔡美彪：《龙门建极宫碑译释》，《清华元史》第1辑，北京：商务印书馆，2011年，收入氏著《八思巴字碑刻文物集释》，北京：中国社会科学出版社，2011年，第3—27页。下截汉文碑文，又载《道家金石略》第1104页（题为《龙门禹王庙圣旨碑》）。

②成化《山西通志》卷五《伏羲庙》，第10a页。

③感谢山东大学孙齐先生提供其2022年2月实地探访时所拍摄的石柱照片。

④录文见康熙《邹县志》卷一下，《中国地方志集成·山东府县志辑》第72册，第68a—70a页。参见张佳佳：《元济宁路景教世家考论——以按檀不花家族碑刻材料为中心》，《历史研究》2010年第5期。

⑤毕沅、阮元：《山左金石志》卷二四，第15a页。孙星衍：《寰宇访碑录》卷一二，《石刻史料新编》第1辑第26册，第20069页。光绪《邹县续志》卷一〇，第5a页。缪荃孙：《艺风堂金石文字目》卷一七，张廷银、朱玉麒主编：《缪荃孙全集·金石》第1册，第498页（“献殿”讹作“献陵”）。

⑥缪荃孙：《金石分地编目》卷七，张廷银、朱玉麒主编：《缪荃孙全集·金石》第5册，第267页。

⑦孟祺：《重修伏羲庙碑》，康熙《鱼台县志》卷一八《艺文》，《复旦大学图书馆藏稀见方志丛刊》第29册，北京：国家图书馆出版社，2010年，第29b—32b页。毕沅、阮元：《山左金石志》卷二一，第20b页记载：“碑八尺五寸，广三尺六寸，额题《重修伏羲圣祖庙碑》二行，字径五寸。二十三行，字径八分。”

⑧参王志民主编：《山东省历史文化遗址调查与保护研究报告》，济南：齐鲁书社，2008年，第568页。

石。[①] 从这些碑文来看,在伏羲崇拜最集中的凫山地域,没有一座伏羲庙被列入元代国家祀典。

(二)神农庙

神农信仰的地理分布范围较广,中古时期以降,山西泽州、河南亳州、湖南衡州、湖北随州、陕西宝鸡皆有神农庙。[②]

宋金时期,朝廷致祭衡州、亳州、泽州炎帝庙。衡州酃县(今炎陵县),北宋太祖乾德五年(967)建庙,南宋孝宗、理宗重修。[③] 金朝规定,仲春之月祭神农于亳州,三年一祭。[④] 但史料中未见元朝官方祭祀衡州、亳州炎帝庙的记载。

泽州高平县羊头山神农庙,早在北朝时期即已存在,唐宋金时期继续发展。[⑤] 明清方志记载,"元大德九年(1305)朝廷遣祭"[⑥],"大德九年遣禁樵采焉"[⑦]。此外没有留下详细记载。如果方志记载可信,则目前所见元朝遣使祭祀的神农庙只有高平一处。

(三)黄帝庙

黄帝陵庙在陕西坊州中部县(今延安市黄陵县),载于宋、明国家祀典。[⑧] 元代黄帝陵庙,称为保生宫,由道教管理。皇帝陵轩辕庙碑廊现存元泰定二年(1325)碑一通,额题"圣旨",但检视其内容,实为陕西等处行中书省榜文,

---

①《济宁州金石志》卷八,第 9708-9711 页。

②参宋燕鹏:《南部太行山区祠神信仰研究:618—1368》,北京:中国社会科学出版社,2015 年,第 51—55 页。

③光绪《湖南通志》卷七五《典礼志五 · 酃县》,第 21b 页。

④《金史》卷三五《礼志中》,第 818 页。

⑤参宋燕鹏:《南部太行山区祠神信仰研究:618—1368》,第 53—54 页。

⑥成化《山西通志》卷五,《四库全书存目丛书 · 史部》第 174 册,第 41b 页。

⑦光绪《续高平县志》卷三《古迹》,《中国地方志集成 · 山西府县志辑》第 36 册,第 9 页。

⑧《宋大诏令集》卷一五六《政事九》,第 584—586 页。《宋会要辑稿》礼三八之一至二,北京:中华书局,1957 年,第 1358 页。《大明会典》卷九三《礼部五十一 · 帝王陵寝》,第 6b—8a 页。

应拟题为《泰定二年陕西行省榜文碑》。碑文如下：①

皇帝圣旨里，陕西等处行中书省，据道人罗德信状告，[阙](延)安路中部县住持道人伏为状告，本县东古迹保生宫[阙]轩辕黄帝殿宇一处，并北山桥陵一所，迄今异代，每年春秋，官降钱数[阙]等不畏公法之人，执把弹弓、吹筒，辄入本宫，采打飞禽，掏取雀鸟，将飞[阙]兽损坏。又有愚徒之辈、泼皮歹人，赍夯斧具，将桥陵内所长柏树林木砍伐[阙]等事。乞禁治。得此。检会到钦奉圣旨节该，和尚、先生、也里可温、答失蛮人等，祝延圣寿。但属宫观寺院里底田地、水土、竹苇、碾磨、园林、解典库、浴堂[阙]拣甚么差发休要者，铺马祗应休着者，地税商税休与者，更[阙]咱每明降下圣旨，无得推称着诸色投下气力。要呵，休与者。别了的人每不怕那甚么。除钦遵外，今据见告省府，令给榜文，常川张挂禁约，无得似前搔扰。如有违犯之人，许诸人捉拿到官，痛行断罪施行。须议出给者。

右榜省谕，各令通知。

榜示。

泰定二年月日。押。西蜀莹明子成善璋书。白水县樊裕刊。

碑文虽有磨泐，但记事比较清楚。保生宫道士罗德信状告，有不法之徒入黄帝陵庙内采打飞禽，掏取雀鸟，采伐树木。陕西行省因此下发榜文，引用圣旨节该，禁止骚扰宫观，出具榜文。这通碑表明，至元九年(1272)元朝规定所在官司祭祀圣帝明王之后，黄帝庙确实得到了“每年春秋，官降钱数”的祭祀；但是黄帝庙并没有得到过圣旨，所以泰定二年才需要向陕西行省状告，最终得到了护持榜文。元代官署发出公文，以“皇帝圣旨里”起首是一种惯例。庙中道士将陕西行省榜文刻碑时，混淆视听地在碑额擅刻“圣旨”二字以自重。

---

①录文据西安碑林博物馆藏拓本。录文及标点，参李延平主编：《黄陵文典·文物卷》，西安：陕西人民出版社，2008年，第186页(误拟题为“元泰定二年圣旨碑”)。

总之,元代古帝王祭祀,只不过是众多地方祠庙的集合,在礼制理念上缺乏系统性。元代朝廷规定古帝王陵庙由地方官府出资祭祀,朝廷很少直接过问。又因为元朝官方对全国各地的圣帝明王祠庙没有统一的整理和规定,所以地方官府大致上处于无祀典可依的状态。而祠庙日常管理、修缮乃至祠庙地位的确立,主要取决于道教的推动。在道教的活动下,山西洪洞伏羲庙得到了圣旨护持,高平神农庙可能也曾有朝廷遣使祭祀。而邹县伏羲陵庙、衡州炎帝庙、亳州炎帝庙、坊州黄帝陵庙,是元以前有朝廷祭祀传统的祠庙,但在元代大概都没有得到朝廷祭祀。可以说,古帝祭祀在元朝走向低落。在此背景下看元代三皇庙的出现和兴盛,可知其是特定时代的产物。

二　三皇庙的出现与发展

天下通祀三皇制度是元朝的新创造。关于元朝创设三皇庙的原因,秦玲子(Reiko Shinno)、范家伟等皆指出,与医、儒都有关系。从医的角度而言,金代及元初民间已有医者创建三皇庙,[①]蒙古统治者重视医士,众多由医入仕者对三皇庙的创建起了促进作用。从儒的角度而言,河北儒、医关系密切。理学家将三皇奉为道统之始,这一理念由许衡等人发扬,也促进了元朝的三皇祭祀。[②] 笔者认为,对于促成三皇庙之创设,医的因素更直接更关键,而儒的影响相对次要。因为对于蒙古统治者而言,医家祭祀具有更直接的功能性。在汉地祠庙中,蒙古人最早开始重视的就是医庙。例如诸王阔端

---

①参 Reiko Shinno,"Medical Schools and the Temples for the Three Progenitors in Yuan China: A Case of Cross-Cultural Interactions",*Harvard Journal of Asiatic Studies*,67(1),2007: 89-133(119).[日]谷口绫:《元代三皇廟制度の成立について》,《龍谷大学大学院文学研究科紀要》29,2007 年,第 142—143 页。范家伟:《元代三皇庙与宋金元医学发展》,《汉学研究》第 34 卷第 3 期,2016 年,第 74 页。

②范家伟:《元代三皇庙与宋金元医学发展》,《汉学研究》第 34 卷第 3 期,2016 年,第 65—67 页。

曾遣使祭祀耀州药王庙，[①]忽必烈在潜藩时曾遣使祭祀内丘扁鹊庙。[②] 这是创设三皇庙祭祀的必要前提。

三皇庙在世祖至元年间初步建立。元人阎复云："圣朝自至元以来，诏立三皇祠庙，始于京师，达乎郡邑。"[③]危素《〈三皇祭礼〉序》云："在至元初，以医家颛其享祀。"[④]《元典章》收录的至元二十二年（1285）《讲究医学》公文中提到："各路并州县，除医学生员外，应有系隶籍医户，及但是行医之家，皆以医业为生，拟合依上，每遇朔望诣本处官，聚集三皇庙圣前焚香。"[⑤]弘治《徽州府志》记载："（至元）二十三年（1286），令诸路建立医学三皇庙，祀伏羲、神农、黄帝，每路州县依儒学例，各设教官掌诲医生。又别置提领所，设官本路。于元贞元年，始建医学于此。"[⑥]范家伟据此认为，至元二十三年路州县的三皇庙、医学已形成庙学合一的状态。[⑦] 不过，三皇庙在元世祖时期尚处于草创阶段，远未完备。

《经世大典·工典·画塑》载，元贞元年（1295）太史臣奏："尝奉先帝（世祖）旨令，那怀建三皇庙及塑三皇像……今皆未完。"[⑧]那怀，即段贞，文献中又作段天祐、段圭，那怀（Noqai）为其蒙古名，又译那海、纳怀。段贞生年不详，卒于至大三年（1310）之前。段贞是元大都建设工程的主要负责人之

①《祭五台山妙应孙真人文》，陈垣编纂，陈智超、曾庆瑛校补：《道家金石略》，北京：文物出版社，1988年，第1078页；陕西省古籍整理办公室编，曹永斌编著：《药王山碑刻》，西安：三秦出版社，2013年，第294页。

②王磐：《国朝重修鹊山神应王庙之碑》，录文及研究参孟繁清：《内丘扁鹊庙的元代碑刻》，方铁、邹建达主编：《中国蒙元史学学术研讨会暨方龄贵教授九十华诞庆祝会文集》，北京：民族出版社，2009年，第120—137页。范玉琪：《元初名臣刘秉忠书丹〈国朝重修鹊山神应王庙之碑〉考释》，《文物春秋》1994年第4期。

③阎复：《静轩集》卷四《定兴县三皇庙记》，《元人文集珍本丛刊》本，第552页。

④危素：《危太朴文集》卷一〇，《元人文集珍本丛刊》本，第470页。

⑤《元典章》卷三二《礼部·医学·讲究医学》，陈高华等点校本，第1106—1107页。

⑥弘治《徽州府志》卷五，《天一阁藏明代方志选刊》第29册，第6a页。

⑦范家伟：《元代三皇庙与宋金元医学发展》，《汉学研究》第34卷第3期，2016年，第56—57页。

⑧《元代画塑记》，北京：人民美术出版社，1964年，第7页。

一。综合散见史料可知，段贞从至元三年（1266）开始担任行工部尚书，[①]负责元大都建设工程，后来长期担任大都留守，指挥城市建设与维护。段贞参与指挥的各项主要工程包括：至元七年（1270）建昭应宫、大护国仁王寺，至元七年（1270）建大都城隍庙，至元十四年至十七年（1277—1280）建太庙，至元十五年（1278）建太史院，至元二十二年（1285）修天庆寺，至元二十五年（1288）建圆明寺，至元二十九年至三十年（1292—1293）开凿通惠河，元贞元年（1295）建崇真万寿宫。[②] 大都三皇庙位于太医院内神机堂，阿尼哥奉命雕塑了三皇像。[③]《经世大典·工典·画塑》所载元贞元年（1295）公文表明，元世祖已命段贞兴建大都三皇庙，但元贞元年尚未完工。

元成宗元贞元年（1295）"初命郡县通祀三皇"[④]，将三皇庙推行至全国。谷口绫指出，成宗即位后对全国各地的宣圣、社稷等祭祀仪制进行了修订，三皇庙也是其中一项。[⑤] 水越知观察到各地三皇庙的兴建并非一蹴而就。因为当时的华北与江南存在地域差异。三皇庙在金代华北已有基础，但对于元初的江南而言仍然是全新的事物。[⑥] 元朝自1276年统一南宋后，开始在江南建立学校，设置医学提举司，推行医户制度。[⑦] 在此背景下，三皇庙在江南逐渐建立。

三皇庙通祀制度经元成宗、武宗二朝建立并基本完备。成宗大德三年（1299）定配享体例，大德九年（1305）定祭祀钞数，武宗至大二年（1309）定配

---

①《元史》卷六《世祖纪三》，第113页。

②参渡边健哉：《元朝の大都留守段貞の活动》，《歴史》98，2002年，第72—96页，收入氏著《元大都形成史の研究：首都北京の原型》，仙台：东北大学出版会，2017年，第137—166页。

③程钜夫：《凉国敏慧公神道碑》，《雪楼集》卷七，《元代珍本文集汇刊》本，第317页。

④《元史》卷七六《祭祀志五·郡县三皇庙》，第1903页。

⑤参［日］谷口绫：《元代三皇廟制度の成立について》，《龍谷大学大学院文学研究科紀要》29，2007年，第140—141页。承作者惠赠抽印本，山本明志先生代为寄来，谨致谢忱。

⑥［日］水越知：《元代の祠廟祭祀と江南地域社会——三皇廟と賜額賜號》，《東方宗教》第106号，2005年，第60—62页。

⑦参 Reiko Shinno，*The Politics of Chinese Medicine under Mongol rule*，pp. 51-54.

享服色、坐次。[①] 三皇庙制度的主体内容由此确立。

元代三皇庙制度与祭仪,以宣圣祭祀制度为蓝本。秦玲子已经指出,元代三皇庙与医学相结合的做法,源自庙学制度。[②] 元代医学制度效仿儒学之处颇多。元仁宗延祐元年(1314)开设科举,三年(1316)开设医人考试,同样采取三年一考,同样分为乡试、会试。[③] 三皇"祭仪略仿孔子之庙"[④]。三皇庙与宣圣庙制度与祭仪的相似性,体现在四方面。

一、建筑形式:三皇庙与医学的关系是庙学合一,宣圣庙与儒学同样如此。三皇庙与宣圣庙都由大殿、讲堂、两庑、棂星门等建筑组成。三皇庙的核心建筑为开天殿,殿后为讲堂,[⑤]对应于宣圣庙的大成殿、明伦堂。当然,各地三皇庙规模繁简不一,[⑥]有的较为规整完备,有的三皇庙与医学共用一座建筑,[⑦]常常是经过增葺重修才逐渐完善。[⑧]

二、神位:三皇庙也仿照宣圣庙设立四配、十从祀。宣圣庙主祀宣圣孔子,有颜、曾、思、孟四位配享,又有十哲从祀两庑。而三皇庙主祀三皇,四配为句芒、祝融、风后、力牧氏,从祀两庑者为十大名医(俞跗、桐君、僦贷季、少师、雷公、鬼臾区、伯高、歧伯、少俞、高阳)。[⑨]《元典章》所载大德三年

①《元典章》卷三〇《礼部三·配享三皇体例》,第1072—1073页;卷三〇《礼部三·三皇配享》,第1074页;卷三〇《礼部三·添祭祀钱》,第1076—1077页。

②Reiko Shinno, *The Politics of Chinese Medicine under Mongol rule*, pp. 54-56.

③《元典章》卷三二《礼部五·学校二·试验医人》,陈高华等点校本,第1118—1119页。

④《经世大典·总序·礼典·三皇》,《国朝文类》卷四一,第10a页。

⑤《延祐四明志》卷一四《学校考·本路医学、奉化州医学》,《宋元方志丛刊》,第6328—6330、6332页。虞集:《道园学古录》卷三六《袁州路分宜县新建三皇庙记》,第19b—20b页。

⑥Reiko Shinno, *The Politics of Chinese Medicine under Mongol rule*, pp. 59-60, 161-164.

⑦李好文:《长安志图》卷上,《经训堂丛书》本,第11b—12a页。正德《松江府志》卷一一,第10a—12a页。弘治《八闽通志》卷四三《公署·延平府》,福州:福建人民出版社,1989年点校本,第893页。

⑧张养浩:《三皇庙记》(致和元年),嘉靖《莱芜县志》卷七,第1a—3a页。吴澄:《吴文正公集》卷一〇《宜黄县三皇庙记》,《元人文集珍本丛刊》本,第380—381页

⑨《元史》卷七六《祭祀志五·郡县三皇庙》,第1903页。

（1299）公文明言："今乃援引夫子庙堂十哲为例，拟十代名医从而配食。"[①]至大二年（1309）公文亦云："所谓十大名医，此依文庙大儒从祀之例，列置两庑。"[②]

三、祭祀类型与日期：三皇与宣圣祭祀都分为春秋祭、朔望祭、庙谒。[③]宣圣每年春秋祭为二月、八月上丁日，三皇每年春秋祭为三月三日、九月九日。[④] 每月朔望即初一、十五日，地方官率儒学师生拜谒宣圣庙并讲学，同样须率医学师生谒三皇庙并讨论医义。[⑤] 庙谒，为地方官上任或逢大事、廉访司官巡行至所而谒庙行香，宣圣庙、三皇庙皆然。[⑥]

四、祭祀仪式：三皇与宣圣祭祀仪式大致相同。元代三皇庙祭仪，仅见于黑水城出土文书残件 M1·1116［F1：W43］：[⑦]

请初献官▨举幕进笏舆▨

三皇帝神位前▨

伏羲皇帝神位▨

神农皇帝神▨

轩辕黄帝神▨

羊食一体豕▨

---

①《元典章》卷三〇《礼部三·配享三皇体例》，陈高华等点校本，第1072—1073页。

②《元典章》卷三〇《礼部三·三皇配享》，第1074页。

③申万里：《元代文庙祭祀初探》，《暨南史学》第3辑，广州：暨南大学出版社，2004年，第283—304页，收入氏著《教育、士人、社会：元史新探》，北京：商务印书馆，2013年，第98—135页。申万里：《元代教育研究》，武汉：武汉大学出版社，2007年，第191—220页。

④黑水城出土文书 M1·1114［Y1：W105］，见塔拉、杜建录、高国祥主编：《中国藏黑水城汉文文献》第7册，北京：国家图书馆出版社，2008年，第1377页。李逸友编著：《黑城出土文书（汉文文书卷）》，北京：科学出版社，1991年，第94页，图版贰拾。

⑤《齐乘》卷五《风土》，《宋元方志丛刊》，第609页。《元典章》卷三二《礼部·医学·讲究医学》，陈高华等点校本，第1106—1107页。

⑥吴澄：《吴文正公集》卷二一《抚州路重修三皇庙记》，第379页。

⑦塔拉、杜建录、高国祥主编：《中国藏黑水城汉文文献》第7册，第1379页。李逸友编著：《黑城出土文书（汉文文书卷）》，第94页。

牢蔽(币)帛献供[等]〼

复位

蔡伟政认为此文书应定名为《元代亦集乃路祭祀三皇礼单》。蔡伟政将其与《元史·祭祀志》所载宣圣释奠礼仪比较，指出释奠礼的程序是奠币、复位、进俎，而文书所记三皇祭祀是进俎、奠币、复位，因而认为三皇祭祀不仅在程序上简化了，而且仪式顺序有变化，总之“不如释奠礼规范和隆重”[1]。但文书中有多处误写、涂改，加之残缺过甚，因此很难断言其所记仪式顺序与释奠礼必然有差异。三皇祭祀礼仪也未必是程序简化了，而只是文书记录简化了而已。郡县宣圣庙释奠牲品用羊一豕一，因此这件文书应该能证明三皇庙与宣圣庙祭祀牲品规格相同。

元仁宗朝对三皇庙制度有所修补，对三皇的地位有所讨论。延祐四年(1317)提高祭祀钞数，[2]是在通货膨胀背景下为维持祭祀而做出的经费调整。延祐六年(1319)秋八月，朝廷讨论设置三皇庙礼乐，其原因很可能是延祐五年(1318)“命各路府宣圣庙置雅乐”，所以翌年讨论仿宣圣礼乐设置三皇礼乐，但最终“不果行”[3]。这说明元仁宗时期朝廷仍然认为三皇地位是不可与宣圣相比的。

到元文宗时，三皇地位得到显著提高。文宗朝官修《经世大典·礼典》中的各项祭祀排序是郊祀、太庙、社稷、岳镇海渎、三皇、先农、宣圣。而明初纂修《元史·祭祀志》，以《经世大典·礼典》为史源，却将排序改为郊祀、太庙、社稷、先农、宣圣、岳镇海渎、三皇。显而易见，明朝认为元朝将三皇地位抬得过高。元文宗认定三皇“配天立极”[4]，因此应该居于宣圣孔子之上。不

①蔡伟政：《黑水城所出元代礼仪文书考释三则》，《西夏学》第8辑，2011年10月，第256—258页。

②《元典章》卷三〇《礼部三·添祭祀钱》，第1076—1077页。塔拉、杜建录、高国祥主编：《中国藏黑水城汉文文献》第7册，第1385—1407页。参[日]池内功：《元朝郡県祭祀における官費支出について——黒城出土祭祀費用文書の検討》，《四国学院大学論集》85，1994年。

③《元史》卷六八《礼乐志二·制乐始末》，第1699页。

④《经世大典·总序·礼典·三皇》，《国朝文类》卷四一，第10b页。

过,元文宗虽然从理论上抬升了三皇的地位,但在礼仪实践中,三皇庙祭祀仍然“以医者主之”①,低于宣圣庙遣中书省臣祭祀的规格。

元顺帝时,京师三皇祭祀规格得到进一步提升。顺帝至正九年(1349),江西湖东道肃政廉访使文殊讷上奏:“三皇开天立极,功被万世。京师每岁春秋祀事,命太医官主祭,揆礼未称。请如国子学、宣圣庙春秋释奠,上遣中书省臣代祀,一切仪礼仿其制。”奏议通过御史台具呈中书省,中书省付礼部集礼官议定,最终得到了顺帝的批准。于是顺帝命大臣制定三皇祭祀礼乐,将京师三皇庙每年春秋祀事从太医官主祭改为遣中书省臣代祀。② 这大幅提高了三皇祭祀的规格和地位。至正十年(1350)九月,“祭三皇,如祭孔子礼”③。京师三皇庙祭祀礼仪与国子学、宣圣庙相仿,而地位有所过之。三皇庙的性质不再仅仅是医家始祖庙,也被认为是开天立极的帝王庙,达到了皇帝遣中书省臣代祀的规格。

三　三皇庙的多面性内涵与历史影响

三皇庙在元代国家与社会的多层面发挥了较广泛的作用。秦玲子指出,元代的医学和三皇庙制度满足了多个群体的需求:蒙古皇帝树立起仁慈的声望;官员联结起国家与地方社会;地方精英使“地方性”在理学话语受到尊重;地方医生确立精英地位。④ 因此可以说元代三皇庙具有多面性的内涵。

在多层面群体的参与、推动乃至博弈之下,三皇庙的地位在元代逐渐提升。张琏研究历代帝王祭祀时认为,元代“三皇从民族始祖转变为医师始

---

①《经世大典·总序·礼典·三皇》,《国朝文类》卷四一,第11a页。

②《元史》卷七七《祭祀志六·三皇庙祭祀礼乐》,第1915—1920页;卷四二《顺帝纪五》,第889页。危素:《危太朴集》卷一〇《〈三皇祭礼〉序(辛卯)》,《元人文集珍本丛刊》本,第469—470页。

③《元史》卷四二《顺帝纪五》,第882页。

④Reiko Shinno,“Medical Schools and the Temples for the Three Progenitors in Yuan China: A Case of Cross-Cultural Interactions”, *Harvard Journal of Asiatic Studies*, 67(1), 2007: 89-133.

祖,其地位是明显的下降"①。这是没有关注到元后期的情况。前文已述,元文宗时三皇地位已经在宣圣之上,顺帝至正九年(1349)更是将三皇祭礼提升到空前的高度,三皇作为道统之始的政治文化身份得到了承认,京师三皇庙兼具医家始祖庙和古代帝王庙双重性质,仪式规模有与宣圣庙分庭抗礼之势。

至正九年三皇祭礼改革,是由江西湖东道肃政廉访使文殊讷上奏发起的。有必要说明文殊讷的生平与文化背景。文殊讷,即杨文书讷,字国贤,号双泉,西夏人,仁宗朝大臣杨朵儿只(1279—1320)之子。杨氏父子皆有很高的儒学修养。杨朵儿只出身于仁宗潜邸怯薛,拥立仁宗,功不可没,深受信任。皇庆二年(1313),经杨朵儿只奏请,周敦颐等宋元十儒从祀孔庙。②这是元朝正式认可理学传承的标志性事件,可见杨朵儿只传承了理学思想。至于杨文书讷,儒学修养更加深厚。他曾三谒孔子林庙,③重修洙泗书院、尼山书院,④为济南灵岩寺题字刻石。⑤ 杨文书讷生卒年不详,其仕履综合各种史料大致可考。此处根据周峰的研究略作梳理,⑥并增补几条史料。杨文书讷于顺帝初期任河东、山东廉访司佥事,此后历任监察御史、山东廉访副使、江西湖东道肃政廉访使,至正十年(1350),任崇文太监。⑦ 至正十一年

①张琏:《历代帝王祭祀中的帝王意象与帝统意识——从明代帝王庙祀的祭祀思维谈起》,《东华人文学报》第10期,2007年1月,第350页。

②《□□□□御史中丞夏国杨襄愍公墓志铭》,参门学文:《元代名臣杨朵儿只墓志》,北京市石景山区地方志办公室编:《名人墓葬》,北京:中央文献出版社,2008年,第81—86页。《元史》卷二四《仁宗纪一》,第557页。

③《至正三年杨文书讷三谒林庙碣》,杜建录:《党项西夏碑石整理研究》,上海:上海古籍出版社,2015年,第257—258页。参骆承烈编:《石头上的儒家文献——曲阜碑文录》,第313页。

④《创建洙泗书院记》,《阙里志》卷九,《北京图书馆古籍珍本丛刊》第23册,第628—629页。陈绎曾:《尼山书院碑铭》,《阙里志》卷九,第631—633页。虞集:《尼山书院记》,《阙里志》卷九,第635—636页。

⑤《济南大灵岩寺碑》,杜建录:《党项西夏碑石整理研究》,第251—256页。

⑥参周峰:《元代西夏遗民杨朵儿只父子事迹考述》,《民族研究》2014年第3期。

⑦黄绍:《龙兴路城隍庙碑》,万历《新修南昌府志》卷二八,《日本藏罕见中国地方志丛刊》第5册,第13b—18a页,第571—572页。

(1351)正月,杨文书讷以崇文太监朝请大夫检校书籍事兼经筵官的身份代祀河渎西海。[①] 至正十三年(1353)在平江担任都水庸田使,至正十四年(1354)任淮南行省参知政事。[②] 其后不见于记载。总之,杨文书讷久任风宪之职,儒学修养很高。秦玲子指出,在理学史上,赵复(约1215—1306)首次将三皇列入道统传承谱系,[③]许衡论述道之传承亦以三皇为始,[④]这一观念在元代南北方理学信徒中被广为接受。[⑤] 至正九年(1349)杨文书讷担任江西廉访使时上奏请求提升三皇祭礼规格,反映出理学思想的影响。

至正九年(1349)三皇礼乐改革中也显示出南北方儒士的共同参与。杨文书讷上奏时,是一位仕宦于江南的北方儒士。其提议被同意后,“敕工部具祭器,江浙行省造雅乐,太常定仪式,翰林撰乐章”[⑥]。江浙行省是南方理学的大本营。撰写乐章的黄溍、危素,[⑦]皆为江南儒士。因此,至正九年(1349)三皇礼乐改革是南北方理学信徒共同发起并参与的。从这些理学追随者的角度来看,开天立极的道统之源三皇得到天下通祀,称得上是亘古未有的盛事。以此意义而言,元末三皇的地位超越了中国历史上任何时代。

元代的三皇祭祀从一开始就不是儒家的禁脔。至正九年三皇礼乐改革的参与者,不仅有理学追随者,还有其他各层面的人物。其中政治地位最高的是两位平章政事,一是外戚出身的蒙古弘吉剌人太不花(?—1358),[⑧]二

①张镛:《祀河渎西海记》,成化《山西通志》卷一四,第80a—81a页。

②陈基:《夷白斋稿》卷二七《水云亭记》;《光福观音显应记》,《四部丛刊》本,第2a—3a、3a—4a页。

③《元史》卷一八九《儒学传一·赵复传》,第4314页。

④许衡:《鲁斋遗书》卷一〇《稽古千文》,《北京图书馆古籍珍本丛刊》第91册,第406—407页。

⑤Reiko Shinno, *The Politics of Chinese Medicine under Mongol Rule*, pp. 80-81.

⑥《元史》卷四二《顺帝纪五》,第889页。

⑦黄溍:《金华黄先生文集》卷四《三皇庙乐章》,第1a—3a页。危素:《危太朴集》卷一〇《〈三皇祭礼〉序(辛卯)》,《元人文集珍本丛刊》本,第469—470页。

⑧太不花生平,见《元史》卷一四一《太不花传》,第3381—3383页。

是怯薛出身的康里人定住（？—1364）。[①] 还有太常寺、御药院等机构。[②] 三皇庙从一开始就不是仅仅从理学思想中产生的祭祀，还具有医、儒双面性甚至多面性的内涵，是元朝多元统治秩序的象征。多面相内涵可以满足较多群体的需求，却也会产生多种解读甚至误读的可能性。至正九年三皇地位的提升，可以说满足了理学家对于追溯道统起源的渴望。而从元朝非汉人统治阶层的角度来看，三皇庙与宣圣庙呈现分庭抗礼之势，在一定程度上分化了孔子的独尊地位，也许更有利于多元化的统治。

元代具有多面内涵的三皇制度，入明后被大幅改造。明洪武四年（1371），天下通祀三皇庙因礼臣反对而废止，取消了医家始祖的国家祭祀。洪武六年（1373），在都城内建历代帝王庙，将三皇五帝及历代创业明君合于一庙奉祀。[③] 元代以前，仅唐玄宗天宝六载（747）在京师创设三皇五帝庙，但天宝新制仅仅持续数年，到天宝十二载（753）即停罢。[④] 明代京师建立历代帝王庙，没有采用唐天宝三皇五帝庙之制，[⑤]而是新创的制度。明代京师历代帝王庙在某种程度上继承了元末京师三皇庙的因素。元末京师三皇庙兼具医家始祖庙和古代帝王庙双重性质。明代剔除其医家始祖性质，而将其古代帝王的性质保留并移至历代帝王庙中。到明世宗嘉靖年间（1522—1566），北京的医家始祖庙祭祀恢复，在京师太医院北建三皇庙，名景惠殿，供太医院祭祀，从祀者由十大名医增为历代名医二十八人。[⑥] 清代北京延续

---

①定住生平，见欧阳玄：《中书右丞相领治都水监政绩碑》，嘉靖《山东通志》卷三八，济南：齐鲁书社，1996年影印本，第25a—28a页；柯劭忞：《新元史》卷二一○《定住传》，北京：中国书店，1988年，第830页。

②《元史》卷七七《祭祀志六·三皇庙祭祀礼乐》，第1915—1916页。危素：《危太朴集》卷一○《〈三皇祭礼〉序（辛卯）》，第469—470页（“御药院”讹作“御乐院”）。

③参张琏：《历代帝王祭祀中的帝王意象与帝统意识——从明代帝王庙祀的祭祀思维谈起》，《东华人文学报》第10期，2007年1月，第319—366页。

④参廖宜方：《中国中古先代帝王祭祀的形成、演变与意涵——以其人选与地点为主轴的探讨》，《“中研院”历史语言研究所集刊》第87本第3分，2016年9月，第538、560页。

⑤Reiko Shinno，*The Politics of Chinese Medicine under Mongol rule*，p. 157.

⑥《明史》卷五○《礼志四》，第1292、1294—1295页。

了三皇庙景惠殿制度,只是二十八位历代名医的具体名单稍有调整,遣礼部尚书治祭。① 北京三皇庙,成为太医院祭祀医家始祖之所。而在地方上,地方官府不再通祀三皇庙,民间仍然保存了作为医家始祖庙的三皇庙,有的被改称为药王庙。② 总之,元代祭祀医家始祖的三皇庙,对明清国家和民间都产生了一些影响。在国家层面,元代都城三皇庙的医家始祖庙性质被明清太医院景惠殿所继承,而元代三皇庙的古帝王庙性质直接演变为明清都城内的历代帝王庙。

四　小结

元朝没有建立完整的古帝祭祀体系,而是根据个别奏请而护持具体祠庙。可以说元朝对古帝祭祀体系的兴趣是非常有限的,基本上没有继承前代的礼制传统。作为古帝祭祀的伏羲庙、神农庙、黄帝庙在元朝走向低落。这是元代三皇庙出现和兴盛的重要历史背景之一。因此,天下通祀三皇不仅是元朝重视医学背景下的新创造,而且从一开始就有儒家因素。

三皇庙在元世祖时期处于草创阶段。到成宗、武宗时期,三皇通祀制度建立并基本完备。元代三皇庙制度与祭仪,以宣圣祭祀制度为蓝本。元仁宗时讨论仿宣圣制度设置三皇礼乐,但终于未能推行,说明朝廷认为三皇地位不可与宣圣相比。元顺帝至正九年(1349),在南北方理学信徒的共同推动下,元朝正式制定三皇礼乐,承认了三皇作为道统之始的政治文化身份,从此京师三皇庙兼具医家始祖庙和古代帝王庙双重性质。

元代三皇祭祀可以满足较多群体的需求,具有多面性的内涵,却也会产生多种解读甚至误读的可能性。这是元朝多元统治秩序的象征,也蕴含着多元统治政策下的纷争和危机。明代重新拆解了三皇庙的双重性质,取消了三皇庙的天下通祀,在京师建造了历代帝王庙,其中祭祀三皇;而作为医

①《清史稿》卷八四《礼志三・京师群祀》,北京:中华书局,1976 年,第 2544 页。

②马伯英:《中国医学文化史》,上海:上海人民出版社,2010 年,第 655—656 页。

家始祖的三皇庙成为太医院的专祀。

在元代国家祭祀体系发展演变的过程中，三皇庙在宣圣庙与帝师殿之间承前启后，具有重要的过渡作用。元代宣圣庙是对前代制度的继承和发展。而三皇庙则是在医学基础上仿照宣圣庙制度而建立起来的一个新制度。有了成宗、武宗创设三皇庙制度的经验，仁宗、英宗开始大步向前，创立帝师殿制度，此为前代朝廷与民间皆未曾有的祭祀，体现出元朝的意识形态。

第十九章　元代帝师殿

帝师，是元代不同于其他统一王朝的独特制度。元朝中期以降敕命州郡普建帝师殿，使八思巴帝师与中原传统的社稷、风雨雷师、孔子并列而成为天下通祀，其殿宇规格甚至超越孔子。帝师八思巴凌驾于至圣先师孔子之上，在意识形态的角度是颇值得玩味的。因此，作为元朝最具时代特色的国家祭祀之一，八思巴帝师祭祀是观察元朝意识形态的重要切入点。过去，学界对八思巴帝师祭祀、帝师殿的研究不多，只是在研究官学、蒙古字学时偶有涉及。专门的研究近年才出现。李勤璞著有《八思巴帝师殿——大元帝国的国家意识形态》一部六万字的专书，[①]广为搜罗汉文史料，旁征藏文、蒙古文材料，颇有创获。然个别重要史料书中未见征引，对一些史事的考订，笔者以为尚有值得商榷之处。乙坂智子发表两篇文章，考察吴澄撰帝师殿碑的内容与背景，探讨元代儒士对帝师殿的否定与接受情况。[②] 本章以前

①李勤璞：《八思巴帝师殿——大元帝国的国家意识形态》，台北："蒙藏委员会"，2000 年。

②［日］乙坂智子：《呉澄撰パクパ帝师殿碑二篇——反仏教の"真儒"のチベット仏教僧顕彰文》，《横浜市立大学論叢（人文科学系列）》63-3，2012 年，第 240—305 页。《元代江西の帝師殿と呉澄——撫州路・南安路帝師殿碑撰文の背景》，《横浜市立大学論叢（人文科学系列）》64-2，2013 年，第 120—168 页。皆收入氏著：《迎仏鳳儀の歌——元の中国支配とチベット仏教》，东京：白帝社，2017 年，第 392—491 页。

人研究为基础，从国家祭祀体系的视角出发，整理八思巴帝师祭祀制度及相关诸问题。

一　帝师殿的设立过程

元代的一些史料将郡县通祀八思巴帝师之始系于英宗朝。如《佛祖历代通载》称："三月十一日，登极大赦，英宗格坚皇帝改年至治（1321），诏各路立帝师殿。"①元人刘鹗《重修帝师殿记》云："迨夫英宗皇帝……至治间，诏天下立庙以祀之（八思巴）。"②实际上，祭祀八思巴始于仁宗朝。

关于元仁宗建立八思巴祭祀的始末，记载不多。最重要的一条史料来自高丽人李齐贤（1288—1367）的文集《益斋集》：③

> 延祐初，有鲜卑僧上言："帝师八思巴，制蒙古字以利国家，乞令天下立祠比孔子。"有诏公卿耆老会议。国公杨安普力主其议。王谓安普曰："师制字有功于国，祀之自应古典，何必比之孔氏？孔氏，百王之师。"

"王"指高丽忠宣王王璋，至大四年（1311）逊位，居留元大都，雅好交结文学之士，延祐元年（1314）召李齐贤入元。④ 因此李齐贤的记载是第一手资料，价值极高。不过，上述引文中，"孔氏百王之师"一句之下实有阙文。幸此段文字为《高丽史》所录，系于忠肃王元年（1314，元仁宗延祐元年）：⑤

> 忠肃王元年，帝命王留京师。王构万卷堂于燕邸，招致大儒阎复、姚燧、赵孟頫、虞集等，与之从游，以考究自娱。时有鲜卑僧上言："帝师

①念常：《佛祖历代通载》卷二二，《大正藏》第49册，第732页。

②刘鹗：《惟实集》卷三《重修帝师殿记》，《景印文渊阁四库全书》第1206册，第313页。

③［高丽］李齐贤：《有元赠敦信保节贞亮济美翊顺功臣、太师、开府仪同三司、尚书右丞相、上柱国、忠宪王世家》，《益斋集》卷九上，《丛书集成初编》本，第119页。

④［高丽］李穑：《鸡林府院君谥文忠李公墓志铭》，《益斋集》卷九上，第160页。

⑤［朝鲜］郑麟趾：《高丽史》卷三四《忠宣王世家二》，第6b—7a页。

> 八思巴制蒙古字,以利国家,乞令天下立祠比孔子。"有诏公卿耆老会议。国公杨安普力主其议。王谓安普曰:"师制字,有功于国,祀之自应古典,何必比之孔氏? 孔氏,百王之师,其得通祀,以德不以功。后世恐有异论。"言虽不纳,闻者韪之。

据《高丽史》,可知《益斋集》阙二十三字。通过上述记载,我们对元仁宗建立八思巴祭祀的过程可以窥得大概。兹参酌其他相关史料,予以解说。

(一)仁宗设立帝师祭祀的缘起

李齐贤称,是有"鲜卑僧"上言。而记载稍详的是《佛祖历代通载》卷二二所收的《敕建帝师殿碑》。此碑由光禄大夫、大司徒、大永福寺住持、释源宗主法洪奉敕撰;翰林学士赵孟頫书;参议中书省事臣元明善篆额。碑文有云:①

> 有河西僧高沙剌巴建言于朝,以为:"孔子以修述文教之功,世享庙祀。而先帝师德侔将圣,②师表一人,制字书以资文治之用,迪圣虑以致于变之化,其功大且远矣,而封号未追,庙享不及,岂国家崇德报功之道哉!"大臣以闻。

必须说明的是此碑文的撰写时间。虽然《佛祖历代通载》将其系于英宗登基以后,但是从碑文内容看,法洪撰文时仁宗尚在世。如碑文有云:"皇上重离继明,应乾承统,以为法位久旷,道统将微,以师(八思巴——引者案)犹子之子公哥禄鲁斯监赞嗣帝师位。"案,帝师公哥禄鲁斯监赞(公哥罗古罗思监藏班藏卜),延祐二年(1315)二月上任,③其前任帝师相家班(又译相儿加思巴)卒于延祐元年(1314),④中间有一段时间的空缺,故有"法位久旷"之说。

---

①念常:《佛祖历代通载》卷二二,《中华再造善本》影印中国国家图书馆藏元至正七年释念常募刻本,北京:北京图书馆出版社,2005年,第55—57页。

②"而先帝师德侔将圣"句,《大正藏》所收《佛祖历代通载》(《大正藏》第49册,第732—733页)误作"而光帝师德俟将圣"。《全元文》第28册第328页据《大正藏》录文,未校正。

③《元史》卷二五《仁宗纪二》,第568页。

④《元史》卷二〇二《释老传》,第4519页。

这里的"皇上"显然指仁宗。用"皇上"而不用"先皇"，表明仁宗尚在世。撰文者法洪的官衔也可以为断代找到依据。法洪在仁宗时被任命为释源宗主、大永福寺住持，英宗至治元年（1321）二月授荣禄大夫、司徒，[①]而进阶光禄大夫、大司徒则是此后的事。[②] 总之，这篇碑文刻石是在英宗至治元年二月以后，但撰写于仁宗在位时期。法洪作为佛教高僧甚得仁宗器重。碑传记载，法洪"撰《大元帝师八思巴文庙碑》，文成，奏御，嘉赉甚厚"[③]。《大元帝师八思巴文庙碑》当即《佛祖通载》所收的《敕建帝师殿碑》。法洪曾亲身经历建立八思巴祭祀一事，其文又得到仁宗御览，可靠性很高。

关于《敕建帝师殿碑》的"河西僧高沙剌巴"的身份，吴澄《南安路帝师殿碑》有"宣政院臣奏请起立巴思八帝师寺殿"、"近臣之请"的表述，[④]可知他任职于宣政院。傅海波（Herbert Franke）、王启龙、李勤璞等将高沙剌巴勘同为八思巴弟子沙罗巴。[⑤] 后者生平事迹，傅海波、陈得芝、王启龙先后做过专门的考证，[⑥]兹略述其要。沙罗巴（1259—1314），又作沙啰巴、沙剌巴、沙罗迦八哈失，[⑦]傅海波复原为藏文 šes-rab dpal，义为慧吉祥。沙罗巴出身译经世家，精通藏、蒙、汉文，幼从八思巴出家，成为译经师，又好读儒书，自号

①《元史》卷二七《英宗纪一》，第 610 页。

②许有壬：《至正集》卷四七《敕赐故光禄大夫大司徒释源宗主洪公碑铭》，《元人文集珍本丛刊》本，第 229 页。

③许有壬：《至正集》卷四七《敕赐故光禄大夫大司徒释源宗主洪公碑铭》，第 229 页。

④吴澄：《吴文正公集》卷二六《南安路帝师殿碑》，《元人文集珍本丛刊》本，第 458—459 页。

⑤王启龙：《八思巴生平与〈彰所知论〉对勘研究》，北京：中国社会科学出版社，1999 年，第 230 页。

⑥关于沙罗巴译师的生平，参 Herbert Franke, "Sha-lo-pa（1259—1314）, a Tangut Buddhist monk in Yüan China," Gert Naundorf, Karl-Heinz Pohl, Hans-Hermann Schmidt ed., *Religion und Philosophie in Ostasien: Festschrift für Hans Steininger zum 65. Geburtstag*, Würzburg: Königshausen and Neumann, 1985, pp. 201-222. Also in Herbert Franke, *China under Mongol Rule*, Brookfield: Variorum, 1994. 傅海波著，杨富学、樊丽沙汉译：《元代西夏僧人沙罗巴事辑》，《陇右文博》2008 年第 1 期，第 59—65 页（须注意汉译有不确之处）。陈得芝：《元代内地藏僧事辑》，《蒙元史研究丛稿》，北京：人民出版社，2005 年，第 245—248 页。王启龙：《八思巴生平与〈彰所知论〉对勘研究》第七章《相关人物考述》第二节《沙罗巴译师》，第 261—275 页。

⑦许有壬：《至正集》卷四七《敕赐故光禄大夫大司徒释源宗主洪公碑铭》，第 229 页。

雪岩,与王恽、阎复、刘敏中等文士皆有交游。程钜夫有诗称赞他“读书诵经逾五车,洞视孔释为一家”,并提及他曾奉诏翻译《五护尊经》。[①] 李勤璞认为,沙罗巴即蒙古文甘珠尔所收《五护尊经》跋文所载奉成宗铁穆耳之命将这部经由藏文译为蒙古文的高僧 Serab Sengge。[②] 沙罗巴译师甚得仁宗尊崇,法洪入朝即受他推重。以沙罗巴的身份与地位而言,由他向仁宗提议祭祀八思巴,是很合适的。但将沙罗巴译师与河西僧高沙剌巴勘同,尚须解释三点疑难。

第一,法洪《敕建帝师殿碑》先叙帝师公哥禄鲁斯监赞上任,再叙高沙剌巴建言事,一般来说这是按时间先后顺序排列的。实际上,帝师公哥禄鲁斯监赞上任于延祐二年二月,沙罗巴译师去世于延祐元年十月,时间顺序颠倒。第二,无任何史料能够表明沙罗巴译师姓高。有史料称沙罗巴译师“积宁氏”[③],聂鸿音先生认为积宁为梵文 jña(慧)由藏语和汉语西北方音转读的音译,是沙啰巴本名,而非姓氏。[④] 李齐贤称沙罗巴为“鲜卑僧”。西夏姓氏中有鲜卑,又译西壁,[⑤]很可能是沙罗巴的姓氏。第三,沙罗巴对法洪有知遇之恩,沙罗巴去世时法洪曾为其撰写塔铭,数年后法洪撰《敕建帝师殿碑》若提及沙罗巴理应使用敬重之号,而不是“河西僧高沙剌巴”这样平凡的称谓。笔者推测《佛祖历代通载》所收《敕建帝师殿碑》中的僧、高二字倒误,可校正为“河西高僧沙剌巴”,则可与沙罗巴译师勘同。只是法洪叙事时误将其建言时间与帝师上任时间顺序颠倒。这样解决了上述三点疑难,即可认为建言设立帝师殿者即八思巴弟子沙罗巴。

---

①程钜夫:《送司徒沙罗巴法师归秦州》,《雪楼集》卷二九,《元代珍本文集汇刊》本,第 1119—1120 页。

②李勤璞:《沙啰巴新考》,余太山、李锦绣主编:《丝瓷之路 V——古代中外关系史研究》,北京:商务印书馆,2016 年,第 140—155 页。

③念常:《佛祖历代通载》卷二二,《大正藏》第 49 册,第 729 页。

④聂鸿音:《元代僧人沙啰巴名字补证》,《徐州工程学院学报(社会科学版)》2016 年第 1 期。

⑤佟建荣:《西夏姓氏辑考》,银川:宁夏人民出版社,2013 年,第 17、46 页。

（二）仁宗朝臣关于设立帝师祭祀的讨论

沙刺巴上奏后，仁宗诏命“公卿耆老会议”。沙刺巴建言设立八思巴帝师祭祀，将八思巴抬高到与孔子相提并论的地步。这必然遭致儒家士大夫的反对。然而汉文史籍对此不着一词，可能是为仁宗回护，因为这不符合仁宗推行儒治的明君形象。高丽文人李齐贤记下了高丽王王璋的反对意见。这应该不仅仅代表王璋个人的意见，也反映出与王璋过从甚密的汉人士大夫们的观点。

在朝臣讨论中起了决定性作用的是“国公杨安普”。杨安普，又作杨暗普、杨俺普，是杨琏真迦之子。陈高华先生《略论杨琏真加和杨暗普父子》一文搜罗史料，对杨暗普的生平做出梳理。杨暗普自至元三十年起任宣政院使，历世祖、成宗、武宗、仁宗四朝，直至延祐年间，任职二十余年。陈高华先生指出：“这在元代是极罕见的，可以说是独一无二的。元朝皇帝换了好几个，但是他的职位始终不变，这说明他在元代宗教界是个很有势力的重要角色。实际上，他的地位比杨琏真加更为重要。”[①]正是这样重要的地位，决定了杨暗普在仁宗创立八思巴祭祀过程中能够“力主其议”，起到关键性作用。

另外附论杨暗普的卒年问题。杨暗普最后一次出现于史料，陈高华先生已揭，是《经世大典·站赤》所载的延祐元年十月公文中，时杨暗普仍为宣政院官。[②] 张云先生根据《经世大典·站赤》延祐六年宣政院使名单上已无暗普之名，[③]认为其去职（或卒年）在延祐元年至六年间（1314—1319）。[④] 关于此问题，笔者提供另外一条线索，即杨暗普所兼任的会福院使一职。武宗

---

①陈高华：《略论杨琏真加和杨暗普父子》，《西北民族研究》1986 年第 1 期，后收入《元史研究论稿》，北京：中华书局，1991 年，第 385—400 页。

②《永乐大典》卷一九四二一，北京：中华书局，1986 年，第 7232 页下。

③《永乐大典》卷一九四二一，第 7235 页下。

④张云：《元代吐蕃地方行政体制研究》，北京：中国社会科学出版社，1998 年，第 97 页。

至大元年,改大护国仁王寺昭应宫规运总管府为会福院,“以平章政事、宣政院使安普、忽马儿不花为会福院使”①。仁宗至大四年(1311)十二月,封宣政、会福院使暗普为秦国公。② 可知杨暗普一直兼任此职。《湖北金石志》卷一三收有延祐四年(1317)十一月立的《重修武安灵溪堰记》,碑末有官吏题名,其中列出会福院使五人:③

资善大夫、会福院使洪溥

资善大夫、会福院使瓮吉剌德

资政大夫、会福院使忽马儿不花

银青荣禄大夫、司徒、会福院使辇真吃剌思

金紫光禄大夫、徽政使、章庆使、中都威卫使、领隆禧院、殊祥院、群牧监、甄用监事、提调左都威卫使司事、会福院使识烈门

案《元史·百官志》,会福院使定员五人。碑记中列出五人,其中第三人忽马儿不花,即当年与杨暗普同时上任者。延祐四年十一月立此碑时,杨暗普已经不在任上,很可能已经去世。据此,似可将杨暗普卒年范围缩小到延祐元年至四年(1314—1317)。

(三)仁宗最终设立帝师祭祀的时间

仁宗建立八思巴帝师祭祀的时间是延祐三年(1316)。《至顺镇江志》所收至治二年(1322)青阳翼撰《帝师寺记》载:“延祐三年(1316)六月,先皇帝采摭群言,博议朝著,丕视功载,锡之荣号,作庙勒碑,月谒岁祭,通乎天下。”④这是今见唯一准确记载仁宗建立八思巴帝师祭祀时间的史料。

---

①程钜夫:《大护国仁王寺恒产之碑》,《雪楼集》卷九,《元代珍本文集汇刊》本,第 368—370 页。

②《元史》卷二四《仁宗纪一》,第 548 页。

③《重修武安灵溪堰记》,《湖北金石志》卷一三,《石刻史料新编》第 1 辑第 16 册,第 12204 页下。案,《全元文》第 35 册第 256—258 页收录此碑正文,然未收录碑末题名。

④《至顺镇江志》卷九,南京:江苏古籍出版社,1990 年,第 358—359 页。

英宗即位后，将仁宗的政策推进了一步。史载，延祐七年(1320)十一月丁酉，英宗"诏各郡建帝师八思巴殿，其制视孔子庙有加"①。此圣旨收于《元典章》：②

> 延祐七年十一月二十七日，拜住丞相特奉圣旨："八思八帝师，薛禅皇帝时分蒙古文书起立来的上头，'盖寺者'说来，前者盖了有来。如今，交比文庙盖的大，随处行文书，都教大如文庙，八思八帝师根底教盖寺者。"么道圣旨了也。钦此。

在英宗的大力推行下，八思巴帝师祭祀制度、规格最终确定，各地开始大规模修建八思巴帝师殿。

其后，泰定帝、文宗对制度又有所完善。如泰定元年(1324)八月，绘帝师八思巴像十一颁各行省，俾塑祀之。③ 文宗颁布圣旨，调整蒙古字学与八思巴帝师殿的关系，④使八思巴帝师殿与蒙古字学呈现庙学合一的倾向。

二　帝师殿制度的内容

八思巴帝师祭祀，不载于《元史·祭祀志》。可能有两方面原因。一方面，可能是明初《元史》纂修官认为祭祀佛僧八思巴不合乎儒家礼制。另一方面，可能《元史·祭祀志》的主要史源《太常集礼》、《经世大典·礼典》皆未载八思巴祭祀，此二书的目录也可证明这一点。《太常集礼》、《经世大典》皆成书于元文宗朝，纂修的依据是太常礼仪院所存的简牍文书，不载录八思巴祭祀，大概表明八思巴祭祀不属太常礼仪院管理。仁宗设立八思巴祭祀，正是宣政院官提议和推动的，儒家士大夫颇不以为然。我们有理由相信，元

---

①《元史》卷二七《英宗纪一》，第607页。

②《元典章》新集《工部·造作·帝师殿如文庙大》，陈高华等点校本，第2259—2260页。

③《元史》卷二九《泰定帝纪一》，第650页。

④《至顺镇江志》卷一一，第428页。

朝管理八思巴祭祀的机构,不是儒家士大夫占主导的太常礼仪院,而是藏传佛教僧侣把持的宣政院。

关于八思巴帝师祭祀制度的内容,没有专门的史料传世。但根据相关史料,可以梳理出几条要点。可以发现,八思巴祭祀与宣圣孔子祭祀制度是很相似的。

(一)配享

光绪《海阳县志》卷三一收录元泰定五年(1328)四月立石的《创建帝师殿碑》,此史料李勤璞先生著作中未引,而对于研究帝师祭祀极其重要,因为这条史料独家记载了帝师殿的二位配享:①

> 以师之徒胆巴、搠思剌并列于座,盖以传灯授业,亦犹夫子之配以颜、孟。

案,师指八思巴。所谓"师之徒"大概只是宽泛的说法,并不专指八思巴的弟子,而是指能承继八思巴地位与功业者。我们可以确知,胆巴并不是八思巴的弟子,而是八思巴叔父萨迦班智达的弟子。胆巴(Dam-pa,1230—1303),名功嘉葛剌思(Kundga' grags),绰号阿宁(A gnyan),尊号胆巴,"此云微妙"②。沈卫荣先生释藏语 dampa 义为殊胜、最胜、最妙,"似又特指尤擅秘密法,多译神通行者"③。中外学者结合汉藏文献,对胆巴生平事迹多

①林淳:《创建帝师殿碑》(泰定五年四月立石),光绪《海阳县志》卷三一,清光绪二十六年刻本,第 3—4 页。今人整理标点本见黄挺、马明达:《潮汕金石文征(宋元卷)》,广州:广东人民出版社,1999 年,第 276 页;及《全元文》第 56 册,第 218—219 页,然须注意此二书录文皆有讹误之处。

②念常:《佛祖历代通载》卷二二,《大正藏》第 49 册,第 725 页。

③沈卫荣:《释"最妙上师"和"金刚上师":论〈大乘要道密集〉的萨思迦源头》,许全胜、刘震主编:《内陆欧亚历史语言论集:徐文堪先生古稀纪念》,兰州:兰州大学出版社,2014 年,第 259—295 页,收入氏著《藏传佛教在西域和中原的传播——〈大乘要道密集〉研究初编》,北京:北京师范大学出版社,2017 年,第 113 页。

有考察。[①] 中统年间,胆巴受八思巴所荐,获知于世祖,位至国师,以咒术闻名于世,在世祖朝的佛僧中地位仅次于八思巴。八思巴活跃于政治和文化方面,而胆巴是咒术蕃僧的代表,而在蒙古皇族接受藏传佛教的过程中吐蕃僧人的咒术能力是非常重要的。[②] 胆巴在世祖朝后期及成宗朝地位极其显赫,拉施特《史集》亦有对他权势的描写。[③]

搠思剌其人,难以考证,只能从人名、地位两方面寻找线索。从人名而言,搠思剌仅此一见。《经世大典·站赤》收录二则公文:[④]

(延祐)三年正月十四日,都功德使辇真乞剌思、站班奏奉圣旨:搠思罗师父门徒唆南监藏者,欲回朵甘思之地。本僧每年率三十众,为朕起建具送好事一月。其令省部斟酌应副铺马以行。兵部议得:所索铺马,别无钦赍御宝圣旨,具呈都省给降。

四月十二日,丞相阿散,平章李道复、兀伯都剌等奏:班吉斡节儿讲主之下三丹讲主有疾,奉旨令同辇真乞剌思师父回还西番。三丹及其徒共四人,起铺马四匹。又搠思罗师父徒弟唆南监藏等六人,起马六

①参仁庆扎西:《胆巴碑与胆巴》,《仁庆扎西藏学研究文集》,天津:天津古籍出版社,1989 年,第 112—124 页;陈得芝:《元代内地藏僧事辑》,《蒙元史研究丛稿》,北京:人民出版社,2005 年,第 240—245 页。Herbert Franke,"Tan-pa, a Tibetan lama at the court of the Great khans", Merio Sabatini ed., *Orientalia Venetiana* I, Firenze: Leo S. Olschki, 1984, pp. 157-180. Elliot Sperling, "Some remarks on sGa A-gnyan dam-pa and the origins of the Hor-pa lineage of the dKar-mdzes region", Ernst Steinkellner ed., *Tibetan history and language: studies dedicated to Uray Geza on his seventieth birthday*, Wien: Arbeitskreis fur Tibetische und Buddhistische studien, Universitat Wien, 1991, pp. 455-465. Karl Debreczeny, "Imperial Interest Made Manifest: sGa A gnyan dam pa's Mahākāla Protector Chapel of the Tre-shod Maṇḍala Plain", Roberto Vitali ed., *Trails of the Tibetan Tradition: Papers for Elliot Sperling*, Dharamsala: Xa-myes rma-chen bod kyi rig-gzhung zhib-vjug-khang [Amnye Machen Institute], 2014, pp. 129-166.

②参[日]稻叶正枝:《元のラマ僧膽巴について》,《印度學佛教學研究》11-1,1963 年,第 180—182 页。[日]村冈伦:《元代モンゴル皇族とチベット佛教——成宗テムルの信仰をにして》,《仏教史学研究》39-1,1996 年,第 79—97 页。

③[波斯]拉施特主编,余大钧、周建奇译:《史集》第二卷,第 387—388 页。

④《永乐大典》卷一九四二一,第 7234 页上。

匹。都省见存铺马圣旨不敷,若与此僧,亦难拘收。合无定拟西番回僧,令翰林院斟酌撙节,译写圣旨与之。奉旨:"准。"都省钦依施行。

此二则公文中提及的"搠思罗师父",不见于其他史料。搠思罗与搠思剌,应该是同名异译。承陈得芝先生教示,配享帝师殿的搠思剌当音译自藏文 Chos lab,义为法语。[①] 山本明志认为,《经世大典·站赤》的搠思罗是 Chos dpal blo gros(义为法吉祥慧)的简称 Chos blo。[②] 从公文内容中无法判定搠思罗师父延祐三年(1316)是否在世。师父,即八合失(baqši),是元代对高僧的常用称呼。延祐三年(1316)搠思罗被称为师父,大概意味着他没有坐到帝师、国师那么高的位置。搠思罗师父与帝师殿的搠思剌有可能仅仅是同名。

从地位而言,搠思剌与胆巴并列配享,说明他们他生前地位相仿。拉施特《史集》第二卷记载,忽必烈合罕时代后期有两个显赫的吐蕃喇嘛,一个叫胆巴(Tanba),另一个叫坎巴(Kanba)。[③] 后者之名,余大钧、周建奇汉译本据俄译本作兰巴(Ламба)。[④] 当以坎巴为是。坎巴与胆巴齐名,足见其人地位相当高,然而迄今学者尚难以考出其人究竟为谁。有研究者认为 Kanba 可能是藏文 mkhan-po,[⑤]今译堪步。堪步,义为宗教师,原为藏传佛教中主持授戒者的称号,后成为僧职专称,指大寺院的扎仓或小寺院的主持人;僧官系统中也有堪布一职。[⑥] 在后一层意义上,八思巴为自己设立十三种侍从

①2012 年 8 月口头交流。

②[日]山本明志:《モンゴル時代におけるチベット·漢地間の交通と站赤》,《東洋史研究》67-2,2008 年,第 255—280 页(第 275 页注 7)。

③[波斯]剌失德丁原著、[英]波义耳英译、周良霄译:《成吉思汗的继承者:〈史集〉第二卷》,第 91 页。W. M. Thackston trans. and annot. , *Rashiduddin Fazlullah's Jami' u' t-tawarikh*, Harvard University Department of Near Eastern Languages and Civilizations, 1998, p. 456.

④余大钧、周建奇译:《史集》第二卷,第 356 页。

⑤Edgar Blochet ed. , *Djami el-tévarikh: Histoire générale du monde*, Leyden: E. J. Brill, 1911, p. 544, note b. W. M. Thackston trans. and annot. , *Rashiduddin Fazlullah's Jami' u' t-tawarikh*, p. 456.

⑥任继愈主编:《宗教大辞典》,上海:上海辞书出版社,1998 年,第 419 页。陈永龄主编:《民族词典》,上海:上海辞书出版社,1987 年,第 1061 页。

僧官,其中就有却本堪布。承陈得芝先生赐教,坎巴(Kanba)另有一解,对音康巴,指康地之人。总之,《史集》中的坎巴显然是某人的称号或籍贯,而非本名。元世祖朝后期地位与胆巴相仿的喇嘛,大概惟有乞剌斯八斡节儿(Grags pa vod zer,1255—1303)。《萨迦世系史》述八思巴弟子,首称乞剌斯八斡节儿,他任八思巴的侍从"却本"。八思巴于吐蕃去世时,众人畏惧惩罚,不敢向朝廷汇报,乞剌斯八斡节儿挺身而出,到汉地后,演说佛法,与忽必烈结为师徒关系。① 至元二十八年(1291)乞剌斯八斡节儿成为元朝第五任帝师直至去世。② 乞剌斯八斡节儿在世祖朝后期地位很高,且担任过却本堪布之职,所以很可能就是《史集》中的坎巴。

总之,乞剌斯八斡节儿与《史集》中的坎巴有可能勘同,其地位与胆巴相仿。但在帝师殿中配享八思巴是搠思剌。而搠思剌与乞剌斯八斡节儿、坎巴没有勘同的线索。搠思剌究竟是谁,何以配享八思巴,尚待未来研究。

(二)祭祀日期

八思巴祭祀的日期不见于传世文献。黑城出土文书中有一件,可补此缺憾。该文书李逸友编号 Y1:W105,《中国藏黑水城汉文文献》编号 M1·1114[Y1:W105],相关内容摘录如下(方框中文字已残或模糊,系整理者据残余笔画所补):③

元命庚申

正月初一日　三月初一日　五月初一

七月初三日　九月初四日　十一月初六日

---

①阿旺贡嘎索南著,陈庆英等译:《萨迦世系史》,北京:中国藏学出版社,2002 年,第 172、174—175 页。

②陈庆英、仁庆扎西:《元朝帝师制度述略》,《西藏民族学院学报》1984 年第 1 期,收入《陈庆英藏学论文集》,北京:中国藏学出版社,2006 年,第 225—257 页(第 236—237 页)。

③李逸友编著:《黑城出土文书(汉文文书卷)》,北京:科学出版社,1991 年,第 94 页,图版贰拾。塔拉、杜建录、高国祥主编:《中国藏黑水城汉文文献》第 7 册,北京:国家图书馆出版社,2008 年,第 1377 页。

天寿节四月十七日

宣圣祭祀

二月初八日　八月初一日

三皇祭祀

三月初三日　九月初九日

雷雨师三月廿五日申

巴思麻帝师祭祀

四月十五日　十一月廿二日

张帆先生研究元朝皇帝的本命日时,曾征引此文书,指出这是亦集乃路官府开列某年祭祀活动的日期清单。张帆先生根据祭祀日期的月日干支,推定此文书年代为元顺帝后至元五年(1339),[①]诚为不刊之论。文书中的巴思麻,即八思巴。文书载,八思巴帝师祭祀日期为四月十五日、十一月廿二日。这两个日期必然与八思巴生平大事密切相关。

十一月廿二日,是八思巴圆寂之日。[②]《析津志·原庙·行香》记载,"八思齐"帝师忌日十一月二十二日,正官行香祭祀。[③] "八思齐"可能是"八思发"或"八思麻"之讹,即八思巴。

四月十五日,则很难找到与八思巴个人的关联。八思巴作为僧人,一生最重大的事件无非诞生、圆寂、受戒。八思巴受戒日是1255年五月十一日,[④]与四月十五日无涉。八思巴生日,据藏文史料,是1235年三月六日;[⑤]

---

①张帆:《元朝皇帝的"本命日"——兼论中国古代"本命日"禁忌的源流》,《元史论丛》第12辑,呼和浩特:内蒙古教育出版社,2010年,第33—34页。

②八思巴于至元十七年(1280)十一月二十二日圆寂。参阿旺贡嘎索南著,陈庆英等译:《萨迦世系史》,北京:中国藏学出版社,2005年,第173页。王磐:《八思巴行状》,念常:《佛祖历代通载》卷二一,《大正藏》第49册,第707页。案,《元史·释老传》误作至元十六年。

③洪金富:《元〈析津志·原庙·行香〉篇疏证》,《"中研院"历史语言研究所集刊》第79本第1分,2008年3月,第5页。

④达仓宗巴·班觉桑布著,陈庆英译:《汉藏史集》,拉萨:西藏人民出版社,1986年,第180页。

⑤《汉藏史集》,第179页。《萨迦世系史》,第186页。

而王磐所撰行状称八思巴生日为己亥岁(1239)四月十三日,[①]藏文史料记载此为八思巴弟弟恰那多吉的生日。[②] 前贤研究已指出王磐当为误记。[③] 误记出现的原因不详,但须明了的是,王磐在八思巴圆寂后"奉敕"为其撰写行状,可知元世祖是承认四月十三日作为八思巴生日的。后来的汉文史料皆以王磐的记载为准。到元仁宗、英宗建立八思巴祭祀制度之际,这更是共识。黑城文书中的四月十五日或许是四月十三日之讹。这件文书中所记日期的讹误不止此一处。张帆先生已经指出,文书中列举的六个庚申日,有两个是不准确的:五月初一(己未)、九月初四(己未),皆与庚申日相差一天。[④] 文书中又有一些涂抹痕迹,应该是一份草拟清单,所记日期有讹误。另外一种可能是文书中所记四月十五日无误,四月十五日并非八思巴诞日,而是藏传佛教所认为的佛祖释迦牟尼涅槃日。案,汉传佛教认为佛祖涅槃日为二月十五日。如果不考虑藏历与汉历的换算,帝师殿在佛祖涅槃日举行祭祀大概也可以成立。至正二十六年(1366,丙午)张翥作《四月望,观帝师癹思拔影堂庆赞立碑》诗,[⑤]大概可以支持四月十五日祭祀八思巴之说。总之,上半年的八思巴祭祀日期有四月十三日、四月十五日两种可能性,笔者倾向于后者。

八思巴帝师祭祀在每年四月、十一月,而宣圣祭祀在二月、八月,[⑥]都是每年两次,二者祭祀频度相同。

(三)建筑形制

吴澄《抚州路帝师殿碑》载:[⑦]

---

①德辉:《敕修百丈清规》卷三《报本章·帝师涅槃》,《大正藏》第48册,第1117页。

②《汉藏史集》,第182页。

③[日]稻叶正就:《元の帝師に関する研究——系統と年次を中心として》,《大谷大学研究年報》17,1966年9月。陈庆英:《元朝帝师八思巴》,北京:中国藏学出版社,1992年,第25页。

④《元史》卷七六《祭祀志五·宣圣》,第1894页。吴澄:《吴文正公集》卷二六,第459—460页。

⑤张翥:《张蜕庵诗集》卷一,《四部丛刊》本,第21a—b页。

⑥《元史》卷七六《祭祀志五·宣圣》,第1894页。

⑦吴澄:《吴文正公集》卷二六,第459—460页。

中创正殿,崇二常有半,广视崇加寻有五尺,深视广杀寻有七尺。

后建法堂,崇视常九尺,广视崇加寻有二尺五寸,深视广杀寻有二尺五寸。

前立三门,崇二常有四尺,广视崇加一尺,深视广杀寻有二尺。

堂之左右翼为屋,各五间,其深广与堂称。

门之左右有便门,有二塾,为屋各十有四间,其深广与门称。

两庑周于殿之东西,前际门之左右塾,后际堂之左右翼,为屋各十有三间。

左庑、右庑之中,有东堂,有西堂,各三间。环拱正殿,上合天象,如紫微太微之有垣。

三门之外,棂星门,其楹六。

楹之竖于地者通计二百有五十,屋据高原,俯临阛阓,望之巍然,彪炳雄伟,足以称皇朝尊奉帝师之意。

帝师殿的主体建筑,由外向内依次是棂星门、三门、正殿、法堂,左右为两庑堂。这是以门、庑、殿、堂为主体,呈左右对称的标准的汉式建筑布局。而藏式寺院受梵式寺院影响,采取的是曼陀罗式布局理念,即以一座主要建筑为中心,其余建筑呈双向或多向对称的布局方式。① 在前引元英宗诏令中,是以孔庙为参照物,要求帝师殿盖得大过孔庙。我们可以看到,二者的建筑布局是极其相似的,惟孔庙正殿称大成殿,堂称明伦堂,名称不同而已。②

八思巴帝师殿的建筑布局与孔庙相同,也就意味着,它与汉式祠庙、寺

---

①随着时代发展,藏式寺院因地制宜产生了自由式布局,但须注意自由式布局仍贯彻了以一座主要建筑为中心的曼陀罗式布局理念。参柏景、陈珊、黄晓:《甘、青、川、滇藏区藏传佛教寺院分布及建筑群布局特征的变异与发展》,《建筑学报》2009 年 S1 期。黄跃昊:《从曼陀罗到自由式——谈藏传佛教寺院布局形制的转变》,《华中建筑》2010 年第 3 期。

②参胡务:《元代庙学的兴建和繁荣》,《元史论丛》第 6 辑,1997 年,第 120—121 页。

院的建筑布局也是相同的。史料记载,帝师殿是"命僧守之"①。藏传佛教的覆盖度毕竟有限,在全国大部分地区帝师殿的主持者只能是汉传佛教僧人。元代著名禅僧大訢曾为南方某地写过《帝师殿化供具疏》。② 更有记载显示,一些帝师殿就建在已有的汉式佛寺之内,如河南府路帝师殿建在安国寺内,③潮州帝师殿建于开元寺后,后移建于宝积寺内。④ 这样,帝师殿便具有佛教寺院的性质。虽然帝师殿供奉的是藏传佛教高僧,其建筑结构则完全采用了汉地寺院形式。

总之,八思巴帝师祭祀制度虽然在供奉对象、祭祀日期上显现出一定的藏传佛教特点,但制度的整体结构模式与汉地传统的祠庙、佛寺制度是一致的。可以认为,帝师祭祀制度是以宣圣祭祀制度为蓝本,略加改造而成的。

三　帝师殿的设立原因

将一位少数民族佛教僧人列入国家祭祀并且天下通祀,这是亘古未有的创造,是元代产生的独特事物。

这首先不符合尊经复古的儒家礼制理念。尊崇"帝师"八思巴,对"万世帝王之师"孔子的地位构成了威胁。⑤ 因而,八思巴帝师祭祀拟设立之时,便遭到以王璋为代表的儒者的反对。乙坂智子分析指出,有元一代大儒吴澄撰写帝师殿碑文时,使用智、悟、能、用、力等词汇形容八思巴的才能与现实

---

①《至正四明续志》卷一〇,《宋元方志丛刊》,第6569页。

②释大訢:《帝师殿化供具疏》,《蒲室集》附卷《疏》,《中华再造善本》影印国家图书馆藏元刻本;又见《全元文》第35册,第570—571页。

③徐松辑:《河南志》,高敏点校,北京:中华书局,1994年,第24页。《元河南志》,《藕香零拾》本,第17b页。

④林淳:《创建帝师殿碑》(泰定五年四月立石),光绪《海阳县志》卷三一,第3—4页。

⑤参[日]乙坂智子:《吴澄撰パクパ帝师殿碑二篇——反仏教の"真儒"のチベット仏教僧顕彰文》,第277—278页。

功绩,极力避免以圣、德为赞词,淡化其神圣性。[①] 后来的儒士更是毫不避讳对通祀帝师的不满,如由元入明的儒士叶子奇在其《草木子》中即以“呜呼谬哉”四字作评。[②]

八思巴帝师祭祀从一开始便有与孔子祭祀抗衡的倾向。值得探讨的是,在元史上,仁宗一向以重儒著称,八思巴帝师祭祀却恰恰是他一手创立推行的,个中原因值得玩味。

首先,仁宗有藏传佛教信仰基础。八思巴弟子达益巴国师(1246—1318)曾“事二圣(武宗、仁宗——引者)于潜,竭勤逾纪”[③],说明仁宗很早就受到藏传佛教的熏染。八思巴弟子沙罗巴译师传记中称:“仁宗皇帝龙德渊潜之日,尝问法于公,知公之贤。既践天位,眷遇益隆。”[④]可见仁宗一直对藏传佛法怀有热忱。八思巴帝师祭祀是在宣政院的藏传佛教僧人的提议和推动下设立的,设立八思巴祭祀是尊崇藏传佛教的表现。况且,佛教“去杀胜残、跻生民于仁寿”[⑤],有助于统治的稳定。

其次,从政治制衡的角度而言,如乙坂智子所提示的,在仁宗大批起用汉人儒士的背景下,以帝师八思巴压制圣师孔子,是仁宗政权中枢的蒙古人、色目人对汉人士大夫的牵制。[⑥]

最后,八思巴造字以及其藏僧身份,对于元代文化上的大一统有莫大的作用。一方面,八思巴创造“国字”(八思巴字),“以资文治之用”[⑦],直接的功能是书写官方的诏旨公文,更宏大的目标是“译写一切文字”[⑧],为元朝的

---

①[日]乙坂智子:《吴澄撰パクパ帝师殿碑二篇——反仏教の“真儒”のチベット仏教僧顯彰文》,第252—259页。

②叶子奇:《草木子》卷三下《杂制篇》,中华书局,1959年,第65页。

③念常:《佛祖历代通载》卷二二,《大正藏》第49册,第732页。

④念常:《佛祖历代通载》卷二二,《大正藏》第49册,第730页。

⑤法洪:《敕建帝师殿碑》,念常:《佛祖历代通载》卷二二,《大正藏》第49册,第732—733页。

⑥[日]乙坂智子:《吴澄撰パクパ帝师殿碑二篇——反仏教の“真儒”のチベット仏教僧顯彰文》,第243页。

⑦念常:《佛祖历代通载》卷二二,《大正藏》第49册,第732—733页。

⑧《元史》卷二〇二《释老传》,第4518页。

文化统一提供“书同文”的途径。即使是一代大儒吴澄也承认“八思八帝师肇造蒙古字，为皇元书同文之始”①。另一方面，与孔子相比，八思巴具备少数民族的身份，兼以藏蒙文化的亲和度，加上佛教跨越族群的影响力，因而与元朝的多元一统性质更加吻合。奉八思巴作为帝师，有利于招抚、统治边疆民族。“穷岛绝屿之国，卉服魋结之氓，莫不草靡于化风，骏奔而效命。白雉来远夷之贡，火浣献殊域之琛，岂若前代直羁縻之而已焉？”②可以说，八思巴帝师是元朝试图建立文化统一的一个象征符号。因此仁宗将八思巴抬至孔子的高度，英宗更让八思巴高于孔子，有意设立元朝独有的国家祭祀。

八思巴祭祀制度，既不同于汉地传统祭祀，也不同于藏传佛教，更是蒙古草原传统祭祀中不曾存在过的内容。元代的帝师制度源于西夏，③西夏存在帝师，却未见有帝师祭祀。八思巴祭祀是多元文化因素糅合的产物，距离汉地传统、藏传佛教传统、蒙古传统、西夏传统都很远，可谓元朝的一代之制，体现出元朝国家意识形态的独特性。

四　帝师殿通祀的推广

元朝在全国建立八思巴帝师殿，两都首当其冲。

元大都的帝师殿，在大兴教寺。史载，仁宗延祐五年（1318）十月，建帝师巴思八（八思巴）殿于大兴教寺，给钞万锭。④ 需要指出的是，《元史·本纪》载延祐四年（1317）正月“给帝师寺廪食钞万锭”⑤，这里的帝师寺，指的应该是现任帝师所居住的寺院大护国仁王寺，而非后来建立的八思巴帝师

①吴澄：《抚州路帝师殿碑》，《吴文正公集》卷二六，第 459—460 页。

②念常：《佛祖历代通载》卷二二，《大正藏》第 49 册，第 732—733 页。

③Ruth Dunnell, “The Hsia Origins of the Yüan Institution of Imperial Preceptor,” *Asia Major*. Third Series. Vol. 5, part 1, 1992, pp. 85-111. 汉译本：［美］邓如萍：《党项王朝的佛教及其元代遗存——帝师制度起源于西夏说》，聂鸿音、彭玉兰译，《宁夏社会科学》1992 年第 5 期。

④《元史》卷二六《文宗纪三》，第 586 页。

⑤《元史》卷二六《文宗纪三》，第 577 页。

殿。关于帝师殿、兴教寺的位置,有学者认为在元大都金城坊。① 所据当为《析津志》的一则史料:"帝师有大佛殿,在(金城)坊之东。翚飞栋宇,甲于他寺。"②然而,《日下旧闻考》引《图经志书》云:"兴教寺在阜财坊。"同书又引《元大都图册》:"兴教寺在顺承门内街西,佛会甲于京师。"③案,金城坊,在平则门内街南;阜财坊,在顺承门内街西。帝师殿所在的兴教寺应该在金城坊与阜财坊交界之处,属阜财坊。文宗至顺三年(1332)五月,诏给钞五万锭,修帝师巴思八影殿,④当即大兴教寺帝师殿。《析津志·原庙·行香》记载,"八思齐"(八思巴)帝师影堂在石佛寺,忌日十一月二十二日行香祭祀。⑤ 石佛寺即兴教寺之俗名。元人张翥有《四月望,观帝师癹思拔影堂庆赞立碑》诗:"佛子来西竺,巍然南面尊。法筵花散漫,香殿玉温磨。龙象诸天下,钟螺竟日喧。朝观立随喜,如在给孤园。"诗题下自注:丙午。⑥ 当为丙午年,即至正二十六年(1366),当时张翥任职翰林。癹思拔,即八思巴。因此,元仁宗在大都大兴教寺建立八思巴帝师殿,到文宗时又称八思巴影堂。元代一般只有帝后去世后才有影堂,八思巴影堂是唯一的例外,显示出文宗对八思巴的进一步尊崇。

元上都的帝师殿,始建于英宗时。史载,英宗至治元年(1321)五月,"毁上都回回寺,以其地营帝师殿",至治二年(1322)二月,"罢上都歇山殿及帝师寺役",三年(1323)二月,"作上都华严寺、八思巴帝师寺及拜住第,役军六千二百人"⑦。此帝师寺应即帝师殿。但是,在英宗之前,上都已有一座帝师寺。至元十五年(1278)八月立石的商挺撰《宝庆寺碑记》有云:"(世祖)龙

---

①王岗:《北京城市发展史·元代卷》,北京:北京燕山出版社,2008年,第118页。

②《析津志辑佚》,第67页。原标点有误,今改。

③于敏中等编纂:《日下旧闻考》,北京:北京古籍出版社,1981年,第2504、2503页。

④《元史》卷三六《文宗纪五》,第804页。

⑤洪金富:《元〈析津志·原庙·行香〉篇疏证》,《"中研院"历史语言研究所集刊》第79本第1分,2008年3月,第5页。

⑥张翥:《张蜕庵诗集》卷一,《四部丛刊》本,第21a—b页。

⑦《元史》卷二七《英宗纪一》,第611页;卷二八《英宗纪二》,第619—620、628页。

飞之初，诏槊思吉亦里拣卜八黑思八大师起寺上都大内之西南，车驾时往幸焉，俾东宫皇太子以次诸王皆师事之。”[①]槊思吉亦里拣卜，即藏文 chos rje rgyal bu，义为法王。[②] 八黑思八，即八思巴的异译。魏坚将上都城遗址西南的 34 号测绘基址勘定为帝师寺遗址。[③] 但八思巴所建的寺，与英宗改回回寺而建的帝师殿显然不是同一座。受史料所限，上都帝师殿的位置尚难确定。

各地的帝师殿，建造时间各异。按照始建年代可分为三类。

（一）仁宗延祐年间。如《至正四明续志》载，鄞县帝师殿建于延祐六年（1319）。[④]《至正金陵新志》载，集庆路帝师殿建于延祐七年。[⑤] 潮州帝师殿当亦建于仁宗年间。[⑥]

（二）英宗至治年间。英宗即位后下诏天下立庙，至治年间遂成为各地大规模兴建帝师殿的时期。如，镇江应诏而建帝师殿，于至治二年建成。[⑦] 抚州帝师殿应该也是至治年间所建。[⑧] 再如柳贯《温州新建帝师殿碑铭并序》云，“至治初元，天子申敕列郡，大建新庙”，温州帝师殿由此建立。[⑨] 刘鹗《重修帝师殿记》载，南雄“一时应诏，皆取之民间，务欲速成”[⑩]。

---

①商挺：《宝庆寺碑记》（至元十五年八月立），张维：《陇右金石录》卷五，《石刻史料新编》第 1 辑第 21 册，第 16098—16099 页。

②参刘海威、张丹丹：《释甘肃崆峒山元至元十五年〈宝庆寺碑记〉中的“槊思吉亦里拣卜”——兼论八思巴名称之不同译写》，“元代漠南城市与经济社会”学术研讨会论文，锡林浩特，2010 年 7 月。

③魏坚：《元上都城址的考古学研究》，《蒙古史研究》第 8 辑，呼和浩特：内蒙古大学出版社，2005 年，第 103 页。魏坚：《元上都的考古学研究》，吉林大学博士论文，2004 年，第 45—46 页，第 103 页附图二十五。魏坚：《元上都》（上册），北京：中国大百科全书出版社，2008 年，第 61—62 页。

④至正《四明续志》卷一〇，《宋元方志丛刊》，第 6569 页。

⑤至正《金陵新志》卷一一下，《中国方志丛书》影印元至正四年刊本，台北：成文出版公司，1983 年，第 1931 页下。

⑥林淳：《创建帝师殿碑》（泰定五年四月立石），光绪《海阳县志》卷三一，第 3—4 页。

⑦青阳翼：《帝师寺记》，《至顺镇江志》卷九，第 358—359 页。

⑧吴澄：《吴文正公集》卷二六《抚州路帝师殿碑》，第 459—460 页。

⑨柳贯：《温州新建帝师殿碑铭并序》，《柳待制文集》卷九，《四部丛刊》本，第 12b—14b 页。标点参考金柏东主编：《温州历代碑刻集》，上海：上海社会科学院出版社，2002 年，第 56—57 页。

⑩刘鹗：《惟实集》卷三《重修帝师殿记》，第 313 页。

(三)泰定帝至顺帝朝。虽然英宗下诏全国建帝师殿,但是仍有许多地区尚未建造。如婺源州于顺帝后至元元年(1335)始兴建帝师殿与蒙古字学。[①] 另外,还有一些地方重修帝师殿。因为仁宗英宗朝各地在国家最高权力的强制要求下创建帝师殿,难免有仓促应付者。如南雄帝师殿有"工夫多草率,莫为久计"的弊端,到至正年间已经"倾圮迨尽,几为瓦砾之墟",因此地方官发起重建。[②] 再如潮州原建的帝师殿"规模未备,屋圮地偏,无以安其廊庑",于泰定五年重新择址而建。[③]

黑水城 Y1:W105 文书记载了后至元五年(1339)的巴思麻(八思巴)祭祀,[④]表明此前亦集乃路已经设立帝师殿。苏力先生通过考察黑水城 Y1:W30 文书指出,直至元统二年(1334)亦集乃路尚未设立蒙古字学。[⑤] 但这不意味着亦集乃路帝师殿设立于 1334—1339 年之间。因为正如本章下一节将要提出的,元代帝师殿与蒙古字学并非一开始就是合一的。亦集乃路帝师殿设立的时间有可能早于 1334 年。不仅黑城,还有很多地方帝师殿的兴建年代不详。元亡,帝师祭祀废止,帝师殿或转作他用,或废为遗址,在明清的一些方志中仍有提及,[⑥]成为地方历史记忆的陈迹。

帝师殿是借国家政治权力推行于全国的,在设立之初,它具有国家祭

①吴师道:《婺源州蒙古字学记》,《吴正传先生文集》卷一二,《元代珍本文集汇刊》本,第 336—338 页。

②刘鹗:《惟实集》卷三《重修帝师殿记》,第 313 页。

③林淳:《创建帝师殿碑》(泰定五年四月立石),光绪《海阳县志》卷三一,第 3—4 页。

④李逸友编著:《黑城出土文书(汉文文书卷)》,北京:科学出版社,1991 年,第 94 页,图版贰拾。塔拉、杜建录、高国祥主编:《中国藏黑水城汉文文献》第 7 册,北京:国家图书馆出版社,2008 年,第 1377 页。

⑤苏力:《亦集乃路蒙古字学补证》,《东北师大学报(哲学社会科学版)》2012 年第 1 期,第 67 页。

⑥如弘治《上海志》卷四《祠祀志·帝师殿》,《天一阁藏明代方志选刊续编》第 7 册,第 4a 页。正德《南康府志》卷七《祠庙·本府·帝师庙》,《天一阁藏明代方志选刊》第 51 册,第 3a 页。嘉靖《延平府志》学校志,《天一阁藏明代方志选刊》第 39 册,第 10a 页。万历《新修南昌府志》卷二三《寺观·寺·新建·永宁寺》,《日本藏罕见中国地方志丛刊》第 5 册,第 450 页下。雍正《江西通志》卷一八《鄱阳县儒学》,第 14a 页;卷一一一《南昌府·佑清寺》,国家图书馆藏清雍正十年(1732)刻本,第 5a 页。

祀、佛教寺院双重性质，然而这两重性质都很难获得地方民众的广泛认同与支持。从国家祭祀层面看，帝师祭祀不是传统祭祀，不合于古，有悖于儒家士人阶层的基本理念。从佛教寺院层面看，帝师殿虽然由僧人居守，在全国范围内藏传佛教僧人毕竟是少数，而占多数的汉地僧人对八思巴的认同度仍然有限；帝师殿供奉的八思巴、胆巴、搠思剌，在民间并没有广泛的群众基础。缺乏士人、僧侣、民众三大阶层的支持，帝师祭祀单方面依靠国家权力的干预，很难在社会上得到良性发展。元代统治者也认识到了这一点，于是开始试图将帝师殿与蒙古字学结合起来。

五　帝师殿与蒙古字学的关系

以往学者大多认为元代帝师殿和蒙古字学是合一的，如王风雷认为："从某种意义上讲，帝师殿和蒙古字学是同一个概念"①，蔡春娟也认为："与儒学的庙学合一相似，一座帝师殿同时也是一所蒙古字学校。"②这种说法需要修正。实际上，英宗下诏天下郡县立帝师殿时，并没有规定帝师殿须与蒙古字学合一。从史料中看，当时所建的帝师殿往往以僧守之，甚至建在佛寺之内，更具有寺院性质，而没有与蒙古字学合一。

直到元文宗才下令将帝师殿与蒙古字学二者结合起来。《至顺镇江志》卷一一《学校·本府·蒙古字学》载录了元文宗圣旨节文：③

> 至顺二年（1331），钦奉圣旨节文：学校房舍，在前尝令有司拨付。如今，依各处已行起盖八思麻帝师殿宇，就令于内训教；未经起盖殿宇去处，有司依上拨付。所据生员饮膳，拨与系官荒闲田土。

这道圣旨可以在《元史·本纪》中得到印证。《文宗纪》载，至顺元年（1330）

①王风雷：《元代漠南地区教育考》，《内蒙古社会科学》1992 年第 3 期，第 11 页。

②蔡春娟：《元代的蒙古字学》，《中国史研究》2004 年第 2 期，第 106 页。

③《至顺镇江志》卷一一，第 428 页。

八月,“诏兴举蒙古字学”[①]。寥寥数字,甚为简略。根据《至顺镇江志》的载录,可知文宗诏令的主要意图是将蒙古字学与帝师殿合并,使二者互有倚靠。因为蒙古字学与帝师殿在地方社会都缺乏足够稳固的群众基础。将二者合并,有利于减轻地方政府负担,促使二者稳定发展。帝师殿与蒙古字学的合一,仿照的是宣圣庙与儒学的合一。这种庙学合一的制度,源于唐代,至金元逐渐发展成熟,是一种良性机制,因此得到元文宗青睐。

在元文宗的推动下,有些地方开始将蒙古字学移置帝师殿内。如镇江蒙古字学,最初于至元二十一年(1284)改宋总干厅屋为之,规模狭隘,不足以容弟子员,至顺二年(1331),移置帝师殿内。[②] 再如鄞县蒙古字学,初在城西南隅仓桥侧,约至正年间,迁至城东南隅帝师殿东庑。[③] 婺源州后至元元年(1335)新建蒙古字学,中为帝师之殿。[④] 到元末,帝师殿与蒙古字学基本形成了庙学合一的状态。因此,明人有云,元代“各郡设蒙古字学,必建帝师殿以主之”[⑤]。

帝师殿建立之初,具有国家祭祀、佛教寺院双重性质,而到元文宗以后,帝师殿又兼有蒙古字学校的功能。蒙古字学是入仕的一条途径,在这一利益的驱使下,有些地区帝师殿才得以兴建。现存北京密云博物馆的《帝师殿记》碑,可能是今日惟一存世的帝师殿碑石。碑立于至正十二年(1352),记载了大都路檀州在达鲁花赤元德的倡导下创建帝师殿的经过。碑文透露出三点重要信息。第一,创建的帝师殿与蒙古字学是合一的,并添置学田四十余亩,“以供祭祀之所需,师生之所赡,可以岁时修其祀事、教养,进其人材”。第二,檀州帝师殿的创建,得力于东川乡王拜住的鼎力支持,据碑文可知,王

①《元史》卷三四《文宗纪三》,第 765 页。

②《至顺镇江志》卷一一,第 427—428 页。

③《至正四明续志》卷七《学校·本路蒙古学》,《宋元方志丛刊》,第 6529 页;卷一〇《寺院庵舍·在城·帝师殿》,《宋元方志丛刊》,第 6569 页。

④吴师道:《婺源州蒙古字学记》,《吴正传先生文集》卷一二,第 336—338 页。

⑤弘治《徽州府志》卷二《古迹·本府·帝师殿》,《天一阁藏明代方志选刊》第 29 册,第 13a 页。

拜住支持兴建的原因在于他是由“蒙古伴读受业”而得以“历仕”的。[①] 第三，创建帝师殿的主要用意是供奉八思巴帝师、教习蒙古字，但整个碑石却无一个八思巴字。大都路檀州位于天子脚下，其帝师殿之兴建竟然如此之晚，反映出地方社会对帝师殿的接受较为缓慢。

六　小结

元代天下通祀八思巴帝师祭祀，始创于仁宗，英宗推而大之，泰定帝、文宗继续增益、完善帝师殿的推广，依托佛寺、蒙古字学的支撑，元后期着重发展庙学合一制度。

从元代国家祭祀的发展脉络上看，宣圣孔子、三皇、八思巴帝师构成了天下通祀的祠庙系统，三者先后于世祖初、成宗朝、仁宗朝设立，带有强烈的传承性。宣圣庙几乎是完全继承了前代的制度，三皇庙则是在有一定民间基础的前提下仿照宣圣庙制度而建立起来的一个新的制度。有了成宗、武宗创设三皇庙制度的经验，仁宗、英宗开始大步向前，创立前代朝廷与民间皆所未有的帝师殿制度。其制度是以宣圣祭祀制度为蓝本改造而成的。元朝将祭孔制度推及三皇，再推及八思巴帝师，一步一步地建立起有元一代之制，反映出统治者对国家意识形态的探索。

八思巴帝师创制“国字”，是元朝试图建立文化统一的象征性符号。对于八思巴帝师祭祀制度设立的内在原因，简单地用蒙—汉、草原—中原、游牧—农耕的二元模式来解释，尚嫌不够。实际上，元朝统治者是在大一统王朝的多元文化中采撷有益因素，结合中原与其他地域的统治经验，将儒家礼制、藏传佛教、汉传佛教、西夏帝师制度等文化因素糅合在一起，以适应多族群、多文化的统治需要。

---

①北京辽金城垣博物馆编：《北京元代史迹图志》，北京：北京燕山出版社，2009 年，第 37 页（照片、简况），第 38 页（拓片），第 39 页（录文）。该书所录碑文间有舛误，笔者据拓片改正。

元朝统治者所大量引入的非汉文化因素与统治经验,在某些层面上偏离了中国历代王朝的文化传统,因而呈现出过多的异样特色,不易为占人口绝对多数的汉地民众接受。这正是元朝灭亡的一个内在动因。关于元朝的灭亡,过去学界习惯用"阶级矛盾尖锐"、"社会危机深重"之类的理由来解释,张帆先生指出:"这类理由适用于任何朝代,无助于显示各自的特殊性,即使正确,也只是表层的阐释。对于元朝,恐怕需要从文化背景方面去找原因。也就是说,元朝的短命而亡,主要是亡于统治集团与被统治地区的文化差异未能弥合。"①通祀天下的帝师殿是元朝中后期进行文化统一的一种探索,其推广的结果正如乙坂智子所揭示的,八思巴帝师的神圣性并未被中原文化的中坚——儒士群体所接受,他们接受的是皇帝的神圣和绝对权力。②帝师祭祀的维持依靠的是政治力量、佛寺、蒙古字学的支持。而藏僧与汉地佛教本不相契合,蒙古字学规模有限,因此帝师祭祀在民众中影响力有限。而且帝师祭祀制度所糅合的多元文化因素并不能真正圆融,对于弥合文化差异收效甚微,只能随着元朝的覆亡而告终。

①张帆:《元朝的特性——蒙元史若干问题的思考》,赵汀阳、贺照田主编:《学术思想评论》第1辑,沈阳:辽宁大学出版社,1997年,第457—480页(第468页)。

②[日]乙坂智子:《吴澄撰パクパ帝师殿碑二篇——反仏教の"真儒"のチベット仏教僧顕彰文》,第288—289页。

本篇结语

元代通祀体系的形成过程主要有六个阶段：

一、世祖初期，重申前朝祭祀传统，恢复通祀宣圣庙，但未制定具体祭祀制度。

二、世祖中期，至元六年至十六年，社稷、风雨雷师作为农业神得以通祀天下，逐步制定宣圣祭祀制度。

三、世祖末成宗初，社稷由有司常祀提升为皇帝遣使，初步建立三皇庙。

四、成宗、武宗朝，确立宣圣、三皇通祀制度，加封宣圣。

五、仁宗、英宗朝，完善宣圣配享与从祀制度，创设帝师殿通祀。

六、文宗、顺帝朝，推动帝师殿与蒙古字学的庙学合一，制定三皇礼乐，加封朱熹。

从行汉法的角度观察，在元世祖朝，天下通祀制度处于摸索阶段，这与世祖对汉法的采行以及反复的过程是同步的。到成宗以后，元朝基本上恢复了汉地传统的通祀体系。武宗封赠宣圣并始遣使代祀阙里，仁宗发端对宣圣祭祀配享和从祀制度的整合和发展，这些都是元朝对中原传统的通祀制度的贡献。

元朝在采行、恢复汉地传统祭祀制度的同时,表现出鲜明的能动性。元朝从未停止对建立新的祭祀制度体系的探索。元朝效仿宣圣祭祀,先后建立三皇庙、帝师殿。三皇庙的建立有汉地医祀风俗为基础,又蕴涵着蒙古人重视医疗的实用性目的,后来又在理学思想的推动下提升到远古开天立极帝王的地位。从宣圣庙、三皇庙的经验发展而来的帝师殿制度,是元朝统治者的全新创造。帝师殿显著融合了汉、藏、儒、佛多元文化因素。元中后期,三皇庙、帝师殿效仿宣圣庙制度日趋完整。到元代后期,宣圣庙、三皇庙、帝师殿,都基本形成了庙学合一的状态,建立了完整的礼乐制度,有分庭抗礼之势。因此,元朝推出了多个师表型文化偶像,避免出现一家独尊。这是元朝政治文化的一个重要特点。

元朝的天下通祀,既有中原传统的社稷、先农、风雨雷师坛壝、宣圣孔子庙,也有元朝新创设的医祖古帝三皇祭祀,以及创造国书(八思巴字)、开同文之治的八思巴帝师殿。天下通祀的复杂性,是元朝意识形态中多元融合的象征。

结　论

在中国历代王朝礼制中，元代国家祭祀具有显著的时代特色。祭祀是一种集体性活动，构建出一个公共空间。人们共同参与其中并进行交流与互动，公共价值因而得以呈现。因此祭祀是普遍价值观和文化认同的具体表征。在大一统背景下，元代国家祭祀的体系特征是以蒙古礼俗为尊，以中原礼制为主，兼容多元文化。

无论是作为成吉思汗政治文化遗产的“国俗旧礼”，还是中原历代王朝所传承的吉礼，在元代都经历了发展演变和构建的过程。多元文化的融合，又使元朝创造出新的礼仪。这些多元因素在动态发展中合为一体，构成了元代国家祭祀礼制体系。

一　“国礼”的构建与变迁

12 世纪末 13 世纪初蒙古迅速崛兴，从部落发展为国家，[①]经历了复杂的

①参 Nikolay Kradin and Tatyana Skrynnikova,. “Why Do We Call Chinggis Khan’s Polity ‘An Empire’?” *Ab Imperio*, 1, 2006: 89-118. Nikolay N. Kradin, “State origins in anthropological thought”, (转下页注)

政治整合和文化构建过程。从成吉思汗到忽必烈，国号确立为“大元”，政治形态从草原游牧国家向大一统王朝转型，国家礼仪必然相应地发生嬗变。祭祀仪式作为国家礼仪的核心，也经历了大规模的清整。而从13世纪中期开始，“因俗而治”与大一统之间的张力成为了蒙古帝国历史的主线。[①] 在这些背景下，元代文献中所谓蒙古“国俗”、“国礼”、“国俗旧礼”，内涵不可能是一成不变的。

“国俗旧礼”源于成吉思汗建立的仪式，主要指蒙古传统礼俗，但实际上这些礼俗是动态的，经历了不断建构和演变的过程。蒙古作为民族的内涵与外延，本就是动态发展的。草原上族群繁多，语言各异，风俗各不相同。鲜卑、突厥、契丹、女真、满族等民族建立的政权都施行以竿（树）悬肉（牲）的祭天仪式。[②] 成吉思汗的祖先也奉行这种祭祀，蒙古语称之为主格黎（jügeli）。然而，成吉思汗建国后的祭天仪式并非主格黎，而是洒马湩。洒马湩祭天是成吉思汗崛起过程中的产物，符合建立新政权、新意识形态的需要。[③]

“天”的观念的变迁，也反映出分散的草原诸部逐渐走向统合的历史。Tengri（音译腾格理，义译天）是北方草原诸族共享的最高信仰。随着成吉思汗登基，Möngke Tengri（音译蒙客・腾格理，义译长生天）的观念出现，并成为大蒙古国国家祭祀体系中的最高信仰。可以说，这个更高更独特的“长生天”，统一了草原诸部的“天”，正是政治统一和文化整合的表征。在成吉思汗崛起过程中，萨满巫师阔阔出（称号帖卜・腾格理）利用幻术宣扬成吉思

（接上页注）*Social Evolution and History*，8.1，2009：25－51. Leonid E. Grinin and Andrey V. Korotayev，“Emergence of Chiefdoms and States：A Spectrum of Opinions”，*Social Evolution and History*，11.2，2012：191－204.

①关于这种矛盾在元朝法律方面的表现，参 Bettine Birge，*Marriage and the Law in the age of Khubilai Khan：Cases from the* Yuan dianzhang，Cambridge，MA：Harvard University Press，2017，pp. 17－28.

②罗新：《黑毡上的北魏皇帝》，北京：海豚出版社，2014年。罗新：《在清史中寻找内亚的连续性》，《历史人类学学刊》第15卷第2期，2017年，第247—252页。

③马晓林：《元代蒙古人的祭天仪式》，《民族研究》2018年第3期；本书第一章。

汗得到天命。[①] 成吉思汗后来处死阔阔出，独占了对天命的解释权，塑造了大蒙古国的意识形态。诚如爱尔森（Thomas T. Allsen）指出的，大蒙古国的意识形态用一句话来概括就是"长生天气力里，大福荫护助里，皇帝圣旨"——天命以福荫的形式贯注到了成吉思汗的血脉中。[②]

在大蒙古国前四汗时期，国家祭祀礼仪空间已发生了迁移。在成吉思汗时期，国家祭祀的地理空间基本上在蒙古高原中部偏东的怯绿连河上游地带。窝阔台合罕建立哈剌和林后，[③]蒙古高原西部以哈剌和林为中心形成了另一个礼仪空间。草原东部有大禁地、日月山等成吉思汗龙兴之地，象征帝国的起源；而哈剌和林作为都城，继承了突厥汗国的遗产，是公共礼仪场所，吸引蒙古以外的宗教士人和仪式专家。[④] 蒙哥汗每年围绕东、西两大中心巡幸，将草原上的多个历史文化地点联结起来，构建出广阔的礼仪空间。[⑤]

忽必烈即位后，国家礼仪空间向南迁移到漠南和华北。以上都为中心的漠南草原，从忽必烈潜藩开始成为祭祀空间，到入元以后仍然承载着主要的蒙古传统祭祀活动。而在崭新营建的元大都中，城中心皇宫附近建造了烧饭院，以供蒙古皇室祭祀祖先。蒙古传统祭祀从此进入城市。烧饭院设有军人把守道路、神门，无人敢行，[⑥]成为了一个隐秘的皇家仪式场所。

蒙古祭祀与中原吉礼的一个重要差异，是女性的参与。在中原祭祀礼

---

①称号 Teb tenggeri 的含义，学术界众说纷纭，但显然与"天"有关。参 Igor de Rachewiltz, *The Secret History of The Mongols: A Mongolian Epic Chronicle of the Thirteenth Century*, Vol. 2, pp. 869-873.

②Thomas T. Allsen, "A Note on Mongol Imperial Ideology", Volker Rybatzki, Alessandra Pozzi, Peter W. Geier and John R. Krueger eds., *Early Mongols: Language, Culture and History*, Bloomington, Indiana: The Denis Sinor Institute for Inner Asian Studies, Indiana University, 2009, pp. 1-8.

③参邱轶皓：《哈剌和林成立史考》，《西域历史语言研究集刊》第5辑，北京：科学出版社，2012年，收入氏著《蒙古帝国视野下的元史与东西文化交流》，上海：上海古籍出版社，2019年，第62—92页。

④Thomas T. Allsen, "Spiritual geography and political legitimacy in the eastern Steppe", Henri J. M. Claessen, Jarich Gerlof Oosten eds., *Ideology and the Formation of Early States*, Leiden, New York and Köln: Brill, 1996, pp. 116-135.

⑤参 Christopher P. Atwood, "Imperial Itinerance and Mobile Pastoralism: The State and Mobility in Medieval Inner Asia", *Inner Asia*, 17-2, 2015: 293-349(345).

⑥北京图书馆善本组辑：《析津志辑佚》，北京：北京古籍出版社，2001年，第115页。

仪中,女性基本上是缺席的。而在蒙古传统的一些祭祀中,女性却扮演重要角色。在祭天仪式中,皇帝、皇后共同抛洒马湩。在烧饭礼中,女性是行礼者和主导者。[①] 女性更以烧饭祭祖礼为中心,主掌火室斡耳朵,领有财产、军队,在名义上享有较为独立的政治、经济地位,体现出蒙古本俗对元朝制度的深刻影响。

到元代中后期,祭祀礼制中汉文化的体量已经非常庞大,但蒙古人仍然有意识地保有自身礼俗。蒙古"国俗"在元朝得到了大量保存。祭帐殿宅神、萨满降神、祭火、脱灾、骨卜、祓除、祭旄纛等礼俗,以萨满巫觋为执事者,在宫廷文化中占据重要地位。"国俗旧礼"对参加者身份有一定限制,在很大程度上保护着蒙古祭祀文化。但要注意的是,在元朝发展过程中,新的国礼被创造出来。具有代表性的是射草狗,聚集各部族在元大都的皇家佛寺西镇国寺施行祭祀,实际上融合了北方民族内部的多样性文化和宗教因素,构建最广泛的蒙古统治阶级认同。[②] 元朝帝后亲自参加射草狗仪式,起到凝聚族群的目的。元代国家祭祀中的各种礼仪,按照不同的层次,起到构建圈层式族群认同的作用。

二　中原吉礼制度的本质因素

国家祭祀是中国古代史上不可忽视的一个领域。自汉代以来,王朝兴替不断,国家祭祀制度却没有中断。因有这种较稳定的传承,国家祭祀足为中国古代文化尤其是国家政治文化的精萃。国家祭祀的本质是什么?是什么让它在风云跌宕的中国历史中绵延近两千年?这个问题在元代尤有深刻意义。因为一种文化在与其他文化接触与碰撞时,其特质愈显鲜明。在元代北方游牧民族文化与中原汉地文化的碰撞与交融之下,国家祭祀的本质更加显著。通过研究元朝施行中原传统国家祭祀的过程,笔者认为国家祭

---

①参马晓林:《元朝火室斡耳朵与烧饭祭祀新探》,《文史》2016 年第 2 辑;本书第四章。

②马晓林:《仪式创造与族群构建:元朝"国俗旧礼"射草狗考》,《史林》2023 年第 1 期;本书第九章。

祀有三个本质因素，按其功能需求度先后排序为：宗教功能、政治策略、文化建设。

（一）宗教功能

蒙古统治者接受中原传统祭祀的基本内在动因是泛宗教性实用功能。

祭祀的泛宗教性实用功能，有祈福、禳灾、厌镇、预测等，是祭祀起源时的最初功用。蒙古人接受汉地传统祭祀，始自1240年代遣道士祭祀岳镇海渎。岳镇海渎作为汉地山川神的代表，与蒙古人固有的山川神信仰相合，最易被接受。前四汗时期诸王后妃纷纷遣使祭祀岳镇海渎，主要目的无外乎祈福禳灾。道教通过推动岳镇海渎祭祀，扩张了祠庙势力。宪宗蒙哥时，全真掌教李志常在燕京长春宫会集各派高道作普天大醮，随后遍祀五岳四渎，[①]道教在国家祭祀中作用之大，前所未有，[②]全真教在各地祠庙中的势力也借此强化。在山西西南部，姜善信在忽必烈的护持下，经营伏羲、女娲、尧、舜、禹、汤、河渎、后土等庙。"世皇以来，名诏数下，故靖应真人姜善信、传教光泽真人董若冲召见，凡尧、禹、后土，及帝祠之在晋者，皆听主之。"[③]姜善信一派依托国家祭祀而发展壮大，有"神宇百余所"，门下弟子众多，自成一派。[④] 赵建勇认为，姜善信之于全真，有如张留孙之于正一。[⑤] 王锦萍认为，姜善信本非出自全真，后来与全真建立了松散的关系。[⑥] 姜善信一派借

①张好古：《洞元虚静大师申公提点墓志铭》，《甘水仙源录》卷八，《道藏》第19册，第794页上。王恽：《秋涧集》卷六一《故真靖大师卫辉路道教提点张公墓碣铭》，第199页下。

②参周郢：《全真道与蒙元时期的五岳祀典》，刘凤鸣主编：《丘处机与全真道：丘处机与全真道国际学术研讨会论文集》，北京：中国文史出版社，2008年，第284—292页。

③郭思贞：《重修虞帝庙记》，成化《山西通志》卷一四，第78b—79b页；《全元文》，第327—328页。

④参王锦萍：《宗教组织与水利系统：蒙元时期山西水利社会中的僧道团体探析》，《历史人类学学刊》第9卷第1期，2011年，第27—35页。

⑤参赵建勇：《全真姜善信教行初考》，熊铁基、梁发主编：《第二届全真道与老庄学国际学术讨论会论文集》，武汉：华中师范大学出版社，2013年，第405—411页。

⑥Wang Jinping, "Daoists, the Imperial Cult of Sage-Kings, and Mongol Rule", *T'oung Pao*, 106, no. 3-4 (2020): 309-357(316).

儒家传统的古帝祭祀、岳渎祭祀而发展道教,有学者称之为“借儒兴道”。[①]在道教推动下,岳镇海渎代祀日趋常规化,成为元朝吸纳中原礼制的先声。

元世祖中统间开始设立太庙,至元后期开始建置影堂,最基本目的都是尊崇祖先、追念亲人,有显著的宗教性功能。常见于蒙元时代寺观祠庙圣旨碑刻上的“告天祝寿”、“告天祈福”之语,[②]是蒙古统治者对寺观祠庙的根本性要求。这是泛宗教性实用功能的集中体现,也适用于国家祭祀。元世祖时列入国家祭祀的古帝王庙——禹庙的八思巴字蒙古语、汉语合璧圣旨中,亦以双语写有“告天祈福”(dėŋ-ri-yi ǰalbaǰu hi-ru-·er 'eo-gun)之语。[③]元世祖至元中期对于社稷、风雨雷师、先农的接受,着眼于它们作为农业神的实用功能。至于郊祀,因为与蒙古固有的祭天礼仪理念有冲突,功能有所重合,仪式繁缛,实用性无几,所以成为元朝最晚采行的中原传统国家祭礼。

(二)政治策略

元代国家祭祀的现实政治(Realpolitik)功能常常高于宗教功能。

在世界历史上,蒙古对各种宗教的宽容态度引人注目。[④]元朝皇室尽管青睐藏传佛教,但在国家体制中并没有设立国教。对宗教重实用性而轻神圣性,政治结构是世俗化的,这是蒙、汉共通的观念。因此当元朝统治者同时面对政治策略与宗教功能时,常常以政治策略优先。

在中原王朝传统中,国家祭祀有昭示政权合法性的象征作用。深深浸

---

①参乔新华:《借儒兴道:从元代全真教改造山西尧舜禹庙看其兴盛的独特路径》,《世界宗教研究》2012年第4期。

②蔡美彪:《元代白话碑集录(修订版)》,北京:中国社会科学出版社,2017年,第30、40、51、53、58页。

③蔡美彪:《元龙门建极宫碑译释》,《清华元史》第1辑,北京:商务印书馆,2011年,收入氏著《八思巴字碑刻文物集释》,北京:中国社会科学出版社,2011年,第3—27页。

④参 Christopher P. Atwood, “Validation by Holiness or Sovereignty: Religious Toleration as Political Theology in the Mongol World Empire of the Thirteenth Century”, *The International History Review* 26, no. 2(2004): 237-256.

染儒家思想的汉人士大夫对此尤为看重。归附蒙古的中州士大夫，一直热衷于恢复宣圣孔子祭祀。但对蒙古统治者而言，宣圣祭祀祈福功能不强，而主要是一种统治汉地的策略。忽必烈即位后颁诏确立宣圣祭祀，相关制度制定缓慢，但直到成宗时，祭孔也未受到特别重视。[①] 可作对比的是，从世祖朝开始，岳镇海渎祭祀作为一种政治策略愈加凸显：岳镇海渎的布局本身就体现出统御宋金旧地的意义；代祀使臣的任用由道转儒，是对过度膨胀的道教势力的抑制；代祀则充分体现出中央统治地方的纽带作用。[②]

在13世纪末14世纪初，元朝大幅推行中原吉礼制度，有深刻的政治意味。从世祖末至成宗朝，社稷从简单的农业神逐渐恢复其象征政权的内涵；[③]郊祀因为与蒙古祭天理念有所抵牾而不被重视，这时也正式建立。[④] 武宗从漠北军事前线回京登基后，大跨步地推动郊庙、宣圣、诸神等礼制。这些举措与其说是有宗教需求，不如说是政治策略。至于仁宗尽废武宗北郊、太庙礼仪议程，仁宗、文宗扩大影堂的形式和范围，英宗亲祭太庙，文宗亲郊，皆有直接的现实政治目的。更能说明问题的是顺帝的亲祀郊庙活动。顺帝后至元六年(1340)扳倒权臣，决定亲庙，但仓促中不能置办衮冕，只能用英宗当年所制，[⑤]足见顺帝急于宣示大权在握。至正三年(1343)，顺帝首次亲郊，恰合乎三年一郊之制。随后直到至正十五年(1355)，在册立太子、废立宰相、政局变动的形势之下，顺帝才再度亲郊。[⑥] 顺帝亲祀郊庙政治意味之浓，足以说明元朝国家祭祀的政治功能之重。

国家礼仪，在官僚体制中也有实际作用。礼仪工作对于王朝而言，是一种实用的技能。艾骛德(Christopher P. Atwood)指出，元朝政治包含各种规

---

①陈高华：《金元二代衍圣公》，《文史》第27辑，1987年，收入氏著《元史研究论稿》，北京：中华书局，1991年，第328—345页。

②参本书第四篇《岳镇海渎》。

③参马晓林：《从国都到村社：元代社稷礼制考》，《史学月刊》2017年第7期；本书第十六章。

④参马晓林：《蒙汉文化交会之下的元朝郊祀》，《中国史研究》2019年第4期；本书第二章。

⑤杨瑀：《山居新语》卷二，余大钧点校，北京：中华书局，2006年，第210页。

⑥《元史》卷四一《顺帝纪四》，第869、876页；卷四四《顺帝纪七》，第927页。

则,特定的规则适用于特定的升迁途径;礼仪的诠释和实践,成为元代儒士的一种升迁途径。[①] 礼部、太常寺(太常礼仪院)、郊祀署、太庙署等官署,有重要的象征性地位,品秩高,实权少,既可以安置儒家士大夫,也可以授予达官显贵以示恩宠。

(三)文化建设

元代国家礼制结构日益完备,对中原吉礼制度的继承和改造,深入到了文化建设层面。继承,在中国礼制史上自然有承前启后的作用。改造,多为适应蒙古统治者的本俗观念和政治需求。

其中一些改造未能持久。如郊祀不用神主,太庙中祭祀皇伯术赤、察合台,这些有违中原礼制原则的现象,昙花一现,在元代很快就得到了修正。祭祀仪式中加入具有草原特色的牲品和酒品,采用蒙古宰牲方式,用蒙古巫觋祝赞,属于杂糅蒙古礼俗的做法,随着元朝灭亡而消失。再如元代社稷坛设于都城内靠近西城墙的位置,与北宋类似,而与其他王朝皆不同,到明清未被采纳。

另外一些改造,对中国礼制史造成了重要影响。元武宗制定的太庙太祖居中制度,到元后期太祖(始祖)居中、左昭右穆的制度,直接被明清太庙继承,而太祖居西的古制从此废弃。[②] 元代州县坛壝方位制度的细化规定,以及对朱熹礼学神主尺寸的采纳,都是在继承中原礼制基础上的新发展。元朝加封域外和边疆山川,明清继承发展了这一理念,进一步向域外推行山川祭祀礼仪。元武宗加封孔子为大成至圣文宣王,仁宗确立宣圣庙的四配享、宋元十儒从祀,承认理学传承谱系,初步整合了孔庙祭祀的南北差异,虽

---

①Christopher P. Atwood, "Explaining Rituals and Writing History: Tactics Against the Intermediate Class", in Isabelle Charleux, Gregory Delaplace, Roberte Hamayon, and Scott Pearce eds., *Representing Power in Ancient Inner Asia: Legitimacy, Transmission and the Sacred*, Bellingham, WA: Center for East Asian Studies, Western Washington University, 2010, pp. 95-129.

②参马晓林:《元朝太庙演变考——以室次为中心》,《历史研究》2013 年第 5 期;本书第五章。

然主要是出于政治动机,但实际上推动了儒家文化的发展。

中原祭祀礼制在元代的继承和变动,在当时和后世产生了重要的历史影响。因此,在中国礼制史上,元朝是不可或缺的一环。

三　多元文化的互动与新仪式的创造

元代国家祭祀中具有多元文化因素,这是从草原游牧政权向大一统王朝转变的结果。

随着成吉思汗及其子孙不断对外扩张,疆域空前扩大,新纳入地区的官僚集团、统治模式与文化制度成为无法忽视的成分。于是政治的发展方向出现了关键分歧。一个极端是坚守成吉思汗札撒与蒙古传统价值观,另一个极端是拥抱新的宗教、政治主张与管理模式。① 在忽必烈即位之前,蒙古统治者已经大量接触中亚绿洲农耕文明、波斯和伊斯兰文明,更有西夏、吐蕃等地文化。因此元朝能利用的政治文化资源不仅仅是汉文化。元代国家祭祀体系,成为多元文化的熔炉。元朝在多元因素中择取、糅合,最终塑造出了新的政治文化。

(一)蒙汉文化的互动

元朝引入中原礼制后,一直试图调和二元文化。一些蒙古祭祀仪式,至晚到元后期已允许汉人参与。元朝在中原传统礼仪的核心环节添加了蒙古传统牲酒、割奠仪节。从蒙古人的视角看,这体现了蒙古礼之尊。而从汉人视角看,这是具有时代特色的附丽,未改变中原礼制的主体。而两种仪式并置,导致参与人员增多、礼仪过程冗长之弊。

①Igor de Rachewiltz,"Turks in China under the Mongols: a Preliminary Investigation of Turco-Mongol Relations in the 13th and 14th Centuries", in Morris Rossabi ed., *China Among Equals: The Middle Kingdom and Its Neighbors, 10th-14th Centuries*, Berkeley: University of California Press, 1983, pp. 281-310(293).

在元朝国家祭祀体系中,蒙、汉二元制度看似各自独立,实际上有深入的互动,出现了双向渗透的现象。

一方面,蒙古观念影响和改造了汉地礼制。在太庙祭祀中,尊祖宗与正君统,是蒙、汉共通的观念。不同的是,中原传统的原则是嫡长继承;而蒙古人的观念是家内共有天下,能者居之。元世祖初期将皇伯术赤、察合台奉入太庙,与中原礼制相悖。武宗根据蒙古方位观念调整太庙室次,确定了太祖居中的原则,恰好与中原礼制的发展进程契合,影响延及明清。

另一方面,蒙古本俗的祭祀,尽管受元代统治者有意识的维护,但仍然受到汉文化的影响。烧饭祭祀与火室斡耳朵,在元代移入城市,已经与蒙古本俗有客观上的不同。上都六月洒马湩祭天礼仪,吸纳了汉文化因素,甚至有汉人儒士参与行礼。[①] 元后期更是开始用汉式祠庙和官署规范萨满巫觋。[②]

在日益紧密的文化互动与交融之中,元中后期朝廷显现出融合的倾向,[③]但既没有一味地向汉文化倾斜,也更不可能退回草原本位态度。法律史研究者观察到,元末法典《至正条格》从法律体系上可能不仅疏离蒙古祖宗家法,也与中国法的传统更加疏远。[④] 元朝国家祭祀的发展也显现出同样的特点。元中后期国家祭祀体系,既与蒙古前四汗制度有很大差别,又与中原礼制不尽相符。对于具体礼仪因素的取舍,元朝统治者采取了实用主义、折中主义的态度。这很多时候没有带来真正的融合,反而导致礼仪既不够"蒙古",也不够"汉"。简而言之,元代国家祭祀尽管试图调和二元传统,却表现出对二元传统双向悖离的倾向。

---

①本书第一章第三节。

②马晓林:《元朝太庙祭祀中的"国礼"因素》,《历史研究》2022 年第 3 期;本书第八章。

③马晓林:《壬子年祭天与元朝的国史编纂》,《文史哲》2023 年第 2 期;本书第三章。

④[韩]李玠奭:《〈至正条格〉之编纂及其法制史上的意义》,韩国学中央研究院编:《至正条格》研究篇,第 461—470 页(第 468 页)。

（二）多元文化因素的择取与糅合

元朝所面临的真正问题，并非如何在蒙、汉之间抉择，而是如何维系统治众多的族群和多元的文化。元朝在因俗而治与普世价值之间不断寻找平衡，却难免畸轻畸重。从国家祭祀来看，元朝之所以不断调和仪式中的多元文化因素，无非是为了让各群体都得到"各从本俗"的文化建构。因此元朝择取多元文化，不仅糅合到旧有仪式中，而且创造出新的仪式。

元朝国家祭祀以蒙、汉二元为基础的同时也吸纳了多元文化因素，蕴涵着汉藏佛教、道教、阴阳术数、景教等因素，还从元以前的草原政治文化中汲取了一些因素。元朝根据现实需求，从多元文化中择取要素，加以糅合。元武宗试图建立北郊分祭天地，是有意调和蒙汉文化的矛盾。而郊祀核心的三祭酒仪式，从中原传统的三祭酒，到生硬地将三祭酒与三祭马湩并置，再改为中原酒、西域葡萄酒、蒙古马奶酒各祭一爵，算是调和了蒙汉文化。元代影堂在中原影堂与藏传佛寺的结合基础上产生，其根本源头是蒙古本俗的翁衮偶像崇拜，又因时制宜地结合了蒙、藏、汉文化，分设于翰林院、佛寺、道观、景教堂之中。元代岳镇海渎融汇了蒙古山川信仰、道教色彩、儒家因素。国俗旧礼中的射草狗，在元大都皇家佛寺中举行，体现出蒙古草原文化与藏传佛教文化的结合。

元朝择取多元文化创造的新仪式，最突出的例子是元中后期的三皇庙和帝师殿。三皇庙以汉地祀医祖风俗为基础，结合蒙古人重视医疗的实用性目的，仿效宣圣庙制度而建立，后来又提升到远古开天立极帝王的地位，兼具构建道统的功能。从三皇庙的经验发展而来的帝师殿，是元朝的全新创造和大步探索，融合了汉、藏、儒、佛多元文化因素。帝师殿是藏传佛教、汉传佛教、汉地祭祀、学校的混合体。帝师八思巴以创造"国字"的书同文之功，得到了天下通祀、超越孔子的地位。[1] 多元一体，是元朝中后期意识形态

①参马晓林：《元代八思巴帝师祭祀研究》，《北大史学》18，北京：北京大学出版社，2013年12月，第81—103页；本书第十九章。

探索的表征。

四 大一统与因俗而治

关于元朝合法性的构建，傅海波（Herbert Franke）于1978年发表了一篇开拓性的文章，指出元朝皇帝为了在疆域广阔、民族众多的情况下建立统治合法性，寻求“普世君主”（Universal Ruler）身份。傅海波将元朝合法性的构建分为三个阶段，一是以“长生天”统合草原，二是以汉制统治汉地，三是以佛教“转轮王”概念构建更大范围的普世统治。① 实际上，所谓三阶段，不是非此即彼的。三种合法性概念出现虽有先后，但一旦出现，便同时并存。如果采取进化史观，设定元朝统治者从长生天信仰到改宗佛教，是不符合历史事实的。长生天信仰一直是元代蒙古人的最高信仰，从未动摇。无论是长生天，还是汉制、佛教，都包含对普世性的追求。但每一种观念，都指向特定的人群，都有一定的限度。佛教看似普世性最广，却也并非放之四海而皆准。若按佛教理念追认成吉思汗为转轮王，则成吉思汗子孙都有可能继为转轮王，也不利于忽必烈一系确立独尊地位。在政治文化中大力推崇佛教，更与儒家士人的理念相悖。② 佛教终究只是元朝意识形态的一个组成部分而已。多元文化进入元朝意识形态，都是为元朝统治合法性服务的。拉契涅夫斯基指出：“忽必烈引入的多元制度，可以被解释为用异质文化丰富蒙古文化的一次尝试，为适应于世界帝国的普世性的一种新文化创造基础。”③

①Herbert Franke，“From Tribal Chieftain to Universal Emperor and God：The Legitimation of the Yüan Dynasty”，*Sitzungsberichte der Bayerischen Akademie der Wissenschaften. Philosophisch-Historische Klasse*，1（2），1978：3-85. Also in Herbert Franke，*China under Mongol Rule*，Hampshire and Vermont：Variorum，1994.

②参［日］乙坂智子：《迎仏鳳儀の歌——元の中国支配とチベット仏教》，东京：白帝社，2017年，第23—30页。

③Paul Ratchnevsky，“Über den mongolischen Kult am Hofe der Grosskhane in China”，in Louis Ligetied.，*Mongolian Studies*，Amsterdam，1970，p. 443.

这一观点比简单的进化史观更适用于整个元朝的历史。

沙怡然(Isabelle Charleux)在研究成吉思汗肖像崇拜时指出,一个新的政权保护其统治权的方法有两种:第一种是用传统的象征手段表现权力的传承,将其合法性上溯到尽可能古老的时代,使民众感到熟悉,确认其稳固可靠;第二种是创造全新的象征方式,表现其政权的革新性。① 因此礼仪有"旧"与"新"两个层面。元朝在发展过程中,可采撷的文化资源呈现多元特点,使这一问题变得较为复杂。元朝始终尊国俗旧礼,以体现成吉思汗以来的正统传承,维系草原的支持。元朝采行中原传统祭祀,这于汉人而言为古礼,于非汉人统治阶层而言却是新礼。元朝自世祖朝就开始初步糅合新旧礼仪,解决不同群体的认知矛盾。而元朝因俗而治的政治原则,导致政治、族群、文化、地域等多重身份认同交叠并存。元朝中后期创造出三皇庙、帝师殿这样的新礼仪,显然是为了争取更多的群体,体现意识形态的创新性。

大一统与因俗而治,存在矛盾张力。元代国家祭祀的历史发展,行走在这一组矛盾之间。大一统,要求建立不同文化、不同群体之中共享的价值观。蒙古人的天命观,本身可能就是受汉文化影响的结果。② 在非汉文文献中,元朝皇帝的蒙古语称号海内汗(Dalai-yin Qaγan)与转轮王存在一定的对译关系。③ "大元"国号,在元代被各种语言的文化圈接受,但不同的文化圈对其内涵有不同的理解。④ 这些是元朝建立大一统的有利条件。而调和不同文化观念之间存在的差异与冲突,是更为艰巨的任务。元朝在旧仪式中杂糅多种文化因素,并且择取多元因素创造新仪式,目的是吸引更广泛的

---

①Isabelle Charleux, "Chinggis Khan: Ancestor, Buddha or Shaman? On the Uses and Abuses of the Portrait of Chinggis Khan", *Mongolian Studies*, 30/31, 2008/2009: 207-258(208).

②Igor de Rachewiltz, "Some Remarks on the Ideological Foundations of Chingis Khan's Empire", *Papers on Far Eastern History*, 7, 1973, 21-63.

③参钟焓:《从"海内汗"到转轮王——回鹘文〈大元肃州路也可达鲁花赤世袭之碑〉中的元朝皇帝称衔考释》,《民族研究》2010 年第 6 期。

④参李春圆:《"大元"国号新考——兼论元代蒙汉政治文化交流》,《历史研究》2019 年第 6 期。

人群,创造出带有普世性色彩的新文化。这在元中后期国家祭祀的郊庙仪式、三皇庙、帝师殿中有鲜明的表现。而元朝也在这一时期逐渐走向衰亡。

关于元朝的灭亡,阶级矛盾尖锐、社会危机深重之类的理由无助于深层的认识。张帆先生指出:"元朝的短命而亡,主要是亡于统治集团与被统治地区的文化差异未能弥合。"①窦德士(John W. Dardess)在《征服者与儒士:元代后期政治变迁面面观》中以儒治为标准将元后期中央政治势力划分为两股。② 洪丽珠《肝胆楚越——蒙元晚期的政争》一书认为元朝国祚不永的原因是意识形态纷争,元后期中央政争、地方动乱不休的原因在于文化和族群问题。③ 刘海威指出,蒙古统治者对汉文化较为疏离,导致其在元末战争期间不能有效应对汉人起事者的挑战。④ 国家祭祀也为这一问题提供了一个视角。元代皇帝注重时效性和实用性,导致国家祭祀的现实政治色彩极浓。皇帝需要为合法性张本时就推崇郊庙,帝位稳固后就态度冷淡,缺乏持续性和远见。元中后期宣圣庙祭祀制度,承认了理学传承谱系,但仍未弥合南北儒士的理念和利益分歧。三皇庙作为医家始祖庙抑或古代帝王庙,引发了元代医、儒势力之间不断的争端。帝师殿祭祀尽管杂糅蒙、汉、藏多元文化,但对于各人群而言仍会引发陌生感与疏离感。总之,元朝整体而言在不断吸收多元,塑造一体,其结果既有融合的一面,也有可能引起广泛的疏离。后者是元朝走向灭亡的内在原因之一。

元朝建构统治合法性的历史经验,在横向、纵向两方面有待未来的比较研究。横向而言,元朝与四大汗国的历史可以做对比。13 世纪前半期,成吉

---

①张帆:《元朝的特性——蒙元史若干问题的思考》,赵汀阳、贺照田主编:《学术思想评论》第 1 辑,辽宁大学出版社,1997 年,第 457—480 页(第 468 页)。

②John W. Dardess, *Conquerors and Confucians: Aspects of Political Change in Late Yuan China*, Columbia University Press, 1973, pp. 8-9, 31-52, 157-169. 但窦德士对史料缺乏批判,以儒治为标准的二分法失于简单化。蓝德彰对此的批评,见 Johan D. Langlois, "Review", *The Journal of Asian Studies*, Vol. 34, No. 1(Nov., 1974), pp. 218-220.

③洪丽珠:《肝胆楚越——蒙元晚期的政争》,台北:花木兰出版社,2011 年,第 25—42 页。

④刘海威:《元朝灭亡文化因素的思考》,《元史及民族与边疆研究集刊》第 34 辑,2017 年,第 121—126 页。

思汗的子孙也在中亚、西亚、东欧地区建立统治,形成四大汗国。欧亚大陆各地域之间的联系空前紧密,在政治、经济、文化层面相互交流,萌生出不少共通性。欧亚世界因而经历了一体化和地方化相互博弈的过程。[①] 各地域的历史进程,各地域的历史进程,有类似之处。伊利汗国的王统建构糅合了蒙古、伊斯兰、伊朗文化,有复杂的演变过程,[②]与元朝颇具可比性。礼仪,在少数民族的统治者与被统治的臣民之间架构起政治文化的桥梁。松田孝一近年对元朝和伊利汗国的朝会仪式的考察,[③]具有开拓性和启发性。关于元朝与四大汗国礼仪的比较研究,在未来仍有很大的前景。

纵向而言,如明朝对元朝的继承性,近年越来越受中外学者重视。[④] 有明代礼制研究者提出"元代礼失百年"之说,认为元代在历代王朝礼制传承序列处于"断裂"、"掉队"的地位。[⑤] 这种观点是有失偏颇的。一方面,从中原五礼制度角度来看,元朝礼制尽管不够全面细致,然而,只要是有先例的

---

①Michal Biran,"The Mongol Imperial Space: From Universalism to Glocalization," in Yuri Pines, Michal Biran, & Jörg Rüpke eds., *The Limits of Universal Rule: Eurasian Empires Compared*, Cambridge University Press, 2021, pp. 220-256.

②Stefan Kamola,"Beyond History: Rashid al-Din and Iranian kingship", Susan Babaie ed., *The Idea of Iran: Post-Mongol Polities and the Reinvention of Iranian Identities*, Leiden: Brill, 2019, pp. 55-74. Jonathan Brack,"Theologies of Auspicious Kingship: The Islamization of Chinggisid Sacral Kingship in the Islamic World", *Comparative Studies in Society and History* 60, no. 4(2018): 1143-1171.

③Koichi Matsuda,"Comparing the Depictions of the Mongol Courts Created in the Yuan and the Ilkhanate." In Timothy May, Dashdondog Bayarsaikhan and Christopher P. Atwood eds., *New Approaches to Ilkhanid History*, Leiden; Boston: Brill, 2020, pp. 176-197.

④李治安:《元和明前期南北差异的博弈与整合发展》,《历史研究》2011 年第 5 期,第 59—77 页,收入氏著《元史暨中古史论稿》,北京:人民出版社,2013 年,第 275—306 页。沈卫荣:《论蒙元王朝于明代中国的政治和宗教遗产——藏传佛教于西夏、元、明三代政治和宗教体制形成中的角色研究》,艾瑞卡·福特等主编:《8—15 世纪中西部西藏的历史、文化与艺术》,北京:中国藏学出版社,2015 年,第 79—97 页,收入氏著《大元史与新清史:以元代和清代西藏和藏传佛教研究为中心》,上海:上海古籍出版社,2019 年,第 105—150 页。David M. Robinson,"The Ming Court and the Legacy of the Yuan Mongols", in David M. Robinson ed., *Culture, Courtiers, and Competition*, Cambridge, MA: Harvard University Asia Center, 2008, pp. 365-421.

⑤吴恩荣:《元代礼失百年与明初礼制变革》,《北京社会科学》2016 年第 8 期,第 101—109 页。

礼仪,元朝都显著承续中古礼制传统;而明朝礼制多标新立异,往往与唐宋礼制不合。例如,明洪武坛壝祭祀制度,对历代制度改变很大,而元朝更合于古制,以致朝鲜王朝制礼时参考的是元制而非明制。另一方面,元朝礼制对明清有直接影响。例如,元朝因应礼俗的发展,将前代太庙室次太祖东向改为太祖居中,直接被明清所继承。明清王朝将山川祭祀推广到边疆甚至域外,是变相继承了元朝的遗产。又如,元代宣圣庙配享、从祀制度的发展,是宋明之间不可或缺的过渡。国家祭祀三皇庙,为元朝始创,到明清时期拆解为京师的历代帝王庙、太医院专祀的三皇庙。总之,由元至明,不应只看到表面的变革性,更应关注内在的连续性。正如郭嘉辉研究明朝宾礼时指出的,明朝虽然不遗余力地宣扬华夷秩序,但其宾礼仪式很大程度上取法于元朝。[①] 而元朝对后世历史的深远影响,仍有待未来进一步探索。

元代国家祭祀的历史,让我们思考中华传统礼仪文化研究的理路。传统礼学和礼制领域,近年已得到不少关注,研究的精度和深度与日俱增。相对而言,古代少数民族礼俗虽然得到了重视,但研究空间还很大。少数民族礼俗,扩展了中华传统礼仪文化的维度。尤其是北方民族礼俗,对历代王朝的政治文化影响很大。从礼仪实践层面理解元朝礼制,可以发现礼与俗的分野很大程度上被冲破了。以儒家经典来圈定"礼"的范围,不完全适用于当时的历史现实。从元代蒙古礼俗反观国家礼仪,传统上对礼与俗的界限划分,是值得反思的。尤其是很多时候,我们对于民族礼俗文化的学术积累有限,认识还有显得简单化。民族礼俗在长时段历史中不断发展演变的过程,以及二元乃至多元文化的碰撞和融合,都要求我们利用多语种文献,展开更细致深入的探析。

---

①郭嘉辉:《元明易代与天下重塑——洪武宾礼的出现及其意义》,《台湾东亚文明研究学刊》第17卷第1期,2020年6月,第1-54页。

参考文献

一　史料

(一)汉文史料

1. 基本史料

[1]《史记》,北京:中华书局,1959 年。
[2]《汉书》,北京:中华书局,1962 年。
[3]《隋书》,北京:中华书局,1973 年。
[4]《旧唐书》,北京:中华书局,1975 年。
[5]《新唐书》,北京:中华书局,1975 年。
[6]《辽史》,北京:中华书局,2016 年。
[7]《宋史》,北京:中华书局,1977 年。
[8]《金史》,北京:中华书局,1975 年。
[9]《元史》,北京:中华书局,1976 年。
[10]《明史》,北京:中华书局,1974 年。

[11]《明实录》,台北:“中研院”历史语言研究所,1962 年。
[12]《清实录》,北京:中华书局,1985—1987 年。
[13]《清史稿》,北京:中华书局,1977 年。
[14]《大正藏》,日本大正一切经刊行会,1934 年。
[15]《道藏》,北京、上海、天津:文物出版社、上海书店、天津古籍出版社,1988 年。
[16](汉)郑玄注,(唐)孔颖达正义:《礼记正义》,吕友仁整理,上海:上海古籍出版社,2008 年。
[17](唐)杜佑:《通典》,北京:中华书局,1988 年。
[18](唐)萧嵩等:《大唐开元礼》,北京:民族出版社,2000 年。
[19](宋)陈祥道:《礼书》,《北京图书馆古籍珍本丛刊》第 3 册,北京:书目文献出版社,1990 年。
[20](宋)陈元靓编:《事林广记》,《和刻本类书集成》第 1 辑,东京:古典研究会,1977 年影印日本元禄十二年(1699)翻刻元泰定二年刻本。
[21](宋)陈元靓编:《事林广记》,北京:中华书局,1963 年影印元至顺刻本。
[22](宋)陈元靓编:《事林广记》,北京:中华书局,1999 年影印本。
[23](宋)李焘:《续资治通鉴长编》,北京:中华书局,1995 年。
[24](宋)彭大雅、徐霆:《黑鞑事略》,王国维笺证本,《王国维遗书》第 13 册,上海:上海古籍书店,1983 年;许全胜:《黑鞑事略校注》,兰州:兰州大学出版社,2014 年。
[25](宋)徐梦莘:《三朝北盟会编》,上海:上海古籍出版社,1987 年。
[26](宋)[旧题]叶隆礼:《契丹国志》,贾敬颜、林荣贵点校,上海:上海古籍出版社,1985 年。
[27](宋)佚名:《宋大诏令集》,司义祖整理,北京:中华书局,1962 年。
[28](宋)[旧题]宇文懋昭:《大金国志校证》,崔文印校证,上海:中华书局,1986 年。
[29](宋)赵珙:《蒙鞑备录》,王国维笺证,《王国维遗书》第 13 册。

[30]（宋）郑居中等：《政和五礼新仪》，《景印文渊阁四库全书》第 647 册。

[31]（宋）朱熹：《家礼》，王燕均、王光照校点，《朱子全书》第 7 册，上海：上海古籍出版社；合肥：安徽教育出版社，2002 年。

[32]（宋）黎靖德编：《朱子语类》，王星贤点校，北京：中华书局，1986 年。

[33]（金）官修《大金集礼》，任文彪点校，杭州：浙江大学出版社，2019 年。

[34]（元）释德辉：《敕修百丈清规》，《大正藏》第 48 册。

[35]（元）孔克齐（原题孔齐）：《至正直记》，庄敏、顾新点校，上海：上海古籍出版社，1987 年。

[36]（元）孔元措：《孔氏祖庭广记》，中华再造善本影印蒙古乃马真后元年孔氏刻本。

[37]（元）李道谦编：《甘水仙源录》，《道藏》第 19 册。

[38]（元）李志常：《长春真人西游记》，《宛委别藏》本，南京：江苏古籍出版社，1988 年；党宝海译注，石家庄：河北人民出版社，2001 年；尚衍斌、黄太勇校注：《长春真人西游记校注》，北京：中央民族大学出版社，2016 年。

[39]（元）刘敏中：《平宋录》，《碧琳琅馆丛书》本；《墨海金壶》本；《守山阁丛书》本。

[40]（元）刘一清：《钱塘遗事》，上海：上海古籍出版社，1985 年影印嘉庆洞庭扫叶山房席氏校订本；《景印文渊阁四库全书》第 408 册；《武林掌故丛编》本。

[41]（元）陆友仁：《研北杂志》，《景印文渊阁四库全书》子部第 866 册。

[42]（元）马端临：《文献通考》，北京：中华书局，1986 年。

[43]（元）念常：《佛祖历代通载》，《大正藏》第 49 册；《北京图书馆古籍珍本丛刊》第 77 册；中华再造善本影印中国国家图书馆藏元至正七年刻本。

[44]（元）祁志诚：《西云集》，《道藏》第 25 册。

[45]（元）苏天爵：《元朝名臣事略》，姚景安点校，北京：中华书局，1996 年。

[46]（元）陶宗仪：《南村辍耕录》，北京：中华书局，1959 年。

[47]（元）王士点：《禁扁》，清康熙栋亭藏书十二种本。

[48](元)王士点、商企翁:《秘书监志》,高荣盛点校,杭州:浙江古籍出版社,1992年。

[49](元)吴澄:《礼记纂言》,中华再造善本影印元刊本。

[50](元)祥迈:《至元辨伪录》,《大正藏》第52册。

[51](元)佚名:《大元国朝圣政典章》,《续修四库全书》第787册影印元刊本。

[52](元)佚名:《大元国朝圣政典章》,北京:中国广播电视出版社,1998年影印元刊本。

[53](元)佚名:《庙学典礼》,王颋点校,杭州:浙江古籍出版社,1992年。

[54](元)佚名撰,贾敬颜校注,陈晓伟整理:《圣武亲征录(新校本)》,北京:中华书局,2020年。

[55](元)佚名:《元典章》,陈高华、张帆、刘晓、党宝海点校,北京:中华书局;天津:天津古籍出版社,2011年。

[56](元)张光大:《救荒活民类要》,《北京图书馆古籍珍本丛刊》第56册。

[57](元)赵承禧等编:《宪台通纪(外三种)》,王晓欣点校,杭州:浙江古籍出版社,2002年。

[58](元)官修,方龄贵校注:《通制条格校注》,北京:中华书局,2001年。

[59](元)官修:《至正条格》,韩国学中央研究院校注本,首尔:Humanist,2007年。

[60](元)赵世延、虞集等撰,周少川、魏训田、谢辉辑校:《经世大典辑校》,北京:中华书局,2020年。

[61](元)赵世延、虞集等撰:《元代画塑记》,北京:人民美术出版社,1964年。

[62](明)陈邦瞻:《元史纪事本末》,北京:中华书局,1979年。

[63](明)戴铣:《朱子实纪》,《续修四库全书》第550册影印明正德八年鲍雄刻本。

[64](明)胡粹中:《元史续编》,《景印文渊阁四库全书》第334册。

[65](明)万历《大明会典》,明万历内府刻本。
[66](明)王圻:《续文献通考》,台北:文海出版社,1979年影印万历刊本。
[67](明)徐一夔等:《大明集礼》,日本早稻田大学图书馆藏明嘉靖内府刻本。
[68](明)解缙等:《永乐大典》,北京:北京图书馆出版社,2003年影印本;北京:中华书局,1986年影印本。
[69](清)黄宗羲、全祖望:《宋元学案》,陈金生、梁运华点校,北京:中华书局,1986年。
[70](清)钱大昕:《廿二史考异》,方诗铭、周殿杰校点,上海:上海古籍出版社,2004年。
[71](清)秦蕙田:《五礼通考》,《景印文渊阁四库全书》第135册,台北:商务印书馆,1983—1987年。
[72](清)孙承泽:《春明梦余录》,王剑英点校,北京:北京古籍出版社,1992年。
[73](清)孙诒让:《周礼正义》,北京:中华书局,1987年。
[74](清)孙岳颁等:《佩文斋书画谱》,《景印文渊阁四库全书》第820册。
[75](清)万斯同:《庙制图考》,《四明丛书》本。
[76](清)王梓材、冯云濠:《宋元学案补遗》,沈芝盈、梁运华点校,北京:中华书局,2012年。
[77](清)徐松辑:《宋会要辑稿》,北京:中华书局,1957年。
[78](清)阎镇珩:《六典通考》,《续修四库全书》第759册。
[79](清)张廷玉等:《清朝文献通考》,《景印文渊阁四库全书》第634册。
[80][朝鲜]郑麟趾:《高丽史》,韩国奎章阁藏本;孙晓点校,重庆:西南师范大学出版社,2014年。
[81]《朝鲜王朝实录》,[韩国]国史编纂委员会编,首尔:东国文化社,1955-1958年。
[82]曾廉:《元书》,《四库未收书辑刊》第4辑第15册,北京:北京出版社,

1997 年影印清宣统三年刻本。

[83]柯劭忞:《新元史》,北京:中国书店,1988 年。

[84]屠寄:《蒙兀儿史记》,北京:中国书店,1988 年。

2. 方志

[85](元)张道宗:《纪古滇说原集》,方国瑜主编:《云南史料丛刊》第 2 卷,昆明:云南大学出版社,1998 年。

[86]《元大德南海志残本(附辑佚)》,广州:广东人民出版社,1991 年。

[87]大德《昌国州图志》,《宋元方志丛刊》本,北京:中华书局,1990 年。

[88]延祐《四明志》,《宋元方志丛刊》本。

[89]至顺《镇江志》,南京:江苏古籍出版社,1990 年。

[90]《齐乘》,《宋元方志丛刊》本。

[91]至正《四明续志》,《宋元方志丛刊》本。

[92]至正《金陵新志》,《中国方志丛书》影印元至正四年刊本,台北:成文出版社,1983 年。

[93]《元河南志》,《藕香零拾》本;(清)徐松辑:《河南志》,高敏点校,北京:中华书局,1994 年。

[94]《元一统志》,赵万里校辑,北京:中华书局,1966 年。

[95]《大元混一方舆胜览》,郭声波整理,成都:四川大学出版社,2003 年。

[96]北京图书馆古籍古籍善本组编:《析津志辑佚》,北京:北京古籍出版社,2001 年。

[97]《顺天府志》,北京:北京大学出版社,1983 年。

[98](明)王子卿著,周郢校证:《泰山志校证》,合肥:黄山书社,2006 年。

[99]弘治《衡山县志》,民国十三年铅印本,《中国地方志集成·湖南府县志辑》第 38 册,南京:江苏古籍出版社,2002 年。

[100]弘治《徽州府志》,《天一阁藏明代方志选刊》第 29 册。

[101]弘治《上海志》,《天一阁藏明代方志选刊续编》第 7 册,上海:上海书店,1990 年影印本。

[102]弘治《八闽通志》,福州:福建人民出版社,1989年。
[103]成化《山西通志》,《四库全书存目丛书·史部》第174册。
[104]正德《南康府志》,《天一阁藏明代方志选刊》第51册。
[105]正德《松江府志》,《天一阁藏明代方志选刊续编》第5册。
[106]嘉靖《重修三原县志》,《中国地方志集成·陕西府县志辑》第8册,南京:凤凰出版社,2007年。
[107]嘉靖《藁城县志》,《中国方志丛书》影印民国二十三年铅字重印本。
[108]嘉靖《广州志》,《广东历代方志集成》,广州:岭南美术出版社,2007年,第1册。
[109]嘉靖《建宁府志》,《天一阁藏明代方志选刊》第38册
[110]嘉靖《龙门志》,《河北大学图书馆藏稀见方志丛刊》第20册,北京:国家图书馆出版社,2011年。
[111]嘉靖《延平府志》,《天一阁藏明代方志选刊》第39册。
[112]嘉靖《耀州志》,《中国方志丛书》,台北:成文出版社,1976年影印本。
[113]嘉靖《真定府志》,《四库存目丛书·史部》第192册。
[114]万历《会稽县志》,《天一阁藏明代方志选刊续编》第28册。
[115]万历《新修南昌府志》,《日本藏罕见中国地方志丛刊》第5册。
[116]万历《滕县志》,滕县史志办1984年影印明万历刻本。
[117](明)陈镐:《阙里志》,《北京图书馆古籍珍本丛刊》第23册。
[118](明)孔贞丛:《重修阙里志》,日本早稻田大学藏明刻本。
[119](明)吴之鲸:《武林梵志》,《中国佛寺史志汇刊》第1辑第7册,台北:明文书局,1980年。
[120](清)景日昣:《嵩岳庙史》,《四库存目丛书·史部》第238册。
[121]《恒岳志》,济南:齐鲁书社,1996年影印清顺治十八年刻本。
[122]雍正《江西通志》,国家图书馆藏清雍正十年(1732)刻本。
[123]康熙《鱼台县志》,《复旦大学图书馆藏稀见方志丛刊》第28—29册,北京:国家图书馆出版社,2010年。

[124]乾隆《杭州府志》,《续修四库全书》第701册影印本。

[125]乾隆《华阴县志》,《中国地方志集成·陕西府县志辑》第24册。

[126]乾隆《恒山志》,《恒山志》标点组标点,太原:山西人民出版社,1986年。

[127]乾隆《甘州府志校注》,张志纯等校点,兰州:甘肃文化出版社,1995年。

[128](清)于敏中等:《日下旧闻考》,北京:北京古籍出版社,2001年。

[129]嘉庆《山阴县志》,《中国方志丛书》,台北:成文出版社,1983年影印本。

[130]道光《广东通志》,《续修四库全书》影印清道光二年刻本。

[131]道光《宜黄县志》,《中国方志丛书》,台北:成文出版社,1970年影印本。

[132]同治《番禺县志》,《中国地方志集成·广东府县志辑》第6册,南京:凤凰出版社,2010年。

[133]光绪《临朐县志》,《中国方志丛书》,台北:成文出版社,1976年影印本。

[134]光绪《永济县志》,《中国地方志集成·山西府县志辑》第67册,南京:凤凰出版社,2005年。

[135]光绪《海阳县志》,《中国方志丛书·华南地方·广东省》,台北:成文出版社,1967年影印本。

[136]光绪《重修曲阳县志》,《中国地方志集成·河北府县志辑》第39册,上海:上海书店出版社,2006年。

[137]光绪《续高平县志》,《中国地方志集成·山西府县志辑》第36册。

[138]光绪《益都县图志》,《石刻史料新编》第3辑第27册。

[139](清)周家楣、缪荃孙等:《光绪顺天府志》,北京:北京古籍出版社,1987年。

[140](清)丁丙:《武林坊巷志》,杭州:浙江人民出版社,1983—1990年。

[141]宣统《山东通志》,《中国地方志集成·省志辑·山东》第2—9册,南京:凤凰出版社,2010年。

[142]民国《济宁直隶州续志》,民国十六年铅印本。
[143]力空:《霍山志》,太原:山西人民出版社,1986年。

3. 诗文集

[144](宋)真德秀:《真文忠公文集》,《四部丛刊》本。
[145](宋)朱熹:《晦庵集》,《朱子全书》第23册。
[146](元)陈旅:《安雅堂集》,《元代珍本文集汇刊》本。
[147](元)陈基:《夷白斋稿》,《四部丛刊》本。
[148](元)程端礼:《畏斋集》,《四明丛书》本。
[149](元)程钜夫:《雪楼集》,《元代珍本文集汇刊》本。
[150](元)戴表元:《剡源集》,《四部丛刊》本。
[151](元)戴良:《九灵山房集》,《金华丛书》本。
[152](元)范梈:《范德机诗集》,《四部丛刊》本。
[153](元)傅若金:《傅与砺诗文集》,《景印文渊阁四库全书》第1213册。
[154](元)傅习、孙存吾辑:《皇元风雅》,《四部丛刊》本。
[155](元)贡奎:《云林集》,《北京图书馆古籍珍本丛刊》第93册。
[156](元)贡奎、贡师泰、贡性之:《贡氏三家集》,邱居里、赵文友校点,长春:吉林文史出版社,2010年。
[157](元)顾瑛辑:《玉山名胜集》,杨镰、叶爱欣编校,北京:中华书局,2008年。
[158](元)郝经:《陵川集》,《北京图书馆古籍珍本丛刊》第91册。
[159](元)胡炳文著,汪增华校注:《〈云峰胡先生文集〉校注》,合肥:安徽师范大学出版社,2015年。
[160](元)胡祗遹:《紫山大全集》,《三怡堂丛书》本。
[161](元)胡助:《纯白斋类稿》,《金华丛书》本。
[162](元)华幼武:《黄杨集》,《续修四库全书》第1325册。
[163](元)黄溍:《金华黄先生文集》,《四部丛刊》本。
[164](元)黄镇成:《秋声集》,《元人文集珍本丛刊》本。

[165](元)侯克中:《艮斋诗集》,《景印文渊阁四库全书》第1205册。
[166](元)蒋易辑:《皇元风雅》,《续修四库全书》第1622册。
[167](元)揭傒斯:《揭傒斯全集》,李梦生注解,上海:上海古籍出版社,1985年。
[168](元)金守正:《雪厓先生诗集》,《续修四库全书》第1325册。
[169](元)李存:《鄱阳仲公李先生文集》,《北京图书馆古籍珍本丛刊》第92册。
[170](元)刘秉忠:《藏春集》,《元人文集珍本丛刊》本。
[171](元)刘鹗:《惟实集》,《景印文渊阁四库全书》第1206册。
[172](元)刘诜:《桂隐诗集》,《景印文渊阁四库全书》第1195册。
[173](元)刘壎:《水云村稿》,《景印文渊阁四库全书》第1195册。
[174](元)刘岳申:《申斋刘先生文集》,《元代珍本文集汇刊》本。
[175](元)柳贯:《柳待制文集》,《四部丛刊》本。
[176](元)马祖常:《石田文集》,《元人文集珍本丛刊》本。
[177](元)迺贤:《迺贤集校注》,叶爱欣校注,郑州:河南大学出版社,2012年。
[178](元)欧阳玄:《圭斋文集》,《四部丛刊》本。
[179](元)欧阳玄:《欧阳玄全集》,汤锐校点整理,成都:四川大学出版社,2010年。
[180](元)蒲道源:《闲居丛稿》,《元代珍本文集汇刊》本。
[181](元)任士林:《松乡集》,《景印文渊阁四库全书》第1196册。
[182](元)萨都剌:《雁门集》,上海:上海古籍出版社,1982年。
[183](元)释大訢:《蒲室集》,中华再造善本影印国家图书馆藏元刻本。
[184](元)宋褧:《燕石集》,《北京图书馆古籍珍本丛刊》第92册。
[185](元)苏天爵:《滋溪文稿》,陈高华、孟繁清点校,北京:中华书局,1997年。
[186](元)苏天爵编:《国朝文类》,《四部丛刊》本。

[187](元)王沂:《伊滨集》,《景印文渊阁四库全书》第 1208 册。

[188](元)王恽:《秋涧集》,《元人文集珍本丛刊》本。

[189](元)王恽:《玉堂嘉话》,杨晓春点校,北京:中华书局,2006 年。

[190](元)魏初:《青崖集》,《景印文渊阁四库全书》第 1198 册。

[191](元)危素:《危太朴文集》,《元人文集珍本丛刊》本。

[192](元)吴澄:《吴文正公集》,《元人文集珍本丛刊》本。

[193](元)吴当:《学言稿》,《景印文渊阁四库全书》第 1217 册。

[194](元)吴师道:《吴正传先生文集》,《元代珍本文集汇刊》影印明抄本。

[195](元)许衡:《鲁斋遗书》,《北京图书馆古籍珍本丛刊》第 91 册。

[196](元)许有壬:《圭塘小稿》,《三怡堂丛书》本。

[197](元)许有壬:《至正集》,《元人文集珍本丛刊》本。

[198](元)姚燧:《牧庵集》,《四部丛刊》本。

[199](元)阎复:《静轩集》,《元人文集珍本丛刊》本。

[200](元)杨瑀:《山居新语》,余大钧点校,北京:中华书局,2006 年。

[201](元)杨允孚:《滦京杂咏》,《知不足斋丛书》本。

[202](元)耶律楚材:《湛然居士集》,《四部丛刊》本。

[203](元)耶律铸:《双溪醉隐集》,《知服斋丛书》本。

[204](元)袁桷:《清容居士集》,《四部丛刊》本。

[205](元)袁桷:《袁桷集校注》,杨亮校注,中华书局,2012 年。

[206](元)虞集:《道园学古录》,《四部丛刊》本。

[207](元)虞集:《道园类稿》,《元人文集珍本丛刊》本。

[208](元)虞集:《虞集全集》,王颋点校,天津:天津古籍出版社,2007 年。

[209](元)元明善:《清河集》,《藕香零拾》本。

[210](元)张弘范:《淮阳集》,《景印文渊阁四库全书》第 1191 册。

[211](元)张雨:《张雨集》,彭万隆点校,杭州:浙江古籍出版社,2015 年。

[212](元)张昱:《张光弼诗集》,《四部丛刊》本。

[213](元)张之翰:《张之翰集》,邓瑞全、孟祥静校点,长春:吉林文史出版

社，2009 年。
[214]（元）张翥：《张蜕庵诗集》，《四部丛刊》本。
[215]（元）赵汸：《东山存稿》，《景印文渊阁四库全书》第 1221 册。
[216]（元）赵孟頫：《赵孟頫集》，杭州：浙江古籍出版社，1986 年。
[217]（元）郑玉：《师山集》，中华再造善本影印元至正刻明修本。
[218]（元）周伯琦：《近光集》，日本东京静嘉堂文库藏元刊本；《景印文渊阁四库全书》第 1214 册。
[219]（元）周南瑞编：《天下同文集》，《雪堂丛刻》本。
[220]（元）朱思本：《贞一斋诗文稿》，《宛委别藏》本。
[221]（元）朱晞颜：《瓢泉吟稿》，《景印文渊阁四库全书》第 1213 册。
[222]（明）程敏政编：《皇明文衡》，《四部丛刊》本。
[223]（明）林弼：《林登州遗集》，《北京图书馆古籍珍本丛刊》第 99 册影印清康熙四十五年林兴刻本。
[224]（明）刘崧：《槎翁文集》，《四库全书存目丛书》集部第 24 册。
[225]（明）宋濂：《宋文宪公全集》，《四部备要》本。
[226]（明）宋濂：《宋学士文集》，《四部丛刊》本。
[227]（明）宋濂：《宋濂全集》，黄灵庚编辑校点，北京：人民文学出版社，2014 年。
[228]（明）王祎：《王忠文公集》，《金华丛书》本，同治九年（1870）。
[229]（明）王祎：《王祎集》，颜余庆点校，杭州：浙江古籍出版社，2016 年。
[230]（明）郑真：《荥阳外史集》，《景印文渊阁四库全书》第 1234 册。
[231]（清）顾嗣立编：《元诗选》，北京：中华书局，1987 年。
[232][高丽]李承修：《动安居士集》，杜宏刚、邱瑞中、[韩]崔昌源编：《韩国文集中的蒙元史料》，桂林：广西师范大学出版社，2004 年。
[233][高丽]李榖：《牧隐藁》，杜宏刚、邱瑞中、[韩]崔昌源编：《韩国文集中的蒙元史料》。
[234][高丽]李齐贤：《益斋集》，《丛书集成初编》本。

[235]李修生主编:《全元文》,南京:凤凰出版社,1998—2004 年。

4. 石刻、出土文献

[236](元)潘昂霄:《金石例》,《石刻史料新编》第 3 辑第 39 册,台北:新文丰出版公司,1986 年。
[237](清)毕沅:《中州金石记》,《石刻史料新编》第 1 辑第 18 册,台北:新文丰出版公司,1977 年。
[238](清)毕沅、阮元:《山左金石志》,《石刻史料新编》第 1 辑第 19 册。
[239](清)杜春生:《越中金石记》,《石刻史料新编》第 2 辑第 10 册,台北:新文丰出版公司,1979 年。
[240](清)端方:《匋斋臧石记》,《石刻史料新编》第 1 辑第 11 册。
[241](清)胡聘之:《山右石刻丛编》,《石刻史料新编》第 1 辑第 20、21 册。
[242](清)黄叔璥:《中州金石考》,《石刻史料新编》第 1 辑第 18 册。
[243](清)钱大昕:《潜研堂金石文跋尾》,《石刻史料新编》第 1 辑第 25 册。
[244](清)阮元:《两浙金石志》,《石刻史料新编》第 1 辑第 14 册。
[245](清)王昶:《金石萃编》,《历代碑志丛书》第 4—6 册,江苏古籍出版社,1998 年影印本。
[246](清)吴式芬:《攈古录》,北京:中国书店,1982 年。
[247](清)叶昌炽:《语石》,陈公柔、张明善点校,北京:中华书局,1994 年。
[248](清)张维:《陇右金石录》,《石刻史料新编》第 1 辑第 21 册。
[249]北京辽金城垣博物馆编:《北京元代史迹图志》,北京:北京燕山出版社,2009 年。
[250]北京图书馆金石组编:《北京图书馆藏中国历代石刻拓本汇编》,郑州:中州古籍出版社,1989—1990 年。
[251]蔡美彪:《元代白话碑集录》,北京:科学出版社,1955 年;北京:中国社会科学出版社,2017 年修订版。
[252]陈垣编纂,陈智超、曾庆瑛校补《道家金石略》,北京:文物出版社,1988 年。

[253]河南省文物局编:《河南碑志叙录(一)》,河南:中州古籍出版社,1992年。

[254]黄挺、马明达:《潮汕金石文征(宋元卷)》,广州:广东人民出版社,1999年。

[255]济宁市政协文史资料委员会编:《孔孟之乡石刻碑文选》,济南:山东友谊出版社,1992年。

[256]金柏东主编:《温州历代碑刻集》,上海:上海社会科学院出版社,2002年。

[257]雷涛、孙永和主编:《三晋石刻大全·临汾市曲沃县卷》,太原:三晋出版社,2011年。

[258]李国富、王汝雕、张宝年主编:《洪洞金石录》,太原:山西古籍出版社,2008年。

[259]李恒法、解华英编著:《济宁历代墓志铭》,济南:齐鲁书社,2011年。

[260]李延平主编:《黄陵文典·文物卷》,西安:陕西人民出版社,2008年。

[261]李逸友编著:《黑城出土文书(汉文文书卷)》,北京:科学出版社,1991年。

[262]刘培桂:《孟子林庙历代石刻集》,济南:齐鲁书社,2005年。

[263]刘兆鹤、王西平编著:《重阳宫道教碑石》,西安:三秦出版社,1998年。

[264]刘之光:《北京石刻艺术博物馆丛书(二)馆藏石刻目》,北京:今日中国出版社,1996年。

[265]罗福颐:《满洲金石志》,《石刻史料新编》第1辑第23册。

[266]罗振玉:《金石萃编未刻稿》,《历代碑志丛书》第8册,南京:江苏古籍出版社,1998年影印民国七年(1918)石印本。

[267]骆承烈编:《石头上的儒家文献——曲阜碑文录》,济南:齐鲁书社,2001年。

[268]潘明权、柴志光编:《上海道教碑刻资料集》,上海:复旦大学出版社,2014年。

[269]陕西省古籍整理办公室编,曹永斌编著:《药王山碑刻》,西安:三秦出版社,2013 年。

[270]沈阳市文物管理办公室编纂:《沈阳市文物志》,沈阳:沈阳出版社,1993 年。

[271]塔拉、杜建录、高国祥主编:《中国藏黑水城汉文文献》,北京:国家图书馆出版社,2008 年。

[272]汪学文主编:《三晋石刻大全·临汾市洪洞县卷》,太原:三晋出版社,2009 年。

[273]王国杰主编:《三晋石刻大全·运城市新绛县卷》,太原:三晋出版社,2015 年。

[274]王晶辰主编:《辽宁碑志》,沈阳:辽宁人民出版社,2002 年。

[275]王天然主编:《三晋石刻大全·临汾市尧都区卷》,太原:三晋出版社,2011 年。

[276]王宗昱编:《金元全真教石刻新编》,北京:北京大学出版社,2005 年。

[277]武善树:《陕西金石志》,《石刻史料新编》第 1 辑第 23 册。

[278]杨朝明主编:《曲阜儒家碑刻文献辑录》第 1 辑,济南:齐鲁书社,2015 年。

[279]杨朝明主编:《曲阜儒家碑刻文献辑录》第 2 辑,济南:齐鲁书社,2015 年。

[280]杨朝明主编:《曲阜儒家碑刻文献辑录》第 3 辑,济南:齐鲁书社,2017 年。

[281]杨朝明主编:《曲阜儒家碑刻文献辑录》第 4 辑,济南:齐鲁书社,2018 年。

[282]杨朝明主编:《曲阜儒家碑刻文献辑录》第 5 辑,济南:齐鲁书社,2019 年。

[283]张崇颜、王德苓编著:《三晋石刻总目·太原市卷》,太原:山西古籍出版社,2006 年。

[284]张江涛编著:《华山碑石》,西安:三秦出版社,1995 年。

[285]张孝友主编:《沂山石刻》,济南:山东友谊出版社,2009 年。

[286]赵卫东、宫德杰主编:《山东道教碑刻集 · 临朐卷》,济南:齐鲁书社,2011 年。

[287]中原石刻艺术馆编:《河南碑志叙录(二)》,郑州:河南美术出版社,1997 年。

(二)非汉文史料

[288]阿尔达扎布:《新译集注〈蒙古秘史〉》,呼和浩特:内蒙古大学出版社,2005 年。

[289]de Rachewiltz, Igor. *The Secret History of the Mongols: A Mongolian Epic Chronicle of the Thirteenth Century*, Leiden: Brill, Vol. 1-2, 2004; Vol. 3 (supplement), 2013.

[290]札奇斯钦:《蒙古秘史新译并注释》,台北:联经出版公司,1979 年。

[291]乌兰校勘:《元朝秘史(校勘本)》,北京:中华书局,2012 年。

[292]余大钧译注:《蒙古秘史》,石家庄:河北人民出版社,2001 年。

[293][日]村上正二译注:《モンゴル秘史》,东京:平凡社,1970—1976 年。

[294]贾敬颜、朱风辑:《蒙古译语　女真译语汇编》,天津:天津古籍出版社,1990 年。

[295]留金锁整理:《十善福白史册》(*Arban buyan-tu nom-un čaγan teüke*),呼和浩特:内蒙古人民出版社,2000 年。

[296]达仓宗巴 · 班觉桑布:《汉藏史集》,陈庆英译,拉萨:西藏人民出版社,1986 年。

[297]阿旺贡噶索南:《萨迦世系史》,陈庆英等译注,拉萨:中国藏学出版社,2005 年。

[298][伊朗]志费尼:《世界征服者史》,何高济译,翁独健校订,呼和浩特:内蒙古人民出版社,1980 年。

[299][波斯]拉施特主编:《史集》,余大钧、周建奇译,北京:商务印书馆,1986 年。

[300][波斯]剌失德丁(拉施特):《成吉思汗的继承者:〈史集〉第二卷》,[英]波义耳(波伊勒),英译,周良霄译注,天津:天津古籍出版社,1992 年。

[301] Thackston, W. M. trans. and annot., *Rashiduddin Fazlullah's Jami' u't-tawarikh: Compendium of Chronicles. A History of the Mongols*, Harvard University Department of Near Eastern Languages and Civilizations, 1998.

[302] 'Uthmān ibn Sirāj al-Dīn, Abu 'Umar Minhāj al-Din, Jūzjānī, *Ṭabaḳāt-i-Nāṣirī: A General History of the Muhammadan Dynasties of Asia, including Hindustan; from A. H.* 194 (810 *A. D.*) *to A. H.* 658 (1260 *A. D.*) *and the Irruption of the Infidel Mughals into Islam*, translated by Henry George Raverty, London: Gilbert and Rivington, 1881-1899.

[303] Ibn Fadlan, *Mission to the Volga*, James E. Montgomery ed. and trans., in *Two Arabic Travel Books*, New York: New York University Press, 2014.

[304] Bedrosian, Robert. trans., *Kirakos Gandzakets'i's History of the Armenians*, New York: Sources of the Armenian Tradition, 1986.

[305]阿布尔-哈齐-把阿秃儿汗:《突厥世系》,罗贤佑译,北京:中华书局,2005 年。

[306] Wallis Budge, E. A. *The Monks of Kublai Khan, Emperor of China*, London: The Religious Tract Society, 1928.

[307][英]道森编:《出使蒙古记》,吕浦译,周良霄注,北京:中国社会科学出版社,1982 年。

[308] Friedrich Risch, *Johann de Plano Carpini: Geschichte der Mongolen und reisebericht* 1245-1247, Leipzig: Pfeiffer, 1930.

[309]《柏朗嘉宾蒙古行纪　鲁布鲁克东行纪》,耿昇、何高济译,北京:中华书局,1985 年。

[310]《普兰·迦儿宾行记　鲁布鲁克东方行记》,余大钧译,呼和浩特:内蒙古大学出版社,2009 年。

[311] Jackson, Peter. trans., *The Mission of Friar William of Rubruck*, Indianapolis/ Cambridge: Hackett, 2009.

[312] Guglielmo di Rubruk, *Viaggio in Mongolia* (*Itinerarium*), ed. by Paolo Chiesa, Fondazione Lorenzo Valla/ Mondadori, 2011.

[313] Simon de Saint-Quentin, *Histoire des Tartares*, ed. by Jean Richard, Paris: Librairie Orientaliste Paul Geunther, 1965.

[314]《马可波罗行纪》,冯承钧译,上海:上海书店出版社,2001 年。

[315] Moule, A. C. and Paul Pelliot, *Marco Polo the Description of the World*, London: G. Routledge and sons, 1938.

[316]高田英树译:《世界の記——〈東方見聞錄〉對校譯》,名古屋:名古屋大学出版会,2013 年。

[317] Simion, Samuela. and Eugenio Burgio, *Giovanni Battista Ramusio*: "*De I Viaggi di Marco Polo, Gentil' Huomo Venetiano*", In *Secondo volume Delle Navigationi et viaggi*, Venezia: Edizioni Ca' Foscari, 2015.

二　研究著述

(一)汉文

[318]白寿彝总主编,陈得芝主编:《中国通史》第八卷,上海:上海人民出版社,1997 年。

[319]宝音德力根:《兀良哈万户牧地考》,《内蒙古大学学报(人文社会科学版)》2000 年第 5 期。

[320]蔡春娟:《元代的蒙古字学》,《中国史研究》2004 年第 2 期。

[321]蔡美彪:《成吉思及撑黎孤涂释义》,《中国史研究》2007 年第 2 期。

[322]蔡美彪:《元代文献中的达达》,《辽金元史考索》,北京:中华书局,2012年,第207—214页。
[323]蔡美彪主编:《中国历史大辞典·辽夏金元史卷》,上海:上海辞书出版社,1986年。
[324]蔡伟政:《黑水城所出元代礼仪文书考释三则》,《西夏学》第8辑,2011年10月。
[325]蔡志纯:《蒙古萨满教变革初探》,《世界宗教研究》1988年第4期,第120—121页。
[326]蔡志纯:《元代"烧饭"之礼研究》,《史学月刊》1984年第1期。
[327]蔡宗宪:《唐代霍山的神话与祭祀——兼论霍山中镇地位的确立》,《"国立"政治大学学报》第47期,2017年5月,第75—116页。
[328]仓修良:《方志学通论》,济南:齐鲁书社,1990年。
[329]曹金成:《〈南村辍耕录〉"木冰"条与〈元史〉相同史文辨析》,《元史及民族与边疆研究集刊》第33辑,2017年,第258—260页。
[330]常绍温:《略谈南宋末女诗人王清惠及其诗词》,邓广铭、漆侠主编:《中日宋史研讨会中方论文选编》,石家庄:河北大学出版社,1991年,第263—377页。
[331]陈得芝、王颋:《忽必烈与蒙哥的一场斗争——试论阿兰答儿钩考的前因后果》,《元史论丛》第1辑,1982年。
[332]陈得芝:《元岭北行省建置考(上)》,《元史及北方民族史研究集刊》第9期,1985年,收入《蒙元史研究丛稿》,北京:人民出版社,2005年,第113—136页。
[333]陈得芝:《十三世纪以前的克烈王国》,《元史论丛》第3辑,1986年,收入《蒙元史研究丛稿》,第201—232页。
[334]陈得芝:《元岭北行省建置考(中)》,《元史及北方民族史研究集刊》第11期,1987年,收入《蒙元史研究丛稿》,第137—169页。
[335]陈得芝:《元代内地藏僧事辑》,《中华国学》创刊号,香港,1989年,收

入《蒙元史研究丛稿》,第 233—251 页。

[336]陈得芝:《论元代的“诗禅三隐”》,《禅学研究》第 1 辑,1992 年,收入《蒙元史研究丛稿》,第 513—520 页。

[337]陈得芝:《赤那思之地小考》,《元史论丛》第 6 辑,1997 年,收入《蒙元史研究丛稿》,第 266—269 页。

[338]陈得芝:《再论蒙古与吐蕃和吐蕃佛教的初期接触》,《西北民族研究》2003 年第 2 期,收入《蒙元史研究丛稿》,第 308—315 页。

[339]陈得芝:《八思巴初会忽必烈年代考》,《中国史研究》2004 年第 1 期,收入《蒙元史研究丛稿》,第 315—334 页。

[340]陈得芝:《关于元朝的国号、年代与疆域问题》,《北方民族大学学报(哲学社会科学版)》2009 年第 3 期,收入《蒙元史与中华多元文化论集》,上海:上海古籍出版社,2013 年,第 138—154 页。

[341]陈得芝:《成吉思汗墓葬所在与蒙古早期历史地理》,《中华文史论丛》2010 年第 1 期,收入《蒙元史与中华多元文化论集》,第 155—182 页。

[342]陈得芝:《伊金霍洛——从“大禁地”到“成陵”》,《西域历史语言研究集刊》第 5 辑,2012 年,收入《蒙元史与中华多元文化论集》,第 253—266 页。

[343]陈高华(署名温岭):《元代政书〈经世大典〉中的人物传记》,《中国史研究》1992 年第 1 期,收入氏著《元史研究新论》,第 458—462 页。

[344]陈高华:《论元代的站户》,《元史论丛》第 2 辑,北京:中华书局,1983 年,收入氏著《元史研究论稿》,第 156—185 页。

[345]陈高华:《略论杨琏真加和杨暗普父子》,《西北民族研究》1986 年第 1 期,收入氏著《元史研究论稿》,北京:中华书局,1991 年,第 385—400 页。

[346]陈高华:《金元二代衍圣公》,原载《文史》第 27 辑,1987 年,收入氏著《元史研究论稿》,第 328—345 页。

[347]陈高华:《〈元史〉纂修考》,《历史研究》1990 年第 4 期,收入氏著《元史

研究新论》,上海:上海社会科学院出版社,2005 年,第 437—457 页。
[348]陈高华:《元代诗人廼贤生平事迹考》,《文史》第 32 辑,1990 年,收入氏著《元史研究新论》,第 262—287 页。
[349]陈高华:《元代的东岳崇拜》,《首都博物馆丛刊》第 14 期,2000 年,第 1—9 页。
[350]陈高华、史卫民:《中国风俗通史 · 元代卷》,上海:上海文艺出版社,2001 年。
[351]陈高华、张帆、刘晓:《元代文化史》,广州:广东教育出版社,2009 年。
[352]陈高华、史卫民:《元代大都上都研究》,北京:中国人民大学出版社,2010 年。
[353]陈佳臻:《三皇庙、儒医合流与元代儒家道统建构》,《中国史研究》2022 年第 1 期。
[354]陈庆英、仁庆扎西:《元朝帝师制度述略》,《西藏民族学院学报》1984 年第 1 期,收入《陈庆英藏学论文集》,北京:中国藏学出版社,2006 年,第 225—257 页,第 236—237 页。
[355]陈庆英:《元朝帝师八思巴》,北京:中国藏学出版社,1992 年。
[356]陈庆英:《西夏与藏族的历史、文化、宗教关系试探》,《陈庆英藏学论文集》,北京:中国藏学出版社,2006 年,第 159—160 页。
[357]陈世松等:《宋元战争史》,成都:四川省社会科学院出版社,1988 年。
[358]陈戍国:《中国礼制史 · 元明清卷》,长沙:湖南教育出版社,2002 年。
[359]陈述:《谈辽金元"烧饭"之俗》,《历史研究》1980 年第 5 期。
[360]陈万卿:《朱象先〈创建长春观碑记〉》,《中国道教》1992 年第 1 期。
[361]陈耀庭:《道教礼仪》,北京:宗教文化出版社,2003 年。
[362]陈垣:《南宋初河北新道教考》,北平:辅仁大学,1941 年。
[363]陈垣:《元也里可温考》,北京:商务印书馆,1924 年。
[364]程秀金:《"内亚"概念源流考》,《北方民族大学学报(哲学社会科学版)》2016 年第 6 期。

[365]党宝海:《〈析津志〉佚文的新发现》,《北京社会科学》1998 年第 3 期。
[366]党宝海:《蒙元驿站交通研究》,北京:昆仑出版社,2006 年。
[367]党宝海:《昔里吉大王与元越战争》,《西部蒙古论坛》2013 年第 4 期。
[368]党宝海:《外交使节所述早期蒙金战争》,《清华元史》第 3 辑,北京:商务印书馆,2015 年,第 159—187 页。
[369]丁培仁:《道教与民俗浅议——以斋醮、礼俗为例》,《宗教学研究》2001 年第 4 期。
[370]都刘平:《元散曲家赵世安事迹钩沉》,《元史及民族与边疆研究集刊》第 37 辑,2018 年,第 50—59 页。
[371]杜家骥:《清代满族皇帝对长白山的高度神化及其祭祀之礼》,《满族研究》2010 年第 3 期。
[372]杜建录:《党项西夏碑石整理研究》,上海:上海古籍出版社,2015 年。
[373]段海蓉:《廼贤〈金台集〉版本考述》,北京师范大学古籍与传统文化研究院编:《中国传统文化与元代文献国际学术研讨会会议论文集》,北京:中华书局,2009 年,第 310—312 页。
[374]额尔登泰、乌云达赉、阿萨拉图:《〈蒙古秘史〉词汇选释》,呼和浩特:内蒙古人民出版社,1980 年。
[375]范玉琪:《元初名臣刘秉忠书丹〈国朝重修鹊山神应王庙之碑〉考释》,《文物春秋》1994 年第 4 期。
[376]方广锠:《元史考证两篇》,《文史》第 29 期,1988 年。
[377]方龄贵:《古典戏曲外来语考释词典》,上海:汉语大词典出版社、昆明:云南大学出版社,2001 年。
[378]方龄贵:《〈元史〉纂修杂考》,张寄谦编:《素馨集——纪念邵循正先生学术论文集》,北京:北京大学出版社,1993 年,收入氏著《元史丛考》,北京:民族出版社,2004 年,第 1—49 页。
[379]方彦寿:《朱熹考亭书院源流考》,朱杰人编:《迈入 21 世纪的朱子学》,上海:华东师范大学出版社,2001 年,第 232—253 页。

[380]冯家昇:《契丹祀天之俗与其宗教神话风俗之关系》,《冯家昇论著辑粹》,北京:中华书局,1987 年,第 51—69 页。

[381]高明士:《礼法意义下的宗庙——以中国中古为主》,高明士编:《东亚传统家礼、教育与国法(一):家族、家礼与教育》,上海:华东师范大学出版社,2008 年。

[382]高荣盛:《元史浅识》,南京:凤凰出版社,2010 年。

[383]高荣盛:《元代守宫制再议》,《元史论丛》第 14 辑,天津:天津古籍出版社,2014 年,第 1—10 页。

[384]葛全胜、刘健、方修琦等:《过去 2000 年冷暖变化的基本特征与主要暖期》,《地理学报》2013 年第 5 期。

[385]葛全胜、郑景云、郝志新、刘浩龙:《过去 2000 年中国气候变化的若干重要特征》,《中国科学:地球科学》2012 年第 6 期。

[386]耿世民:《哈萨克文化述略》,《内亚文史论集》,中央民族大学出版社,2015 年。

[387]顾颉刚、杨向奎:《三皇考》,《燕京学报专号》,北平:哈佛燕京学社,1936 年,收入《古史辨》第 7 册,上海:上海古籍出版社,1982 年,第 120—282 页。

[388]桂栖鹏:《元代进士研究》,兰州:兰州大学出版社,2001 年。

[389]郭嘉辉:《元明易代与天下重塑——洪武宾礼的出现及其意义》,《台湾东亚文明研究学刊》第 17 卷第 1 期,2020 年 6 月,第 1—54 页。

[390]郭善兵:《略述宋儒对周天子宗庙礼制的诠释——以宗庙庙数、祭祀礼制为考察中心》,《东方论坛》2006 年第 5 期。

[391]郭正忠:《三至十四世纪中国的权衡度量》,北京:中国社会科学出版社,1993 年。

[392]韩儒林:《穹庐集》,上海:上海人民出版社,1982 年。

[393]韩儒林主编:《元朝史》,北京:人民出版社,1986 年。

[394]何启龙:《角端、耶律楚材与刘秉忠:以谣言理论研究传说流变》,李治

安主编：《元史论丛》第13辑，天津：天津古籍出版社，2010年，第294—302页。

[395]何启龙：《考证征伐女真、高丽的札剌亦儿台与也速迭儿——兼论〈蒙古秘史〉1252年成书之说》，《元史及民族与边疆研究集刊》第34辑，2017年，第209—233页。

[396]洪丽珠：《肝胆楚越——蒙元晚期的政争》，台北：花木兰出版社，2011年。

[397]洪金富：《辽宋夏金元五朝日历》，台北："中研院"历史语言研究所，2004年。

[398]洪金富：《唐妃娘娘阿吉剌考》，《"中研院"历史语言研究所集刊》79—1，2008年3月，第41—62页。

[399]洪金富：《元〈析津志·原庙·行香〉篇疏证》，《"中研院"历史语言研究所集刊》79—1，2008年3月，第1—40页。

[400]洪金富：《忽必烈乳母的不揭之谜》，《古今论衡》第21期，2010年，第32—62页。

[401]侯亚伟：《元代皇室祭祖文化研究》，兰州大学硕士论文，2007年。

[402]胡其德：《十二、三世纪蒙古族的宗教信仰》，《台湾师大历史学报》第18期，1980年，收入林富士主编：《礼俗与宗教》，北京：中国大百科全书出版社，2005年，第285—328页。

[403]胡其德：《成吉思汗即位前后的政教关系——以萨蛮教为中心》，《台湾师大历史学报》第15期，1987年。

[404]胡其德：《蒙古族腾格里观念的演变》，台北："蒙藏委员会"，1997年。

[405]胡其德：《蒙元帝国初期的政教关系》，台北：花木兰文化出版社，2009年。

[406]胡小鹏：《元代族群认知的演变——以"色目人"为中心》，《西北师大学报(社会科学版)》2022年第6期，第109—118页。

[407]胡务：《元代庙学的兴建和繁荣》，《元史论丛》第6辑，北京：中国社会

科学出版社,1997 年。

[408]胡务:《元代庙学——无法割舍的儒学教育链》,成都:巴蜀书社,2005 年。

[409]黄进兴:《学术与信仰:论孔庙从祀制与儒家道统意识》,原载《新史学》第 5 卷第 2 期,1994 年 6 月,收入氏著《优入圣域:权力、信仰与正当性》,西安:陕西师范大学出版社,1998 年,第 247—344 页。

[410]黄进兴:《象征的扩张:孔庙祀典与帝国礼制》,《"中研院"历史语言研究所集刊》第 86 本第 3 分,2015 年 9 月。

[411]黄时鉴:《元朝庙制的二元性特征》,《元史论丛》第 5 辑,北京:中国社会科学出版社,1993 年,第 131—135 页。

[412]黄时鉴:《元代乃蛮是蒙古而非色目考》,中国蒙古史学会编:《中国蒙古史学会论文选集(1983)》,呼和浩特:内蒙古人民出版社,1987 年,第 1—5 页。

[413]黄太勇:《朱子五世孙朱炘生平事迹考略》,《朱子学研究》第 23 辑,2019 年,第 128—136 页。

[414]黄清连:《辽史射鬼箭初探》,《史源》1973 年第 4 期。

[415]贾敬颜:《"烧饭"之俗小议》,《中央民族学院学报》1982 年第 1 期。

[416]贾敬颜:《五代宋金元人边疆行记十三种疏证稿》,北京:中华书局,2004 年。

[417]贾洲杰:《元上都调查报告》,《文物》1977 年第 2 期。

[418]简涛:《立春风俗考》,上海:上海文艺出版社,1998 年。

[419]姜东成:《元大都大承华普庆寺复原研究》,王贵祥等:《中国古代建筑基址规模研究》,北京:中国建筑工业出版社,2008 年,第 418—425 页。

[420]蒋冀骋:《阿汉对音与元代汉语语音》,北京:中华书局,2013 年。

[421]康乐:《素食与中国佛教》,林富士编:《礼俗与宗教》,北京:中国大百科全书出版社,2005 年,第 128—172 页。

[422]《柯尔克孜族简史》编写组:《柯尔克孜族简史(修订本)》,北京:民族

出版社,2008 年。
[423]雷闻:《道教徒马元贞与武周革命》,《中国史研究》2004 年第 1 期。
[424]雷闻:《唐代地方祠祀的分层与运作——以生祠与城隍神为中心》,《历史研究》2004 年第 2 期。
[425]雷闻:《郊庙之外——隋唐国家祭祀与宗教》,北京:生活·读书·新知三联书店,2009 年。
[426]李春圆:《"大元"国号新考——兼论元代蒙汉政治文化交流》,《历史研究》2019 年第 6 期。
[427]李富华、何梅:《汉文佛教大藏经研究》,北京:宗教文化出版社,2003 年。
[428]李零、唐晓峰:《汾阴后土祠的调查研究》,唐晓峰主编:《九州》第 4 辑,北京:商务印书馆,2007 年,第 1—107 页。
[429]李零:《岳镇海渎考——中国古代的山川祭祀》,《我们的中国》第 4 编,北京:生活·读书·新知三联书店,2016 年,第 107—151 页。
[430]李鸣飞:《试论元武宗朝尚书省改革的措施及其影响》,达力扎布主编:《中国边疆民族研究》第 1 辑,北京:中央民族大学出版社,2008 年,第 17—30 页。
[431]李鸣飞:《元武宗尚书省官员小考》,《中国史研究》2011 年第 3 期。
[432]李勤璞:《八思巴帝师殿——大元帝国的国家意识形态》,台北:"蒙藏委员会",2000 年。
[433]李勤璞:《沙啰巴新考》,余太山、李锦绣主编:《丝瓷之路 V——古代中外关系史研究》,北京:商务印书馆,2016 年,第 140—155 页。
[434]李天鸣:《宋元战史》,台北:食货出版社,1988 年。
[435]李雨濛:《〈大元故光禄大夫大司徒领太常礼仪院事田公墓志铭〉考释》,《故宫博物院院刊》2016 年第 5 期。
[436]李治安:《忽必烈传》,北京:人民出版社,2004 年。
[437]李治安:《元世祖忽必烈草原领地考》,《史学集刊》2005 年第 3 期。

[438]李治安:《元代及明前期社会变动初探》,《中国史研究》2005 年增刊。
[439]李治安:《元代分封制度研究(增订本)》,北京:中华书局,2007 年。
[440]李治安:《元和明前期南北差异的博弈与整合发展》,《历史研究》2011 年第 5 期。
[441]李治安:《元代行省制度》,北京:中华书局,2011 年。
[442]李治安:《元史暨中古史论稿》,北京:人民出版社,2013 年。
[443]李治安:《元代"内蒙外汉"二元政策简论》,《史学集刊》2016 年第 3 期。
[444]李治安:《元朝诸帝"飞放"围猎与昔宝赤、贵赤新论》,《历史研究》2018 年第 6 期。
[445]李治安、王晓欣编著:《元史学概说》,天津:天津教育出版社,1989 年。
[446]廖宜方:《中国中古先代帝王祭祀的形成、演变与意涵——以其人选与地点为主轴的探讨》,《"中研院"历史语言研究所集刊》第 87 本第 3 分,2016 年 9 月,第 507—568 页。
[447]林庆彰:《明代的汉宋学问题》,《东吴文史学报》第 5 期,1986 年 8 月。
[448]林庆彰:《唐代后期经学的新发展》,《东吴文史学报》第 8 期,1990 年 3 月。
[449]林瑞翰:《契丹民族的再生仪》,《大陆杂志》第 4 卷第 2 期,1952 年。
[450]刘成群:《吴澄国子监改革与元代的儒学生态》,《成大历史学报》第 42 号,2012 年 6 月,第 151—174 页。
[451]刘海威:《元朝灭亡文化因素的思考》,《元史及民族与边疆研究集刊》第 34 辑,2017 年,第 121—126 页。
[452]刘厚生:《清代宫廷萨满祭祀研究》,长春:吉林文史出版社,1992 年。
[453]刘江:《元宪宗元年李志常代祀岳渎考》,熊铁基、麦子飞主编:《全真道与老庄学国际学术研讨会论文集》,武汉:华中师范大学出版社,2009 年,第 378—387 页。
[454]刘江:《元代全真教的岳渎代祀》,《湖南科技学院学报》2012 年第

1 期。

[455]刘黎明:《辽代帝王再生仪的常例与变例》,《四川大学学报(哲学社会科学版)》2006 年第 5 期。

[456]刘浦江:《契丹人殉制研究——兼论辽金元“烧饭”之俗》,《文史》2012 年第 2 辑。

[457]刘晓:《成吉思汗公主皇后杂考》,中央民族大学历史系编:《民族史研究》第 5 辑,北京:民族出版社,2004 年,第 15—21 页。

[458]刘晓:《元代大道教玉虚观系的再探讨——从两通石刻拓片说起》,《中国史研究》2005 年第 1 期。

[459]刘晓:《元史研究》,福州:福建人民出版社,2006 年。

[460]刘晓:《元代公文起首语初探——兼论〈全元文〉所收顺帝诏书等相关问题》,《文史》2007 年第 3 辑。

[461]刘晓:《元代太庙制度三题》,达力扎布主编:《中国边疆民族研究》第 7 辑,北京:中央民族大学出版社,2013 年,收入吴丽娱主编:《礼与中国古代社会(隋唐五代宋元卷)》,北京:中国社会科学出版社,2016 年,第 357—378 页。

[462]刘晓:《元代皇家五福太一祭祀》,黄正建主编:《隋唐辽宋金元史论丛》第 4 辑,上海:上海古籍出版社,2014 年,第 329—336 页,收入吴丽娱主编:《礼与中国古代社会(隋唐五代宋元卷)》,北京:中国社会科学出版社,2016 年,第 352—356 页。

[463]刘晓:《元代郊祀初探》,黄正建主编:《隋唐辽宋金元史论丛》第 5 辑,上海:上海古籍出版社,2015 年,第 197—215 页,收入吴丽娱主编:《礼与中国古代社会(隋唐五代宋元卷)》,北京:中国社会科学出版社,2016 年,第 328—352 页。

[464]刘晓:《宫分祭祀》,吴丽娱主编:《礼与中国古代社会(隋唐五代宋元卷)》,北京:中国社会科学出版社,2016 年,第 378—382 页。

[465]刘晓:《原庙——神御殿寺》,吴丽娱主编:《礼与中国古代社会(隋唐

五代宋元卷)》,北京:中国社会科学出版社,2016 年,第 382—421 页。

[466]刘晓南:《汉语历史方言研究》,上海:上海人民出版社,2008 年。

[467]刘兴顺:《泰山国家祭祀史》,济南:山东人民出版社,2017 年。

[468]刘一峰:《北京中山公园沧桑》,全国政协文史资料研究委员会:《文史资料选辑》总第 102 辑,1986 年。

[469]刘迎胜:《元初朝廷与西北诸王关系考略》,中国社会科学院民族研究所主编:《中国民族史研究》,北京:中国社会科学出版社,1987 年。

[470]刘迎胜:《西北民族史与察合台汗国史研究》,南京:南京大学出版社,1994 年。

[471]刘迎胜:《从北平王到北安王——那木罕二三题》,《元史及民族与边疆研究集刊》第 21 辑,2009 年,第 1—40 页。

[472]刘迎胜:《从七室之祀到八室之祀——忽必烈朝太庙祭祀中的蒙汉因素》,《元史论丛》第 12 辑,呼和浩特:内蒙古教育出版社,2010 年,第 1—20 页。

[473]刘迎胜:《至元元年初设太庙神主称谓考》,《清华元史》第 1 辑,北京:商务印书馆,2011 年,第 250—282 页。

[474]刘迎胜:《"汉人八种"新解——读陈寅恪〈元代汉人译名考〉》,《西北民族研究》2020 年第 1 期。

[475]刘元珠:《翁撰〈爱薛传研究〉及其它》,郝时远、罗贤佑主编:《蒙元史暨民族史论集——纪念翁独健先生诞辰一百周年》,北京:社会科学文献出版社,2006 年,第 15—19 页。

[476]刘昭民:《中国历史上气候之变迁》,台北:商务印书馆,1994 年修订版。

[477]刘之光:《元代大护国仁王寺与西镇国寺位置的商榷》,《北京文博》2002 年第 1 期。

[478]刘中玉:《从阔阔出被杀看蒙古统一背景下汗权与巫权的统合》,《欧亚学刊》第 9 辑,北京:中华书局,2007 年,第 289—298 页。

[479]罗新:《黑毡上的北魏皇帝》,北京:海豚出版社,2014 年。

[480]罗新:《在清史中寻找内亚的连续性》,《历史人类学学刊》第 15 卷第 2 期,2017 年 10 月,第 247—252 页。

[481]马伯英:《中国医学文化史》,上海:上海人民出版社,2010 年。

[482]马明达:《元朝三皇庙学考》,《暨南大学宋元明清史论集》,暨南大学历史系,1997 年,第 3072—3073 页。

[483]马晓林:《元代岳镇海渎祭祀考述》,《中国史研究》2011 年第 4 期。

[484]马晓林:《国家祭祀、地方统治与其推动者:论元代岳镇海渎祭祀》,《西南大学学报(社会科学版)》2011 年第 5 期。

[485]马晓林:《地方社会中官方祠庙的经济问题:以元代会稽山南镇庙为中心》,《中国社会经济史研究》2011 年第 3 期。

[486]马晓林:《元代国家祭祀研究》,南开大学博士论文,2012 年。

[487]马晓林:《元朝太庙演变考——以室次为中心》,《历史研究》2013 年第 5 期。

[488]马晓林:《元代八思巴帝师祭祀研究》,《北大史学》18,北京:北京大学出版社,2013 年 12 月,第 81—103 页。

[489]马晓林:《元代甘州十字寺唆鲁禾帖尼影堂设立原因探析——兼论马可·波罗所记河西景教》,《国际汉学研究通讯》第 8 期,北京:北京大学出版社,2014 年,第 194—213 页。

[490]马晓林:《蒙元时代日月山地望考》,《中国历史地理论丛》2014 年第 4 期。

[491]马晓林:《元朝火室斡耳朵与烧饭祭祀新探》,《文史》2016 年第 2 辑。

[492]马晓林:《从国都到村社:元代社稷礼制考》,《史学月刊》2017 年第 7 期。

[493]马晓林:《马可波罗、鄂多立克所记元朝天寿圣节》,《杨志玖教授百年诞辰纪念论文集》,天津:天津古籍出版社,2017 年,第 409—424 页。

[494]马晓林:《马可·波罗与元代中国:文本与礼俗》,上海:中西书局,

2018 年。

[495]马晓林:《马可·波罗所记元朝洒马奶之祭——兼论马可·波罗在元上都的时间》,氏著《马可·波罗与元代中国:文本与礼俗》,上海:中西书局,2018 年,第 63—73 页。

[496]马晓林:《元代蒙古人的祭天仪式》,《民族研究》2018 年第 3 期。

[497]马晓林:《蒙汉文化交会之下的元朝郊祀》,《中国史研究》2019 年第 4 期。

[498]马晓林:《〈元史·祭祀志〉史源蠡测》,《中国史学》第 30 卷,京都:朋友书店,2020 年,第 67—80 页。

[499]马晓林:《元朝太庙祭祀中的"国礼"因素》,《历史研究》2022 年第 3 期。

[500]马晓林:《壬子年祭天与元朝的国史编纂》,《文史哲》2023 年第 2 期。

[501]马晓林:《仪式创造与族群构建:元朝"国俗旧礼"射草狗考》,《史林》2023 年第 1 期。

[502]满都夫:《论蒙古萨满教的性质与世界观》,《内蒙古社会科学》1986 年第 5 期,第 22—23 页。

[503]毛海明:《桑哥辅政碑事件探微——以翰林官僚张之翰的仕宦转折为线索》,《"中研院"历史语言研究所集刊》第 87 本第 3 分,2016 年 9 月,第 611—668 页。

[504]毛海明:《桑哥汉姓考——元代民族文化交融的一个侧面》,《民族研究》2017 年第 3 期。

[505]毛海明:《元初诸王昔里吉的最终结局》,《元史及民族与边疆研究集刊》第 34 辑,2017 年,第 117—120 页。

[506]门学文:《元代名臣杨朵儿只墓志》,北京市石景山区地方志办公室编:《名人墓葬》,北京:中央文献出版社,2008 年,第 81—86 页。

[507]孟繁清:《试论忽必烈与阿里不哥之争》,《元史论丛》第 2 辑,北京:中华书局,1983 年。

[508]孟繁清:《内丘扁鹊庙的元代碑刻》,方铁、邹建达主编:《中国蒙元史学学术研讨会暨方龄贵教授九十华诞庆祝会文集》,北京:民族出版社,2010年,第120—137页。
[509]孟淑慧:《朱熹及其门人的教化理念与实践》,台北:台湾大学出版中心,2003年。
[510]芈一之:《散论章吉驸马及其他——治史杂谈》,《芈一之民族历史研究文集》,北京:民族出版社,2008年,第171—172页。
[511]苗冬:《元代使臣扰民问题初探》,《云南社会科学》2009年第3期。
[512]苗冬:《元代使臣研究》,南开大学博士论文,2010年。
[513]苗润博:《〈说郛〉本王易〈燕北录〉名实问题发覆》,包伟民、曹家齐主编:《宋史研究论文集(2016)》,广州:中山大学出版社,2018年,第382—395页。
[514]默书民:《两都之间及以北地区的站道研究》,《元史论丛》第12辑,呼和浩特:内蒙古教育出版社,2010年。
[515]那木吉拉:《中国元代习俗史》,北京:人民出版社,1994年。
[516]那木吉拉:《"烧饭"、"抛盏"刍议》,《中央民族大学学报》1994年第6期。
[517]娜仁格日勒:《蒙古族祖先崇拜的固有特征及其文化蕴涵——兼与日本文化的比较》,呼和浩特:内蒙古教育出版社,2005年。
[518]牛敬飞:《论衡山南岳地位之成立——兼与陈立柱等商榷》,《社会科学战线》2014年第2期。
[519]牛敬飞:《论先秦以来官方祭祀中的海与四海》,《宗教学研究》2016年第3期。
[520]牛敬飞:《古代五岳祭祀演变考论》,北京:中华书局,2020年。
[521]庞乃明:《奠疆域、示无外:明初海外山川封祀考述》,《廊坊师范学院学报(社会科学版)》2018年第1期。
[522]彭万隆:《元代文学家卢挚生平新考》,《浙江工业大学学报(社会科学

版)》2013 年第 1 期。

[523]祁美琴、陈骏:《中国学者研究中的“内亚”概念及其问题反思》,《中国人民大学学报》2019 年第 3 期。

[524]卿希泰主编:《中国道教史》第三卷,成都:四川人民出版社,1993 年。

[525]邱靖嘉:《金代的长白山封祀——兼论金朝山川祭祀体系的二元特征》,《民族研究》2019 年第 3 期。

[526]邱轶皓:《哈剌和林成立史考》,《西域历史语言研究集刊》第 5 辑,北京:科学出版社,2012 年,收入氏著《蒙古帝国视野下的元史与东西文化交流》,上海:上海古籍出版社,2019 年,第 62—92 页。

[527]邱源媛:《清前期宫廷礼乐研究》,北京:社会科学文献出版社,2012 年。

[528]求芝蓉:《〈元史·宪宗纪〉勘误一则》,《中国史研究》2016 年第 1 期。

[529]求芝蓉:《元初“中州士大夫”与南北文化统合》,北京:社科文献出版社,2020 年。

[530]求芝蓉:《13 世纪蒙古大中军的雪泥部研究》,《民族研究》2021 年第 5 期。

[531]仁庆扎西:《胆巴碑与胆巴》,《仁庆扎西藏学研究文集》,天津:天津古籍出版社,1989 年,第 112—124 页。

[532]任文彪:《金代社稷之礼再探》,《史学月刊》2016 年第 1 期。

[533]赛音吉日嘎拉:《蒙古族祭祀》,赵文工译,呼和浩特:内蒙古大学出版社,2008 年。

[534]色音:《论萨满教对中国古代少数民族宫廷祭祀的影响》,《西北民族研究》2000 年第 1 期。

[535]色音:《蒙古族萨满教的文化人类学考察》,黄强、色音:《萨满教图说》,北京:民族出版社,2002 年。

[536]僧格:《古代蒙古宗教仪式与“只勒都”、“主格黎”祭祀》,《世界宗教文化》2011 年第 3 期。

[537]山东省济宁地区文物局:《山东嘉祥县元代曹元用墓清理简报》,《考古》1983年第9期。
[538]山东省政协文史资料委员会编:《山东文史集粹(修订本)》,北京:中国文史出版社,1998年。
[539]尚刚:《蒙、元御容》,《故宫博物院院刊》2004年第3期,第31—59页;改题《元朝御容》,收入氏著《古物新知》,北京:生活·读书·新知三联书店,2012年,第170—209页。
[540]尚刚:《一幅巨作,几点猜测——关于元代刻丝大威德金刚曼荼罗》,谢继胜、罗文华、景安宁主编:《汉藏佛教美术研究——第三届西藏考古与艺术国际学术讨论会论文集》,上海:上海古籍出版社,2009年;改题《元代刻丝大威德金刚曼荼罗——兼谈织佛像与佛坛的区别》,收入氏著《古物新知》,北京:生活·读书·新知三联书店,2012年,第158—169页。
[541]尚衍斌等:《〈饮膳正要〉注释》,北京:中央民族大学出版社,2009年。
[542]邵鸿:《祃祭考》,台湾《历史月刊》2002年第7期。
[543]邵循正:《〈元史〉、拉施特〈集史·蒙古帝室世系〉所记世祖后妃考》,《清华学报》1936年第4期,收入《邵循正历史论文集》,北京:北京大学出版社,1985年,第1—7页。
[544]邵循正:《剌失德丁〈集史·忽必烈汗纪〉译释(上)》,《清华学报》1947年第1期,收入《邵循正历史论文集》,北京:北京大学出版社,1985年,第19—65页。
[545]邵循正:《释 Natigai、Nacigai》,《元史论丛》第1辑,北京:中华书局,1982年,第225页;收入《邵循正历史论文集》,第118—119页。
[546]邵彦:《元代宫廷缂丝唐卡巨制——大都会博物馆藏缂丝大威德金刚曼荼罗》,《中国国家博物馆馆刊》2017年第5期。
[547]申万里:《元代庙学考辨》,《内蒙古大学学报(人文社会科学版)》2002年第2期。

[548]申万里:《元代文庙祭祀初探》,《暨南史学》第 3 辑,广州:暨南大学出版社,2004 年,第 283—304 页,收入氏著《教育、士人、社会:元史新探》,北京:商务印书馆,2013 年,第 98—135 页。

[549]申万里:《元代教育研究》,武汉:武汉大学出版社,2007 年。

[550]沈卫荣:《释“最妙上师”和“金刚上师”:论〈大乘要道密集〉的萨思迦源头》,许全胜、刘震主编:《内陆欧亚历史语言论集:徐文堪先生古稀纪念》,兰州:兰州大学出版社,2014 年,第 259—295 页,收入氏著《藏传佛教在西域和中原的传播——〈大乘要道密集〉研究初编》,北京:北京师范大学出版社,2017 年。

[551]沈卫荣:《论蒙元王朝于明代中国的政治和宗教遗产——藏传佛教于西夏、元、明三代政治和宗教体制形成中的角色研究》,艾瑞卡 · 福特等主编:《8—15 世纪中西部西藏的历史、文化与艺术》,北京:中国藏学出版社,2015 年,第 79—97 页,收入氏著《大元史与新清史:以元代和清代西藏和藏传佛教研究为中心》,上海:上海古籍出版社,2019 年,第 105—150 页。

[552]石晶、吕文:《李元墓志及其史料价值》,《枣庄学院学报》2004 年第 6 期。

[553]石泉:《古文献中的“江”不是长江的专称》,《文史》1979 年第 6 辑。

[554]史卫民:《元代社会生活史》,北京:中国社会科学出版社,1996 年。

[555]宋德金:《烧饭琐议》,《中国史研究》1983 年第 2 期。

[556]宋燕鹏:《南部太行山区祠神信仰研究:618—1368》,北京:中国社会科学出版社,2015 年。

[557]苏力:《元代亦集乃路儒学浅探》,《兰州学刊》2012 年第 5 期。

[558]孙克宽:《太一教考》,《大陆杂志》第 14 卷第 6 期,1957 年。

[559]谭其骧主编:《中国历史地图集》第七册《元 · 明时期》,北京:中国地图出版社,1982 年。

[560]汤勤福、王志跃:《宋史礼志辨证》,上海:上海三联书店,2011 年。

[561]唐俊杰：《南宋太庙研究》，《文博》1999 年第 5 期。

[562]唐统天：《辽代“射鬼箭”浅探》，《史学译林》1983 年第 3、4 期。

[563]唐长孺：《蒙元前期汉文人进用之途径及其中枢组织》，《学原》第 2 卷第 7 期，1948 年，收入氏著《山居存稿》，北京：中华书局，1989 年，第 524—581 页。

[564]田天：《东汉山川祭祀研究——以石刻史料为中心》，《中华文史论丛》2011 年第 1 期。

[565]田天：《秦代山川祭祀格局研究》，《中国历史地理论丛》2011 年第 2 期。

[566]田天：《西汉山川祭祀格局考：五岳四渎的成立》，《文史》2011 年第 2 期。

[567]田天：《秦汉国家祭祀史稿》，北京：生活·读书·新知三联书店，2015 年。

[568]童玮、方广锠、金志良：《元代官刻大藏经考证》，《世界宗教研究》1986 第 3 期。

[569]佟建荣：《西夏姓氏辑考》，银川：宁夏人民出版社，2013 年。

[570]王德恩：《蒙古族宗教研究述评》，乌兰察夫、乌力吉图主编：《蒙古学十年（1980—1990）》，呼和浩特：内蒙古人民出版社，1990 年，第 149 页。

[571]王德毅等编：《元人传记资料索引》，台北：新文丰出版公司，1979—1982 年。

[572]王风雷：《元代漠南地区教育考》，《内蒙古社会科学》1992 年第 3 期。

[573]王岗：《北京城市发展史·元代卷》，北京：北京燕山出版社，2008 年。

[574]王贵祥：《历代坛壝的基址规模》，王贵祥等：《中国古代城市与建筑基址规模研究》，北京：中国建筑工业出版社，2008 年，第 204—228 页。

[575]王国维：《东山杂记》，赵利栋辑校：《王国维学术随笔》，北京：社会科学文献出版社，2000 年。

[576]王国维：《蒙古札记·烧饭》，《观堂集林》卷一六，石家庄：河北教育出

版社,2001 年,第 402—403 页。

[577]王建军:《元代国子监研究》,澳门:澳亚周刊出版有限公司,2003 年。

[578]王锦萍:《宗教组织与水利系统:蒙元时期山西水利社会中的僧道团体探析》,《历史人类学学刊》第 9 卷第 1 期,2011 年,第 25—59 页。

[579]王明荪:《元史中所载之蒙古旧俗》,台北:"蒙藏委员会",1988 年,收入氏著《辽金元史论文稿》,台北:槐下书肆,2005 年,第 291—319 页。

[580]王平、何源远:《清代新疆博克达山官方祭祀与王朝秩序》,《民族研究》2018 年第 3 期。

[581]王启龙:《八思巴生平与〈彰所知论〉对勘研究》,北京:中国社会科学出版社,1999 年。

[582]王慎荣、叶幼泉、王斌:《元史探源》,长春:吉林文史出版社,1991 年。

[583]王士伟:《楼观道源流考》,西安:三秦出版社,2007 年。

[584]王颋:《"大蒙古国"时期的斡耳朵》,《中华文史论丛》第 64 辑,2000 年。

[585]王颋:《钩考返权——阿蓝答儿钩考事件的前因后果》,《龙庭崇汗——元代政治史研究》,海口:南方出版社,2002 年,第 176—197 页。

[586]王元林:《国家祭祀与海上丝路遗迹——广州南海神庙研究》,北京:中华书局,2006 年。

[587]王元林、张目:《国家祭祀体系下的镇山格局考略》,《社会科学辑刊》2011 年第 1 期。

[588]魏坚:《元上都的考古学研究》,吉林大学博士论文,2004 年。

[589]魏坚:《元上都城址的考古学研究》,《蒙古史研究》第 8 辑,呼和浩特:内蒙古大学出版社,2005 年。

[590]魏坚:《元上都》,北京:中国大百科全书出版社,2008 年。

[591]魏坚:《蒙古高原石雕人像源流初探——兼论羊群庙石雕人像的性质与归属》,《文物》2011 年第 8 期。

[592]魏曙光:《元初文献中的合剌温山》,《元史及民族与边疆研究集刊》第

25 辑，2013 年，第 99—107 页。

［593］温海清：《“万户路”、“千户州”：蒙古千户百户制度与华北路府州郡体制》，《复旦学报》2012 年第 4 期。

［594］温旭：《元代皇家寺院大承天护圣寺研究》，《晋学研究》第 1 辑，北京：商务印书馆，2021 年，第 130—141 页。

［595］文廷式：《纯常子枝语》，《续修四库全书》本。

［596］翁独健：《新元史、蒙兀儿史记爱薛传订误》，《史学年报》1940 年第 2 期。

［597］乌丙安：《神秘的萨满世界：中国原始文化根基》，上海：三联书店上海分店，1989 年。

［598］乌兰：《〈蒙古源流〉研究》，沈阳：辽宁民族出版社，2000 年。

［599］乌兰：《蒙古族腾格里信仰研究》，中央民族大学博士论文，2017 年。

［600］乌兰察夫、苏鲁格：《科尔沁萨满教试析》，《内蒙古社会科学》1988 年第 5 期，第 42 页。

［601］巫鸿：《五岳的冲突——历史与政治的纪念碑》，《礼仪中的美术：巫鸿中国古代美术史文编》，北京：生活·读书·新知三联书店，2005 年，第 616—641 页。

［602］巫仁恕：《明清江南东岳神信仰与城市群众的集体抗议——以苏州民变为讨论中心》，李孝悌编：《中国的城市生活》，北京：新星出版社，2006 年，第 133—182 页。

［603］吴柏春、鲍音：《〈十善福经白史〉浅译注析》，《内蒙古民族师院学报（社会科学汉文版）》1988 年第 4 期。

［604］吴恩荣：《元代礼失百年与明初礼制变革》，《北京社会科学》2016 年第 8 期，第 101—109 页。

［605］吴丽娱：《论九宫祭祀与道教崇拜》，荣新江主编：《唐研究》第九卷，北京：北京大学出版社，2003 年，第 283—314 页。

［606］吴小红：《元代龙虎山道士在两都的活动及其影响》，《元史论丛》第 12

辑,呼和浩特:内蒙古教育出版社,2010 年,第 82—104 页。
[607]咸阳地区文物管理委员会:《陕西户县贺氏墓出土大量元代俑》,《文物》1979 年第 4 期。
[608]萧启庆:《元统元年进士录校注》,《食货月刊》(复刊)第 13 卷第 1、2、3、4 期,1983 年。
[609]萧启庆:《说"大朝":元朝建号前蒙古的汉文国号——兼论蒙元国号的演变》,《汉学研究》1985 年第 1 期,收入氏著《内北国而外中国:蒙元史研究》,北京:中华书局,2007 年,第 62—78 页。
[610]萧启庆:《大蒙古国的国子学:兼论蒙汉菁英涵化的滥觞与儒道势力的消长》,《劳贞一先生八秩荣庆论文集》,台北:商务印书馆,1986 年,第 61—86 页,收入氏著《内北国而外中国:蒙元史研究》,第 89—135 页。
[611]萧启庆:《元至正十一年进士题名记校补——元朝科举史料校注之二》,《食货月刊》(复刊)第 16 卷第 7、8 期合刊,1987 年。
[612]萧启庆:《大蒙古国时代衍圣公复爵考实》,《大陆杂志》第 85 卷第 6 期,1992 年 12 月,收入氏著《内北国而外中国:蒙元史研究》,第 79—88 页。
[613]萧启庆:《元代蒙古人的汉学》,《蒙元史新研》,台北:允晨文化,1994 年,收入氏著《内北国而外中国:蒙元史研究》,第 579—705 页。
[614]萧启庆:《元朝的统一与统合:以汉地、江南为中心》,《中国历史上分与合学术研讨会论文集》,台北:联经文化出版,1994 年,第 191—212 页,收入氏著《内北国而外中国:蒙元史研究》,第 17—38 页。
[615]萧启庆:《蒙元统治与中国文化发展》,石守谦、葛婉章编:《大汗的世纪:蒙元时代的多元文化与艺术》,台北:故宫博物院,2001 年,第 186—201 页,收入氏著《元代的族群文化与科举》,台北:联经出版事业公司,2008 年,第 23—54 页。
[616]萧启庆:《内北国而外中国:蒙元史研究》,北京:中华书局,2007 年。
[617]萧启庆:《元代进士辑考》,台北:"中研院"史语所,2012 年。

[618]谢光典:《雍敦朵儿只班的元廷之行》,《西域历史语言研究集刊》第7辑,北京:科学出版社,2013年,第243—259页。

[619]谢继胜主编:《藏传佛教艺术发展史》,上海:上海书画出版社,2010年。

[620]谢一峰:《唐宋间国家投龙仪之变迁》,《宋史研究论丛》第16辑,保定:河北大学出版社,2015年,第212—230页。

[621]邢莉:《蒙古族"那达慕"的变迁》,文日焕、祁庆富主编:《民族遗产》第1辑,北京:学苑出版社,2008年,第181—188页。

[622]徐洁:《金中都太庙之制解读》,《学习与探索》2011年1期。

[623]徐洁:《金汴京太庙探微》,《黑龙江民族丛刊》2011年第4期。

[624]徐苹芳:《元大都也里可温十字寺考》,《中国考古学研究:夏鼐先生考古五十年纪念论文集》,北京:文物出版社,1986年,第309—316页,收入氏著《中国城市考古学论集》,上海:上海古籍出版社,2015年,第178—186页。

[625]徐苹芳:《南宋人所传金中都图——兼辨〈永乐大典〉本唐大安宫图之误》,《文物》1989年第9期,收入氏著《中国城市考古学论集》,第97—106页。

[626]徐苹芳:《元大都中书省址考》,《中国文化研究所学报》新第6期,1997年,收入氏著《中国城市考古学论集》,第147—154页。

[627]徐苹芳:《燕京旧闻录三则》,《清史论集——庆贺王鍾翰教授九十华诞》,北京:紫禁城出版社,2003年,收入氏著《中国城市考古学论集》,第203—210页。

[628]徐义强:《萨满教的宗教特征及与巫术的关系》,《宗教学研究》2009年第3期。

[629]徐长青:《少林寺与中国文化》,郑州:中州古籍出版社,1993年。

[630]许正弘:《试论元代原庙的宗教体系与管理机构》,《蒙藏季刊》2010年第3期。

[631]许正弘:《元太禧宗禋院官署建置考论》,《清华学报》新42卷第3期,

新竹,2012 年,第 443—487 页。

[632]许正弘:《元大都大天源延圣寺考论》,《中国文化研究所学报》第 55 期,2012 年,第 83—101 页。

[633]许正弘:《唆鲁禾帖尼生卒年寿及其相涉史事》,《台湾师大历史学报》第 53 期,2015 年 6 月,第 43—81 页。

[634]许正弘:《杭州飞来峰元至元二十九年造像题记疏证》,《中华佛学研究》第 17 期,2016 年,第 61—85 页。

[635]薛磊:《元代三皇祭祀考述》,《元史论丛》第 13 辑,天津:天津古籍出版社,2010 年,第 212—225 页。

[636]薛增福、王丽敏主编:《曲阳北岳庙》,石家庄:河北美术出版社,2000 年。

[637]阎宁(闫宁):《〈元史·祭祀志〉研究》,内蒙古师范大学硕士论文,2008 年。

[638]阎宁(闫宁):《〈元史·祭祀志〉校勘记纠误及献疑》,《内蒙古师范大学学报(哲学社会科学版)》2008 年第 2 期。

[639]闫宁:《元代宗庙礼中蒙古因素的重新审视——以"蒙古巫祝"职能为中心》,《古代礼学礼制文献研究丛稿》,北京:商务印书馆,2018 年,第 142—150 页。

[640]扬之水:《关于"罟罟"》,《形象史学研究》2015 年第 1 期。

[641]扬之水:《棔柿楼集》第 7 卷《物中看画》,北京:人民美术出版社,2016 年。

[642]杨俊峰:《唐宋之间的国家与祠祀:以国家和南方祀神之风互动为焦点》,上海:上海古籍出版社,2019 年。

[643]杨宽:《中国古代都城制度史研究》,上海:上海古籍出版社,1993 年。

[644]杨倩描:《宋代郊祀制度初探》,《世界宗教研究》1988 年第 4 期。

[645]杨晓春:《蒙·元时期马奶酒考》,《西北民族研究》1999 年第 1 期。

[646]杨印民:《蒙元时期的葡萄酒和马奶酒》,《历史教学问题》2007 年第

4 期。

[647]姚从吾：《张德辉〈岭北纪行〉足本校注》，《文史哲学报》第 11 期，1962 年 9 月，第 1—38 页，收入《姚从吾先生全集》第七册，台北：正中书局，1982 年，第 294—296 页。

[648]姚大力：《元仁宗与中元政治》，《内陆亚洲历史文化研究：韩儒林先生纪念文集》，南京：南京大学出版社，1996 年，第 125—147 页，收入氏著《元代制度与政治文化》，北京：北京大学出版社，2011 年，第 366—367 页。

[649]姚永霞：《古碑探微》，郑州：中州古籍出版社，2015 年。

[650]姚永霞：《文化济渎》，郑州：中州古籍出版社，2014 年。

[651]伊学：《哈萨克族礼俗调查》，赵嘉麒主编：《哈萨克文化研究》，乌鲁木齐：新疆人民出版社，2004 年。

[652]亦邻真：《中国北方民族与蒙古族族源》，原载《内蒙古大学学报》1979 年第 3—4 期，收入《亦邻真蒙古学文集》，呼和浩特：内蒙古人民出版社，2001 年，第 544—582 页。

[653]亦邻真：《起輦谷和古连勒古》，《亦邻真蒙古学文集》，第 747—753 页。

[654]亦邻真：《〈中国大百科全书·中国历史·元史〉辞条》，《亦邻真蒙古学文集》，第 891—892 页。

[655]尹自先：《元代黑谷路探——兼谈张家口地区古道》，《张家口师专学报》1993 年第 3 期。

[656]余大钧：《〈蒙古秘史〉成书年代考》，《中国史研究》1982 年第 1 期。

[657]余元盦：《元史志表部分史源之探讨》，《西北民族文化研究丛刊》第 1 辑，上海：永泰祥书店，1949 年，第 111—144 页。

[658]札奇斯钦：《蒙古的宗教》，《蒙古史论丛》，台北：学海出版社，1980 年。

[659]札奇斯钦：《蒙古文化与社会》，台北：商务印书馆，1987 年。

[660]詹鄞鑫：《神灵与祭祀——中国传统宗教综论》，南京：江苏古籍出版社，1992 年。

[661]张岱玉:《〈元史·诸王表〉补证及部分诸王研究》,内蒙古大学博士论文,2008年。
[662]张帆:《元朝的特性——蒙元史若干问题的思考》,赵汀阳、贺照田主编:《学术思想评论》第1辑,沈阳:辽宁大学出版社,1997年,第457—480页。
[663]张帆:《元朝皇帝的"本命日"——兼论中国古代"本命日"禁忌的源流》,《元史论丛》第12辑,呼和浩特:内蒙古教育出版社,2010年。
[664]张帆:《圈层与模块:元代蒙古、色目两大集团的不同构造》,《西部蒙古论坛》2022年第1期。
[665]张佳:《新天下之化——明初礼俗改革研究》,上海:复旦大学出版社,2014年。
[666]张琏:《历代帝王祭祀中的帝王意象与帝统意识——从明代帝王庙祀的祭祀思维谈起》,《东华人文学报》第10期,2007年1月,第319—366页。
[667]张穆撰,何秋涛补:《蒙古游牧记》,台北:文海出版社,1965年。
[668]张晓慧:《元代蒙古人族群记忆的建构与书写》,北京大学博士学位论文,2019年。
[669]张星烺:《中西交通史料汇编》,北京:中华书局,2003年。
[670]张云:《元代吐蕃地方行政体制研究》,北京:中国社会科学出版社,1998年。
[671]张耘、燕燕燕、颜道彩:《李元、塔剌海父子墓志考》,《工会论坛(山东省工会管理干部学院学报)》2011年第1期。
[672]张泽洪:《道教斋醮符咒仪式》,成都:巴蜀书社,1999年。
[673]赵建勇:《全真姜善信教行初考》,熊铁基、梁发主编:《第二届全真道与老庄学国际学术讨论会论文集》,武汉:华中师范大学出版社,2013年,第378—439页。
[674]赵建勇:《全真姜善信教行续考——兼对"龙门法脉源自姜善信"一说

给予尝试性解释》,熊铁基、黄健荣主编:《第三届全真道与老庄学国际学术研讨会论文集》,武汉:华中师范大学出版社,2017 年,第 481—497 页。

[675]赵俊杰、刘庆彬、马健等:《吉林安图县金代长白山神庙遗址》,《考古》2018 年第 7 期。

[676]赵琦:《金元之际的儒士与汉文化》,北京:人民出版社,2004 年。

[677]赵卫东:《沂山东镇庙及其宗派传承》,《全真道研究》第 2 辑,齐鲁书社,2011 年,第 274—303 页。

[678]赵文坦:《元代尊孔"大成至圣文宣王"的由来》,《历史教学(高校版)》2009 年第 11 期。

[679]赵文坦:《蒙元时期衍圣公袭封考》,《孔子研究》2012 年第 2 期。

[680]赵翼著,王树民校证:《廿二史札记校证》,北京:中华书局,1984 年。

[681]赵宇:《儒家"亚圣"名号变迁考——关于宋元政治与理学道统论之互动研究》,《历史研究》2017 年第 4 期。

[682]郑君雷:《论历史上北方游牧民的山岳崇拜》,王建新、刘昭瑞编:《地域社会与信仰习俗——立足田野的人类学研究》,广州:中山大学出版社,2007 年,第 314—322 页。

[683]郑钦仁、李明仁译著:《征服王朝论文集》,台北:稻乡出版社,2002 年。

[684]郑素春:《全真教与大蒙古国帝室》,台北:台湾学生书局,1987 年。

[685]郑炜明:《况周颐先生年谱》,上海:上海古籍出版社,2009 年。

[686]钟焓:《从"海内汗"到转轮王——回鹘文〈大元肃州路也可达鲁花赤世袭之碑〉中的元朝皇帝称衔考释》,《民族研究》2010 年第 6 期。

[687]钟焓:《重释内亚史:以研究方法论的检视为中心》,北京:社会科学文献出版社,2017 年。

[688]周春健:《元代四书学研究》,上海:华东师范大学出版社,2008 年。

[689]周良霄:《元史北方部族表》,《中华文史论丛》2010 年第 1 期。

[690]周良霄、顾菊英:《元史》,上海:上海人民出版社,2003 年。

[691]周清澍:《元代文献辑佚中的问题——评〈全元文〉1—10 册》,《蒙古史研究》第 6 辑,2000 年,收入氏著《元蒙史札》,呼和浩特:内蒙古大学出版社,2001 年,第 630—648 页。

[692]周清澍:《卢挚生平及诗文系年再检讨》,《中华文史论丛》2014 年第 4 期。

[693]周清澍:《〈元朝名臣事略〉史源探讨》,《元史及民族与边疆研究集刊》第 29 辑,第 22—74 页。

[694]周郢:《蒙古汗廷与全真道关系新证——新发现的蒙古国圣旨(懿旨、令旨)摩崖考述》,《中国史研究》2013 年第 1 期,收入氏著《碧霞信仰与泰山文化》,济南:山东人民出版社,2017 年,第 109—119 页。

[695]周郢:《全真道与蒙元时期的五岳祀典》,刘凤鸣主编:《丘处机与全真道:丘处机与全真道国际学术研讨会论文集》,北京:中国文史出版社,2008 年,第 284—292 页,收入氏著《泰山与中华文化》,济南:山东友谊出版社,2010 年,第 67—75 页。

[696]周郢:《新发现的徂徕山炼神庵摩崖考》,《中国道教》2012 年第 3 期。收入氏著《碧霞信仰与泰山文化》,济南:山东人民出版社,2017 年,第 96—108 页。

[697]周郢:《新发现的元曲家杜仁杰史料辑证》,《中国典籍与文化》2004 年第 6 期,收入氏著《泰山与中华文化》,济南:山东友谊出版社,2010 年,第 305—316 页。

[698]朱凤瀚:《商人诸神之权能与其类型》,吴荣曾主编:《尽心集——张政烺先生八十庆寿论文集》,北京:中国社会科学出版社,1996 年,第 57—79 页。

[699]朱光亚:《南宋太庙朝向布局考》,刘先觉主编:《建筑历史与理论研究文集(1927—1997)》,北京:中国建筑工业出版社,1997 年,第 107—115 页。

[700]朱海滨:《祭祀政策与民间信仰变迁——近世浙江民间信仰研究》,上

海:复旦大学出版社,2008 年。

[701]朱海滨:《浙江地方神信仰的区域差异》,《历史地理》第 17 辑,2001 年。

[702]朱海滨:《中国最重要的宗教传统:民间信仰》,复旦大学文史研究院编:《“民间”何在 谁之“信仰”》,北京:中华书局,2009 年,第 44—56 页。

[703]朱鸿林:《元儒吴澄从祀孔庙的历程与时代意涵》,《亚洲研究》第 23 期,1997 年,第 269—320 页。

[704]朱鸿林:《元儒熊禾的学术思想问题及其从祀孔庙议案》,《史薮》第 3 卷,香港中文大学历史系,1998 年,第 173—209 页。

[705]朱鸿林:《国家与礼仪——元明二代祀孔典礼的仪节变化》,《中山大学学报(社会科学版)》1999 年第 5 期。

[706]朱鸿林:《明太祖的孔子崇拜》,《“中研院”历史语言研究所集刊》第 70 本第 2 分,1999 年,第 483—530 页。

[707]朱鸿林:《儒者从祀孔庙的学术与政治问题》,《清华历史讲堂续编》,北京:生活·读书·新知三联书店,2008 年,第 336—355 页,收入氏著《孔庙从祀与乡约》,第 1—23 页。

[708]朱建路:《〈元史·曹元用传〉勘误一则》,《中国史研究》2013 年第 3 期。

[709]朱启钤、阚铎:《元大都宫苑图考》,《中国营造学社汇刊》第 1 卷第 2 期,北平:中国营造学社,1930 年,第 1—118 页。

[710]朱偰:《八百年前的北京伟大建筑——金中都宫殿图考》,《文物参考资料》1957 年第 5 期。

[711]朱溢:《事邦国之神祇——唐至北宋吉礼变迁研究》,上海:上海古籍出版社,2014 年。

[712]竺可桢:《中国近五千年来气候变迁的初步研究》,原载《考古学报》1972 年第 1 期,收入《竺可桢文集》,北京:科学出版社,1979 年,第 475—498 页。

[713][比利时]田清波(Antoine Mostaert)撰,马晓林译:《马可·波罗所记Natigay/*Nacigay*一词》,马晓林:《马可·波罗与元代中国:文本与礼俗》,上海:中西书局,2018年,第371—378页。

[714][俄]鲍培(Nicholas Poppe)原著,郝苏民译注解补:《鲍培八思巴字蒙古文献语研究入门(修订本)》,北京:民族出版社,2008年。

[715][俄]道尔吉·班札罗夫(Dorji Banzarov):《黑教或称蒙古人的萨满教》,潘世宪译,余大君校,《蒙古史研究参考资料》第17辑,呼和浩特:内蒙古大学历史系蒙古史研究室,1965年。

[716][德]傅海波(Herbert Franke):《元代西夏僧人沙罗巴事辑》,杨富学、樊丽沙译,《陇右文博》2008年第1期,第59—65页。

[717][德]傅海波、杜希德(Denis Twitchett)主编:《剑桥中国辽西夏金元史》,史卫民等译,北京:中国社会科学出版社,1998年。

[718][法]伯希和(Pand Pelliot):《高丽史中之蒙古语》,冯承钧编译《西域南海史地考证译丛二编》,北京:商务印书馆,1962年,第67—68页。

[719][法]伯希和:《蒙古与教廷》,冯承钧译,北京:中华书局,2008年。

[720][韩]李玠奭:《〈至正条格〉之编纂及其法制史上的意义》,韩国学中央研究院编:《至正条格》研究篇,第461—470页。

[721][蒙古]策·达赖:《蒙古萨满教简史》,丁师浩、特尔根译,中国社会科学院民族研究所,1978年。

[722][美]邓如萍(Ruth Dunnell):《党项王朝的佛教及其元代遗存——帝师制度起源于西夏说》,聂鸿音、彭玉兰译,《宁夏社会科学》1992年第5期。

[723][美]韩明士(Robent Hymes):《道与庶道:宋代以来的道教、民间信仰和神灵模式》,皮庆生译,南京:江苏人民出版社,2007年。

[724][美]韩献博(Bret Hinsch):《气候变迁和中国历史》,蓝勇等译,《中国历史地理论丛》第18卷第2期,2003年6月。

[725][美]米尔恰·伊利亚德(Mircea Eliade):《宗教思想史》,晏可佳、吴晓

群、姚蓓琴译，上海：上海社会科学院出版社，2004 年。

[726][美]米尔恰·伊利亚德：《神圣的存在：比较宗教的范型》，晏可佳、姚蓓琴译，桂林：广西师范大学出版社，2008 年。

[727][美]杨庆堃：《中国社会中的宗教——宗教的现代社会功能与其历史因素之研究》，范丽珠等译，上海：上海人民出版社，2007 年。

[728][日]滨岛敦俊：《明清江南农村社会与民间信仰》，朱海滨译，厦门：厦门大学出版社，2008 年。

[729][日]池内功：《异民族支配与国家祭祀——谈元朝郡县祭祀》，郝时远、罗贤佑主编：《蒙元史暨民族史论集——纪念翁独健先生诞辰一百周年》，北京：社会科学文献出版社，2006 年，第 149—167 页。

[730][日]舩田善之：《色目人与元代制度、社会——重新探讨蒙古、色目、汉人、南人划分的位置》，《元史论丛》第 9 辑，北京：中国广播电视出版社，2004 年。

[731][日]丹羽友三郎：《关于元代诸监的一些研究》，余大钧译：《北方民族史与蒙古史译文集》，昆明：云南人民出版社，2003 年，第 691—721 页。

[732][日]箭内亘：《蒙古库利尔台（即国会）之研究》，氏著，陈捷、陈清泉译：《元朝制度考》，上海：商务印书馆，1934 年。

[733][日]箭内亘：《元朝斡耳朵考》，氏著，陈捷、陈清泉译：《元朝怯薛及斡耳朵考》，上海：商务印书馆，1933 年。

[734][日]金子修一：《皇帝祭祀的展开》，蔡春娟译，[日]沟口雄三、小岛毅主编：《中国的思维世界》，南京：江苏人民出版社，2006 年，第 410—440 页。

[735][日]金子修一：《唐代皇帝祭祀的特质——透过皇帝的郊庙亲祭来检讨》，《中国社会历史评论》第 3 卷，北京：中华书局，2001 年，第 462—473 页。

[736][日]石桥崇雄：《清初祭天礼仪考——以〈丙子年四月（秘录）登汗大位档〉中太宗皇太极即帝位记载所见的祭天记事为中心》，[日]石桥秀

雄编,杨宁一、陈涛译,张永江审校:《清代中国的若干问题》,济南:山东画报出版社,2011 年,第 36—67 页。

[737][日]松川节撰,宫海峰译:《哈剌和林出土的 1348 年汉蒙合璧碑文——〈岭北省右丞郎中总管收粮记〉》,《元史及民族与边疆研究集刊》第 18 辑,2006 年,第 164—167 页。

[738][日]小松和彦:《灵魂附体型萨满教的危机——关于萨满教研究的现状与未来的探讨》,金香、色音主编:《萨满信仰与民族文化》,北京:中国社会科学出版社,2009 年,第 278—292 页。

[739][日]樱井智美:《〈创建开平府祭告济渎记〉考释》,李治安主编:《元史论丛》第 10 辑,北京:中国广播电视出版社,2005 年。

[740][日]樱井智美:《元大都的东岳庙建设与祭祀》,《元史论丛》第 13 辑,天津:天津古籍出版社,2010 年,第 20—30 页。

[741][日]樱井智美:《元代的岳渎祭祀——以济渎庙祭祀为中心》,《元史论丛》第 14 辑,天津:天津古籍出版社,2014 年,第 312—319 页。

[742][瑞典]多桑:《多桑蒙古史》,冯承钧译,北京:中华书局,1962 年。

[743][瑞典]高本汉:《中国音韵学研究》,赵元任等译,北京:商务印书馆,1995 年。

[744][苏]符拉基米尔佐夫:《蒙古称号"别乞"与"别吉"》,原载《苏联科学院报告丙辑》,1930;秦卫星汉译,载《蒙古学资料与情报》1987 年第 2 期。

[745][意]图齐、[德]海西希:《西藏和蒙古的宗教》,耿昇译,王尧校订,天津:天津古籍出版社,1989 年。

(二)日文

[746]白石典之:《チンギス=ハーンの考古学》,东京:同成社,2001 年。

[747]白石典之:《モンゴル帝国史の考古学研究》,东京:同成社,2002 年。

[748]白石典之:《チンギス=ハーン廟の源流》,《東洋史研究》第 63 卷第 4

号,2005 年,第 847—866 页。

[749]白石典之:《チンギス・カン時代の住生活——住居と季節移动》,白石典之编:《チンギス・カンとその時代》,东京:勉诚出版社,2015 年,第 218—233 页。

[750]白石典之:《モンゴル帝国誕生:チンギス・カンの都を掘る》,东京:讲谈社,2017 年。

[751]白石典之:《モンゴル帝國における『燒飯』祭祀》,《東洋史研究》第 80 卷第 1 期,2021 年,第 69—103 页。

[752]本田实信:《十三・十四世紀ペルシア語文献に見モンゴル语・トルコ語-mīshīなる語尾をする術語》,《ユーラシア文化研究》第 1 号,1965 年,收入氏著《モンゴル時代史研究》,东京:东京大学出版会,1991 年,第 405—456 页。

[753]浜岛敦俊:《総管信仰:近世江南農村社会と民間信仰》,东京:研文出版,2001 年。

[754]池内功:《フビライ朝の祭祀について》,平成二年度科学研究費補助金総合研究(A)研究成果報告書《中国史における正統と異端》(二),1991 年,第 55—70 页。

[755]池内功:《元朝の郡県祭祀について》,野口鐵郎编:《中国史における教と国家》,东京:雄山阁,1994 年,第 155—179 页。

[756]池内功:《元朝郡県祭祀における官費支出について——黒城出土祭祀費用文書の検討》,《四国学院大学論集》85,1994 年,第 33—68 页。

[757]冲田道成、加藤聪、佐藤贵保、高桥文治、向正树、山尾拓也、山本明志:《『烏臺筆補』訳註稿(2)》,《内陸アジア言語の研究》19,2004 年,第 109—155 页。

[758]冲田道成、加藤聪、佐藤贵保、高桥文治、山尾拓也、山本明志:《『烏臺筆補』訳註稿(3)》,《内陸アジア言語の研究》20,2005 年,第 77—122 页。

[759]船田善之:《元代の命令文書の開讀について》,《東洋史研究》63—4,2005年3月。

[760]村冈伦:《元代モンゴル皇族とチベット佛教——成宗テムルの信仰をにして》,《佛教史学研究》39-1,1996年,第79—97页。

[761]村田治郎:《元代の巫》,《满蒙》15—12,1934年。

[762]大叶昇一:《元朝、イル・ハン国の文献にみる時計回り方位九〇度のずれについて》,《史観》第137号,1997年9月,第19—34页。

[763]丹羽友三郎:《元朝の諸監についての一研究》,《法制史研究:法制史學會年報》20,1970年,第111—131页。

[764]稻叶正枝:《元のラマ僧膽巴について》,《印度學佛教學研究》11-1,1963年,第180—182页。

[765]稻叶正就:《元の帝師に関する研究——系統と年次を中心として》,《大谷大学研究年報》17,1966年9月,第79—156页。

[766]渡边健哉:《元朝の大都留守段貞の活动》,《歷史》98,2002年,第72—96页,收入氏著《元大都形成史の研究:首都北京の原型》,仙台:东北大学出版会,2017年,第137—166页。

[767]渡边健哉:《元大都形成史の研究:首都北京の原型》,仙台:东北大学出版会,2017年。

[768]饭山知保、井黑忍、船田善之:《陕西、山西訪碑行報告(附:陕西、山西訪碑行現存確認金元碑目録)》,《史滴》第24号,2002年。

[769]饭山知保、井黑忍、船田善之、小林隆道:《北镇訪碑行報告(附:北镇訪碑行現存確認金元碑目録)》,《史滴》第28号,2006年。

[770]高桥文治:《モンゴル時代全真教文書の研究(一)》,《追手門学院大学文学部紀要》31,1995年,收入氏著《モンゴル時代全真教文書の研究》,东京:汲古书院,2011年,第104—130页。

[771]高桥文治:《モンゴル時代全真教文書の研究(二)》,《追手門学院大学文学部紀要》32,1997年,收入氏著《モンゴル時代全真教文書の研

究》,东京:汲古书院,2011 年,第 131—164 页。

[772]高桥文治:《モンゴル時代全真教文書の研究(三)「大蒙古国累朝崇道恩命之碑」をめぐって》,《追手門学院大学文学部紀要》33,1997 年,收入氏著《モンゴル時代全真教文書の研究》,东京:汲古书院,2011 年,第 165—206 页。

[773]高桥文治:《張留孫の登場前後——発給文書から見たモンゴル時代の道教》,《東洋史研究》56-1,1997 年,收入氏著《モンゴル時代全真教文書の研究》,东京:汲古书院,2011 年,第 243—281 页。

[774]高桥文治:《モンゴル王族と道教--武宗カイシャンと苗道一》,《東方宗教》93,1999 年,收入氏著《モンゴル時代全真教文書の研究》,东京:汲古书院,2011 年,第 318—341 页。

[775]高桥文治:《承天観公據について》,《追手門学院大学文学部紀要》35,1999 年,收入氏著《モンゴル時代全真教文書の研究》,东京:汲古书院,2011 年,第 342—377 页。

[776]高桥文治:《モンゴル時代全真教文書の研究》,东京:汲古书院,2011 年。

[777]冈田英弘:《元朝秘史の成立》,《東洋学報》第 66 号,1985 年 3 月,第 157—177 页。

[778]宫纪子:《大徳十一年「加封孔子制誥」をめぐって》,《中国——社会と文化》14,第 135-154 页,收入氏著《モンゴル時代の出版文化》,名古屋:名古屋大学出版会,2006 年,第 271—301 页。

[779]谷口绫:《元代三皇廟制度の成立について》,《龍谷大学大学院文学研究科紀要》29,2007 年,第 138—151 页。

[780]吉川幸次郎:《元の諸帝の文學(二):元史叢説の一》,《東洋史研究》8-4,1943 年,第 229—241 页。

[781]吉川幸次郎:《元の諸帝の文學(三):元史叢説の一》,《東洋史研究》8—5、6,1944 年,第 305—317 页。

[782]吉田顺一:《モンゴル族の遊牧と狩猟——十一世紀~十三世紀の時代》,《东洋史研究》40-3,1981年,第512—547页。

[783]箭内亘:《蒙古の国会即ちにクリルタイ就いて》,《史学杂志》第28篇第4、5、7号,1917年。

[784]今井秀周:《モンゴルの祭天儀式——モンゴル帝国から元朝の間について》,《東海女子大学紀要》26,2006年。

[785]今井秀周:《北方民族の诸仪式で行われた匝回について》,《東海女子短期大学紀要》24,1998年。

[786]金子修一:《唐後半期の郊廟親祭について——唐代における皇帝の郊廟親祭その(3)》,《東洋史研究》55-2,1996年,第323—357页。

[787]金子修一:《中國古代皇帝祭祀の研究》,东京:岩波书店,2006年。

[788]井黑忍、船田善之、饭山知保:《山西、河南訪碑行報告》,《大谷大学史学论究》第11号,2005年。

[789]久保田和男:《宋都開封の旧城と旧城空間について——隋唐都城の皇城との比較史的研究》,大阪《都市文化研究》第16号,2014年3月。

[790]栗林均编:《〈元朝秘史〉モンゴル語漢字音譯・傍譯漢語對照語彙》,仙台:东北大学东北アジア研究中心,2009年。

[791]栗林均编:《〈華夷訳語〉(甲種本)モンゴル語全単語語尾索引》,仙台:日本东北大学东北アジア研究センター,2003年。

[792]林俊雄:《モンゴリアの石人》,《国立民族学博物館研究報告》21(1),1996年,第177—283页。

[793]林俊雄:《ユーラシアの石人》,东京:雄山阁,2005年。

[794]妹尾达彦:《唐長安城の儀礼空間——皇帝儀礼の舞台を中心に》,《東洋文化》第72号,1992年3月,第1—35页。

[795]日本"元代の法制"研究班:《〈元典章・禮部〉校定と譯注(一)》,《東方學報》第81册,2007年。

[796]サランゲレル著,児玉香菜子译:《モンゴルの祭祀儀礼における馬乳

酒》,《千葉大学ユーラシア言語文化論集》19,2017 年,第 19—27 页。

[797]山本明志:《モンゴル時代におけるチベット・漢地間の交通と站赤》,《東洋史研究》67—2,2008 年,第 255—280 页。

[798]山本明志:《モンケの聖旨をめぐって——屠殺、狩猟、及び刑罰を禁じる日》,赤木崇敏、伊藤一馬、高橋文治等:《元典章が語ること:元代法令集の諸相》,大阪:大阪大学出版会,2017 年,第 117—126 页。

[799]杉山正明:《クビライと大都》,梅原郁编:《中国近世の都市と文化》,京都:京都大学人文科学研究所,1984 年。

[800]森田宪司:《至元三十一年崇奉儒学圣旨碑——石刻、〈庙学典礼〉、〈元典章〉》,梅原郁编:《中国近世の法制と社会》,京都:京都大学人文科学研究所,1993 年,第 403—435 页,收入氏著《元代知識人と地域社会》,东京:汲古书院,2004 年,第 100—135 页。

[801]森田宪司:《〈大朝崇褒祖廟之記〉再考:丁酉年における"聖人の家"への優免》,《奈良史学》12,1994 年,第 31—54 页。

[802]森田宪司:《曲阜地域の元代石刻群をめぐって》,《奈良史学》19,2001 年,第 48—70 页。

[803]森田宪司:《元朝における代祀について》,《東方宗教》98,2001 年,第 17—32 页。

[804]石滨裕美子:《パクパの仏教思想に基づくフビライの王権像について》,《日本西蔵学会々報》40,1994 年,第 35—44 页。

[805]石滨裕美子:《パクパの著作に見るフビライ政権最初期の燕京地域の状況について》,《史滴》24,2003 年,第 226—249 页。

[806]水越知:《宋元時代の東嶽廟:地域社会の中核的信仰として》,《史林》86—5,2003 年,第 689—720 页。

[807]水越知:《元代の祠廟祭祀と江南地域社会——三皇廟と賜額賜號》,《東方宗教》第 106 号,2005 年,第 55—74 页。

[808]小岛毅:《郊祀制度の変遷》,《東洋文化研究所紀要》108,1989 年 2

月,第123—219页。

[809]小泽重男:《元朝秘史全釈》,东京:风间书房,1984—1986年。

[810]杨海英:《モンゴル研究のパラダイム:モンゴルにおける「白いスゥルデ」の継承と祭祀》,《国立民族学博物館研究報告别冊》20,1999年,第135—212页;收入氏著《チンギス・ハーン祭祀——試みとしての歴史人類学的再構成》,东京:风响社,2004年,第165—232页。

[811]杨海英:《モンゴルにおけるアラク・スゥルデの祭祀について》,《アジア・アフリカ言語文化研究》61,2001年,第71—113页;收入氏著《チンギス・ハーン祭祀——試みとしての歴史人類学的再構成》,东京:风响社,2004年,第233—296页。

[812]杨海英:《チンギス・ハーン祭祀——試みとしての歴史人類学的再構成》,东京:风响社,2004年。

[813]野口周一:《元朝泰定帝の正統性について》,平成二年度科学研究費補助金総合研究(A)研究成果報告書《中国史における正統と異端》(二),1991年,第72—86页。

[814]乙坂智子:《元大都の游皇城——"与民同乐"の都市祭典》,今谷明编:《王権と都市》,京都:思文阁出版,2008年,第170—208页,收入氏著:《迎仏鳳儀の歌——元の中国支配とチベット仏教》,东京:白帝社,2017年,第492—560页。

[815]乙坂智子:《呉澄撰パクパ帝师殿碑二篇——反仏教の"真儒"のチベット仏教僧顯彰文》,《横浜市立大学論叢(人文科学系列)》63—3,2012年,第240—305页。

[816]乙坂智子:《元代江西の帝師殿と呉澄——撫州路・南安路帝師殿碑撰文の背景》,《横浜市立大学論叢(人文科学系列)》64—2,2013年,第120—168页。

[817]乙坂智子:《迎仏鳳儀の歌——元の中国支配とチベット仏教》,东京:白帝社,2017年。

[818]櫻井智美:《クビライの華北支配の一形象——懷孟地区の祭祀と教育》,《駿台史学》124,2005 年 3 月。

[819]櫻井智美:《中国における蒙元史研究の現状と石刻調査の意義——元史学会参加及び北岳廟、隆興寺、済源市石刻調査をとおして》,《東アジア石刻研究》创刊号,2005 年 12 月。

[820]櫻井智美:《〈元史・祭祀志〉について》,《13、14 世紀東アジア史料通信》第 6 号,2006 年 3 月。

[821]櫻井智美:《元代の北嶽廟祭祀とその遂行者たち》,氣賀澤保規編《中国石刻資料とその社会——北朝隋唐期を中心に》,东京:汲古書院,2007 年,第 113—142 页。

[822]櫻井智美、姚永霞:《元至元 9 年〈皇太子燕王嗣香碑〉をめぐって》,《駿台史学》第 145 号,2012 年 3 月,第 23—49 页。

[823]櫻井智美:《モンゴル時代の済涜祭祀——唐代以来の岳瀆祭祀の位置づけの中で》,《明大アジア史論集》18,2014 年,第 381—397 页。

[824]櫻井智美:《元代の南海廟祭祀》,《駿台史學》第 163 号,2018 年 3 月,第 27—52 页。

[825]宇野伸浩:《モンゴル帝国のオルド》,《東方學》76,1988 年 7 月。

[826]中村淳:《元代法旨に見える歴代帝師の居所——大都の花園大寺と大護国仁王寺》,《待兼山論叢(史学篇)》27,1993 年,第 57—82 页。

[827]中村淳:《モンゴル時代の「道仏論争」の実像——クビライの中国支配への道》,《東洋學報》75—3,1994 年。

[828]中村乔:《立春の行事と風習——中国の年中行事に関する覚え書き》(上)、(下),《立命館文學》509,1988 年 12 月;510,1989 年 3 月。

(三)西文

[829] Allsen, Thomas T. *Mongol Imperialism: The Policies of the Grand Qan Mongke in China, Russia, and the Islamic Lands*, 1251 - 1259, University of

California Press, 1987.

[830] Allsen, Thomas T. "Spiritual Geography and Political Legitimacy in the Eastern Steppe", Henri J. M. Claessen, Jarich Gerlof Oosten eds., *Ideology and the Formation of Early States*, Leiden, New York and Köln: Brill, 1996, pp. 116–135.

[831] Allsen, Thomas T. "A Note on Mongol Imperial Ideology", Volker Rybatzki, Alessandra Pozzi, Peter W. Geier and John R. Krueger eds., *Early Mongols: Language, Culture and History*, Bloomington, Indiana: The Denis Sinor Institute for Inner Asian Studies, Indiana University, 2009, pp. 1–8.

[832] Altınkaynak, Erdoğan. "Desht – i Kipchak Stone Statues", *Karadeniz Araştırmaları*, 3, 2004, pp. 78–93.

[833] Atwood, Christopher P. "Validation by Holiness or Sovereignty: Religious Toleration as Political Theology in the Mongol World Empire of the Thirteenth Century", *The International History Review* 26. 2, 2004: 237–256.

[834] Atwood, Christopher P. "The Date of the 'Secret History of the Mongols' Reconsidered", *Journal of Song–Yuan Studies*, 37, 2007: 1–48.

[835] Atwood, Christopher P. "Explaining Rituals and Writing History: Tactics Against the Intermediate Class", in Isabelle Charleux, Gregory Delaplace, Roberte Hamayon, and Scott Pearce eds., *Representing Power in Ancient Inner Asia: Legitimacy, Transmission and the Sacred*, Bellingham, WA: Center for East Asian Studies, Western Washington University, 2010, pp. 95–129.

[836] Atwood, Christopher P. "Imperial Itinerance and Mobile Pastoralism: The State and Mobility in Medieval Inner Asia", *Inner Asia*, 17 (2), 2015: 293–349.

[837] Banzarov, Dorji. "The Black Faith, or Shamanism among the Mongols", translated by Jan Nattier and John R. Krueger, *Mongolian Studies*, T, 1981: 53–91.

[838] Barthold, V. V. "The Burial Rites of the Türks and the Mongols", translated, with a note on iconography, by J. M. Rogers, *Central Asiatic Journal*, 14, 1970: 195–227.

[839] Bawden, Charles R. "On the Practice of Scapulimancy among the Mongols", *Central Asiatic Journal* 4, 1958: 1–44.

[840] Bawden, Charles R. "Calling the soul: a Mongolian litany", *Bulletin of the School of Oriental and African Studies*, University of London, 25. 1/3, 1962: 81–103.

[841] Brack, Jonathan. "Theologies of Auspicious Kingship: The Islamization of Chinggisid Sacral Kingship in the Islamic World", *Comparative Studies in Society and History* 60. 4, 2018: 1143–1171.

[842] Beffa, Marie-Lise. "Le concept de *tänggäri* 'ciel' dans l'Histoire secrète des Mongols", *Études Mongoles et Sibériennes* 24(1993): 215–236.

[843] Bese, Lajos. "The Shaman Term J̌ *ükeli* in the *Secret History of the Mongols*", *Acta Orientalia Academiae Scientiarum Hungaricae*, 40, 1986, pp. 241–248.

[844] Birge, Bettine. *Marriage and the Law in the Age of Khubilai Khan: Cases from the Yuan Dianzhang*, Cambridge, MA: Harvard University Press, 2017

[845] Blochet, Edgar. ed., *Djami el-tévarikh: Histoire générale du monde*, Leyden: E. J. Brill, 1911.

[846] Boltz, Judith M. *A Survey of Taoist Literature, Tenth to Seventeenth Centuries*, Berkeley, California: Institute of East Asian Studies, University of California, 1987.

[847] Boyle, John Andrew. "Kirakos of Ganjak on the Mongols", *Central Asiatic Journal*, 8, 1963: 199–214.

[848] Boyle, John Andrew. "A Form of Horse Sacrifice amongst the 13th and 14th Century Mongols", *Central Asiatic Journal*, 10, 1965: 145–150.

[849] Boyle, John Andrew. "A Eurasian Hunting Ritual", *Folklore*, 80. 1, 1969: 12–16.

[850] Boyle, John Andrew. "Turkish and Mongolian Shamanism in the Middle Ages", *Folkelore*, 83. 3, 1972: 177–193.

[851] Boyle, John Andrew. "The Seasonal Residences of the Great Khan Ögedei", *Central Asiatic Journal*, 16, 1972: 125–131.

[852] Boyle, John Andrew. "The Summer and Winter Camping Grounds of the Kereit", *Central Asiatic Journal*, 17, 1973: 108–110.

[853] Boyle, John Andrew. "The Thirteenth Century Mongols' Conception of the after Life: the Evidence of Their Funerary Practices", *Mongolian Studies*, 1, 1974: 5–14.

[854] Buell, Paul D. and E. N. Anderson, *A Soup for the Qan: Chinese Dietary Medicine of the Mongol Era As Seen in Hu Sihui's Yinshan Zhengyao: Introduction, Translation, Commentary, and Chinese Text*, Leiden: Brill, 2010.

[855] Campbell, C. W. "Journeys in Mongolia", *The Geographical Journal*, 22. 5, 1903, pp. 485–518.

[856] Chabros, Krystyna. *Beckoning Fortune: A Study of the Mongol Dalalγa Ritual*, Wiesbaden: Otto Harrassowitz, 1992.

[857] Charleux, Isabelle. "On Worshipped Ancestors and Pious Donors: Some Notes on Mongol Imperial and Royal Portraits", *National Palace Museum Bulletin*, 40, 2007, pp. 17–36.

[858] Charleux, Isabelle. "Chinggis Khan: Ancestor, Buddha or Shaman? On the Uses and Abuses of the Portrait of Chinggis Khan", *Mongolian Studies*, 30/31, 2008/2009: 207–258.

[859] Chavannes, Édouard. "Inscriptions etpièces de chancellerie chinoises de L'époque mongole", *T'oung-pao*, Série II, Vol. IX, no. 3, 1928, pp. 297–428.

[860] Chavannes, Édouard. "Le jet des dragons", *Mémoires concernant l'Asie*

orientale 3,1919,pp. 68–128.

[861] Chiodo, Elisabetta. "The Book of the Offerings to the Holy Čiggis Qaγan. A Mongolian Ritual Text", *Zentralasiatische Studien*, 22, 1989: 190–220.

[862] Chiodo, Elisabetta. "The Book of the Offerings to the Holy Čiggis Qaγan (Part 2)", *Zentralasiatische Studien*, 23, 1992: 84–144.

[863] Chiodo, Elisabetta. "Γaril Sacrifice to the Ancestors in the Cult of Cinggis Qaγan", Ingeborg Baldauf and Michael Friederich eds., *Bamberger Zentralasienstudien : Konferenzakten ESCAS IV, Bamberg* 8. – 12. *Oktober* 1991, Berlin: K. Schwarz, 1994, pp. 301–310.

[864] Chiodo, Elisabetta. "The Black Standard (*qara sülde*) of Činggis Qaγan in Baruun Xüree", *Ural-Altaische Jahrbücher*, 15, 1997/1998, pp. 250–254.

[865] Chiodo, Elisabetta. "The White Standard (*čaγan tuγ sülde*) of the Čaqar Mongols of Üüsin Banner", *Ural-Altaische Jahrbücher*, 16, 1999/2000, pp. 232–244.

[866] Cirtautas, Ilse. "On pre-Islamic Rites among Uzbeks," in Jean-Louis Bacqué-Grammont et al., *Traditions Religieuses et para-Religieuses des Peuples Altaïques: Communications présentées au XIIIe Congrès de la Permanent International Altaistic Conference, Strasbourg*, 25–30 *juin* 1970, Presses Univer itaires. de France, 1972, pp. 46–47.

[867] Clauson, Gerard. *An Etymological Dictionary of pre-Thirteenth-Century Turkish*, Oxford: Clarendon Press, 1972.

[868] Cleaves, Frances Woodman. "The Biography of Bayan of the Barin in the *Yuan Shih*", *Harvard Journal of Asiatic Studies*, 19. 3/4, 1956, pp. 185–303.

[869] Crossley, Pamela. "Outside In: Power, Identity, and the Han Lineage of Jizhou", *Journal of Song-Yuan Studies*, 43(1), 2013, pp. 51–89.

[870] Coblin, W. South. *A Handbook of 'Phags-pa Chinese*, Honolulu: University of Hawai'i Press, 2007.

[871] Dardess, John W. *Conquerors and Confucians: Aspects of Political Change in Late Yuan China*, Columbia University Press, 1973.

[872] Davis, Edward L. *Society and the Supernatural in Song China*. Honolulu: University of Hawai'i Press, 2001.

[873] Debreczeny, Karl. "Imperial Interest Made Manifest: sGa A gnyan dam pa's Mahākāla Protector Chapel of the Tre-shod Maṇḍala Plain", Roberto Vitali ed., *Trails of the Tibetan Tradition: Papers for Elliot Sperling*, Dharamsala: Xa-myes rma-chen bod kyi rig-gzhung zhib-vjug-khang [Amnye Machen Institute], 2014, pp. 129-166.

[874] deGroot, J. J. M. *The Religious System of China: Its Ancient Forms, Evolution, History and Present Aspect. Manners, Customs and Social Institutions Connected therewith*, Leiden: Brill, 1910.

[875] de Rachewiltz, Igor. "Personnel and Personalities in North China in the Early Mongol Period", *Journal of the Economic and Social History of the Orient*,. 9. 12, 1966, pp. 88-144.

[876] de Rachewiltz, Igor. "More About the Story of Cinggis-Qan and the Peace-Loving Rhinoceros", A. R. Davis and A. D. Stefanowska (eds.), *Austrina: Essays in Commemoration of the 25th Anniversary of the Founding of the Oriental Society of Australia* (Oriental Society of Australia, 1982), also in *East Asia Studies*, 42, 2018: 57-66.

[877] de Rachewiltz, Igor. "Turks in China under the Mongols: A Preliminary Investigation of Turco-Mongol Relations in the 13th and 14th Centuries", in Morris Rossabi ed., *China Among Equals: The Middle Kingdom and Its Neighbors, 10th-14th Centuries*, Berkeley: University of California Press, 1983, pp. 281-310.

[878] de Rachewiltz, Igor. "The expression *qa ǰ aru inerü* in Paragraph 70 of *The Secret History of the Mongols*", in P. Daffinà ed., *Indo-Sino-Tibetica: Studi*

in onore di Luciano Petech, Rome, 1990, pp. 283–290.

[879] de Rachewiltz, Igor. *In the Service of the Khan: Eminent Personalities of the Early Mongol – Yüan period* (1200 – 1300), Wiesbaden: Otto Harrassowitz Verlag, 1993.

[880] de Rachewiltz, Igor. "Heaven, Earth and the Mongols in the Time of Čingis Khan and His Immediate Successors (ca. 1160 – 1260)—a Preliminary Investigation", in N. Golvers and S. Lievens (eds), *A Lifelong Dedication to the China Mission. Essays Presented in Honor of Father Jeroom Heyndrickx, CICM, on the Occasion of His 75th Birthday and the 25th Anniversary of the F. Verbiest Institute K. U. Leuven*, Leuven: Ferdinand Verbiest Institute, 2007, pp. 107–139.

[881] de Rachewiltz, Igor. "The Dating of the *Secret History of the Mongols* – A Re-interpretation", *Ural-Altaische Jahrbücher*, 22, 2008, pp. 150–184.

[882] Dien, A. E. "A Possible Early Occurrence of Altaic Iduγan", *Central Asiatic Journal*, 2. 1, 1956: 12–20.

[883] Doerfer, Gerhard. *Turkische und Mongolische Elemente im Neupersischen*, I–III, Wiesbaden: Franz Steiner, 1963–1975.

[884] Dunnell, Ruth. "The Hsia Origins of the Yüan Institution of Imperial Preceptor," in *Asia Major*. Third Series. Vol. 5, part 1, 1992, pp. 85–111.

[885] Ebrey, Patricia. "Portrait Sculptures in Imperial Ancestral Rites in Song China", *T'oung Pao* 83. 1/3, 1997: 42–92.

[886] Eliade, Mircea. *Shamanism: Archaic Techniques of Ecstasy*, trans. by Willard R. Trask, New York: Bollingen Foundation, 1964.

[887] Endicott-West, Elizabeth. "Notes on Shamans, Fortune-tellers and *Yin-Yang* Practitioners and Civil Administration in Yüan China", in Reuven Amitai – Preiss and David O. Morgan ed., *The Mongol Empire and Its Legacy*, Leiden: Brill, 1999, pp. 224–239.

[888] Fenner, Jack N., Dashtseveg Tumen, and Dorjpurev Khatanbaatar, "Food Fit for a Khan: Stable Isotope Analysis of the Elite Mongol Empire Cemetery at Tavan Tolgoi, Mongolia", *Journal of Archaeological Science* 46(2014): 231–244.

[889] Franke, Herbert. "From Tribal Chieftain to Universal Emperor and God: The Legitimation of the Yüan Dynasty", *Sitzungsberichte der Bayerischen Akademie der Wissenschaften. Philosophisch–Historische Klasse*, 1(2), 1978: 3–85. Also in Herbert Franke, *China under Mongol Rule*, Hampshire and Vermont: Variorum, 1994.

[890] Franke, Herbert. "Tan–pa, a Tibetan Lama at the Court of the Great Khans", Merio Sabatini ed., *Orientalia Venetiana* I, Firenze: Leo S. Olschki, 1984, pp. 157–180.

[891] Franke, Herbert. "Sha–lo–pa(1259–1314), a Tangut Buddhist Monk in Yüan China," Gert Naundorf, Karl–Heinz Pohl, and Hans–Hermann Schmidt ed., *Religion und Philosophie in Ostasien: Festschrift für Hans Steininger zum 65. Geburtstag*, Würzburg: Kšnigshausen and Neumann, 1985, pp. 201–222. Also in Herbert Franke, *China under Mongol Rule*, Brookfield: Variorum, 1994.

[892] Franke, Herbert. *Chinesischer und Tibetischer Buddhismus im China der Yuanzeit*, München: Kommission für Zentralasiatische Studien, Bayerische Akademie der Wissenschaften, 1996.

[893] Franke, Herbert. and Twitchett, Denis. eds. *Cambridge History of China*, Volume 6: Alien Regimes and Border States, 907–1368, Cambridge University Press, 1994.

[894] Grinin, Leonid E. and Andrey V. Korotayev, "Emergence of Chiefdoms and States: A Spectrum of Opinions", *Social Evolution and History*, 11.2, 2012: 191–204.

[895] Golden, Peter B. "Wolves, Dogs and Qipčaq religion," *Acta Orientalia Academiae Scientiarum Hungaricae* 50. 1/3, 1997:87–97.

[896] Gołębiowska–Tobiasz, Aneta. *Monumental Polovtsian Statues in Eastern Europe: the Archaeology, Conservation and Protection.* Walter de Gruyter, 2014.

[897] Hamayon, Roberte N. "Are 'Trance,' 'Ecstasy' and Similar Concepts Appropriate in the Study of Shamanism?" *Shaman*, Vol. 1, No. 1–2, Budapest, First edition, 1993, Second edition, revised and expanded, 2007, pp. 17–40.

[898] Hamayon, Roberte N. "'Ecstasy' or the West–dreamt Siberian shaman." In Helmut Wautischer ed., *Tribal Epistemologies. Essays in the Philosophy of Anthropology. Avebury Series in Philosophy*, Aldershot and Brookfield: Ashgate, 1998, pp. 175–187.

[899] Hayashi, Toshio. "Change from Turkic Stone Statues to Mongolian Statues", *Türk Dili Araştırmaları Yıllığı–Belleten*, 60. 1, 2012, pp. 15–38.

[900] Heissig, Walther. *Mongolische volksreligiöse und folkloristische Texte, aus europäischen Bibliotheken*, Wiesbaden, 1966.

[901] Walther Heissig, *Die Religionen der Mongolei*, in Giuseppe Tucci and Walther Heissig, *Die Religionen Tibets und der Mongolei*, Stuttgart: W. Kohlhammer, 1970.

[902] Hinsch, Bret. "Climatic Change and History in China", *Journal of Asian History* 22. 2, Wiesbaden, 1988:131–159.

[903] Hovdhaugen, Even. "The Mongolian suffix *–lig* and its Turkic Origin," in Louis Ligeti ed., *Researches in Altaic Languages*, Budapest: Akadémiai Kiadó, 1975, pp. 71–78.

[904] Hymes, Robert P. *Statesmen and Gentlemen: The Elite of Fu–Chou, Chiang–Hsi, in Northern and Southern Sung.* London: Cambridge University Press, 1986.

[905] Jagchid, Sechin. *Mongolia's Culture and Society*, Boulder, Colorado: Westview Press, 1979.

[906] Janhunen, Juha. "The Holy Shamaness: Some Additional Notes on a Turko – Mongolic Etymology", *Pilgrimage of Life: Studies in Honour of Professor René Gothóni*, Helsinki, 2010, pp. 175–185.

[907] Jing, Anning. *The Water God's Temple of the Guangsheng Monastery: Cosmic Funtion of Art, Ritual, and Theater*. Leiden: Brill, 2002.

[908] Kamola, Stefan. "Beyond history: Rashid al–Din and Iranian kingship", Susan Babaie ed., *The Idea of Iran: Post – Mongol Polities and the Reinvention of Iranian Identities*, Leiden: Brill, 2019, pp. 55–74.

[909] Kara, G. "*Zhiyuan yiyu* Index Alphabétique des Mots Mongols", *Acta Orientalia Academiae Scientiarum Hungaricae*, 44. 3, 1990: 279–344.

[910] Kowalewski, J. E. *Dictionnaire mongol – russe – franvçais*, Kazan, 1844 –1849.

[911] Kradin, Nikolay. et al. "Why Do We Call Chinggis Khan's Polity 'An Empire'?" *Ab Imperio*, 2006–1(2006): 89–118.

[912] Kradin, Nikolay N. and Tatyana Skrynnikova, "State Origins in Anthropological Thought", *Social Evolution and History*, 8. 1, 2009: 25–51.

[913] Kubarev, G. V. "Ancient Turkic statues: Epic Hero or Warrior Ancestor?." *Archaeology, Ethnology and Anthropology of Eurasia* 29. 1, 2007: 136–144.

[914] Lee, Joo–Yup. "The Historical Meaning of the Term Turk and the Nature of the Turkic Identity of the Chinggisid and Timurid Elites in post–Mongol Central Asia", *Central Asiatic Journal* 59. 1–2, 2016: 101–132.

[915] Ligeti, Lajos. "Le Sacrifice Offert Aux Ancêtres dans l'*Historie Secrète*", *Acta Orientalia Academiae Scientiarum Hungaricae*, 27(2), 1973: 145–161.

[916] Lkhagvasuren, Gavaachimed, Heejin Shin, Si Eun Lee, Dashtseveg Tumen, Jae – Hyun Kim, Kyung – Yong Kim, Kijeong Kim et al., "Molecular

Genealogy of a Mongol Queen ' s Family and Her Possible Kinship with Genghis Khan", *PloS one* 11. 9, 2016: e0161622.

[917] Lörincz, L. "Ein historisches Lied in der Geheimen Geschichte der Mongolen," in Louis Ligeti ed., *Researches in Altaic Languages. Papers Read at the 14th Meeting of the Permanent International Altaistic Conference held in Szeged, August 22–28, 1971*, Budapest: Akadémiai Kiadó, 1975, pp. 117–126.

[918] Mair, Victor. "Horse Sacrifices and Sacred Groves among the North(west)ern Peoples of East Asia",《欧亚学刊》第 6 辑, 2004 年, 第 22–53 页。

[919] Manson, Charles E. "An Introduction to the Life of Karma Pakshi(1204 6–1283)", *Bulletin of Tibetology*, 45. 1, 2009: 25–52.

[920] Manžiteev, I. A. *Buryatskie šamanisti českie i došamanisti českie terminy*, Moscow, 1978.

[921] Mollova, Mefküre. "Nouveaux côtés dévoilés du *Codex Cumanicus*", *Wiener Zeitschrift für die Kunde des Morgenlandes* 83, 1993: 117–148.

[922] Mostaert, Antoine. "L'《Ouverture du sceau》 et les adresses chez les Ordos", *Monumenta Serica* 1, 1935: 315–337.

[923] Mostaert, Antoine. *Dictionaire Ordos*, Pekin, 1941.

[924] Mostaert, Antoine. "Sur quelques passages de l' *Histoire secréte des Mongols* (1)", *Harvard Journal of Asiatic Studies*, 13. 3/4, 1950: 285–361.

[925] Mostaert, Antoine. "Sur quelques passages de l' *Histoire secrète des Mongols* (fin)", *Harvard Journal of Asiatic Studies*, 15. 3/4, 1952: 389–390.

[926] Mostaert, Antoine. "Le mot *Natigay/Nacigay chez Marco Polo*", in *Oriente poliano studi e conferenze tenute all' ls. M. E. O. in occasione del VII centenario della nascita di Marco Polo(1254–1954)*, Roma: Istituto italiano per il Medio ed Estremo Oriente, 1957, pp. 95–101.

[927] Nizami, Khaliq Ahmad. *On History and Historians of Medieval India*, New

Delhi: Munshiram Manoharlal, 1983.

[928] Nöldeke, Theodor. tr., *Die von Guidi herausgegebene syrische Chronik* (Sitzungsberichte der philosophisch-historischen Classe der Kaiserlichen Akademie der Wissenschaften, Band 128), Wien: F. Tempsky, 1893.

[929] Overmyer, Daniel. "Attitudes toward Popular Religion in the Ritual Texts of the Chinese State: The Collected Statutes of the Great Ming", *Cahiers d' Extrême-Asie* 5, 1989-1990, pp. 191-221.

[930] Pallas, Peter Simon. *Sammlungen historischer Nachrichten über die Mongolischen Völkerschaften*, vol. 1-2, St. Petersburg, 1776-1801.

[931] Pelliot, Paul. "Les mots Mongols dans le Korye sa", *Journal Asiatique* 217, 1930: 253-266.

[932] Pelliot, Paul. "Une tribu méconnu des Naiman: Les Bätäkin," *T' oung Pao* 37, 1943-44, pp. 35-71.

[933] Pelliot, Paul. *Histoire Secréte des Mongols*, Paris: Librairie d'Amerique et d' Orient Adrien-Maisonneuve, 1949.

[934] Pelliot, Paul. *Recherches sur les chrétiens d' Asie centrale et d' Extrême-Orient*, I, Paris, 1973.

[935] Pelliot, Paul. *Notes on Marco Polo*, Paris: Imprimerie Nationale, 1959-1973.

[936] Pelliot, Paul. and Louis Hambis, *Histoire des Campagnes de Gengis Khan*, Leiden: Brill, 1951.

[937] Pomorska, Marzanna. "Month Names in the Chulym Turkic dialects - Their Origin and Meaning", *Studia Linguistica Universitatis Iagellonicae Cracoviensis* 128, 2011, pp. 127-144.

[938] Poppe, Nicholas. "The Turkic Loan Words in Middle Mongolian," *Central Asiatic Journal*, 1, 1955, pp. 36-42.

[939] Pow, Stephan. and József Laszlovszky, "Finding Batu ' s Hill at Muhi:

Liminality between Rebellious Territory and Submissive Territory, Earth and Heaven for a Mongol Prince on the Eve of Battle", *Hungarian Historical Review*, 8(2), 2019:261–289.

[940] Radloff, Wilhelm. *Versuch eines Wörterbuch der Türk Dialekte*, Hague: De Gruyter Mouton, 1960.

[941] Ramstedt, G. J. *Kalmückische Wörterbuch*, Helsinki: Suomalais–ugrilainen seura., 1925.

[942] Ratchnevsky, Paul. "Über den Mongolischen Kult am Hofe der Grosskhane in China", in Louis Ligeti ed., *Mongolian Studies*, Amsterdam, 1970, pp. 417–443.

[943] Róna–Tas, András. "Preliminary Report on a Study of the Dwellings of Altaic Peoples," in Denis Sinor ed., *Aspects of Altaic Civilization: Proceedings of the Fifth Meeting of the Permanent International Altaistic Conference Held at Indiana University, June* 4–9, 1962, Bloomington: Indiana University Press, 1963, pp. 47–56.

[944] Sárközi, Alice. "A Mongolian Hunting Ritual", *Acta Orientalia Academiae Scientiarum Hungaricae*, 25, 1972: 191–208.

[945] Serruys, Henry. *Kumiss Ceremonies and Horse Races: Three Mongolian Texts*, Wiesbaden: Otto Harrassowitz, 1974.

[946] Serruys, Henry. "A Dalalγ–a Invocation from Ordos", *Zentralasiatische Studien*, 16, 1982: 141–147.

[947] Serruys, Henry. "The Cult of Cinggis Qaγan: A Mongolian Manuscript from Ordos", *Zentralasiatische Studien*, 17, 1984:. 29–62.

[948] Serruys, Henry. "A prayer to Cinggis – Qan", *Études mongoles et sibériennes*, 16, 1985: 17–36.

[949] Shinno, Reiko. "Medical Schools and the Temples for the Three Progenitors in Yuan China: A Case of Cross–Cultural Interactions", *Harvard Journal of*

Asiatic Studies, 67(1),2007:89-133.

[950] Shinno, Reiko. "Medical Schools and the Temples of the Three Progenitors",Linda L. Barnes and T. J. Hinrichs eds. ,*Chinese Medicine and Healing:An Illustrated History*, Cambridge: Harvard University Press,2013, pp. 140-141.

[951] Shinno, Reiko. *The Politics of Chinese Medicine under Mongol rule*, New York: Routledge,2016.

[952] Sinor, Denis. "Some Remarks on the Economic Aspects of Hunting in Central Eurasia", *Die Jagd bei den altaischen Völkern : Vorträge der VIII. Permanent International Altaistic Conference vom* 30. 8 *bis* 4. 9. 1965 *in Schloss Auel*, Wiesbaden :O. Harrassowitz,1968,pp. 119-128.

[953] Skrynnikova,T. D. "Sülde — The Basic Idea of the Chinggis-Khan Cult", *Acta Orientalia Academiae Scientiarum Hungaricae*,47,1992/1993:51-59.

[954] Smith,PaulJakov. and von Glahn,Richard. eds. , *The Song-Yuan-Ming Transition in Chinese History*. Cambridge: Harvard University Asia Center Press,2003.

[955] Sperling,Elliot. "Some Remarks on sGa A-gnyan dam-pa and the Origins of the Hor-pa Lineage of the dKar-mdzes Region",Ernst Steinkellner ed. , *Tibetan History and Language: Studies Dedicated to Uray Geza on His Seventieth Birthday*, Wien: Arbeitskreis fur Tibetische und Buddhistische studien,Universitat Wien,1991,pp. 455-465.

[956] Tang Li,"Sorkaktani Beki:A Prominent Nestorian Woman at the Mongol Court",in Roman Malek and Peter Hofrichter(eds.),*Jingjiao:the Church of the East in China and Central Asia*, Nettetal: Monumenta Serica Institute, Sankt Augustin - Steyler Verlag,2006,pp. 349-356.

[957] Tatár, Magdalena. "Two Mongol Texts Concerning the Cult of the Mountains",*Acta Orientalia Academiae Scientiarum Hungaricae* 30. 1,1976:

1-58.

[958] von Glahn, Richard. *The Sinister Way: The Divine and the Demonic in Chinese Religious Culture*, Berkeley: University of California Press, 2004.

[959] Wang, Jinping. *In the Wake of the Mongols: The Making of a New Social Order in North China*, 1200-1600, Cambridge, MA: Harvard University Asia Center, 2018.

[960] Wang, Jinping. "Daoists, the Imperial Cult of Sage-Kings, and Mongol Rule", *T'oung Pao*, 106. 3-4, 2020: 309-357.

[961] Watson, James. "Standardizing the Gods: The Promotion of T'ien Hou ('Empress of Heaven') along the South China Coast, 960-1960", In David Johnson, Andrew J. Nathan, and Evelyn S. Rawski eds., *Popular Culture in Late Imperial China*. Berkeley: University of California Press, 1985, pp. 292-324.

[962] Watt, James. and Anne Wardwell eds., *When Silk was Gold: Central Asian and Chinese Textiles*, New York: Harry Abrams, 2001.

[963] Wilson, Thomas A. *Genealogy of the Way: The Construction and Uses of the Confucian Tradition in Late Imperial China*. Stanford University Press, 1995.

[964] Wilson, Thomas A. "Ritualizing Confucius/Kongzi: The Family and State Cults of the Sage of Culture in Imperial China", In Thomas A. Wilson ed., *On Sacred Grounds: Culture, Society, Politics, and the Formation of the Cult of Confucius*, Institute for East Asian Studies, Harvard University, 2003, pp. 43-94.

[965] Wittfogel Karl A. and Chia-Sheng Feng, *History of Chinese Society, Liao*, 907-1125, Philadelphia: American Philosophical Society, 1949.

[966] Yang, C. K. *Religion in Chinese Society*. Berkeley: University of California Press, 1961.

[967] Youn, Minyoung, Jong Chan Kim, Han Kyeom Kim, Dashtseveg Tumen,

Dorjpalam Navaan, and Myagmar Erdene, "Dating the Tavan Tolgoi Site, Mongolia: Burials of the Nobility from Genghis Khan's Era", *Radiocarbon* 49. 2, 2007: 685–691.

[968] Yule, Henry. *Cathay and the Way Thither: Being a Collection of Medieval Notices of China*, London: The Hakluyt Society, 1915.

[969] Yule, Henry. and Henri Cordier, *The Book of Ser Marco Polo the Venetian Concerning the Kingdoms and Marvels of the East*, London: John Murray, 1921.

[970] Баяр, Довдойн. *Монголчуудын чулуун хөрөг: XIII – XIV зуун*, Улаанбаатар: "Орбис" Хэвлэлийн Газар, 2002.

[971] Болдбаатар, Юндзнбатын. *Монгол Нутаг Дахь Зртний Нуудзлчдийи Задын Шутлзг*, Улаанбаатар, 2011.

[972] Сампилдондовын Чулуун & Дамдинсүрэнгийн Цэвээндорж, *Монголын археологийн өв V. Монголын хүн чулуу*, Улаанбаатар : Монгол Улсын Шинжлэх Ухааны Академи, 2016.

[973] Ермоленко, Л. Н. *Средневековые каменные изваяния казахстанских степей*, Новосибирск: Изд-во ИАЭТ СО РАН, 2004.

[974] Гераськова, Л. С. "Новое в изучении монументальной скульптуры кочевников средневековья", *Stratum plus. Археология и культурная антропология* 5(1999): 408–430.

[975] Плетнева, С. А. *Половецкие каменные изваяния. Археология СССР*, Москва: Наука, 1974.

[976] Владимирцов, Б. Я. "Этнопого – лингвистические исследования в Урге, ургин-ском и Кентейском районах", *Северная Монголия*, *Том II*, Ленинград: Издательство Академия Наук СССР, 1927: 1–42.

[977] Жамцарано, Цыбен. "Культ Чингиса в Ордосе: Из путешествия в ЮжнуюМонголию в 1910 г.", *Central Asiatic Journal*, 6, 1961: 194–234.

索　引

后　记

本书从缘起到出版，历经十余年。如今出版之际，增订 2012 年博士论文答辩提交之后记并续缀余语。

一

忽忽焉治史将及六年（2006—2012 年），匆匆草就这篇博士论文，可谓我研习史学的一份总结汇报。

博士论文答辩会承蒙蔡美彪先生任主席，陈得芝、刘元珠、洪金富、刘迎胜、姚大力、高荣盛等前辈学者担任答辩委员，实令小子诚惶诚恐。侥幸的是，前辈学者们在提出修改意见的同时，也给予拙作相当的肯定和很高的评价，对我鼓励有加。更令人感动的是，年近八旬的陈得芝先生不辞辛劳，逐字逐句审阅拙文，几乎每页都留下密密麻麻的批语；因臂伤未能参加答辩会的陈高华先生，也传达了殷殷关切。前辈学者对后学的殷勤奖掖，足令人感怀一生。

这篇论文中但凡有一点创获，皆凝聚了李师治安、王师晓欣二位授业恩师的心血。

六年前，我由工科转向史学。虽然考研成绩忝列第一，然对史学研究之方法实未领悟。是王师晓欣的循循善诱与及时鞭策，使我这个生性疏懒的门外汉渐窥史学门径。王老师带我整理郑天挺先生的元史卡片，让我从郑老手写的读书心得中逐渐体会治史基本功。与王老师合作整理出的卡片文本，出版为《郑天挺元史讲义》（北京：中华书局，2009 年）。我起初对道教的研究兴趣，得益于王老师的指示，后由道教转向祭祀、礼制，又受到王老师的鼓励和支持。入学第一学期期末王老师的警诫之语，至今言犹在耳，惟愿不负老师期望。

硕士时，我开始参加李师治安每周一次的读书班，当时同门师兄师姐济济一堂，重点精读《元史·本纪》。读书班上，李老师对史料的熟稔、超凡的记忆力以及宏观把握问题的能力，令我赞叹不已。三年的博士生涯，虽然自感学术有所进境，但对李老师的学问仍然是高山仰止。在论文写作期间，我每完成一部分章节，便交给李老师审阅。李老师倾注大量精力，小到一个注释，大到谋篇布局，提出了很多修改意见，观点和视野常令我如醍醐灌顶。论文完成后，不由喟叹：学问如海，假余一生之力，可得一泓？

中国社科院历史所刘晓老师惠我良多。刘老师的宗教研究成果丰硕，与他的交谈使我受益匪浅。刘老师更将其积多年精力而成的《经世大典》辑佚稿、《太常集礼》辑佚稿慷慨相赠，为我的研究提供了极大便利。我的博士论文初稿完成后，刘老师又将其撰写的《礼与中国社会》项目元代部分的文稿寄来。在此谨致谢忱！

2011 年，我到中央民族大学跟随社科院民族所乌兰老师学习古蒙古语。在乌兰老师的耐心教导下，对历史语言有了粗浅的体会。本书能浅易地使用一些蒙古语知识，皆得益于此。

本书第一篇第三章的基础是博士论文第一章第一节，原题《1252 年日月山祭天考》，初稿于 2012 年 1 月在呼和浩特“忽必烈与十三世纪的世界”学术会议上宣读，承前辈学者刘元珠教授抬爱，不吝赐教，一席话令人如沐春风;宝音德力根教授提出重要修改意见,令我受益良多;齐木德道尔吉教授在大会总结时又专门评介本文,使我受宠若惊;蒙古国学者朋斯格(A. Punsag)、英国作家约翰·曼(John Man)皆对该文产生兴趣,与他们的交流,给我很多启发。后来文稿中关于历史地理的内容单独发表于《中国历史地理论丛》2014 年第 4 期;而关于历史阐释的内容,自己一直不能满意,未曾投稿,经过多年沉淀修订,直到 2023 年发表于《文史哲》,基本学术观点未变。

本书第四篇是在硕士论文《蒙元时期岳镇海渎祭祀制度研究》基础上修改而成的。2009 年,南开大学历史学院余新忠、庞乃明、夏炎三位老师参加了我的硕士论文答辩,提出了很多宝贵意见。其主干内容《元代岳镇海渎祭祀考述》(本书第十二章、第十三章),后来发表于《中国史研究》2011 年第 4 期。《地方社会中官方祠庙的经济问题:以元代会稽山南镇庙为中心》(本书第四篇第十四章第三节)初稿曾于 2010 年杭州元史会议上宣读,惠承江西师范大学吴小红老师精彩点评并提出修改意见,后发表于《中国社会经济史研究》2011 年第 3 期。

《元代两都的太一广福万寿宫与灵应万寿宫》(博士论文第七章,未收入本书)曾在 2009 年北京元史会议上宣读,生平第一次参加会议发表浅见,竟得到北京大学党宝海老师的鼓励,甚为感念。

南京大学特木勒老师两度慷慨提供珍贵资料。魏曙光博士多次热心提供意见和帮助。

来南开留学的大阪大学博士山本明志学兄(今为大阪国际大学教授)学识广博,在我最初选择硕士论文题目时提出了有益建议,并多次复印邮寄日文论文。日本东北大学渡边健哉先生(今为大阪公立大学教授)亦多次邮寄赠送日文论文。岸永亮辅学兄为我解答了日文阅读中的疑难。高桥亨兄亦提供了不少帮助。

感谢师姐谢咏梅老师的多方照顾,尤其是安排我 2011 年 6 月随美国德堡大学(DePauw University)考察团往鄂尔多斯成吉思汗陵考察祭祀活动。其间,承美方带队的牟正蕴教授(Prof. Sherry J. Mou)给予许多照顾。

感谢薛磊老师,既为老师,教我蒙古语入门,亦为兄长,在生活学习中给予很多照顾。感谢同门师兄申万里、刁培俊、张国旺、周鑫、杨印民、苏力、武波、丛海平、葛仁考、苗冬对我细致入微的帮助。感谢一起上课、切磋的同门师姐张沛之,师兄弟曹循、倪彬、杨波、李翔,尤其是同门张冰冰、张韶华、向珊代为查找核对资料,魏亦乐亦曾提出有益建议。蒙古国留学生恩赫阿木古郎常向我介绍蒙古文化习俗,又为我口译西里尔蒙古文论著,更全程照应了我 2012 年 7 月的蒙古国之行。在此一并致谢!

2012 年 8 月初稿于南开大学西区公寓
同年 12 月改定于北京大学图书馆
2023 年 12 月修订于南开大学津南校区

二

2012 年 9 月,我进入北京大学博士后流动站,在荣新江老师指引下,从事马可·波罗研究。实际上,博士毕业后,博士论文的修订从未停止,赶路时都可能匆匆找个坐处修订文稿。2014 年,承荣老师推荐,列入北京大学中国古代史研究中心丛刊。

2012 年以后的十余年间,我参加了北大的多个读书班,读《马可·波罗行纪》、《五世系》(《五族谱》)、《元史》、《元典章》、蒙古语史料等,有幸向张帆、党宝海、刘正寅、王东平、苏航等老师们请益,又从乌兰老师继续研习蒙古语,从王一丹老师学习波斯语,与同学们问难,促我进步。张帆老师尽管对拙稿《元代八思巴帝师祭祀研究》(本书第十九章)最后的阐释持保留意见,但仍容许发表于《北大史学》18(2013 年),后来也常常提携推荐。

那段时间感化于荣新江老师学问之广博,我对于中外关系史和民族史投入了不少精力,后来没想到以博士后研究报告为基础的专著《马可·波罗与元代中国:文本与礼俗》(上海:中西书局,2018 年)竟先出版了。因为

2015 年以博士论文为基础申请了社科基金青年项目后，才获知当年出台新规，结项鉴定后方能出版，于是继续研究，数年间，正文篇幅从 30 万字逐渐增加到 46 万字，2019 年提交结项，被匿名专家们评价为优秀。

我的博士论文 2013 年登上知网，下载数量与日俱增。到 2023 年，十年之间，下载数量已经接近九千次。尽管不知什么原因，知网版本格式很不完美，字体变得很大，本来的 400 多页变成了 800 多页，但所幸仍能供学界引用和参考。

本书的很多篇章曾单独发表于期刊。除了前文已经提及的一些篇章之外，其他发表情况如下（按本书章节顺序）：《元代蒙古人的祭天仪式》（本书第一章）发表于《民族研究》2018 年第 3 期。《蒙汉文化交会之下的元朝郊祀》（本书第二章）发表于《中国史研究》2019 年第 4 期。《元代火室斡耳朵与烧饭祭祀》（本书第四章）发表于《文史》2016 年第 2 辑。《元朝太庙演变考——以室次为中心》（本书第五章）发表于《历史研究》2013 年第 5 期。《元朝太庙祭祀中的"国礼"因素》（本书第八章）发表于《历史研究》2022 年第 3 期。《仪式创造与族群构建：元朝"国俗旧礼"射草狗考》（本书第九章）发表于《史林》2023 年第 1 期。《从国都到村社：元代社稷礼制考》（本书第十六章）发表于《史学月刊》2017 年第 7 期。感谢期刊的细心编校和匿名审稿人的意见。

本书中还有约十万字未曾发表的篇章。新撰写的第六章《元代影堂》，在博士论文增订较大的第十章《元代国俗旧礼辑考》、第十七章《元代宣圣庙》、第十八章《元代三皇庙》，皆未曾单独发表。五篇结语几乎都是全新撰写的。此外，全书结论较博士论文版本扩充改动较大。

2020 年 10 月全稿交付出版社之后，出于种种原因，出版时间一拖再拖。书稿内容专深，征引文献繁多，编校难度不小，实有赖责任编辑孟庆媛老师辛勤的工作，才得以面世。我的师兄国家图书馆杨印民老师提供了《永乐大典》所存《太常集礼》"郊祀神位图"彩图，为本书增色不少。出版在即，责编建议起个正标题。盘桓有时，想了多个方案，最终经李治安师首肯，定为"混一礼俗”。

博士毕业后十年间,多有机会与日本元史学者交流。在研究起步阶段耳熟能详的森田宪司、松田孝一、樱井智美、舩田善之、饭山知保等老师,见面时无不谦逊慷慨。2017 年,我到大阪大学访学期间,松井太教授带我去京都龙谷大学村冈伦老师处,参加历史悠久的《元史》读书班、元代石刻读书班。日本学者济济一堂,辨义问难,其乐融融。

欧美学术界对我的研究也有积极的反响。在匈牙利、以色列、意大利、哈萨克斯坦的国际学术会议上,我的报告常引发各国与会者的兴趣,获得好评。承美国宾夕法尼亚大学东亚系主任艾骛德(Christopher P. Atwood)教授之邀,我到宾大访学一年,得以方便地利用欧美学术资源,得艾老师教益良多,本书的英文目录惠承艾老师亲手改定。

时光荏苒,当年参与和关心我答辩的前辈老师们,嗣后黾勉奖掖,不绝如缕。如 2015 年,借扬州召开马可·波罗会议之机,陈得芝先生又赐教博士论文中涉及的蒙古文祭祀抄本问题。陈高华先生在北京、杭州、天津等地召开会议时总是亲切勉励。至于得刘迎胜老师、姚大力老师、高荣盛老师耳提面命的机会稍多。十余年来,还有很多前辈同仁赐教提示,衷心感念,恕不一一。

世事变迁,史语所洪金富先生于 2019 年 2 月遽然逝去。当年答辩时,我因为觉得《元代岳镇海渎祭祀年表》亟待完善的细节太多而未放进论文中,洪先生说:“以后如果做完了,送我一份。”此次附在本书第四篇之末,聊表告慰。

学问进境,从博士论文到书,受“座师”蔡美彪先生影响尤深。蔡先生文章作法,深入浅出,大笔如椽。而我写博士论文时,偶尔想模仿伯希和撰写长注。例如,博士论文第一页有一个脚注,解释元末明初人王祎之名诸书多讹作“袆”。这条脚注与正文论述的日月山祭天史事无关,较为枝蔓(如今更失时效,本书将之删除)。答辩时,有的老师提出表扬,而蔡先生未置可否。后来我陪他回北京,问起来,他才说:“学生考试,多写点儿,给考官看,表示读的书多。但是写书，要为读者考虑。”先生晚年深居简出，我有幸面聆教诲，体会先生治学之道，立意将精深的文章写得浅白明了。2019 年，结项文稿完成，我向蔡先生汇报。先生欣然运墨，题写书名，年逾九旬，笔力不减。为答先生厚意，我在 2020 年用半年时间仔细改写全书，去枝蔓，存精华，删除了《遁甲神祭祀》《真武与大黑天》《祈雨中的祭祀与社会》三章，充实了其他各章节，撰写了第八章，调整了各层级的结构，当年 10 月改定，由求芝蓉通读一过。惟愿不负先生期许。2021 年 1 月 14 日，我和求芝蓉在费城栗堂公寓收拾行囊，准备三日后赴纽约登机归国，却骤然得到蔡先生仙逝的噩耗，心情久久不能平静。

谨以此书纪念蔡美彪先生。

2023 年 12 月写于南开大学津南校区，修订于射柳堂

北京大学中国古代史研究中心丛刊

朗润学史丛稿	邓小南　著
《春秋》与“汉道”——两汉政治与政治文化研究	陈苏镇　著
舆地、考古与史学新说——李孝聪教授荣休纪念论文集	北京大学中国古代史研究中心　编
中国中古的族群凝聚	王小甫　著
旧史舆地文录	辛德勇　著
田馀庆先生九十华诞颂寿论文集	北京大学中国古代史研究中心　编
契丹小字词汇索引	刘浦江　主编
石室賸言	辛德勇　著
祭獭食蹠	辛德勇　著
朱熹礼学基本问题研究	叶纯芳　乔秀岩　编
新出魏晋南北朝墓志疏证（修订本）	罗　新　叶　炜　著
出土文献与中古史研究	孟宪实　著
正统与华夷：中国传统政治文化研究	刘浦江　著
宋辽金史论集	刘浦江　著

文化权力与政治文化——宋金元时期的《中庸》与道统问题

[德]苏费翔　[美]田　浩　著

宋本群经义疏的编校与刊印　李　霖　著

辽金史论　刘浦江　著

瀚海零缣——西域文献研究一集　朱玉麒　著

版本源流与正史校勘　聂溦萌　陈　爽　编

祝总斌先生九十华诞颂寿论文集

北京大学历史学系　北京大学中国古代史研究中心　编

吴荣曾先生九十华诞颂寿论文集

北京大学历史学系　北京大学中国古代史研究中心　编

文献清源与史学问径　苗润博　著

混一礼俗:元代国家祭祀研究　马晓林　著